U0452422

CONTESTING THE MIDDLE AGES

Debates that are Changing our Narrative of Medieval History

JOHN ABERTH

激辩中世纪

改变中世纪史叙述的九大问题

[美]约翰·艾伯斯

杨楠 译

上海社会科学院出版社

Reading 泛读中世纪 丛书
THE Medieval AGE
—— 广泛探索 轻松阅读 ——

前　言
Foreword

　　这本书最初的构想是要让我写一本中世纪史综述，也就是从大约公元500年到1500年这段时期的历史。当前市场上有许多这样的中世纪历史综述教科书，这本书也要像它们一样，给出一大串年代、名字以及其他有用的事实和信息。显然，我决定不写这种书。原因也很简单：在多年的教学生涯中，我发现我的学生几乎从来都不读那种教科书。查东西时，它们确实有用，但很难让人全神贯注地读进去。

　　于是，取而代之的是，我决定写一种别样的书：聚焦于近来关于中世纪历史应该怎样这一激烈争论，而非简单地陈述它是怎样的。因此，大多数历史学家会称我的书为史学史著作，或者叫"书写历史的历史"。本书并没有给出关于这一时期的明确陈述，而是试图提出比它所回答的还要多的问题，希望以此激发深刻的讨论或反思。最重要的是，本书试图提出每个学生或普通读者在研究中世纪时都会问到的、亟待解决的历史问题。其中的一些问题，比如罗马帝国衰亡的原因，或者中世纪晚期黑死病的重要性，人们已经争论了很长时间；即使这些争论已近乎尘埃落定，却还是衍生出了一个名副其实的有关学术文献和评论的产业，而这种情况在不久的将来也不太可能改变。即使我们不是总能给出这些问题的答案，它们也仍然值得一问，因为它们将历史与我们自身的时代关联了起来；说得再直白一些，这些问题趣味横生，让历史变得"鲜活"。我希望这些问题也能让本书变得足够有趣，让人读得下去。

我是有意带着这样一个目标去写这本书的，那就是使它能够引起争议、颠覆认知、超出常规，有时甚至是异想天开，只需扫一眼章节标题便知。往严肃了说，我们的过去经常被强加上单一的、标准的叙事脉络，一些人已经在这上面开辟了旁侧的窄巷和光线昏暗的过道，而我试图在本书中为它们照亮。我希望自始至终都在可能的范围内展示一些别样的解释，这样解释的历史可以引发争论，乃至改变人生。虽然其中的一些解释肯定会遭到质疑，但把它们发表出来是很有必要的，因为它们正在改变我们看待中世纪世界的方式。然而，有一件事情我在这里并没有做，那就是猜测如果历史出现了些许偏差会如何。这部分属于所谓的"或然历史"（alternate history）流派，我把它留给了另一本书。[1] 因此，我在本书中讨论的所有情景，应该说都是真实发生过的，不过，对历史的一些修正主义解释甚至改变了对真正事态发展的标准叙述，如果相关史料含糊不清，情况就更是如此了。我做这一切的主要目的，就是让作为读者的你思考过去，以及它对当下我们的意义。如果本书做到了这一点,那么它就算是达到了目的。如果你对本书有异议,甚至可能是激烈反对,那么它就更是达到目的了。

约翰·艾伯斯

佛蒙特州罗克斯伯里（Roxbury，Vermont）

注释

1 关于我对"或然历史"的涉足,参见本人即将出版的《哈罗德怎样才能在黑斯廷斯获胜：中世纪可能会出现的情况》(*How Harold Won Hastings: The Middle Ages that Might Have Been*)一书。出于这个原因,我在本书中避免使用"架空"或"或然"等词语,即使是在描述对过去的激进修正主义解释时。

地图列表
List of maps

地图 1　一幅经常被复制的日耳曼部落假想迁徙图，现代人一般认为
　　　　其内容过于简洁、零碎，无法反映真实情况　　　　　　　　007

地图 2　关于"信徒运动"（也就是后来众所周知的伊斯兰教）的扩张
　　　　状况的地图，直至 750 年　　　　　　　　　　　　　　　033

地图 3　维京人，以及马扎尔人和穆斯林的劫掠路线，9—10 世纪　　054

地图 4　犹太人在欧洲内外遭到驱除和迁徙的路线，1290—1495　　 177

目录 Contents

前　言 　　　　　　　　　　　　　　　　　　　　　　　　001

地图列表 　　　　　　　　　　　　　　　　　　　　　　　001

序 　　　　　　　　　　　　　　　　　　　　　　　　　　001

第一章　如果日耳曼人迁入你所在的帝国，别慌：罗马帝国的衰亡　　001

第二章　主啊！请从北方人的蒙昧主义中解救我们吧：维京人入侵　　051

第三章　这是上帝的旨意！（至少是教皇的）：十字军运动　　　　　078

第四章　我是犹太人、异端、麻风病人，切勿见怪：对少数群体的迫害　150

第五章　请不要有性生活，我们这是中世纪：中世纪的性　　　　　　210

第六章　马利亚和夏娃万岁：中世纪社会的女性　　　265

第七章　为形式的单一性而自剜双目的人：知识与环境史　　　328

第八章　尘归尘，土归土，大家一起死：黑死病　　　353

第九章　总要看看死亡的光明面：中世纪的衰落？　　　458

结　论　　　485

序

Preface

昆汀·塔伦蒂诺（Quentin Tarantino）的邪典电影《低俗小说》（*Pulp Fiction*，1994）中，有一句让人颇为难忘的台词，黑帮杀手马沙（塞缪尔·杰克逊饰）①在殴打受害者之前嘲讽道："我要把你的屁股搞成中世纪的模样。"（I'm gonna git Medieval on your ass）和这部电影中的大量对白一样（该片荣获了奥斯卡最佳编剧奖），这句台词既参照了大众意识，本身也成了大众文化的试金石。它既证明了那个人们普遍持有的观念（至少是在美国），即中世纪是人类历史上暴力、残酷、落后和普遍野蛮的时代的代名词，也助长了这种观念的延续。确实，这句台词

---

① 原文如此，但实际上这名角色由文·瑞姆斯（Ving Rhames）饰演，身份为黑帮老大。塞缪尔·杰克逊饰演他的手下。——译者注（如无特别说明，本书脚注皆为译者注）

极具标志性,以至于作为该词的标准释义之一被收录于在线牛津英语词典(条目号为 3b)。但凡是需要批改中世纪历史概论课程学生论文的讲师或研究生,都会领教到它的影响力,因为他们必然会在许多论文或考试中发现"midevil"这个拼写错误。[1] 这些学生只不过是犯了弗洛伊德式的错误,在拼写中流露出了他们对这一时期及其所暗示的一切的真实看法。要纠正这类错误,我们不仅要提高学生的英语水平,还要提升他们对历史的理解。

然而,我们也不禁要问:历史学家所说的"中世纪"一词,究竟是什么意思呢?按照大多数教科书中的说法,中世纪一般是指欧洲历史上始于 5 世纪罗马帝国灭亡、终于 15 世纪早期现代发轫的这段时期。但就夹在这两个时期之间的千年历史而言,想要将其归类或描述,却绝非易事。事实上,这也是学生和读者理解起来比较困难的欧洲历史时期之一,因为它一只脚在古代世界,另一只脚在现代世界。确实有一些教科书尝试将中世纪作为一个自成一体、内在一致的文明来看待,其文化自有其"创生"和"衰落"的阶段。[2] 虽说如此,"中世纪"(Middle Ages)这一术语却是由在中世纪末期及以后著书立说的文艺复兴时期的人文主义者们创造出来的。因此,生活在本书所涵盖时代的绝大多数人是不会想到这样一个词的。(它的拉丁语 *medium aevum* 直到 17 世纪末才广为流传。)此外,首先将中世纪视为一个独特时期的,是文艺复兴时期的作家,而他们之所以这样做,只是为了将自己的文化与之前的文化区别开来,而不是以中世纪人自己的方式研究这些与他们离得很近的先人。相反,他们只是在打发横亘在古希腊罗马文明的荣光与他们自己对该文明的再创造、再发现和"再生"之间的一个麻烦时代。因此,想要理解中世纪,就必须明白,生活在那个时代的人们从未将其视为"中世纪"。

那么,我们又该如何看待欧洲历史上这个难以捉摸的时代呢?一些学者宁愿完全摒弃"中世纪"一词,认为它是一种"专横的建构",一般用来指代"封建"社会,却没有明确界定一个内在一致的社会形态或发展阶段,尤其是在欧洲以外的背景下。[3]另一种方法是采用所谓的"旧欧洲"(Old Europe)分期,至少要将整个中世纪后半段纳入一个更大、更连续的时间段,这个时间段从大约公元1000年一直延续到1800年。[4]采取这种新的历史分期,理由之一是这更符合时人的心态。这种方式似乎想当然地认为,对于中世纪的大多数人来说,公元1000年是一个至关重要的时间节点,隐藏着对世界末日的预期。然而,像这样为公元1000年赋予过多的意义,本身就有很大争议。对于为了图方便而将千禧年作为中世纪社会的重要过渡或转型的节点这一想法,当今的大多数历史学家是很看不上的。[5]另一方面,历史学家彼得·布朗(Peter Brown)于1971年开始提出的,从公元200年到800年为"古代晚期"(Late Antiquity)的概念,现在几乎已经成了大多数中世纪历史教科书的标配(第一章),盖过了爱德华·吉本(Edward Gibbon)在1776年提倡的罗马帝国"衰亡"这一老套说法。在古代晚期这一情景中,直到大约公元1000年,欧洲人都还自认为生活在罗马帝国深深的阴影下:在这种情况下,一个中世纪早期的人会说,他与其说是在见证一个新文明的诞生或"创生",更多的是在保存一个仍有生命力的古老文化的火种,事后回首,他所在之处正是昔日罗马的黄昏。毕竟,这里的昔日不仅包括古老的异教徒,还包括新兴宗教基督教,后者曾在帝国的文化环境中占据主导地位,至少在帝国正式存在的最后一百年里是这样的,直到476年罗马末代皇帝罗慕路斯·奥古斯图卢斯(Romulus Augustulus)

被日耳曼军事领袖奥多亚塞(Odoacer)篡位。

公元1000年后,为了延续这个思路,欧洲人蜕去了古老的外壳,开始以"现代人"自居。有一点或许对这一新观点至关重要,那就是"欧洲"的出现。它作为一个新的、内在一致的实体,取代了罗马鼎盛时期那种世界性的国际主义,这一过程可能早在查理曼统治时期(768—814)就已经开始了。[6] 也正是在那个时候,我们开始看到典型的中世纪封建制和庄园制的迹象,这代表着与古罗马行政和经济体制的断然决裂。这些体制很可能并没有留存到加洛林时期,尽管这一时期的人们对古代拉丁语文本进行了"复兴"式的恢复。[7] 查理曼统治下的欧洲的出现,似乎也与同一时期伊斯兰世界作为一个世界帝国的崛起没有太大关系。根据"皮朗命题"[得名于20世纪初的比利时历史学家亨利·皮朗(Henri Pirenne)],是后者造成了前罗马帝国北部和西部地区在商业和文化上的孤立,而这一观点现已不再有考古学依据作为支撑。[8] 相反,"欧洲观念"似乎脱胎于查理曼的教育和传教计划,这样做是为了在他从西班牙边界到萨克森的领地内塑造统一的拉丁基督教文化。[9] 这次对新欧洲身份的塑造或许有一个悲剧性的注脚,那就是它扫除了以某种方式熬死了罗马帝国的异教凯尔特文化最后的残迹,不然就是在同化的过程中将其改造得面目全非了。[10]

用"旧欧洲"取代"中世纪",迫使我们不仅要重新思考从前的古代、中世纪和现代划分的内在价值和完整性,还要重新思考中世纪本身的早期、盛期和晚期划分的内在价值和完整性。例如,人们经常听到这样一种说法:13世纪是中世纪盛期的顶点,是所谓的"最伟大的世纪"。[11] 它之所以被冠以这个称号,是因为有了国家君主及其议会施加的秩序,异教哲学理性主义与神秘基督教信仰令人肃然起敬的综合,哥特式大教堂高耸入云的尖顶,以及人口、农业生产、城镇聚落和商业企业的持续扩张。但中世纪盛期可能并没有那么"盛"。这几百年确实成就斐然,但越来越多的教科书在赞美这些成就的同时,也必然会承认中世纪盛期的黑暗面,例如对犹太人、异端和同性恋者等边缘群体的残酷压迫(第四章和第五章),或者人口膨胀和可耕地利用增加而必然造成的环境退化这一恶果,这些都很矛盾。[12]

我曾一度认为旧欧洲这种分期很有吸引力,因为这样可以打击将中世纪晚期(约1300—1500)视为文明和文化"衰落"时期的流行观点,我认为这种观点从根本上就是错的(第九章)。[13] "衰落"论最早由荷兰历史学家约翰·赫伊津哈(Johan Huizinga)在他的一本名著中普及,书名翻译过来是《中世纪的衰落》(*The Waning of the Middle Ages*),出版于1924年(荷兰语原版 *Herfsttij der Middeleeuwen* 出版于1919年)。有人会认为,将这一时期视为一个有机的整体,它自然就要有诞生、成熟、最终衰落的过程,仅凭这一点,中世纪衰落的概念就几乎成了必然。就像人一样,中世纪在最后阶段必然会沦为老迈、衰颓、虚弱的状态,遭遇一个又一个"危机"时,也只能屈服。[14] 或者换一个可能更接近赫伊津哈作品荷兰语原名的比喻,中世纪晚期就像四季中的"秋天",经历了春夏的起源和生长之后,到了枯萎和腐朽的时候。[15] 需要注意的是,对中世纪晚期这种消沉的看法,同样适用于赫伊津哈成长的19世纪末欧洲的环境,或者两次世界大战之间"迷惘的一代"幻灭的时代,而赫伊津哈正是在那个时代推出了他的这部代表作。[16]

现在,我认为采用"旧欧洲"作为一个新的历史分期大错特错,主要是因为这将掩盖全欧洲,乃至全世界历史上最重大的一个事件:黑死病。事实上,作为有史以来最严重的自然灾害和疾病事件,黑死病开启了欧洲社会的一些根本性变革，这些变革标志着中世纪向早期现代的过渡（第八章）。由于这些变革必然伴随着中世纪文明和文化的一些重要标志的终结，例如农奴制，[17]历史学家完全有理由结束一个历史时代，开启另一个篇章，即使生活在当时的人们可能并不清楚这一点。换句话说，"中世纪"一词并不是历史学家武断地强加给倒霉学生的某种"专横的"建构，而是从发生在社会中的一些实实在在的变革中产生的有机建构。从中世纪到早期现代的这次过渡，也许是渐进式的，却有着明确的起点和终点：从 1348 年到 1450 年前后。[18]正是在这一时期，由于黑死病的首次暴发，欧洲的人口灾难性地减少了至少 50%（也就是说，人口突然减半）。而由于瘟疫周期性地频繁卷土重来，疾病每十年就要横扫欧洲一次，这个人口数量保持了至少一个世纪。[19]直到 15 世纪中叶，我们才看到欧洲的人口开始从 14 世纪的停滞状态缓慢回升。[20]正是这次巨大而持续的人口损失，在很大程度上导致了这些变革，最终不可避免地为中世纪画上了句号。

现在，新的论证又再度拥护古罗马归根结底还是衰亡了的观点，因此这也是中世纪真正的起点（第一章）。随之，我们对中世纪时期进行了明确的划分，与传统史学史的说法非常接近。但不同之处在于，现在再来说什么中世纪文化的"衰落"，已经讲不通了，这一点与古罗马的情况很相似（第九章）。这是因为黑死病通过对人口造成的巨大冲击，给人们带来了可能是历史上最为丰厚的一笔横财，创造了一个新的赞助人阶层，而他们反过来又刺激了艺术和文化的蓬勃复苏。并不是所谓被死亡与内疚所困扰的社会，而是"瘟疫经济"促进了社会向资本主义过渡，从而促成了文艺复兴时期的赞助制度。另一方面，瘟疫带走了许多堂区的神职人员，迫使人们重新思考平信徒与教会的关系，这也为宗教改革奠定了基础。[21] 黑死病或许是一场人口灾难，但中世纪晚期的人们也得以借此完成对自身的重塑，蜕变为现代人。

因此，我们还在研究中世纪，还在使用"中世纪"一词，理由是非常充分的。因为这个时代与我们自身所处的时代大相径庭，却造就了今天的我们。

注释

1. John M. Riddle 在他的教科书 *A History of the Middle Ages, 300—1500* (Lanham, MD.: Rowman and Littlefield, 2008), p. 2 中也提到了这个拼写错误，他写道："每次考试，甚至是期末考试，我都能发现有学生犯这个错误。"

2. Richard Southern, *The Making of the Middle Ages* (New Haven, CT.: Yale University Press, 1953); Johan Huizinga, *The Waning of the Middle Ages: A Study of the Forms of Life, Thought and Art in France and the Netherlands in the Fourteenth and Fifteenth Centuries*, trans. Jan Hopman (London: Edward Arnold, 1924).

3. Jacques Heers, *Le Moyen Âge: une imposture* (Paris: Perrin, 1992); Timothy Reuter, "Medieval: Another Tyrannous Construct?" *Medieval History Journal* 1 (1998):25–45; Toby Burrows, "Unmaking 'the Middle Ages'," *Journal of Medieval History*, 7 (1981):127–134.

4. Dietrich Gerhard, *Old Europe: A Study of Continuity, 1000—1800* (New York: Academic Press, 1981); Gerhard 在 "Periodization in European History," *American Historical Review* 61 (1956):903 这篇文章中首次提出了这一观念。

5. 尤其可参见 Dominique Barthélemy, "The Year 1000 Without Abrupt or Radical Transformation," in *Debating the Middle Ages: Issues and Readings*, eds. Lester K. Little and Barbara H. Rosenwein (Oxford: Blackwell Publishers, 1998), pp. 134–147。

6. Denys Hay, *Europe: The Emergence of an Idea* (Edinburgh: Edinburgh University Press, 1957); Alessandro Barbero, *Charlemagne: Father of a Continent*, trans. Allan Cameron (Berkeley, CA.: University of California Press, 2004); Rosamond McKitterick, *Charlemagne: The Formation of a European Identity* (Cambridge: Cambridge University Press, 2008).

7. Chris Wickham, "The Fall of Rome Will Not Take Place," in *Debating the Middle Ages: Issues and Readings*, eds. Lester K. Little and Barbara H. Rosenwein (Oxford:

Blackwell Publishers, 1998), pp. 45–57.

8 Henri Pirenne, *Mohammed and Charlemagne* (Cleveland, OH. and New York: Meridian Books, 1957); Richard Hodges and David Whitehouse, *Mohammed, Charlemagne and the Origins of Europe: Archaeology and the Pirenne Thesis* (Ithaca, NY.: Cornell University Press, 1983), esp. pp. 169–176; Michael McCormick, *Origins of the European Economy: Communications and Commerce, A.D. 300—900* (Cambridge: Cambridge University Press, 2001), pp. 115–119.

9 Chris Wickham, *The Inheritance of Rome: Illuminating the Dark Ages, 400—1000* (New York: Viking Penguin, 2009), p. 555.

10 Ramsay MacMullen, *Christianity and Paganism in the Fourth to Eighth Centuries* (New Haven, CT.: Yale University Press, 1997).

11 出自 James Joseph Walsh, *The Thirteenth, Greatest of Centuries* (New York: Catholic Summer School Press, 1907)。

12 参见 John Aberth, *An Environmental History of the Middle Ages: The Crucible of Nature* (London: Routledge, 2013); Richard C. Hoffmann, *An Environmental History of Medieval Europe* (Cambridge: Cambridge University Press, 2014)。

13 我在 John Aberth, *From the Brink of the Apocalypse: Confronting Famine, War, Plague, and Death in the Later Middle Ages*, 2nd edn. (London: Routledge, 2010), p. 5 中对"旧欧洲"做出了简要的评论，以作为对衰落论的回应。

14 Howard Kaminsky, "From Lateness to Waning to Crisis: The Burden of the Later Middle Ages," *Journal of Early Modern History*, 4 (2000):85–125.

15 事实上，这正是赫伊津哈这本书新的英文译本所采用的书名，Robert Payton and Ulrich Mammitz, *The Autumn of the Middle Ages* (Chicago, IL.: Chicago University Press, 1996)。然而，此译本似乎译自 1923 年的德语版，而不是 1919 年的荷兰语原版。

16 对于可能影响了赫伊津哈作品的时代背景，参见 Peter Burke, "The History of Johan Huizinga," *Times Literary Supplement* (13 December 1974):1423; and Norman F. Cantor, *Inventing the Middle Ages: The Lives, Works, and Ideas of the Great Medievalists of the Twentieth Century* (New York: Morrow, 1991), pp. 377–381。

17 Mark Bailey, *The Decline of Serfdom in Medieval England: From Bondage to Freedom* (Woodbridge, UK: Boydell Press, 2014).

18 Ole Benedictow, "New Perspectives in Medieval Demography: The Medieval Demographic System," in *Town and Countryside in the Age of the Black Death: Essays in Honour of John Hatcher*, eds. Mark Bailey and Stephen Rigby (Turnhout, Belgium: Brepols, 2012), pp. 20, 28.

19 最近有关黑死病的人口学证据汇总，参见 Ole J. Benedictow, *The Black Death, 1346—1353: The Complete History* (Woodbridge, UK: Boydell Press, 2004), pp. 245–384; John Aberth, *The Black Death: A New History of the Great Mortality*（即将由牛津大学出版社出版）。

20 John Hatcher, "Understanding the Population History of England, 1450—1750," *Past and Present* 180 (2003):102–104.

21 这些论证在即将由牛津大学出版社出版的 John Aberth, *The Black Death: A New History of the Great Mortality* 一书中有更详细的展开。

第一章

如果日耳曼人迁入你所在的帝国,别慌:
罗马帝国的衰亡

If a German migrates into your empire, do not be alarmed:
The decline and fall of Rome

那是3月里一个寒冷的黑夜。我在佛蒙特州沉睡的小镇东沃伦（East Warren）的十字路口一筹莫展。我被锁在了车外,而车还在运转（别问我为什么,也别问我怎么搞的）。我敲了敲街角唯一一户人家的门,但无人应答。走投无路的我决定拦住下一辆过路车,碰巧车上是几名来自马萨诸塞州的游客。

"帮帮我,"我说,"我是一名历史学教授,一不留神儿把自己锁在车外面了!"

"我们怎么知道你是历史学教授?"他们用怀疑的目光打量着我问道。

"你们随便考我。"

"解释一下罗马帝国的衰亡,限时五分钟!"半小时后,我又回到了十字路口，在一名来自韦茨菲尔德（Waitsfield）的专业锁匠的帮助下撬开了我的车。是来自马萨诸塞州的新朋友把我送到了锁匠那里。

以上是确实发生在我身上的真事儿，我有时会复述这个故事，以证明历史学这门学科的实用性。这个故事的结束语是"所以历史真的能救命"。但它也说明了另一个不言而喻的事实：人们对罗马帝国衰亡的迷恋经久不衰。我认为，之所以如此，很大程度上是因为它是我们这些更加现代的帝国的先导。

罗马，是灭亡了还是转型了？

解释罗马衰亡的尝试，像罗马军团一样众多，像罗马本身一样古老——还请原谅我的俏皮话①。其中最著名的依旧是英国古物研究者爱德华·吉本（Edward Gibbon）的经典之作，于1776年至1788年分六卷出版的《罗马帝国衰亡史》(The History of the Decline and Fall of the Roman Empire)。不过吉本的盛名完全建立在他的文风上，而他所谓基督教削弱了罗马的尚武精神、活力和人员的解释，如今已经几乎被历史学家彻底否定了。自吉本的时代以来，有许许多多的其他竞争者站出来回答过这个古老的问题。25年前，德国学者亚历山大·德曼特（Alexander Demandt）在其《罗马的灭亡》(The Fall of Rome)一书中汇编了不少于210种解释，并按照从A到Z的字母顺序排列。[1] 其中援引了一些比较愚蠢、离谱，甚至让人觉得很受冒犯（至少就我们现代人

---

① 此处的原文为"legion and ancient"，"legion"即"罗马军团，众多的，大量的"之意，"ancient"即"古老的，年代久远的"，因此作者在这里是用"legion"和"ancient"来形容"解释罗马衰亡的尝试"。

的感受而言）的理由，包括："不再崇拜诸神""布尔什维克化""共产主义""北欧人特性的衰落""过度自由""女性解放""痛风""同性恋""高热""阳痿""犹太人的影响""男性尊严的缺失""铅中毒""道德败坏""负选择""东方化""卖淫""公共浴场""种族退化""社会主义""厌世""差劲儿的饮食"和"庸俗化"。事实上，如果我试图向来自马萨诸塞州的救世主们一口气报上所有这 210 种解释，我十分怀疑自己今天还在不在这里。

但是近些年来，许多历史学家已经完全回避了罗马何时灭亡，又为何灭亡的问题，他们怀疑罗马到底有没有灭亡。如今大多数历史学家在谈及从古典时代到中世纪的感受时，会使用"转型"或"缓慢过渡"，普遍回避"灭亡"或"衰落"这样的词，即使用了，也会打上引号，以强调他们对此持保留意见。[2] 因此，如今问题不再是罗马为何衰亡，而是罗马事实上真的衰亡了吗？这显然是要在根本上反思讨论的议题。[3]

最先对罗马帝国的衰亡提出疑问的历史学家，大概是伟大的比利时中世纪史学家亨利·皮朗（Henri Pirenne），他的《穆罕默德与查理曼》（*Mohammed and Charlemagne*）于 1935 年在他身后出版。在这部影响深远的总结性著作中，皮朗认为，5 世纪末西罗马帝国灭亡后建立的日耳曼继承王国保留了大量的罗马文化和制度，有很多东西至少延续到了 7 世纪。然而在那之后，伊斯兰教的崛起切断了地中海世界的大部分地区——包括西班牙、北非、埃及和巴勒斯坦——与北方前罗马帝国剩余部分的联系。因此，伟大的日耳曼统治者查理曼（768—814 年在位）必然只能将帝国重建为一个纯粹的欧洲国家，限制在几乎适用至今的地理边界之内，而帝国的重心也自然向北和向西转移了，要沿着法兰西、德意志和意大利北部一直走，才能到达终点站罗马。如果说查理曼真的孕育了欧洲，那么担任助产士的就是伊斯兰教的创立者穆罕默德。在此引用一句或许是皮朗书中最著名的话："倘若没有穆罕默德，查理曼是无法想象的。"[4] 皮朗还声称，直到查理曼时期，与古罗马的决裂才真正出现，中世纪才真正开始，罗马和日耳曼文化的同化才真正发生。

如今，皮朗命题受到了挑战，并且被替代了，这主要是由于考古学的进步。大量这方面的证据似乎表明，7世纪伊斯兰教的兴起和向阿拉伯半岛以外地区的扩张，是罗马帝国崩溃的表现，而非原因。它的崩溃到6世纪末就已经基本结束了。[5] 但皮朗命题有一个有趣的变体，那就是伊斯兰教不仅没有切断欧洲的国际贸易，反而在查理曼统治时期刺激了国际贸易（尤其是奴隶贸易）的复兴。查理曼与巴格达的阿拔斯王朝（the Abbasid dynasty）进行贸易往来的证据，就是白银的输入，以及发行了更重的银第纳尔（denarius）或便士作为标准货币。直到查理曼在9世纪去世后，随着帝国的衰落，欧洲的经济停滞才真正开始，而由此催生出的内向型地方分权式封建庄园制，则是宣告了中世纪的开端。[6] 最近有证据表明，541年至750年的第一次鼠疫大流行对人口产生了持续影响（不间断的贸易，尤其是谷物贸易，把受感染的老鼠和跳蚤运到各个地方，所以这种情况是有可能的），这也有助于强化上述观点。[7]

尽管皮朗命题不再主宰学术辩论，但其关于古罗马并没有衰亡，而是经过漫长转型步入中世纪早期社会的观点，却被取而代之的"古代晚期"概念全盘接纳了，后者认为欧洲的逐渐演变与同一时间伊斯兰教的兴起是各自独立的。这一术语最先由20世纪初的德国历史学家提出，叫作"*Spätantike*"，但自20世纪70年代起，这一标签被爱尔兰历史学家彼得·布朗在英语中普及开来。布朗通过强调早期基督教会的活力，将通常被定义为从约公元200年至约公元800年的古代晚期塑造成了一个独特的时期。[8] 在其最新版的教科书中，布朗强调了"微观基督教世界"（micro-Christendoms）和"象征性商品"（symbolic goods），以说明尽管作为帝国中心的罗马灭亡了，尽管它在贸易和工业领域出现了经济崩溃，但此时的"实用型基督教"（applied Christianity）还在继续茁壮成长。[9] 他还强调了基督教机构与新兴"蛮族"王国之间的动态相互作用，以及地中海世界即使在政治经济分裂的情况下也仍然具有的、灵活多变的文化和生态完整性。这一切都是为了反驳吉本的观点。吉本将古罗马晚期描绘成一个堕落的历史阶段，将中世纪早期描绘成一个"原始"时代，或者说是文化衰败、无可救药的"黑暗时代"。现在我们应该能够明显看出，在布朗的架构中，宗教和文化上的因素是最重要的，优先度高于其他一切因素。他的这种方法归根结底是利用了法国的一种历史研究方法，也就是被称为"文化人类学"的年鉴学派。[10] 欧洲科学基金会（European Science Foundation）资助了一个名为"罗马世界的转型"的大型研究项目，这表明，至少在学术界，古代晚期论已经得到了认可。[11]

这就意味着，在当今的历史课程中，通常是这样教学生的：比起罗马第一位皇帝奥古斯都（公元前31—公元14）时代，甚至是五贤帝时期的罗马黄金时代（96—180），转型后的罗马帝国已然面目全非，这是一系列长期的社会、政治和经济问题所致。因此，罗马的衰亡本身也变成了一个渐进、漫长的过程，需要长达两个世纪的时间才能完成。这在很大程度上暗示，帝国分裂为由"蛮族"，也就是日耳曼部落酋长统治的"继承王国"，是必然的结果，罗马人对此无能为力。这种说法将接管帝国的日耳曼人变成了无伤大雅的占领者，他们并没有入侵或洗劫罗马（他们在410年和455年确实是这样做的），而是被邀请来的，属于和解程序的一部分。这样做是要制造军事盟友（foederati），因为此时的罗马开始出现人力短缺的情况，非常需要他们。日耳曼人并没有在帝国各地横冲直撞、到处抢掠，而是在迁徙，这通常会显示在地图上，标明每个部落大概的迁徙路线，无论是汪达尔人（Vandals，南下进入北非）、西哥特人（Visigoths）和苏维汇人（Suevi，去往西班牙）、东哥特人（Ostrogoths，意大利）、撒克逊人（Saxons，不列颠），还是勃艮第人（Burgundians）、法兰克人（Franks）和阿勒曼尼人（Alamanni，法兰西、德意志南部和瑞士）。

不过必须要强调的是，如今的学者们认为，日耳曼人的迁徙和身份认同，远没有这些严重过时的地图和现代的民族形成神话所暗示的那样有条有理，时间上也没有那么死。越过罗马帝国边境蜂拥而至的部落，"是由操不同语言、遵循不同习俗、认同各种各样传统的群体所组成的"，例如哥特人、法兰克人和阿勒曼尼人。[12] 此外，随着时间的推移，这些部落的身份认同必然也会发生变化，所以说"700 年的法兰克人与 350 年的法兰克人别无二致"是毫无道理的。[13] 那些坚持了下来、在 5 世纪和 6 世纪成功建立起继承国的部落，例如法兰克人，在法律、宗教和行政管理方面都吸收了大量的罗马文化。

甚至有人认为，日耳曼人在侵占罗马帝国的各个地区时，实际上并没有接管罗马人的土地，而只是接管了他们的税收，因为罗马人的市议员（curiales），或者说是城市上层阶级的居民，无论如何都不想再去征收了。[14] 除强调连续性和渐变性以外，这个现代版的移民论在描绘日耳曼人时，无疑是以一种更加政治正确的方式，没有把他们描绘成眼神狂暴、只会破坏的"野蛮人"。

古代晚期的转型这一主题也引起了历史学家的注意，因为尽管它

第一章　如果日耳曼人迁入你所在的帝国，别慌：罗马帝国的衰亡

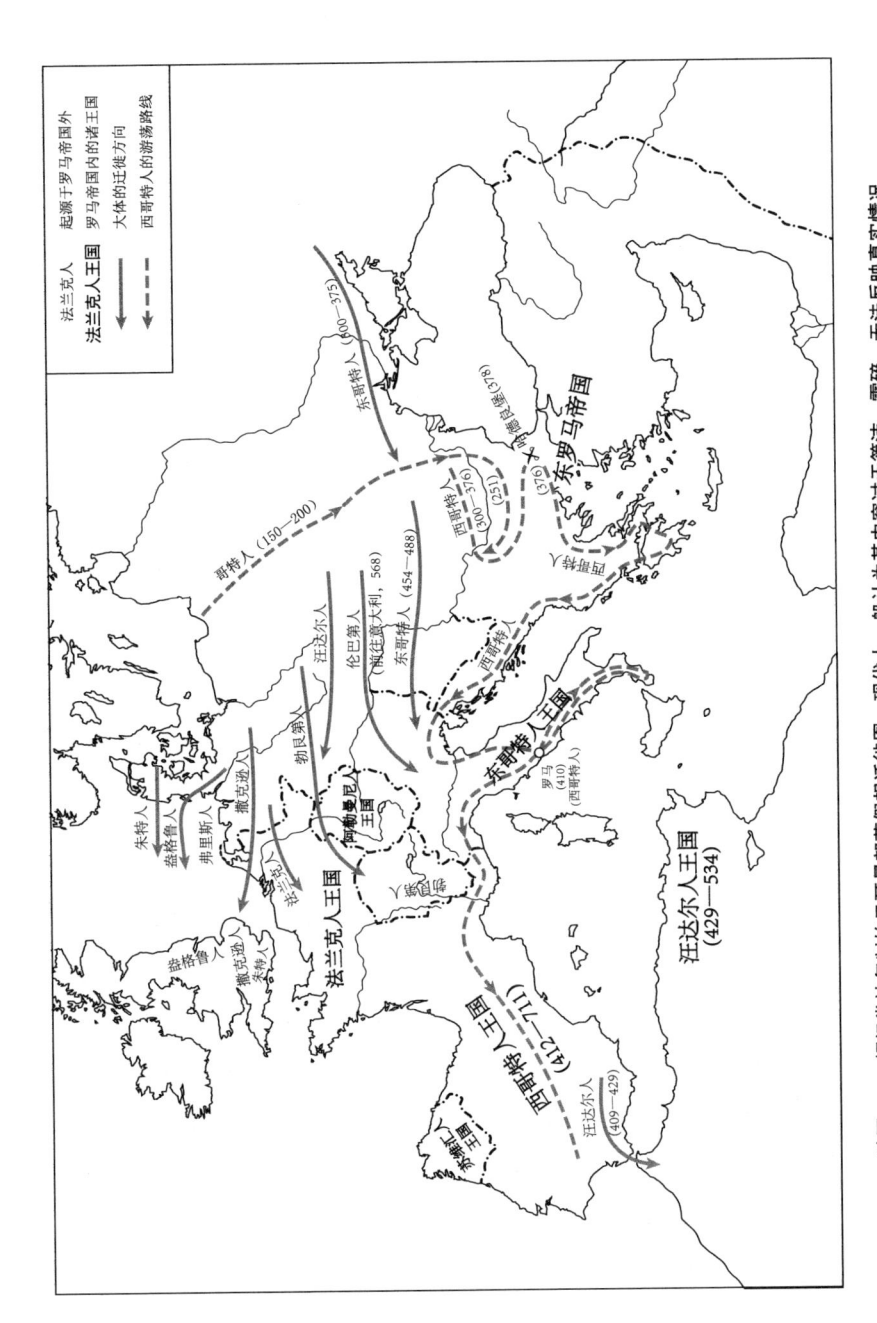

地图 1　一幅经常被复制的日耳曼部落假假想迁徙图，现代人一般认为其内容过于简洁、零碎，无法反映真实情况（本书地图系原书地图，下同）

可能还不是完全意义上的中世纪的发轫,但它确实鼓励我们将一些典型的中世纪制度(比如封建制和庄园制)再往前追溯几百年,到它们最初扎根的时候。例如,罗马历史学家塔西佗(Tacitus)在其《日耳曼尼亚志》(*Germania*,写于约公元 98 年)中描述的日耳曼战士首领及其追随者组成的"*comitatus*"(意为"同伴"或"武装团体"),经过这样一番描绘,最终指向领主与其封臣之间的封建纽带,尤其是在忠诚和兵役方面。富裕的罗马元老和贵族退居庄园和田庄,在那里,他们保护"*coloni*"(意为"农民"或"耕种者")免受日耳曼掠夺者和罗马收税员的侵害,代价则是土地和自由。这被视为农奴制或隶农制的前身,这种制度下的中世纪农民要受到各种法律习俗和庄园义务的约束。[15] 为了把这些铺垫好,大多数中世纪历史概述都从公元 300 年前后的戴克里先(284—305)和君士坦丁(312—337)统治时期开始讲起。[16] 人们认为这些对于施行严格的社会等级制度和确立基督教的主导地位至关重要,在几乎所有的中世纪定义中,上述这两点都是关键特征。然而,我们也应当指出,就中世纪早期贵族和农民的社会结构形成而言,地区差异是相当大的。[17]

"古代晚期"的概念令人心动,不仅是因为它避免了"黑暗时代"和"中世纪"的贬义色彩,还因为它似乎更符合大多数当时人的思想世界,他们肯定不会认为自己已经生活在中世纪早期了。然而,至少在政治和经济方面,这种长时间的、持续很久的转型观念近来受到了历史学家的质疑,他们一心想要复活戏剧性的、激烈的、相对突然的"罗马灭亡"观念。例如,布莱恩·沃德-珀金斯(Bryan Ward-Perkins)就提出了那个明摆着的观点,即罗马确确实实灭亡了。对许多罗马人来说,他们帝国的崩溃意味着一种非常先进、"文明"的生活方式的终结,至少在物质层面是这样，而这种生活方式或许要到中世纪终结时才会在欧洲重现。[18] 荷兰历史学家威廉·容曼（Willem Jongman）同意这一判断，他认为，在2世纪初的鼎盛时期，"罗马创造了或许是历史上最繁荣、最成功的前工业经济"，而安东尼·庇护（Antoninus Pius）统治时期（138—161）"可能是前工业历史上最适合生活的时代"。[19]

这种"安逸"的消逝，可以通过家庭建筑和舒适设施的变化，以及陶器和餐具等工业产品质量和数量的变化这些实物证据，以考古学的方式来衡量。例如，用于建造砖石结构坚固建筑物的屋顶瓦片，在整个罗马世界都非常普遍，甚至被用于农舍等简陋建筑。然而，到了5世纪和6世纪，这些材料的考古学证据开始消失，它们此时似乎只被用于教堂等极其宏伟的建筑。优质陶器在考古遗址中的分布和数量表明，在罗马，即使是身份非常卑微的人也能够得到，可此时它们的产量也开始急剧下降。人类和动物的个头都开始变小，这一点是通过股骨长度判断出来的。沉船的减少暗示着航运和贸易的衰落。人们甚至可以从格陵兰的冰盖中找到罗马工业崩溃的蛛丝马迹，这些冰盖的冰芯中保留着罗马生产力强大时期释放到大气中的高浓度金属污染物（例如铅）。[20]

其次，沃德-珀金斯强调，罗马人与日耳曼"野蛮人"并非其乐融融。[21] 其他历史学家开始再次将日耳曼人置于罗马衰亡背后最突出的位置。[22] 这也更符合罗马在日耳曼掠夺者手中衰亡的观点，大众文化仍然是这样认为的。电影《最后的兵团》（The Last Legion，2007）就证明了这一点，该片想象了罗马末代皇帝、少年时期的罗慕路斯·奥古斯图卢斯（"小奥古斯都"）在476年被日耳曼酋长奥多亚塞废黜时的遭遇。[在这部影片中，奥多亚塞及其麾下的日耳曼人围攻并洗劫了罗马，可事实上权力的移交是在拉文纳进行的；但该片所呈现的内容也有正确的部分,那就是奥多亚塞曾在上一任皇帝尤利乌斯·尼波斯(Julius Nepos)手下担任军务长官(*magister militum*),他领导叛乱,帮助罗慕路斯登上皇位,却没有得到其父欧瑞斯特(Orestes)的酬谢,因此觉得自己遭到了背叛,后来,他便与罗马元老院联手使了个伎俩(modus operandi)。]

公元9年,昆克提利乌斯·瓦卢斯(Quinctilius Varus)在德意志西北部的条顿堡森林(Teutoburg forest)损失了三个军团,总计两万人,残尸在战场上散落多年,奥古斯都皇帝在余下的统治期间一直为之惋惜。自那以后,这个被称为日耳曼尼亚的地区就再也没有被并入罗马帝国。有些事情可能当时看上去无关紧要,却会对后来造成巨大的影响,这便是其中之一。虽然异教徒塔西佗(约56—117)和基督徒萨尔维安(Salvian,5世纪)这两位罗马历史学家对日耳曼人的描述都有些拔高的成分,但这样做的目的主要是通过赞扬"野蛮人"更优秀的道德行为来震撼他们那些文明的读者。萨尔维安在《论上帝的统治》(*The Governance of God*)中评论道,贫穷但出身高贵、受过良好教育的罗马寡妇和孤儿,此时"正在野蛮人中寻求罗马人的尊严,因为他们无法忍受罗马人的野蛮侮辱"。教科书中经常引用这句评论,以此证明帝国的衰朽,它的压迫正在将自己的公民推向更具活力的日耳曼入侵者的怀抱。尽管如此,我们也不要忘了,紧接着的下一句中,萨尔维安就指出了两个民族在包括宗教信仰、语言甚至个人卫生方面的种种不同之处,凸显了这一行为的无可奈何。想要更加准确地了解与日耳曼人生活在一起有多么困难,就要去阅读欧吉皮乌斯(Eugippius)的《塞维里努斯传》(*Life of Severinus*)了。书中讲述了位于当今奥地利西部的诺里库姆(Noricum)的这位圣人主教的生平,以及他为保卫自己的教区,抵御包括鲁吉人（Rugi）、阿勒曼尼人、图林根人（Thuringians）、东哥特人和赫鲁利人（Herules）在内的众多日耳曼入侵者而做出的注定失败的努力。

一些日耳曼人显然很迷恋罗马文化，想要享受它的好处，而不是将它彻底摧毁，就比如东哥特人狄奥多里克（Theodoric，493—526 年的意大利统治者，曾作为人质在君士坦丁堡的宫廷长大）。据狄奥多里克的首席行政官卡西奥多罗斯（Cassiodorus）的《信札》（Variae，即官方通信）所记载，他的哥特主人"很喜欢"罗马人的法律，认为它可以节制本族人"野蛮"的骚动和残忍行径，并向东罗马皇帝阿纳斯塔修斯（Anastasius）保证，自己的意大利王国是"效法您的国家，以您的美意为榜样，照搬了唯一的帝国"。然而，罗马人和哥特人之间仍然存在着难以抹平的猜忌和怀疑，比如狄奥多里克就在 524 年以叛国罪处死了他的内务长官（magister officiorum）波爱修斯（Boethius）。波爱修斯出身于罗马一个古老的家族，是一名天主教徒，而不是阿里乌派基督徒（Arian Christian）。[波爱修斯的一大慰藉是，他后来可能比迫害他的人更有名，因为他在狱中等待死亡时写下了那部著名的《哲学的慰藉》（Consolation of Philosophy）。]尽管狄奥多里克模仿罗马人的生活方式，但硬币上的他留着非常不罗马的小胡子，这还是暴露了他的"哥特性"。[23]

罗马人对其"野蛮人"邻居的敌意和蔑视，反过来又通过帝国对待后者的方式得到了凸显，即使面对的是他们的日耳曼盟友。[24] 罗马基督教护教士奥罗修斯（Orosius）祝贺狄奥多西（Theodosius）皇帝于 393 年在冷河（the Frigid River）战役中取得了双重的胜利，不仅击败了他在西方的对手尤吉尼厄斯（Eugenius），还战胜了他自己的哥特士兵，让他们在这场战役中尸横遍野。这似乎确实证明了沃德-珀金斯的说法：对罗马人来说，"死去的蛮族才是最好的蛮族"。[25] 罗马人虐待跨过多瑙河前来定居的日耳曼难民，导致了378年哈德良堡（Adrianople）的起义和耻辱性的失败，瓦伦斯（Valens）皇帝在这里殒命，而一半汪达尔人血统的罗马将军斯提利科（Stilicho）在408年被杀，同时意大利北部发生了针对日耳曼人出身的罗马士兵妻儿的大屠杀，这帮助西哥特酋长阿拉里克（Alaric）的军队壮大了起来，他们将在410年洗劫罗马。公元2世纪末，罗马圆柱广场（Piazza Colonna）立起了马可·奥勒留圆柱（Column of Marcus Aurelius），上面突出展示了日耳曼人战败后被残酷处决和奴役的场景。[26]

还有一点要放在最后说，但同样很重要：一些关于罗马转型而非突然灭亡的因果解释，现在看来是缺乏可靠根据的。例如，教科书中经常讲，罗马的经济和贸易，以及由此而来的负担其庞大军队所需的课税基础，早在3世纪就已经开始萎缩了，但这方面最新的考古学证据形形色色，完全无法下定论。[27] 似乎要到541年首次暴发瘟疫之后，整个地中海世界才开始出现明确的经济衰退。[28] 关于这一时期整个帝国人口减少的断言，实际上充其量是纯属猜测。罗马确实有人口普查（最有用的记录在埃及行省留存了下来），但利用这一证据和其他证据时，还是有许许多多的限制因素。[29] 有一些周期性的传染病和大流行，或者说是死亡率危机，可能导致了"生活节奏的严重混乱"，由此促成了帝国晚期的衰落。[30] 但由于缺乏统计学上有效的档案数据，它们对人口的影响非常难以证实，[31] 因此，它们在帝国最终命运中的作用仍在讨论中（见下文）。

而沃德-珀金斯等学者则认为，罗马帝国迟至5世纪初仍然维持得很好，它的灭亡在当时是相对迅速且无法预测的，在一定的时间内原本是可以避免的。与其说是注定要经历长时间的缓慢衰落，不如说是一系列偶然情况（对罗马的终结而言）恰好在这个特殊的时机同时发生了。这些情况包括：通常心不齐（在此之前，罗马一直都能够利用这种情况）的各个日耳曼部落更加频繁地联合起来，形成了更大的集团或联盟；与此同时，帝国内部一连串灾难性的内战和社会动荡［由神秘的巴高达起义军（Bacaudae），或农民强盗和"斗士"所导致］分裂了西罗马的领导层，严重削弱了其抵御和反击外来入侵的能力。帝国政府表现出了一种令人不安的倾向，以一种自我毁灭的方式牺牲并交出了阿基坦（Aquitaine）、高卢北部和当今的瑞士地区等行省，只为迎合西哥特人、勃艮第人和阿兰人（Alans）等"盟友"，而他们最终都凭借手段，将这些条约规定的定居地区变成了独立王国。例如，这种政治策略导致北非在429—430年落入汪达尔人之手，那里或许是罗马最富裕的税收基地。甚至连罗马正规军本身的领导权此时都交给了日耳曼军阀，他们自457年起就开始随意指定皇帝，直到其中之一的奥多亚塞认为自己已经拥有了足够的权力，完全可以废黜皇帝，自立为帝了。

　　支持罗马帝国真的衰亡了的这些论据，似乎把古代晚期说的老前辈彼得·布朗都说服了，至少让他在一定程度上承认了这一点。布朗在最近一部著作的开头承认，430年之后，罗马帝国确实步入了一段危机深重的时期，"我们现在面对的是一个剧烈混乱之后一贫如洗的社会"，因此，最晚到600年，"我们已经站在了另一个世界的门槛上，它与我们故事开头的那个古代世界截然不同"。布朗仍然强调这一过程的地方性，所以会说有些地区的情况"比其他地区好得多"，而且他对罗马灭亡的任何具体时间都避而不谈，比如476年；此外，他认为至少还是存在着些许连续性的，特别是就罗马国家的公共财富而言，这些财富此时转移到了基督教会。但布朗也承认，这是他"最难写的一本书"，因为要坚持他的论点，即教会的连续性也意味着晚期罗马文化和社会的连续性。生活在对这一时期的学术研究"井喷"的时代，让布朗相信，"对罗马世界具体情况的研究出现了戏剧性的转折，改变了我们对晚期罗马社会整体，以及基督教在其中的作用的认识"。[32]

如果罗马真的衰亡了，那么这个惊天动地的大事件带来了哪些后果呢？需要说明的一点是，至少在罗马帝国西半部的大部分地区，居民的物质财富和整体的经济状况随着罗马的灭亡而遭受了灾难性的打击，沦落到自欧洲的铁器时代以来，或者说是约公元前 509 年罗马共和国建立以来从未有过的史前水平。当然，其他历史学家会指出，帝国东半部的情况要好得多（大多数研究古代晚期的学者都更愿意把研究重点放在那里，这也并非巧合），但即使在东半部，也可能是从西方未曾有过的更高水平一落千丈了。[33] 即使是那些选择用"连续论"而非"灾变论"来解释罗马世界转型的历史学家也必须承认，到 5 世纪末，整个帝国先前的领地，在文化、行政和经济方面的统一性和复杂性都有所衰退，变得更具地域多样性、更加简单化，尤其是在古典拉丁语教育、税收财政制度和商业交易方面。[34]

当然，这并不意味着罗马帝国的鼎盛时期就不存在地域差异了，也不意味着每个人都倾心于罗马治下的和平（*Pax Romana*）。罗马冷酷无情的征伐，对从不列颠群岛到德意志的凯尔特文化的破坏尤为严重。[35] 在帝国东部边境，巴勒斯坦的犹太人也常年反抗罗马人，在公元 66—70 年和 132—135 年发生了大起义。正如塞内加（Seneca，公元前 4—公元 65）雄辩地指出的那样，纵观帝国的整个历史，即使是在鼎盛时期，被征服民族和其他不幸之人所遭受的奴役，也能让罗马宣称的人类大同、"四海一家"的谎言不攻自破。或许帝国的终结确实解放了其中一些被征服的文化，使它们可以被现代的古代晚期历史学家寻回。但在这一时期，基督教崛起成为主导，产生的压迫性影响即使不比异教的罗马更甚，至少也是不相上下。沃德-珀金斯提出的理由是，罗马帝国，至少是晚期的罗马帝国，在文明史上具有独一无二的包容性，与一味追求支配和剥削的现代帝国大不相同。在罗马灭亡的所有原因中，人们普遍认为的被统治者对自由和自由权利的渴望，根本排不上号。[36] 对罗马帝国的哀悼，既是为当今时代更大规模的国际合作吹响了警笛，也是在警告我们，罗马人曾经那么努力去实现的、互相联系的和平与繁荣，是多么脆弱、多么易逝。

罗马的生态衰亡和倒退之一

对于复兴的罗马帝国衰亡论，环境史学家是最热情的支持者。[37] 部分原因在于，历史学家赖以了解过去环境状况的许多"代理数据"（proxy data）——例如树木年轮的测量结果（树轮年代学）、冰芯的读数、对洞穴中沉积物或矿床的分析，等等——表明，此时帝国的气候正在经历骤变。从大约公元前 200 年，一直到公元 150 年，是"罗马温暖期"（Roman Climate Optimum），帝国的气候普遍比较"温暖、潮湿、稳定"，而 150 年至约 450 年为"罗马过渡期"（Roman Transitional Period），气候变得更加凉爽、干燥，稳定性和可预测性也大幅降低，最终在 450 年至约 700 年的"古代晚期小冰期"（Late Antique Little Ice Age）达到极点，气温出现了严重的变冷趋势，这一趋势始于 536 年

("无夏之年")的"尘幕"(dust veil)事件,原因是火山喷发向大气层释放气溶胶微粒,阻塞了太阳的增温能量。[38]

但除了气候,晚期的帝国还面临着疾病的反复发作,由于罗马四通八达的贸易网络,疾病首次达到了全面大流行的程度。最先袭来的是从公元165年一直延续到191年的"安东尼瘟疫"(Antonine Plague),这十有八九是天花;然后是约249年至262年的那场神秘的"居普良瘟疫"(Plague of Cyprian),这可能是病毒性出血热;最后是所有瘟疫中杀伤力最大的——541年到750年的第一次鼠疫大流行。[39]疾病无疑与气候有因果关系,但人们也认为,人类对环境的影响,尤其是在城市化这件事情上,营造了致命的"生态环境,置人于死地的微生物就生活在其中"。还有人认为,疾病才是"决定罗马命运"的更有力因素,而不是气候变化。[40]这一切对自以为是的世界征服者来说,都是一个挫其锐气的戏剧性故事,用凯尔·哈珀(Kyle Harper)的话说,罗马帝国的灭亡代表着"大自然击败了人类的野心"。[41]

罗马历史学家经常谈论帝国的"第一次崩塌",或者叫"3世纪危机"。当时,在外敌入侵、疾病、干旱、内战、政治动荡和经济萧条的重压下,帝国几近崩溃。所有这些因素中,气候变化和疾病可以说是诱发或促成因素,因为它们至少造成了暂时性的人力和食物短缺,这对罗马人生活的其他方面,无论是经济、社会、政治还是军事等,都产生了"继发"效应,或者叫多米诺骨牌效应。[42]这是"军营皇帝"的时代,罗马皇帝由军队废立,速度之快令人担忧。从235年到268年的33年里,至少立了26位皇帝,平均一年半不到就有一位新的候选人。显然,这造成了巨大的政治动荡,而这只不过是危机期间诸多相互关联的问题之一。

这场危机的序幕是 2 世纪的安东尼瘟疫，它的出现几乎恰逢罗马温暖期的结束。[43] 这种天花病毒的正式名称叫"重型天花病毒"（Variola major），起源于非洲啮齿类动物特有的一种痘病毒，于 166 年首次袭击罗马。著名的罗马医生帕加马的盖伦（Galen of Pergamum，129—约 210）虽然逃离了首都，但他描述的症状似乎很符合现代对这种疾病的诊断，包括发热、"黑脓疱疹"和喉部溃疡性病变。[44] 在罗马人的生活中，疾病是季节性的，一般在夏末秋初达到高峰（主要是由于当地存在疟疾），可这次大流行一改通常的慢性模式，放大了现有的正常死亡率年龄结构，尤其是带走了非常年轻和非常年老的人。[45] 天花通过人与人之间的直接传播，扩散到了帝国的四面八方，从西边的不列颠和西班牙，到东边的叙利亚和埃及。马科曼尼战争（Marcomannic Wars，166—180）期间的军队调动，还有贸易，或许都起到了推波助澜的作用。[46] 据可靠估计，这场大流行的总死亡率在 10%—20% 之间：当然足以产生人口学意义上的影响，但或许并不足以引发不可逆转的人口下降。[47]

历史学家对安东尼瘟疫的长期影响也有争论。[48] 如果说有什么共识的话，似乎是虽然天花对从来没有接触过这种疾病的人口造成了"系统性冲击"，但帝国确实恢复了，只是恢复到的健康状态不再拥有同样"无可挑战的霸权"。征兵、货币的稳定、物价上涨、农业和建造项目受到的冲击、权力结构的行省化以及对死亡的宗教解释，这些事情所带来的挑战，都将预示着更严峻的考验。虽然帝国幸免于难，但它所保有的韧性可能已经耗尽，这为 3 世纪危机埋下了伏笔。彼时，帝国面对气候和疾病的双重压力，容错率要小得多。[49]

在 193—235 年塞维鲁王朝［Severan，即塞普蒂米乌斯·塞维鲁（Septimius Severus）皇帝及其后代统治时期］的复兴之后，该世纪中期的危机到来了。真正的大乱始于居普良瘟疫，这场"被遗忘的大流行"于 249 年首次袭击埃及，251 年袭击罗马，之后更是在地中海地区层见叠出，总共肆虐了 15 年。这种疾病的特点是迅速发作的腹泻、发热、呕吐、眼睛出血、四肢坏疽、虚弱、失聪和失明。与安东尼瘟疫一样，居普良瘟疫［以迦太基主教（Carthaginian bishop）的名字命名，他是基督徒应对这场疾病的带头人］也起源于非洲。它传播迅速，似乎极易在人与人之间传染，病死率也很高，所到之处死亡者数以千计。它还对所有社会阶层一视同仁，大城市和小村庄都不放过，而且与安东尼瘟疫一样，罔顾慢性病的时节，在冬季肆虐，那时人们可能都聚集在家中。[50] 与此同时，罗马帝国的"粮仓"埃及行省，在被称为罗马过渡期的不稳定气候模式中遭遇了严重干旱。3 世纪 40 年代，尼罗河一年一度的泛滥连年没有出现，导致歉收，因而极大地抬高了谷物价格。[51] 总而言之，这就是哈珀所推断的"在罗马埃及行省的 7 个世纪里，能够察觉到的最严重的环境危机"。[52]

在安东尼瘟疫的影响下，帝国的韧性已经大不如前，此时又遭受了这些冲击。这些冲击对帝国造成的压力"超出了其能承受的阈值，引发了继发的变化和系统性重组"。[53] 这场危机是多方面的，包括银币严重贬值造成的货币崩溃，这导致了恶性通货膨胀；社会/政治秩序的倾覆，军队不再由元老院控制，而是掌握在层出不穷的职业军事精英手中，他们几乎全都来自多瑙河下游、位于今克罗地亚和塞尔维亚的一块边境地区；帝国在两条战线上的边防崩溃，日耳曼部落越过莱茵河—多瑙河边界，涌入西部的高卢和意大利，波斯人则是征服了东部的亚美尼亚和叙利亚行省；最后是基督教的发展，挤占了民间多神教的空间，这或许是因为，对于致命的居普良瘟疫所提出的生存挑战，基督徒在精神上的应对更为有效。[54] 当帝国最终在戴克里先皇帝（284—305 年在位）的统治下重组时，情况发生了根本性的变化。此时的帝国实际上分为东西两大战区，每个战区都有自己的奥古斯都和一名指定的继承人，即恺撒，四位共同统治者构成了所谓的"四帝共治制"（Tetrarchy）。随后，君士坦丁皇帝（306—337 年在位）采取了同样激进的措施，改信基督教，并迁都至位于分隔欧亚的狭窄海峡博斯普鲁斯海峡入口处的君士坦丁堡。[55] 350 年至 370 年，发生了一场持续了 20 年的大旱，气候史学家称其为过去两千年里最严重的旱灾。这场旱灾迫使欧亚大草原的匈人（Huns）在 4 世纪末 5 世纪初西迁，去寻找水草丰美的牧场。[56] 于是，在这样一种多米诺骨牌效应下，日耳曼部落的民族大迁徙开始了，最终结果就是西罗马帝国的灭亡。[57]

罗马的生态衰亡和倒退之二

走上戴克里先和君士坦丁两位皇帝确立的道路之后，4 世纪对帝国来说是一段恢复重建期。但气候也在配合这方面的努力，普遍比上一个世纪更加温暖和稳定了，尽管西部和东部行省之间还是会有一些例外和差异。[58] 当然，在 5 世纪，西部行省向日耳曼人和匈人的入侵屈服了，而以君士坦丁堡（从前的拜占庭）为基地的帝国东半部，则比罗马更加从容地渡过了这个难关。[59] 它的军队、经济和政治领导能力都要比西半部强劲得多。

因此，当一位雄心堪比帝国鼎盛时期的皇帝出现时，执行其命令的体系已经就位。查士丁尼于 527 年登基，似乎并没有人告诉他罗马帝国已经灭亡。虽然东罗马帝国是受到拉丁、希腊和亚洲影响的复杂混合体,但是在整个中世纪,它在欧洲被称为"Romania"("罗马尼亚"),在阿拉伯人中被称为"Rūm",即"罗马",其居民自称"Romaioi",即"罗马人"。显然,拜占庭人自视为远远谈不上亡国的罗马帝国真正的继承人,也是最有资格延续其遗产的人。因此,查士丁尼的目标是以君士坦丁堡为中心,彻底恢复罗马帝国,也就不足为奇了。与拜占庭最危险、最强大的对手波斯进行了一场无关紧要的战争后,查士丁尼将注意力转向西方,让手下才华横溢的将军贝利萨留(Belisarius)入侵了北非的汪达尔王国。534年,汪达尔人刚刚被击败,查士丁尼就下令发动新的入侵,这次的对象是意大利的东哥特王国(严格意义上是帝国的一个属国)。贝利萨留于535年攻占了西西里岛,之后又在次年攻占了罗马。但由于哥特人比汪达尔人更加骁勇善战,所以又过了20年,直到554年,意大利全境才最终得以平定。同年,拜占庭军队占领了西班牙南部。除了北部行省,查士丁尼实现了他恢复西罗马帝国最大疆域的梦想。

但好景不长。到了7世纪和8世纪,拜占庭逐渐陷入孤立,原因在于伊斯兰势力的崛起,以及与主要以罗马教皇为代表的西方基督徒的关系破裂〔这是因为皇帝利奥三世(Leo Ⅲ)的圣像破坏政策,该政策下令摧毁宗教图像,即圣像〕。但即使是在查士丁尼统治时期(527—565),显然形势也并不像看上去那样一片大好。特别是查士丁尼宫廷的史官凯撒里亚的普罗柯比(Procopius of Caesarea,约500—554)对皇帝在国内外通过似乎无穷无尽的战争所造成的生灵涂炭深感痛惜。普罗柯比著有《秘史》(*Secret History*)——这部史书从来就不是给皇帝或者审查官看的。他在书中指责查士丁尼将整个利比亚和意大利变成了"不毛之地",而罗马此时确实被彻底抛弃了,作为旧共和国核心和象征的元老院也不再开会。具有讽刺意味的是，根据这种说法，查士丁尼试图恢复昔日帝国的荣光，实际上却加速了它悲剧性的陨灭。普罗柯比非常鄙视在他看来要对这种状况负责的那个人，以至于称其为披着人皮的"邪魔"，穷凶极恶的怪物，杀死了"一万亿人"，算上所有死去的"罗马士兵"，连同更多的、不计其数的受害者，包括男人、女人和儿童。[60] 普罗柯比说的查士丁尼是恶魔就是字面意思。他引用了皇帝自己母亲的证词作为证据，她声称自己怀的是梦魇（incubus），也就是男性形态的恶魔之子。此外，皇帝的几名随从也做证说，皇帝的头会突然脱离身体，或者变成一个"不成形的肿块"，而且他在夜里经常不睡觉，从不吃正餐。

有人可能会反驳说，对这个人的这些评价都太过苛刻了。这些评价忽略了可能是查士丁尼统治期间最伟大的成就——《民法大全》（Corpus Juris Civilis），这是一部对保存下来并流传后世的罗马法律先例的汇编，新旧都包括。对于确保罗马世界与即将到来的中世纪之间保有某种程度上的连续性，它起到的作用也许是最大的。无论历史学家多么想要将民族国家的起源追溯到上至5世纪末6世纪初的日耳曼人"继承王国"——这时我们的脑海中会浮现出克洛维（Clovis，481—511年在位）统治下的法兰克王国，以及狄奥多里克（475—526年在位）统治下的东哥特王国——我们都必须记住，查士丁尼证明了这些中世纪早期的王国是相当脆弱的。再者，它们的大部分人口，例如克洛维的法兰克王国的高卢—罗马人，根本不把自己视为任何原始民族部落的成员，而是视为一个国际性的世界帝国的一部分，并且仍然忠于这一理念。大多数学者和历史学家会在这一点上达成共识：查士丁尼至少是耗尽了帝国的资源——日后对抗其他敌人时急需的资源——也确实蹂躏了他所征服的大部分土地，因此，想要通过征税来维持他所征服的土地，几乎是不可能的。[61]

抛开拜占庭衰落乃至灭亡的内部原因不谈（君士坦丁堡在1204年第四次十字军东征之前一直掌握在希腊人手中，之后在1453年永久落入奥斯曼突厥人之手），现在的争论主要集中在外部对衰落的影响上。一个非常重要的因素是气候的变化。450年左右，过渡时期被所谓的古代晚期小冰期所取代，顾名思义，这一时期开始了急剧变冷的趋势。就在541年第一次鼠疫大流行到来之前，536年和539年至540年发生了两次火山喷发，释放出的硫酸盐颗粒像"尘幕"一样阻挡了太阳的热量。根据代理数据，这些事件导致气温骤降5华氏度以上，使6世纪30年代中期到6世纪40年代中期的十年成为两千年来最冷的十年之一。[62]

考虑到这次气候异常发生的时间，人们自然想要将其与另一场巨大的生态危机——鼠疫的到来——建立起某种联系。但要如何建立呢？高加索地区，即黑海与里海之间的地区，[63] 曾经是穿过中亚的丝绸之路的一个终点站，本身也是一个地方性鼠疫中心（至今仍是）。如果这次冰期伴随着异常潮湿情况（大部分的高加索地区似乎就是这样的情况），那么这可能促进了鼠疫从地方性流行中心向外暴发。至于如何做到这一点，则是通过所谓疾病沉积的"营养级联"（trophic cascade）模式，即降雨和湿度的增加刺激植物生长，进而刺激啮齿类动物和跳蚤数量的爆炸性增长，二者分别是腺鼠疫的宿主和病媒。[64] 同样的道理，洪水或严寒也可能促使野生啮齿类动物在人类居所和家栖鼠附近寻求庇护，从而促进鼠疫的传播和扩散，使之从动物流行病（即在啮齿类动物中暴发）转变为动物共患病（在啮齿类动物和人类中暴发）。[65] 可能引发中世纪晚期黑死病的一个完全类似的事件是小冰期（LIA），它同样开启了一段天气更加寒冷潮湿的时期，这一时期始于14世纪40年代。[66]

第一次鼠疫大流行

鼠疫是一种由鼠疫耶尔森菌（Yersinia pestis）引起的疾病，这种细菌被视为人类已知的"最致命的细菌之一"。[67] 在人类身上，鼠疫可以表现为三种形式——腺鼠疫、肺鼠疫和败血症鼠疫，其形式取决于细菌如何入侵并在体内传播。腺鼠疫的病死率约为80%，而肺鼠疫和败血症鼠疫的死亡率高达100%；这些在已知的人类所患疾病中都属于病死率最高的那一类。[68]

公元541年，鼠疫袭击了尼罗河三角洲东部的埃及港口城市培琉喜阿姆（Pelusium，今苏伊士运河附近），之后到了541年底或542年初，鼠疫传到了博斯普鲁斯海峡畔的拜占庭首都君士坦丁堡。[69] 这是第一次鼠疫大流行的开始，也是这种疾病第一次在世界范围内出现。在接下来的两个世纪里，鼠疫又暴发了至少17次，一直到750年前后，随后便销声匿迹，直到14世纪中叶黑死病的到来，也就是第二次大流行。[70]（第三次鼠疫大流行于19世纪出现在中国和印度，并且活跃至今。）同时期观察者的描述，例如普罗柯比和讲叙利亚语的助祭（deacon）以弗所的约翰（John of Ephesus），给出了对腺鼠疫的明确诊断。这是鼠疫最常见的类型，由老鼠和它们身上的跳蚤传播，其标志性症状是肿块（boubones），主要出现在腹股沟、腋窝和颈部。[71] 不过普罗柯比也描述了另外一些症状，比如"黑色脓疱"和咳血，分别强烈地指向败血症鼠疫和肺鼠疫。[72] 有几位学者主张肺鼠疫——通过空气传播的飞沫实现人传人——的影响更大，理由是这可以解释疾病早期在君士坦丁堡的迅速传播，而且城市的人口密度也会促进传播。[73] 然而，学界对于第一次大流行的多数共识似乎反对这种说法。[74]

据这两位编年史作者记载，鼠疫在首都造成了令人震惊的死亡。普罗柯比记录称，疫情高峰期每天有 1 万人死亡，而以弗所的约翰记录的数字是 16 000 人。根据约翰的说法，驻守在港口、十字路口和城门的人计算出来的死亡总人数是 23 万，之后他们就停止了计数，但他估计疫情结束时有超过 30 万人死亡。此外，约翰还描述了万人坑，那里一次最多埋葬了 7 万人，掘墓人踩在尸体上，尸体就像是葡萄榨汁器里的"烂葡萄"，一些尸体沉入了下面那些已经死了 5 至 10 天且积满脓液的受害者之中。活着的人开始戴着名牌出门，以防暴毙之后被丢在街上，或者被当成无名尸丢进乱葬岗。[75] 虽然按照约翰给出的数字，可能得出 60% 的死亡率（假定鼠疫前君士坦丁堡的总人口为 50 万），但大多数现代历史学家认为，他的证言多为道听途说和主观感受，因此不足为信。[76] 对于这一时期，我们实在是缺乏档案材料中的硬数据。相比之下，对于黑死病，可用的资料就非常充裕，可以让我们确切掌握实际的死亡人数，这对于评估瘟疫的真正影响不可或缺。[77]

古微生物学是一门从发掘出的昔日病患遗骸中分离和鉴定古代微生物的科学。由于这门科学的最新进展，查士丁尼大瘟疫由鼠疫耶尔森菌引起这一点已经不再有任何疑问。就第一次大流行而言，人们从四处遗址的样本中成功分离并鉴定出了古代鼠疫耶尔森菌的 DNA。这四处遗址分别是巴伐利亚的阿施海姆（Aschheim）和阿尔滕埃尔丁（Altenerding），可以追溯到 6 世纪；法国的维埃纳（Vienne），7—9 世纪；以及法国的桑斯（Sens），5—6 世纪。[78] 所有这些样本都取自发掘出的鼠疫受害者包裹在牙齿中的牙髓，如果细菌进入了血液循环系统，因而进入牙齿的供血，那么细菌检测就会呈阳性。用一个研究小组的话说："这些发现证实了鼠疫耶尔森菌是查士丁尼大瘟疫的病原体，也将为第一次鼠疫大流行的病原体之争画上句号。"[79]他们还证明了，导致第一次鼠疫大流行的鼠疫耶尔森菌菌株与导致第二次和第三次大流行的菌株在基因上截然不同。事实上，第一次大流行的菌株已经灭绝——这是基于它们在现代贮主（reservoir）抽样样本中绝迹的情况做出的判断。这意味着啮齿类贮主中出现了全新的菌株，进而引起了中世纪晚期的黑死病。[80]

导致查士丁尼大瘟疫的菌株，是否比导致后来的黑死病的菌株毒力更弱呢？随着时间的推移，鼠疫耶尔森菌展现出了非同寻常的遗传稳定性，但突变也时有发生，通常是通过遗传漂变（genetic drift）等中性过程，尤其是当疾病突破其地方性动物病和地方性流行病中心，感染大量啮齿类动物和人类时（也就是发展成动物流行病和传染病）。[81]到公元前1000年的开端，鼠疫很可能已经包含了作为一种人畜共患病的超强毒力和传播力所需的全部遗传因子。然而，对阿尔滕埃尔丁一名受害者的重建基因组的分析表明，在第一次大流行前不久，与毒力有关的基因确实发生了突变，而即使是单一突变，它所导致的微调也能够极大地增加鼠疫"致死的可能性"。[82]由于在黑死病前不久还出现了一次规模更大的基因"大爆炸"（第八章），而鼠疫又通常会选择毒力更强的方向，以确保发展成能够感染跳蚤病媒的啮齿类败血症，[83]因此，在中世纪晚期的第二次大流行期间，鼠疫可能还要更加致命。巴伐利亚的发现还显示出古微生物学是如何为有关鼠疫的历史记载添砖加瓦的，因为在第一次大流行期间，这一地区的疾病没有任何书面记载。[84]

关于第一次大流行，还有两个流行病学方面的问题尚无定论：第一次大流行从哪里开始，又为何结束？历史证据包括普罗柯比和埃瓦格里乌斯·斯克拉斯蒂克（Evagrius Scholasticus）等同时代编年史作者用希腊语写下的证词,他们似乎倾向于非洲起源论,具体来说是埃及或埃塞俄比亚。这一时期,拜占庭帝国与这两地的外交和贸易关系,要比与东方的中国或印度密切得多。[85] 9世纪以来的阿拉伯史料也将这场瘟疫的地方性流行中心指向了埃塞俄比亚。[86] 同时人们认为,并没有历史证据表明541—542年鼠疫暴发时,中国、中亚或印度有鼠疫存在。[87]

然而,古微生物学研究表明,第一次大流行期间造成受害者死亡的鼠疫耶尔森菌菌株发源于亚洲。[88] 人们假定有一种发源于非洲的"安哥拉"菌株,它足够古老,是可以引发查士丁尼大瘟疫的,但是到目前为止,从鼠疫受害者身上分离出的鼠疫耶尔森菌 aDNA① 全都与之不匹配。[89] 当然,有可能早在第一次大流行之前,鼠疫耶尔森菌就从亚洲迁移到了非洲,并在那里形成了一个地方性流行中心,但也可能是亚洲的地方性流行中心直接导致鼠疫在君士坦丁堡以及埃及和非洲同时暴发。[90] 在得到更多信息,例如从古微生物学得来的信息之前,我们无法确知。[91]

至于为什么这一时期地中海地区会出现大流行,学者们指出,有3个因素在这一时刻汇集在一起,为第一次大流行创造了可能性。首先,在541年大流行到来前不久,产生了一种新的、更致命的病原体,地点很可能就在这种疾病的原产地中亚大草原。其次,查士丁尼在北非和意大利的战争,导致帝国本身的交通和贸易往来增加,为瘟疫的迅速传播做好了准备,至少在地中海盆地是这样。最后,就是上一节讨论过的古代晚期小冰期这一气候诱因,它可能引起了"营养级联"(trophic cascade)反应,导致老鼠和跳蚤种群迅速增加并最终扩散开来。[92] 然而,有人认为,引起鼠疫的一连串因素太过复杂,以至于我们永远无法真正

---

① aDNA,即古DNA,详细解释见本书第二章。

地确知鼠疫为何会在特定的时间点暴发了。[93]

然后，我们还需要解释鼠疫为何在 8 世纪中叶突然消失，却在 6 个世纪后卷土重来。[94] 对这一问题的解答基本上分为两种，而这两种未必是互斥的。一种是外源性的，换句话说，是在人类的意识或控制之外的。这包括老鼠和/或人类以某种方式对这种特殊的鼠疫菌株实现了永久免疫，也就是基因免疫。这样的结论可以解释这种菌株为何灭绝，在现代种群中再也无处可寻。[95] 这里还包含着这样一个假设：如果不是细菌或宿主的基因突变导致鼠疫灭绝，它便会成为欧洲啮齿类种群的地方病，无限期地持续存在下去，在人类种群中不定期暴发（平均每 11.6 年暴发一次）。[96] 其他学者还指出，气候变化也是一个因素。当时，古代晚期小冰期被一种更温暖、更干燥的趋势所取代，后者被称为"中世纪气候异常"（Medieval Climate Anomaly）或"中世纪温暖期"（Medieval Warm Period），可能不利于跳蚤病媒或啮齿类宿主的活跃。[97]

内源性的解释认为，鼠疫的消失源于人类的文化和行为。然而，这里的选项寥寥无几：与黑死病时期不同的是，当时并没有制定（我们所知的）隔离措施或贸易禁令来遏制疾病，阻止其传播。人造环境也没有发生任何重大变化，例如建筑施工，这会影响老鼠和跳蚤的出没。也没有引入能取代黑鼠的新啮齿类物种。这样一来，在第一次大流行期间，贸易就成了人类能够改变其疾病轨迹的唯一可能途径。这种解释是假设欧洲不存在鼠疫耶尔森菌的地方性贮主，但贸易或某些其他手段一定会定期将这种细菌重新引入该地区，而当这种周而复始的重新引入停止时，鼠疫就消失了。[98]

但 8 纪中叶的贸易，例如从亚洲到欧洲的贸易，可能因为什么而停止呢？说来也怪，750 年恰好是阿拔斯王朝崛起的年份，它于

1月25日在扎卜河战役（Battle of the Zab）中推翻了倭马亚王朝（the Ummayyad Dynasty），战役的地点位于当今的伊拉克。几乎是转眼之间，新的阿拔斯王朝哈里发萨法赫（As-Saffāh，750—754年在位）就在751年7月的怛罗斯战役（Battle of Talas）中大败中国的唐朝。这结束了中国对中亚的控制，从而也结束了中国对连接东西方的丝绸之路（由唐朝于639年重启）的控制，并带来了一个竞争更激烈、更加不稳定的时期，包括阿拉伯人在内的各方势力都在争夺对这一地区的支配权。直到13世纪蒙古帝国的崛起，才重新开启了一条可靠的贸易路线，这条路线穿过中亚的鼠疫地方性流行中心，携带着货物，以及细菌。

第一次大流行对东罗马帝国的整体影响是什么呢？这几乎完全取决于人们所认可的死亡率有多少：由于缺乏硬数据，只能根据经验猜测。若假设疾病两次出现的情况相同，因此对死亡率的影响也相同，就把黑死病那些记录较为详实的数字套上去，显然是不够的。[99]这两次大流行不可能都是"人类文明所经历过的最重大的疾病事件"！[100]归根结底还是第一次大流行没有太多硬数据可以利用。

第一次大流行的真实死亡率存在很大的不确定性，因此，关于其影响的争论多年来一直十分激烈。老一辈学者认为瘟疫的影响特别大，这或许是对他们的研究对象被忽视而做出的反应。这些学者假定累积死亡率为50%—60%，与后来的黑死病的影响相当。他们认为，查士丁尼大瘟疫导致人力短缺或真空，这才让阿拉伯人得以入侵东部边境，让斯拉夫人和伦巴第人得以入侵西部。简而言之，这场瘟疫扫除了罗马帝国最后的残迹（第二次，也是最后一次"灭亡"），代之以比它小得多的拜占庭帝国，并宣告了中世纪早期的到来，其标志是重心从地中海向欧洲北部转移，以及面对新兴伊斯兰帝国的新生民族国家的崛起。[101]

果不其然，有人唱反调，将瘟疫的影响最小化。这种观点认为，普罗柯比、以弗所的约翰和埃瓦格里乌斯等同时代文学史料中的证词，语气都很"歇斯底里"，因此夸大了第一次大流行的重要性。而如果我们求助于考古学证据，或者至少是非文学证据，例如墓葬碑铭或铸币制造记录（即钱币学），那么传染病死亡率的影响似乎很有限，尤其是在农村。[102] 然而，批评者指出，这样的证据大多支离破碎，因此并不可靠，这主要是因为瘟疫本身的破坏性太大，以至于生产减少了。[103] 所以，用史料的沉寂来解释瘟疫的影响，正说反说都有理，而从局外人的角度来看，也很难找到任何方法为这样的循环论证做出裁定。

最近，大方向重新回到了这样一个论点：瘟疫作为从古代晚期向中世纪早期过渡的动因，影响力十分巨大（可能有人会说是"单一原因"，但这种说法目前并不流行）。[104] 一种假设再度出现（显然是基于普罗柯比），即认为不仅仅是首都的人口，整个东罗马帝国的人口都减半了，从大约 3 000 万减少到了 1 500 万，定期复发、死亡率更小的其他事件使人口在这一低位水平至少保持到了公元 600 年。[105] 这充其量也只能算是猜测。很有可能第一次大流行的死亡率确实达到了如黑死病般的 50%—60% 的"骇人"水平。同样，也有可能并非如此。有人认为，经济和宗教/文化上的转变，足以与黑死病相提并论，但这也并不意味着二者的影响同样重大。某些趋势，例如谷物价格暴跌、薪资上涨和兵源短缺，可以很容易地追溯到严重的人口危机，就比如瘟疫带来的危机。但其他一些更加关乎存在的变化，比如圣母马利亚崇拜、圣像崇拜、世界末日论和社会上"礼拜仪式化"（liturgification）的兴起，则可能有很多原因。[106] 要量化所有这些变化也并非易事，这同样是因为缺乏硬数据。尽管如此，这一流派还是会认为，"从人口结构的崩溃到东罗马帝国的败亡,有一条相对没那么复杂的路线"。[107]

于是就有了这样一种主张:基于第一次大流行最多 40% 的平均死亡率,在这两个极端之间取一个中间值。[108] 这与当前人们认为的 1346 年至 1353 年第二次大流行首次暴发时 50%—60% 的死亡率(第八章)相比,还是低了不少。[109] 除毒力可能较低之外,查士丁尼大瘟疫的地理范围可能也小于黑死病。以弗所的约翰的证词表达得很清楚,第一次大流行无疑既渗入了农村地区,也渗入了城市。[110] 但在 541 年至 544 年的第一"波"大流行中,它可能并没有同时侵入所有的地方,尽管普罗柯比声称它"没有放过任何岛屿、洞穴和山峰"。[111] 文学史料中所宣称的,瘟疫将在 543 年这一年之内侵入意大利、高卢、西班牙、不列颠、埃及、巴勒斯坦、叙利亚和美索不达米亚(即整个东西方)的观点,着实令人难以置信。[112] 此外,随着 6 世纪的进程,越来越多的贸易联系被切断,社群变得孤立和地方化,这进一步限制了瘟疫可能的传播范围。[113] 英格兰和西班牙当地的史料显示,瘟疫直到 7 世纪才出现,还只是局部零星暴发。[114] 虽然至少根据文学史料来看,瘟疫必定在叙利亚和美索不达米亚定期反复出现,但在埃及、巴勒斯坦和整个西方则要零散得多。[115] 因此,此时的瘟疫可能并不像几个世纪后的黑死病时期传播得那样迅速和广泛,彼时,欧洲的商业和贸易要远比此时发达和先进。[116] 中世纪晚期的老鼠可能也比帝国时期更多、更分散,尽管考古学证据表明,此时的老鼠已经遍布不列颠、高卢、莱茵兰、意大利和上埃及,在德意志、东欧、巴尔干半岛、安纳托利亚、叙利亚北部、北非和西班牙南部也有。[117]

因此,第三种观点认为,瘟疫确实对东罗马帝国的衰落起到了一定的推动作用,但它在历史舞台上的主导地位并没有达到中世纪晚期黑死病的程度。显然，城市和乡村的人口都减少了，这也影响了税收和征兵，戍边和抵御入侵者变得更加困难。[118] 在经济上，瘟疫宣告着一个缩减期的到来，证据就是缺乏新的建筑碑铭，铸币贬值，劳动力成本更加高——因为人们要求得到更高的工资和更有利的租约条件。[119] 最起码，瘟疫减少了查士丁尼及其继任者可以用来维持他所征服的土地、使帝国的权力与荣耀永存的资源。[120] 但这件事情也必须要归功于其他的参与者，就比如最近改信的阿拉伯人，他们随时准备利用瘟疫带来的机会。[121]

伊斯兰世界的崛起

如果说瘟疫重创了查士丁尼复兴旧罗马帝国的梦想，那么一个新势力在东方阿拉伯半岛的崛起，则是送上了致命一击。它侵占了拜占庭从前的大量领土，例如叙利亚和埃及。伊斯兰教的创立者名为穆罕默德，于公元 570 年出生在阿拉伯半岛西海岸附近毗邻红海的小镇麦加。632 年穆罕默德去世时，穆斯林（意为"顺服"唯一神安拉的人）已经做好了准备，要开始向阿拉伯半岛以外的叙利亚、伊拉克、埃及、波斯和更远的地方爆发式扩张了，尽管在穆罕默德生前，对拜占庭统治下的叙利亚最初的试探性袭击并不顺利。然而，关于穆罕默德死后的一个多世纪里"伊斯兰征服"的故事，一直掺杂着关于伊斯兰教本身的起源之争。在最近出现的修正主义论调看来，伊斯兰教并没有在穆罕默德生前作为一个完全成型的独特宗教出现，而是一场"信徒运动"（源自阿拉伯语中的"*mu'min*"，即"信徒"，它在《古兰经》中出现了 1 000 次，而"穆斯林"一词只出现了 60 次）。和穆斯林一样，"信徒"坚持严格的一神论，或者说信仰唯一的真主，以及预言的理念，或者说真主向一系列使者启示他的话语，穆罕默德是其中的最后一位，也是最优秀的（或者叫"封印"）。① 但信徒们并不排斥犹太人或基督徒，他们会将任何接受其严格的一神论和正义行为准则的人囊括在内。换句话说，穆罕默德从未像传统穆斯林学派所认为的那样，试图建立自己的、有别于犹太教和基督教等其他一神教派的新宗教，而只是开创了"一场一神教改革运动"。到 7 世纪末，哈里发阿卜杜勒-马利克（'Abd al-Malik）统治时期（685—705），这场运动才逐渐发展出伊斯兰教。[122]

伊斯兰教的扩张速度极快，令人叹为观止，东起印度边界沿着印度河的信德河谷（Sind valley），西抵伊比利亚半岛（见地图 2）。在这样的背景下，信徒运动将这种扩张的动机解释为首先是出于宗教需要，要建立一套正义的、全新的世界秩序，反对拜占庭帝国和萨珊波斯帝国的罪恶统治和不那么严格的一神论。在这种解释中，扩张与其说是将伊斯兰教强加给反抗的非穆斯林居民的暴力"征服"，不如说是多多少少算得上和平的"占领"——偶尔被激战或突袭所打断。在这种情况下，多半是异端的基督徒居民，以及相对较少的信仰犹太教和琐罗亚斯德教②的臣民，都默认了向新的管理者缴纳他们习以为常的税款，后者在宗教政策方面比拜占庭或波斯统治者要通融得多。[123] 例如，叙利亚、埃及和伊拉克的许多基督徒臣民是基督一性论派（Monophysites）或聂斯脱里派（Nestorians），他们或是相信基督的唯一神性，或是强调基督更人性的一面。这两个派别都很容易融入阿拉伯信徒反三位一体、严格一神论的教义，可他们却经常受到拜占庭皇帝和君士坦丁堡正统教会的迫害。

---

① 《古兰经》33∶40 中称穆罕默德为"众先知的封印"。
② 琐罗亚斯德教（Zoroastrianism），在古代波斯及中亚等地广为流行的一种宗教信仰，在中国也被称为"祆教""拜火教"。

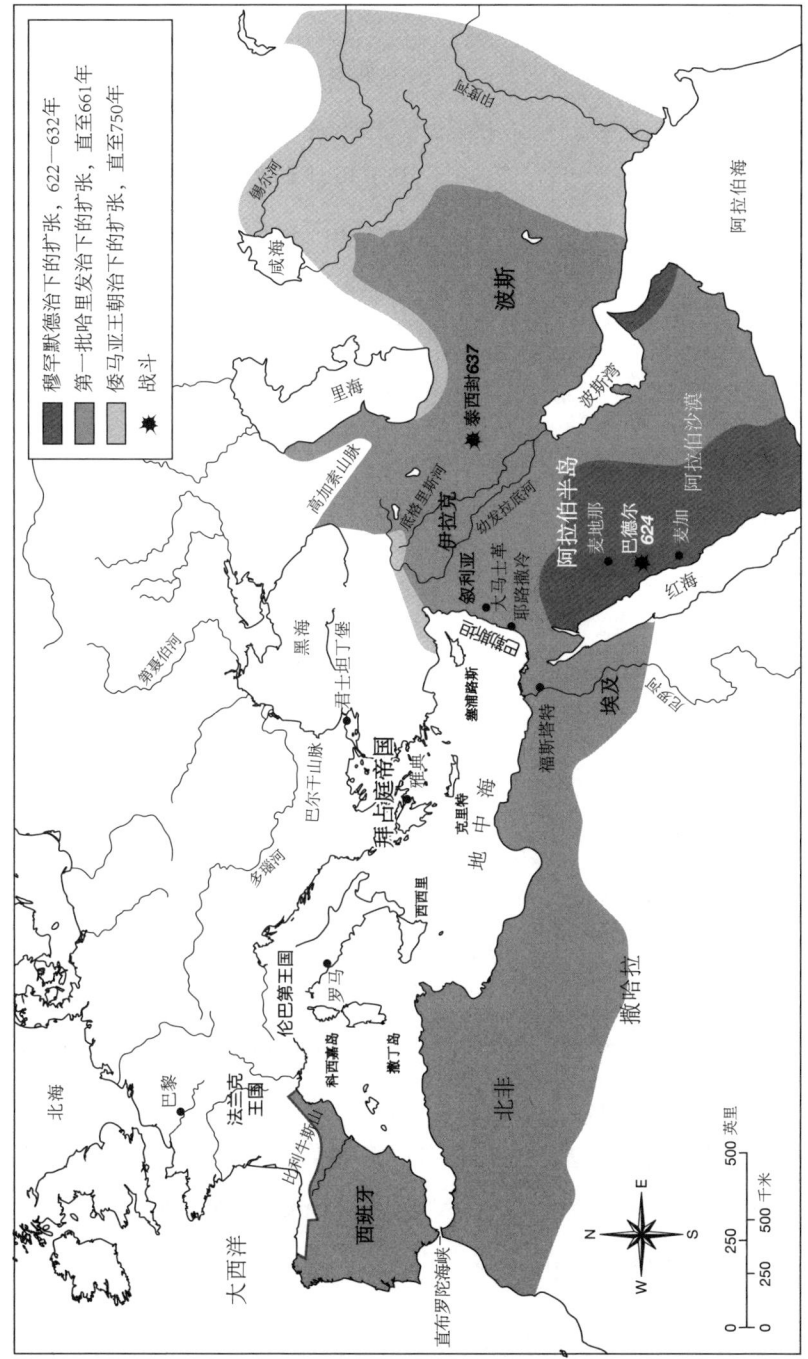

第一章　如果日耳曼人迁入你所在的帝国，别慌：罗马帝国的衰亡　　　　*The decline and fall of Rome*　　033

地图 2　关于"信徒运动"（也就是后来众所周知的伊斯兰教）的扩张状况的地图，直至 750 年

所有这一切都需要我们对传统的穆斯林史料进行批判性的重审，往往还要予以摒弃，转而采用考古学证据或希腊语和叙利亚语文献等在时代上更加接近的史料。例如，直到大约 685 年，阿拉伯"信徒"统治地区留存下来的铸币都在很大程度上沿用了拜占庭或波斯的图样，上面只刻有"单句"清真言（shahada），即"万物非主，唯有真主"，提及穆罕默德是真主"使者"的后半部分被省略了；后来，遵循《古兰经》律法的信徒似乎希望在他们自己（此时被认定为"穆斯林"）与犹太人和基督徒之间"划清界限"，这部分内容才出现了。还有考古学证据表明，7 世纪，基督徒的城市在被"征服"的同时，还在建造新的基督教堂，而在其中的一些教堂里，《古兰经》信徒和基督教信徒还在共同举行礼拜仪式，例如巴勒斯坦的圣母座教堂（Cathisma Church），在施工的最后阶段安装了一个朝南（麦加方向）的米哈拉布（mihrab），也就是祈祷用的壁龛。同样的反面证据是在对叙利亚大多数城镇和教堂的发掘中，除曾经遭到围攻的巴勒斯坦沿海港口城市凯撒里亚（Caesarea）等少数例外，完全没有任何破坏层，这也暗示是和平占领，而非征服。我们还有同时代基督徒观察者的证词，例如修道士约翰·巴尔彭凯（John bar Penkāyē）、聂斯脱里派牧首美索不达米亚的伊索亚布三世（Isho'yahb Ⅲ），以及亚美尼亚主教谢别奥斯（Sebeos）。这些作者特别提到，阿拉伯信徒尊重，甚至是敬重他们的信仰，不会去打扰他们，只要他们纳"贡"即可，也有基督徒同胞参与阿拉伯人的突袭行动，还有一名犹太人担任信徒们在耶路撒冷的第一任总督。[124]

信徒之间的这种融合，往往与穆斯林传统中通常呈现出来的证据相矛盾，就比如"欧麦尔盟约"（Pact of Umar），许多教科书都有这个主题，将其作为伊斯兰征服的"第一手资料"。"欧麦尔盟约"据说是哈里发欧麦尔·伊本·哈塔卜（Umar ibn al-Khattab，634—644 年在位）在 636 年征服耶路撒冷时，与城中的基督徒，即契约民（*dhimmis*）签订的一份盟约，或者说是和约。它通常被视为一份真实的文件，显示了伊斯兰教对其他信仰超常的宽容，因为根据其中的条款，基督徒只要缴纳"人头税"（*jizya*），就可以获得信仰自由。另一方面，对于修正主义历史学家来说，这份盟约却是圣训（*hadith*，即关于先知穆罕默德的口述传统）如何将自己的意图反推回过去最好的例证。以这种观点来看，盟约实际上要追溯到 8 世纪，当时穆斯林正在开展一场"文化上的种族隔离"行动，也就是在穆斯林和基督徒之间划清界限，以防止文化摄入或同化，而相对于其他宗教来说，当时的伊斯兰教也刚刚开始界定自身。（例如，盟约规定基督徒再也不能建造新的教堂、携带或展示十字架、采用穆斯林服饰或吟诵《古兰经》，而在怀疑论者所认为的伊斯兰世界的前伊斯兰阶段，或者换句话说，就是 1 世纪或者说 7 世纪[①] 的大部分时间里，并不会禁止"信徒"去做这些事情）。然而，对于伊斯兰征服时期考古和文学记录的沉默，一些怀疑论者或许是过度解读了。例如，有人认为，不仅阿拉伯人对叙利亚、埃及和其他前拜占庭帝国行省的占领比人们之前认为的更加和平，而且这种占领实际上就是希腊人的官方政策，他们想借此将阿拉伯邻居纳为盟友，帮他们保卫东部边境。同样，也有人假设，基督教异端是地方教会为了摆脱对君士坦丁堡的依赖而故意扶植起来的。[125] 自不必说，大多数人认为这种帝国选择自我毁灭的理论非常牵强。

最后，我们也可以认为，在征服的这一阶段，瘟疫对伊斯兰世界的

[①] 指公元 7 世纪，大致对应伊斯兰历的 1 世纪。

蹂躏远没有对拜占庭帝国那般严重。伊斯兰传统中提到的第一次大暴发是"以马忤斯瘟疫"（Plague of 'Amwâs），以伊斯兰军队最先染病的巴勒斯坦城镇命名。这是一场腺鼠疫传染病，638年春天开始袭击叙利亚和美索不达米亚，直到639年秋天才消退。[126] 在这一阶段，伊斯兰基本完成了对巴勒斯坦的征服，正在向北推进到安纳托利亚和亚美尼亚（今土耳其）。因为阿拉伯人是在638年至639年才在本土以外遭遇瘟疫的，所以他们可用的人力储备或许比拜占庭更多。在某种程度上，以马忤斯瘟疫可能真的有助于巩固阿拉伯人的领导地位：这场瘟疫带走了被称为"圣伴"（Companions of the Prophet）的整整一代穆斯林领袖，为一直统治到750年的倭马亚王朝奠基人穆阿维叶（Mu'awiya，661—680年在位）的崛起铺平了道路。以马忤斯瘟疫还催生了一种伊斯兰传统——"如果你听说某地有［瘟疫］，不要靠近；但如果你所在之处暴发了瘟疫，不要外逃。"[127] 这既确保了阿拉伯地区被隔离，防止瘟疫入侵，又保证了在外染病的人会在生病期间得到照料。穆斯林作为乌玛（*umma*），即信徒共同体的一部分，照顾病人就是在履行对教友的社会责任。

注释

1　Alexander Demandt, *Der Fall Roms: Die Auflösung des römischen Reiches im Urteil der Nachwelt* (Munich: C. H. Beck, 1984).

2　John M. Riddle, *A History of the Middle Ages, 300–1500* (Lanham, MD.: Rowman and Littlefield, 2008), pp. 19–20.

3　这种反思的起源，或许可以追溯到小林恩·怀特（Lynn White, Jr.）那部影响深远的著作，*The Transformation of the Roman World* (Berkeley, CA.: University of California Press, 1966)。

4　Henri Pirenne, *Mohammed and Charlemagne* (Cleveland, OH. and New York:

Meridian Books, 1957), p. 234.

5 Richard Hodges and David Whitehouse, *Mohammed, Charlemagne and the Origins of Europe: Archaeology and the Pirenne Thesis* (Ithaca, NY.: Cornell University Press, 1983), esp. pp. 169–176; Richard Hodges and David Whitehouse, "The Decline of the Western Empire," in *Debating the Middle Ages: Issues and Readings*, eds. Lester K. Little and Barbara H. Rosenwein (Oxford: Blackwell Publishers, 1998), pp. 58–71.

6 Michael McCormick, *Origins of the European Economy: Communications and Commerce, A. D. 300–900* (Cambridge: Cambridge University Press, 2001), pp. 115–119.

7 *Plague and the End of Antiquity: The Pandemic of 541–750*, ed. Lester K. Little (Cambridge: Cambridge University Press, 2008).

8 有关布朗的"古代晚期"的观念，最初是在《古代晚期的世界：从马可·奥勒留到穆罕默德》[*The World of Late Antiquity: From Marcus Aurelius to Muhammad* (New York: Harcourt Brace Jovanovich, 1971)]和《古代晚期的形成》[*The Making of Late Antiquity* (Cambridge, MA.: Harvard University Press, 1978)]中提出的。布朗在后来的著作中对自己的观点稍加修正并加以引申，例如：*Society and the Holy in Late Antiquity* (Berkeley, CA.: University of California Press, 1982); *The Body and Society: Men, Women, and Sexual Renunciation in Early Christianity* (London: Faber and Faber, 1989); 以及 "The World of Late Antiquity Revisited," *Symbolae Osloenses* 72 (1997):5–30。

9 Peter Brown, *The Rise of Western Christendom: Triumph and Diversity, A. D. 200–1000*, 2nd edn. (Oxford: Blackwell, 2003).

10 在《西方基督教世界的崛起》(*The Rise of Western Christendom*) 中，布朗也承认自己吸取了克里斯托弗·道森（Christopher Dawson）、亨利·皮朗和斐迪南·布罗代尔（Ferdinand Braudel）的知识成果。参见 Brown, *The Rise of Western Christendom*, pp. 5–12。

11 此前，小林恩·怀特编辑的一部颇有先见之明的文集也采用了同样的名字，即 *The Transformation of the Roman World: Gibbon's Problem after Two Centuries* (Berkeley, CA.: University of California Press, 1966)。尽管怀特声称他那一代学者不像吉本那样好争论，但或许正统学说现已完全背道而驰了。虽然科学基金会的项目被宣传为"科学计划"，但该系列出版的第一卷书名暴露了它的私心，即 *Kingdoms of the Empire: The Integration of Barbarians in Late Antiquity*, ed. Walter Pohl (Leiden, Netherlands: Brill, 1997)。

12 Patrick J. Geary, *The Myth of Nations: The Medieval Origins of Europe* (Princeton, NJ.: Princeton University Press, 2002), p. 58. 也可查阅 Guy Halsall, *Barbarian Migrations*

and the Roman West, 376—568 (Cambridge: Cambridge University Press, 2008)。

13　Chris Wickham, The Inheritance of Rome: A History of Europe from 400 to 1000 (New York: Viking Penguin, 2009), p. 100.

14　沃尔特·戈法特（Walter Goffart）在《野蛮人和罗马人，公元 418—584 年：调和的方法》[Barbarians and Romans, A. D. 418–584: The Techniques of Accommodation (Princeton, NJ.: Princeton University Press, 1980)] 中提出了这一主张；之后他又在《蛮族浪潮：移民时代和罗马帝国晚期》[Barbarian Tides: The Migration Age and the Later Roman Empire (Philadelphia, PA.: University of Pennsylvania Press, 2006)] 中"重提"了这一主张。另见以下书中关于其论点的讨论，Goffart, Rome's Fall and After (London: Bloomsbury, 1989); Kingdoms of the Empire, ed. Walter Pohl (Leiden, Netherlands: Brill, 1997)。

15　Chris Wickham, "The Other Transition: From the Ancient World to Feudalism," Past and Present 103 (1984):3–36.

16　例如，参见 Matthew Innes, The Sword, the Book, and the Plough: An Introduction to Early Medieval Western Europe, 300–900 (London: Routledge, 2006)。

17　Chris Wickham, Framing the Early Middle Ages (Oxford: Oxford University Press, 2006), 尤其是第六章和第九章。

18　Bryan Ward-Perkins, The Fall of Rome and the End of Civilization (Oxford: Oxford University Press, 2005).

19　Willem M. Jongman, "Gibbon was Right: The Decline and Fall of the Roman Economy," in Crises and the Roman Empire: Proceedings of the Seventh Workshop of the International Network, Impact of Empire, (Nijmegen, June 20–24, 2006), eds. Olivier Hekster, Gerda de Kleijn, and Daniëlle Slootjes (Leiden, Netherlands: Brill, 2007), p. 199.

20　Ward-Perkins, Fall of Rome, pp. 87–168; Jongman, "Gibbon was Right," pp. 187–195; Kyle Harper, The Fate of Rome: Climate, Disease, and the End of an Empire (Princeton, NJ.: Princeton University Press, 2017), pp. 263–266, 299–303; R. P. Duncan-Jones, "Economic Change and the Transition to Late Antiquity," in Approaching Late Antiquity: The Transformation from Early to Late Empire, eds. Simon Swain and Mark Edwards (Oxford: Oxford University Press, 2004), pp. 27–42; Hodges and Whitehouse, "Decline of the Western Empire," pp. 58–71; David Brown, "Problems of Continuity," in Anglo-Saxon Settlement and Landscape: Papers presented to a Symposium, Oxford 1973, ed. Trevor Rowley (British Archaeological Reports, 6, 1974), pp. 16–19.

21　Ward-Perkins, Fall of Rome, pp. 13–31.

22 Peter Heather, *The Fall of the Roman Empire: A New History of Rome and the Barbarians* (Oxford: Oxford University Press, 2006).
23 Ward-Perkins, *Fall of Rome*, pp. 63–83.
24 关于罗马军队"蛮族化"论,以及由此导致的军纪废弛,存在着相当大的争议。一些学者指出,罗马一直都在往军队里面加入"蛮族"成分,对这种做法的批评屡见不鲜。我们也可以认为,经历了 3 世纪的"危机"后,罗马军队在整个 4 世纪是得到了重组并有效运转的。参见 Arthur Ferrill, *The Fall of the Roman Empire: The Military Explanation* (London: Thames and Hudson, 1986); A. D. Lee, "The Army," in *The Cambridge Ancient History, vol. 13: The Late Empire, A. D. 337–425*, eds. Alan Cameron and P. Garnsey (Cambridge: Cambridge University Press, 1997), pp. 211–237; Hugh Elton, *Warfare in Roman Europe, A. D. 350–425* (Oxford: Clarendon Press, 1996); Michael Whitby, "Emperors and Armies, A. D. 235–395," in *Approaching Late Antiquity*, pp. 156–186。
25 Ward-Perkins, *Fall of Rome*, p. 24.
26 Ward-Perkins, *Fall of Rome*, pp. 25–27.
27 Duncan-Jones, "Economic Change," pp. 20–52.
28 McCormick, *Origins of the European Economy*, pp. 114–116; Harper, *Fate of Rome*, pp. 259–271.
29 Walter Scheidel, "Progress and Problems in Roman Demography," and Bruce W. Frier, "More is Worse: Some Observations on the Population of the Roman Empire," in *Debating Roman Demography*, ed. Walter Scheidel (Leiden, Netherlands: Brill, 2001), pp. 1–81, 139–159; Walter Scheidel, *Death on the Nile: Disease and the Demography of Roman Egypt* (Leiden, Netherlands: Brill, 2001); Roger S. Bagnall and Bruce W. Frier, *The Demography of Roman Egypt* (Cambridge: Cambridge University Press, 1994), pp. 1–11, 40–52.
30 Scheidel, "Progress and Problems," p. 31; Harper, *Fate of Rome*, pp. 72–115, 136–149, 206–245.
31 有一件事很能说明问题:为了体现古代流行病对人口的影响,例如 541 年至 750 年的第一次鼠疫大流行,历史学家经常求助于中世纪晚期黑死病的死亡率,因为这些记录要翔实得多。例如,参见 Harper, *Fate of Rome*, pp. 232–234。
32 Peter Brown, *Through the Eye of the Needle: Wealth, the Fall of Rome, and the Making of Christianity in the West, 350–550 A. D.* (Princeton, NJ.: Princeton University Press, 2012), pp. xx–xxvi. 特别是布朗最后这句评论,似乎向前文所述的沃德-珀金斯的论点让步了,后者基于考古学证据,提出罗马灭亡后物质享受消失了。

33 Ward-Perkins, *Fall of Rome*, pp. 117–120; Harper, *Fate of Rome*, pp. 263–264, 266.
34 Wickham, *Framing the Early Middle Ages*, pp. 825–831; Wickham, *Inheritance of Rome*, pp. 553–555; Chris Wickham, "The Fall of Rome Will Not Take Place," in *Debating the Middle Ages*, p. 57.
35 塔西佗借公元 83 年煽动反罗马起义的喀里多尼亚人领袖（Caledonian Leader）卡尔加库斯（Calgacus）之口说的这句话，或许最为精辟："他们（罗马人）烧杀抢掠，却假借帝国之名；他们所到之处寸草不生，却称之为和平。"参见 Tacitus, *Agricola*, Chapter 30, in *Complete Works of Tacitus*, ed. Sara Bryant (New York: Random House, 1876, repr. 1942)。
36 Ward-Perkins, *Fall of Rome*, pp. 169–183.
37 Kyle Harper, "The Environmental Fall of the Roman Empire," *Dædelus, the Journal of the American Academy of Arts and Sciences* 145 (2016):101–111.
38 Harper, *Fate of Rome*, pp. 14–15, 39–54, 129–136, 167–175, 249–259; Michael McCormick, et al., "Climate Change during and after the Roman Empire: Reconstructing the Past from Scientific and Historical Evidence," *Journal of Interdisciplinary History* 43 (2012):174–199; *The Years without Summer: Tracing A. D. 536 and Its Aftermath*, ed. J. D. Gunn (Oxford: Archaeopress, 2000).
39 Harper, *Fate of Rome*, pp. 72–115, 136–149, 206–245; Kyle Harper, "Pandemics and Passages to Late Antiquity: Rethinking the Plague of c.249–270 described by Cyprian," *Journal of Roman Archaeology* 28 (2015):223–260; Kyle Harper, "Another Eyewitness to the Plague described by Cyprian, with Notes on the 'Persecution of Decius'," *Journal of Roman Archaeology* 29 (2016):473–476; Sergio Sabbatini and Sirio Fiorino, "The Antonine Plague and the Decline of the Roman Empire," *Le Infezioni in Medicina* 17 (2009):261–275; Christer Bruun, "The Antonine Plague and the 'Third-Century Crisis'," in *Crises and the Roman Empire*, pp. 201–217; R. P. Duncan-Jones, "The Impact of the Antonine Plague," *Journal of Roman Archaeology* 9 (1996):108–136; *Plague and the End of Antiquity*.
40 Harper, *Fate of Rome*, pp. 15–16.
41 Harper, *Fate of Rome*, p. 4.
42 Harper, *Fate of Rome*, pp. 122, 136.
43 Harper, *Fate of Rome*, p. 72.
44 Harper, *Fate of Rome*, pp. 103–107; Duncan-Jones, "Impact of the Antonine Plague," p. 118.
45 Harper, *Fate of Rome*, pp. 72–91, 172–173; Kyle Harper, "A Time to Die: Preliminary Notes on Seasonal Mortality in Late Antique Rome," in *Children and Family in Late*

Antiquity: Life, Death and Interaction, eds. Christian Laes, Katariina Mustakallio, and Ville Vuolanto (Leuven: Peeters, 2015), pp. 15–33; Walter Scheidel, "Measuring Sex, Age and Death in the Roman Empire: Explorations in Ancient Demography" (*Journal of Roman Archaeology*, Supplementary Series, 21, 1996), pp. 139–163; Walter Scheidel, "Germs for Rome," in *Rome the Cosmopolis*, eds. Catharine Edwards and Greg Woolf (Cambridge: Cambridge University Press, 2003), pp. 158–176; Robert Sallares, *Malaria and Rome: A History of Malaria in Ancient Italy* (Oxford: Oxford University Press, 2002). 这与 1705 年法国马蒂格（Martigues）天花流行受害者的死亡率模式相同。参见 Michel Signoli, Isabelle Séguy, Jean-Noël Biraben, and Oliver Dutour, "Paleodemography and Historical Demography in the Context of an Epidemic: Plague in Provence in the Eighteenth Century," *Population* 57 (2002):838–842。

46　Harper, *Fate of Rome*, p. 102; Duncan-Jones, "Impact of the Antonine Plague," pp. 134–136. 这场大流行可能沿多瑙河下游传播到了边境的达契亚（Dacia）和默西亚（Moesia）行省。参见 Dragos Mitrofan, "The Antonine Plague in Dacia and Moesia Inferior," *Journal of Ancient History and Archaeology* 1 (2014):9–13。

47　对安东尼瘟疫死亡率的估算浮动范围很大，低至 1%—2%，最高能达到 50%。参见 Harper, *Fate of Rome*, p. 115; Brunn, "Antonine Plague and the 'Third-Century Crisis'," p. 203; J. N. Hays, *Epidemics and Pandemics: Their Impacts on Human History* (Santa Barbara, CA.: ABC-Clio, 2005), pp. 17–20; J. F. Gilliam, "The Plague under Marcus Aurelius," *American Journal of Philology*, 82 (1961):250; R. J. Littman and M. L. Littman, "Galen and the Antonine Plague," *American Journal of Philology* 94 (1973):254。与 1315 年至 1322 年北欧大饥荒的对比很有用，后者造成的死亡率估计为 10%—15%，但人口似乎在黑死病之前的几十年里迅速恢复到了之前的数量。参见 William Chester Jordan, *The Great Famine: Northern Europe in the Early Fourteenth Century* (Princeton, NJ: Princeton University Press, 1996), pp. 184–185. 不过也有另一种观点认为，安东尼瘟疫是长期人口下降的开端，这一过程在 541 年的查士丁尼大瘟疫，也就是第一次真正的鼠疫大流行中达到了极点。参见 Robert Sallares, "Ecology, Evolution, and Epidemiology of Plague," in *Plague and the End of Antiquity*, p. 288。

48　Brunn, "Antonine Plague and the 'Third-Century Crisis'," pp. 202–209. 例如，邓肯-琼斯（Duncan-Jones）和沙伊德尔（Scheidel）基于建筑碑文或公共工程项目的记录缺失，提出了基础设施崩溃论（他们甚至将其与中世纪晚期的黑死病相比较），这遭到了格林伯格（Greenberg）和布鲁恩（Brunn）的质疑。参见 James Greenberg, "Plagued by Doubt: Reconsidering the Impact of a Mortality Crisis in the 2nd c. A. D.," *Journal of Roman Archaeology* 26 (2003):413–425; Christer Brunn, "The Antonine

Plague in Rome and Ostia," *Journal of Roman Archaeology* 16 (2003):426–434; Brunn, "Antonine Plague and the 'Third-Century Crisis'," pp. 209–214; Walter Scheidel, "A Model of Demographic and Economic Change in Roman Egypt after the Antonine Plague," *Journal of Roman Archaeology* 15 (2002):97–114; Duncan-Jones, "Impact of the Antonine Plague," pp. 120–134。

49 Harper, *Fate of Rome*, pp. 112–118; Kyle Harper, "People, Plagues, and Prices in the Roman World: The Evidence from Egypt," *Journal of Economic History* 76 (2016):815–816; Duncan-Jones, "Impact of the Antonine Plague," pp. 120–134.

50 Harper, *Fate of Rome*, pp. 136–145; Harper, "Pandemics and Passages to Late Antiquity," pp. 241–248.

51 Harper, *Fate of Rome*, pp. 129–136; Harper, "People, Plagues and Prices," pp. 816–817.

52 Harper, *Fate of Rome*, p. 134.

53 Harper, "Pandemics and Passages to Late Antiquity," p. 249.

54 Harper, "Pandemics and Passages to Late Antiquity," pp. 248–259; Harper, *Fate of Rome*, pp. 145–149; Duncan-Jones, "Economic Change," pp. 43–49.

55 Harper, *Fate of Rome*, pp. 163–167.

56 Harper, *Fate of Rome*, pp. 191–192; E. Cook, "Megadroughts, ENSO, and the Invasion of Late-Roman Europe by the Huns and Avars," in *The Ancient Mediterranean Environment between Science and History*, ed. William V. Harris (Leiden, Netherlands: Brill, 2013), pp. 89–102; McCormick, et al., "Climate Change," p. 190.

57 Harper, *Fate of Rome*, pp. 163, 188–195; Peter Heather, "The Huns and Barbarian Europe," in *The Cambridge Companion to the Age of Attila*, ed. M. Maas (Cambridge: Cambridge University Press, 2015), pp. 209–229; Peter Heather, "Goths and Huns, c. 320–425," in *Cambridge Ancient History*, vol. 13, pp. 487–515; Peter Heather, "The Huns and the End of the Roman Empire in Western Europe," *English Historical Review* 110 (1995):4–41.

58 Harper, *Fate of Rome*, pp. 167–175; McCormick, et al., "Climate Change," pp. 186–188.

59 Harper, *Fate of Rome*, pp. 196–198.

60 Procopius of Caesarea, *Secret History*, Chapter 18, https://sourcebooks. fordham. edu,可在线查阅,访问于 2017 年 12 月 25 日。

61 对查士丁尼统治时期的评价,参见 James Joseph O'Donnell, *The Ruin of the Roman Empire* (New York: Harper Perennial, 2008); M. Maas, "Roman Questions, Byzantine Answers: Contours of the Age of Justinian," in *The Cambridge Companion to the Age*

of Justinian, ed. M. Maas (Cambridge: Cambridge University Press, 2005), pp. 3–27; John Morehead, *Justinian* (London and New York: Longman, 1994)。

62 Harper, *Fate of Rome*, p. 253; McCormick, et al., "Climate Change," p. 195.

63 Harper, *Fate of Rome*, p. 258.

64 Sharon K. Collinge , et al., "Testing the Generality of a Trophic-Cascade Model for Plague," *EcoHealth* 2 (2005):102–104, 109–110; Tamara Ben Ari, et al., "Interannual Variability of Human Plague Occurrence in the Western United States Explained by Tropical and North Pacific Ocean Climate Variability," *American Journal of Tropical Medicine and Hygiene* 83 (2010):627–630; Tamara Ben Ari, et al., "Plague and Climate: Scales Matter," *PLoS Pathogens* 7 (2011): online: e1002160; Kyrre Linné Kausrud, "Climatically Driven Synchrony of Gerbil Populations Allows Large-Scale Plague Outbreaks," *Proceedings of the Royal Society B* 274 (2007):1967–1968; Hau V. Pham, et al., "Correlates of Environmental Factors and Human Plague: An Ecological Study of Vietnam," *International Journal of Epidemiology* 38 (2009):1639; Robert R. Parmenter, et al., "Incidence of Plague Associated with Increased Winter-Spring Precipitation in New Mexico," *American Journal of Tropical Medicine and Hygiene* 61 (1999):818–820; Russell E. Ensore, et al., "Modelling Relationships between Climate and the Frequency of Human Plague Cases in the Southwestern United States, 1960–1997," *American Journal of Tropical Medicine and Hygiene* 66 (2002):191–194; Lei Xu, et al., "Nonlinear Effect of Climate on Plague during the Third Pandemic in China," *Proceedings of the National Academy of Sciences* 108 (2011):10217; T. Snäll, R. E. Benestad, and N. C. Stenseth, "Expected Future Plague Levels in a Wildlife Host under Different Scenarios of Climage Change," *Global Change Biology* 15 (2009):505–506; Kenneth L. Gage, et al., "Climate and Vectorborne Diseases," *American Journal of Preventive Medicine*, 35 (2008):444.

65 Bruce M. S. Campbell, *The Great Transition: Climate, Disease and Society in the Late-Medieval World* (Cambridge: Cambridge University Press, 2016), p. 236; Xu, et al., "Nonlinear Effect of Climate," pp. 102–117.

66 Campbell, *Great Transition*, pp. 335–344; John Aberth, *An Environmental History of the Middle Ages: The Crucible of Nature* (London: Routledge, 2013), pp. 49–51.

67 Simon Rasmussen, et al., "Early Divergent Strains of *Yersinia pestis* in Eurasia 5,000 Years Ago," *Cell* 163 (2015):575.

68 Lawrence I. Conrad, *The Plague in the Early Medieval Near East* (Princeton, NJ., Princeton University Ph. D. thesis, 1981), p. 488; Ole J. Benedictow, *Plague in the Late Medieval Nordic Countries: Epidemiological Studies*, 2nd edn. (Oslo, Norway:

Middelalderforlaget, 1993), pp. 146–149; Ole J. Benedictow, *The Black Death, 1346–1353: The Complete History* (Woodbridge, UK: Boydell Press, 2004), p. 9; Ole J. Benedictow, *What Disease was Plague? On the Controversy over the Microbiological Identity of Plague Epidemics of the Past* (Leiden, Netherlands: Brill, 2010), p. 9.

69 Mischa Meier, "The 'Justinianic Plague': The Economic Consequences of the Pandemic in the Eastern Roman Empire and its Cultural and Religious Effects," *Early Medieval Europe* 24 (2016):274; Harper, *Fate of Rome*, p. 226. 普罗柯比记述了542年春在君士坦丁堡暴发的鼠疫情况。参见 Procopius of Caesarea, *History of the Wars*, II:22.6, 9, trans. H. B. Dewing (London: W. Heinemann and Macmillan, 1914–1940), pp. 454–455。

70 Dionysios Stathakopoulos, *Famine and Pestilence in the Late Roman and Early Byzantine Empire: A Systematic Survey of Subsistence Crises and Epidemics* (Burlington, VT.: Ashgate, 2004), pp. 113–124, 278–386; Dionysios Stathakopoulos, "Crime and Punishment: The Plague in the Byzantine Empire, 541–749," in *Plague and the End of Antiquity*, pp. 99–105. 古微生物学证明，鼠疫在第一次大流行之前确实发生过，最早可以追溯到青铜时代（公元前3000年至前1000年），但只是零星暴发。参见 Rasmussen, et al., "Early Divergent Strains," p. 572; Sallares, "Ecology, Evolution, and Epidemiology of Plague," p. 251。

71 Procopius of Caesarea, *History of the Wars*, II:22.17, 29, 32–34; Pseudo-Dionysius of Tel-Mahre, *The Chronicle of Zuqnīn, Parts III and IV*, trans. A. Harrak (Toronto: Pontifical Institute of Mediaeval Studies, 1999), p. 104. 普罗柯比甚至记录道，当地医生解剖鼠疫患者，切开肿块，露出一个"痈"，对应着坏死的淋巴结，这里就是人体试图战胜疾病的地方。参见 Timothy L. Bratton, "The Identity of the Plague of Justinian, Part I," *Transactions and Studies of the College of Physicians of Philadelphia*, ser. 5, 3 (1981):120。

72 Procopius of Caesarea, *History of the Wars*, II:22, 30–31.

73 Sallares, "Ecology, Evolution, and Epidemiology of Plague," pp. 240–245; T. H. Hollingsworth, *Historical Demography* (Ithaca, NY.: Cornell University Press, 1969), pp. 357, 367. 此外，萨莱斯（Sallares）还认为，喉部肿块，即"扁桃腺鼠疫"，可能也是"通过呼吸道"传播的。

74 Bratton, "Identity of Plague of Justinian, Part I," pp. 113–114, 118–119, 122–124, and n. 1; Harper, *Fate of Rome*, p. 223. 布拉顿（Bratton）认为，肺鼠疫表现出来的传染性很弱，只在少数腺鼠疫患者身上作为次要症状出现，而即使是在6世纪，大多数人也会采取措施预防传染，并且普罗柯比等编年史作者对肺鼠疫这种类型所言甚少，似乎也没有表示出太大的兴趣。此外，参见 Timothy L. Bratton, "The

Identity of the Plague of Justinian, Part II," *Transactions and Studies of the College of Physicians of Philadelphia*, ser. 5, 3 (1981):175–178, 他认为君士坦丁堡的人口密度比我们之前以为的低很多。

75　Pseudo-Dionysius of Tel-Mahre, *Chronicle of Zuqnīn*, pp. 86–87, 93, 99–100, 105, 108–111; Procopius of Caesarea, *History of the Wars*, II:23.2.

76　Harper, *Fate of Rome*, p. 226; Meier, "'Justinianic Plague'," p. 277; Bratton, "Identity of Plague of Justinian, Part II," pp. 174–175; J.-N. Biraben and Jacques Le Goff, "The Plague in the Early Middle Ages," in *Biology of Man in History*, eds. Robert Forster and Orest Ranum and trans. Elborg Forster and Patricia M. Ranum (Baltimore, MD.: Johns Hopkins University Press, 1975), p. 62. 迈耶（Meier）虽然认为第一次大流行的影响特别大，但也承认以弗所的约翰记录的数字"很可疑"、"有夸大成分"，可能并不是想"提供一份现代意义上的精确数量记录"，而是想表达这场瘟疫的规模之"巨"。对于查士丁尼大瘟疫，现代人口学家得出的死亡总人数和死亡率，比根据以弗所的约翰的记录得出的数字更合理。例如，霍林斯沃思（Hollingsworth）假定508 000 的总人口中有 244 000 人死亡，即 48% 的死亡率，而布拉顿估算出来的数字要保守得多，认为总人口是 288 300 人，死亡人数为 57 660 人，即 20% 的死亡率。参见 Hollingsworth, *Historical Demography*, p. 367; Bratton, "Identity of Plague of Justinian, Part II," pp. 178–179。

77　Harper, *Fate of Rome*, pp. 228, 232; Jo N. Hays, "Historians and Epidemics: Simple Questions, Complex Answers," in *Plague and the End of Antiquity*, p. 36.

78　迄今为止，我总共统计了 7 项古微生物学研究，其中 4 项聚焦于巴伐利亚阿施海姆 6 世纪的墓地，这里与第一次鼠疫大流行有关。参见 Christina Garrelt and Ingrid Wiechmann, "Detection of *Yersinia pestis* DNA in Early and Late Medieval Bavarian Burials," in *Deciphering Ancient Bones: The Research Potential of Bioarchaeological Collections*（*Documenta archaeobiologica*, 1, 2003), pp. 247–254; Michel Drancourt, et al., "Genotyping, Orientalis-like *Yersinia pestis*, and Plague Pandemics," *Emerging Infectious Diseases*, 10 (2004):1585–1592; Ingrid Wiechmann and Gisela Grupe, "Detection of *Yersinia pestis* DNA in Two Early Medieval Skeletal Finds from Aschheim (Upper Bavaria, sixth century A. D.)," *American Journal of Physical Anthropology* 126 (2005):48–55; Michel Drancourt, et al., "*Yersinia pestis* Orientalis in Remains of Ancient Plague Patients," *Emerging Infectious Diseases* 13 (2007):332–333; Michaela Harbeck, et al., "*Yersinia pestis* DNA from Skeletal Remains from the 6th Century A. D. Reveals Insights into Justinianic Plague," *PLoS Pathogens* 9 (2013):online, e1003349; David M. Wagner, et al., "*Yersinia pestis* and the Plague of Justinian, 541–543 A. D.: A genomic analysis," *The Lancet* 383

(2014):319–326; Michal Feldman, et al., "A High-Coverage *Yersinia pestis* Genome from a Sixth-Century Justinianic Plague Victim," *Molecular Biology and Evolution* 33 (2016):2911–2923。

79 Harbeck, et al., "*Yersinia pestis* DNA," online, e1003349.

80 Wagner, et al., "*Yersinia pestis* and the Plague of Justinian," pp. 323–325; Stephanie Haensch, et al., "Distinct Clones of *Yersinia pestis* Caused the Black Death," *PLoS Pathogens* 6 (2010): online, e1001134; Kirsten I. Bos, et al., "A Draft Genome of *Yersinia pestis* from Victims of the Black Death," *Nature* 478 (2011):508–509; Kirsten I. Bos, et al., "*Yersinia pestis*: New Evidence for an Old Infection," *PLoS One* 7 (2012): online, e49803; Verena J. Schuenemann, et al., "Targeted Enrichment of Ancient Pathogens Yielding the pPCP1 Plasmid of *Yersinia pestis* from Victims of the Black Death," *Proceedings of the National Academy of Sciences* 108 (2011):751. 引起中世纪黑死病的菌株被认为是在1268年前后的一次基因"大爆炸"中出现的（第八章）。

81 Yujun Cui, et al., "Historical Variations in Mutation Rate in an Epidemic Pathogen, *Yersinia pestis*," *Proceedings of the National Academy of Sciences* 110 (2013):580–581; Wagner, et al., "*Yersinia pestis* and the Plague of Justinian," p. 324.

82 Rasmussen, et al., "Early Divergent Strains," p. 577; Feldman, et al., "A High-Coverage *Yersinia pestis* Genome," p. 2919; Daniel L. Zimbler, Jay A. Schroeder, Justin L. Liddy, and Wyndham W. Lathem, "Early Emergence of *Yersinia pestis* as a Severe Respiratory Pathogen," *Nature Communications* 6 (2015): online, ncomms8487.

83 B. Joseph Hinnebusch, "The Evolution of Flea-Borne Transmission in *Yersinia pestis*," *Current Issues of Molecular Biology* 7 (2005):206; Rebecca J. Eisen and Kenneth L. Gage, "Adaptive Strategies of *Yersinia pestis* to Persist during Inter-Epizootic and Epizootic Periods," *Veterinary Research*, 40 (2009): online, vetres:2008039.

84 Harbeck, et al., "*Yersinia pestis* DNA," online, e1003349; Wagner, et al., "*Yersinia pestis* and the Plague of Justinian," p. 324; Feldman, et al., "High-Coverage *Yersinia pestis* Genome," p. 2919.

85 Peter Sarris, "Bubonic Plague in Byzantium: The Evidence of Non-Literary Sources," in *Plague and the End of Antiquity*, pp. 120–123.

86 Michael W. Dols, "Plague in Early Islamic History," *Journal of the American Oriental Society* 94 (1974):372–373.

87 Sarris, "Bubonic Plague in Byzantium," pp. 121–122; William Rosen, *Justinian's Flea: Plague, Empire, and the Birth of Europe* (New York: Viking, 2007), pp. 194–195.

88　Harbeck, et al., "*Yersinia pestis* DNA," online, e1003349; Wagner, et al., "*Yersinia pestis* and the Plague of Justinian," p. 323.
89　Cui, et al., "Historical Variations in Mutation Rate," pp. 581–582; Harbeck, et al., "*Yersinia pestis* DNA," online, e1003349. 哈贝克（Harbeck）甚至怀疑安哥拉菌株到底是不是原产于非洲，因为在现代对鼠疫耶尔森菌 DNA 的采样中，我们都不知道这个基因组是在哪里分离出来的。
90　Giovanna Morelli, et al., "Phylogenetic Diversity and Historical Patterns of Pandemic Spread of *Yersinia pestis*," *Nature Genetics* 42 (2010):1140–1143; Mark Achtman, et al., "Microevolution and History of the Plague Bacillus, *Yersinia pestis*," *Proceedings of the National Academy of Sciences* 101 (2004):17841–17842; Wagner, et al., "*Yersinia pestis* and the Plague of Justinian," p. 323.
91　Meier, "'Justinianic Plague'," p. 275.
92　Harper, *Fate of Rome*, pp. 218–220; Sarris, "Bubonic Plague in Byzantium," p. 123; Wagner, et al., "*Yersinia pestis* and the Plague of Justinian," p. 325; Michael McCormick, "Rats, Communications, and Plague: Toward an Ecological History," *Journal of Interdisciplinary History* 34 (2003):20–21.
93　Rosen, *Justinian's Flea*, pp. 290–291; Harper, *Fate of Rome*, p. 220.
94　大多数人主张 743 年至 750 年的流行是第一次大流行的最后一次暴发，尽管还有一些人指出那不勒斯在 767 年暴发过一次，但这里的年代存在争议。参见 Stathakopoulos, "Crime and Punishment," pp. 104–105。
95　Wagner, et al., "*Yersinia pestis* and the Plague of Justinian," pp. 324–325.
96　M. J. Keeling and C. A. Gilligan, "Metapopulation Dynamics of Bubonic Plague," *Nature*, 407 (2000):903–906; M. J. Keeling and C. A. Gilligan, "Bubonic Plague: A Metapopulation Model of a Zoonosis," *Proceedings of the Royal Society of London B*, 267 (2000):2219–2230; Stathakopoulos, "Crime and Punishment," p. 105; Wagner, et al., "*Yersinia pestis* and the Plague of Justinian," p. 324.
97　Harper, *Fate of Rome*, p. 244; McCormick, et al., "Climate Change," p. 200.
98　Boris V. Schmid, et al., "Climate-driven Introduction of the Black Death and Successive Plague Reintroductions into Europe," *Proceedings of the National Academy of Sciences*, 112 (2015):3020–3025. 另一种观点认为，第一次大流行是由欧洲内部再度扩散开来的地方性动物病中心所驱动的，参见 Harper, *Fate of Rome*, p. 236; Meier, "'Justinianic Plague'," p. 274。然而，这更难解释鼠疫是如何在 750 年突然消失的了。
99　Harper, *Fate of Rome*, pp. 232–234; Little, "Life and Afterlife," and Sallares, "Ecology, Evolution, and Epidemiology of Plague," in *Plague and the End of Antiquity*, pp. 18–21,

233–245.
100 引自 Harper, *Fate of Rome*, p. 201，指的是查士丁尼大瘟疫。对中世纪晚期黑死病的类似断言，见第八章。
101 Josiah C. Russell, "That Earlier Plague," *Demography* 5 (1968):180–184; Biraben and Le Goff, "Plague in the Early Middle Ages," pp. 62–63; Allen, "'Justinianic' Plague," p. 20.
102 Mark Whittow, *The Making of Byzantium, 600–1025* (Berkeley, CA.: University of California Press, 1996), pp. 66–68; J. Durliat, "La peste du VIe siècle: Pour un nouvel examen des sources byzantines," in *Hommes et Richesses dans l'Empire Byzantin*, eds. V. Kravari, C. Morrison, and J. Lefort, 2 vols. (Paris: Lethielleux, 1989–1991), 1:107–119; Clive Foss, "Syria in Transition, A. D. 550–750," *Dumbarton Oaks Papers* 51 (1997):189–270; Hugh N. Kennedy, "Justinianic Plague in Syria and the Archaeological Evidence," and Sarris, "Bubonic Plague in Byzantium," in *Plague and the End of Antiquity*, pp. 87–88, 125.
103 Sarris, "Bubonic Plague in Byzantium," pp. 126–127.
104 Harper, *Fate of Rome*, pp. 220–245; Meier, "'Justinianic Plague'," pp. 267–292; Sarris, "Bubonic Plague in Byzantium," pp. 124–125.
105 Harper, *Fate of Rome*, pp. 232, 244–245.
106 Meier, "'Justinianic Plague'," pp. 182–192; Harper, *Fate of Rome*, pp. 234, 276–282.
107 Harper, *Fate of Rome*, pp. 235, 271–275. 另见 Meier, "'Justinianic Plague'," p. 270。
108 Wagner, et al., "*Yersinia pestis* and the Plague of Justinian," p. 324.
109 Benedictow, *Black Death*, p. 383; John Aberth, *From the Brink of the Apocalypse: Confronting Famine, War, Plague, and Death in the Later Middle Ages*, 2nd edn. (London: Routledge, 2010), p. 93; P. J. P. Goldberg, *Medieval England: A Social History, 1250–1550* (London: Arnold, 2004), p. 164.
110 腺鼠疫的一个定义性特征是与人口密度成反比，因为它主要通过老鼠传播，而不是人。参见 Wagner, et al., "*Yersinia pestis* and the Plague of Justinian," p. 325; Benedictow, *Black Death*, pp. 33, 233; Benedictow, *What Disease was Plague*, pp. 34–38, 389–311。
111 Harper, *Fate of Rome*, p. 225.
112 Harper, *Fate of Rome*, pp. 241–242, 304–315.
113 Harper, *Fate of Rome*, pp. 261–271. 这里给人的感觉是，帝国晚期的贸易崩溃比黑死病之后中世纪晚期欧洲的贸易崩溃更加严重。
114 M. Kulikowski, "Plague in Spanish Late Antiquity," 以及 John Maddicott, "Plague in Seventh-Century England," in *Plague and the End of Antiquity*, pp. 150–170, and 173–179. 麦迪科特（Maddicott）认为，尽管我们缺乏对症状的确切描述，但不列

颠的暴发是瘟疫从地中海北上的地理和年代进展的一部分，因此可以"几乎毫无疑问"地确定这种疾病的真身。

115 Harper, *Fate of Rome*, pp. 241–242.
116 哈珀断然否认这一论点，他声称"西方的连通系统降级，可能减缓了鼠疫耶尔森菌的传播，这种观点……没什么说服力"。尽管巴伐利亚的阿施海姆和阿尔滕埃尔丁是"西方的偏远农村前哨站"，但古微生物学在这些地方发现了鼠疫受害者，他引用这一事实来支持自己的观点。然而，这仍然无法确定鼠疫是何时到达这里的，是否是在大流行的第一次大暴发期间。此外，哈珀的结论是鼠疫出现在了巴伐利亚，就证明它也出现在了"我们地图上不为人知的地区的其他地方"。这是一种反向的诉诸沉默，即不能用记录的缺失来证明某种事物不存在。参见 Harper, *Fate of Rome*, p. 230。
117 McCormick, "Rats, Communications, and Plague," pp. 19–23; Harper, *Fate of Rome*, p. 214; Philip L. Armitage, "Unwelcome Companions: Ancient Rats Reviewed," *Antiquity* 68 (1994):233–234. 有人认为，老鼠在"黑暗时代"（6—8 世纪）从不列颠消失了，根据这一时期的考古遗址中没有老鼠的骨头，但 7 世纪出现在不列颠的肺鼠疫证实了岛上确实有黑鼠存在。关于麦考密克（McCormick）所进行调查的更新，参见他的在线数据库 http://darmc.harvard.edu，访问于 2018 年 1 月 7 日。
118 Sarris, "Bubonic Plague in Byzantium," pp. 131–132; Rosen, *Justinian's Flea*, pp. 309–311; Angeliki E. Laiou, "The Byzantine Empire in the Fourteenth Century," in *The New Cambridge Medieval History, Volume VI: c.1300–c.1415*, ed. Michael Jones (Cambridge: Cambridge University Press, 2000), p. 821; Harper, *Fate of Rome*, pp. 234–235; Meier, "'Justinianic Plague'," pp. 280–281.
119 Kennedy, "Justinianic Plague in Syria," and Sarris, "Bubonic Plague in Byzantium," in *Plague and the End of Antiquity*, pp. 87–95, 127–131; Harper, *Fate of Rome*, p. 234; Meier, "'Justinianic Plague'," pp. 279–280.
120 Harper, *Fate of Rome*, pp. 271–275.
121 关于伊斯兰世界对东罗马帝国灭亡的作用或影响有多大，存在着一些争论。例如，哈珀更愿意认为，崛起的伊斯兰势力给已经因瘟疫和气候变化而无能为力的帝国送上了致命一击。此外，哈珀认为，伊斯兰教本身就是一对瘟疫影响做出反应的世界末日论运动。参见 Harper, *Fate of Rome*, pp. 283–287。
122 Fred Donner, *Muhammad and the Believers: At the Origins of Islam* (Cambridge, MA.: Harvard University Press, 2010), pp. 56–89.
123 Donner, *Muhammad and the Believers*, pp. 90–144. 对伊斯兰征服较为传统的叙述，参见 Fred Donner, *The Early Islamic Conquests* (Princeton, NJ.: Princeton University

Press, 1981); Ira M. Lapidus, *A History of Islamic Societies* (Cambridge: Cambridge University Press, 1988); Hugh Kennedy, *The Great Arab Conquests: How the Spread of Islam Changed the World We Live In* (Cambridge, MA.: Da Capo Press, 2007)。

124　Donner, *Muhammad and the Believers*, pp. 112–115.

125　Yehuda D. Nevo and Judith Koren, *Crossroads to Islam: The Origins of the Arab Religion and the Arab State* (Amherst, NY.: Prometheus Books, 2003), pp. 27–65, 155–168.

126　Conrad, "Plague," pp. 167–246.

127　Conrad, "Plague," pp. 169–176; Lawrence I. Conrad, "Umar at Sargh: The Evolution of an Umayyad Tradition on Flight from the Plague," in *Story-Telling in the Framework of Non-Fictional Arabic Literature*, ed. S. Leder (Wiesbaden, Germany: Harrassowitz, 1998), pp. 488–528; Michael W. Dols, *The Black Death in the Middle East* (Princeton, NJ.: Princeton University Press, 1977), pp. 21–25.

第二章

主啊！请从北方人的蒙昧主义中解救我们吧：维京人入侵

From the obscurantism of the Northmen, O Lord, deliver us!: The Viking invasions

在挪威中部风景如画的塞尔尤尔（Seljord）镇的塞尔尤尔民众中学（Seljord Folkehøgskole），学生们现在可以报名参加为期9个月的"手工艺课程"，学习如何像10世纪的维京人一样生活。课程内容包括如何建造一座真正的维京房屋，如何驾驶维京长船出海，如何制作真正的维京服装、盔甲和其他手工艺品等。至于如何像真正的维京人一样抢劫和掠夺，则是不教的。这门课程是完全和平的。正如学校网站所言："维京文化远不只是战士袭击和掠夺欧洲的其他地区……大多数维京人是农民、渔民和工匠。"因此，作为其"颂扬维京时代手工艺"使命的一部分，该课程试图让学生重现或重建那些因现代考古学而得以重见天日的人工遗物。[1]

然而，并不是每个人都倾心于塞尔尤尔对维京文化的"修正主义"

研究方法。一些可以说是对维京人生活的纯正再现的活动——例如动物献祭、击剑和服用致幻植物使人"发狂"——被裁定为"不妥的",是绝对的"禁区"。毫无疑问,一些可能选这门课的学生对课程中缺少这些元素大失所望。正如一位持异议者所言,"政治正确的维京人"可能与真正的中世纪维京人的全貌相去甚远,以至于"乏善可陈"。[2] 岂止如此,最近写维京人的历史书试图维持一种平衡,一方面是一成不变地将他们描绘成残忍无情的掠夺者和强奸犯——在深受其害的同时代基督教修道士的编年史中找到出处,简直不要太容易了——另一方面则是只介绍他们的和平和正面活动,例如贸易、文化成就,尤其是探险和定居,却绝口不提他们极具破坏性的袭掠。[3] 在本章中,我们将重点讨论维京人的故事中最深入人心也最具争议的两个方面:他们的袭掠和暴虐名声;以及他们的航海成就,尤其是前往北美的航行。

袭掠的原因

为什么维京人是以如此暴力、如此突然的姿态冲上欧洲舞台的呢?至少从受害者的记录来看,维京袭掠者最初登场是在8世纪末,地点是不列颠群岛的英格兰东北部和南部、苏格兰西部、爱尔兰北部和东部沿海,以及法兰西的西部沿海。此后,在9世纪30年代,袭掠开始在不列颠和欧洲大陆频频上演,断断续续持续了数十年,直到10世纪和11世纪初。来自挪威和丹麦的维京人从漫无目的的袭掠转向了战略定居,到911年,他们终于在法兰西北部的诺曼底公国永久地定居下来,并在英格兰划出了一大片被称为"丹麦法区"(Danelaw)的领土,后来在很短的一段时间里,这里曾经转变为克努特大帝(Canute the Great,

1016—1035）统治下的一个维京王国，作为泛斯堪的纳维亚帝国的一部分。维京人还在爱尔兰的新首都都柏林周围建立了一个王国（与位于英格兰约克的王国联系紧密），并在苏格兰的奥克尼（Orkney）、设德兰（Shetland）和赫布里底群岛（Hebrides islands）以及威尔士近海的马恩岛（Isle of Man）和安格尔西岛（Isle of Anglesey）定居下来。与此同时，维京人向更远的地方发起袭击，来到了地中海地区穆斯林统治下的西班牙、法兰西南部和意大利，而在东方，罗斯人，也就是瑞典维京人在诺夫哥罗德（Novgorod）和基辅建立了公国。维京人向西航行到已知世界的边界，在冰岛和格陵兰岛建立了殖民地，并在公元1000年前后探索了北美洲东北海岸，在被他们称为"文兰"（Vinland）的地方度过了好几个冬天。至于这个地方到底在哪儿，有纽芬兰、新斯科舍（Nova Scotia）和新英格兰等各种说法。[4]

关于维京人的袭掠，一种由来已久、深入人心的解释是，斯堪的纳维亚半岛人口过剩，再加上缺乏良田和牧场，或许还有恶劣的天气，这就驱使维京人到其他地方去寻找财富，这种解释还在为一些教科书所青睐。这种观点可以一路追溯到诺曼编年史作者圣康坦的迪东（Dudo of St. Quentin），他在11世纪初将维京人的人满为患归咎于不道德的一夫多妻制和滥交行为，正是这些行为孕育了"无数的后代"。这种看法似乎更多是出于基督教对异教文化的偏见，而非有据可考的事实。[5] 其他基督教编年史中关于维京人入侵时人数成千上万的记载，也不可能没有夸张的成分。根本没有确凿证据表明维京人的袭掠是由人口过剩推动的，尤其是最初的袭击，完全就是为了抢劫和掠夺，而非定居和土地。[6]

对于维京人的袭掠，另一种被普遍接受的解释是，这是异教敌意的表现，甚至是异教对基督教的战争，或者叫"圣战"。同样，这种说法

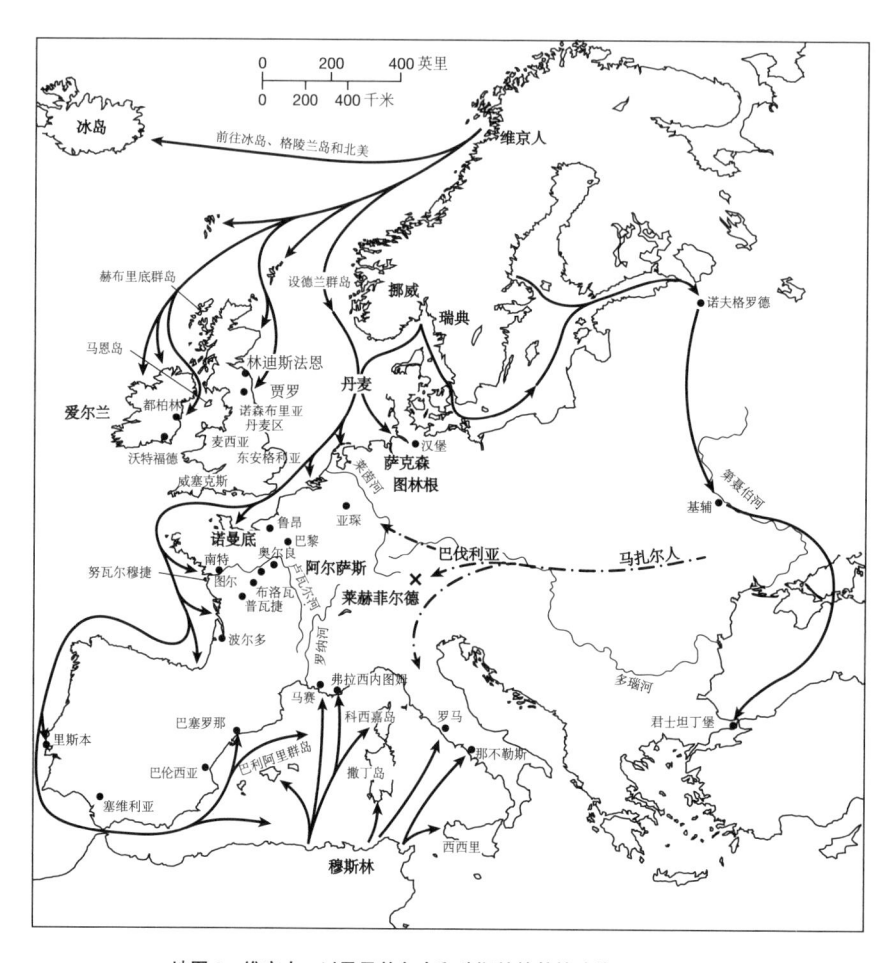

地图 3　维京人，以及马扎尔人和穆斯林的劫掠路线，9—10 世纪

也可以追溯到同时代基督徒的编年史，例如圣瓦斯特的编年史（annals of St. Vaast）。它在884年为维京人大开杀戒后的尸横遍野哀悼，被杀的男女老少中，既有神职人员，也有平信徒，而维京人还在"不停地破坏教堂和住宅，纵火焚城"。但如果我们据此判断维京人对拉丁基督教有意见，那么，以同样的标准衡量他们的暴行的话，我们就必须承认，伊斯兰教和希腊正教也是他们的靶子：例如，在西班牙的阿尔赫西拉斯（Algeciras），他们焚毁了大清真寺，而在君士坦丁堡，牧首佛提乌（Photius）在描述860年的一次维京人袭击时，耸人听闻的措辞也绝不亚于西方那些夸张的哀诉。在基督徒的记载中，维京"异教徒"通常被描绘成神怒的代理人，被派来纠正罪恶的基督教社会，但我们必须记住，作者也有自己的打算，那就是推进教会的事业，在读者中宣扬基督教信仰的复兴。[7]

从另一面来看，维京人的异教信仰尽管被后来基督教化的作家们记录了下来，例如13世纪的冰岛历史学家斯诺里·斯蒂德吕松（Snorri Sturluson），却并没有流露出我们在基督教中看到的那种传教热情和对其他宗教的偏见。相反，异教维京人的宗教态度，主要的特点就是突出的实用性和灵活性，有人可能会说，这与基督教对敌对信仰的不宽容形成了鲜明对比。[8]这样一来，整个维京人社区就可以非常容易且迅速地皈依基督教，不过这样的变心程度有多深，又能持续多久，还是要打上一个问号。

在公元1000年的冰岛，代议制议会（althing）请异教徒宣法官索尔吉尔（Thorgeir the Lawspeaker）来裁定国家是应该信仰基督教，还是应该继续信仰异教。这个故事就很好地说明了维京人对待宗教极为实际的态度。出乎意料的是，索尔吉尔在法律石（Law Rock）上待了一天一夜后做出了决定，冰岛应该信仰基督教。他的理由是，只能有一种法律和一种信仰，而基督教毕竟是一种"讲道理的宗教"；然而，作为妥协，索尔吉尔还规定，异教习俗如果私下进行，还是可以继续的，例如祭神、食用马肉，甚至是杀婴。同样，身为维京人的基辅大公弗拉基米尔（Vladimir）在先后考虑了伊斯兰教、犹太教和拉丁基督教之后，选择了希腊正教，据说他的动机也非常实际。尽管允许一夫多妻制的伊斯兰教很有吸引力（弗拉基米尔是出了名的妻妾成群），但大公最终还是在成为穆斯林的道路上退缩了，因为那样的话他就必须戒酒，而他的理由是"饮酒是罗斯人的乐趣，没有了这种乐趣，我们就活不下去了"。[9] 考古发掘在维京人的坟墓中发现了并排放置的雷神之锤护身符和基督教十字架，而在英格兰的雷普顿（Repton），默西亚王室修道院附属的一座基督徒坟冢，以及一处举行包括动物献祭在内的传统异教火葬的纳骨堂，都发现了873年到874年在那里过冬的丹麦大军的遗骸。[10] 显然，即使是一心想要征服这片土地的"敌对"维京人，也非常愿意适应多元信仰，对基督教并没有与生俱来的反感或偏见。事实上，维京国王只有在尝试通过让臣民皈依基督教来巩固他们对国家的政治统治时，才会试图将宗教强加给臣民。挪威的奥拉夫·特里格瓦松（Olaf Trygvasson，995—1000年在位）和奥拉夫·哈拉尔松（Olaf Haraldsson，1016—1028年在位）的统治就是例证，两人都惨死在自己的人民手中。[11]

然而，维京人袭击背后的异教理论根据，最近又在一种引人入胜的新理论中死灰复燃了。这种理论认为，查理曼对异教徒萨克森人的战争长达30年，最终于公元800年前后结束，维京人最初的袭击就是异教徒在还以颜色。有证据表明，萨克森战争之后，丹麦国王古德弗雷德

（Gudfred）与查理曼之间的关系日趋紧张，最终在 810 年丹麦人袭击查理曼帝国的弗里西亚（Frisia）海岸线时达到了极点。同年晚些时候，古德弗雷德被杀，这才勉强避免了局势进一步升级为丹麦人和法兰克人之间的全面战争，但尚不清楚两国之间的交战是否源于宗教差异。[12] 与萨克森战争同时发生的早期维京人袭击，大多被认为是挪威人所为，发生在不列颠群岛，那里并不属于查理曼帝国，实际上还生活着 5 世纪时过来的萨克森人后裔。我们也不能想当然地认为日耳曼萨克森人和斯堪的纳维亚维京人的异教信仰完全是一回事儿：毫无疑问，他们在神谱和神话方面有对应和相似之处，但对一方的攻击并不一定会被视为对另一方的攻击。维京人大举进攻法兰克王国时，萨克森战争已经结束 30 多年了，而且这显然是在回应法兰克王国领导层的分裂。这样的外来干涉简直是被他们招来的，也是其政治斗争的一部分。

在理解维京人的袭掠时，异教信仰的主要优势在于，它反映了维京人与欧洲基督教文化截然不同的独特文化，这种文化也在很大程度上解释了维京人的成功。我们已经提到过维京异教徒的灵活务实，这使得他们在公元 1000 年前后相对从容地皈依了基督教（瑞典除外，它在大约 100 年后才皈依基督教）。[13] 同样的灵活性也延伸到了道德层面，也就是说，维京神话确实是不讲道德的：诸神并非人类崇拜者的道德楷模，这与基督教对耶稣的处理大不相同。相反，维京人的主神奥丁在萨迦①中被描绘成一个狡猾、欺骗和诡计（比如使用变形术）大师，以便战胜对手和获得包括魔力和智慧在内的力量。[14] 有许多故事围绕着维京人与外国人交往时的行为举止展开，而我们从中体会到的，正是这种卑鄙狡

---

① 萨迦（saga），指讲述北欧人冒险经历和英雄事迹的长篇故事。

猾、不讲道德。

三个有趣的例子足以说明问题。845 年，摩尔诗人加扎勒（al-Ghazal）代表科尔多瓦（Córdoba）的倭马亚王朝的埃米尔① 阿卜杜·拉赫曼二世（Abd ar-Rahman Ⅱ，822—852）出使一位维京统治者的国家。这位统治者被称为"拜火教徒"之王。（穆斯林似乎把维京人和琐罗亚斯德教徒搞混了。）一年前，一支驶入地中海的维京舰队短暂占领了塞维利亚，这显然给埃米尔带来了极大的震撼，即使他绞死并斩首了所有的维京俘虏。加扎勒觐见维京国王之前，坚持自己无须向国王下跪。然而，维京国王想出了一个巧妙的办法来规避这个约定。他把觐见厅的入口修得很低，以至于大使必须跪着才能进入。加扎勒只能屁股着地，拖着脚蹭进去，方才解决了这个问题！¹⁵

第二个例子来自圣康坦的迪东，他讲述称，860 年，一个名叫哈斯汀（Hastein）的维京酋长在袭掠法兰西南部和意大利海岸时，错把卢纳（Luna）的白色城墙当成了罗马的城墙，并想出了一个诡计来攻占这座文明世界的故都。他把自己藏在棺材里，给城中的主教和公爵传话，说有一个维京酋长想要以基督徒的身份下葬，但哈斯汀一进到城墙内就"起死回生"，杀害了他们两人，并夺取了城市的控制权。据传，哈斯汀得知他占领的是卢纳而不是罗马后，便下令屠杀了所有的男性居民。¹⁶

第三个例子或许是最有名的，讲述了一个名叫罗洛（Hrolf，拉丁化为"Rollo"）的丹麦或挪威维京酋长是如何将一次沿塞纳河而上到鲁昂（Rouen）的远征突袭转变为一个贵族头衔，获得了诺曼底公国的所有权的。根据诺曼历史学家瑞米耶日的威廉（William of Jumièges）于 11 世

---

① 埃米尔（emir），指阿拉伯国家的统治者。

纪所写的著作，为了领受公国，罗洛或他的代表需要亲吻加洛林王朝的法兰克国王"糊涂的"查理（Charles the Simple）[或者更委婉地称之为"单纯的"查理（Charles the Straightforward）]的脚。但在最后时刻，维京人只是把国王的脚从马镫举到嘴边，而不是躬身去亲吻，结果把国王陛下摔倒在马背上，把众人都逗乐了。[17] 所有这些例子都表明，维京异教文化中明显缺乏对道德行为的期许，虽然是以一种很有娱乐性的方式表现出来的，但哈斯汀这件事情着实让人不寒而栗。这让维京人可以游刃有余地适应环境，对敌人就有了明显的优势，尤其是当敌人指望对手也能遵守同样的"文明"规则时。

我们或许也要本着同样的灵活或机会主义精神，才能为维京人的袭掠找到最恰当的解释。[18] 撇开上文提到的人口过剩和异教敌意等疑点重重、引起争论的理论不谈，斯堪的纳维亚和欧洲独特的环境搭配，意味着9世纪对维京人来说简直是占尽天时。据称这里面有3个主要因素在起作用。其一是贸易，它与袭掠一样，似乎是维京人的天性，而且与袭掠之间存在着一种共生关系，两者往往相辅相成，因为酋长能够留住战士并奖赏他们，都是以财富为基础的。[19] 例如，丹麦人与弗里西亚的贸易在834年的第一次袭掠之前已经持续了很长时间，这似乎让维京人意识到那里有财富可抢。反过来，我们已经看到，844年维京人对摩尔人统治下的西班牙的袭掠，导致加扎勒在845年到维京人那里出使，寻求建立贸易关系，主要是奴隶贸易。查理曼统治时期，远距离奢侈品贸易得到了恢复，尤其是沿着北海的商路，但即使这种贸易在9世纪的加洛林王朝统治后期有所衰退，欧洲和斯堪的纳维亚之间的地区网络仍在继续运送大量价值较低的商品。尽管维京人的袭掠可能确实中断了这种贸易，但一旦实现和平，贸易就会迅速恢复，维京人经常将他们窃取的战利品重新投入流通。

第二个因素是欧洲的政治混乱和崩溃，这为维京人创造了可乘之机。这种情况当然发生在曾经的查理曼帝国，甚至早在它被 843 年的《凡尔登条约》(Treaty of Verdun) 正式分裂为法兰西、德意志和洛塔林吉亚（Lotharingia）之前。但英格兰和爱尔兰的情况也是如此，它们同样分裂成了相互竞争的独立王国。与此同时，丹麦和挪威似乎出现了政治统一的过程，与之形成了互补。因此，在政治上受挫的贵族和小酋长可能被迫去其他地方闯荡，从此维京人出现了。[20]

第三个因素是维京人（种类繁多）的船只，非常适合他们随时随地发动袭击的灵活机动策略。维京人的船是用瓦叠式列板，也就是木板建造的，木板沿着木纹劈开以增加强度，并用云杉根固定在横梁上以加强灵活性和流体力学性能。维京人的船吃水很浅（只有 3—5 英尺①），同时又非常稳，这让维京人既能在极浅的河流中航行，也能渡过极深的海洋。这些船也很轻便，必要时可以经陆路运输，以绕过设有防御工事的桥梁，或者在河流上游之间搬运；船甚至可以放在轮子上，907 年罗斯人进攻君士坦丁堡时就是这样做的。[21]

这场争论的另一方则认为，这 3 个因素都不是维京人所独有的。几乎所有人都从事贸易，都经历过政治分裂（对维京人家乡的攻击大多来自斯堪的纳维亚内部），也都有以帆和桨为动力的船。维京人的航海技能在他们那个时代并不是特别先进，他们的战斗精神——对荣耀、财富和声名的渴望——也与敌人不相上下。这样看来，维京人的袭掠和远征单纯只是机缘巧合——出于各种原因进行的一场豪赌得来的幸运回

---

① 英尺（foot），1 英尺约合 0.304 米。

报——而不是某个远期计划目标或协调策略的重大结果。[22]

维京人有多暴力（和可怕）？

以现代人的观点来看，很容易认为维京人是他们那个时代的"狠人"，我们可以谴责他们抢劫和掠夺的暴力习性，也可能会暗自佩服。[想想以维京人为主角的第一资本银行（Capital One Bank）的信用卡广告"你的钱包里有什么"（What's in Your Wallet）吧，2003年和2009年的电视上到处都在播。]不过，维京人暴力的名声要结合时代背景来看，这一点很重要。[23] 袭击敌人和对手的土地，是爱尔兰和盎格鲁—撒克逊英格兰的基督教国王所采用的标准战术，甚至连最英勇、最著名的领袖查理曼也不例外。"欧洲之父"能够获得他那幅员辽阔的帝国，就是通过有条不紊、连续不断地袭击他的邻居们，包括现在的匈牙利的阿瓦尔人（Avars）、西班牙东北部的巴斯克人（Basques）、意大利的伦巴第人，尤其是德意志的萨克森人。他对萨克森的战争格外残忍血腥，长达30余年，从772年一直持续到804年。782年10月，至少4 500名萨克森人被指控为异端（在这里等同于政治叛国），命丧费尔登（Verden）的"血腥法庭"（Blutgericht）。还有数千人被流放或迁走。然而，查理曼作为"欧洲统一的象征"，至今还在受到人们的深情缅怀和纪念，而维京人却被诋毁中伤。与维京人一样，查理曼也利用劫掠抢来的战利品以及从各方臣民那里榨取的贡品来支付军饷，奖赏自己的追随者。[24]

在军事武备和战术方面，维京人与他们的对手有很多共同之处。他们都使用剑、矛和箭矢作战；穿锁子甲和皮甲，携带盾牌；试图在条件最有利的时候进攻，在易受攻击的时候养精蓄锐。不过维京人也确实有一些与众不同的特点，这让他们成了战争史上独一无二的存在。他们使用战斧，并使之成为他们的标志性武器，这种武器需要相当的力气和灵巧才能有效运用；他们或许具有一种"流氓武士精神"，可以迅速适应环境、改变方针、出其不意，时而对敌人攻其不备，以智取胜；最后还有他们的船，不过这究竟给维京人带来了多少相对于邻居的优势，还存在些许争议。[25] 当时的大多数船只都非常适合近海航行；维京人的优势可能在远海，因为他们的船龙骨比较高。[26] 然而，值得注意的是，维京人进行舰对舰作战时，通常会把船捆扎在一起，努力使战斗条件尽可能接近陆地上的情况。（换句话说，他们并没有与陆地上截然不同的独特海军战略。）[27] 还有人谈到，维京人通常不会面临来自外部的入侵威胁；如果真的受到了攻击，多半是来自斯堪的纳维亚内部的敌对酋长或突袭队。[28] 个中原因也不难推测：部分原因可能是维京人没有任何有价值的东西能够吸引入侵者，比如肥沃的土地或富有的修道院；部分原因可能是其他欧洲人根本不具备维京人发动远距离袭掠所需的造船技艺。[29] 当然，随着维京人被他们袭掠（有时是征服）的文化所同化，这种情况也会发生了变化。

在某些方面，维京人野蛮暴力的名声可能并非完全名副其实。确实，像"恐怖的夏甲"①这种维京人的刻板印象已经深入人心，会因为对史料持续的故意误读而产生巨大的影响力。例如，关于维京人最流行的传说之一，是说某些战士是"狂战士"（berserks），他们会在战斗中进入一种狂乱状态，不受控制地横冲直撞，或许是借助了致幻蘑菇（毒

---

① "恐怖的夏甲"（Hagar the Horrible），美国漫画家狄克·布朗（Dik Browne）笔下的角色，这套漫画在国内出版时的译名为《北海大英雄》。

蝇鹅膏菌可能是其中的一种)。³⁰ "狂战士"(*berserkir*)在古诺尔斯语 (Old Norse)中的原意是"熊皮衬衫"(也使用"*ulfhednar*"一词,意思是"狼皮");该词最初出现在9世纪的一首挪威诗歌中时,似乎是战士所穿的锁子甲的一种"诗意化的婉转说法"(poetic circumlocution),类似于古英语中的"*byrnie*"("锁子甲")。后来,包括丹麦历史学家萨克索·格拉玛提库斯(Saxo Grammaticus)和冰岛萨迦作者在内的13世纪作家异想天开,将其解释为"发狂"的战士,战斗时像狼一样狂野,或者像熊一样有力。³¹

类似的误读也造就了"血鹰"的传说,据说这是一种特别可怕的酷刑处决,维京人要么是在受害者的背上刻上鹰的形象,要么是将他们的肋骨从脊椎上砍下,露出肺脏,然后将其展开成鹰的翅膀形状,这一切都是在受害者还活着的时候进行的。然而,"血鹰"的原意极有可能乏味得很。11世纪的宫廷诗人西格瓦特·索拉德森(Sigvat Thoradson)似乎是第一个提到"血鹰"的,他在诗中写到,"无骨者"伊瓦尔(Ivar the Boneless)在866年的约克战役中杀死了杀父仇人诺森布里亚国王埃拉(King Ælla of Northumbria),为父亲拉格纳·洛德布罗克(Ragnar Lodbrok)报了仇。在古诺尔斯语原稿中,西格瓦特的诗句可以解读为"伊瓦尔让鹰啄埃拉的背",也可以解读为"伊瓦尔在埃拉的背上刻上了鹰";由于吟唱诗"神秘"又"容易令人误解"的风格(这种风格是诗人刻意为之),这两种解释都说得通。前一种解释指的是伊瓦尔将敌人的尸体留给鹰等食腐动物吃掉,这样看来,并不需要那么多弯弯绕绕的想象,就能理解这首诗。³² 然而,对于许多维京狂热爱好者来说,后一种解释也许是太有吸引力了,实在无法为了历史的准确性而抛弃掉。

如果说维京人赢得了战斗,那么我们必须记住,他们输掉了战争——言语的战争,这场战争关乎他们会给后人留下怎样的形象。维京人可能因为在歌谣和萨迦中的事迹而被人铭记,但正如我们所看到的,很多古诺尔斯语写成的歌谣和萨迦晦涩又难懂,即使对母语者来说也是一样。另一方面,那些用拉丁文写作、为掌握在维京掠夺者手中的命运而哀叹的基督教修道士,无疑在大多数关于维京人的现代历史叙述中得到了更多的"播出时间"。³³ 我们或许可以说,这是历史由败者而非胜者书写的一个不同寻常的例子,只不过基督教最终确实战胜了异教维京文化。

当人们读到英格兰的科尔丁厄姆(Coldingham)的修女们为了避免被"无骨者"伊瓦尔强奸或奴役而自残毁容,可之后还是被活活烧死时,或者读到法兰西的南特(Nantes)爱好和平的居民在 843 年 6 月 24 日圣约翰节那天去参加集市,却被挪威维京人屠杀时,不禁会对维京人的行为感到惊骇。全副武装的畜生杀害或奴役手无寸铁的男人、女人和孩子,这算哪门子勇气?竟然还以此为荣?但如果我们稍微走近一些观察,映入眼帘的图景便会呈现出更多的幽微之处。南特大屠杀可能就是这样的情况,事件的记录者是安德尔(Indre)修道院一名目击的修道士,而这座修道院位于从南特沿卢瓦尔河逆流而上大约 5.5 英里①处。具有讽刺意味的是,当维京人划船沿卢瓦尔河逆流而上时,安德尔修道院的修道士们见维京人来袭,竟逃到南特的城墙内避难。这位作者在此提供的细节,远多于记录大多数维京人袭击的简略编年史通常所包含的内容。从中我们可以看出,维京人的进攻时机显然选得很好,就在当地的伯爵南特的雷诺(Rainald of Nantes)与敌对的布列塔尼军队作战阵

---

① 英里(mile),1 英里约合 1.609 千米。

亡的一个月后。由于当地的权力政治，南特毫无防御，就等着别人来抢了。说得更具体一些，维京人在圣约翰节这样一个宗教节日发动进攻，并不是因为他们的目标是基督徒本身，而是因为他们知道会有很多人身着华服聚集在城里，这就意味着会有更多的战利品，既包括金银贵重物品，也包括富有的人质。因此，尽管这位编年史作者声称"异教徒杀死了所有的"居民，但也有许多人在大屠杀中幸存下来，维京人故意留了他们一命，就算只是为了赎金也罢。而编年史作者也在几行字后很坦率地承认，情况确实如此。我们不禁怀疑，在其他关于维京人袭掠的记载中，还有多少限制条件需要点明，而那些记载所提供的信息可没有这份多。[34]

因此，我们不该对修道院编年史作者所写的内容全盘接受，他们教我们祈祷，"主啊，从北方人的狂怒中解救我们吧"（*A furore normannorum, libera nos, domine*）。被说成是狂战士的埃吉尔·斯卡拉格里姆松（Egil Skallagrimsson）生活在9世纪的冰岛，他在诗中歌颂着"红色火焰如何吞噬人们的屋顶"，以及矛与剑如何"串起躺在城门口、死气沉沉的尸体"。可即便是这样一个人，也并非没有细腻的感情，比如他会哀悼溺亡的爱子，把自己锁在壁橱里，不吃不喝，直到女儿提出与他共同赴死。维京人毕竟也是人，他们同样具有人类经验中不可思议的复杂性。他们并非无敌，也不是超人。我们必须记住，他们并非百战百胜（事实上，有人估算过，在平常的遭遇战中，他们输多赢少）。而穆斯林和希腊人却拥有组织得当的防御工事和先进的技术武器，就比如"希腊火药"。他们展示了当一个统一的国家倾尽全部资源来对付由乌合之众组成的维京军队时，可以取得怎样的成果。[35]还有一种可能是，维京人故意表现得残忍无情，以便下次可以通过更和平、更轻松的方式得到土地或抢来的东西，比如纳贡支付的"丹麦金"（danegeld）。尽管在同时代的记载中，维京人被描绘成陌生的外来异教徒，像晴天霹雳一样出其不意、漫无目的地袭击，但我们必须记住，维京人和他们的袭掠并非无法解释。事实上，他们是欧洲贸易和权力政治网络的一部分，这也使他们完全成为欧洲舞台上的一分子。[36]

当今的历史学家也并不认为袭掠毫无意义，只是一场破坏与混乱的纵情狂欢。修道院图书馆遭到洗劫，有书籍被焚毁或散佚，这是不争的事实，但并不能将加洛林文艺复兴后知识领域的没落全部归咎于维京人。此外，即使是在最具灾难性的袭掠中，也总能找到一线希望，比如通过将囤积在修道院和阿拉伯金库中的金银重新投入流通来刺激货币经济，抑或是激励人们设立更强大的国家机构，比如全国范围的税收、常备军和要塞城镇，来抵御维京人或支付丹麦金。[37] 如果没有维京人，法兰西可能不会有系出抗击维京人的战士"强者"罗贝尔（Robert the Strong）的卡佩王朝，英格兰可能也不会有阿尔弗雷德大帝（Alfred the Great）或"征服者"威廉。如果没有这些先祖，很难想象这两个国家会在中世纪盛期出现强大的君主政体。用历史学家唐纳德·洛根（Donald Logan）的话说，维京人充沛的精力复苏了欧洲"衰败的文明"，即便有时会造成破坏，而他们的精力终将在诺曼人的统治下体现在十字军东征的扩张运动中，以及在英格兰和西西里设计出来的先进法律和国家制度中。[38] 对许多人来说，要求我们对维京人感恩戴德或许太过了。但有一点我们可以肯定：如果要接受维京人真实的、原本的样子，那么我们就必须同时接受他们的善与恶，人性皆如此。

北美洲的维京人

维京人确实在公元 1000 年前后登陆过北美洲，并在那里度过了一段时间，虽然并没有建立一个永久定居点。对此，人们已经不再有争议。这些航行的时间选择可能并非偶然，因为这个时期恰逢中世纪温暖期，或者叫中世纪气候异常期（约 950 年至约 1250 年），当时全球气温升高，导致北极浮冰群的持续时间和范围缩小，从而打通了穿过北冰洋的西北航道（Northwest Passage）。[39] 直到大约 50 年前，维京人探索北美洲的证据都还只有两部写于 13 世纪早期的冰岛萨迦。《格陵兰人萨迦》(Grænlendinga saga) 和《红发埃里克萨迦》(Eiriks saga rauða)，其中都记载了由莱夫·埃里克松（Leif Ericson，又称"幸运的"莱夫）、他的兄弟托瓦尔（Thorvald）和托尔施泰因（Thorstein），以及托尔施泰因的遗孀古德里德（Gudrid）的后一任丈夫托尔芬·卡尔塞夫尼（Thorfinn Karlsefni）所率领的远征。从格陵兰岛向西航行之后，维京人首先发现了"赫鲁兰"（Helluland，意为"平石之地"），然后向南航行，在"马克兰"（Markland，意为"树之地"）上岸，最后在一个大本营过冬，并从那里出发，去更远的"文兰"（意为"葡萄酒之地"，在那里发现了野生的葡萄）探险。[40] 大多数学者认为赫鲁兰就是当今的巴芬岛（Baffin Island），马克兰就是拉布拉多半岛东海岸。[41] 然而，关于文兰的对应地点仍有争议。如今，学界共识似乎确定在了纽芬兰、圣劳伦斯湾（Gulf of St. Lawrence）和新不伦瑞克（New Brunswick）的芬迪湾（Bay of Fundy）。[42] 不过，早些时候学界更倾向于新斯科舍和科德角（Cape Cod），一些勇猛的维京人甚至可能一路南下到了纽约。[43]

20 世纪 60 年代，出现了具有考古学性质的新证据，将文兰抽离了"神话和猜测"的范畴，据称还证明了萨迦中关于维京人航行到北美洲的记述是有现实依据的。[44] 在纽芬兰北端的兰塞奥兹牧草地（L'Anse aux Meadows）发现了一个维京人定居点，至少有八座建筑，现在还能在草地上看到这些建筑的地基。（"Anse"在法语中指"海湾"或"小湾"，"Meadows"则源于"*méduses*"，即"水母"，并非指原本树木丛生的地貌）。对该遗址发现的诺尔斯人遗物的放射性碳年代测定证实，公元980年至1020年之间的某个时候，这里曾有人定居。这些建筑包括三座冰岛式设计的大堂，表明这个能容纳多达90人的定居点即使不是永久性的，也至少维持了一整年。每座建筑都有一个木框架，被厚厚的草皮墙壁和屋顶所覆盖，厅堂内部则铺设了木镶板。仅仅是这三座大堂就需要35 000立方英尺的草皮和86棵大树来建造，似乎只有100余名定居者的大型殖民地才有可能做到，而对于总人口不过四五百人的格陵兰岛来说，这是一笔不小的投资。这里主要是一个工作场所，铁匠用当地发现的沼铁矿石锻造铁钉，木工坊大量制作云杉木板，这两种材料都是用来修船的。一个存有织布机平衡石和其他纺织工具的纺织小屋表明，这个以成年男性为主的社区中也有女性存在。灰胡桃并非纽芬兰原产，只在更靠南的地方生长，例如圣劳伦斯河流域，而它们的存在则证明了该遗址的居民曾探索过更远的地方。最后，这里没有昂贵的设备和工具，还有两座大堂发生过火灾，可能是有意为之，这就表示人们是经过了深思熟虑，从兰塞奥兹牧草地定居点有序撤离的。学者们认为，该遗址对应着《红发埃里克萨迦》中提到的涌流峡湾（Straumfjörð）定居点，或者是《格陵兰人萨迦》中描述的莱夫营地（*Leifsbuđir*）。[45]

在人们假定的在前哥伦布时代到过美洲海岸的众多来访者中，维京人绝对是文献记载最为翔实的，也是得到最广泛认可的。到过美洲的"古代航海家",据说包括了腓尼基人、希腊人、罗马人、凯尔特人、苏美尔人、米诺斯人、埃及人、希伯来人和利比亚人。[46] 在中世纪,据称在维京人之前、与维京人同期和在维京人之后到达北美洲的航海家,包括爱尔兰的圣布伦丹(St. Brendan,约545)、威尔士的马多克(Madoc,约1170)和苏格兰贵族亨利·辛克莱(Henry Sinclair,1398)。[47] 这些非维京人的说法都没有任何确切的考古学或文献证据,尽管据称在北美洲有3 000多份用古代欧甘字母(Ogham)、希伯来字母、腓尼基字母和伊比利亚字母书写的碑文。[48] 在我的家乡佛蒙特州,有超过50间石室,有人声称它们是古代凯尔特人的建筑,但佛蒙特州考古学家在20世纪70年代进行的一次勘察中确定,这些都是根菜储藏窖,最远也只能追溯到殖民地时代。[49] 此外,还有人认为,维京人在北美洲的分布范围更广——既指地理上,也指时间上——超出了公元1000年前后以兰塞奥兹牧草地为基地的文兰探险范围。然而,作为这一理论根据的"人工遗物",包括文兰地图、罗得岛州的纽波特塔(Newport Tower)和明尼苏达州的肯辛顿石(Kensington Stone)在内,现在都被证明是伪造的,或者是被误解了。它们是19世纪和20世纪初,人们对维京人的兴趣复苏的浪漫产物。[50] 不过,即使到了今天,"传播论者"和"发明论者"之间的争论仍在激烈进行。前者认为,在哥伦布之前,旧世界的文化已经在美洲声势浩大地传播开来,而后者则宣称,哥伦布之前唯一得到证实的来访者就是维京人,但他们的存在并非永久性的,也没有产生任何持久的影响。[51]

发明论者与传播论者之间的争论,对于围绕美洲史前史展开的政治活动,以及对美洲印第安人成就和文化的态度,有着更广泛的含义。如果传播论者是正确的,那么在美洲发现"任何精致的人工遗物",都可以貌似合理地将其归于"更先进的古代来客",而非本地文明。如果发明论者是正确的,那么真正的北美洲人工遗物,例如俄亥俄河谷的"坟冢",就是成熟、进步的美洲印第安文化的证据。石室开口对准二至点或二分点的太阳位置等特征,既可以被视为一种文化影响另一种文化的证据,也可以被视为不同文化独立发展出共同特质的证据,就比如对天文现象的痴迷。具有讽刺意味的是,这两种观点在19世纪都曾被用来为美国针对美洲印第安人部落的搬迁和再教育行动辩护。[52]

具体到诺尔斯人与美洲原住民之间的接触,我们主要还是要依靠萨迦证据。《格陵兰人萨迦》和《红发埃里克萨迦》都讲述了由托尔芬·卡尔塞夫尼领导的维京人与他们遇到的原住民(skraelings)之间的和平贸易关系,以及他们之间的血腥会战。起初,维京人可以用牛奶和红布来交换原住民提供的毛皮,但到了后来,误会导致了暴力冲突,维京人虽然人数较少,却能够击退攻击者,可也造成了人员伤亡,他们意识到,这里纵有"千般好",他们也无法安全无虞地留在这片土地上。不过,在维京人离开之前,托尔芬和妻子古德里德生下了第一个在北美大地上出生的白人,他们给他取名叫斯诺里(Snorri)。斯诺里在他出生的这片土地上度过了3个冬天,也就是3年。[53]

不过,解释这些萨迦时必须多加小心,因为它们与公元1000年并不处在同一时期,而是在12世纪或13世纪写下的,属于一种口述传统或者对重大事件的遥远记忆。因此,它们在反映原本时期的历史背景的同时,也反映了自身所处时代的历史背景,不能当成从头到尾都准确无误的航海记录来看。《红发埃里克萨迦》中记载的"独脚人"(einfætingr)就是一个很好的例子。这是自然史或百科全书中共有的一种非洲奇观,在这里被移植到了美洲。[54]此外,一些考古发现表明,对于诺尔斯人与美洲印第安人在北大西洋的相遇,"萨迦并没有讲出事情的全貌。"[55] 在格陵兰的诺尔斯人遗址发现了箭头和皂石灯等美洲印第安人遗物,在美洲印第安人遗址也发现了金属碎片和铸币等诺尔斯人遗物。这表明两者之间的关系不只是袭击废弃定居点或其他的不期而遇那样简单,而是更加复杂。[56]

其他一些考古学资料使我们得以绘制出北美洲各个地区主要部落的地图,在此基础上,维京人很可能在新不伦瑞克遇到了米克马克人(Micmac)的祖先,在拉布拉多遇到了因努人(Innu)和多尔塞特人(Dorset)的祖先。[57] 仅从维京人用来称呼北美洲原住民的 "*skraeling*"(意思可能是"小可怜"或"尖叫的人")一词来看,他们显然对《红发埃里克萨迦》中描述的"身材矮小、五官狰狞、头发蓬乱"的人多有贬低。[58] 除此之外,维京人还杀死或俘虏了他们在海滩上偶然发现的、躲藏在独木舟下的离群原住民。反过来,加拿大北极地区的图勒因纽特人(Thule Innuit)将北欧人称为白人(*qadlunat*)。[59] 显然,在军事能力上大体相当的双方互不信任,甚至到了互相杀害的程度,但他们也将彼此视为可以利用的资源。除文兰的木材和葡萄这些大自然的馈赠以外,诺尔斯人还将原住民视为毛皮和海象牙的来源;而美洲印第安人似乎很渴望诺尔斯人可以提供的铁器或金属制品(假设他们愿意提供的话),以及在他们看来很新奇的布制品和畜产品。[60]

欧洲人与美洲原住民之间最初的接触虽然短暂,可能也无足轻重,却成了文学和电影中许多浪漫猜测的主题。[61] 这幅图景的阴暗面是残忍、误解、怀疑和利用,这些都是诺尔斯人与美洲原住民关系的特征,即使从萨迦对原住民简短而模糊的描述中都能明显看出。虽然我们可以赞美维京人航行至新世界的勇敢无畏和富有冒险精神的好奇心,可其中总有一抹淡淡的忧伤，预示着那些即将到来的、更为惨痛的悲剧。

注释

1 课程描述可在 www.seljord.fhs.no/english 查看，访问于 2015 年 9 月 17 日。

2 Anders Winroth, *The Age of the Vikings* (Princeton, NJ.: Princeton University Press, 2014), pp. 8–12; Andrew Higgins, "Norway Again Embraces the Vikings, Minus the Violence," *The New York Times*, September 17, 2015.

3 Martin Arnold, *The Vikings: Culture and Conquest* (London and New York: Hambledon Continuum, 2006), p. 2; Robert Ferguson, *The Vikings: A History* (New York: Viking Penguin, 2009), p. 6; Magnus Magnusson, "The Vikings—Saints or Sinners?" in *Vínland Revisited: The Norse World at the Turn of the First Millennium*, ed. Shannon Lewis-Simpson (St. John's, NL: Historic Sites Association of Newfoundland and Labrador, 2000), pp. 155–164.

4 对这些事件更详细的讨论，参见 Arnold, *The Vikings*, pp. 79–214; Paddy Griffith, *The Viking Art of War* (London: Greenhill Books, 1995), pp. 49–72; Martin Arnold, *The Vikings: Wolves of War* (Lanham, MD: Rowman and Littlefield, 2007), pp. 51–138; Martina Sprague, *Norse Warfare: The Unconventional Battle Strategies of the Ancient Vikings* (New York: Hippocrene Books, 2007), pp. 9–29; F. Donald Logan, *The Vikings in History*, 3rd edn. (New York and London: Routledge, 2005), pp. 21–187; *Vikings: The North Atlantic Saga*, eds. William W. Fitzhugh and Elisabeth I. Ward (Washington, DC.: Smithsonian Institution Press, 2000), pp. 99–279。

5 Logan, *Vikings in History*, pp. 10–12; William F. McNeil, *Visitors to Ancient America: The Evidence for European and Asian Presence in America Prior to Columbus* (Jefferson, NC.: McFarland and Co., 2005), pp. 44–45; Annette Kolodny, *In Search of First Contact: The Vikings of Vinland, the Peoples of the Dawnland, and the Anglo-American Anxiety of Discovery* (Durham, NC.: Duke University Press, 2012), p. 45.

6 Griffith, *Viking Art of War*, pp. 42–46, 122–126; *Vikings: The North Atlantic Saga*, p. 29; Anders Winroth, *The Conversion of Scandinavia: Vikings, Merchants, and Missionaries in the Remaking of Northern Europe* (New Haven, CT.: Yale University Press, 2012), pp. 33–40. 不过殖民似乎是挪威人探索苏格兰海岸附近的奥克尼、设德兰和赫布里底群岛的主要动机。

7 Matthew Innes, *Introduction to Early Medieval Western Europe, 300–900: The Sword, the Plough and the Book* (London and New York: Routledge, 2007), pp. 516–517; Arnold, *The Vikings*, p. 14.

8   Arnold, *The Vikings*, pp. 47–48.
9   Logan, *Vikings in History*, pp. 54, 177–178.
10 Julian D. Richards, "Pagans and Christians at a Frontier: Viking Burial in the Danelaw," in *The Cross Goes North: Processes of Conversion in Northern Europe, A.D. 300–1300*, ed. Martin Carver (York: York Medieval Press, 2003), pp. 383–395.
11 Winroth, *Conversion of Scandinavia*, pp. 115–116.
12 Ferguson, *The Vikings*, pp. 47–57; Arnold, *The Vikings*, pp. 13–14.
13 然而，最新的学术研究表明，维京人非正式皈依基督教的时间比我们之前以为的还要早，主要是通过始于 9 世纪初的传教工作。不过"皈依"可以有多种定义，可以是基督教信仰的"缓慢渗出"或渗透，也可以是整个地区在国王支持下的"制度性皈依"。参见 Winroth, *Conversion of Scandinavia*, pp. 102–120; *Vikings: The North Atlantic Saga*, p. 102。
14 Kirsten Wolf, *Daily Life of the Vikings* (Westport, CT.: Greenwood Press, 2004), pp. 152–153; Winroth, *Age of the Vikings*, pp. 181–198; Sprague, *Norse Warfare*, p. 11. 重现维京时代异教徒的宗教信仰时，一个棘手的问题是如何分离出后期基督徒作家的偏见，而我们关于维京人异教信仰的知识大部分是从他们那里得到的。这一点在如何看待对异教献祭（据说包括人祭）的描述这一问题上体现得最为真切，例如不来梅的亚当（Adam of Bremen）对瑞典乌普萨拉（Uppsala）神圣树丛的描述。温诺斯（Winroth）得出的结论是，维京人的异教信仰显示出了"巨大的差异性和多样性"，很难描述它们的特征，遗憾的是，也很难恢复它们的本来面貌，因为它们最终还是被基督教压制住了。
15 *Al-Ghazal y la Embajada Hispano-Musulmana a Los Vikingos en el Siglo IX,* ed. Mariano G. Campo (Madrid: Miraguano Ediciones, 2002); W.E.D. Allen, *The Poet and the Spae-Wife: An Attempt to Reconstruct al-Ghazal's Embassy to the Vikings* (Kendal, UK: Titus Wilson and Sons, 1960).
16 Dudo of St. Quentin, *History of the Normans: Translation with Introduction and Notes*, ed. Eric Christiansen (Woodbridge, UK: Boydell Press, 1998), pp. 18–20.
17 Logan, *The Vikings*, pp. 109–110; Arnold, *The Vikings*, pp. 157, 162; *The Gesta Normannorum Ducum of William of Jumièges, Orderic Vitalis, and Robert of Torigni*, 2 vols. ed. Elisabeth M.C. van Houts (Oxford: Oxford University Press, 1992–1995), pp. 9–28.
18 Griffith, *Viking Art of War*, p. 50; Winroth, *Conversion of Scandinavia*, pp. 32–33.
19 Winroth, *Conversion of Scandinavia*, pp. 85–101.
20 Griffith, *Viking Art of War*, p. 49; *Vikings: The North Atlantic Saga*, pp. 72–75.
21 Sprague, *Norse Warfare*, pp. 87–100; Griffith, *Viking Art of War*, pp. 89–98; *Vikings:*

The North Atlantic Saga, pp. 143-145; Winroth, *Age of the Vikings*, pp. 44, 71-97; Innes, *Introduction to Early Medieval Western Europe*, pp. 450–456; Arnold, *The Vikings*, pp. 10-14, 50-51; Ferguson, *The Vikings*, pp. 44-45.

22 Griffith, *Viking Art of War*, pp. 46-50, 73-82, 105-126; Innes, *Introduction to Early Medieval Western Europe*, pp. 450-456; Arnold, *The Vikings*, pp. 10-14, 50-51; Ferguson, *The Vikings*, pp. 44-45; Winroth, *Age of the Vikings*, pp. 44, 71-97; Sprague, *Norse Warfare*, pp. 33-82, 117-134; John Haywood, *Dark Age Naval Power: A Re-Assessment of Frankish and Anglo-Saxon Seafaring Activity* (London: Routledge, 1991).

23 这种观点有时也被称为"战争与社会"论，即战争与暴力是当时几乎所有文化中不可或缺的一部分，因此，把社会的军事和民事方面单拎出来说毫无意义。尽管这种观点自 20 世纪 90 年代以来一直占据统治地位，但一些学者提出，维京人拥有独一无二的军事技能，这有助于解释他们袭掠冒险的成功。参见 Griffith, *Viking Art of War*, pp. 24-25。

24 Winroth, *Age of the Vikings*, pp. 41-43; Winroth, *Conversion of Scandinavia*, pp. 33, 38-40; Griffith, *Viking Art of War*, pp. 62-63; William R. Short, *Viking Weapons and Combat Techniques* (Yardley, PA.: Westholme, 2009), pp. 1-2.

25 Sprague, *Norse Warfare*, pp. 26-27, 139-189; Winroth, *Age of the Vikings*, pp. 24-34; Winroth, *Conversion of Scandinavia*, p. 32; Griffith, *Viking Art of War*, pp. 73-126, 162-208; Short, *Viking Weapons*, pp. 29-125. 斯普瑞格（Sprague）和格里菲斯（Griffith）将维京人视为他们那个时代的"特种部队"或"反恐部队"，因为他们有能力发动"非常规"或"小规模游击"战争。

26 Griffith, *Viking Art of War*, pp. 82-98; Haywood, *Dark Age Naval Power*, p. 69.

27 Sprague, *Norse Warfare*, pp. 177-179; Griffith, *Viking Art of War*, pp. 79-80, 197-198.

28 Sprague, *Norse Warfare*, pp. 171, 188.

29 Sprague, *Norse Warfare*, p. 27.

30 Sprague, *Norse Warfare*, pp. 80-82.

31 Winroth, *Age of the Vikings*, pp. 38-39; Griffith, *Viking Art of War*, pp. 134-136.

32 Roberta Franks, "Viking Atrocity and Skaldic Verse: The Rite of the Blood-Eagle," *English Historical Review* 99 (1984): 336-339; Winroth, *Age of the Vikings*, pp. 35-37; Griffith, *Viking Art of War*, pp. 35-37.

33 Short, *Viking Weapons*, pp. 1-2.

34 Winroth, *Age of the Vikings*, pp. 15-21.

35 Arnold, *The Vikings*, p. 58; Innes, *Introduction to Early Medieval Western Europe*,

p. 522; Sprague, *Norse Warfare*, p. 21; Griffith, *Viking Art of War*, pp. 49–58, 68–72.

36 Innes, *Introduction to Early Medieval Western Europe*, pp. 519–521; *Vikings: The North Atlantic Saga*, pp. 99–101.

37 Arnold, *The Vikings*, pp. 5–6; Innes, *Introduction to Early Medieval Western Europe*, pp. 520–522; *Vikings: The North Atlantic Saga*, p. 29.

38 Logan, *Vikings in History*, pp. 2–3. 此处洛根的观点建立在 20 世纪初的中世纪研究者查尔斯·霍默·哈斯金斯（Charles Homer Haskins）的基础之上。

39 *Vikings: The North Atlantic Saga*, p. 153. 相应地，14 世纪初小冰期的到来也将令西北航道关闭，并最终迫使他们放弃在格陵兰岛本岛的定居点。

40 *Vikings: The North Atlantic Saga*, pp. 218–224; Frederick J. Pohl, *The Viking Settlements of North America* (New York: Clarkson N. Potter, 1972), pp. 259–305; James Robert Enterline, *Viking America: The Norse Crossings and their Legacy* (Garden City, NY.: Doubleday and Co., 1972), pp. 13–28, 49–71; Tryggvi J. Oleson, *Early Voyages and Northern Approaches, 1000–1632* (Toronto: McClelland and Stewart, 1963), pp. 18–30. 至于萨迦中提到的文兰到底应该是"葡萄酒之地"（Vínland），还是"牧草之地"（Vinland），还存在争议。学界共识似乎偏向"葡萄酒之地"。参见 Magnús Stefánsson, "Vínland or Vinland?" and Alan Crozier, "Arguments Against the * Vinland Hypothesis," in *Vínland Revisited*, pp. 319–337。

41 *Vikings: The North Atlantic Saga*, pp. 228–229, 233; Enterline, *Viking America*, pp. 14–27; Oleson, *Early Voyages*, p. 19. 然而，马茨·拉松（Mats Larsson）倾向于认为赫鲁兰是拉布拉多半岛南部，马克兰是纽芬兰。参见 Mats G. Larsson, "The Vínland Sagas and the Actual Characteristics of Eastern Canada—Some Comparisons with Special Attention to the Accounts of the Later Explorers," in *Vínland Revisted*, p. 392。

42 *Vikings: The North Atlantic Saga*, pp. 227–228, 232–237; Enterline, *Viking America*, pp. 49–71; George M. Shendock, "A Core Condensation of My Ideas Concerning the Locations of Sites Mentioned in the Voyages of Leífr Eiríksson, Þorvaldr Eiríksson and Þorfinnr Karlsefni," in *Vínland Revisited*, pp. 403–405.

43 *Vikings: The North Atlantic Saga*, p. 233; Pohl, *Viking Settlements*, pp. 165–255; Oleson, *Early Voyages*, pp. 31–35; Larsson, "Vínland Sagas," pp. 394–398.

44 Kolodny, *In Search of First Contact*, p. 43. 还有一种相反的观点，认为文兰从来都不是一个真实存在的地方，参见 Magnus Magnusson, "Vinland: The Ultimate Outpost," in *Vínland Revisited*, pp. 83–96。

45 *Vikings: The North Atlantic Saga*, pp. 208–216; Kolodny, *In Search of First Contact*, pp. 95–98; Birgitta Linderoth Wallace, "The Later Excavations at L'Anse aux Meadows," in *Vínland Revisited*, pp. 165–180. 挪威探险家海尔格·英斯塔（Helge

Ingstad）和妻子、考古学家安妮·斯坦（Anne Stine）一起，最先发现了水母湾的维京人遗址。他在下书中讲述了自己的故事：*Westward to Vinland: The Discovery of Pre-Columbian Norse House-sites in North America*, trans. Erik J. Friis (New York: St. Martin's Press, 1969)。

46 McNeil, *Visitors to Ancient America*, pp. 115–135.

47 McNeil, *Visitors to Ancient America*, pp. 104–114.

48 McNeil, *Visitors to Ancient America*, pp. 202–235; Eugene R. Fingerhut, *Explorers of Pre-Columbian America? The Diffusionist-Inventionist Controversy* (Claremont, CA.: Regina Books, 1994), pp. 12–19, 23–50. 麦克尼尔（McNeil）极为赞成"传播论"证据，而芬格赫特（Fingerhut）更加不偏不倚，在其作品中简要概述了双方的文献。

49 McNeil, *Visitors to Ancient America*, pp. 159–201; Joseph A. Citro and Diane E. Foulds, *Curious New England: The Unconventional Traveler's Guide to Eccentric Destinations* (Hanover, NH: University Press of New England, 2003), pp. 302–303; Fingerhut, *Explorers of Pre-Columbian America*, pp. 10–12; Giovanna Neudorfer, "Vermont's Stone Chambers: Their Myth and Their History," *Vermont History: Proceedings of the Vermont Historical Society* 47 (1979): 79–147. 其他据称建于北美洲的石遗物或"巨石"结构建筑，包括石棚墓、立石、石冢和石圈。一种折衷的理论认为，这些石室是现代爱尔兰移民仿家乡的古代凯尔特人的建筑技术建造的。参见 Robert R. Gradie, III, "Irish Immigration to 18th Century New England and the Stone Chamber Controversy," *Bulletin of the Archaeological Society of Connecticut* 44 (1981): 30–38。

50 Kolodny, *In Search of First Contact*, pp. 103–150; McNeil, *Visitors to Ancient America*, pp. 64–88; James Robert Enterline, *Erikson, Eskimos and Columbus: Medieval European Knowledge of America* (Baltimore, MD.: Johns Hopkins University Press, 2002), pp. 61–70; *Vikings: The North Atlantic Saga*, pp. 354–384; Fingerhut, *Explorers of Pre-Columbian America*, pp. 67–84.

51 Fingerhut, *Explorers of Pre-Columbian America*, pp. ix–xvi, 1–6, 169–217; *Vikings: The North Atlantic Saga*, p. 205.

52 Kolodny, *In Search of First Contact*, pp. 19–43, 103–212; Fingerhut, *Explorers of Pre-Columbian America*, pp. xiv, 8.

53 *Vikings: The North Atlantic Saga*, pp. 220–224; Kolodny, *In Search of First Contact*, pp. 49–93; Ingstad, *Westward to Vinland*, pp. 39–59.

54 Shannon Lewis-Simpson, "Introduction: Approaches and Arguments," in *Vínland Revisited*, p. 21.

55 Kolodny, *In Search of First Contact*, p. 99.

56 *Vikings: The North Atlantic Saga*, pp. 203–207, 238–247; Kolodny, *In Search of First Contact*, pp. 97–98.
57 *Vikings: The North Atlantic Saga*, pp. 193–205, 238–247; Kolodny, *In Search of First Contact*, pp. 98–99. 此外，该地区还有其他一些部落，维京人似乎没有遇到，至少在文兰之旅中没有遇到。这些部落包括格陵兰岛和巴芬岛的图勒因纽特人、拉布拉多和纽芬兰的贝奥图克人（Beothuk），可能还有新斯科舍、新不伦瑞克和新英格兰的马利西特人（Maliseet）和阿贝纳基人（Abenaki）部落。
58 Kolodny, *In Search of First Contact*, pp. 3, 58; *Vikings: The North Atlantic Saga*, p. 223.
59 *Vikings: The North Atlantic Saga*, p. 247.
60 *Vikings: The North Atlantic Saga*, pp. 243, 200, 242–245.
61 *Vikings: The North Atlantic Saga*, p. 205; Kolodny, *In Search of First Contact*, pp. 151–212; John Aberth, *Knight at the Movies: Medieval History on Film* (New York: Routledge, 2003), pp. 60–61; *The Vikings on Film: Essays on Depictions of the Nordic Middle Ages*, ed. Kevin J. Harty (Jefferson, NC.: McFarland and Co., 2011). 对于诺尔斯人与美洲印第安人的相遇，2007年的电影《开拓者》（*Pathfinder*）给出了一个不那么浪漫，甚至相当暴力的版本。该片翻拍自挪威于1987年拍摄的同名电影，后者描述的是挪威芬马克（Finnmark）的萨米人（Sami）。

第三章

这是上帝的旨意!(至少是教皇的):
十字军运动

God wills it! (or at least the Pope does): The crusades

十字军运动可以有很多种定义。十字军运动在现代的定义是"为实现某种目标而付出的持续努力",[1] 或者是"反对某种共恶(public evil)的侵略性运动或事业"(牛津英语词典中的定义),这意味着几乎任何事情都可以是一场十字军运动。在中世纪的语境中,十字军运动的含义显然更加具体,但这个含义究竟是什么,在学者中引起了相当大的争论。[2] "多元派"历史学家视野开阔,认为教皇"发起并组织"的任何事业都是十字军运动,而"传统派"学者则认为,以解放耶路撒冷和圣墓(Holy Sepulcher,即传说中基督被埋葬和复活的坟墓)为具体目标的事业,才是真正的十字军运动。"大众派"学者认为,十字军运动必须要有第一次十字军东征时那种原始的、大众的兴奋和斗志,这可能是定义最狭隘的,或者说是最具"限制性"的;另一方面,"万能派"历史学家的定义则最为宽泛,任何为捍卫信仰而战,并蒙受上帝感召的"圣战",都

被定义为十字军运动。³

甚至在中世纪时，十字军运动和十字军东征的含义就显然已经开始有所转变了。号召进行十字军运动的动机开始变得越来越多样化，包括政治内涵大于宗教内涵的动机，而针对的目标也变得越来越多样化，把基督徒同胞也包括进来了。⁴因此，当13世纪"crusade"（"十字军运动"）一词开始浮出水面时，十字军东征已经开始淡化其浓厚的宗教渊源了。这个词源于拉丁语"*cruce signati*"，意为"打上十字架标志"。⁵然而，时至今日，对一些人，特别是穆斯林社区中坚持"泛伊斯兰主义"的人来说，十字军运动的首要含义仍然是一场宗教"圣战"，这也是不争的事实。⁶2001年9月11日对世贸中心和五角大楼的恐怖袭击发生后，美国前总统乔治·W.布什立即将他宣示的"反恐战争"称为"十字军东征"，这也让他付出了代价。⁷对为世贸中心袭击事件负责的恐怖组织"基地"组织以及其他极端伊斯兰团体来说，自中世纪结束以来，十字军运动实际上从未停止过。⁸

还有更近的，2011年3月，利比亚的穆阿迈尔·卡扎菲（Muammar el-Qaddafi）上校援引十字军东征，进行反对盟军——由美国、法国和英国领导——为履行联合国第1973号决议而在利比亚实施空袭和设立禁飞区的宣传。卡扎菲将自己描绘成反帝国主义、反十字军东征英雄的做法，可以追溯到20世纪80年代。彼时，他的政府大量制作为自己辩护的小册子，如《对抗十字军对阿拉伯世界攻击的民族主义文件》（*Nationalist Documents to Confront the Crusader Attack on the Arab Homeland*），以回应被视为对其政权怀有敌意的西方国家。⁹但除了卡扎菲，也有其他人上了这趟车，用十字军的措辞来表达他们对盟军空袭的关切。例如，时任俄罗斯总理弗拉基米尔·普京将联合国第1973号决议比作"中世纪的十字军东征号召",中国、巴西、德国和印度也和俄罗斯一样,对该决议投了弃权票。受十字军东征启发的宣传,例如将现代政治领导人与第三次十字军东征期间自称伊斯兰保卫者的萨拉丁相提并论,也被运用在伊拉克和叙利亚,这两个国家同样面临着西方的干预——尤其是美国。[10]

所有这些轶事都在提醒我们,十字军运动对我们理解当今中东地区至关重要的战略地位和常年动荡的局势仍然意义重大。近年来,十字军运动历史编纂学最富有成果的进展,或许是关于十字军运动的伊斯兰史料得到了恢复,变得更容易获取,以及在新的十字军东征史中呈现了伊斯兰观点。[11] 因此,本章将重点讨论中世纪十字军东征史中最能说明欧洲基督教世界和东方伊斯兰世界迥异观点的部分。我们也会把一些注意力放在与穆斯林或中东无关的十字军运动方面——例如十字军对欧洲犹太人、异教徒和基督徒同胞的攻击。但我们的重点是要洞悉那些还在继续加剧西方与伊斯兰世界紧张关系的误解(许多人认为其源于十字军东征),以及十字军运动的含义和范围如何演变为一个超越宗教战争的、更加广泛的现代概念。

现在应该明显可以看出,看待十字军运动的方式有两种:一种是从仍然主要信仰基督教的西方视角来看,另一种是从信仰伊斯兰教的东方视角来看。在中世纪,穆斯林编年史作者和基督教编年史作者对同一事件的看法完全不同,这种情况当然是真实的。偶尔也会有试图站在另一方角度(也就是从穆斯林视角)讲述这个故事的编年史,尽管作者几乎必然是全靠想象,他的偏见也仍然洋溢在字里行间,就比如《法兰克人纪事》(*Gesta Francorum*),作者是安提俄克的博希蒙德(Bohemond of Antioch)的随从中的一位匿名骑士。[12] 尽管如此,我们还是可以得出结论，第一次十字军东征同时期的编年史作者宣扬的观点与现代的十字军运动史一脉相承。[13]

如今，在西方，对十字军运动的通俗叙述——以卡伦·阿姆斯特朗（Karen Armstrong）的畅销书《"圣战"》（*Holy War*，1988）、特里·琼斯（Terry Jones）的电视连续剧《十字军》（*The Crusades*，1995）和雷德利·斯科特（Ridley Scott）的电影《天国王朝》（*Kingdom of Heaven*，2005）等作品为代表——有一个显著的趋势，就是非常赞同伊斯兰观点。也就是说，十字军东征是野蛮暴力的西方人的无端侵略行为，他们的宗教只是幌子，内里是对土地和财富的贪欲；相比之下，他们的穆斯林对手大多是爱好和平的虔诚信徒，文化也比那些入侵自己故土的人要先进得多。从来自中东的、对十字军东征的通俗叙述中，我们自然也会看到同样的情况，例如优素福·沙欣（Youssef Chahine）的电影《萨拉丁》（*Saladin*，1963）和阿敏·马卢夫（Amin Maalouf）的著作《阿拉伯人眼中的十字军东征》（*The Crusades Through Arab Eyes*，1989）。[14] 西方学术界的专业历史学家有时也会与对十字军运动这种歪曲、片面的说法沆瀣一气。史蒂文·朗西曼爵士（Sir Steven Runciman）的三卷本《十字军史》（*A History of the Crusades*，1951—1954）至今仍拥有巨大的影响力，书中的最后一句话对十字军东征做出了绝妙的总结："崇高的理想被残忍和贪婪所玷污，进取心和忍耐力被盲目狭隘的自以为是所玷污；'圣战'本身不过是以上帝之名长期行不宽容之实，实则是对圣灵的冒犯。"[15]

最近，十字军学者对这些观点进行了大刀阔斧的修正。就从现有史料中搜集到的来看，中世纪基督教十字军最初的目标和动机更能让这些学者共情。从这个角度看，十字军运动实际上是一项防卫事业，为的是对抗不断扩张的伊斯兰帝国。这个帝国在欧洲的东西两侧包围了它，并征服了叙利亚、埃及、北非和西班牙等地区，而这些地区几个世纪以来一直牢牢掌握在基督教罗马帝国和后来的拜占庭帝国手中。[16] 此外，北非信仰伊斯兰教的阿格拉布王朝（Aghlabid dynasty）在9世纪和10世纪征服了西西里岛和意大利南部，威胁到了天主教欧洲自己的心脏，即罗马（846年被阿格拉布王朝洗劫）；事实上，直到1091年第一次十字军东征前夕，穆斯林才被诺曼人彻底赶出西西里岛，而诺曼人也是十字军东征的主力之一。因此，教皇乌尔班二世（Urban Ⅱ）于1095年发出第一次十字军东征的号召时，欧洲有被伊斯兰势力围攻的感觉，完全是合情合理的，并不是无中生有。此外，在十字军东征事业的参与者中，真情实感的宗教动机所起到的作用远比我们之前想象的要大，尤其是在第一次十字军东征期间。[17] 最后，就文化成就和素养而言，欧洲与中东伊斯兰世界的差距也没有那么大，这一点随着十字军东征的进行而变得越发明显，即使每种文化都有自己独特的优势，这自不必说。伊斯兰世界对古希腊哲学和学问的再发现，是与西方共享的遗产，尽管伊斯兰世界也得益于更往东的古代波斯和印度的贡献，并慷慨地将其传到了欧洲。每种文化对这份古老智慧遗产的处理方式当然可能有所不同，但它们之间存在许多相同和相似之处，也没什么好奇怪的。[18]

对十字军运动的这种修正观点，有原始史料作为坚实基础，其中很多史料是直到最近才能够获取或者重见天日的，而且为了避免犯下脱离历史时代的滔天大罪，人们付出了可圈可点的努力。但是在大多数受过教育的民众的大众意识中，迄今为止，这种修正观点的推进幅度微乎其微，令人颇感挫败，而做出这种判断纯粹是基于个人的观察经验。[19] 十字军运动是中世纪欧洲暴力侵略和无知野蛮的象征，这种过时的刻板印象还在继续与学术界背道而驰,尽管学者们已经在努力去消解了。原因何在?部分原因可能是,十字军运动至少最初是防御性的,而不是进攻性的,这种观点对大多数人来说跨度太大,很难消化,这大概一直都是这套修正论最薄弱的环节。虽然这可能准确地反映了中世纪欧洲大多数同时代人的认识,但伊斯兰世界的领土——不管怎么说,毕竟具有极大的地区多样性——是否对西方有侵略意图或能力,在这一阶段还不能十分确定。例如西班牙和西西里,早在十字军东征之前,就已经在基督教收复失地运动(Reconquista)的道路上走出了很远,尽管北非新势力穆拉比特王朝(Almoravids)的到来使其暂时受挫。诚然,拜占庭帝国自1071年的曼奇科特战役(battle of Manzikert)以来一直处于突厥人的强压之下,但穆斯林治下的叙利亚和埃及在第一次十字军东征前夕也是四分五裂,士气低落,而拜占庭皇帝在1095年向西方求助的动机可能就是想利用这一弱点,对此我将在后文更加充分地阐述。其他学者还对十字军东征的起源和动机提出了另外的解释,包括社会/心理学因素、经济和环境的力量,以及灾难理论,或者认为十字军运动是对"煽动性的千禧年主义势力"的回应。目前,这场争论似乎尚无定论。[20]

然而,我强烈怀疑,十字军运动修正主义之所以取得如此进展,主要与西方对其19世纪殖民主义遗产的自我厌恶有关。彼时,欧洲的帝国主义列强控制着全球大部分地区,在第二次世界大战之后才被迫交还。许多西方十字军历史学家认为,正是在殖民时代,19世纪的浪漫主义者为中世纪的一切所着迷时,西方也将十字军东征的历史介绍给了中东殖民地的穆斯林居民(或许是基于错误的假设,以为这样会反映出母国的辉煌),而在此之前,伊斯兰世界似乎已经忘却了这段历史。[21]直到那时,穆斯林才把十字军东征作为他们对西方所谓的优越和胜利的象征。在那样一个时代，他们不得不忍受帝国主义列强在曾经强大的奥斯曼帝国（所谓的欧洲"病夫"）尸体上作威作福的屈辱光景，有这样的反应再自然不过了。[22] 但我们也可以说，这种观点本身就是西方殖民帝国主义的又一个例证——在知识层面上——因为它想当然地认为，应该由欧洲人来让伊斯兰世界重温"自身对十字军东征的记忆"，于是又想当然地认为，相比于"穆斯林的无知和漠然"，欧洲人的文化具有优越性。另一种解释认为，对十字军东征的记忆——尤其是对西方干涉叙利亚和巴勒斯坦的恐惧——在著于16世纪和17世纪的那些（至少在西方）鲜为人知的伊斯兰文学和历史著作中流传了下来。[23]

当前基督教与伊斯兰教之间的冲突，大概是自"9·11恐怖袭击事件"之后愈演愈烈的。在大众的观念模式中，以及一些中世纪学者中，目前流行的观点认为，这种冲突追"根"溯源还是要回到中世纪的十字军运动。但从十字军历史学家的观点来看，实际情况完全不是这么回事儿。[24] 反倒可以说，是19世纪的殖民主义往回投射到了中世纪，以至于甚至在一些导论性质的教科书中，十字军运动都能被描绘成本质上就是西方的殖民事业。许多人认为这种观点严重脱离时代，极大地歪曲了十字军在中东的存在。[25] 到了20世纪后半叶，伊斯兰主义者对十字军运动的看法与西方对昔日殖民统治的羞愧和内疚一拍即合，这段殖民统治已成为不堪回首的历史遗迹。但现在，西方和伊斯兰世界都是时候正视十字军运动的现实了。

第一次十字军东征

大多数历史学家可能都会同意，至少在确立十字军东征的标准程式和神话气质方面，1096 年至 1099 年的第一次十字军东征是所有十字军东征中最重要的，而在实现最初目标这一点上，至少从西方的角度来看，这次十字军东征也是最成功的。[26] 因此，第一次十字军东征受到十字军学者们的极大关注，完全是当之无愧的，即便对十字军东征的通俗描述大多关注的是 1189 年至 1192 年的第三次十字军东征，也就是"狮心王"理查和萨拉丁这两位英雄人物斗智斗勇的那一次。[27] 也正是在第一次十字军东征期间，伊斯兰世界首次被迫直面来自基督教世界和西方日益严峻的挑战，并为自己的态度和与另一种文化的关系定调。在接下来的两个世纪里，它要在巴勒斯坦与这种文化共存。

第一次十字军东征始于教皇乌尔班二世于 1095 年 11 月 27 日在法兰西克莱蒙（Clermont）那次著名的布道，他在布道中号召前往东方进行武装朝圣，将耶路撒冷从穆斯林的占领中"解放"出来，并救助那些居住在圣地和拜占庭的正处于困境中的正统派教友。学者们一贯强调，乌尔班的布道是在回应他在前一年 3 月收到的拜占庭皇帝阿莱克修斯·科穆宁（Alexius Comnenus，1081—1118 年在位）的请求。皇帝求援是为了抗击塞尔柱突厥人，他们正在向拜占庭位于小亚细亚的东翼步步紧逼。但现如今，大多数历史学家认为，教皇打着自己的小算盘，把关注点放在耶路撒冷而非君士坦丁堡，以其作为这项事业的终极目标。[28] 这样一来，教皇就可以利用这座城市对他的基督教听众必然会产生的情绪感染力了，因为基督就是在这里被钉死在十字架上和埋葬的［圣墓教堂（the Church of the Holy Sepulcher）就是纪念这个地点的］。[29] 甚至拜占庭皇帝阿莱克修斯本人，也在第一次十字军东征前给克罗地亚国王兹沃尼米尔（King Zvonimir of Croatia）和佛兰德斯伯爵罗贝尔（Count Robert of Flanders）的信中呼吁基督徒肩负起保卫耶路撒冷和所有其他圣地的责任，以便招募援军对抗佩切涅格人（Pechenegs）。[30]

人们常说，乌尔班对十字军东征的号召，只是综合了一些早已存在的思想和制度：朝圣、正义战争、大赦、封建制度、骑士精神等。[31] 但第一次十字军东征还是证明了乌尔班的愿景有着令人惊叹的广度，它远远超出了前任教皇格列高利七世（Gregory VII，1073—1085 年在位）的梦想。格列高利设想的是一个由他本人领导、效忠于他本人的圣彼得骑士团（*metilia Sancti Petri*），而乌尔班召集的是一个要为整个教会服务的基督骑士团；格列高利在 1076—1077 年的叙任权之争（Investiture Controversy）中，试图让一位特定的平信徒——皇帝亨利四世（Henry IV）——屈从于他的意志，而乌尔班则是成功地让成千上万的人参与了他的战争！乌尔班是通过对赎罪战争革命性的激进呼吁来实现这一目标的，这可以让骑士们通过做他们最擅长的事情——战斗——来更充分地参与宗教生活，但在此之前，赎罪战争从未"在基督教暴力的神学理论和实践中长期占据一席之地"。[32] 毋庸置疑，第一次十字军东征最终的胜利也极大地加强了教皇相对于神圣罗马帝国的权力和威望。两者彼此之间轰轰烈烈的斗争是叙任权之争期间教皇格列高利七世在位时期的标志性事件。[33] 尽管人们可能容易把人想得自私自利，认为政治算盘才是乌尔班号召进行第一次十字军东征的主要动机，但我们必须记住，对教皇来说，这份新的事业也是一场豪赌，他无法预见后续引发的巨大反响，那可能远远超出他的想象。无论如何，中世纪的人并不像今天的我们一样，可以很容易地将世俗与信仰区分开来。在他们心目中，二者是密不可分的。

在关于乌尔班的克莱蒙布道的讨论结束之前，我们还需要提出两个修正观点。其一，在教皇及其受众看来，他在 1095 年的呼吁是和平友爱的行为,并不是战争。例如,有人认为,在同时代人看来,十字军东征是在履行基督徒的慈善义务,是始于公元 1000 年前后的"上帝的和平"(Peace and Truce of God)运动必然的高潮和延续。³⁴ 乌尔班的布道可能是基于基督在福音书中的号召:舍己、背起十字架来跟从他①。而根据沙特尔的富尔彻(Fulcher of Chartres)的说法,乌尔班在克莱蒙会议上发表布道的同时,也呼吁恢复上帝的和平。³⁵ 另一方面,也有人认为和平运动与第一次十字军东征的号召"关系不大"。理由是,如果"上帝的和平"取得了成功,那么同时代人就不必为十字军东征辩护,说它是将欧洲骑士的尚武精神转移到其他地方的一种手段了。³⁶

我们也可以认为,和平对于"基督骑士"和"武士僧侣"观念至关重要,这些观念与对十字军东征的呼吁是交织在一起的。正如从教皇乌尔班到克莱尔沃的圣伯纳德(St. Bernard of Clairvaux)等神职人员所阐明的那样,基督骑士的概念,对十字军进行的战斗与纯粹出于世俗动机的战斗、"圣战"与正义战争做了区分。从这个角度看,只有前者才是真正的和平,不需要任何形式的辩解或宽恕,因为它并不是一种有罪的行为;倒不如说整个十字军东征事业本身就被视为一种长期的忏悔行为,而不仅仅是一场征战。³⁷ 因此,为基督而战实际上是唯一可以接受的战争号令,因为只有这样才能真正实现奥古斯丁的理念:出于对敌人的爱而进行仁爱之战。甚至早在第一次十字军东征之前,从利奥九世(Leo IX, 1049—1054 年在位)到格列高利七世的历代教皇,以及卢卡的圣安瑟伦(St. Anselm of Lucca, 1036—1086)都曾对这一理念详加

---

① 此处化用的是《马可福音》8:34:"于是,叫众人和门徒来,对他们说:'若有人要跟从我,就当舍己,背起他的十字架,来跟从我。'"

阐述。即便如此,还是有一些神职人员拒绝支持任何形式的暴力或战斗,因此十字军誓言还远远达不到为了教会就可以随意杀人的程度;反而是在整个十字军东征期间都必须进行赎罪。[38]

其次,穆斯林在圣地对基督徒和基督教圣迹施加的所谓酷刑、亵渎和其他暴行,被乌尔班描绘得十分骇人,许多人借此大做文章;对于这些曾经被乌尔班用来证明十字军东征正当性的暴行,修道士罗贝尔(Robert the Monk)进行了无比细致的罗列,按照他的说法,包括破坏教堂和祭坛、强迫基督徒行割礼、开膛破肚、斩首和强奸。[39]我们要如何看待这样的指控呢?确实,其中不乏夸张成分,目的是唤起受众的义愤,让他们觉得有必要采取紧急行动。但与此同时,这也并不意味着这类传闻完全是空穴来风。1009年9月,埃及所谓的"疯狂的"哈里发哈基姆(al-Hakim)下令将耶路撒冷的圣墓教堂夷为平地,这一渎圣行为广为人知,让西方人久久难以忘怀,这主要是因为当地基督徒的记载,其中一些记载被欧洲的编年史作者纳入了他们自己的作品。[40]之后的那些年里,一些基督徒朝圣者在圣地的穆斯林手中殉教,其中包括1022年圣弗洛朗莱索米尔(Saint-Florent-lès-Saumur)修道院院长图尔的杰拉尔德(Gerald of Thouars),1026—1027年圣瓦讷的里夏尔(Richard of Saint-Vanne),以及1040年布赖斯高的乌尔里希(Ulrich of Breisgau)。[41]之后是1064—1065年,由7 000—12 000名德意志朝圣者组成的庞大队伍在美因茨大主教和其他三位主教的率领下前往耶路撒冷,途中在凯撒里亚被穆斯林土匪劫持,据估计只有1/3的人幸存下来,完成了这次旅程;乌尔班声称,穆斯林为了寻找藏钱的地方,切开了基督徒朝圣者长着老茧的脚后跟,或者给他们催吐,甚至还剖开了他们的肚子,以防他们把硬币吞了进去。此时浮现在诺让的吉贝尔(Guibert of

Nogent）脑海中的，可能就是这群人。[42]

第一次十字军东征前夕，耶路撒冷在伊斯兰的控制下经历了动荡。1073年，不久前皈依了伊斯兰教逊尼派的塞尔柱突厥人从埃及法蒂玛王朝的什叶派对手那里夺取了耶路撒冷。25年后的1098年，法蒂玛王朝又从与塞尔柱人联手的突厥部落阿尔图格王朝（Artuqids）手中夺回了耶路撒冷。但据一位来自西班牙的摩尔人旅行者伊本·阿拉比（Ibn al-'Arabī）称，11世纪90年代的耶路撒冷是一个包含穆斯林、基督徒和犹太游客及学者的大熔炉，城市熙熙攘攘，人们和睦相处，当地的基督徒和犹太人并没有受到明显的压迫，可以自由地信奉他们的宗教，对教堂和犹太会堂加以妥善维护。[43]然而，我们也不应忽略另一位穆斯林作家、叙利亚编年史作者阿齐米（al-'Azimi）与之相对立的评论。他在约1160年写道，1093—1094年，"叙利亚港口的人们阻止法兰克和拜占庭朝圣者过境前往耶路撒冷。那些人中的幸存者将这一消息传到了他们的国家。于是他们准备进行军事入侵"。这段话颇有些后知后觉的意味。[44]完全有可能是圣地的基督徒原住民感受到了穆斯林管理者的迫害，自己通过一些重要人物向西方求援的，比如曾在第一次十字军东征之前去耶路撒冷朝圣的"隐士"彼得（Peter the Hermit）。[45]

第一次十字军东征的主要大事众所周知，在此无须赘述。1097年10月，由传教士"隐士"彼得率领的"第一波"，即平民十字军，在小亚细亚西北海岸、尼西亚附近的西维托特（Civetot）被歼灭后，"第二波"即贵族或王侯十字军，相较于之前取得了相当大的成功，虽然也面临着一些着实艰巨的困难和考验。其主要亮点包括：经过历时8个月的围困，在1098年6月和7月征服并守住了巴勒斯坦西北海岸的安提俄克城；以及一年后，在1099年6月至8月征服并守住了耶路撒冷，这一次的对手是法蒂玛王朝的什叶派穆斯林。随着第一次十字军东征以胜利告终,留在巴勒斯坦的拉丁人建立了 4 个十字军领地:东北部的埃德萨(Edessa)伯国、西北部的安提俄克公国、沿着海岸南下道中的的黎波里(Tripoli)伯国,以及南部的耶路撒冷王国。

关于第一次十字军东征的一个主要争论点,是攻占耶路撒冷的"第二波"约 40 000 至 60 000 名十字军战士的动机。在响应乌尔班的呼吁、誓要投身于十字军东征的约 136 000 人中,他们总共占到 1/3 至一半,但另外 1/3 的人甚至可能都没有动身前往巴勒斯坦。[46] 人们一直认为,这些人都是贵族家族里没有土地的"次子",继承轮不到他们,而圣地对他们来说就是一种宣泄的途径,可以释放他们躁动不安的精力。[47] 可实际情况通常是反过来的。且看"第二波"的领袖——下洛林公爵布永的戈弗雷(Godfrey of Bouillon, duke of Lower Lorraine)、法兰西国王的弟弟韦尔芒杜瓦伯爵"伟大的"于格(Hugh the Great, count of Vermandois)、图卢兹伯爵圣吉尔的雷蒙四世(Raymond Ⅳ of St. Gilles, count of Toulouse)以及塔兰托亲王博希蒙德一世(Bohemond Ⅰ, prince of Taranto),他们都是封建社会的精英,而不是一群流氓冒险家组成的散兵游勇。参与者在出发前起草的十字军特许状留存下来的相对比较多,对这些特许状进行详细考察便会发现,这些人在经济上做出了巨大的牺牲,在未来的几年里,将包括女性在内的整个家族都投入了十字军事业中。[48] 要么是抵押或出售世袭的土地,要么是宣布放弃长期以来的领土主张,以换取现金,而最常见的交易对象就是邻近的修道院。这些修道院与当地的家族有着长期的联系,又拥有可供处置的财富,显然有动力为如此神圣的冒险事业做出贡献。[49] 这种远征和海外长途旅行一样,并不是随随便便就能开始的,尤其是考虑到此前刚刚过去的生态危机,例如1093年至1095年发生在北欧的瘟疫和饥荒。[50] 据估计,对于普通骑士来说,一次十字军东征的花销可能是其年收入的四五倍;对于更大的贵族来说,花销也更多,因为他们通常要资助随行的封臣扈从,贵族领袖们肯定会排除掉那些不守规矩、不够虔诚的人,而不是浪费钱财。[51]

因此,参加第一次十字军东征的骑士分遣队,吸纳的都是11世纪所谓"无法无天"的封建贵族中一些最稳重、最有声望的成员,这些第一次十字军东征的战士之后还确立了致力于十字军东征的家族传统,前前后后历经好几代人。[52] 布永的戈弗雷、塔兰托的博希蒙德和图卢兹的雷蒙留在了巴勒斯坦,分别成为耶路撒冷国王、安提俄克亲王和的黎波里伯爵,这些都属于著名的特例。除此之外,大多数第一次十字军东征的战士回国时都比出发时更穷了,还有不少人甚至在更早的时候就放弃了十字军东征,包括布洛瓦伯爵斯蒂芬二世(Stephen Ⅱ, count of Blois)。[53] 当然,这并不是要否认物质动机在第一次十字军东征中的作用,特别是在遭遇现实之前的期望中。特许状中有规定十字军在东方定居这种情况下的或有事项(contingencies)的条款,足以彰显这种动机;此外,教皇和其他十字军东征的鼓吹者既在布道中诉诸这些动机,又称其不符合赦罪资格,这算是心照不宣地承认了这些动机的存在。[54]

特许状证据只代表了一小部分十字军精英,还都是由神职人员起草的,他们关心的是要为这些文件做出最合理的宗教解释,这些都是事实。[55] 但特许状也是我们了解十字军战士的动机最理想的窗口,因为即便十字军战士不识字,也没有亲自起草这些特许状,但特许状条款的制定,以及特许状前言如何向后人描述他们,都与他们息息相关;毫无疑问,特许状是要向赞助人宣读的,至少能反映他们总体上的展望。关于这个问题，还能拿出其他类型的证据，例如十字军战士写回家的信，以及从第一次十字军东征时开始传播的朝圣神迹故事。这些证据证实了耶路撒冷确实是参与者的主要目标，而当时的人们普遍认为这次旅程充满艰难险阻，胆怯之人根本遭不住。总的来说，可以得到这样的共识：第一次十字军东征在西方的起源和实施是以理想主义和宗教动机为坚实基础的，这也是它能够排除万难取得成功的最佳解释。[56]

还有一个问题需要提出来，那就是据称十字军在行军穿越巴勒斯坦时犯下的大屠杀和其他暴行。其中最有名的，或许是 1099 年 7 月 15 日攻占耶路撒冷后随即展开的洗劫。[57] 从一开始，目击者的描述——包括《法兰克人纪事》，彼得·图德博德（Peter Tudebode）和艾吉耶的雷蒙（Raymond of Aguilers）各自的编年史，以及十字军领袖于 1099 年 9 月写给教皇的一封信——就存在"相当大的出入"。其中包括：对穆斯林敌人的屠杀是全部还是部分；屠杀持续了一天还是两天（即 7 月 15 日至 16 日）；征服者在阿克萨清真寺（Al-Aqsa Mosque）涉过的血有多深（到人的脚踝、膝盖，还是马的膝盖和马辔）；以及指挥官是否在授予"安全通行证"之后下令在清真寺进行屠杀——对于如何以当时的标准来评判这次屠杀，这一点或许最为重要。[58]

其他的同时代作家——包括沙特尔的富尔彻、提尔的威廉（William of Tyre）、亚琛的阿尔伯特（Albert of Aachen）、诺让的吉贝尔、布尔格伊的博德里（Baudri of Bourgueil）和修道士罗贝尔——都不是目击者，但可能是从他们访问耶路撒冷时遇到的直接参与者那里，或者是在参与者结束十字军东征回到家乡后收集到的信息。尽管他们在事情发生数月或数年后才提笔，但这些作者添加了许多新的细节。这些细节包括：男人、女人和儿童甚至在乞求活命时遭到屠杀；十字军犯下了可怕的暴行，例如将婴儿从母亲的怀抱和摇篮中扯出来，摔在墙上，把脑浆都砸出来了，或者将全家灭门；十字军甚至对死去的敌人加以侮辱，例如劈开或焚烧尸体，以便从肠子里取出吞下去的拜占庭金币（bezants）；多达 1 万名撒拉逊人①在阿克萨清真寺被杀；清真寺中的"血浪"不仅到征服者的脚踝、小腿或膝盖，还夹杂着被砍下的手和胳膊，之后更是混入了被砍去四肢、在地上翻滚的尸体。[59] 除了伊本·阿拉比，十字军东征的穆斯林编年史作者都将被杀居民的人数夸大到多达 7 万至 10 万人，远远超出了基督徒编年史作者提出的数字。此外，穆斯林还声称十字军烧死了犹太会堂中的犹太居民。对此没有基督徒作者的叙述，也没有任何犹太目击者在埃及写到过这件事。第一次十字军东征之前的那些年里，阿拉比就居住在耶路撒冷，他提供的大屠杀数字如今被认为是最可靠的，即在估计为 2 万至 3 万的总人口中，有 3 000 人被杀。[60]

不出所料，中世纪基督徒作者为耶路撒冷的屠杀开脱，说这是撒拉逊人自己对基督徒及其圣地的暴行或"玷污"遭到了报应，这一主题非常符合教皇乌尔班最初号召十字军东征的布道。此外，屠杀还有一个战略上的原因：如果埃及的法蒂玛王朝选择进攻，十字军就不必与大后方的穆斯林幸存者作战了。而实际上，过了一个月后，十字军还需在 1099 年 8 月 12 日的阿斯卡隆战役（Battle of Ascalon）中保卫他们的征服地。不过编年史作者们也指出，耶路撒冷大屠杀将守城居民屠戮殆尽，在这一点上是史无前例的。此外，还有一些作者对屠杀的血腥程度和杀人方式都表示了发自内心的厌恶，尤其是亚琛的阿尔伯特和提尔的威廉。阿尔伯特描述称，十字军的行为"过于残忍"，他们"怒不可

---

① 撒拉逊人（Saracers），泛指中世纪时期信仰伊斯兰教的阿拉伯人。

遏"，以至于对撒拉逊"可怜虫"进行了"卑鄙的大屠杀"。同样，威廉将十字军描述为"渴求异教徒的鲜血，开展大屠杀完全是顺理成章"，他还表示，甚至连"从脚底到头顶"都浸满了血的胜利者自己，都可能对他们的所作所为充满了"厌恶和恐惧"。阿尔伯特和威廉看似是在谴责屠杀，但这也并不妨碍他们为之辩护。[61]

随着十字军史步入中世纪晚期和早期现代，亚琛的阿尔伯特和提尔的威廉成了特别有影响力的资料来源，因为他们的编年史被多次重印或编订成其他版本。因此，阿尔伯特和威廉对耶路撒冷大屠杀的谴责立场也被其他作者所采纳，不过对十字军东征的批评和辩护也可能是独立出现的，因为他们的记载被随意润饰或淡化了。[62] 启蒙运动时期的作者几乎无一例外对大屠杀持批评态度，称其为野蛮时代的象征，但进入19世纪后，随着历史学家开始对史料的相对可靠性进行仔细的审阅和评估，情况变得更加微妙了。[63] 最后，到了现代，对耶路撒冷大屠杀以及整个十字军东征的史料批判全面展开。

现代历史学家尤其渴望避免受到脱离时代的指摘，那是早先的作者（尤其是启蒙运动时期）妄下判断的历史书会犯的毛病。为此，他们试图严格按照当时的战争规则来评判这场大屠杀。这种观点认为，如果敌人拒绝投降，且必须通过攻击夺取防御工事，那么即使对一座城堡或城镇进行大屠杀，也是情有可原的。这当然适用于耶路撒冷大屠杀的第一天，即7月15日的情况，当时，穆斯林守军甚至在十字军进城后仍在继续战斗，在阿克萨清真寺背水一战。但这并不一定适用于第二天，即7月16日的情况，当时，清真寺屋顶上的300名穆斯林幸存者被屠杀了，尽管他们已经在前一天被授予安全通行证。[与此同时，向圣吉尔的雷蒙投降的大卫塔（David's Tower）穆斯林守军却获准前往阿斯卡隆]。据称，大屠杀的第三天，也就是7月17日，所有剩下的穆斯林——男人、女人和儿童——都被杀害了，尽管他们已经被赎回或监禁。按照当时的标准，这也属于战争罪，不过亚琛的阿尔伯特是这一事件唯一的资料来源。尽管第一天的屠杀可以用"激情犯罪"来辩解，因为它是在战斗最激烈时犯下的，但第二天和第三天的屠杀却是有预谋的，当时人们的头脑已经冷静了下来，因此，它们的性质更加恶劣，类似于时下所说的"种族清洗"。这也是不言而喻的。[64]

此外，许多现代的十字军历史学家偏向《法兰克人纪事》等目击者的描述，而不是亚琛的阿尔伯特等人的二手转述，哪怕他们连"目击者"的定义都还没搞清楚。例如，《法兰克人纪事》的作者可能根本没有尝试或打算从目击者的角度来写，而阿尔伯特的编年史却似乎有经过二手转述的真正目击者的描述作为坚实基础。[65] 现代历史学家还想论证，十字军和基督徒在其他地方也犯下过其他的暴行，而在第一次十字军东征之前和之后，穆斯林也对基督徒控制的城镇进行过屠杀，在这样的背景下，耶路撒冷大屠杀并非特例。然而，这种说法忽视了同一时期编年史作者们的证言，即耶路撒冷大屠杀是非同寻常的，哪怕只是因为它是十字军东征的号召所产生的结果，而十字军东征本身就是一个史无前例的事件，可能含有末世论意味。[66] 一些现代历史学家似乎没有意识到一份重要的第三方证据：所谓的秘库文书（Geniza letters），由居住在埃及的犹太人所写，内容涉及他们在耶路撒冷的教友们的命运，日期是十字军征服后不到一年之内。这些文书表明，屠杀的严重程度可能超出，也可能不及人们之前的想象：超出是因为文书暗示，屠杀确实像亚琛的阿尔伯特最初宣称的那样，延续到了第三天；不及是因为文书中还提到，至少有一些犹太人被赎回了，这就排除了全体居民皆被屠杀的情况。[67]

如果说不能再将耶路撒冷大屠杀视为十字军东征固有的野蛮暴力本质的象征,那么也不能简单地将其作为区区战争伤亡而一笔带过,或者是将其合理化。

许多中世纪穆斯林作者从伊斯兰的角度评论了第一次十字军东征,尽管他们声称伊斯兰世界并没有把十字军放在眼里,认为不值得关注,或者是将其与拜占庭人混为一谈。[68] 然而,这些史料很多著于数十年后,彼时,穆斯林对法兰克人的态度,相比于初次接触时,已经发生了很大变化。[69] 最重要的作者包括:来自大马士革的宗教律师和学者阿里·伊本·塔希尔·苏拉米('Ali ibn Tahir al-Sulami),他写作的时间最早,是在第一次十字军东征之后的 1105 年;叙利亚编年史作者阿齐米和伊本·开拉尼希(Ibn al-Qalanisi),两人都写于约 1160 年;以及伊拉克历史学家伊本·艾西尔(Ibn al-Athir),他在 13 世纪头几十年里的某个时候写下了《历史大全》(*Universal History*)。[70] 穆斯林对第一次十字军东征的记载有一个主要的主题,就是伊斯兰败给法兰克人,尤其是 1099 年耶路撒冷的沦陷,完全是穆斯林的失策,主要是由于他们在面对西方突如其来、令人费解的入侵时,在政治和宗教上不够团结。[71] [在基督教收复失地运动期间,西班牙的泰法(*taifa*)摩尔人也并不团结,与叙利亚和埃及的情况相类似]。一个不可否认的事实是,1092—1094 年间,从开罗到巴格达的伊斯兰世界领导层几乎被一扫而空,其中包括塞尔柱王朝的苏丹和法蒂玛王朝的哈里发,以及他们各自的维齐尔(vizier)。[72]

这种危机感还叠加了下列因素:叙利亚的逊尼派突厥人和埃及的什叶派法蒂玛王朝之间持续的宗教分裂和根本的不信任;对 1106 年伊斯兰新世纪——自 622 年希吉拉(*hijra*)算起的第 6 个世纪——即将到

来的末日预感；以及包括埃及、叙利亚和安纳托利亚在内的各地方埃米尔之间的继承纠纷和内斗。这一切似乎还不够，公元1100年前后，一个从法蒂玛王朝伊斯玛仪派（Isma'ilis）分离出来的波斯教派在叙利亚西北部山区站稳了脚跟，并为了自己的目的，继续在圣地的穆斯林和基督徒中搞破坏，被冠以"刺客"（Assassins）的蔑称（即阿拉伯语中的"Hashishiyya"，意在诋毁其所谓用大麻给信徒下药的做法）。与此同时，被认为唯一有能力阻止法兰克人前进的塞尔柱苏丹国，却把大量精力集中在东方的伊朗和伊拉克，而不是叙利亚和巴勒斯坦。对法兰克人来说，入侵圣地的最佳时机莫过于1096年，他们这样做可能并不只是巧合。[73]事实上，苏拉米就曾评论道，十字军在圣地遇到穆斯林不团结的情况后，至少利用了这一点，以便将其征服范围扩大到原本的计划之外。[74]指望欧洲各国的宫廷熟悉中东的内部事务可能不太现实，但这肯定不会超出君士坦丁堡的能力范围，其统治者仍旧声称对叙利亚北部的领土拥有主权，并与开罗的法蒂玛王朝统治者保持着外交关系。[75]如果这种解释是正确的，那么拜占庭作为伊斯兰世界与西方之间的纽带，就发挥了关键作用，即使它在第一次十字军东征的胜利进军中被甩在了后面。[76]

穆斯林作者对欧洲十字军的动机并没有太多的争论，只是对他们为何而来给出了不同的解释。[77]最明显的一点是，他们认为十字军的动机是对征服的贪婪，著名的12世纪回忆录作者乌萨马·伊本·蒙基德（Usama ibn Munqidh）赞同这种解释，同时期观察法兰克人的拜占庭人亦然。阿齐米和叙利亚诗人伊本·哈亚特（Ibn al-Khayyat）则赞同另外的解释，即第一次十字军东征是对穆斯林妨碍基督徒朝圣者的报复行为，抑或是十字军对"作恶"和"不义"有着强烈嗜好，就是想摧毁伊斯兰世界。[78]

最敏锐的观察者或许是苏拉米,他对法兰克人为何来到东方的分析,一直被认为是同时代人的所有解释中"最准确的"。在他的《"圣战"之书》(*Kitab al-Jihad*)中,苏拉米认识到,十字军的重点是耶路撒冷,征服耶路撒冷是他们"最殷切的希望",而他们是在发动自己的"圣战",这与穆斯林的"圣战"含义相当。但苏拉米的洞见并不妨碍他赞同其他解释,比如十字军贪图领土,或者是想要摧毁伊斯兰世界,这些解释后来也被其他作家所采纳。[79]

尽管如此,苏拉米却几乎是唯一承认十字军东征背后有宗教动机,并打算在圣地确立永久性存在的穆斯林。[80]显然,苏拉米这样做是有风险的,因为他似乎给了十字军一个正当理由来发动对伊斯兰国家的入侵,并在他们征服的土地上维持长期利益。至于他为何要冒这个险,一种可能的解释是,他私下里获得了其他作者所没有的情报,比如来自一名法兰克战俘的情报。在此情形下,苏拉米只是比其他作者更准确而已。另一种解释是,苏拉米愿意勇闯其他穆斯林不愿前往的地方,因为这符合他作品的宣传目的,老实说,这种可能性更大。[81]苏拉米的主要目的是对他的穆斯林听众——尤其是负责保卫信徒土地的"政治军事阶层"——连哄带吓,好让他们抛开分歧,为"圣战"事业团结一心,以驱逐十字军。将十字军描绘成受到与穆斯林自己相类似的"圣战"的感召,可能是他策略的一部分,目的是让穆斯林从沉睡中苏醒,认识到他们在黎凡特所面临的局势之紧迫。非要说有什么不妥的话,就是苏拉米夸大了十字军的威胁。他所描述的法兰克人对摩尔人统治下的西班牙和巴勒斯坦的进攻,可能更加协调,对穆斯林内部矛盾的利用可能也比实际情况更加高明。[82]

然而，苏拉米将敌人描绘成这样，却堵住了所有可能的批评，因为他将十字军呈现为实现真主旨意的工具：派他们来既是为了惩罚穆斯林的"圣战"进展"缓慢"，也是为了给他们机会实现《圣训》中的一个预言。按照该预言，穆斯林会一度失去耶路撒冷，然后将它夺回，进而征服君士坦丁堡——他们垂涎已久的东方基督教世界的首都。[83]

一个多世纪后，摩苏尔历史学家伊本·艾西尔也指出，第一次十字军东征的战士们发动了他们自己的"圣战"，他们的真正目标是征服耶路撒冷，而不是前来援助拜占庭。[84]然而，艾西尔拒绝承认基督徒发动了一场真正的"圣战"；倒不如说他们的"圣战"更多是出于"政治伎俩"和对物质利益的贪求，而非诚挚的宗教动机。为此，艾西尔杜撰了这样一个场景：虚构的西方国王鲍德温（Baldwin）原本想要征服北非，却被西西里的诺曼国王罗杰二世（Roger Ⅱ）扰乱了心神，后者提议将耶路撒冷作为安慰。这也给艾西尔提供了一个娱乐和迎合穆斯林听众的机会，他让罗杰在拒绝廷臣们援助鲍德温的建议时，"抬起腿放了一个响屁"。[85]与乌萨马的回忆录[86]非常类似的是，艾西尔笔下的轶事旨在强化穆斯林对法兰克人早已存在的刻板印象，即认为他们是粗鲁无礼的西方人，其文化远逊于东方。

此外，艾西尔还效仿其他穆斯林作者，在解释基督徒的胜利时，更偏向于将原因归结为穆斯林的过失——尤其是缺乏团结——而不是十字军的能力。在这种情况下，艾西尔将其归咎于埃及法蒂玛王朝什叶派和叙利亚逊尼派突厥人之间的宗教分裂。例如，他推测实际上是法蒂玛王朝请法兰克人来入侵的，因为"他们认识到了塞尔柱国家的实力和势力，它已经控制了远至加沙的叙利亚土地，塞尔柱人和埃及之间没有任何缓冲国能够保护他们了"。[87] 一些现代学者认为,艾西尔的解释是对法蒂玛王朝的"污蔑",是要利用这个机会向摩苏尔逊尼派管理者们的什叶派对手发动宣传战。但另一种解释是,艾西尔完全正确:法蒂玛王朝确实寻求与法兰克人合作,可能是利用拜占庭人作为中间人,并在1098年从塞尔柱人手中夺取了耶路撒冷,还指望十字军会让他们保留战利品。但即便情况确实如此,法蒂玛王朝还是严重错判了他们所谓的盟友。[88] 另一个争论点在于,艾西尔将第一次十字军东征视为包括西班牙、北非和意大利在内的更广阔战线的一部分是否正确。基督徒当前正在寻求,抑或是在不久之前曾经寻求驱逐这些地方的穆斯林。要么是艾西尔对十字军东征的地缘政治范围具有非凡的洞察力,要么是他将不相关的事件进行了过度关联。[89]

可以说,书写第一次十字军东征的穆斯林作者尽管对己方的过失和缺点颇有先见之明,却也低估了他们的法兰克敌人,苏拉米或许是个特例。[90] 有些穆斯林作者不仅没能理解法兰克人事业背后的宗教动机,也严重缺失对法兰克人的海军、攻城技术、防御工事建设、军队阵型和装备的求知欲,而这一切都在第一次十字军东征中发挥了重要作用。[91]

另一方面,我们也可以说,对于法兰克人入侵巴勒斯坦,穆斯林——至少是那些政治—军事精英——并没有过度担忧,只把入侵者视为东地中海颇为拜占庭式的政治中又一个可以谈判和结盟的势力。[92] 从1110年至1115年塞尔柱人"反十字军东征"的失败中便能看出这一点,彼时,当地的埃米尔宁愿与基督徒十字军合作,也不愿响应巴格达的苏丹穆罕默德(1105—1118年在位)的"圣战"号召。政治考量终究盖过了苏拉米和其他作者耿耿于怀的宗教顾忌。[93] 据同时代的传记作者称,直到12世纪后半叶,阿勒颇和大马士革统治者努尔丁(Nūr al-

Dīn，1146—1174 年在位），以及埃及和叙利亚苏丹萨拉丁（Saladin，1174—1193 年在位），才接受了苏拉米可以将伊斯兰世界团结起来的复兴"圣战"思想的号召，而他们分别是第二次和第三次十字军东征的祸根。[94] 但在普通穆斯林中，民众对法兰克人的抵抗从十字军东征之初就开始了，并且采取了多种形式，既有积极的，也有消极的；我们当然可以认为这些活动是"反十字军东征"运动的一部分，显示了民众对"圣战"的支持。[95] 与此同时，十字军已经完全渗入了圣地当地的权力政治，乃至一些文化习俗。事实证明，把他们赶走简直难如登天。

后来的十字军东征

就第一次十字军东征强烈的宗教动机和奇迹般的成功（从基督徒的观点来看）而言，后来的十字军东征永远无法媲美，这或许是必然的。[96] 但后来的十字军东征确实见证了伊斯兰"圣战"和穆斯林政治团结的复兴之势，而且至少在某种程度上扩展了十字军的活动，增加了西方的参与度，并使十字军的布道和后勤更加正规。为应对十字军国家埃德萨落入摩苏尔和阿勒颇的穆斯林统治者伊马德丁·赞吉（Imad al-Din Zengi，1127—1146 年在位）之手，1145 年西方召集了第二次十字军东征。第一份教皇诏书就是在这次十字军东征期间发布的，规定了参与十字军东征的标准特权，在后面所有的十字军东征中都将授予这些特权。这次十字军东征也第一次有了欧洲君主的参与，即法兰西的路易七世（1137—1180 年在位）和德意志的康拉德三世（1138—1152 年在位），这一点也将在后来的十字军东征中成为常态。[97] 此外，第二次十字军东征可能原本的设想是一场针对穆斯林和异教徒的战争，战线之广阔远远超出叙利亚：其他战区包括波罗的海、西班牙和葡萄牙。[98] 但第二次十字军东征未能夺回埃德萨，也未能夺取新目标大马士革，这对教皇和十字军事业产生了政治和精神上的影响，有人认为这是一个转折点。[99]

在穆斯林方面，第二次十字军东征转向曾经是耶路撒冷拉丁王国盟友的大马士革，也是"圣战"事业和对异教徒的"反十字军东征"的一个转折点。一些学者竭力维护这项事业，例如伊本·阿萨基尔（Ibn 'Asakir）的《四十圣训》（Forty Hadiths）。[100] 此外，许多伊斯兰圣人也是保卫大马士革的先锋，并为之牺牲，赞吉的小儿子和继承人努尔丁也成了新的"圣战"者（mujahid），他于1174年逝世时，正要将整个穆斯林叙利亚统一在自己的统治之下。[101] 根据伊本·艾西尔的说法，大马士革统治者穆因纽丁（Mu'īn al-Dīn）不仅寻求与努尔丁这样的穆斯林同胞结盟，以抵御第二次十字军东征，还与当地的法兰克人合作，试图在他们与新来的十字军之间挑拨离间，据称他说服康拉德三世放弃了围攻大马士革，转而以巴尼亚斯（Banyas）为目标。这表明，穆斯林对法兰克人越发熟悉，与之建立起联盟关系，并对其内部政治有着细致的了解。[102] 第二次十字军东征后，努尔丁巩固了自己的影响力和对大马士革的终极控制权，而法兰克人和穆斯林则都将重点转移到了埃及，这个法蒂玛王朝统治的国家正在崩溃。[103]

时至今日，关于努尔丁的遗留问题，仍有很大争议。努尔丁历来被视为"圣战"和伊斯兰逊尼派真正的捍卫者，他亲自领兵，与宗教学者私交甚笃，赞助伊斯兰学校（madrasas，法律和传道学院）、医院（maristans）、清真寺以及其他宗教建筑和机构，这些都可以为证。诸多建筑碑铭表明，努尔丁是在刻意打造这一形象，而他为耶路撒冷阿克萨清真寺委托建造的讲经坛（minbar）表明，他的最终目标就是夺取这座伊斯兰教第三重要的城市，这也成了萨拉丁的终身成就。[104] 但以西方学者为主的其他一些学者对努尔丁的看法更具批判性，认为他的很多行动只是出于政治动机的宣传。为了巩固自己的统治，建立统一战线对抗十字军，他甘愿攻击穆斯林同胞，这就是证据。在努尔丁本人和其他同时代人眼中，这两种动机——宗教上的和政治上的——很可能并非水火不容，反而是相辅相成、天经地义的。[105]

所有的十字军东征中，1189—1192 年的第三次十字军东征可能是名气最大的，因为有英格兰国王"狮心王"理查（1189—1199 年在位），以及埃及和叙利亚苏丹萨拉丁（1174—1193 年在位）等豪杰的参与。[106] 第三次十字军东征虽然可能代表了西方十字军运动的巅峰，却也代表了拉丁十字军国家在巴勒斯坦气运的低谷。实际上，之所以召集这次十字军东征，完全是因为拉丁人在 1187 年 7 月 4 日的哈丁角（Horns of Hattin）战役中惨败，这让耶路撒冷王国不仅损失了原来的军队，还损失了征召来补充人手的大部分卫戍部队。[107] 因此，萨拉丁得以继续征服耶路撒冷以及十字军国家几乎所有的重要城市，提尔几乎成了唯一的例外。与区区半个世纪前相比，此时的形势简直是有天壤之别，拉丁领导层就耶路撒冷王位的候选人产生了严重的分歧，而穆斯林则团结在领袖萨拉丁身后，斗志高昂，"圣战"计划也重新焕发了生机，叙利亚的逊尼派信徒和埃及的什叶派信徒都被纳入其中。

与其他所有的十字军东征一样，第三次十字军东征也有基督徒和穆斯林两方的视角，但这一次，穆斯林的观点因有大量阿拉伯史料而得到了极大的丰富，特别是由本身就了解他的同时代人所撰写的萨拉丁传记，例如他的军法官巴哈丁（Bahā' al-Dīn）和他的私人秘书伊马德丁

（Imad al-Dīn）。萨拉丁是第三次十字军东征的关键人物，因为正是他引起了这次十字军东征，是它的目标，也与它的结果关系最大。关于萨拉丁的真正动机一直存在着许多争论，这里的动机不仅限于第三次十字军东征，还有他的整个职业生涯。虽然与他同时期的传记作者都渴望将他描绘成一位真正的"圣战"者，但现代修正主义学者（以及一些同时期的穆斯林）指出，他投身"圣战"事业，尤其是解放耶路撒冷并驱逐驻扎在巴勒斯坦的法兰克人，是在很晚的时候了。有证据表明，萨拉丁一直在无情地推行一项政治议程，那就是巩固他在叙利亚和埃及的王朝权力基础，对抗穆斯林对手，同时却甘愿与法兰克人休战，直到1185年，他大病一场，据同时代人说，这场病改变了他的宗教观。如果对萨拉丁的动机少点冷嘲热讽的话，可以说他的政治策略只是实现"圣战"目标的一个工具：萨拉丁做了他必须要做的事，为的是团结穆斯林，并调遣大规模的军队，在这种情况下，轮换部队必须在战场上一待就是好几个月。尽管萨拉丁至今仍是阿拉伯人团结一致、抵抗外来入侵的有力象征——埃及的贾迈勒·阿卜杜勒·纳赛尔（Gamal Abdul Nasser）、伊拉克的萨达姆·侯赛因（Saddam Hussein）和叙利亚的哈菲兹·阿萨德（Hafez al-Assad）都曾通过自比萨拉丁来培养领袖崇拜——但一些穆斯林对萨拉丁的情感仍然是矛盾的，尤其是什叶派，他们认为1171年埃及法蒂玛王朝统治的覆灭是他造成的。[108]

萨拉丁对西方人几乎同样重要。尽管同时期的拉丁史料对萨拉丁怀有敌意，但他很快就作为一名侠义、慷慨、宽容的领袖，在基督徒中享有盛名，以至于成为西方君主的楷模。[109]到了13世纪和14世纪，德意志吟游诗人以及但丁和薄伽丘等早期文艺复兴作家都在歌颂萨拉丁，传说他年轻时曾被耶路撒冷王国的一位基督徒贵族选入骑士团并封为骑士。[110] 萨拉丁的穆斯林传记作者也强调了他的仁慈品质，不过对他们来说，这些都是次要的，最重要的是要树立萨拉丁作为宗教领袖的声誉，要能与他的前任叙利亚统治者努尔丁相提并论。有大量证据表明，萨拉丁的英名实至名归。他在1187年征服耶路撒冷时释放了城中被囚禁的基督徒居民，这就是最有名的例子。但我们也应当强调，这样的风度是按照中世纪而非现代的标准来看的：萨拉丁的传记作者指出，有16 000名耶路撒冷人仍然无法赎身，因此沦为奴隶，而萨拉丁也亲自处决了他在哈丁俘虏的沙蒂永的雷纳德（Reynald de Châtillon），并下令处决了在这场战役中被俘的全部200名圣殿骑士和医院骑士。[111]

尽管如此，萨拉丁的骑士风度还是在基督徒中被传为美谈，而这恰恰是因为他们对伊斯兰教缺乏尊重。[112] 因此，萨拉丁是天大的特例，是"高贵的异教徒"、完美的骑士，因为他是一位隐秘的基督徒，而不是他的阿拉伯传记作者孜孜不倦地描绘出来的虔诚穆斯林。[113] 这再次暴露了中世纪基督徒对伊斯兰教可悲的无知，因为《古兰经》中就有明文规定，要宽容基督徒和犹太人（齐米），不得强迫其他信仰者皈依，要遵守与敌人签订的条约，要慷慨施舍，等等。不过即使到了今天，萨拉丁在西方仍被奉为体面穆斯林的象征，会按照文明行为的规则行事，对于这样的人，偶尔输给他一次也没什么。从西方视角来看，正是西方学者在18世纪利用其阿拉伯传记的拉丁文译本，对萨拉丁进行了最初的严肃学术研究，而在伊斯兰世界，直到1920年才有关于萨拉丁的类似著作问世。据称，将萨拉丁重新引入中东大众意识的，也是像德皇威廉二世（1888—1918年在位）这样的西方人，而这在很大程度上属于往自己脸上贴金的行为。例如，威廉自称萨拉丁的继承者，是"全体阿拉伯人的皇帝"，这让奥斯曼土耳其苏丹阿卜杜勒-哈米德二世（Abdulhamid

Ⅱ，1876—1909年在位）情何以堪。后者自认为是泛伊斯兰运动的"政治—精神领袖"，也算是所有逊尼派穆斯林的"哈里发"。[114] 但这种将"重新发现"萨拉丁归功于欧洲人的观点是有争议的，尤其是从伊斯兰的角度来看的话。萨拉丁在中东从未被遗忘：对他的怀念始终存在于人们的作品之中，例如谢赫穆罕默德·阿拉米（Shaykh Muhammad al-'Alami）在写于17世纪的诗歌中，将他的儿子，也就是（包括耶路撒冷在内的）萨拉希亚哈纳卡（Salahiyya Khanqah）的管理人阿卜杜勒·萨马德（'Abd al-Samad）描绘成"新时代的……新萨拉丁"。[115] 但德皇威廉对萨拉丁的看法确实与穆斯林不同，他将其视为一个近乎完全世俗的人物，是西方核心价值观的典范。因此，当威廉于1898年对大马士革的萨拉丁墓进行国事访问时，他称赞萨拉丁是"一位没有恐惧和污点的骑士，经常要向对手传授骑士之道"。然而，现如今，西方人对萨拉丁最看重的方面，与中东故乡对他的看法是否相同，还不是十分清楚。[116]

在十字军历史学家那里，1202—1204年的第四次十字军东征可能是最不受欢迎的，主要是因为它被认为是对十字军东征理念的"歪曲"，并且造成了"灾难性"的"罪恶"后果，也就是对君士坦丁堡的洗劫。[117] 第四次十字军东征标志着举起十字架的军队首次攻击基督徒同胞，先是1202年11月的匈牙利城市扎拉（Zara），再就是1203年7月和1204年4月的希腊正教会都城君士坦丁堡。尽管如此，有人却认为君士坦丁堡仍然是十字军东征的一个合理目标：长期以来，希腊人对拉丁人一直怀有敌意，并被认为一直在妨碍拉丁人；君士坦丁堡对东方远征具有战略意义；君士坦丁堡又是一座具有重要宗教意义的城市，对基督教朝圣者很有吸引力，这主要体现在为数众多的圣髑上。[118] 然而，研究拜占庭的历史学家认为，希腊人与拉丁人的关系很复杂，十字军对君士坦丁堡的态度并非注定如此。[119]

转向君士坦丁堡的原因错综复杂、"难以解释",[120] 我们也不用太过纠结,只要知道这一点就足够了:第四次十字军东征从一开始就财政吃紧。参加十字军东征的贵族们高估了可能乘船出征的人数(33 500 人),实际上只有 1/3 的人(11 000 人)出现在了威尼斯的登船港口,单单是这一事实,就导致他们欠下了威尼斯人多达 34 000 银马克的债务,后者可是准备了一支专门建造的船队,用来运送十字军战士。十字军转向扎拉(威尼斯的前殖民地)和君士坦丁堡,军队中也并非没有反对意见,但之所以这样做,是因为十字军希望延期或偿清欠威尼斯人的债,而威尼斯人也与他们同行,或许是为了确保他们能还钱。尽管如此,还是有人认为,包括威尼斯人在内的十字军仍然是出于诚挚的宗教动机。站在同时代人的角度看,不可思议地征服这样一座易守难攻的城市,就是上帝的杰作,而之后仍有许多十字军战士继续前往埃及和巴勒斯坦,去履行他们的誓言。[121]

第四次十字军东征的领导人似乎从一开始的计划就不是直接航向巴勒斯坦,而是要前往埃及,以便攻击阿尤布王朝在那边的权力中心,因为他们觉得这是重新征服耶路撒冷的最佳途径,不过历史书对这方面的关注要少得多。这并不是一个全新的战略,因为埃及一直都是上至国王鲍德温一世(1100—1118 年在位)的耶路撒冷历代国王的目标。鲍德温一世在埃及作战时死在了那里,为了魂归故里,还用真正的埃及人的方式对遗体进行了防腐处理,而"狮心王"理查在第三次十字军东征期间,也曾有过进攻埃及的设想。但第四次十字军东征开创了一个先例,尽管它最终流产,却构成了后来几乎所有十字军东征的战略蓝图。[122]

我们可以从很多视角来看待第四次十字军东征,它甚至在自身所处的时代都是很有争议的。[123] 教皇英诺森三世（Innocent Ⅲ，1198—1216年在位）将自己作为教皇的大部分权威和声望押在了这次十字军东征上，他决心将其贯彻到底，无论后续走向如何。大量的争论集中在他在十字军转向君士坦丁堡一事上的作用。虽然大多数历史学家并不准备完全免除英诺森在转向一事上的责任，但对于到底应该将多少责任归咎于他，他们意见不一。而随着事态的发展，英诺森的控制力究竟有多大，这一点也同样引人遐想。对他来说，希腊教会和拉丁教会的强行和解，或许是这项偏离最初目标很远的事业唯一的慰藉。[124]

然后是第四次十字军东征的"巨头们"，也就是主要贵族，他们的观点在维尔阿杜安的若弗鲁瓦（Geoffrey of Villehardouin）的《编年史》（Chronicle）中得到了最为确切的表达。[125] 他们的行动似乎是基于权宜的立场，也就是说，可以牺牲掉耶路撒冷这个首要目标来应对当务之急，比如履行与威尼斯的契约。另一方面，从其他港口直接前往圣地的十字军战士的视角却还是没有得到呈现，维尔阿杜安严厉谴责他们，说他们试图破坏整个事业。[126] 维尔阿杜安把重点放在十字军高层的权谋上，这与克拉里的罗贝尔（Robert of Clari）所写的编年史中普通步兵更为世俗的观点形成了鲜明对比。[127] 还有威尼斯人，他们常常被描绘成总督恩里科·丹多洛（Enrico Dandalo，1192—1205年在位）所领导的反派，在第四次十字军东征中采取了纵容态度，尤其是在希腊人的描绘中。但在他们自己的编年史中，他们是唱主角的英雄，或许也是这次十字军东征最自发的参与者。[128]

希腊人自己内部不和，又对三重城墙的强大防御过于自信，事实证明，城墙的强度与部署在那里的守城者的勇气和意愿相当，这些因素可以说对希腊人造成了致命的损害。[129] 拉丁人对拜占庭帝国的接管勉强持续了半个世纪,但可以说对希腊人造成了致命的削弱,甚至在1261年复国后也是如此,而这也为君士坦丁堡在1453年第二次,也就是最后一次沦陷铺平了道路,只不过这一次是落入奥斯曼突厥人之手。拉丁人在1204年对君士坦丁堡进行了为期三天的洗劫,尽管希腊语和拉丁语史料都对此有所夸大,但这次洗劫还是在正教教徒和天主教教徒(他们的关系已经因之前的十字军东征和1054年的分裂而变得紧张)之间造成了无法修复的裂痕,这道裂痕至今犹存,哪怕在君士坦丁堡任命一位拉丁人牧首,强行让两个教会暂时联合,也无济于事。从希腊人的角度看,1204年对君士坦丁堡的洗劫,以及被迫与罗马联合,都是绝不能原谅的,这也代表着希腊人对拉丁人的态度从单纯的"猜疑和厌恶"转变为"公开的仇恨"。即使是在希腊人于1261年收复君士坦丁堡之后,面对突厥人的威胁,甚至在奥斯曼人于1453年攻占首都的前夕,希腊人与拉丁人之间的联盟都没能实现,因为希腊民众,无论是宗教人士还是平信徒,都断然拒绝再次与罗马教会联合,而皇帝们则认为这只不过是政治上的权宜之计。[130]

十字军剩余的部队继续袭击敌人的领土,抵达了阿卡(Acre)。从穆斯林的视角来看,这比十字军夺取君士坦丁堡更重要。这件事迫使焦头烂额的埃及苏丹阿迪勒(al-Adil,1200—1218年在位)做出了让步,对于最初将重点放在巴勒斯坦和埃及的十字军来说,大概也算得上成功了,尽管穆斯林编年史作者很难承认这一事实。拉丁语和希腊语编年史中鲜少提及第四次十字军东征的这个方面。[131]

13世纪余下的时间,就是拉丁人在巴勒斯坦占领地苟延残喘的悲惨故事,尽管为保卫巴勒斯坦召集了不下四次大规模的十字军东征。然而,这些十字军东征的目标几乎都是埃及和身为萨拉丁后裔的阿尤布王朝苏丹国。1218—1221年的第五次十字军东征和1249—1254年法兰西国王路易九世的第七次十字军东征，起初都取得了成功，比如攻占了尼罗河三角洲沿岸的重要港口城市达米埃塔（Damietta），但这两次又都以失败告终，竹篮打水一场空。特别是第七次十字军东征，尽管路易为这项事业提供了充足的经费，进行了精心的组织，大体上也算是领导有方，但这一次最终还是以法兰西国王被俘并被屈辱地赎回而惨淡收场。这次十字军东征最重要的后果，或许就是马穆鲁克指挥官拜巴尔（Baybars）崭露头角，他后来推翻了埃及的阿尤布王朝，而到了1291年十字军已经被驱逐出巴勒斯坦。皇帝腓特烈二世（Frederick Ⅱ）于1228—1229年进行的第六次十字军东征是个异类，腓特烈与阿尤布王朝苏丹卡米勒（al-Kamil，1218—1238年在位）根据一份十年之约中的条款，经过协商，以不流血的方式将耶路撒冷的控制权交还给了基督徒；尽管如此，当地的基督徒和穆斯林却都很不待见这次休战。这在现代人眼里可能是很文明的政策，但同时代人却视其为背叛，不过，有一些忠于腓特烈的人指责教皇在皇帝即将开始十字军东征时对其处以绝罚，因而削弱了十字军的士气。这一切都在举着圣彼得钥匙的教皇军队与扛起十字架的腓特烈十字军争夺意大利南部控制权的"难堪场面"中结束了。1270年，圣路易的第八次十字军东征也突然停摆，因为国王死在了突尼斯。[132]

正如"多元派"历史学家当前喜欢强调的那样，十字军东征的理念和重要性，完全没有随着1291年阿卡落入马穆鲁克人之手而终结。[133]尤其是在拜巴尔（1260—1277年在位）的统治下，马穆鲁克推行彻底消灭巴勒斯坦的拉丁人的政策，这主要是因为他们担心西方可能与来自东方、威胁更大的蒙古人联合。[134] 随着十字军东征步入后巴勒斯坦时代，人们依然满腔热情，因为有另外的西班牙和普鲁士战区，有拉蒙·柳利（Raymond Lull）于1309年撰写的《论取得圣地》(De Acquisitione Terrae Sanctae) 等战略论述，最重要的是教皇征收的教会税，确保各项事业有了稳定的资金供应。尽管经历了英法百年战争（1337—1453）、黑死病（1346—1353）和天主教会大分裂（1378—1417）等挫折，但奥斯曼帝国把新的威胁摆在了欧洲家门口，使人们重新关注起了十字军东征。虽然与突厥人的陆战经常失利，例如1396年在尼科波利斯（Nicopolis）的惨败，但在东地中海的海上作战，欧洲人取得了更大的成功，最终，十字军于1571年在勒班陀（Lepanto）大获全胜。与此同时，新教改革撕裂了基督教世界的统一，可以说对后续的十字军东征造成了沉重的打击，但十字军东征是否在这一阶段步入了最终的衰落，历史学家还在争论。[135]

与此同时，随着立陶宛大公雅盖沃（Jagiełło）于1386年皈依［同时与雅德维加（Jadwiga）女王结婚，成为波兰国王瓦迪斯瓦夫二世（Władisław Ⅱ）］，以及随后立陶宛—波兰联军于1410年在坦能堡（Tannenberg）击败条顿骑士，由条顿骑士领导的一年一度的普鲁士十字军远征也后继乏力了。西班牙民族收复失地运动，或者也可以叫十字军运动，在与半岛上最后一个摩尔人国家格拉纳达（Granada）酋长国长达十年的战争中取得了胜利，后者于1492年向统一的阿拉贡和卡斯蒂利亚国王费尔南多（1479—1516年在位）和女王伊莎贝拉（1474—1504年在位）投降。这当然也为克里斯托弗·哥伦布向西航行铺平了道路，他发现了后来所谓的新大陆的岛屿和居民，并将这次发现视为扩张基督教世界领土的十字军运动的延续。[136] 可以说，现代的宗教改革和启蒙运动最终扼杀了西方民众对十字军东征的热情和参与，虽然还能找到与十字军东征相关的大赦、布道和征税的个例。[137] 然而，即使"圣战"在实际应用层面上早已不复存在，十字军东征的精神却依然可以传承下去，这一点从 1882 年在美国成立的罗马天主教兄弟会组织哥伦布骑士会（Knights of Columbus）的入会誓词中就可以看出。兄弟们必须承诺"秘密和公开地对所有异端分子、新教徒和共济会成员发动无情的战争"，直到他们"从整个地球表面"被消灭，不论受害者的"年龄、性别或身体状况"，并且用尽一切手段对付他们，包括"绞死、烧死、杀死、烫死、剥皮、勒死、活埋这些罪大恶极的异端分子，撕烂女人的肚子和子宫，把婴儿撞死在墙上，以便消灭他们那可恶的种族"。[138]

对安达卢斯（al-Andalns）的重新征服？

正如并不属于同一时期的"十字军运动"一直充满争议那样，"再征服"，或者叫"收复失地运动"——指西班牙基督徒与穆斯林，或者说摩尔人之间长达 770 年的战争——也陷入了争议和辩论之中。[139] 大多数学者认为，收复失地运动是一个可以追溯到 19 世纪的现代术语，用来描述由西班牙与穆斯林长达数个世纪的冲突所定义的西班牙民族主义和天主教身份认同，而它本身则要上溯至 711 年倭马亚王朝最初对伊比利亚半岛的征服。[140] 这种对收复失地运动的推崇的另一面，就是将安达卢斯从西班牙民族的身份认同中剔除。西班牙丰富的，甚至可以说是较为优越的摩尔人文化，却不被允许在该国的中世纪历史中扮演应有的角色。在西班牙的右翼保守派政治和宗教议程中，这种情况至今如故。[141]

可以说，直到 12 世纪，西班牙的战争才具有了"十字军东征的性质"，这里指的是被视为针对伊斯兰的全面宗教战争，即"圣战"的一部分。历史学家认为，在那之前，西班牙基督徒与摩尔人之间的任何冲突，与其说是收复失地运动的一部分，更应当被认为是当地国王和埃米尔之间的地方性权力斗争的一部分。基督徒常常与摩尔人结盟，对抗那些与他们自己信奉同一宗教的人，以增进他们共同的战略利益。之所以承认西班牙是十字军东征的一个战区，似乎在很大程度上是受到了外界的影响，尤其是法兰西的影响。[142]

收复失地运动中最著名的人物或许要数罗德里戈·迪亚斯·德·比瓦尔（Rodrigo Díaz de Vivar），其更为人所熟知的名字是"熙德"（El Cid，约1043—1099）。熙德本质上是一名雇佣兵（mercenary 或 soldier-for-sale，后来在14世纪的意大利被称为"condottiere"或"capitanus"），从1094年起成为东海岸巴伦西亚（Valencia）的实际统治者。单论名气，熙德与萨拉丁或"狮心王"理查不相上下，他的事迹也被拍成了电影《万世英雄》（El Cid，1961），主角由查尔顿·赫斯顿（Charlton Heston）饰演。在他自己的时代，熙德在一部拉丁语散文作品《罗德里戈史传》（Historia Roderici）中受到了歌颂。这部作品可能写于12世纪初，也就是熙德去世后不久。该书清楚地表明，熙德是个独立自主的人，他袭击了基督教王国卡斯蒂利亚的里奥哈（Rioja）地区，将国王阿方索六世（Alfonso Ⅵ，1072—1109年在位）的注意力从对巴伦西亚的征服上转移开来。他还曾一度为萨拉戈萨（Zaragoza）的埃米尔穆塔曼（al-Mu'tamin，1081—1105年在位）诚心效劳，保卫后者的泰法（taifa），也就是领地。与之形成鲜明对比的是，在同时代穆斯林的记述中，熙德被描绘成了冷酷无情的征服者和巴伦西亚的统治者。他发动突袭，打了就跑，征收苛捐杂税，甚至为了发现某笔被藏起来的宝藏下落而把人活活烧死。[143]

在熙德死后一个多世纪写成的西班牙语韵文史诗《熙德之歌》（*Poema de Mio Cid*）中，熙德成了完全意义上的收复失地运动，或者说是十字军运动的英雄。[144] 在这部作品中，熙德是不折不扣的基督徒；对国王阿方索六世无比忠诚；并且始终站在摩尔人的对面作战，从不与他们并肩作战。1929 年，西班牙语言学家拉蒙·梅嫩德斯·皮达尔（Ramón Menéndez Pidal）以此为基础，撰写了现代的熙德传记。[145] 皮达尔不加批判地相信，《熙德之歌》保留了关于熙德的真实可信的同时代口述传说，可这是很久以后才写下来的。他将熙德奉为西班牙伟大的统一者和西班牙民族主义的灵魂人物，在他看来，收复失地运动是摆脱摩尔人的枷锁、"实现民族解放的集体事业"。[146] 到了西班牙内战时期（1936—1939），国民派势力的考迪罗（*Caudillo*，即领袖）弗朗西斯科·佛朗哥（Francisco Franco）将军，在统一西班牙的远征（*cruzada*）中，又把熙德搬了出来，作为法西斯主义和天主教复仇主义的象征。后来，佛朗哥统治西班牙直到 1975 年。[147]

直到现在，西班牙国内对收复失地运动仍存在两种截然不同的观点。对右翼保守派来说，收复失地运动是值得称颂的，因为它不仅建立了一个民族，或者说实现了重新统一，还清除了西班牙的不良分子，即威胁到西班牙天主教成色的摩尔人，现在又加上了激进伊斯兰恐怖主义的威胁。[148] 对自由派来说，收复失地运动是令人惋惜的，或者至少是需要以批判的眼光重新审视的，因为这一事件最终使西班牙丧失了丰富的文化多样性和不同信仰（即基督教、犹太教和伊斯兰教）的"共存"（*convivencia*）。这场争论源于中世纪西班牙人对十字军东征态度的演变，而当时的西班牙本身就在经历收复失地运动。

对犹太人、异教徒和基督徒同胞的十字军东征

甚至早在1096年春，第一次十字军东征的第一波起程前往东方时，教皇乌尔班的布道所引起的宗教热情大爆发就导致离本土更近的地方出现了暴力事件。德意志莱茵河沿岸的几个犹太人社区受到了血腥迫害，据称最大规模的屠杀发生在沃尔姆斯（Worms）和美因茨（Mainz），据同时代希伯来语编年史作者、拉比埃利泽·巴尔·拿单（Eliezer bar Nathan）称，1096年5月共有2 100名犹太人命丧于此。十字军历史学家对犹太人大屠杀的论述历来分为两派，要么将其视为十字军东征本身暴力、"邪恶"本质的象征，要么将其视为一种"应该受到谴责的反常行为"，但认为抛开这个，十字军东征仍是一项宏伟、光荣的事业。最近，历史学家们致力于采用一种更加客观、道德意味更淡的研究方法，利用受害者视角的希伯来语大屠杀叙事，来平衡拉丁基督教的记载。争论的焦点转而集中在十字军屠杀的动机上。正如一些著作认为十字军本身的动机是贪婪或利欲一样，有一种思想流派认为，大屠杀也是出于物质/经济动机——十字军期待掠夺犹太人的财富，或者是因为犹太人犯了放高利贷的罪而盯上了他们。另一种不太流行的解释是，犹太人被卷入了叙任权之争的政治活动中，也就是说，由于神圣罗马帝国皇帝亨利四世（1084—1105年在位）等世俗统治者保护犹太人，因此，一场受到推行改革的教皇感召的运动，自然会拒绝为他们提供这样的保护。另一种解释则是往精神的方向探索：十字军意欲强迫犹太人改宗，以实现末日预言。但最令人信服的解释，或许还是要将种种动机结合在一起，包括掠夺、强迫改宗，以及最重要的复仇，因为十字军认为，屠杀是对所谓犹太

人在基督受难中所扮演角色的报复,这也对应了他们为十字军东征本身所做的辩解,认为这是对所谓穆斯林在圣地迫害基督徒的报复行为。[149]

犹太人和基督徒的十字军东征叙事都证明,十字军的愿望很明确,就是要通过强迫犹太人改宗,或者消灭他们,来向在本土被认为是基督之敌的犹太人复仇——因为基督受难被归咎于他们——不过物质动机无疑也起到了一定的作用,比如贪婪地将犹太人的金钱和财产据为己有。[150] 因此,从十字军东征一开始,处于欧洲最核心地带的内部敌人就已成为目标,而这一定义也逐渐延伸到了基督徒同胞本身。但这些大屠杀中最令人心碎的方面还不是犹太人与基督徒之间可悲的互动——即使有一些基督徒确实试图庇护犹太人,例如施派尔(Speyer)、沃尔姆斯和美因茨的主教们,以及美因茨的市民们。犹太人的自我屠杀——一种被称为"圣化上帝之名"(*kiddush ha-Shem*)的仪式性殉教行为的一部分——才是十字军对犹太人的攻击中最显著的特征,希伯来人和基督徒的记载都证明了这一点。

从犹太人的角度来看,"圣化上帝之名"是希伯来人对唯一神的一神教信仰的正义声明,在这一点上,犹太人与穆斯林观点一致,反对基督徒的三位一体观念。虽然《塔木德》律法禁止杀人和自杀,但允许在迫不得已的情况下殉教,比如在强迫改宗的威胁下。这种做法是在模仿亚伯拉罕在摩利亚山(Mount Moriah)献祭以撒(Isaac,《创世记》第22章)以及《圣经》中其他向上帝献祭的例子。事实上,希伯来语编年史作者所罗门·巴尔·参孙(Solomon bar Samson)就引用了其中的一些例子,来支持1096年的殉教者们。[151] 基督徒编年史作者亚琛的阿尔伯特,以及像参孙这样的希伯来语作者,都描述了这种令人毛骨悚然的自愿杀戮的场面:父母割断子女的喉咙,兄弟杀死兄弟,姐妹杀死姐妹,丈夫和新郎杀死妻子和新娘,老师杀死学生,执事杀死抄写员,等等,这无疑给目睹此情此景的十字军战士留下了难以磨灭的印象。[152] 在一些犹太学者看来,这就是恶毒的血祭诽谤指控的开端——据传,犹太人会绑架并折磨基督徒儿童——因为基督徒辩称:"他们渴望得到救赎,并惩罚我们,如果这份渴望让他们连自己的孩子都能杀,那么我们能指望他们如何对待我们的孩子呢?"[153] 许多其他历史学家也将 1096 年的殉教和屠杀视为犹太人地位和待遇长期下降的开端,因为它标志着"中世纪基督教欧洲反犹暴力的第一次大爆发",这种情况不仅延续到中世纪结束,甚至一直延续到现代的纳粹大屠杀惨剧。[154]

对于 1096 年的悲剧事件,大多数历史学家通常把关于第一次十字军东征的希伯来语编年史视为直白可信的叙述,因为人们认为这些编年史是根据大屠杀幸存者的第一人称目击者的描述写成的,他们的证词以口头或书面的形式保存了下来,不过,这些编年史也可能是在 12 世纪写成的,比事件的实际发生时间晚了一两代人。由于有对大屠杀的详细描写(尤其是所罗门·巴尔·参孙,相比于"美因茨佚名者"和埃利泽·巴尔·拿单,他的描述篇幅要长得多,还详细引申出个别殉教者的轶事),记录了犹太人和基督徒参与者多种多样的反应,再加上三份记载之间的紧密呼应,这些编年史的真实性和事实的准确性也被视为理所当然。(例如,对十字军绕道去攻击犹太人做出解释的言论,在参孙和埃利泽·巴尔·拿单的记载中几乎一字不差。)还有人认为,希伯来语的第一次十字军东征叙事表现了犹太人的历史书写对准确性前所未有的关注,这是因为基于不同的信息源,个别殉教者有时会出现不同的结局,这些都被编年史引用了。而且据称,叙事者对殉教者的行为心怀"敬畏",在这种情况下,这些行为都应当是"不言而喻"的。[155] 此外,这一切都有一个大前提,那就是犹太人社群与基督徒社群之间向来是互相敌视或者互相怀疑的,因此,犹太人宁愿在自己人手里殉教,作为对基督徒迫害者的一种反抗行为,因为死亡的确切时间和方式由他们自己选择,而这种公开的戏剧性场面,也可以将犹太人对自身宗教的绝对信仰和对敌对宗教的极端蔑视广而告之。[156] 以这种极端的方式表明忠于自身的信仰——甚至宁可杀死自己的孩子,也不允许他们被培养成另一种宗教的信徒——只能在迫使他们采取这种不顾一切的办法、为他们带来痛苦的基督徒心中播下怀疑的种子,不知这能否给犹太人带来些许慰藉。

然而,记载1096年大屠杀的希伯来语编年史作者也有自己的目的,并试图将第一次十字军东征中的殉难整合到希伯来人自洽的历史观中,尤其是在他们与唯一神的关系方面,这也是人之常情。[157] 但以色列学者杰里米·科恩(Jeremy Cohen)对希伯来语的第一次十字军东征编年史进行了别具一格、甚至是革命性的重新解读。科恩想要论证,基督徒与德意志阿什肯纳兹(Ashkenazic)犹太人社群之间的互动和移情远比我们之前以为的要多,而这种情况通常只出现在西班牙的塞法迪(Sephardic)犹太人群体中,据称他们与半岛的天主教徒处于一种和平"共存"的状态。[158] 但在希伯来语的第一次十字军东征叙事中,阿什肯纳兹的犹太人似乎对基督徒迫害者态度强硬——例如,所罗门·巴尔·参孙在提到圣母马利亚和耶稣基督时,分别称之为"来月经的放荡母亲及其私生子"[159]——为了缓和这样的态度,科恩不得不对犹太人殉难的故事情节进行大刀阔斧的改动。对于被屠杀的人数,乃至屠杀确实发生过这一事实,科恩并没有提出疑问,但他认为大多数受害者都曾在皈依基督教的问题上闪烁其词，而不是像所罗门·巴尔·参孙所说的美因茨的1 100名犹太人那样，当即采纳了殉教的方式。科恩运用后现代主义文学批评的方法，"重读"了希伯来语的第一次十字军东征叙事，尤其是所罗门·巴尔·参孙所写的关于"殉难者"的一些轶事，认为这主要是对阿什肯纳兹社群希望拥有的1096年事件之集体记忆的文化洞察，而不是对实际发生之事真实客观的陈述。[160]

在这方面最为典型的例子，或许就是参孙所写的关于"拉谢尔夫人"（Mistress Rachel）的令人撕心裂肺的故事。这位母亲牺牲了自己的两个女儿和两个儿子，其中的一个孩子，也就是她最小的孩子亚伦（Aaron），目睹哥哥以撒的死亡后，躲在了一个箱子下面，可即便如此，她还是抓着他的脚，把他拽了出来，割断了他的喉咙。之后，拉谢尔迎来了十字军，四个孩子围在她身边，"每一侧各有两个孩子，在她的肚子旁边，他们在她的身边颤抖着，直到最后敌人占领了房间，发现她坐在那里，正在为他们哀悼"。对科恩来说，拉谢尔成了一个象征性的虚构人物，而不是一个真实的人。她不仅使人想起《旧约》中的圣经人物，也使人想起圣母马利亚教会（Virgin Mary and Ecclesia），即圣母教会（Holy Mother Church）。圣母哀悼耶稣之死，并领受了耶稣的牺牲之血，只是在参孙的叙述中，拉谢尔夫人自己也牺牲了。十字军见她的袖子里没有钱，还杀害了自己的孩子，便杀死了她。这也是科恩更为宽泛的观点的一部分，即中世纪的犹太人和基督徒在文化上对殉难和牺牲的欣赏是共通的，而且都以耶稣的形式呈现，这确实是基督教信仰的核心，并体现在进行十字军东征的号召和十字军的战斗口号"这是上帝的旨意！"中。参孙在另外的故事中也采用了同样的处理方式：以撒是美因茨犹太人的社区管理人（*parnas*），他皈依了基督教，但之后又后悔了，杀害了自己的孩子，并在犹太会堂中自焚，科恩称这个故事有太多的矛盾之处和讽刺桥段，不足为信；与此同时，美因茨的另一位社区管理人卡罗尼莫斯（Kalonymos）受到了主教的保护，带领53名犹太人躲藏在主教的衣柜中，而当主教告诉他们，要么改宗，要么死时，他们终究还是选择了殉教，科恩认为这个故事更准确也更真实地反映了那种"犹豫不决的状态"，这才是人类面对终极危机时自然而然的反应。[161]

就科恩的解释而言，其问题在于，它完全是基于推测的，他自己也很爽快地承认了。不过，科恩的回应是，他认为这种解释更真实地反映了受到攻击的犹太人"不同且矛盾的反应"，以及他们的文化背景。在这样的背景下，他们的反应受到了基督教甚至十字军运动的意识形态影响，而非"沉睡已久的理想主义"水到渠成的迸发。科恩说，只有这样，我们才能"缩小篡史事件与迫害事件之间的距离"，这当然就是在假定两者有天壤之别，或者换句话说，希伯来语的第一次十字军东征叙事并非对实际情况的真实记述。[162] 鉴于其他关于犹太人历史的激烈争论，例如否定纳粹大屠杀论（Holocaust Denial）之争，采取这种立场是很有争议性的。但我也认为，归根结底，面对希伯来语第一次十字军东征编年史这些所谓的"难题"时，科恩的这种做法是无谓的创新。科恩说，第一次十字军东征前夕，犹太人和基督徒有某种互动，我认为他确实是对的。但是在希伯来语编年史成书时，十字军大屠杀的浩劫已经发生了，编年史作者们也明确表示，这些屠杀是史无前例的。因此，认为希伯来语作者书写这些事件时是在有意识地将基督徒作为榜样，甚至认为当时的殉教者自己也是这样做的，就肯定是牵强附会了。科恩要我们相信，所罗门·巴尔·参孙写到拉谢尔夫人或以撒时是在编故事，写到卡罗尼莫斯时却是实话实说。而答案可能很简单，就是他们都反映了犹太人对十字军的反应之复杂。如果参孙真的有某种目的,那么他应该更加前后一致才对:如果他的意图是展现犹太人面对十字军时不屈不挠的殉难,为何还要把以撒和卡罗尼莫斯犹豫不决的反应写进来呢?如果活着讲述大屠杀故事的这代人怀有"幸存者内疚",而大多数犹太人起初确实动过改宗的念头,那么从减轻这种内疚感的角度来看,在编年史中承认这一点,并将少数坚定不屈的人树立为其他犹太人所憧憬的榜样,岂不是更好吗?

但还有一个科恩没有考虑到的反对理由,那就是在1348—1351年的黑死病期间,集体迫害在德意志的许多犹太人社群中蔓延,因为他们被诬陷在井中投毒,目的是将瘟疫传染给基督徒。据称,犹太人再次展示了如同1096年的殉教那般的自我牺牲行为。[163] 不过这一次,基督徒编年史作者专门描述了所有这些英勇壮烈的行为:法兰西、佛兰德斯和德意志的作者,包括沃内特的让(Jean de Venette)、让·勒贝尔(Jean le Bel)、黑尔福德的海因里希(Heinrich of Herford)和迪森霍芬的海因里希(Heinrich of Diessenhofen),无一例外都记述了犹太人被集体处死一事。他们列队走向熊熊烈火,在火刑柱上被活活烧死,同时"载歌载舞",或者以其他方式"庆祝"。勒贝尔解释说,他们是在通过这种方式表达"将死之人的灵魂应怀着对[美妙]天堂的坚定信念,欣然赴死"。[164] 另一位德意志编年史作者梅根贝格的康拉德(Konrad of Megenberg)写道:"有时,在一些地方,他们把自己关在闩着门的房子里,放火烧房子,之后亲手割断孩子和自己的喉咙而死。"[165] 迪森霍芬讲述的一则轶事竟与参孙编年史中以撒的故事如出一辙:康斯坦茨(Constance)一个名叫特拉松(Terasson)的犹太人接受了基督教洗礼,甚至取了基督徒的名字乌尔里希(Ulrich),后来他后悔了,把自己和家人关在房子里，付之一炬，当他的住所被焚毁时，他向基督徒旁观者喊道："我把自己的房子烧了，这样我和我的儿子们就可以以犹太人而不是基督徒的身份死去了！"然而，身为基督徒的迪森霍芬对这个犹太人的行为完全不理解，将其归因为特拉松想要烧毁莫兰加斯（Mordergass）这一整条街道，"恩将仇报，就像［谷物］袋子里的老鼠、矿井里的火和怀里的蛇通常对待主人家那样"。[166] 我们是要相信迪森霍芬却不相信参孙的证词，还是要相信参孙却不相信迪森霍芬，抑或是都不相信？这些犹太人社群几乎处于德意志的同一个地区，时间上却相隔两个半世纪，但据说他们都参与了同样的、带有示威意味的殉教，倒不如说这一事实恰恰说明了这是他们文化中根深蒂固、经久不衰的一部分。根据奥卡姆剃刀原则（the principle of Occam's Razor），最简单的解释为最佳，因此，第一次十字军东征编年史的希伯来语作者们很可能就是在讲述所有这些"圣化上帝之名"的殉教事件的真相，他们无疑认为自己有义务竭尽全力保存这些记忆，尤其是美因茨的犹太人社群，在他们自己的悲剧发生几周前听闻施派尔和沃尔姆斯同胞们的命运时，他们一定已经做好了殉教的准备。[167]

　　欧洲针对其他内部敌人的十字军运动，比起针对犹太人的十字军运动而言，其凶残程度也不遑多让。1147 年，叙利亚远征正在进行的同时，西多会修道士克莱尔沃的圣伯纳德也在宣扬针对生活在当今德国东部和波罗的海诸国的异教徒文德人（Wends），也就是斯拉夫人的十字军运动。[168] 这实际上可以被视为 8 世纪查理曼对异教徒萨克森人那场残酷战争的延续，经历了大约 3 个半世纪的间歇期（在此期间，欧洲主要忙着对付维京人）之后，这场战争再次开打，并进一步向东扩展，对抗新的敌人。[169] 文德人和之前的萨克森人一样信仰众神，用墙围起来的圣林中有神庙，他们就在那里敬拜众神。从一开始，波罗的海十字军运动就被强迫或暴力逼迫异教徒皈依的难题所困扰，因为这种手段通常被认为有违基督教的传教精神。[170] 尽管圣伯纳德劝十字军不要重蹈第一次十字军东征时屠杀犹太人的覆辙，理由是需要留着犹太人来见证基督教最终的胜利，但他对文德人显然毫不留情，敦促"要么摧毁（*deleatur*）他们的仪式，要么摧毁他们的民族（*natio*）"。[171] 此外，教皇尤金尼斯（Eugenius）承诺对波罗的海十字军和远行至圣地的十字军给予同样的大赦。[172] 但对于伯纳德，我们要按字面意思理解吗？弗里德里希·洛特（Friedrich Lotter）认为，应当把伯纳德的告诫理解为摧毁文德人的部落共同体或身份，而不是人本身，这样一来，传教工作就可以在德意志人的赞助下更顺利地进行了。[173] 但其他学者还是倾向于采信伯纳德这句话的字面意思。[174]

尽管1147年的波罗的海十字军运动以惨败告终，但它为未来若干年里的例行征战树立了一个重要的先例。1202年，里加主教阿尔伯特·冯·布克斯赫夫登（Albert von Buxhövden）建立了"宝剑兄弟会"（Swordbrothers），其成员在1236年的苏勒（Saule，位于当今的立陶宛）战役中惨败后，被并入军事修会条顿骑士团（约1190年成立于阿卡）。[175] 早期的波罗的海十字军运动有几个特点，有别于常规的东方十字军运动。波罗的海十字军运动主要专注于传教，目的是让异教徒皈依基督教，而不是直接杀死他们（尤其是新移民还要依靠他们提供劳动力）；十字军不仅与异教徒作战，还经常与基督徒同胞作战；尽管被称为"朝圣者"，但对于前往波罗的海的十字军而言，并没有基督教圣地可供参观或"解放"。此外，波罗的海战区远离巴勒斯坦主战区，征服和殖民似乎是比宗教更重要的激励因素，因此，一些学者一直怀疑波罗的海十字军运动是否称得上真正的十字军运动，抑或只是"传教"或"边境"战争。[176] 另一方面，如果采用多元论或者扩张性的定义，将十字军运动定义为"为了恢复基督教财产，或者是为了保卫教会或基督徒，而与被认为是基督教世界外敌或内敌的人进行的'圣战'"，那么波罗的海十字军运动似乎确实符合条件。[177]

然而，即使在中世纪，人们对波罗的海十字军运动的矛盾心理也是显而易见的。基督徒编年史作者，例如不来梅的亚当，称十字军和文德人都"一心只想着掠夺"，而克莱尔沃的伯纳德本人也证明了十字军有物质上的动机，因为他断然禁止十字军"为了金钱或贡品"而与文德人休战，直到后者全部皈依或被消灭为止。[178] 与文德人作战的十字军不相信这项事业的正义性，或者是将信将疑，并且由于争抢波罗的海地区的土地而"产生了龃龉"。这一事实可以在很大程度上解释这场十字军运动为何如此失败。[179] 不过，一些学者认为，除了获得土地，十字军确实也怀有一种诚挚的宗教动机，想要让异教徒皈依，证据就是十字军有神职人员陪同。[180] 但另有学者指出，没有任何同时代文献透露出使文德人集体皈依的计划。[181] 即使为不来梅的亚当所称颂的那种集体皈依确实存在，也只是昙花一现，并且有量无质。假如这种皈依是被人用剑指着才被迫完成的，那么甚至可以说是有违真正的基督教原则。[182] 果不其然，文德人和利沃尼亚人皈依之后并没有变得更像"基督徒"，特别是相比起他们的德意志邻居，但另一方面，这些异教徒尽管信奉多神教，崇拜偶像，却能够与占据优势的基督教文化达成一定程度上的调和，而且至少在作战英勇这一点上还是受人钦佩的。[183] 中世纪后期，条顿骑士团以贵族狩猎队的方式，将针对异教徒的十字军运动组织成了一年一度的普鲁士远征，追击居住在波罗的海、波兰和俄罗斯边境的立陶宛人。[184] 到了现代，纳粹、共产党和民族主义历史学家都把波罗的海十字军运动的史学史严重政治化了，这种情况在某种程度上延续至今。[185]

针对基督徒同胞的十字军运动，历来被视为对十字军运动原本理想的滥用或歪曲，但最近的学术研究，尤其是伴随着多元学派的出现，已经将所谓的"政治性"或"对内"的十字军运动纳入了十字军运动史的主流。[186] 这些十字军运动的肇始被认为是教皇英诺森三世于 1199 年对入侵西西里岛的德意志帝国官员安韦勒的马克沃德（Markward of Annweiler）发动的政治战，以及始于 1209 年针对法兰西南部所谓卡特里派（Cathar）异端的阿尔比十字军运动（Albigensian Crusade）。[187] 然而，一些历史学家认为，基督徒对基督徒的十字军运动起源，还可以再往前追溯到推行改革的教皇格列高利七世（1073—1085 年在位）任上。当时，教皇及其盟友为了实现上帝的和平，非常愿意认可暴力，并赦免对政敌和"强盗贵族"发动战争之人的罪。[188] 阿尔比十字军运动期间，十字军战士得到了允诺，可以获得与在圣地同撒拉逊人作战的十字军完全相同的大赦和特权，而异端也被描绘成对基督教世界的威胁比伊斯兰教还要严重，因为它是从内部冲击基督教的组织结构，像疾病一样，直指教会的核心，危及基督徒灵魂和肉体的整全。然而，同时代的阿尔比十字军运动的批评者尖锐地质问，为什么这样的正义事业没有立即取得胜利，他们还质疑参与其中的十字军战士的动机，质疑这场运动是否"分走了圣地所需的人员和金钱"。如果说教皇希望通过击败异端，让以往那些十字军运动的兵源地的人将精力重新转向东方，那么阿尔比十字军运动带来了一个意想不到的后果，那就是法兰西南部被王权吞并了，一向为十字军运动提供人手的独立贵族，这下可以说是元气大伤了。[189]

阿尔比十字军运动一直持续到1229年《巴黎条约》的签订。这场十字军运动尤为残酷，1209年7月22日对贝济耶（Béziers）的洗劫就是一个缩影，所有的居民都被杀死了。据称，教皇使节、西多会修道院院长阿诺-阿莫里（Arnaud-Amaury）极力主张进行大屠杀，因为区分城中的天主教教徒和卡特里派的唯一方法就是："杀光他们！上帝自会分辨。"[190]然而，可以说阿尔比十字军运动从未真正实现既定目标，即消灭卡特里派异端（如果该异端确实存在过的话）；反倒是宗教裁判所（Inquisition）通过长期的不懈努力，直到14世纪初方才实现这一目标。虽然在13世纪对十字军运动的批评中或许可以发现怀疑和幻灭的迹象，但这似乎并没有影响人们对后来的十字军运动的热情和参与，人们的反应也在很大程度上取决于他们所理解的十字军的意图。[191]事实上，设立宗教裁判所的教皇格列高利九世（Gregory IX，1227—1241年在位）还在13世纪30年代授权了针对德意志、波斯尼亚和意大利异端的十字军运动，并授予他们与在东方作战的十字军相同的全大赦（plenary indulgences），从而继续扩大了针对基督徒同胞的十字军运动。[192]最终，在后来的十字军运动中，征伐目标的扩大所产生的最深远影响，就是扩大了十字军运动所指的范围，这也预示了现代西方对这一术语的定义。

注释

1 Niall Christie, *Muslims and Crusaders: Christianity's Wars in the Middle East, 1095–1382, from the Islamic Sources* (London: Routledge, 2014), p. 114.

2 Giles Constable, "The Historiography of the Crusades," in *The Crusades from the Perspective of Byzantium and the Muslim World*, eds. Angeliki E. Laiou and Roy Parviz Mottahedeh (Washington, DC.: Dumbarton Oaks, 2001), pp. 12–15; Giles Constable, *Crusaders and Crusading in the Twelfth Century* (Farnham, UK: Ashgate, 2008), pp. 18–22; Norman Housley, *Contesting the Crusades* (Oxford: Blackwell,

2006), pp. 2–13; Jean Flori, "Pour une redéfinition de la croisade," *Cahiers de civilization médiévale* 47 (2004): 329–350; Jonathan Riley-Smith, "The Crusading Movement and Historians," in *The Oxford History of the Crusades*, ed. Jonathan Riley-Smith (Oxford: Oxford University Press, 1999), pp. 9–10; Jonathan Riley-Smith, *What were the Crusades?*, 3rd edn (Basingstoke, UK and New York: Palgrave Macmillan, 2002), pp. 1–8; Jonathan Phillips, *The Crusades, 1095–1204*, 2nd edn. (London: Routledge, 2014), pp. 6–7; Helen J. Nicholson, "Introduction: Definition and Scope," in *Palgrave Advances in the Crusades* (Basingstoke, UK: Palgrave Macmillan, 2005), pp. 3–9; Jason T. Roche, "The Second Crusade: Main Debates and New Horizons," in *The Second Crusade: Holy War on the Periphery of Latin Christendom*, eds. Jason T. Roche and Janus Møller Jensen (Turnhout, Belgium: Brepols, 2015), pp. 25–26.

3　吉恩·弗洛里（Jean Flori）和汉斯·埃伯哈德·迈耶（Hans Eberhard Mayer）被归为"传统派"十字军运动历史学家，而乔纳森·赖利-史密斯（Jonathan Riley-Smith）和吉尔斯·康斯特布尔（Giles Constable）被归为"多元派"（尽管康斯特布尔本人在一定程度上表达了对大众派的赞同）。豪斯利（Housley）断定，十字军运动的真正定义要想反映出"十字军运动对同时代人意味着什么"，就要把这四种定义中的每一种融合进来。参见 Housley, *Contesting the Crusades*, pp. 18–23; Constable, *Crusaders and Crusading*, p. 19。

4　Rebecca Rist, *The Papacy and Crusading in Europe, 1198–1245* (London: Continuum, 2009).

5　人们通常认为13世纪标志着十字军运动在宣扬、组织和实施方面的"分水岭"，这主要是由于教皇英诺森三世（1198—1216年在位）的影响和领导。克里斯托弗·蒂尔曼（Christopher Tyerman）认为，鉴于"十字军运动"这个明确术语出现的时间，称13世纪之前的任何远征为十字军运动都是名不正言不顺的。然而，在较近的一部作品中，他似乎改变了立场，采用了多元派对十字军运动的定义。参见 Christopher J. Tyerman, *The Invention of the Crusades* (Toronto: University of Toronto Press, 1998), pp. 8–29; Christopher J. Tyerman, *Fighting for Christendom: Holy War and the Crusades* (Oxford: Oxford University Press, 2004), pp. 30–32; Housley, *Contesting the Crusades*, pp. 49–58; Phillips, *The Crusades*, pp. 7–8, 203–204。

6　Jonathan Riley-Smith, "Islam and the Crusades in History and Imagination, 8 November 1898—11 September 2001," *Crusades* 2 (2003): 164.

7　Christie, *Muslims and Crusaders*, p. 114; Paul E. Chevedden, "The Islamic View and the Christian View of the Crusades: A New Synthesis," *History: The Journal of the Historical Association* 93 (2008): 181. 布什总统于2001年9月20日在美国国会联

席会议上发表演讲时说出了这番话。完整引述如下："这场十字军东征、这场反恐战争，将持续一段时间。"

8   Riley-Smith, "Islam and the Crusades," pp. 165–166; Carole Hillenbrand, *The Crusades: Islamic Perspectives* (New York: Routledge, 2000), p. 602; Christie, *Muslims and Crusaders*, pp. 115–117, 163–166; Richard Bonney, *Jihad: From Qu'ran to bin Laden* (New York: Palgrave Macmillan, 2007), pp. 357–360; Chevedden, "Islamic View and the Christian View of the Crusades," pp. 181–182. "基地"组织前领导人、2001年9月11日恐怖袭击的主谋奥萨马·本·拉登深受13—14世纪伊斯兰神学家伊本·泰米叶（Ibn Taymiyya）的影响，后者宣扬"圣战"，不仅反对西方十字军，也反对那些他认为没有为与伊斯兰之敌的全面斗争全力以赴的穆斯林同胞。

9   Hillenbrand, *Crusades: Islamic Perspectives*, pp. 609–611.

10 Hillenbrand, *Crusades: Islamic Perspectives*, pp. 595–600; Christie, *Muslims and Crusaders*, p. 117.

11 这类学术成就的主要例子包括：Christie, *Muslims and Crusaders*; Hillenbrand, *Crusades: Islamic Perspectives; Crusades from the Perspective of Byzantium*; Jonathan Riley-Smith, *The Crusades, Christianity, and Islam* (New York: Columbia University Press, 2008)。然而，保罗·切维登（Paul Chevedden）认为，即使恢复和翻译了伊斯兰史料，穆斯林的观点仍未被充分纳入十字军运动的研究中，无论这种观点是源自西方，还是源自伊斯兰世界。他的主要论点是，十字军运动并非始于1095年教皇乌尔班的布道，而是始于1060年诺曼人入侵穆斯林统治下的西西里岛。参见Chevedden, "Islamic View and the Christian View of the Crusades," pp. 182–200。

12 Yuval Noah Harari, "Eyewitnessing in Accounts of the First Crusade: the *Gesta Francorum* and Other Contemporary Narratives," *Crusades* 3 (2004): 87–90. 这位匿名作者想象了摩苏尔统治者克尔博加（Kerbogha）与其女巫母亲的一场对话，她预言自己的儿子将在1098年6月28日安提俄克城外的战役前夕大祸临头。这段叙述尤其能够展现作者的偏见。

13 这一点在关于1099年7月15日十字军攻占耶路撒冷后发生的大屠杀的编年史记载中尤为明显。甚至在同时代的西方观察者中，对大屠杀的看法和辩解也不尽相同，从欢天喜地到大惊失色皆有，参见Benjamin Z. Kedar, "The Jerusalem Massacre of July 1099 in the Western Historiography of the Crusades," *Crusades* 3 (2004): 15–75。有关十字军史学史的综述，参见Riley-Smith, "Crusading Movement and Historians," pp. 1–12; Constable, "Historiography of the Crusades," pp. 1–22; Constable, *Crusaders and Crusading*, pp. 3–43; Housley, *Contesting the Crusades*, pp. 1–23。

14 Helen J. Nicholson, "Muslim Reactions to the Crusades," in *Palgrave Advances in the*

Crusades, pp. 281–282.

15   Steven Runciman, *A History of the Crusades*, 3 volumes (Cambridge: Cambridge University Press, 1951—1954), 3: 480; Riley-Smith, "Crusading Movement and Historians," p. 7. 朗西曼的观点也得到了杰弗里·巴勒克拉夫（Geoffrey Barraclough）和约翰·沃德（John Ward）的支持。参见 Constable, "Historiography of the Crusades," p. 3; Constable, *Crusaders and Crusading*, pp. 5–6。

16   Constable, *Crusaders and Crusading*, pp. 6–8.

17   Constable, *Crusaders and Crusading*, pp. 24–25.

18   对十字军运动的这种修正观点，在以下文本中最容易理解：Jonathan Riley-Smith, *The Crusades: A Short History* (New Haven: Yale University Press, 1987); Thomas F. Madden, *The New Concise History of the Crusades*, updated student edition (Lanham, MD.: Rowman and Littlefield, 2006); Housley, *Contesting the Crusades*; Rodney Stark, *God's Battalions: The Case for the Crusades* (New York: HarperCollins, 2009)。

19   康斯特布尔指出，十字军史学史有一个"第四时期"，即最近和当下的时期，此时"学术界和大众对十字军运动的看法分歧越来越大"。参见 Constable, *Crusaders and Crusading*, p. 5。

20   Thomas Asbridge, *The Crusades: The Authoritative History of the War for the Holy Land* (New York: HarperCollins, 2010), pp. 26–29; Philip Slavin, "Crusaders in Crisis: Towards the Re-Assessment of the Origins and Nature of the 'People's Crusade' of 1095–1096," *Imago Temporis* 4 (2010): 175–199; Constable, "Historiography of the Crusades," p. 18; Constable, *Crusaders and Crusading*, pp. 25–26; Jean Flori, "Ideology and Motivations in the First Crusade," in *Palgrave Advances in the Crusades*, pp. 15–36.

21   Riley-Smith, "Islam and the Crusades," pp. 151–152. 按照赖利-史密斯的说法，西方将十字军运动重新介绍到伊斯兰世界，要追溯到1898年德皇威廉二世对耶路撒冷和黎凡特其他十字军遗址的访问，当时的宣传报道铺天盖地。

22   Riley-Smith, "Islam and the Crusades," pp. 160–167. 赖利-史密斯认为，伊斯兰世界从西方对十字军史的描述中学到了两件事。用"批判性浪漫主义"的方法来看，"野蛮、原始、破坏成性的十字军"挪用了伊斯兰教"文明、自由、现代"的价值观，而穆斯林将其视为对他们文化的一种"强奸"。在"帝国主义"的观点中，是十字军"给异教世界带来了教化"，而现代穆斯林认为，这是必须反抗西方对阿拉伯世界持续攻击的信号。当然，在阿拉伯人眼里，两者都没有提升西方的形象。

23   Diana Abouali, "Saladin's Legacy in the Middle East before the Nineteenth Century," *Crusades*, 10 (2011): 178–182; Christie, *Muslims and Crusaders*, pp. 113–114; Paul M. Cobb, *The Race for Paradise: An Islamic History of the Crusades* (Oxford: Oxford

University Press, 2014), pp. 277–278.
24 Riley-Smith, "Islam and the Crusades," p. 160.
25 Riley-Smith, "Islam and the Crusades," pp. 159–160; Riley-Smith, *Crusades, Christianity, and Islam*, pp. 45–78; Constable, *Crusaders and Crusading*, pp. 28–29; Elizabeth Siberry, "Nineteenth-Century Perspectives of the First Crusade," in *The Experience of Crusading*, eds. Marcus Bull and Norman Housley, 2 vols. (Cambridge: Cambridge University Press, 2003), 1: 281–293; Elizabeth Siberry, "Images of the Crusades in the Nineteenth and Twentieth Centuries," in *Oxford History of the Crusades*, pp. 363–384; Hillenbrand, *Crusades: Islamic Perspectives*, pp. 590–592; Stark, *God's Battalions*, pp. 172–173. 文本中将十字军运动描述为殖民事业的情况，参见 Joshua Prawer, *The Latin Kingdom of Jerusalem: European Colonialism in the Middle Ages* (London: Weidenfeld and Nicolson, 1972); Joshua Prawer, "The Roots of Medieval Colonialism," in *The Meeting of Two Worlds: Cultural Exchange between East and West during the Period of the Crusades*, eds. Vladimir P. Goos and Christine Verzár Bornstein (Kalamazoo, MI.: Medieval Institute Publications, Western Michigan University, 1986), pp. 22–38; Wim Blockmans and Peter Hoppenbrouwers, *Introduction to Medieval Europe, 300–1550*, trans. Isola van den Hoven (London: Routledge, 2007), pp. 191–195; Nikolas Jaspert, *The Crusades*, trans. Phyllis G. Jestice (New York: Routledge, 2006), pp. 100–102; Barbara H. Rosenwein, *A Short History of the Middle Ages*, 4th edn. (Toronto: University of Toronto Press, 2014), pp. 170–173。
26 Housley, *Contesting the Crusades*, p. 24.
27 专门聚焦于第一次十字军东征的文本，参见 Peter Frankopan, *The First Crusade: The Call from the East* (Cambridge, MA.: Belknap Press of Harvard University Press, 2012); Thomas Asbridge, *The First Crusade: A New History* (Oxford: Oxford University Press, 2004); Jonathan Riley-Smith, *The First Crusaders, 1095—1131* (Cambridge: Cambridge University Press, 1997); *The First Crusade: Origins and Impact*, ed. Jonathan Phillips (Manchester, UK: Manchester University Press, 1997); John France, *Victory in the East: A Military History of the First Crusade* (Cambridge: Cambridge University Press, 1994); Jonathan Riley-Smith, *The First Crusade and the Idea of Crusading* (Philadelphia, PA.: University of Pennsylvania Press, 1986)。大量关于第一次十字军东征的原始史料可在以下文献中获取：*The First Crusade: The Chronicle of Fulcher of Chartres and Other Source Materials*, ed. Edward Peters (Philadelphia, PA.: University of Pennsylvania Press, 1971)。流行文化，尤其是电影中对十字军运动的呈现，参见 John Aberth, *A Knight at the Movies: Medieval History*

on Film (New York: Routledge, 2003), pp. 63–147; Nickolas Haydock and Edward L. Risden, *Hollywood in the Holy Land: Essays on Film Depictions of the Crusades and Christian-Muslim Clashes* (Jefferson, NC.: Mcfarland, 2009)。

28 第一次十字军东征起源于欧洲而非拜占庭的共识，最近在以下著作中得到了阐明：Housley, *Contesting the Crusades*, pp. 32–33, 36–37; Andrew Jotischky, "The Christians of Jerusalem, the Holy Sepulchre, and the Origins of the First Crusade," *Crusades*, 7 (2008): 35。尤其可以比照以下文本：Carl Erdmann, *The Origin of the Idea of Crusade*, trans. Marshall W. Baldwin; Walter Goffart (Princeton, NJ.: Princeton University Press, 1977), pp. 319–334, 355–371; H. E. J. Cowdrey, "Pope Urban II and the Idea of Crusade," *Studi Medievali*, 3rd ser. 36 (1995): 721–742, reprinted in H. E. J. Cowdrey, *The Crusades and Latin Monasticism, 11th–12th Centuries* (Aldershot, UK: Ashgate, 1999)。Frankopan, *First Crusade*, pp. 13–100 一书试图重新确立阿莱克修斯的请求对于第一次十字军东征起源的重要性。阿莱克修斯很可能对第一次十字军东征的出现感到震惊，当时他只是期待得到雇佣兵的援助。参见 Sakellariou, "Byzantine and Modern Greek Perceptions of the Crusades," pp. 246–248。

29 Sylvia Schein, *Gateway to the Heavenly City: Crusader Jerusalem and the Catholic West (1099–1187)* (Aldershot, UK: Ashgate, 2005), pp. 125–126; Jotischky, "Christians of Jerusalem," pp. 35–36.

30 Peter Frankopan, "Co-operation between Constantinople and Rome before the First Crusade: A Study of the Convergence of Interests in Croatia in the late Eleventh Century," *Crusades* 3 (2004): 4–8.

31 Jotischky, "Christians of Jerusalem," p. 35; Phillips, *The Crusades*, pp 17–18.

32 Jonathan Riley-Smith, "The State of Mind of Crusaders to the East, 1095–1300," in *Oxford History of the Crusades*, pp. 78, 89.

33 Erdmann, *Origin of the Idea of Crusade*, pp. 333–334; Riley-Smith, *The First Crusade*, p. 30; John France, *The Crusades and the Expansion of Catholic Christendom, 1000–1714* (London: Routledge, 2005), pp. 34–44.

34 H. E. J. Cowdrey, "The Peace and Truce of Godin the Eleventh Century," *Past and Present* 46 (1970): 42–67; Georges Duby, "Laity and the Peace of God," in Georges Duby, *The Chivalrous Society*, trans. C. Postan (London: Edward Arnold, 1977), pp. 123–133; Jean Flori, "De la paix de Dieu à la croisade? Un réexamen," *Crusades* 2 (2003): 1–23.

35 Jonathan Riley-Smith, "Crusading as an Act of Love," in *Crusades: The Essential Readings*, p. 33. 对这次布道的各个版本及其作者的精彩概述，参见 Penny J. Cole, *The Preaching of the Crusades to the Holy Land, 1095–1270* (Cambridge, MA:

Medieval Academy of America, 1991), pp. 8–33; H. E. J. Cowdrey, "Pope Urban II's Preaching of the First Crusade," *History* 55 (1970): 117–188。

36 Housley, *Contesting the Crusades*, pp. 27–29; Riley-Smith, *The First Crusade*, pp. 25–26, 30; France, *Crusades and the Expansion of Catholic Christendom*, pp. 34–51; Jean Flori, *Croisade et chevalerie XIe–XIIe siècles* (Paris-Bruxelles: De Boeck Université, 1998); Marcus Bull, *Knightly Piety and the Lay Response to the First Crusade: The Limousin and Gascony, c. 970–c. 1130* (Oxford: Clarendon Press, 1993), pp. 21–69; Erdmann, *Origin of the Idea of Crusade*, pp. 333–334. 豪斯利还指出，上帝的和平运动与乌尔班为第一次十字军东征进行的布道和征兵之间，存在着年代和地理上的"脱节"。

37 Tomaž Mastnak, *Crusading Peace: Christendom, the Muslim World, and Western Political Order* (Berkeley, CA.: University of California Press, 2002), pp. 154–166; James A. Brundage, "Crusades, Clerics and Violence: Reflections on a Canonical Theme," in *The Experience of Crusading*, eds. Marcus Bull and Norman Housley, 2 vols. (Cambridge: Cambridge University Press, 2003), 1: 147–156; Flori, "Ideology and Motivations," pp. 19–22.

38 H. E. J. Cowdrey, "Christianity and the Morality of Warfare during the First Century of Crusading," in *The Experience of Crusading*, 1: 175–192; Norman Houseley, "Crusades against Christians: Their Origins and Early Development, c. 1000–1216," in *Crusade and Settlement: Papers read at the first conference of the Society for the Study of the Crusades and the Latin East and presented to R. C. Smail*, ed. P. W. Edbury (Cardiff: University College Cardiff Press, 1985), pp. 17–19; France, *Crusades and the Expansion of Catholic Christendom*, pp. 42–43; Riley-Smith, *Crusades, Christianity, and Islam*, pp. 29–44; Jean Flori, *La guerre sainte: La formation de l'idée de croisade dans l'Occident chrétien* (Paris: Aubier, 2009).

39 将复仇作为激励因素，这种理念不仅用在了第一次十字军东征，更是在整个12世纪都很普遍，甚至愈发重要，尽管人们并不总是详述穆斯林在圣地对基督徒犯下的暴行。参见 Susanna Throop, "Vengeance and the Crusades," *Crusades*, 5 (2006): 21–38。

40 Jotischky, "Christians of Jerusalem," pp. 44–48.

41 Jotischky, "Christians of Jerusalem," p. 52.

42 Stark, *God's Battalions*, p. 92.

43 Joseph Drory, "Some Observations During a Visit to Palestine by Ibn al-'Arabī of Seville in 1092–1095," *Crusades* 3 (2004): 101–124.

44 Hillenbrand, *Crusades: Islamic Perspectives*, p. 50.

45 Jotischky, "Christians of Jerusalem," pp. 35–57.

46 关于参加第一次十字军东征的人数之争，参见 Housley, *Contesting the Crusades*, p. 39; Riley-Smith, *The Crusades: A Short History*, p. 11; John France, "Patronage and the Appeal of the First Crusade," in *First Crusade: Origins and Impact*, p. 6; France, *Victory in the East*, pp. 122–142。

47 这种观念要追根溯源的话，只是 Georges Duby, *La Société aux XIe et XIIe siècles dans la région mâconnaise* (Paris: S.E.V.P.E.N., 1953), p. 435 中的随口一说，没什么证据支撑。另见 Jonathan Riley-Smith, "The Motives of the Earliest Crusaders and the Settlement of Latin Palestine, 1095–1100," *English Historical Review* 389 (1983): 723; Hans Eberhard Mayer, *The Crusades* (Oxford: Oxford University Press, 1996), pp. 21–23。

48 Giles Constable, "Medieval Charters as a Source for the History of the Crusades," in *Crusade and Settlement*, pp. 73–89; Constable, *Crusaders and Crusading*, pp. 93–116; Riley-Smith, *The First Crusade*, pp. 35–49; Riley-Smith, *The First Crusaders*, pp. 15–22, 33–39, 83–105; Bull, *Knightly Piety*, pp. 250–281; Marcus Bull, "The Diplomatic of the First Crusade," in *First Crusade: Origins and Impact*, pp. 35–47; Nikolas Jaspert, "Eleventh-Century Pilgrimage from Catalonia to Jerusalem: New Sources on the Foundations of the First Crusade," *Crusades*, 14 (2015): 1–47. 布尔（Bull）强调，第一次十字军东征的特许状证据可能并没有足够的代表性，因为有些文件没有明确提及十字军东征，即使它们讨论的明显是出发前的准备工作，或者赞助人是有名的十字军战士。

49 Bull, *Knightly Piety*, pp. 258–274; Constable, *Crusaders and Crusading*. pp. 117–141.

50 Slavin, "Crusaders in Crisis," pp. 177–191; Riley-Smith, "State of Mind of Crusaders," p. 73.

51 关于布永的戈弗雷率领的一支十字军分遣队的构成，详见 Alan V. Murray, "The Army of Godfrey of Bouillon: Structure and Dynamics of a Contingent on the First Crusade," *Revue Belge de Philologie et d'Histoire*, 70 (1992): 301–329. 也可参见 Riley-Smith, "Motives of Earliest Crusaders," pp. 724–736。

52 当然，也有一些重要贵族清楚地拒绝参加第一次十字军东征，例如安茹伯爵富尔克四世（Fulk IV, count of Anjou）和阿基坦公爵威廉九世（William IX, duke of Aquitaine）。参见 France, "Patronage and the Appeal of the First Crusade," pp. 9–10; Riley-Smith, "State of Mind of Crusaders," p. 81; Riley-Smith, *First Crusaders*, pp. 81–105; Housley, *Contesting the Crusades*, pp. 89–90。

53 Riley-Smith, "Motives of the Earliest Crusaders," pp. 723–724.

54 Riley-Smith, "Motives of the Earliest Crusaders," pp. 722–723. 约翰·弗朗斯（John France）等学者还在继续强调第一次十字军东征的物质动机，他认为骑士参与者

是一个在"野心剧场"之内活动的"贪婪的有志者群体",在这个剧场中,他们争夺赞助,并且在各个层次上都体验到了极大的社会"流动性"。吉恩·弗洛里还指出,虽然第一次十字军东征的战士们回国时比出发时更穷了,但他们不可能知道会发生这样的事情,最初出发时,他们可能想得很美。参见 France, "Patronage and the Appeal of the First Crusade," pp. 13–16; Flori, "Ideology and Motivations," pp. 28–29; Housley, *Contesting the Crusades*, pp. 90–91。

55 France, "Patronage and the Appeal of the First Crusade," p. 8; Flori, "Ideology and Motivations," p. 19; Housley, *Contesting the Crusades*, p. 81.

56 Constable, "Medieval Charters," pp. 73–89; Housley, *Contesting the Crusades*, pp. 29–30, 90–91; Riley-Smith, *The First Crusade*, pp. 35–49; Riley-Smith, *The First Crusaders*, pp. 15–22, 33–39, 83–105; Bull, *Knightly Piety*, pp. 250–281; Bull, "Views of Muslims and of Jerusalem," 1: 13–38; Bull, "Diplomatic of the First Crusade," p. 47; Jaspert, "Eleventh-Century Pilgrimage," pp. 13–16, 30–31; Susan Edgington, "The First Crusade: reviewing the evidence," in *First Crusade: Origins and Impact*, pp. 58–59; France, *Crusades and the Expansion of Catholic Christendom*, pp. 52–60; Housley, *Contesting the Crusades*, pp. 75–98. 一些中世纪史学家仍对特许状证据有所质疑,理由是任何事业的个人动机都是复杂的,永远无法完全确定。特别可参见 France, "Patronage and the Appeal of the First Crusade," pp. 5–17。

57 对耶路撒冷大屠杀最权威的论述是 Kedar, "Jerusalem Massacre," pp. 15–75。

58 Kedar, "Jerusalem Massacre," pp. 16–19.

59 Kedar, "Jerusalem Massacre," pp. 19–30.

60 Kedar, "Jerusalem Massacre," pp. 48, 63, 73–74; Christie, *Muslims and Crusaders*, pp. 127–128; Hillenbrand, *The Crusades: Islamic Perspectives*, pp. 63–68; Stark, *God's Battalions*, pp. 155–160.

61 Kedar, "Jerusalem Massacre," pp. 19–26.

62 Kedar, "Jerusalem Massacre," pp. 30–42.

63 Kedar, "Jerusalem Massacre," pp. 42–54.

64 Kedar, "Jerusalem Massacre," pp. 30, 67–73; Stark, *God's Battalions*, pp. 157–160; Asbridge, *The First Crusade*, pp. 274–275, 316–319.

65 Harari, "Eyewitnessing," pp. 85–91; Kedar, "Jerusalem Massacre," pp. 64–65; Edgington, "First Crusade," pp. 61–63.

66 Kedar, "Jerusalem Massacre," pp. 67–73. 说到恶名,也许唯一能够与耶路撒冷大屠杀相提并论的事件,就是据称十字军在1098年12月攻占叙利亚北部城镇马雷特努曼(Ma'arrat al-Nu'man)时犯下的食人行径,由沙特尔的富尔彻转述。但值得注意的是,第一次十字军东征同时期的穆斯林观察者对这些令人毛骨悚然的食人故事只字未提，包括伊本·阿迪姆（Ibn al-'Adim）在内，他的写作地点就在据此不远的阿勒颇，是了解此事的最佳方位。参见 Hillenbrand, *The Crusades: Islamic Perspectives*, pp. 59–63。

67 S. Goitein, "Contemporary Letters on the capture of Jersualem," *Journal of Jewish Studies*, 3 (1952): 162–177; Kedar, "Jerusalem Massacre," pp. 59–64.

68 Edgington, "First Crusade," p. 74; Carole Hillenbrand, "The First Crusade: the Muslim perspective," in *First Crusade: Origins and Impact*, pp. 130–131; Niall Christie, "Religious Campaign or War of Conquest? Muslim Views of the Motives of the First Crusade," in *Noble Ideals and Bloody Realities: Warfare in the Middle Ages*, eds. Niall Christie and Maya Yazigi (Leiden, Netherlands: Brill, 2006), pp. 65–66; Niall Christie, "Motivating Listeners in the *Kitab al-Jihad* of 'Ali ibn Tahir al-Sulami (d. 1106)," *Crusades*, 6 (2007): 9–10.

69 Christie, *Muslims and Crusaders*, pp. 20–21.

70 Christie, "Religious Campaign," pp. 57–59, 63, 69; Hillenbrand, "First Crusade: the Muslim perspective," p. 131. 关于第一次十字军东征的穆斯林史料的英译版，参见 Christie, *Muslims and Crusaders*, pp. 127–135; *Arab Historians of the Crusades*, trans. Francesco Gabrieli and E.J. Costello (Berkeley, CA.: University of California Press, 1984)。

71 Hillenbrand, "First Crusade: the Muslim perspective," pp. 131–134. 现代的十字军历史学家也采用了这一视角。例如可参见 Jaspert, *The Crusades*, pp. 72–73; Asbridge, *The Crusades*, pp. 20–29; Asbridge, *The First Crusade*, pp. 113–116; Robert Irwin, "Islam and the Crusades, 1096–1699," in *Oxford History of the Crusades*, pp. 213–218。

72 Hillenbrand, "First Crusade: the Muslim perspective," p. 132.

73 Hillenbrand, "First Crusade: the Muslim perspective," pp. 132–135.

74 Christie, "Motivating Listeners," p. 7; Christie, *Muslims and Crusaders*, p. 133.

75 Hillenbrand, *Crusades: Islamic Perspectives*, pp. 32–48. 穆斯林作者通常比较熟悉和了解拜占庭人，因为后者与伊斯兰世界的关系更密切，冲突也更频繁，以至于这些作者常常将拜占庭人与欧洲的十字军"搞错或搞混"。参见 Christie, "Motivating Listeners," p. 10。

76 Ralph-Johannes Lilie, *Byzantium and the Crusader States, 1096–1204*, trans. J. C. Morris and Jean E. Ridings (Oxford: Clarendon Press, 1994).

77 Christie, "Religious Campaign," pp. 59–70; Christie, *Muslims and Crusaders*, pp. 21–24.

78 Christie, "Religious Campaign," pp. 59–63; Christie, *Muslims and Crusaders*, pp. 22,

130–131.
79 Christie, "Religious Campaign," pp. 63–64; Christie, *Muslims and Crusaders*, pp. 21–22; Irwin, "Islam and the Crusades," p. 220; Chevedden, "Islamic View and the Christian View of the Crusades," pp. 184–185.《"圣战"之书》的全文和译文，参见 *The Book of the Jihad of 'Ali ibn Tahir al-Sulami (d. 1106): Text, Translation and Commentary*, trans. and ed. Niall Christie (London: Routledge, 2017); Niall Christie and Deborah Gerish, *Preaching Holy War: Crusade and Jihad, 1095–1105* (London: Routledge, 2017)。
80 Nikita Elisséeff, "The Reaction of the Syrian Muslims after the Foundation of the First Latin Kingdom of Jerusalem," in *Crusaders and Muslims in Twelfth-Century Syria*, ed. Maya Shatzmiller (Leiden, Netherlands: Brill, 1993), p. 163.
81 Christie, "Religious Campaign," pp. 66–67; Christie, *Muslims and Crusaders*, pp. 22–23.
82 Christie, "Motivating Listeners," pp. 4–8.
83 Christie, "Religious Campaign," pp. 64–67; Christie, "Motivating Listeners," pp. 8–13; Christie, *Muslims and Crusaders*, p. 22; Irwin, "Islam and the Crusades," p. 220.
84 Elisséeff, "Reaction of the Syrian Muslims," p. 163.
85 Christie, "Religious Campaign," pp. 68–70; Christie, "Motivating Listeners," p. 7; Christie, *Muslims and Crusaders*, pp. 23, 132. Hillenbrand, "First Crusade: the Muslim perspective," p. 136.
86 最近的一个关于乌萨马回忆录的优秀译本，参见 Usama Ibn Munqidh, *The Book of Contemplation: Islam and the Crusades*, trans. Paul M. Cobb (London: Penguin Books, 2008)。
87 Christie, *Muslims and Crusaders*, p. 132; Gabrieli, *Arab Historians of the Crusades*, pp. 4, 10.
88 Christie, "Religious Conquest," p. 70; Christie, *Muslims and Crusaders*, pp. 23–24; Hillenbrand, *The Crusades: Islamic Perspectives*, pp. 46–47, 52–54. 根据阿齐米的说法，1096 年，拜占庭人向一个未透露姓名的穆斯林盟友送出了一封关于即将到来的十字军东征的信。按照大多数人的理解，该盟友就是埃及的法蒂玛王朝。
89 Christie, "Religious Campaign," pp. 64, 67–68; Christie, *Muslims and Crusaders*, p. 21; Irwin, "Islam and the Crusades," p. 221; Hillenbrand, *The Crusades: Islamic Perspectives*, pp. 51–54; Chevedden, "Islamic View and the Christian View of the Crusades," pp. 185–186. 我们也应注意到，包括阿齐米、苏拉米和纽瓦利（al-Nuwayri）在内的其他穆斯林评论家，也将第一次十字军东征置于广阔的地缘政治背

景下。

90 Hillenbrand, "First Crusade: the Muslim perspective," p. 136.
91 Stark, *God's Battalions*, pp. 70–76. 对十字军军事战术和战略的重新评价，参见 David Nicolle, *Crusader Warfare*, 2 vols. (London: Hambledon Continuum, 2007); Hugh Kennedy, *Crusader Castles* (Cambridge: Cambridge University Press, 2001); R. C. Smail, *Crusading Warfare, 1097–1193*, 2nd edn. (Cambridge: Cambridge University Press, 1995); Christopher Marshall, *Warfare in the Latin East, 1192–1291* (Cambridge: Cambridge University Press, 1992). Piers D. Mitchell, in *Medicine in the Crusades: Warfare, Wounds and the Medieval Surgeon* (Cambridge: Cambridge University Press, 2004) 一书同样认为，到了十字军东征时代，西方医学已经通过阿拉伯中间人翻译的古代希波克拉底—盖伦著作集，赶上了伊斯兰的水平。
92 Michael Köhler, *Alliances and Treaties between Frankish and Muslim Rulers in the Middle East*, trans. Peter M. Holt and ed. Konrad Hirschler (Leiden, Netherlands: Brill, 2013); Hillenbrand, *Crusades: Islamic Perspectives*, pp. 76–84.
93 Christie, *Muslims and Crusaders*, p. 24; Irwin, "Islam and the Crusaders," pp. 218–220; Yaacov Lev, "The *Jihād* of Sultan Nūr al-Dīn of Syria (1146–1174): History and Discourse," *Jerusalem Studies in Arabic and Islam* 35 (2008): 231–232.
94 Hillenbrand, *Crusades: Islamic Perspectives*, pp. 71–74; Lev, "*Jihād* of Sultan Nūr al-Dīn," pp. 233–240, 264–269. 先前的重要人物、埃德萨征服者、努尔丁之父伊玛德丁·赞吉很难称得上一名真正的"圣战"者。即使在穆斯林史料中，赞吉被人们铭记也几乎只是因为他征服了埃德萨，并且是一位令人生畏的军事人物，而非宗教或政治领袖。参见 Christie, *Muslims and Crusaders*, pp. 27–28; Lev, "*Jihād* of Sultan Nūr al-Dīn," pp. 243–251; Irwin, "Islam and the Crusaders," pp. 226–227; Hillenbrand, *Crusades: Islamic Perspectives*, pp. 112–116; Carole Hillenbrand, "'Abominable Acts': The Career of Zengi," in *The Second Crusade: Scope and Consequences*, eds. Martin Hoch and Jonathan Phillips (Manchester, UK: Manchester University Press, 2006), pp. 118–127。
95 Alex Mallett, *Popular Muslim Reactions to the Franks in the Levant, 1097–1291* (Farnham, UK: Ashgate, 2014), pp. 27–30.
96 Constable, *Crusaders and Crusading*, pp. 29–30; Housley, *Contesting the Crusades*, pp. 58–60. 斯鲁普（Throop）强调了批评是如何削弱后来的十字军东征的热情和士气的，而西伯里（Siberry）则怀疑这些批评对十字军东征受到的持续拥戴到底能有多大影响。豪斯利可能持中间立场，他坚持认为，"从根本上质疑十字军东征的正当性，这种情况从运动的一开始就存在"，但由于教会法学者设计了正义战争观念体系这副"盔甲"，13世纪对十字军东征表示怀疑的情况减少了。参见 Palmer A. Throop,

Criticism of the Crusade: A Study of Public Opinion and Crusade Propaganda (Amsterdam, Netherlands: Swets and Zeitlinger, 1940); Elizabeth Siberry, *Criticism of Crusading, 1095–1274* (Oxford: Clarendon Press, 1985); Norman Housley, *The Later Crusades, 1274–1580: From Lyons to Alcazar* (Oxford: Oxford University Press, 1992), p. 377。

97 Giles Constable, "The Second Crusade as Seen by Contemporaries," *Traditio* 9 (1953): 216–220, 244–256; Constable, *Crusaders and Crusading*, pp. 231–235, 264–271; Roche, "Second Crusade," and Ane L. Bysted, "The True Year of Jubilee: Bernard of Clairvaux on Crusade and Indulgences," in *Second Crusade: Holy War on the Periphery*, pp. 10–11, 38–43; Jonathan Phillips, *The Second Crusade: Extending the Frontiers of Christendom* (New Haven, CT.: Yale University Press, 2007), pp. 37–60; Phillips, *The Crusades*, pp. 79–82. 关于教皇尤金尼斯三世是否基于对"赦罪"（*remissio peccatorum*）一词的解释，提供了一种新的赦免方式，承诺免除对罪恶的神罚以及教会的惩罚，还存在一些争论；根据伯斯德（Bysted）的说法，这些问题尚未解决。伯纳德的布道对征募人手起到了重要作用，但或许有过分吹嘘十字军东征之嫌。除此之外，关于路易七世和康拉德三世率领的平信徒分队各自的相对贡献，也存在争议。一些人认为，路易和尤金尼斯之间的关系改善才使第二次十字军东征有了成行的可能，而另外一些学者则强调康拉德及其分队的贡献有多么重要。参见 Ane L. Bysted, *The Crusade Indulgence: Spiritual Rewards and the Theology of the Crusades, c. 1095–1216* (Leiden, Netherlands: Brill, 2015); Mayer, *The Crusades*, pp. 23–37, 293–295; Riley-Smith, *Crusades: A History*, pp. 13, 133–134; Riley-Smith, *What were the Crusades*, 4th edn., pp. 60–65; Monique Amouroux, "Louis VII, Innocent II et la Seconde Croisade," in *La papauté et les croisades*, ed. Michel Balard (Farnham, UK: Ashgate, 2011), pp. 55–65; Jonathan Phillips, "Papacy, Empire and the Second Crusade" and Rudolf Hiestand, "The Papacy and the Second Crusade," in *The Second Crusade: Scope and Consequences*, pp. 15–53; John G. Rowe, "The Origins of the Second Crusade: Pope Eugenius III, Bernard of Clairvaux and Louis VII of France," in *The Second Crusade and the Cistercians*, ed. M. Gervers (New York: St. Martin's Press, 1992), pp. 79–89; A. Grabois, "The Crusade of Louis VII: A Reconsideration," in *Crusade and Settlement*, pp. 94–104。

98 Constable, "Second Crusade," pp. 213–215, 221–239, 256–260; Constable, *Crusaders and Crusading*, pp. 236–253, 271–281; Phillips, *Second Crusade*, pp. 136–167, 228–268; Phillips, *The Crusades*, pp. 85–89; Roche, "Second Crusade"; Luis García-Guijarro, "Reconquest and the Second Crusade in Eastern Iberia: The Christian Expansion in the Lower Ebro Valley," Susan B. Edgington, "The

Capture of Lisbon: Premeditated or Opportunistic?" and Jay T. Lees, "'Why Have You Come with Weapons Drawn? The Leaders of the Wendish Campaign of 1147," in *Second Crusade: Holy War on the Periphery*, pp. 21–32, 219–299. 一些学者认为，此时在斯堪的纳维亚的作战也应被视为第二次十字军东征的一部分，尽管没有现成的证据表明教皇尤金尼斯批准了这些远征，也没有证据表明参加者立下了正式的十字军誓言。艾伦·弗雷（Alan Forey）认为，在叙利亚、波罗的海和伊比利亚半岛战区同时作战，并不像康斯特布尔所断言的那样，是基督徒按照计划、针对异教徒的一致行动，而是要分别考虑。参见 Alan J. Forey, "The Second Crusade: Scope and Objectives," *Durham University Journal* 86 (1994): 165–175; Roche, "Second Crusade," Janus Møller Jensen, "The Second Crusade and the Significance of Crusading in Scandinavia and the North Atlantic Region," and John H. Lind, "The 'First Swedish Crusade' against the Finns: A Part of the Second Crusade?," in *Second Crusade: Holy War on the Periphery*, pp. 4, 26, 155–182。

99 Martin Hoch, "The Price of Failure: The Second Crusade as a Turning-Point in the History of the Latin East?" in *Second Crusade: Scope and Consequences*, pp. 180–200; Phillips, *Second Crusade*, pp. 269–279; Constable, "Second Crusade," pp. 266–276; Constable, *Crusaders and Crusading*, pp. 281–292; Hiestand, "Papacy and the Second Crusade," pp. 46–47. 霍克（Hoch）的结论是，第二次十字军东征的失败和由此引发的批评使十字军运动名誉扫地，在长达40年的时间里都无法有大的动作，直到1187年耶路撒冷落入萨拉丁之手，才召集了第三次十字军东征以作为回应，但这件事情对耶路撒冷拉丁王国本身的影响很小。显然，大马士革之所以被选为目标，是因为它当时与努尔丁统治的阿勒颇结了盟，而这座城市之前是与耶路撒冷拉丁王国结盟的。还有人认为，由于耶路撒冷对第二次十字军东征的战士们的吸引力，重点从埃德萨转移到大马士革"几乎是必然的"。参见 Martin Hoch, "The Choice of Damascus as the Objective of the Second Crusade: A Re-evaluation," in *Autour de la premiére croisade: Actes du Colloque de la Society for the Study of the Crusades and the Latin East (Clermont-Ferrand, 22–25 Juin 1995)*, ed. Michel Balard (Paris: Publications de la Sorbonne, 1997), pp. 359–369; Graham A. Loud, "Some Reflections on the Failure of the Second Crusade," *Crusades*, 4 (2005): 9–14; Roche, "Second Crusade," p. 19。

100 Suleiman A. Mourad and James E. Lindsay, "Rescuing Syria from the Infidels: The Contribution of Ibn 'Asakir of Damascus to the *Jihad* Campaign of Sultan Nur al-Din," *Crusades*, 6 (2007): 49–54; Suleiman A. Mourad and James E. Lindsay, "A Muslim Response to the Second Crusade: Ibn 'Asākir of Damascus as Propagandist of Jihad," in *Second Crusade: Holy War on the Periphery*, pp. 91–111. 关于《四十圣训》的

版本和译文，参见 Sulaymān 'Alī Murād and James E. Lindsay, *The Intensification and Reorientation of Sunni Jihad Ideology in the Crusader Period: Ibn 'Asākir of Damascus (1105–1176) and his Age, with an Edition and Translation of Ibn 'Asākir's The Forty Hadiths for Inciting Jihad* (Leiden, Netherlands: Brill, 2013)。

101 Hillenbrand, *Crusades: Islamic Perspectives*, pp. 112–141; Lev, "*Jihād* of Sultan Nūr al-Dīn," pp. 233–236, 274–275; Christie, *Muslims and Crusaders*, p. 31.

102 Christie, *Muslims and Crusaders*, pp. 33–35, 136–137; Köhler, *Alliances and Treaties*.

103 Christie, *Muslims and Crusaders*, pp. 31–32; Phillips, *The Crusades*, pp. 113–116.

104 Yasser Tabbaa, "Monuments with a Message: Propagation of *Jihad* under Nūr al-Dīn (1146–1174)," in *The Meeting of Two Worlds: Cultural Exchange between East and West during the Period of the Crusades*, eds. Vladimir P. Goss and Christine Verzár Bornstein (Kalamazoo, MI.: Medieval Institute Publications, Western Michigan University, 1986), pp. 223–240; Hillenbrand, *Crusades: Islamic Perspectives*, pp. 119–161; Lev, "*Jihād* of Sultan Nūr al-Dīn," pp. 269–276; Elisséeff, "Reaction of the Syrian Muslims," pp. 167–171. 列夫（Lev）认为，努尔丁的碑铭更多的是证明了这位苏丹"内心的宗教世界"，特别是其"富有战斗性的虔诚"，而不是统一叙利亚和发动"圣战"的欲望。他还注意到，即便其中确实提到了努尔丁发动"圣战"，但他的宗教敌人可能是异教徒的基督教十字军，同样也可能是伊斯兰教内部的敌人（比如什叶派）。

105 Christie, *Muslims and Crusaders*, pp. 35–40; Hillenbrand, *Crusades: Islamic Perspectives*, pp. 117–119, 193–195; Irwin, "Islam and the Crusades," p. 226; Geoffrey Hindley, *Saladin* (New York: Harper and Row, 1976), pp. 34–45; Lev, "*Jihād* of Sultan Nūr al-Dīn," pp. 252–264, 274–277; Elisséeff, "Reaction of the Syrian Muslims," pp. 165–167; Mourad and Lindsay, "Muslim Response to the Second Crusade," pp. 108–110. 事实上，"圣战"本身就具有这种纠结的双重性质——大"圣战"完全是精神性质的，与宗教复兴有关，而小"圣战"则是向异教徒，也就是伊斯兰教的敌人发动战争的世俗责任。苏拉米和伊本·阿萨基尔都强调了"圣战"的这种双重性质，并且认为大"圣战"是小"圣战"的必要前提。然而，列夫认为，努尔丁的"圣战"政策实际上受到了其军事能力和资源的限制。

106 现代的萨拉丁传记有很多，理查受到的关注却相对较少，这种情况直到最近才有所改变。除了约翰·吉林厄姆（John Gillingham）所写的被公认为优秀的传记 *Richard the Lionheart* (London: Weidenfeld and Nicolson, 1978)，现在又有了 Michael Markowski, "Richard Lionheart: Bad King, Bad Crusader?" *Journal of Medieval History* 23 (1997): 351–365，其中认为理查未能夺取耶路撒冷是因为他过于谨慎，缺乏第一次十字军东征的那种宗教信念。

107 Benjamin Z. Kedar, "The Battle of Hattin Revisited" in *The Horns of Hattin*, ed. Benjamin Z. Kedar (Jerusalem and London: Yad Izhak Ben-Zvi and Variorum, 1992); Michael Ehrlich, "The Battle of Hattin: A Chronicle of a Defeat Foretold?" *Journal of Medieval Military History* 5 (2007): 16–32.

108 *Arab Historians of the Crusades*, pp. 87–93, 99–105, 139–175; Hillenbrand, *Crusades: Islamic Perspectives*, pp. 171–192; Hannes Möhring, *Saladin: The Sultan and His Times, 1138–1193*, trans. David S. Bachrach (Baltimore, MD.: The Johns Hopkins University Press, 2005), pp. 103–104; Anne-Marie Eddé, *Saladin*, trans. Jane Marie Todd (Cambridge, MA.: Harvard University Press, 2011), pp. 169–186, 496–500; Andrew S. Ehrenkreutz, *Saladin* (Albany, NY.: State University of New York Press, 1972), pp. 233–238; Christie, *Muslims and Crusaders*, pp. 40–45, 48–54; Irwin, "Islam and the Crusades," pp. 228–229; Yaacov Lev, *Saladin in Egypt* (Leiden, Netherlands: Brill, 1999), pp. 45–94; Malcolm Cameron Lyons and D. E. P. Jackson, *Saladin: The Politics of the Holy War* (Cambridge: Cambridge University Press, 1982), pp. 365–374. 比大多数英语传记更为正面的对萨拉丁的刻画，参见 P. H. Newby, *Saladin in his Times* (London: Faber and Faber, 1983)。

109 在所谓的萨拉丁"黑暗传说"中，这位苏丹被描绘成私生子、皮条客、杀人犯和巫师等各种形象，这类传说后来被更加正面的描绘所取代了。参见 Eddé, *Saladin*, pp. 470–477。

110 Margaret Jubb, "The Crusaders' Perceptions of their Opponents," in *Palgrave Advances in the Crusades*, pp. 225, 238–239; Eddé, *Saladin*, pp. 465–469. 13 世纪中期的法语诗《骑士团》(*Ordene de Chevalerie*) 讲述了萨拉丁被封为骑士的故事。据说萨拉丁是由太巴列的于格（Hugh of Tiberias）或托隆的汉弗莱（Humphrey of Toron）封为骑士的，受封仪式中没有基督教元素。另一部 13 世纪的法语作品《蓬蒂厄伯爵的女儿》(*La Fille du Comte de Pontieu*) 称，萨拉丁的母亲系出蓬蒂厄伯爵。

111 *Arab Historians of the Crusades*, pp. 93–99, 105–113, 124–125, 142–143, 158; Christie, *Muslims and Crusaders*, pp. 47, 51, 142–145.

112 撒拉逊人在同时期作品中被描绘成不敬神的异教徒，尽管许多作者肯定知道他们信奉一神教，与希伯来人和基督徒敬拜同一位神。对于基督教作家为何对伊斯兰教持有如此离谱的负面刻板印象，人们提出了多种理论——从政治到心理分析，不一而足。参见 Jubb, "Crusaders' Perceptions," pp. 228–233; Nicholas Morton, "Encountering the Turks: The First Crusaders' Foreknowledge of their Enemy; Some Preliminary Findings," in *Crusading and Warfare in the Middle Ages: Realities and Representations. Essays in Honour of John France*, eds. Simon John and Nicholas

Morton (Farnham, UK: Ashgate, 2014), pp. 51–56。

113 在这些传说中，萨拉丁在临终前秘密受洗，还有说是主持了一场三种宗教——伊斯兰教、基督教和犹太教——领袖之间的辩论，但他自己并没有做出选择。参见 Eddé, *Saladin*, pp. 486–491; Jubb, "Crusaders' Perceptions," p. 239; Newby, *Saladin*, p. 13。

114 Riley-Smith, "Islam and the Crusades," pp. 152, 160; Hillenbrand, *Crusades: Islamic Perspectives*, pp. 592–600; Christie, *Muslims and Crusaders*, p. 152; Möhring, *Saladin*, pp. 91–103; Abouali, "Saladin's Legacy in the Middle East," pp. 176–178; Eddé, *Saladin*, pp. 493–496.

115 Abouali, "Saladin's Legacy in the Middle East," pp. 181–182.

116 赖利-史密斯指出，除去萨拉丁真正的"圣战"者资格存疑之外，大多数阿拉伯人都记得萨拉丁是库尔德人，因此与他们不是同一个民族。不过，埃德（Eddé）认为，萨拉丁比拜巴尔更容易"阿拉伯化"，后者是突厥人，因此代表的是奥斯曼王朝，而萨拉丁作为库尔德人，呈现出来的形象比较"中立"。参见 Riley-Smith, "Islam and the Crusades," p. 152; Eddé, *Saladin*, p. 496。

117 Constable, *Crusaders and Crusading*, pp. 321–324; Housley, *Contesting the Crusades*, p. 64.

118 Constable, *Crusaders and Crusading*, pp. 332–347.

119 Michael Agnold, *The Fourth Crusade: Event and Context* (Harlow, UK: Pearson Longman, 2003); Harris, *Byzantium and the Crusades*.

120 学者们的出发点要么是"偶然"论，要么是"阴谋"论。前者认为十字军转移目标只是偶然，而后者认为十字军是故意且有预谋地转攻君士坦丁堡的，特别是受到了威尼斯人的指使。还有一种"改良版"的偶然论，即第四次十字军东征转移目标是偶然，只是"一些参与者利用形势来为自己谋利，但事先并没有什么阴谋策划"。参见 Constable, *Crusaders and Crusading*, pp. 324–325; Housley, *Contesting the Crusades*, pp. 64–68。

121 Constable, *Crusaders and Crusading*, pp. 325–332.

122 对第四次十字军东征的记述，参见 Donald E. Queller and Thomas F. Madden, *The Fourth Crusade: The Conquest of Constantinople*, 2nd edn. (Philadelphia, PA.: University of Pennsylvania Press, 1997); Michael Agnold, *The Fourth Crusade: Event and Conquest* (London: Pearson/Longman, 2003); Jonathan Phillips, *The Fourth Crusade and the Sack of Constantinople* (New York: Viking, 2004); Phillips, *The Crusades*, pp. 183–201; Constable, *Crusaders and Crusading*, pp. 321–347。

123 Marcho Meschini, "The 'Four Crusades' of 1204," in *The Fourth Crusade: Event, Aftermath, and Perceptions*, ed. Thomas F. Madden (Aldershot, UK: Ashgate, 2008), pp. 27–42.

124 Meschini, "'Four Crusades'," pp. 28–32; Aphrodite Papyianni, "The Papacy and the Fourth Crusade in the Correspondence of the Nicaean Emperors with the Popes," in *Papauté et les croisades*, pp. 157–163; Alfred J. Andrea and John C. Moore, "A Question of Character: Two Views on Innocent III and the Fourth Crusade," in *Innocent III: Urbis et Orbis*, ed. Andrea Sommerlechner (Rome: Presso de la Società alla Biblioteca Vallicelliana, 2003), pp. 525–585.

125 Geoffrey of Villehardouin and Jean de Joinville, *Chronicles of the Crusades*, trans. Caroline Smith (London: Penguin Books, 2008).

126 Meschini, "'Four Crusades'," pp. 32–38; Housley, *Contesting the Crusades*, pp. 91–92.

127 Robert of Clari, *The Conquest of Constantinople*, trans. Edgar Holmes McNeal (New York: Columbia University Press, 1936). 克拉里观察到，威尼斯人将十字军囚禁在利多（Lido），为的是向他们的首领施压，迫使他们达成协议，这说明他的观点是讲求实际的；而维尔阿杜安却称赞威尼斯人，说他们突然匆忙参加十字军，是出于纯粹的宗教感情，这就展现了他的天真（至少是装出来的天真）。但豪斯利认为，贫穷的骑士与他们的长官有很多动机是相同的，也就是精神上的"焦虑"与虔诚混合在一起，再加上对战利品的贪欲。参见 Housley, *Contesting the Crusades*, pp. 68, 93。

128 Meschini, "'Four Crusades'," pp. 36–37, 39–40; Serban Marin, "Between Justification and Glory: The Venetian Chronicles' View of the Fourth Crusade," in *Fourth Crusade*, pp. 113–121.

129 Meschini, "'Four Crusades'," pp. 38–39.

130 Sakellariou, "Byzantine and Modern Greek Perceptions of the Crusades," pp. 253–261; David Jacoby, "The Greeks of Constantinople under Latin Rule, 1204–1261," in *Fourth Crusade*, pp. 53–73.

131 Taef El-Azhari, "Muslim Chroniclers and the Fourth Crusade," *Crusades*, 6 (2007): 107–116; William J. Hamblin, "Arab Perspectives on the Fourth Crusade," in *Fourth Crusade*, pp. 167–178.

132 Housley, *Contesting the Crusades*, pp. 68–74; Madden, *New Concise History of the Crusades*, pp. 143–186; Caroline Smith, *Crusading in the Age of Joinville* (Aldershot, UK: Ashgate, 2006); G. A. Loud, "The Papal 'Crusade' against Frederick II in 1228–1230," in *Papauté et les croisades*, pp. 91–103; Christie, *Muslims and Crusaders*, pp. 88–98.

133 有关后来的十字军东征历史，参见 Housley, *Later Crusades*; Housley, *Contesting the Crusades*, pp. 122–143。

134 Christie, *Muslims and Crusaders*, pp. 99–110; Madden, *New Concise History of the*

Crusades, pp. 181–182; Hillenbrand, *Crusades: Islamic Perspectives*, pp. 227–230; Irwin, "Islam and the Crusades," p. 239.

135 Housley, *Contesting the Crusades*, pp. 122–143; Norman Housley, "The Crusading Movement, 1274–1700," in *Oxford History of the Crusades*, pp. 258–290; Housley, *The Later Crusades*.

136 实际上，16世纪头几十年里前往格陵兰的"被遗忘的十字军东征"，同样是为了寻找西通往东印度的航道。参见 Janus Møller Jensen, "The Forgotten Crusades: Greenland and the Crusades, 1400–1523," *Crusades*, 7 (2008): 199–215。

137 Housley, *Later Crusades*; Housley, "Crusading Movement," pp. 258–290; Housley, *Contesting the Crusades*, pp. 122–143.

138 该誓词的文本于1913年2月15日被录入美国众议院国会议事录1523号议案。

139 收复失地运动的年代通常被定为718年或722年的科瓦东加战役（battle of Covadonga）和1492年的格拉纳达之间。

140 "收复失地运动"一词似乎可能起源于中世纪，可以追溯到12世纪晚期的一份拉丁文本，它描述了阿斯图里亚斯国王阿方索二世（Alfonso II, 791—842年在位）是如何"重新征服［*recunquisierat*］西班牙大部分地区"的。参见 Alejandro García-Sanjuán, "Rejecting al-Andalus, exalting the Reconquista: historical memory in contemporary Spain," *Journal of Medieval Iberian Studies* 10 (2018): 129 and n. 12。

141 García-Sanjuán, "Rejecting al-Andalus," pp. 128–141.

142 R. A. Fletcher, "Reconquest and Crusade in Spain, c. 1050–1150," *Transactions of the Royal Historical Society*, 5th ser. 37 (1987): 31–47.

143 *The World of El Cid: Chronicles of the Spanish Reconquest*, trans. Simon Barton and Richard Fletcher (Manchester, UK: Manchester University Press, 2000); Richard Fletcher, *The Quest for El Cid* (New York: Knopf, 1990).

144 María Eugenia Lacarra, *El Poema de Mio Cid: Realidad Histórica e Ideología* (Madrid: J. Porrúa Turanzas, 1980); Colin Smith, *The Making of the Poema de Mio Cid* (Cambridge: Cambridge University Press, 1983).

145 皮达尔的 *La España del Cid* 被翻译成了英文，为 *The Cid and His Spain*, trans. H. Sunderland (London: Frank Cass, 1934)。

146 García-Sanjuán, "Rejecting al-Andalus," p. 131.

147 García-Sanjuán, "Rejecting al-Andalus," p. 130; John Aberth, *A Knight at the Movies: Medieval History on Film* (New York: Routledge, 2003), pp. 135–147.

148 García-Sanjuán, "Rejecting al-Andalus," pp. 132–141.

149 Benjamin Z. Kedar, "Crusade Historians and the Massacres of 1096," *Jewish History*, 12 (1998): 11–31; Jonathan Riley-Smith, "The First Crusade and the Persecution of

the Jews," *Studies in Church History*, 21 (1984): 51–72.
150 *The Jews and the Crusaders: The Hebrew Chronicles of the First and Second Crusades*, trans. and ed. Shlomo Eidelberg (Hoboken, NJ.: KTAV Publishing, 1996), pp. 22, 25–26, 80, 99; *Chronicles of the Crusades: Eye-Witness Accounts of the Wars between Christianity and Islam*, ed. Elizabeth Hallam (New York: Welcome Rain, 2000), p. 68.
151 *Jews and the Crusaders*, pp. 32–33; Jeremy Cohen, *Sanctifying the Name of God: Jewish Martyrs and Jewish Memories of the First Crusade* (Philadelphia, PA.: University of Pennsylvania Press, 2004), pp. 13–22; Kenneth R. Stow, *Alienated Minority: The Jews of Medieval Latin Europe* (Cambridge, MA.: Harvard University Press, 1992), p. 117.
152 *Jews and the Crusaders*, pp. 32–33; Cohen, *Sanctifying the Name of God*, pp. 5–6; Kenneth Stow, "The Cruel Jewish Father: From Miracle to Murder," in *Studies in Medieval Jewish Intellectual and Social History: Festschrift in Honor of Robert Chazan*, eds. David Engel, Lawrence H. Schiffman, and Elliot R. Wolfson (Leiden, Netherlands: Brill, 2012), pp. 245–257.
153 Cohen, *Sanctifying the Name of God*, p. 40.
154 Cohen, *Sanctifying the Name of God*, pp. 1, 31–33, 40; Robert Chazan, *European Jewry and the First Crusade* (Berkeley, CA.: University of California Press, 1987); Gavin I. Langmuir, *Toward a Definition of Antisemitism* (Berkeley, CA.: University of California Press, 1990), p. 99; David Nirenberg, "The Rhineland Massacres of Jews in the First Crusade: Memories Medieval and Modern," in *Medieval Concepts of the Past: Ritual, Memory, Historiography*, eds. Gerd Althoff, Johannes Fried, and Patrick J. Geary (Cambridge: Cambridge University Press, 2002), pp. 299–303. 反对观点参见 Stow, *Alienated Minority*, p. 103。关于1096年殉难与血祭诽谤指控之间联系的论证，参见以色列学者的一篇（希伯来语）文章，Israel Jacob Yuval, "Vengeance and Damnation, Blood and Defamation: From Jewish Martyrdom to Blood Libel Accusations," *Zion* 58 (1993): 33–90. 对尤瓦尔（Yuval）之论证的批判性评述，参见 David Berger, *From Crusades to Blood Libels to Expulsions: Some New Approaches to Medieval Antisemitism* (New York: Touro College, 1997), pp. 16–22。
155 Chazan, *European Jewry*, pp. 40–49; Robert Chazan, *God, Humanity, and History: The Hebrew First Crusade Narratives* (Berkeley, CA.: University of California Press, 2000); Robert Chazan, *In the Year 1096: The First Crusade and the Jews* (Philadelphia, PA.: Jewish Publication Society, 1996).
156 Chazan, *European Jewry*, pp. 27–37.

157 Ivan G. Marcus, "From Politics to Martyrdom: Shifting Paradigms in the Hebrew Narratives of the 1096 Crusade Riots," *Prooftexts* 2 (1982): 40–52; Nirenberg, "Rhineland Massacres," p. 283.

158 应当指出的是，查赞（Chazan）也认为，在基督徒与阿什肯纳兹犹太人之间，友善的互动时有发生。但他认为，基督教社会中关于反犹的刻板印象，以及人们觉得犹太人拥有的特殊政治和经济地位，终究还是影响了他们之间的关系。

159 *Jews and the Crusaders*, p. 32.

160 这也是伊万·马库斯（Ivan Marcus）的研究方法，他认为希伯来语的十字军东征编年史首先是文学作品或者虚构作品，也即"在文化框架和符号系统内，运用想象力，对经验进行重新排序"。进一步概括的话，就是马库斯反对用"实证主义"和"文学民俗学"的方法来研究阿什肯纳兹犹太人的历史，而是更愿意采用"人类学"的方法。在他看来，此种方法意味着"该叙事所呈现的是对经验或事件的一系列符号化表达，只能说是以叙事为媒介的"。参见 Marcus, "From Politics to Martyrdom," p. 42; Ivan G. Marcus, "History, Story, and Collective Memory: Narrativity in Early Ashkenazic Culture," *Prooftexts* 10 (1990): 366。

161 Cohen, *Sanctifying the Name of God*, pp. 55–69, 91–141.

162 Cohen, *Sanctifying the Name of God*, pp. 139–140.

163 Samuel K. Cohn, Jr. "The Black Death and the Burning of the Jews," *Past and Present* 196 (2007): 3–36; Alfred Haverkamp, "Die Judenverfolgungen zur Zeit des Schwarzen Todes im Gesellschaftsgefüge deutscher Städte," in *Zur Geschichte der Juden im Deutschland des späten Mittelalters und der frühen Neuzeit*, eds. Alfred Haverkamp and Alfred Heit (Stuttgart, Germany: Hiersemann, 1981), pp. 217–293. 关于黑死病期间据称发生在维尔茨堡等城镇的"集体自杀"是否真的发生了，还存在一些争论。有人认为，由于维尔茨堡市民今昔皆有保护犹太人的协议，任何违反这些誓言的行为都会被视为令人难堪的"失信"，因此，记录这些事件的当地基督徒编年史作者会觉得"有必要编造犹太人社群集体自杀的故事"。参见 Hans-Peter Baum, "Die Vernichtung der jüdischen Gemeinde in Würzburg 1349," in *Strukturen der Gesellschaft im Mittelalter: Interdisziplinäre Mediävistik in Würzburg*, eds. Dieter Rödel and Joachim Schneider (Wiesbaden: Dr. Ludwig Reichert Verlag, 1996), pp. 379–380。

164 *Corpus Documentorum Inquisitionis Haereticae Pravitatis Neerlandicae*, ed. Paul Fredericq, 3 vols. (Ghent, 1889–1906), 2: 123.

165 John Aberth, *The Black Death: The Great Mortality of 1348–1350: A Brief History with Documents* (Boston, MA. and New York: Bedford/St. Martin's, 2005), p. 156.

166 *Fontes Rerum Germanicarum*, ed. Johann Friedrich Böhmer, 4 vols. (Stuttgart,

Germany: J. G. Cotta'scher Verlag, 1843–1868), 4: 72.

167 所罗门·巴尔·参孙确实提到，当美因茨的犹太人听闻施派尔和沃尔姆斯犹太人社群的遭遇，以及十字军的"剑""很快就会砍向他们时，他们两手发软，心里也极其惊怕"。之后，他们的领袖"聚在一起，讨论各种自救的办法"，包括信任（并收买）主教的保护。在主教的庭院里进行了武装对抗后，这个办法失败了，美因茨的犹太人才诉诸"圣化上帝之名"的殉教方式。因此，关于犹太人对其困境的反应和思量，参孙在他的完整叙述中体现出来的搪塞意味，远比科恩所认为的要多。参见 *Jews and the Crusaders*, pp. 23–30。

168 Burnam W. Reynolds, *The Prehistory of the Crusades: Missionary War and the Baltic Crusades* (London: Bloomsbury, 2016); Lees, "Leaders of the Wendish Campaign," pp. 273–299; Phillips, *Second Crusade*, pp. 228–243; Iben Fonnesberg-Schmidt, *The Popes and the Baltic Crusades, 1147–1254* (Leiden, Netherlands: Brill, 2007); William Urban, *The Baltic Crusade*, 2nd edn. (Chicago, IL: Lithuanian Research and Studies Center, 1994); Eric Christiansen, *The Northern Crusades: The Baltic and the Catholic Frontier, 1100–1525* (Minneapolis, MN.: University of Minnesota Press, 1980).

169 Reynolds, *Prehistory of the Crusades*, pp. 19–22; *Chronicles of the Crusades*, pp. 83–94.

170 Housley, *Contesting the Crusades*, p. 110.

171 Christiansen, *Northern Crusades*, pp. 48–69; Reynolds, *Prehistory of the Crusades*, pp. 19–22; *Chronicles of the Crusades*, pp. 126–127. 汉斯-迪特里希·卡尔（Hans-Dietrich Kahl）认为，伯纳德对文德人采取如此强硬的立场，一个原因可能是他赞同"西比拉预言"，即世界末日即将来临，而"易北河另一边的异教徒居民"将在其中起到重要作用。参见 Hans-Dietrich Kahl, "Crusade Eschatology as Seen by St. Bernard in the Years 1146 to 1148," in *Second Crusade and the Cistercians*, pp. 35–47。

172 然而，后来的教皇亚历山大三世（1159—1181年在位）和英诺森三世（1198—1216年在位）显然都将波罗的海十字军运动降格成了"悔罪战争"，这意味着它并不享有与圣地十字军东征相同的精神回报，直到教皇霍诺留斯三世（Honorius III, 1216—1227年在位）恢复了其地位。参见 Fonnesberg-Schmidt, *Popes and the Baltic Crusades*; Housley, *Contesting the Crusades*, p. 112。

173 Friedrich Lotter, "The Crusading Idea and the Conquest of the Region East of the Elbe," in *Medieval Frontier Societies*, eds. Robert Bartlett and Angus McKay (Oxford: Clarendon Press, 1989), pp. 286–292. Housley, *Contesting the Crusades*, pp. 110–111 认为洛特的论证很有说服力。

174 Roche, "Second Crusade," and Lees, "Leaders of the Wendish Campaign," in *Second Crusade: Holy War on the Periphery*, pp. 22, 286, 288; Phillips, *Second Crusade*, pp. 236–238.
175 Reynolds, *Prehistory of the Crusades*, pp. 23–25.
176 Reynolds, *Prehistory of the Crusades*, pp. 26–38, 142–178. 特别是在被视为"传教战争"这一点上，将波罗的海十字军运动与后来欧洲人"发现"新大陆的土地和人民相比较的话，会呈现出一些很有趣的参照点。参见 Reynolds, *Prehistory of the Crusades*, pp. 179–194。
177 Reynolds, *Prehistory of the Crusades*, pp. 43–52; Roche, "Second Crusade," pp. 25–26.
178 Lees, "Leaders of the Wendish Campaign," pp. 280–281, 286–288. 利斯（Lees）还认为，伯纳德在号召进行文德十字军运动的信中诉诸不顾一切的极端做法，既敦促了十字军消灭不共戴天之敌，又保证了作战会很轻松。在利斯看来，这是因为伯纳德必须说服怀有各种动机的受众："对与文德人作战不感兴趣的人，对战斗意义缺乏信心的人，还有想要借此为自己谋利的人。"
179 Lees, "Leaders of the Wendish Campaign," pp. 297–299.
180 Pegatha Taylor, "Moral Agency in Crusade and Colonization: Anselm of Havelberg and the Wendish Crusade of 1147," *International History Review* 22 (2000): 757–784; Christiansen, *Northern Crusades*, pp. 250–251; Housley, *Contesting the Crusades*, p. 115.
181 Lees, "Leaders of the Wendish Campaign," pp. 293, 299.
182 Reynolds, *Prehistory of the Crusades*, pp. 69–119; Roche, "Second Crusade," and Lees, "Leaders of the Wendish Campaign," in *Second Crusade: Holy War on the Periphery*, pp. 22, 279–282.
183 Alan V. Murray, "Heathens, Devils and Saracens: Crusader Concepts of the Pagan Enemy during the Baltic Crusades (Twelfth to Fifteenth Centuries)," in *Crusading on the Edge*, pp. 199–223; Shami Ghosh, "Conquest, Conversion, and Heathen Customs in Henry of Livonia's *Chronicon Livoniae* and the *Livländische Reimchronik*," *Crusades*, 11 (2012): 90–108; Reynolds, *Prehistory of the Crusades*, pp. 120–141. 果不其然，最常被基督教社会环境吸纳的还是"异教徒的战争策略"。
184 Christiansen, *The Northern Crusades*, pp. 132–170.
185 Sven Ekdahl, "Crusades and Colonization in the Baltic," in *Palgrave Advances in the Crusades*, pp. 179–194.
186 Housley, *Contesting the Crusades*, pp. 115–121.
187 有关教皇发起的针对意大利所谓政敌的十字军运动，参见 Norman Housley, *The

Italian Crusades: The Papal-Angevin Alliance and the Crusades against Christian Lay Powers, 1254—1343 (Oxford: Oxford University Press, 1982)。关于阿尔比十字军运动的著作，参见下文的注释 189。

188 Norman Housley, "Crusades against Christians: Their Origins and Early Development, c. 1000–1216," in *Crusade and Settlement*, pp. 17–36.

189 Mark Gregory Pegg, *A Most Holy War: The Albigensian Crusade and the Battle for Christendom* (Oxford: Oxford University Press, 2008), pp. 187–191; Jessalyn Bird, "Paris Masters and the Justification of the Albigensian Crusade," *Crusades*, 6 (2007): 124, 136–139; Karl Borchardt, "Casting out Demons by Beelzebul: Did the Papal Preaching against the Albigensians Ruin the Crusades?" in *Papauté et les croisades*, pp. 77–89; Walter L. Wakefield, *Heresy, Crusade and Inquisition in Southern France, 1100–1250* (Berkeley, CA.: University of California Press, 1974), pp. 96–129; A. P. Evans, "The Albigensian Crusade," in *A History of the Crusades*, ed. K. M. Setton, 6 vols, 2nd edn. (Madison, WI.: University of Wisconsin Press, 1969–1989), 2: 277–324。佩吉（Pegg）认为，阿尔比十字军公开宣称的敌人，即所谓的卡特里派异端，事实上从未作为"一个拥有有组织异端'教会'的独立宗教"存在过。然而，佩吉却将这场十字军运动称为"种族灭绝"，这就削弱了他自己的论点，因为"种族灭绝"一词通常指的是企图消灭一个独立的民族、种族、国族或宗教群体。关于卡特里派是否真正存在的辩论，将在下一章中讨论。

190 按照海斯特巴赫的恺撒（Caesar of Heisterbach）的记载，这句拉丁文引语实际是 "*Caedite eos! Novit enim Dominus qui sunt eius*"。然而，阿诺-阿莫里向教皇报告时，只说十字军的战斗口号是"拿起武器，拿起武器！"参见 *Chronicles of the Crusades*, p. 232。

191 Siberry, *Criticism of Crusading*, pp. 190–216; Housley, *Contesting the Crusades*, pp. 120–121.

192 Rebecca Rist, "Pope Gregory IX and the Grant of Indulgences for Military Campaigns in Europe in the 1230s: A Study in Papal Rhetoric," *Crusades*, 10 (2011): 83–102.

第四章

我是犹太人、异端、麻风病人,切勿见怪:
对少数群体的迫害

I'm a Jewish, heretic, leper, but don't hold that against me:
Persecution of minorities

1997年春天,我在一所私立军事学院任教,在教员信箱里收到了一封手写信。信封上用蓝色记号笔写着我的姓名,里面有一张我上学期讲座的传单。传单上用同样的蓝色记号笔画了两个"卐"字(还画反了),下面写着:"混蛋,等着被收拾吧。"时至今日,那封仇恨信件的模样还烙印在我的记忆中,但我仍不知道为什么会有人把它寄给我。我有一部分犹太人血统,来自我祖母那边,她来自斯特拉斯堡[她的娘家姓是富克斯(Fuchs)];但我从未把这件事公之于众。不过,我确实在世界文明课堂上特意强调了纳粹大屠杀这一历史主题:每年,我都会请来一位前陆军游骑兵和第二次世界大战的老兵,讲述他解放纳粹德国一些死亡集中营的经历,每次都给学生们留下了深刻的印象。话说回来,这也可能只是一个对成绩不满的学生的口出狂言。可为什么是卐字呢？这些符号通常意味着对犹太人和任何与犹太人身份相关事物的种族仇恨。

但这还不是故事中最骇人的部分。很显然，我认为自己的生命受到了威胁，对此深感不安。那一整天，我都有一种毛骨悚然的感觉。我是在一所军校教书，那里的每一名学员都配发了一支 M-1 半自动步枪，让这种感觉倍加真实。校园里是有武器的，有足够的机会和手段将死亡威胁化为行动。但当我向系主任和分管教学事务的助理副校长表达了我的担忧，并把传单拿给他们看时，他们的反应就相当于是耸了耸肩，只不过是通过语言来表现的。其中一人居然说："男孩子嘛。"他们对这种情况无能为力，也不想去采取什么行动。他们让我自行调查，但我不会得到行政部门的任何支持和帮助。

我讲述这件事，只是想要提醒一下，即便到了当今时代，在我们社会的某些领域，包括高等学府在内，不仅对少数群体的偏见见怪不怪，甚至连教授少数群体的历史都可能是一项有风险的事业。尽管如此，自从布罗尼斯瓦夫·盖雷梅克（Bronislaw Geremek）的《中世纪晚期巴黎的社会边缘》(*The Margins of Society in Late Medieval Paris*)一书出版以来，对中世纪少数或边缘群体——犹太人、妓女、同性恋者、异端、麻风病人等——的历史研究，还是在过去大约半个世纪的时间里取得了长足的进步。[1] 但随着少数群体史逐渐发展成为一个名副其实的学术产业，并有了自己的资料集，曾经的边缘现已成为主流。[2] 这真的没什么好惊讶的，中世纪社会遗失的声音早该重见天日了。

但即便能得到行政部门的支持，研究少数群体的中世纪史也还是一项艰巨的工作，因为可用的史料和连贯的叙事并不总是显而易见的。为了让这一切变得有意义而做出的尝试，有一项就是要解释对少数群体的迫害到底是如何出现在中世纪欧洲的，又为何会出现。这正是罗伯特·I. 穆尔（Robert I. Moore）一直在做的，他是一位研究异端的历史学家，于1987年首次出版了《迫害社会的形成》(*Formation of a Persecuting Society*) 一书，又在20年后的2007年推出了经过修订的第二版。[3] 穆尔的论点是，与过去的假设相反，迫害心态并非中世纪社会与生俱来或者固有的，而是在12世纪和13世纪的欧洲"诞生"，或者说是出现的；无论是就世俗民族国家还是教会机构而言，在这一时期，中央集权体制都在兴起，尤其是教会君主制（the papal monarchy）和宗教裁判所，这也并非巧合。因此，就中世纪对少数群体的迫害而言，其背后的驱动力仅仅是权力意志，无论是下令迫害的当局，还是当局的"官吏"，也就是有读写能力的教会文书和廷臣，他们使其主人能够实施迫害。这种迫害在很大程度上是"自上而下"计划和指挥的，而不是通过群氓的暴行或激愤自下而上地自然迸发的。这也就意味着，迫害所针对的边缘群体之间并没有什么真正的区别，因为来自这些群体的任何真实的，或者主观感受到的威胁——例如他们的数量、财富或影响力激增——都不是想要迫害他们的真正原因。倒不如说主要的推动力就是让人顺从，不论导致这种离经叛道行为的是什么人、什么事。因此，国家制度的形成及其对自定文化规范的强制执行，为中世纪的"迫害社会"奠定了基础。[4]

总的来说，这种看待中世纪史的方式颇具革命性，其影响之广泛，已经远远超出了中世纪少数群体的历史。老一辈的中世纪学者，例如英国的理查德·萨瑟恩爵士（Sir Richard Southern）和美国的约瑟夫·斯特雷耶（Joseph Strayer），将约1000—1300年的中世纪盛期奉为一个知识和文化都取得了巨大进步的时期。在这一时期，主教座堂学校和大学兴起；中央集权国家和封建官僚机构形成；综合哲学体系发展；人口、农业和商业扩张；艺术繁荣，尤其体现在哥特式建筑和宫廷文学上；教会推行了有力的改革，新的宗教修会大量涌现。[5] 在许多人看来，中世纪盛期达到巅峰的 13 世纪似乎是"最伟大的世纪"。[6] 穆尔所做的，就是颠覆这种令人飘飘然的对中世纪盛期成就的颂扬。[7] 如果说中世纪中间的这几个世纪确实是中世纪时期能拿得出手的"最伟大"的时代，那么穆尔则是决心证明它那些让人不敢恭维的方方面面到底有多"伟大"。说实在的，是时候揭开历史的面纱，将中世纪盛期生活的阴暗面公之于众了。穆尔的论点属于一种更为广阔的视野，照此来看，这不仅是一个迫害社会形成的时代，也是真正的欧洲人意识和身份形成的时代，或者说是欧洲这一"理念"诞生的时代。二者是密不可分的。[8] 在这一过程中产生的社会群体和共同体，即祈祷的人（*oratores*）、战斗的人（*bellatores*）和劳作的人（*laboratores*）这三个等级，其定义既取决于哪些人被排除在外，又取决于哪些人被包括在内，这是必然的。[9]

穆尔的论点自然也遭到了反对，因为它过于笼统，忽略了中世纪社会各种边缘或少数"外围群体"之间的一些实际差异，而这些群体作为统治当局迫害的对象，是在截然不同的背景中发展起来的，他们对中世纪文化规范的挑战也大不相同。因此，穆尔的这种观点有只顾整体不顾局部的风险，忽略了造成迫害的特定地方背景。至少，研究中世纪西班牙犹太人与基督徒关系的学者戴维·尼伦伯格（David Nirenberg）对穆尔的批评主要就集中在这一点上。"长时段"（*longue durée*）理论容易发现过去和当下对少数群体态度的连续性，但尼伦伯格并没有采用这种理论来追溯迫害的"集体心态"史。他反而认为，只有参照这些少数群体所处的特定"社会、政治和文化背景"加以考察，才能真正理解中世纪少数群体的经历。这必然意味着中世纪对少数群体的迫害与当今有本质区别,或许连讨论"迫害话语"(persecuting discourse)的文化规范都没有意义,因为这种规范会依照特定时代和地点的要求而不断发展变化。[10] 尼伦伯格将他的地方主义研究方法应用在了少数群体史中,他试图说明,一个标准的"暴力共同体"何以成为备受赞誉的 *convivencia*(字面意思是"共存")——这个词被用来描述中世纪西班牙所谓宽容和平的多语种社会——的基础。这意味着,就对少数群体的暴力迫害而言,其手段可以是完全理性的,并且与宽容和接纳相互交织,甚至是相互依存,而这反过来似乎也证明,不宽容的迫害社会的反面,也就是"宽容的"无迫害社会,根本无从谈起。[11]

很显然,尼伦伯格的观点与许多历史学家对少数群体受迫害历史的解释背道而驰,后者认为,随着我们从中世纪步入现代,这段历史也经历了从不宽容到文明接纳的进步,这样的进步是坚定且必然的。对于这样的发展史,穆尔也未必买账,但至少在最初的论述中,他肯定不会同意尼伦伯格的观点,即迫害可能是"人的境况的常态组成部分"。他认为这是毫无根据的"悲观主义"。[12] 然而,在 2007 年第二版的著作中,穆尔承认了尼伦伯格的批评,并试图将自己的论点打磨得更加精细,称自己的本意从来都不是要忽视"特定受害者群体之间的差异,以及他们遭受迫害的背景和环境",而只是想要说明,"欧洲自 12 世纪以来,迫害"总的来说"更有可能出现",出现之后也可能"更加严重",持续时间更长。[13] 不过,穆尔仍然保留了原始论点中的两个要素:其一,对包括犹太人、异端和麻风病人在内的各种少数群体的迫害史是相互关联的,理由是"巧合多到令人难以置信";其二,负责实施这种迫害的,是由神职人员和平信徒"官吏"组成的识字精英阶层,主要是为了

自身利益。¹⁴

但即便是这个更狭义的论点，也并不总是适用于中世纪的迫害事件。例如，在 14 世纪中叶的黑死病期间，出现了一系列针对犹太人社群的集体迫害，主要发生在德意志和瑞士，借口是据称这些受害者在基督徒使用的水井和泉水中投毒，借此传播瘟疫。但对于这次迫害的模式，人们历来认为，阿维尼翁宗座廷中的识字精英，以及帝国自由城市中管理市议会的贵族和市民，一直都在试图保护犹太人，而烧死或杀死犹太人的推动力则大多来自下层，来自暴民的施压。¹⁵ 此外，我们也可以说，在这种情况下对犹太人的迫害，犹太人身份并不是最要紧的，也不是主要诱因；换句话说，犹太人受到迫害，并非因为他们是犹太人。倒不如说，黑死病期间的集体迫害背后的主要原因，是人们相信瘟疫是空气或水被投毒所导致的——这种信念也是基于当时的医学理论和自然哲学。¹⁶

因此，我们可以充分证明，中世纪的每一个少数群体都有过独一无二的遭受多数人迫害的历史；为了确定这种迫害到底有没有一个统一的主题，我们同样有充分的理由认为，首先应该分别研究每一个少数群体的历史。这也是本章将要采取的方法。我们将聚焦于中世纪基督徒对犹太人、异端和麻风病人的迫害。穆尔认为，从迫害社会看待和对待他们的方式来看，这些边缘群体有着千丝万缕的联系。¹⁷ 我只是简要介绍每个少数群体遭受迫害的历史，不敢妄称涵盖了所有相关的复杂议题，考察了有关这一主题的全部学术文献。在这里，我们的主要问题是一个非常基础的问题：中世纪的每一个少数群体是如何以及为何受到迫害的？在这一问题上，即使没有明确的答案，也还是有很充分的讨论空间的。

对犹太人的迫害：犹太人经历的多样性

作为犹太人的经历在中世纪欧洲的各个国家是怎样的？这些经历在每个国家或地区是独一无二的吗？有没有什么跨越国界和时间框架的相似之处呢？

欧洲最古老的犹太人社群建立于古罗马时代。基督诞生前后的两个世纪里，罗马干预并最终征服了犹地亚（Judea），使之成为罗马的一个行省。这些社群位于南部的地中海地区，即西班牙、法兰西南部和意大利。西班牙的"塞法迪"犹太人经历了一种相当独特的多语种文化，在中世纪的大部分时间里，他们生活在穆斯林统治者的统治之下，直到 13 世纪中叶，这片土地的大半被天主教基督徒"重新征服"。收复失地运动期间，犹太人作为定居者、农民、放债人、商人和专业人士（即医生、律师、行政官员），在被征服土地的再移居（*repoblación*）过程中发挥了重要作用。这种"共存"直到 1492 年犹太人被彻底驱逐出西班牙才结束，而大约同一时期，那些改宗的家族——皈依天主教者（*conversos*）——成了令人闻风丧胆的西班牙宗教裁判所的处置对象。[18] 在意大利，犹太人社群的经历千差万别，这也反映了半岛多样化的政治、社会和经济构成。南部的犹太人社群是这一带最大的，就西西里的情况而言，他们的领主换了一茬又一茬，包括穆斯林、拜占庭和诺曼统治者。北部的犹太人数量很少，流动性很大。位于中部罗马的犹太人社群可能是最稳定的，从公元 1000 年到 1500 年一直生生不息，这在很大程度上是由于教皇的保护。[19] 最后，法兰西南部的犹太人是欧洲文化最为复杂的社区，这里有许多致力于《塔木德》研究，以及哲学和神秘学思辨的学校。经历了 1306—1394 年的驱逐后，法兰西南部，尤其是朗格多克

（Languedoc）的犹太人，要么到东部的普罗旺斯伯国避难，要么向西去鲁西永（Rousillon）伯国和西班牙东北部避难。[20]

在法兰西北部和英格兰，犹太人社区的情况是类似的，都与中央集权君主制结成了紧密同盟，后者为以地产为抵押的贷款提供担保（严格意义上讲，犹太人是不能没收和拥有地产的），促进了犹太人在银行业和放债业的业务扩展。这种安排对犹太人的不利之处在于，他们的利润可能被课以重税——从某种意义上说，"我们的犹太人"是王权取得基督徒臣民财富的一种手段——而王室的保护政策可能转眼之间就变成迫害。法兰西对犹太人的态度特别反复无常：他们于 1182 年被驱逐出王室领地，1198 年被召回，1306 年又被驱逐，1315 年又被重新接纳（人数有限），1394 年则是最后一次被驱逐。法兰西的政策深受君主自封的"法兰西最虔诚的基督徒国王"之声誉的影响，这与对其他宗教的宽容并不总是能够调和的。在死后被封圣的路易九世（1226—1270 年在位）统治期间，犹太人被禁止从事他们的主要营生——"高利贷"，即有息贷款——违者将惨遭驱逐；拉比对犹太教的解释的主要来源《塔木德》，在巴黎被送上了"审判席"，被判犯有亵渎基督教之罪，判决是将其烧毁；人们采取高强度手段劝犹太人改宗，例如精心策划的"辩论"，在其中设置有利于基督徒立场的限定因素——比如《塔木德》实际上支持"基督徒的真理宣称（truth claim）"——却不允许直接挑战基督徒的立场。[21]

英格兰的犹太人是在 11 世纪末或 12 世纪上半叶的某个时候来到这个国家的，过了至少一个半世纪，于 1290 年被驱逐。他们受到的管理可能是欧洲所有国家中官僚化程度最高的。12 世纪，英格兰设立了一个单独的行政部门，只负责管理犹太人事务，名为"犹太人财政署"

(Exchequer of the Jews)。该部门的 13 世纪的记录至今犹存,是关于中世纪犹太人的档案中最为浩繁的之一。在英格兰这般强大王权的赞助下,许多英格兰犹太人得以成为成功的银行家和放债人,积累了大量的财富:据说,约 1186 年去世的林肯的亚伦(Aaron of Lincoln)是"英格兰首富",英格兰国王在财政署内部设立了一个特别办事处——亚伦金库(Scaccarium Aaronis)——专门负责在他去世后追讨所有欠他的债务。但这也意味着,为了税收,国家可以残酷地剥削和压榨犹太人,这在 1216—1272 年亨利三世的漫长统治时期达到了顶峰,在此期间,英格兰的犹太人社区最终被打压到了贫困的境地。英格兰的犹太人也受到了民众异乎寻常的敌视。1144 年,在诺里奇(Norwich)发现了一个 12 岁男孩威廉(William)残缺不全的尸体,由此引出了首例"血祭诽谤",也就是指控犹太人进行仪式谋杀,并将人钉死在十字架上;1168 年的格洛斯特(Gloucester)、1181 年的贝里圣埃德蒙兹(Bury St. Edmunds)和 1183 年的布里斯托尔(Bristol)也出现了更多的指控。之后的 1189—1190 年,伦敦、金斯林(King's Lynn)、诺里奇、斯坦福德(Stamford)、林肯、贝里圣埃德蒙兹和约克都发生了针对犹太社群的暴乱袭击——在约克,150 名犹太人在他们避难的王室城堡自焚殉难,将这一系列事件推向高潮——恰逢国王理查一世(1189—1199 年在位)加冕并起程参加第三次十字军东征之时。1192 年、1225 年和 1232 年的温切斯特(Winchester),1230 年的诺里奇,1244 年和 13 世纪 60 年代末期的伦敦,1255 年的林肯,1277 年的北安普敦(Northampton),又出现了更多的血祭诽谤指控。在林肯,90 名犹太人被指控谋杀了一个名叫休(Hugh)的 9 岁男孩,并将他的尸体投入井中。犹太人科平(Copin)被屈打成招,另外 18 人拒绝接受由清一色的基督徒组成的陪审团审判，也被处死了，其余人在正式审判和定罪后被赦免。这开创了另一个重要的先例，标志着犹太人首次因仪式谋杀之"罪"而被审判和定罪。[22]

德意志犹太人，连同英格兰和法兰西北部的犹太人一起，被称为"阿什肯纳兹"犹太人。他们的命运与意大利犹太人的有几分相像，尤其是在国家的政治分裂这一点上，这必然导致国内犹太人的经历多种多样。但论人数的话，德意志犹太人（可能是在 10—11 世纪从意大利迁来的）比意大利犹太人更成功，他们形成了几个大型社群，尤其是在莱茵兰（Rhineland），同时他们也更容易经历中世纪可能实行的各种迫害。犹太人被他们的贵族恩主称为"我们国库的农奴"，从一开始，他们在德意志定居就是为了一个明确的目的——帮忙开发其所在社区的经济和商业利益。他们大多是商人，放债要到后来才成为一项得到法律授权的活动。一些犹太人社群可能会被相当慷慨地给予特许状，这些犹太人或许就是这样被引诱到那里定居的。1084 年由吕迪格·胡兹曼（Rudiger Huozmann）主教起草的施派尔犹太人社群特许状，允许他们在城里拥有自己的居住区，有围墙保护；拥有自己的墓地；可以在城里的任何地方自由买卖；有权通过相当于市长的会堂主管（archisynagogus）进行自我管理；免受教会通常施加的限制，比如禁止雇用基督徒奶妈和仆人，或者禁止向基督徒出售不符合犹太教教规的肉类。但几个世纪以来，德意志犹太人遭到了百般迫害，相比之下，这些特权简直微不足道。这些迫害包括 1096 年第一次十字军东征期间莱茵兰一些社区（美因茨、沃尔姆斯、施派尔和科隆）的大屠杀；1147 年在维尔茨堡、1180 年在科隆、1186 年在诺伊斯（Neuss）、1196 年在施派尔、1235 年在富尔达（Fulda）、1283 年在美因茨和 1287 年在上韦瑟尔（Oberwesel）的血祭诽谤指控；1298年和1336—1338年的林德弗莱希（Rindfleisch）和阿姆雷德（Armleder）大屠杀；以及1348—1351年黑死病期间的井中投毒指控和集体迫害。对德意志许多犹太人社群的最终决议，是在约1290—约1520年将他们驱逐，这种情况在许多城市和地区上演，到了中世纪末期，只剩法兰克福、弗里德贝格（Friedberg）和沃尔姆斯的犹太人还算是成规模的。[23]

在东欧，主要是波兰和匈牙利，犹太人既从相对原始落后的经济中受益，又因迁居（主要是从德国）到中世纪欧洲的最边缘而吃尽苦头。匈牙利国王贝拉四世（Bela Ⅳ）在1251年和波兰的卡利什公爵博莱斯瓦夫（Duke Boleslav of Kalisch）在1264年颁发给犹太人的特许状就很能说明问题：这些特许状是在13世纪早些时候蒙古人入侵、两国都遭到了大肆破坏之后颁发的，显然是试图重建经济。因此，匈牙利和波兰的犹太人在合法活动方面获得了更多的自由，不仅仅是放债，还包括了贸易、铸币、收税和担任政府职务。尽管自身环境犹如边疆一般，但匈牙利和波兰的中央政府在保护犹太人免受教会干涉和民众迫害方面，做得比西方国家还要成功，尤其是在黑死病期间的血祭诽谤指控和集体迫害这些事情上。但犹太人在东方的商业和文化机遇比较有限，这一点与西方相反，而波兰犹太人的意第绪语只是他们早先的阿什肯纳兹出身的一个象征。尽管如此，东欧犹太人还是在公元1500年后成为犹太人的生活和人口中心，这种情况一直持续到20世纪的纳粹大屠杀。[24]

最后，犹太人在伊斯兰地区——西班牙部分地区、北非、埃及、巴勒斯坦和中东其他地区——的经历，可以作为与基督教环境进行对照时的一个有用的基准。然而，这场辩论必然会陷入犹太人与阿拉伯人关系的现代政治之中。起初是19世纪的犹太作家，他们利用了中世纪穆斯林与犹太人之间"不同信仰的乌托邦"神话,以便在自身所处的时代拿出一个"历史上对犹太人采取更宽容态度的先例"。之后是在1967年的六日战争(Six-Day War)后写作的阿拉伯作家,他们自己也采纳了这个不同信仰的乌托邦神话,作为叙事的一部分。在这种叙事中,"伊斯兰教在历史上是宽容的,只是在20世纪,阿拉伯人面对犹太复国主义(对巴勒斯坦)的蚕食,才产生了敌意"。这反过来又刺激犹太历史学家搬出了一个"反神话",此时他们的态度来了个180度大转变,提出了"犹太—阿拉伯历史的新催泪观念"(neo-lachrymose conception of Jewish-Arab history)。这里的重点是有据可查的"伊斯兰迫害"案例,例如埃及的"疯狂"哈里发哈基姆(996—1021年在位)统治时期,以及北非和西班牙始于12世纪40年代的阿尔摩哈德王朝(Almohad)统治时期。我们可以将这些迫害事例解释为象征着穆斯林与犹太人关系史上一种比较普遍的模式,也可以将其解释为较为宽容的常态中的孤例。[25]

目前,学界共识似乎偏向后一种观点。相比于在基督教欧洲的境遇,伊斯兰国家的犹太人遭受的迫害似乎要少得多,相应地,他们也更多地"嵌入",或者说是融入了主流社会。造成这种差异的因素有很多。在伊斯兰教法中,犹太人和所有的"齐米"(dhimmis),即非穆斯林一样,要服从一种相对稳定和持久的安排,这种安排要追溯到7世纪的"欧麦尔盟约"(Pact of Umar)。而在基督教国家,犹太人则要服从根据当地情况不断变化的规章条例,其中既包括教会法,也包括国家的世俗法律。[26]在经济方面,犹太人作为商人,在伊斯兰世界的社会地位和声望更高,也更受尊重,因为作为城镇居民的先知穆罕默德就曾从商。然而在基督教欧洲,犹太人作为商人,或者更常见的情况是作为放债人,却要遭到更多的鄙视和怀疑。[27]因为伊斯兰世界的犹太人有更多的机会进行社会交往，例如商业合作和知识交流，也因为涉及《旧约》时，穆斯林没那么多的"自我设限"，所以犹太人和穆斯林的宗教间论战就没那么杀气腾腾、尖酸刻薄。伊斯兰世界的迫害程度较低，这一点同样体现在当迫害真的发生时，犹太人的反应也会更加慎重，比如他们会暂时皈依，而不是献身和殉教。这一切都支持着这样一种观点：中世纪基督教欧洲的犹太人面对着一些独一无二的不利状况，即一个迫害/非理性社会。[28]

然而，犹太人在欧洲各地的各种不同经历表明，迫害他们的动机和原动力异常复杂。如果一定要概括起来的话，那就是基督教欧洲的犹太人境况在 12 世纪开始恶化，在之后的 13 世纪和 14 世纪，迫害愈演愈烈，这在很大程度上是由于基督教对待内外假想敌和实际敌人的"侵略性"。始于 1096 年的十字军东征，显然标志着基督教针对圣地和西班牙的伊斯兰敌人进行侵略扩张的开始。11 世纪和 12 世纪，又有异端兴起，基督徒也开始担心内部的敌人会威胁到普世天主教的正统性和统一性。犹太人既可以被认为是外敌，也可以被认为是内敌，而人们也确实把他们视为二者兼具：他们的信仰是另外一种，与基督教世界并不相容，但他们又生活在基督徒中间，从内部威胁着基督徒梦寐以求的"全体"一致性。从时间上看，对犹太人和异端的迫害恰恰在中世纪盛期同时出现，这表明在大多数人的观念中，二者在一定程度上是可以互换的，这也验证了穆尔关于迫害社会产生的论点。[29]

可是，说到谁应该对迫害犹太人负责，又为何迫害，犹太人的经历却又完全不符穆尔所说的"涓滴"①模式。相反，对犹太人的迫害既有

---

① "涓滴"（trickle down），是经济学中的一种理论，认为经济发展会如涓涓细流般持续积累，最终会带动整个经济的增长，也称为"利益均沾"。

自下而上的，也有自上而下的，实际上是中世纪社会三个"等级"之间复杂的相互作用的结果。[30] 这些因素包括庶民及其对犹太人的普遍看法；教会及其政策；以及国家和地方层面的世俗政府的管理。但犹太人本身作为与专横压迫的多数派文化相互作用的少数派社群，也是起到了作用的。[31] 从犹太人及其辩护者的角度来看，最令人担忧的是血祭诽谤越发为大众所采信。这种观点认为，犹太人对基督徒怀有敌意，会试图谋杀和折磨天真无邪、毫无防备的基督徒男孩。退一万步说，这至少表示基督徒对犹太人的猜疑正在加深，而在某个特定时刻，血祭诽谤的指控开始"化为现实，使西方基督教世界的许多人相信犹太人构成了极大的威胁"。[32] 认为这只是大多数人的非理性想象，绝不会在理智的基督徒心中扎根，这种观点还远远不够。我们可以说，这种拥有广泛基础的本能反应，在一定程度上是由犹太人身份的一些独特特征所触发的，其他任何少数群体文化都不具备这些特征。但这并不意味着我们必须承认这些指控有哪怕一丝一毫的真实性。[33]

大多数人对犹太人的看法为何在这一时期急转直下，历来有三种解释。[34] 首先，教会对犹太人的政策在一些方面变得更加严格了——其中最广为人知的就是要在衣服上佩戴"犹太徽章"——旨在隔离犹太人，因为人们认为他们会对基督徒造成潜在"伤害"，而这样做可以减少这种"伤害"。之所以出现这种情况，似乎是因为教会越来越熟悉《塔木德》及其对基督教所谓的"亵渎"，并且越来越担心高利贷，也就是放债的"罪"，尤其是宗教物品或圣物被用作抵押品时。[35] 其次，正如托马斯·阿奎那（Thomas Aquinas）等经院哲学家的著作所体现的那样，理性的哲学推论被整合到了基督教信仰中，可这却事与愿违地导致对犹太人更不宽容了，此时的他们被描绘成了非理性、不讲道理的无信仰者。[36] 最后，多数派基督教文化内部的"忧虑"和"怀疑"与日俱增,尽管相比于少数群体,它具有压倒性的优势地位。就关于内部和外部敌人的忧虑而言,其中一些无疑是臆想出来的,但也有一些是真实存在的——虽然异端的存在可能尚有争议(见下文),但伊斯兰势力正在复苏,以至于到了 13 世纪末,在圣地的拉丁人已经岌岌可危了。中世纪盛期欧洲社会自身内部的飞速变革也加剧了这种忧虑,无论这种变革是积极的还是消极的,都让那些安于现状的人深感不安。由于犹太人在基督教社会中独特的宗教和经济地位,这些威胁中的每一个都可能让人联想到他们。[37]

中世纪的大部分时间里,教会和国家当局通常都对犹太人采取保护立场,主要是因为这样做符合自身的经济和宗教利益。然而,进入中世纪盛期和晚期后,这些立场似乎发生了变化。教会长期以来的立场是必须保护犹太人,因为他们是此时此地基督教信仰优越性的现世见证人,也是基督教在末世胜利的未来见证人。世俗当局赞助犹太移民,将其作为经济进步的推手,尤其是在贸易和银行业,也将其作为通过税收取得臣民财富的秘密手段。当犹太人带来的弊端,尤其是在放债方面,被认为大过这些既得利益时,就到了隔离和驱逐的引爆点。[38]

13 世纪,随着对《塔木德》和高利贷之罪的认识不断加深,教会开始认为犹太人的弊大于利。即使没有这样的新情况出现,教会的政策也一直包含着一种内在的矛盾,一边强调犹太人的罪恶行径——这也解释了他们当前为何要屈辱地屈从于基督徒——另一边又要求基督徒不得出于对这些恶行的愤慨或报复情绪而采取行动。指望基督徒民众理解并始终如一地遵守这套复杂的道理,难度着实不小,尤其是对犹太人的仇恨,似乎不仅从基督时代延续了下来,此时更是以血祭诽谤的形式出现了。虽然教会通常会驳回这类指控,但亵渎圣体的指控却是例外,这或许是因为它涉及民众对圣体的崇拜，而这种崇拜对教会及其神职人员的声望是有好处的。[39] 对于世俗权力来说，每当犹太人在可供榨取的财富和经济创新方面失去了利用价值，或者来自教会和民众的压力盖过了经济上的考量，就到了转折点。[40] 这里我们必须再次强调，对犹太人的迫害是各种力量复杂的相互作用的结果，其中任何一股力量都无法独立于其他力量。到最后，精英文化和大众文化的恐惧与偏见相互交织、相辅相成，酿造出一剂毒酒，任何少数群体，哪怕是像犹太人这样足智多谋、能屈能伸的少数群体，都不可能扛得住。[41]

"反犹主义"与"反犹太教主义"

毫无疑问，犹太人是中世纪受迫害最严重的少数群体之一。但我们要如何描述中世纪基督徒对他们的敌意和偏见呢？历史学家最常选用的两个词是"反犹主义"（anti-Semitism）和"反犹太教主义"（anti-Judaism）。"反犹主义"一词是19世纪末创造出来的（具体来说，是1879年），通常与对犹太人的种族或民族仇恨联系在一起，带有极其恶意的感情色彩。[42] 另一个词"反犹太教主义"（也要追溯到19世纪末），通常是将这种仇恨与基督徒和犹太人之间的宗教冲突联系在一起，特别是在指控犹太人对耶稣被钉于十字架上和死亡负有所谓的责任（"弑神"，即"杀害基督"的指控）方面。[43] 在关于非犹太人与犹太人关系史的著述中，这两个词都有其支持者。

用"反犹主义"来指代中世纪反犹太人的情绪时，自然是预设了它与现代对犹太人的偏见和仇恨存在历史延续性，或者说是关联，不过，后者带有种族或民族色彩。像这样用"长远视角"来看待欧洲犹太少数群体的经历,第二次世界大战期间纳粹德国对 600 万犹太人的屠杀——通常被称为"纳粹大屠杀"——就成了终点,或者说是终极的灾难。想要理解这个最终的悲剧,就必须翻遍犹太人之前的全部历史。这自然也就意味着基督教在反犹太人的暴行和大屠杀中发挥了重要作用,不仅指发生在中世纪的,也包括发生在现代的。

这种研究方法的支持者是加文·兰米尔(Gavin Langmuir),他是一位加拿大学者,曾在第二次世界大战中服役(并负伤),与一名大屠杀幸存者结了婚,职业生涯的大部分时间都在斯坦福大学任教。[44] 兰米尔试图"将反犹主义从其种族主义、民族中心主义的含义中解放出来",取而代之的是,把施加迫害的大多数人对犹太人的非理性想法、想象或错觉作为反犹主义的主要特征。兰米尔的这种做法背离了老一辈学者的研究方法,后者对"反犹主义"的使用很不严谨,只把它当成"古往今来反犹太人情绪的统称"。[45] 相反,兰米尔试图把反犹主义的限定要素变得更加具体、更加细微,至少在应用于中世纪时。他对反犹主义的定义是:将险恶的、非人的"特征或行为"非理性地归于犹太人,而"并没有人观察到犹太人具有这样的特征,或者从事这样的行为"。[46] 因此,犹太人遭人恨,并不是因为他们实际上是什么样的人,而是因为他们象征着什么。中世纪基督徒将关于其信仰的所有"自身弱点、罪恶感、怀疑和恐惧"都投射到这些象征上,而信仰是他们身份认同的核心,无论是作为个人还是集体。

兰米尔认为,基督教信仰要求信徒赞同一种"非理性"的信仰体系,而这种体系与一种理性的经验主义方法相冲突,后者是中世纪盛期随着古希腊和古罗马异教哲学遗产的恢复而开始流行起来的。[47] 例如,按照兰米尔的说法,基督徒特别关注圣餐礼难题,即经过神父祝福的面包和葡萄酒如何能够体现基督血肉的真实临在（real presence），即使它仍然保留着面包和葡萄酒的"依附体"（accidents），或者说是外观。[48] 于是，这种自我怀疑被压抑在内心，直至找到外在表达的方式，那就是让犹太人成为替罪羊，因为犹太人一直在提醒他们这一点。公元 1000 年后，关于犹太人的非理性想象开始以"血祭诽谤"的形式表现出来，其中包括对仪式谋杀、钉死在十字架上和食人的指控；据说这些指控，连同亵渎圣体的指控，在 14 世纪中叶达到了顶峰，而井中投毒的指控则成为黑死病期间对犹太人普遍的集体迫害的基础。[49]

兰米尔的论证有一个问题，就是他这个反犹主义新定义的适用范围似乎相当有限。他自己也承认，对犹太人所谓的非理性指控，是"心理有问题的人提出的，这些人没有很好地融入社会"，并且将善与恶、基督徒与犹太人之间一些根深蒂固的矛盾压抑在内心。[50] 他的意思是说，对于在他看来是非理性的反犹太人指控，每一个相信或坚持的基督徒，都具有上述特点吗？这种人可是有成千上万，或许有好几百万的。我们完全可以相信，有那么一两个人是这样的，他们的反犹太人情绪和信念表现得尤为激烈：比如蒙茅斯的托马斯（Thomas of Monmouth），就是这位修道士发起了围绕着诺里奇的威廉的仪式谋杀和钉在十字架上的诽谤，威廉是个 12 岁的男孩，1144 年复活节被发现死亡；再比如克吕尼（Cluny）修道院院长"可敬的"彼得（Peter the Venerable），他在 1146 年给国王路易七世写了一封充满对犹太人仇恨的信，还有一部通篇都在反对犹太人的论著《反对犹太人的根深蒂固的执拗》（Against the Inveterate Obduracy of the Jews）。[51] 但赞同反犹太人信念的中世纪人，可能绝大多数是文化习惯使然，完全没有经过思考——无论是否为非理性的思考——除非我们相信这是大众对信仰的忧虑升华后的产物。[52]

对兰米尔论点的主要反对意见或许是,并不能证明他所引用的中世纪反犹主义例子全都是非理性的。历史学家罗伯特·斯泰西(Robert Stacey)认为,仪式谋杀指控就属于这种情况,特别是围绕着"小圣徒"休的事件。这名9岁男孩的尸体在林肯的一口井中被发现,人们将他的死归咎于大约同一时间聚集在林肯参加婚礼的90多名犹太人。对休的"谋杀案"调查,是按照中世纪英格兰司法体系的全套法律程序走的,真的有一个名叫"科平"的犹太人承认了谋杀,只不过是屈打成招。即使没有这种法律上的认可,中世纪人眼中合理证据、经验证据的标准,也与当今的我们截然不同;对他们来说,决定性证据可能包括超自然的奇迹,比如那些很快就开始与休的尸体联系在一起的奇迹,而当今的我们会认为这些证据是无法采纳的。[53] 一位居住在以色列的意大利学者艾瑞尔·托夫(Ariel Toaff)最近对"兰米尔命题"提出了更直接的驳斥,引发的争议也大得多。他认为,仪式谋杀和食人的指控可能是有现实根据的,尽管仅限于意大利一个极端的"原教旨主义"犹太教派。该教派在逾越节仪式上使用干血,血是"有偿、自愿捐献的,捐献者也都'活得好好的'"。[54] 兰米尔坚持为血祭诽谤指控划定严格的"道德界限",它只能是非理性或者"荒诞不经"的想象,但凡偏离一点,就会被视为越界和禁忌。而这些历史学家则对此提出了反驳。[55]

关于黑死病的医疗应对,我自己也进行了研究,结果表明,在1348—1350年瘟疫期间的集体迫害中,对犹太人的井中投毒指控背后,同样有一种理性的思路。[56] 关于犹太人在井中投毒,使基督徒染上瘟疫的指控,可以被视为对这种疾病的医学解释的延伸——这种解释是根据同时代的自然哲学原则发展起来的——在中世纪后期黑死病的整个历史中,许多医生都赞同这种解释。[57] 这种解释是说,瘟疫的产生是由于空气、水或食物中了瘴气的自然之毒，而瘴气要么是行星合相生成的（远因），要么是更靠近本地的传染源生成的，例如沼泽、腐尸、垃圾或任何散发着恶臭的东西（近因）。如果病人被医生警告要小心有毒的空气、食物或饮料，那么便很容易得出结论：这种人为而非自然投毒阴谋的幕后黑手可能是人。事实上，黑死病期间出现的第一起人为投毒指控发生在朗格多克地区的纳博讷（Narbonne）和卡尔卡松（Carcassonne），在那里，被告被描述为"不同民族的穷人和乞丐"，可根本没有提到犹太人[58]；也不可能提到犹太人，因为到1327年时，犹太人已经被驱逐出这一地区，以及法兰西王国的其他地区，不过，在约1345年，他们被［西西里女王乔万娜（Joanna）统治下］自治的普罗旺斯伯国重新接纳了。[59] 我还严重怀疑兰米尔关于鞭挞派①在黑死病期间参与了对犹太人的集体迫害的假设。在他看来，这再次说明了指控的非理性，因为鞭挞派在旅行过程中"比大多数人更清楚，犹太人和基督徒一样，也会死于瘟疫"。[60] 很明显，在大多数城镇，鞭挞派都是在对犹太人的集体迫害发生很久之后才到达的，因此两者之间不可能存在任何联系。事实上，将攻击犹太人的责任归咎于鞭挞派，正是批评者针对鞭挞派的虚假指控之一。[61]

史蒂文·卡茨（Steven Katz）提出了相反的观点，他认为用"反犹太教主义"而非"反犹主义"来描述中世纪对犹太人的迫害更为贴切。卡茨的论证基于以下理由：反犹主义主要是一种使人联想到纳粹主义的种族观念，认为犹太人"天性堕落、无药可救"，对他们唯一的

---

① 鞭挞派（flagellants），中世纪时期出现的基督教派别，试图以鞭挞赎罪，认为是人类的罪孽带来了瘟疫。

解决方案就是"最终解决方案"(Endlösung),即大屠杀和灭绝。相比之下,由教皇领导的中世纪基督教所采用的官方政策是,必须把犹太人保护起来,作为活生生的基督教优越性的证据和基督教在末世胜利的最终见证人,届时,犹太人终将得到救赎,并皈依唯一正确的宗教。这种做法可以追溯到教父希波的圣奥古斯丁(354—430),在教皇诏书《作为犹太人》(Sicut judaeis)中被明文昭示。该诏书由教皇加里斯都二世(Calixtus Ⅱ)在1120年首次颁布,并在随后的数个世纪里被重新颁布了不少于22次。例如,奥古斯丁的这一传统为克莱尔沃的伯纳德在1147—1149年第二次十字军东征期间为犹太人辩护提供了神学依据,犹太人和基督徒都认为这种做法避免了半个世纪前1096年第一次十字军东征期间罪大恶极的大屠杀重演。犹太人也受到了世俗领袖的保护(即使这在很大程度上是出于经济私利),直到王室政策转向驱逐。卡茨表示,反犹太人的暴力通常"从社会政治秩序的中下阶层向上喷涌",这也是对穆尔"迫害社会"论的重大挑战,后者认为,对少数群体的不宽容产生于12世纪和13世纪的中央集权政府及其行政精英。[62]

尽管卡茨对"反犹主义"和"反犹太教主义"的区分——一个要求杀死所有犹太人,另一个则要让他们活下来——看似分明、无法逾越,但这道鸿沟可能并不像他所形容的那样宽。当卡茨详细描述基督徒的反犹太教主义如何将犹太人妖魔化,把他们变成非人或超人时,这一点尤为真实。特别是在"流浪犹太人"(wandering Jew)这个化身中,卡茨认为犹太人"被塑造得如此怪诞、如此反常、如此恐怖,以至于消灭了人类移情、怜悯和同情的所有可能性"。此外,从12世纪开始,被妖魔化的犹太人通过"造型艺术和平面艺术"中的生动表现,成了一个很普遍的主题,以至于犹太人的"存在虽然得到了容许,却令人无法忍受"。[63]

这里就有了一个明显的矛盾：一个被如此非人化的民族，怎能允许他们活着？纳粹不正是这样实施大屠杀的吗？

另一个矛盾之处在于，卡茨想说，对于纳粹大屠杀，"基督徒的反犹太教主义是必要前提"，但与此同时，他又极力主张，反犹太教主义并不等同于造成了我们这场现代悲剧的"新种族反犹主义"(novel racial anti-Semitism)。卡茨尝试解决这一矛盾的方法之一，是认为从4世纪基督教成为罗马帝国的国教开始，"反犹太人的偏见"就有了一个致命的传统，它"得到了国家的警察机构的支持"。卡茨认为，这是"基督徒反犹太教主义历史的一个决定性转折，其最终恶果就显现在阿道夫·希特勒的政治反犹主义中"。[64] 不过，我想卡茨会第一个指出"警察国家"在中世纪从未真正存在过，当然也并不存在于这堆被称为德意志王国的四分五裂、中央集权薄弱的领土上。如果说中世纪的王室政府普遍保护和支持犹太人，直到这种做法在经济和政治上变得弊大于利，那么，国家支持的不宽容犹太人的传统，又是如何持续不断、始终如一地保持下去，从而影响到反犹的纳粹主义的形成呢？很可惜，卡茨从未完全解决这些悖论。

另一位倾向于"反犹太教主义"而非"反犹主义"的历史学家是戴维·尼伦伯格。对尼伦伯格来说，首选术语是"反犹太教主义"，因为这个术语使他能够广泛触及西方传统的整个进程，在探究反犹太人态度的历史时，不仅可以从宗教角度入手，即讨论基督徒如何看待"犹太他者"，还可以将其作为一种思想概念，换句话说，就是"非犹太人如何理解和批判他们的世界"。尼伦伯格认为，相比之下，"反犹主义"在"历史和概念上"都过于局限。[65] 尼伦伯格的方法有一个很好的例子，就是他所写的关于中世纪阶段反犹太教主义的章节。由于欧洲君主国与犹太人结盟,将其作为一种增加权力和财富的手段,中世纪的反犹太教主义也成了表达政治反抗和对国家总体不满的一种隐晦办法。[66] 但无论是"反犹太教主义"和"反犹主义"这两个术语的相对优劣之争,还是要不要在中世纪和现代版本的反犹太人情绪与思想之间建立历史联系之争,尼伦伯格都没有真正参与。

著述颇丰的纽约大学学者罗伯特·查赞（Robert Chazan）则走上了第三条道路。"反犹太教主义"和"反犹主义"这两个术语,查赞都反对使用。他认为前者"词不达意",因为它掩盖了将犹太教的宗教观与信奉该宗教的人,即犹太人混为一谈的历史趋势。换句话说,查赞认为,"反犹太教主义"并不能足够清楚地说明,在敌视他们的人眼中,犹太人与他们的宗教被绑定得有多么死。在这一点上,尼伦伯格肯定会同意查赞的观点,但对他来说,"反犹太教主义"这一术语之所以吸引他,恰恰是因为模棱两可。查赞通常也不使用"反犹主义",因为他认为这个词太过局限于现代,鉴于他讨论的重点是中世纪犹太人的历史,这确实很成问题;可尽管如此,查赞还是力求表明,在"反犹太人情绪"方面,"中世纪与近几个世纪之间存在着影响线"。他倾向于使用"*sin'at Yisra'el*",这个希伯来语术语的意思是"对以色列的仇恨",但即使这样也无法完全传达原词的复杂性,因为"*Yisra'el*"一词"既指犹太教,也指犹太民族"。因此,查赞被迫退而求其次,干脆使用描述词的变体,"反犹太人"（anti-Jewish）。[67] 这样他就可以继续描述历史上反犹太人情绪的变化,或者说是"渐变",这为他自己对兰米尔论点的批评提供了依据。在查赞看来,中世纪反犹太人的敌意是否非理性,其实并不重要,重要的是犹太人被认为有多危险,以及看似对基督教社会构成了多大的威胁。查赞认为,到 12 世纪中叶,随着血祭诽谤指控的出现,

"基督徒反犹太人情绪的历史步入了一个新的阶段",因为许多基督徒坚信犹太人能够"在此时此地杀害"基督徒邻居——而不仅仅是在遥远的过去弑神——这源于犹太人"对基督教信仰的刻骨仇恨"。这样一来,中世纪反犹太人思想的"基督教遗产"就可以在随后的几个世纪里发展变化,成为现代的反犹主义,却又不完全一样了。[68]

中世纪犹太人的催泪史?

中世纪欧洲犹太人的历史,很容易沦为一连串的迫害与压迫,冗长、枯燥、压抑。[69]确实,针对犹太人的暴力血腥事件简直层出不穷:1096 年第一次十字军东征期间的莱茵兰大屠杀;整个 12 世纪和 13 世纪的各种血祭诽谤指控和审判;1298 年和 1336—1338 年德意志的林德弗莱希和阿姆雷德大屠杀;黑死病时期的 1348—1351 年与井中投毒指控有关的集体迫害;1391 年西班牙的集体迫害,等等。继萨洛·巴伦(Salo Baron)20 世纪初的研究成果之后,近来的一些学者,特别是罗伯特·查赞,试图对中世纪的犹太人生活进行更加客观公正的描述,强调犹太人社区的一些积极成就,以及他们拥有决定命运的能力,而非只能沦为命运的牺牲品。此外,犹太人也可以与基督徒邻居和睦相处,甚至友好相处,而并非只有暴力和敌意。[70]

查赞认为,仅仅是犹太人在欧洲生活了数个世纪——尽管在南部生活的时间比在北部还要长很多——这一事实,就表明了与基督徒邻居和平共处才是常态,而暴力的迸发,例如上文概述的那些,都只是例外。此外,从公元 1000 年到 1500 年的整个中世纪盛期和晚期,欧洲的犹太人口都在持续增长,为早期现代欧洲犹太人的复兴奠定了基础。[71]这种说法稍有不实，因为到中世纪结束时，欧洲绝大部分——包括英格兰、法兰西、西班牙，以及德意志和意大利的部分地区——的犹太人，要么因先前的驱逐而不复存在，要么就是停滞不前，并没有经历"真正的增长或扩张"。[72] 那么，欧洲犹太人总数增长的唯一解释就是，在欧洲有限的特定地区——即波兰，其次是意大利北部和中部——犹太人确实在增加，而这在很大程度上是通过从其他地区移民的方式实现的。[73] 因此，更恰当地说，此时欧洲犹太人的人口重心发生了戏剧性的变化，从西部转移到了东部。然而，查赞认为，犹太人尽管遭受了严重的迫害，却还是更愿意留在欧洲，而不是迁回伊斯兰统治下的巴勒斯坦和美索不达米亚等古老的祖籍，这一点很重要。这种说法并不完全正确，因为在1492 年的大规模驱逐之后，确实有一些流亡者从西班牙及其在西西里岛和撒丁岛的领地迁往巴勒斯坦，以及奥斯曼帝国在希腊、埃及和北非的其他地区。[74] 但查赞认为更重要的一点是，大部分犹太人的迁徙，即使是由不受犹太人控制的力量（例如强行征服或混乱）所引发的，也必然伴有对居住地的独立选择，而这种选择在很大程度上是自愿的。即使欧洲内部的犹太人中心在中世纪发生了变化，世界犹太人口和文化却还是在很大程度上从地中海东部转移到了北部和西部的一些地点，从穆斯林的势力范围转移到了基督徒的势力范围，这也反映了军事力量和文化活力在这一方向的整体转移。[75]

现代学术界花了很多工夫来研究犹太人的催泪史，以解释 20 世纪中叶的大屠杀，这几乎是必然的。只有追溯犹太人在基督徒手中受苦的漫长历史，我们才会觉得有可能解释西方文明中为何会发生如此惨痛的悲剧。[76] 但犹太人的催泪史似乎又是从记载中自然形成的，因为在编年史和其他史料中，基督徒和犹太人在平常生活中相安无事、关系和睦的事例寥寥无几。[77] 不过，我们应该意识到，同时代的作者，无论是犹太人一方还是基督徒一方，对于催泪的描述都是怀有私心或偏见的。从犹太人的角度来看，中世纪的不幸完全符合犹太人对其《圣经》历史遗产的理解，因为《圣经》预言，犹太人由于其罪恶，注定要经历一段颠沛流离的"中间期"，然后才能在应许之地（确切地说是耶路撒冷）恢复昔日的政治独立和宗教崇拜。从基督徒的角度来看，他们也强调犹太人的不幸是上帝与犹太人的契约被破坏的证据，在他们的想象中，这是永久性的决裂，可以追溯到犹太人的一项特定的罪过：犹太人拒绝接受耶稣基督为弥赛亚，岂止如此，他们更是耶稣基督被钉死在十字架上的同谋。对基督徒来说，只有犹太人皈依基督教，作为独立宗教的犹太教消失，犹太人漫长的流亡才能结束。[78]

中世纪时期，犹太人的成就主要有两个领域。一是经济领域。犹太人似乎逐渐踏入了自古以来便与他们联系在一起的经济活动——作为贸易和商业活动衍生物的放债。虽然一提到放债，我们的脑海中往往会浮现出"夏洛克"①式的负面形象，[79] 但我们必须记住，犹太人通过提供投资资本，在中世纪盛期欧洲经济的迅速扩张中发挥了重要且不可或缺的作用，这一点也得到了统治者的充分认可，他们对自己领土上的犹太人喜闻乐见。反过来，犹太人移居欧洲北部，也是因为他们认识到这是一个生气勃勃、不断发展的社会，商机遍地好赚钱。由于教会禁止向基督徒同胞发放有息贷款，认为这属于高利贷罪，犹太人便填补了这个空缺，这对借贷双方、对统治者和臣民都是有利的。尽管他们的借贷活动后来引起了民众的敌视和教会的反对，但犹太人在不断发展的东欧经济

---

① 出自莎士比亚的《威尼斯商人》，是一个放高利贷的吝啬鬼。

中发挥了与在西方相同的作用，这一事实恰恰证明了他们有多么重要，多么不可或缺。一些犹太人跻身于欧洲最富有、最有影响力的市民之列，这也表明了犹太人在商业上的成功。[80]

在精神和文化领域，犹太人主要围绕着对希伯来《圣经》（即书面传统，对应着基督教的《旧约》）和巴比伦《塔木德》（即口头传统）的研究和评注，取得了创造性的进步。这项教育计划主要在犹太会堂中进行，辅以拉比的释疑解答（*responsum*），以及犹太律法手册或指南。其他的"可选"活动包括翻译犹太—阿拉伯作家的作品，例如迈蒙尼德（Maimonides，1135—1204）；哲学探究，由于对《圣经》文本的非字面和相对主义解读，这项活动在犹太人社区中引起了许多争议；神秘思辨；以及历史叙事，例如犹太人所写的第一次十字军东征编年史。[81] 颇为讽刺的是，这种智力和创造性活动大多由基督教的迫害所激发；我们甚至几乎可以说，如果没有与基督教之争的刺激，中世纪犹太文化可能更贫瘠。[82]

但这种创造性也有另外一面，那就是基督教的迫害会导致犹太人做出悲壮的回应。我们已经在第三章中看到，第一次十字军东征期间，莱茵兰的犹太人如何以"圣化上帝之名"这样的殉教方式来回应基督徒的攻击。希伯来语编年史作者将其赞颂为亚伯拉罕献祭以撒的重演，以及犹太人致力于一神教、与唯一神契约的确认。犹太人的这种反应，可以被视为与十字军所沉溺的高谈阔论和宣传相类似，后者认为自己踏上的是一场牺牲之旅，或许是世界末日之旅，通过参加十字军东征这一行为来模仿基督的受难。这种殉难几乎是其翻版。[83]

基督徒还有另一个攻击方向使犹太人处于守势，那就是"审判"《塔木德》，并加大力度劝他们改宗。这主要是在13世纪与皈依基督教的

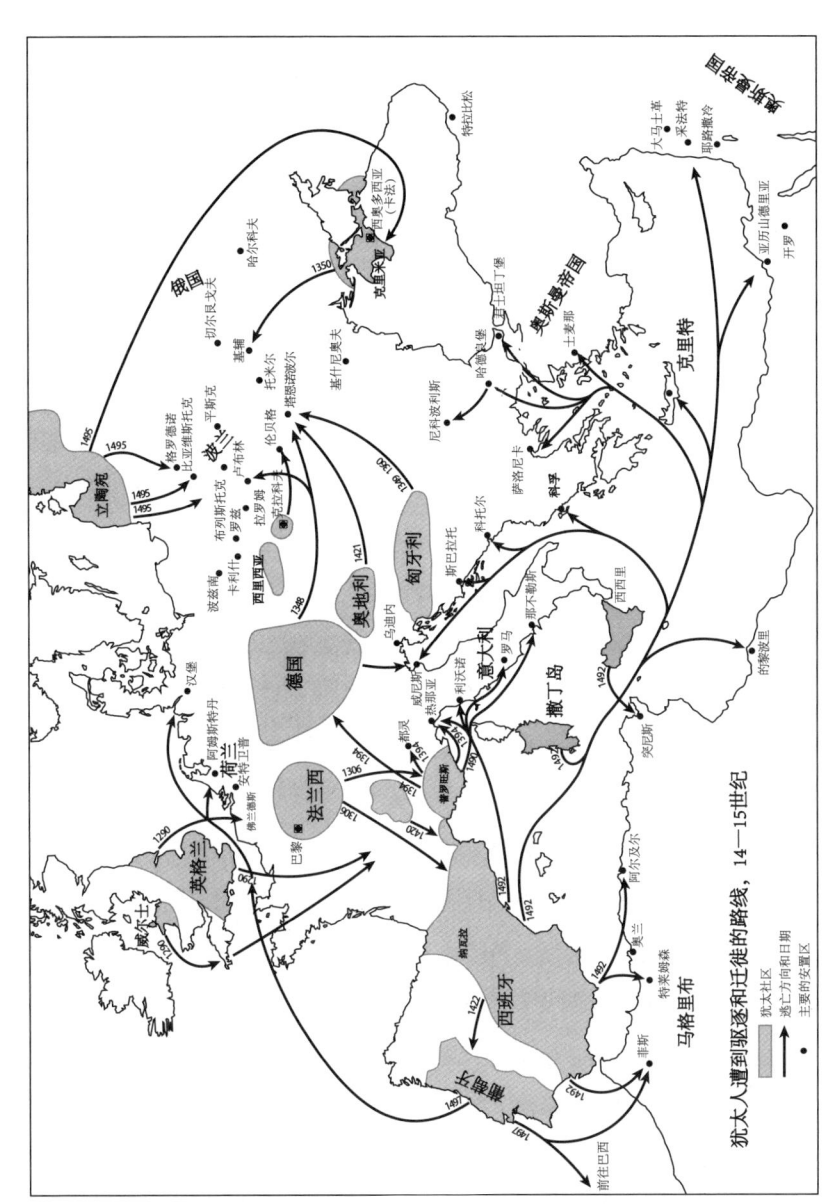

地图 4　犹太人在欧洲内外遭到驱除和迁徙的路线，1290—1495

犹太人合作开展的，例如尼古拉斯·多南（Nicholas Donin）和修道士保罗（Friar Paul）。修道士保罗和另一位出身多明我会的修道士雷蒙德·马丁（Raymond Martin）的传教工作采取了一种新的"创造性"策略。他们利用最近翻译的拉比经文，来论证犹太人对希伯来《圣经》的注释本身就证实了基督教宣称的真理，即耶稣是人们等待已久的预言中的救世主。犹太人对这种说法的回应，与他们回应基督徒对《旧约》的解释一样，就是指出拉丁语译本相较于希伯来语原文并不准确，并主张基督徒对《圣经》和拉比经文的解读是断章取义，对这类经文的解释采用的是引申义而非本义。第二个需要犹太人回应的论点是，基督徒声称古代异教哲学的理性遗产证实了基督教的教义，例如三位一体和上帝道成肉身。作为回应，犹太论战家以基督徒自己对这些信条的怀疑为基础，指出它们完全不合逻辑，是偶像崇拜性质的亵渎。犹太人必须回应的第三点是基督徒主张自身具有优越性和优势地位，相比之下，犹太人在社会中处于低人一等的劣势地位。对犹太人来说，这或许是最烦心、最难对付的论点，因为它似乎是不言而喻的，物质现实已经证明了。犹太人的回应自然是强调他们的精神成就，作为一个小而坚定、具有伦理道德的共同体，和堕落、好战、道德败坏的基督徒多数派形成了对比。犹太人的历史意识有助于他们对这个问题的回应，既着眼于古代——犹太人撑过了巴比伦、波斯、希腊和罗马等"伟大、成功的帝国"——也关乎当下，此时的基督徒开始在圣地遭到穆斯林的逆袭。对于这一切，犹太人不仅采取守势，还发起了进攻，在显然只面向犹太人的希伯来语论辩著作中直接攻击基督教。[84]

最后，有证据表明基督徒与犹太人之间关系和睦，并不仅仅是水火不容。诚然，这样的证据相当稀少，但必定会反映出更多只是没有留下记录的情况。这种和睦关系有一个比较明显的例子，就是中世纪西班牙的"共存"。在这里，犹太人和基督徒以多种方式融合，犹太人与基督徒毗邻而居，拥有通常情况下为基督徒专属的土地和财产，在基督徒法庭提起诉讼，在基督徒政府中担任行政职务，采用基督徒服饰，与基督徒发生性关系。即使在这种关系土崩瓦解后，例如在 1391 年针对犹太人的大屠杀或暴乱后，像巴伦西亚正北方的莫维德［Morvedre，今萨贡托（Sagunto）］这样的犹太人社区，也能经历"复兴"，恢复与基督徒的和睦关系，并作为葡萄酒商人、放债人、包税人和工匠再次融入经济。[85] 这种互动不仅引发了基督教当局的忧虑，也引发了犹太当局的忧虑。拉比们竟然请愿加强隔离，因为他们畏惧融合的终极影响：改宗。因此，充满活力和魅力的基督教物质文化对犹太人的吸引力，似乎有一定的现实基础。[86]

赫里福德（Hereford）主教理查德·德·斯温菲尔德（Richard de Swinfield，1282—1317 年在位）的记事簿中，有一份非同凡响的跨宗教友谊的证明，时至今日几乎已经无人问津，[87] 但探究起来可能会很有启发。事件发生在 1286 年 8 月底赫里福德市的主教座堂，距离 1290 年奉国王爱德华一世（Edward I）之命驱逐英格兰所有犹太人，只剩下四年的时间了。我们要讨论的是这样一个事实：赫里福德的"几名基督徒"受邀参加了 1286 年 8 月 28 日星期三举行的一场犹太婚礼。值得注意的是，这些基督徒收到了犹太人正式、公开的邀请，而非人们想象的那样，是被"秘密"邀请的，因为这样的深交是犯忌讳的，这种成文和不成文的忌讳至少要追溯到 4 世纪。[88] 8 月 26 日星期一，也就是婚礼前两天，主教给他同时担任主教座堂总铎的书记官写信，令其在婚礼前一天的星期二和婚礼当天的星期三,在城里所有的教堂公开宣布禁止人们参加这场婚礼,并在所有的街道上公开喊话,以免有人拿不知情当借口。[89] 斯温菲尔德对自己行为的辩解,虽然没怎么得到现代评论家的同情,却完全符合整个 13 世纪教会对犹太人与基督徒的互动可能造成的"伤害"正在日益增长的忧虑(我们已经看到,犹太当局也有这样的顾虑)。13 世纪早些时候,在 1222 年,牛津宗教会议就曾禁止坎特伯雷教省的基督徒与犹太人产生任何关系。尽管该教令被国王宣布无效,因为这会终止犹太人的所有借贷活动,但亨利三世的政府支持佩戴"犹太徽章",并赞助多明我会和方济各会修道士在犹太人中传教,劝他们改宗。[90] 因此,当斯温菲尔德主教严肃地声称,对婚礼邀请中所体现的基督徒与犹太人之间的"交往"不赞成的态度不仅来自他本人,更是"从高天下降到地下"①时,我们也不应感到惊讶。[91]

　　似乎很明显的是,犹太人邀请基督徒宾客参加他们的婚礼,是想给他们很高的礼遇。在当时的情况下,这样的行为一定需要很大的勇气,也证明了犹太人对基督徒朋友的深情厚谊。但或许更值得注意的是,基督徒违抗了主教之意,接受了犹太人的邀请并参加了婚礼。9 月 6 日,斯温菲尔德再次写信给赫里福德的总铎,抱怨说:"几名不法之徒或叛逆之徒擅自参加了上述基督十字架之敌[即犹太人]那不敬神的婚礼,与他们交往,并[通过出席婚礼]对其表示尊敬,令其蓬荜生辉,却被[所有其他]基督徒看不起。"[92] 从这第二封信中,我们对参加犹太婚礼需要做什么多了几分了解:据说基督徒宾客与犹太主人家一起"吃喝玩

---

① 此处化用了《圣经·以弗所书》4:8—9:"所以经上说:'他升上高天的时候,掳掠了仇敌,将各样的恩赐赏给人。'"

乐，或是参加其他类型的戏剧性娱乐活动"。换句话说，全都是宣誓之后一场典型的喧闹婚"宴"上会发生的事情。此外，基督徒身着最精美的"丝绸或贴金布"，骑马或乘坐马车与犹太人并排而行，这一幕可能发生在婚礼一行人去彩棚（chuppah），也就是犹太会堂外的婚礼遮篷的往返途中，抑或是去宴会的往返途中。[93] 从纯粹的论战层面来看，倒是没有什么好担心的：犹太人并没有试图劝基督徒改宗。事实上，斯温菲尔德所察觉到的唯一危险，似乎来自基督徒和犹太人在婚礼庆典期间显然在纵情享受的那份亲善和友爱。

基督徒违抗主教之意参加婚礼，肯定是需要勇气的，正如犹太人邀请他们参加婚礼也是需要勇气的，但赫里福德的总铎也很可能并没有充分宣扬主教对参加婚礼的禁令。主教不得不向总铎重复自己的命令，要求谴责参加者，敦促他"在上述事件中无论做什么都要坚定不移"，并把赦罪的权力留给了自己，以上事实足以说明这一点。此外，斯温菲尔德还在信的末尾警告总铎，"如果您在上述事情中玩忽职守"，他便打算"要求其他人正确执行"对参加者的绝罚处决。[94] 这一切都表明，总铎对基督徒与犹太人之间的这种社交是富有同情心的，即使在中世纪，在许多人看来这肯定也是无伤大雅的。但一定还有其他很多人反对基督徒与犹太人之间的这种亲善，如果我们不指出这一事实，就无法结案。主教是如何发现这场婚礼的，又是如何发现有基督徒参加的，没有其他办法可以解释。他自己也说了，他从某些"值得信赖的人"那里收到了有关此事的"频繁报告"。[95] 然而，我们不禁怀疑这些报告的准确性如何。任何一个走在街上的人都可以看到犹太人和基督徒骑马往返于婚礼，但只有受邀者才能看到主教所描述的庆祝活动中缺少的一项：跳舞。

长期研究犹太人历史的学者约瑟夫·沙茨米勒（Joseph Shatzmiller）

阐明了基督徒和犹太人之间关系和睦的另一个事例，很有启发性。这一次是在法国马赛。在1317年对犹太放债人邦戴维（Bondavid）的审判中，一大批基督徒证人——包括两名贵族、一名神职人员、三名公证人和其他各行各业的市民——挺身而出，既证明了邦戴维总体上品行端正，也提出了他在商业交易中慷慨大方的具体事例。这些事例包括债务展期、利息减免，以及免除一切贷款担保。虽然只是个例，但邦戴维为贪得无厌、冷酷无情的典型的"夏洛克"式犹太放债人形象提供了一个有力的反证。[96] 基督徒与犹太人之间的友好关系还有其他的轶事证据，包括1096年十字军袭击期间，沃尔姆斯和科隆的犹太人向他们的基督徒同乡寻求保护，以及1147年，在维尔茨堡，一名基督徒洗衣妇帮忙营救了一名被指控仪式谋杀的犹太女子。[97] 在法兰西南部和西班牙，基督徒学者和犹太学者之间似乎可以进行自由的知识共享。[98] 犹太人皈依基督教的情况也比比皆是，正如此前已经提到过的，这引起了犹太拉比的担忧，他们敦促加强隔离，但这似乎并不足以影响犹太人社区在欧洲的发展壮大。[99] 另一方面，记录在案的中世纪基督徒皈依犹太教的例子屈指可数，倒也可以理解，因为会遭到重罚，但这并不意味着这种情况没有发生过。英格兰就出现过两起这样的改宗事件：1222年，一名在牛津大学学习希伯来语的年轻执事改信犹太教，接受了割礼，并娶了一名犹太女子，结果他被降了职，之后被处以火刑。然后，在1274年，英格兰多明我会修道士雷丁的罗伯特（Robert of Reading）在研究《圣经》的过程中改宗，而他研究《圣经》或许是为了更好地与犹太人辩论。最后，他娶了一名犹太女子，还取了一个犹太名字"哈该"（Haggai），但除此之外，他的命运就不得而知了。[100]

最后，最令人感慨的是，面对来自基督徒占多数的环境的巨大挑战和压力,犹太人如何成功地保持住了他们的身份认同感。这证明了中世纪犹太人的凝聚力、适应力和韧性。但话又说回来,除非大多数时间里,他们在基督徒邻居中体验到了一种安全、和平、"正常"的环境,否则我们也无法解释犹太人在欧洲是如何以及为何移居、定居、兴旺发达的。[101]

定义异端

异端几乎从基督教诞生之初就存在了。"heresy"("异端")一词源于希腊语"haeresis",意为"选择",它对主流社会构成了有别于犹太人或麻风病人的挑战。[102] 由于异端分子是主动选择偏离常规的,他们的边缘地位必然会更加具有冒犯性,尽管与此同时,这种地位也更加脆弱,很容易因异端分子回归正统而反转。然而,异端分子与犹太人、麻风病人和同性恋者一样,被行迫害之事的大多数人视为"不洁",是身体和灵魂的疾病,对意识形态、生物和社会方面的纯洁与统一构成了威胁。[103]

最先见证了最初的基督徒中存在"异端",或者说分歧的,或许是使徒保罗,这一点体现在他写给哥林多人的第一封信中(《哥林多前书》11:19)。随后,教会的一些早期领袖,包括德尔图良(Tertullian,155—240)、希波的奥古斯丁(354—430)和狄奥多莱(Theodoret,393—457),都在为如何识别异端、什么样的人是异端以及要强迫他们屈服到何种程度而绞尽脑汁。[104] 随着皇帝君士坦丁(306—337 年在位)皈依基督教,在 313 年的米兰敕令(Edict of Milan)中宣布宽容基督徒,并在 325 年的尼西亚公会议上干预阿里乌斯教派①之争,"正统"

---

① 阿里乌斯教派(Arianism),基督教的一个派系,否认耶稣和上帝是同等存在,被大多数基督教派视为异端。

捍卫者与异见者之间的关系发生了变化。早在君士坦丁时期，授予基督徒的特权就将异端分子排除在外，而到了狄奥多西皇帝（379—395年在位）时期，基督教正式成为国教，他下令从今往后异端一律被禁止，且"永无翻身之日"。那些被明确点名的"异端教条""疯狂愚蠢"的追随者，将被踢出公职并被剥夺公开礼拜的权利，但如果他们回归天主教信仰，立刻"会被赦免所有的罪"。[105] 对异端分子的迫害开始了。

在这一早期阶段，异端主要的定义是指特定的异见团体及其信仰。希波的奥古斯丁就曾被波斯人摩尼（Mani，216—274）创立的二元论教派摩尼教所吸纳，之后他才皈依了正统基督教。[106] 受亚历山德里亚基督教长老阿里乌斯（Arius，256—336）启发的阿里乌斯派教导称，耶稣基督虽然是神圣的，但并不与圣父"同等"（co-equal）或"同永"（co-eternal）。一些日耳曼部落信奉这一教派，包括意大利的东哥特人和西班牙的西哥特人。多纳图派（Donatists）起源于皇帝戴克里先（284—305年在位）统治下迫害基督徒的时期，他们认为只有无瑕的神职人员才能主持圣事。这些早期的异端，很多都与后来中世纪盛期的异端相符合，甚至可能对其产生了实际影响。

人们认为之后是一段漫长的间歇期，大约从6世纪末一直到10世纪末，在此期间，异端从欧洲消失了。[107] 异端再次出现是在11世纪，很大程度上与教会的改革运动有关。改革运动有时由教皇亲自领导，比如教皇格列高利七世（1073—1085年在位）。因此，活跃于11世纪中叶至12世纪中叶的米兰的巴塔里亚派（Patarenes），以及洛桑的亨利（Henry of Lausanne）和布雷西亚的阿诺德（Arnold of Brescia）的追随者（后者称"阿诺德派"），都是很受欢迎的反教权运动集团。他们抨击教会中真正的陋习，例如买卖圣职、教士婚姻和世俗化。[108] 那么问题来了：要如何区分真正的异端和改革教会的诚心努力呢？[109]

大约在 12 世纪中叶，西方出现了一种所谓的新型异端，但这种异端与基督教文化的渊源由来已久。这就是"卡特里派"二元论异端，它被描述为中世纪教会最害怕的异端。卡特里派不仅攻击教会及其神职人员的权威，还挑战了天主教的信仰体系本身，以及中世纪社会的习俗。据拉涅罗·萨科尼（Ranier Sacconi，他是多明我会的一名宗教裁判官，据称他本人也曾是卡特里派成员）等同时代评论家称，卡特里派认为世间万物，即物质领域都是撒旦的产物（在"缓和的"二元论中，撒旦是堕天使，但在"绝对的"二元论中，撒旦本身就是神）。精神领域由善神统治；因此，卡特里派的目标就是将灵魂从物质的囚笼中解放出来。由于肉身的一切都是邪恶的，洗礼、圣餐和婚姻（即生产和创造更多的"肉身"）等圣事尤其为卡特里派所嫌恶。此外，据称卡特里派还设立了他们自己的教会等级制度和仪式，与天主教分庭抗礼。关于卡特里派起源的争论，大多围绕着它是独立出现在莱茵兰、法兰西南部和意大利北部的，还是从东方传入的，后者包藏着更古老的二元论信仰，尤其是 10 世纪出现在保加利亚和拜占庭帝国其他地区的鲍格米勒派（Bogomilism）。[110]

然而，现在这场争论已被另一场争论完全取代，后者直指对异端的历史研究之核心：卡特里派真的存在过吗？

卡特里派：从来都不是异端？

近来，卡特里派是中世纪历史中争论比较激烈，或者说是比较"有争议"的话题之一。[111] 争论双方几乎没有共同的立场，也没有妥协的余地。[112] 一方持修正主义观点（也被视为"激进怀疑论者""发明论者"或"解构论者"），声称卡特里派是"历史学家的幻觉"或迷思，是捏造出来的异端，或者叫稻草人，是12世纪"迫害社会"的产物，在后来的13世纪成了阿尔比十字军和宗教裁判所自我应验的预言。[113] 另一方持"传统主义"观点，认为卡特里派是一个实际存在的教派，有自己的信仰体系，或者说是教义，以及组织结构，或者叫教会学（ecclesiology）。[114] 虽然这两极之间似乎没有中间地带，但还是有一些人试图表明中间立场。[115] 这些观点包括：法兰西南部确实存在一种二元论异端，但不叫卡特里派，或者至少这个词不足以概括当地存在的所有变种，应该叫作"卡特里派们"。[116] 不过，在这里，我们要重点讨论的是关于卡特里派到底存在与否的主要争论。

主张卡特里派并不存在，归根结底是因为没有异端分子视角的史料可以说明他们到底信仰什么，甚至没有这样的史料可以证明他们的存在本身。（这种观点认为，读写能力是教会用来对付异端分子的武器。[117]）相反，我们只能依靠教会当局撰写的、怀有敌意的史料，这些史料充其量只能让我们重建异端分子被指控时所处的"精神景观"。[118] 关于卡特里派，唯一差强人意的史料，就是1167年在圣费利克斯-德卡拉芒（Saint-Félix-de-Caraman）举行的卡特里派集会的记载，而这份史料也只存在于17世纪的一份副本中，还因为可能是伪造的而饱受争议。[119] 除此之外，还有一些诱人的二手材料，提到了一个只存在于想象中的卡特里派文本库——包括特许状、遗嘱和其他公证文件；有布道、教会会议颁布的法令，以及书信；有祈祷书、《圣经》和其他神学文本——但没有留存下来的原始史料可以证实它们真的存在。[120]

"卡特里派"作为一个名称，在中世纪的记录中几乎不存在。[121] 舍瑙的埃克贝特（Eckbert of Schönau）用它来指代"Catharistae"，这是 12 世纪 60 年代活跃于莱茵兰的一个古代摩尼教异端分支，实际上有别于法兰西南部的正牌卡特里派运动。[122] 历史学术语"Cathar"——用来泛指欧洲各地的二元论异端——直到 19 世纪才被历史学家夏尔·施密特（Charles Schmidt）创造出来，用作"阿尔比派"（Albigensian）的替代词。[123] 同时代的宗教裁判官将卡特里派简称为"异端"（heretici），或者称为"全徒"（heretici perfecti），这些术语并不一定含有二元论之意。[124] 所谓的卡特里派自称"好人"（boni homines 或 bons omes）、"信徒"（credentes 或 crezens）和"好基督徒"（boni christiani 或 bos crestias）。[125] 在法兰西南部，"好男人"和"好女人"是尊称或敬称，类似于"正人君子"（prudome 或 probi homines），用来称呼那些体现了"谦恭、荣誉和圣洁品质"的人。这可以被视为"礼貌"（cortezia），或者说是宫廷礼仪和骑士精神等社会习俗的一部分，是中世纪盛期法兰西南部文化远近闻名的一个内容。[126] 鉴于此，村里的信徒例行问候好人时的"崇拜"或"致善礼"（melioramentum），以及好人在信徒临终时用按手礼为其祝福的"安慰"或"救慰礼"（consolamentum），可能只是这种"游吟诗人所歌颂的宫廷气质"的一部分，而不是宗教裁判官口中明确的异端行为。[127] 按照这种说法，"好人"并非与教会对立，而是对其的补足，因为在远离文明、与世隔绝的农村堂区，没有好神父，或者压根儿就没有神父，人们只能求助于他们。有观点认为，"好人"非但不是边缘人物，反而是"司空见惯、平平无奇的中世纪生活节奏"的一部分，因此，中世纪教会和社会对他们的迫害就失去了许多存在理由（raison d'être）。[128] 到了 13 世纪，"好人"被一个偏执狂机构逼入地下，成了异端。这个机构决心肃清内部敌人，其十字军运动的意识形态也转向内部，针对这个它本应去保护的社会。[129]

另一方的学者们则声称，卡特里派是一个自成体系的宗教，秉持着二元论信条（这些信条要么是独立产生的，要么是源自东方的影响），制定了一套周密的仪式或礼仪［例如，救慰礼、致善礼、集体忏悔（apparellamentum）等］，并拥有自己的教会等级结构（即主教、长子、幼子、执事、信徒）。[130] 这种描述几乎完全依赖于教会体制内人物的记述，例如施泰因费尔德（Steinfeld）的普雷蒙特雷会（Premonstratensian）修道院院长黑尔芬施泰因的埃贝尔温（Eberwin of Helfenstein）；《阿尔比十字军史》(Historia Albigensis) 的修道士作者沃德塞尔奈的彼得（Peter of Vaux-de-Cernay）；皈依天主教并成为多明我会宗教裁判官的前卡特里派"主教"，也就是前异端首领拉涅罗·萨科尼；以及多明我会宗教裁判官、博洛尼亚大学哲学教授克雷莫纳的莫内塔（Moneta of Cremona）。[131] 有人引用了一些支持卡特里派的"新"史料，例如多明我会宗教裁判官彼得·塞兰（Peter Sellan）从1241年保存下来的《忏悔集》(Paenitenciae)，其中简要列举了异端嫌疑者的口供或忏悔，后面还有为他们指定的补赎。[132] 然而，人们会注意到，这仍然是一份胜利者视角的史料，并不能让我们更贴近卡特里派自己的视角。一些现代的卡特里派辩护者控诉怀疑论者过于轻视那些证明了卡特里派存在的"实证主义"史料，哪怕是相对公正可信的史料。[133] 但传统主义者可能并不总是愿意重新审阅他们所青睐的史料。施泰因费尔德的埃贝尔温于1143—1147年的某个时候写给克莱尔沃的伯纳德的一封信就属于这种情况，信中描述了一个异端团体，大多数学者都认为是卡特里派（尽管埃贝尔温从未以此相称）。然而，最近有人指出，埃贝尔温对该教派的一些批评——例如他们坚持严格的苦修，与女人为伴——也是针对普雷蒙特雷会内部的分裂分子的，埃贝尔温已经与他们斗争了好几十年。[134] 对于卡特里派，埃贝尔温的证词远远算不上无懈可击、不偏不倚的证据，现在它与当时背景下解读出来的其他任何原始文本一样，"遭到了同样的怀疑和非议"。这必然使其他所有关于卡特里派的实证主义史料——尤其是那些出自决心肃清和分辨异端的宗教裁判所的史料——都遭到了质疑。[135]

这场辩论事关重大。尽管这并不是第一次有所谓的异端被拆穿——半个世纪前，罗伯特·勒纳（Robert Lerner）就证明了所谓的"自由之灵异端"（Heresy of the Free Spirit）并不存在[136]——但卡特里派历来被视为中世纪的典型异端。如果把卡特里派除名，那么其他所有异端的生存能力，以及宗教裁判所本身的存在意义，就都岌岌可危了。就我个人而言，我倾向于站在怀疑论者这边。我这样说是基于本人对14世纪中叶黑死病时期鞭挞派运动的研究。[137] 在发现鞭挞派自己撰写并用作忏悔表演依据的"鞭挞卷轴"[138]之前，我们不得不依赖主要由教士评论家撰写、充满敌意的编年史资料，这些人几乎无一例外地将鞭挞派描绘成歇斯底里的狂信者，相信他们那异乎寻常的补赎可以免除所有的罪。实际上，卷轴显示，鞭挞派是纪律严明的表演者，他们的表演经过了精心策划，旨在模仿基督的受难，以这种方式平息上帝的愤怒，以便驱除瘟疫。关于鞭挞派的史料是带着偏见的，而这些偏见也成了现代历史学家的偏见，他们依靠这些偏见来构建这场运动的历史。除非发现从"卡特里派"自身视角讲述他们故事的新史料，否则我们将永远无法衡量教会对他们的控告的分量。在整个早期现代时期，被控施行巫术的男女也遭受了同样的偏见，这种情况直到比较晚近的时候才有所改观。就目前的情况来看，对涉及"卡特里派"的证据进行公正的审判，似乎不太可能。同时，我倾向于做出"好人"并非卡特里派异端的无罪判定，除非能够证明有罪。

麻风病：生不如死？

在 14 世纪中叶鼠疫来袭、顷刻间杀死欧洲约一半的人口之前，麻风病是中世纪最令人闻风丧胆的疾病。与鼠疫一样，麻风病也是由细菌引起的，这里指的是麻风杆菌（Mycobacterium leprae），它与引起结核病的细菌有关，而得过结核病可以对麻风病免疫。（此病有一种比较温和的类型，被称为"结核样型"麻风。）目前，麻风病也被称为"韩森氏病"，以发现这种细菌的挪威医生格哈德·阿玛尔·韩森（Gerhard Armauer Hansen，1841—1912）的名字命名。麻风病是一种非遗传性疾病，传染性并不强，但可以通过密切接触受感染病人的体液，尤其是鼻腔分泌物，在人与人之间传播。它的典型症状，尤其是被称为"瘤型"麻风的较严重类型，是周围神经肉芽肿引起的毁容，伴有神经末梢麻木和骨组织吸收，常常导致四肢畸形、失明和失语。当然，中世纪对麻风病的医学理解截然不同，是以古代关于疾病的体液论为基础的，但对麻风病的诊断相当精细、复杂，基于多达 50 种能够说明问题的"迹象"，这或许是因为阳性诊断的后果可能十分严重。此外，中世纪对待麻风病的态度，除了纯粹从流行病学角度理解，还始终包含着"道德"因素。不过在中世纪后期，随着麻风病的"医学化"进展迅速，以及社会对麻风病的偏见——就可以判断出来的情况而言——在 12 世纪或 13 世纪中叶达到高点后日渐式微，可能也就不那么强调这个因素了。[139]

近年来出现的关于麻风病的主要争论，或者说是需要修正的内容之一，是麻风病是否让受害者"生不如死"。毕竟中世纪社会对他们唯恐避之不及，他们被迫流浪，带着摇铃或拨浪鼓，走到哪里响到哪里，甚至被物理"隔离"在被称为麻风病院的独立围场内（这成了许多中世纪城镇的一个共同特征，仅在英格兰就有 300 多座[140]）。关于麻风病人，民间最有名的误解或许是"麻风病人弥撒"，也就是将麻风病人与社会中的其他人隔离的仪式。据称麻风病人要站在坟墓中，人们为他举行葬礼，竟然还要将泥土撒在他畸形的头上。这是一个值得在文学或电影中大书特书的戏剧性场面，但它似乎是虚构的，没有证据表明现实生活中真的发生过。[141] 麻风病院要么是监狱，用来控制麻风病人的传染（主要通过他们无法控制的淫欲传染），要么是修道院式的机构，通过代表全体信徒的祈祷来引导麻风病人的精神力量。[142] 人们对麻风病的看法也大不相同，要么视其为对罪恶的惩罚，要么视其为"神圣的疾病"，可以净化像约伯一样的幸运受害者。这两种不同的观点似乎反映了中世纪社会对这种疾病的矛盾心理和态度变化。如果说麻风病人被他们的同胞边缘化了，那么他们既因为对身体构成了威胁而受到迫害，又因为预示着对灵魂的救赎而受到尊敬。[143]

将麻风病与鼠疫进行比较，以说明这两种疾病各自最突出的一些方面，是很有启发的。与鼠疫一样，麻风病也被视为具有高传染性，是对罪恶的惩罚。两者都被认为是通过毒药传播的，要么是自然之力，要么是有人搞鬼：1321 年，法兰西南部和西班牙东北部的"麻风病人阴谋"就盯上了麻风病人，声称他们阴谋勾结犹太人和穆斯林，在井中投毒，传播麻风病，正如黑死病期间犹太人等群体被指控在井中投毒、传播瘟疫一样。[144] 麻风病与鼠疫都被归为无药可医的"不治之症"。[145]

不过两者之间也有一些重要的区别。由于鼠疫的高死亡率和高发病率，中世纪对鼠疫的反应不如对麻风病那么宽厚。从黑死病一开始，皮斯托亚（Pistoia）、佛罗伦萨和米兰等地就颁布了城市条例，试图对实际和潜在的鼠疫受害者实施严格的隔离，而到了15世纪，欧洲各地的城镇卫生委员会都在协调鼠疫控制措施。[146] 甚至连鼠疫患者的看管人都必须在外衣上佩戴专门的区分"标志"，并且在执行任务时不得频繁出入某些公共场所，而如果疫情没有得到控制，医院的陪护和消毒人员则可能被指控故意传播鼠疫，16世纪的日内瓦就出现过这种情况。[147] 另一方面，麻风病在初次接触后需要数年时间才会出现感染，而如果治疗得当，轻症病例也可以得到长期控制。这就让人怀疑麻风病是否真的会传染，抑或是遗传，以及这种疾病到底能否治愈。[148] 照料麻风病人被视为一种超凡、神圣的行为，是在效仿基督洁净麻风病人（《马太福音》8：1—4）。这样做的人可能也包括位高权重之人，例如法兰西国王路易九世（1226—1270年在位）。[149] 麻风病与鼠疫的区别可以归纳为：麻风病让人生不如死，而鼠疫则是让人一命呜呼。

我们还可以比较一下中世纪世界不同的文化是如何对待麻风病人的。与拉丁西方一样，拜占庭也建立了麻风病院，作为应对麻风病的主要措施。希腊人建立了已知最早的一些麻风病院，可以追溯到4世纪。[150] 这些麻风病院试图平衡慈善和公共卫生这两个时而互相抵触的议题，但它们的存在并不一定表示麻风病的发病率较高。伊斯兰教和犹太教等其他宗教尽管严格信奉唯一神的直接作用，却和基督教一样，都认为麻风病会在人与人之间传染。[151] 虽然穆斯林的先知传统认为麻风病不会传染，但先知穆罕默德也曾吩咐"要像躲避狮子一样躲避麻风病人"，这可能是针对麻风病人外貌的一语双关。[152] 这句话一向被解释为，与其说是为了保护信徒的健康，不如说是为了保护他们的信仰，因为信徒可能会受到诱惑，重回异教蒙昧时代（*Jahiliyya*）对传染的信念。伊斯兰教还有这样一种传统，认为疾病，尤其是瘟疫，对信徒来说是一种恩惠，是殉难的机会；虽然基督教世界在瘟疫问题上没有类似的信念，在麻风病问题上却有，因为这种疾病对基督徒来说，是在尘世净化灵魂的机会。[153] 伊斯兰教和犹太教与基督教一样，都认为必须把麻风病人隔离或排除在社会之外，这是为了自保。犹太人和基督徒以《旧约》的希伯来语文本为基础，形成了一些共同的文化假定。[154] 十字军东征无疑也让拉丁人接触到了穆斯林和希腊人对麻风病的看法，或许让他们的态度缓和了下来。[155] 然而，尽管存在这些相似之处，人们还是认为伊斯兰和犹太文化对麻风病人更宽容，理由是在对待麻风病时，它们并没有采取官方麻风病院形式的制度响应，因此，伊斯兰和犹太人社区的麻风病人有更大的行动自由，可以与健康人来往。[156] 根据最近的研究，尤其是关于基督教欧洲麻风病的研究，这种观点必须被修正了。毕竟，基督本人就曾试图将麻风病人和妓女等边缘人物重新纳入主流社会，而艺术和文学中的圣像形象也进一步强调了他这个榜样。[157] 如果说所有这些文化在麻风病问题上有一条共同线索的话，那就是社会对麻风病人的态度是矛盾的，混合了恐惧与怜悯、责难与宽容。

注释

1. 最初的波兰语版于 1971 年出版，法语版于 1976 年出版。英语版由吉恩·比勒尔（Jean Birrell）从法语版翻译，于 1987 年由剑桥大学出版社（Cambridge University Press）出版。对少数群体史的激情辩护，参见 John Boswell, "Revolutions, Universals, and Sexual Categories," in *Hidden from History: Reclaiming the Gay and Lesbian Past*, eds. Martin Duberman, Martha Vicinus, and George Chauncey, Jr. (New York: Meridian, 1989), p. 17。

2. *Other Middle Ages: Witnesses at the Margins of Medieval Society*, ed. Michael

Goodich (Philadelphia, PA.: University of Pennsylvania Press, 1998).
3   R. I. Moore, *The Formation of a Persecuting Society: Power and Deviance in Western Europe, 950–1250* (Oxford: Basil Blackwell, 1987); R. I. Moore, *The Formation of a Persecuting Society: Authority and Deviance in Western Europe, 950–1250*, 2nd edn. (Oxford: Blackwell Publishing, 2007). 对穆尔关于异端的著作的重新评价, 参见 *Heresy and the Persecuting Society in the Middle Ages: Essays on the Work of R. I. Moore*, ed. Michael Frassetto (Leiden, Netherlands: Brill, 2006)。
4   Moore, *Formation of a Persecuting Society*, 2nd edn., pp. 144–145.
5   R. W. Southern, *The Making of the Middle Ages* (New Haven, CT.: Yale University Press, 1953); Joseph R. Strayer, *On the Medieval Origins of the Modern State* (Princeton, NJ.: Princeton University Press, 1970).
6   出自 James J. Walsh, *Thirteenth, Greatest of Centuries* (New York: Catholic Summer School Press, 1907) 一书的书名。
7   穆尔在《迫害社会的形成》(*Formation of a Persecuting Society*, 2nd edn., p. 3) 一书中对他在牛津时曾经的老师理查德·萨瑟恩爵士的作品进行了评论, 尤其能够说明问题。
8   R. I. Moore, *The First European Revolution, c. 950–1215* (Oxford: Blackwell, 2000); Edward Peters, "Moore's Eleventh and Twelfth Centuries: Travels in the Agro-Literate Polity," in *Heresy and the Persecuting Society in the Middle Ages*, pp. 15–16. 穆尔认为, 一旦民众革命这个妖怪达到了目的, 创设了欧洲的权力结构, 就需要通过迫害才能把它放回瓶子里了。
9   中世纪封建社会三种阶层的观念可以追溯到 11 世纪, 但在现代也有法国历史学家乔治斯·杜比 (Georges Duby) 对其进行探讨。参见 R. I. Moore, "Duby's Eleventh Century," *History* 69 (1984): 42–46; Peters, "Moore's Eleventh and Twelfth Centuries," pp. 18–19。
10 David Nirenberg, *Communities of Violence: Persecution of Minorities in the Middle Ages* (Princeton, NJ.: Princeton University Press, 1996), pp. 3–7; Mark R. Cohen, *Under Crescent and Cross: The Jews in the Middle Ages* (Princeton, NJ.: Princeton University Press, 1994), pp. 162–163; Peters, "Moore's Eleventh and Twelfth Centuries," pp. 14–15; David Berger, *From Crusades to Blood Libels to Expulsions: Some New Approaches to Medieval Antisemitism* (New York: Touro College, 1997), pp. 6–8. 科恩将中世纪的迫害定义为"针对人身或财产的无端暴力", 包括对个人和集体的杀戮、强迫皈依和肉身驱逐。至于其他类型的"虐待", 例如歧视性偏见、负面态度和言论, 我们现如今可能将其归为迫害, 但科恩认为这些只是正常的中世纪话语的一部分。更多关于中世纪犹太人所受"迫害"之定义的争论, 参见 Jörg

R. Müller, "Judenverfolgungen und -vertreibungen zwischen Nordsee and Südalpen im hohen und späten Mittelalter," in *Geschichte der Juden im Mittelalter von der Nordsee bis zu den Südalpen*, ed. Alfred Haverkamp (Forschungen zur Geschichte der Juden, 14/1, 2002), pp. 189–190。

11 有人对穆尔的论点进行了重新评价,认为整个中世纪,基督教教会成员对穆斯林、犹太人,甚至异端或宗教上的非主流派系,都表现出了一定程度的宽容。参见 Cary J. Nederman, "Introduction: Discourses and Contexts of Tolerance in Medieval Europe," in *Beyond the Persecuting Society: Religious Toleration before the Enlightenment*, eds. John Christian Laursen and Cary J. Nederman (Philadelphia, PA.: University of Pennsylvania Press, 1998), pp. 13–24。

12 Moore, *Formation of a Persecuting Society*, 2nd edn., p. 5.

13 Moore, *Formation of a Persecuting Society*, 2nd edn., p. 145.

14 Moore, *Formation of a Persecuting Society*, 2nd edn., p. 144.

15 不过,最近这一论点在下文中遭到了质疑,Samuel Cohn, Jr., "The Black Death and the Burning of the Jews," *Past and Present* 196 (2007): 3–36。

16 因此,我将黑死病期间的集体迫害称为"人为投毒阴谋",而不是将其明确认定为"对犹太人的集体迫害"。我在即将由哈佛大学出版社(Oxford University Press)出版的《黑死病:极高死亡率的新史》(*The Black Death: A New History of the Great Mortality*)一作中的第六章更加详细地讨论了这种思路。

17 Moore, *Formation of a Persecuting Society*, 1st edn., pp. 62–65. 本章没有涉及的一个边缘群体是中世纪的黑人:这在很大程度上是因为中世纪人对肤色差异的理解与当今的我们大不相同,他们更多是从宗教和文化,而不是从种族或民族的角度来看待这些差异的。参见 T. Hahn, "The Difference the Middle Ages Makes: Color and Race before the Modern World," *Journal of Medieval and Early Modern Studies* 31 (2001): 8–9: Margaret Jubb, "The Crusaders' Perceptions of their Opponents," in *Palgrave Advances in the Crusades*, ed. Helen J. Nicholson (Basingstoke, UK and New York: Palgrave Macmillan, 2005), p. 227。

18 Robert Chazan, *The Jews of Medieval Western Christendom, 1000–1500* (Cambridge: Cambridge University Press, 2006), pp. 90–115; Jonathan Ray, *The Sephardic Frontier: The Reconquista and the Jewish Community in Medieval Iberia* (Ithaca, NY.: Cornell University Press, 2006); Eliyahu Ashtor, *The Jews of Moslem Spain*, trans. Aaron Klein and Jenny Machlowitz Klein, 3 vols. (Philadelphia, PA.: Jewish Publication Society, 1973–1984); Yitzhak Baer, *A History of the Jews in Christian Spain*, trans. Louis Schoffman, et al., 2 vols. (Philadelphia, PA.: Jewish Publication Society, 1961–1966). 尼伦伯格在《暴力社群》(*Communities of Violence*)中提出了

一个不落窠臼的主张，即西班牙"共存"的前提条件是基督徒定期对犹太人施加仪式性的暴力。

19　Chazan, *Jews of Medieval Western Christendom*, pp. 115–127; Cecil Roth, *A History of the Jews of Italy* (Philadelphia, PA.: Jewish Publication Society of America, 1946).

20　Chazan, *Jews of Medieval Western Christendom*, pp. 78–90; William Chester Jordan, "Home Again: The Jews in the Kingdom of France, 1315–1322," in *The Stranger in Medieval Society*, eds. F. R. P. Akehurst and Stephanie Cain Van D'Elden (Minneapolis, MN.: University of Minnesota Press, 1997), pp. 27–45; Mark R. Cohen, *Under Crescent and Cross: The Jews in the Middle Ages* (Princeton, NJ.: Princeton University Press, 1994), pp. 124–125.

21　Chazan, *Jews of Medieval Western Christendom*, pp. 131–153; Robert Chazan, *Medieval Jewry in Northern France: A Political and Social History* (Baltimore, MD.: Johns Hopkins University Press, 1973); William Chester Jordan, *The French Monarchy and the Jews: From Philip Augustus to the Last of the Capetians* (Philadelphia, PA.: University of Pennsylvania Press, 1989); Jordan, "Home Again," pp. 27–39; Cohen, *Under Crescent and Cross*, pp. 86–87; Robert Bonfil, "Aliens Within: The Jews and Antijudaism," in *Handbook of European History, 1400–1600: Late Middle Ages, Renaissance and Reformation. Volume I: Structures and Assertions*, eds. Thomas A. Brady, Jr., Heiko A. Oberman, and James D. Tracy (Leiden, Netherlands: Brill, 1994), p. 275.

22　Chazan, *Jews of Medieval Western Christendom*, pp. 154–167; H.G. Richardson, *The English Jewry under Angevin Kings* (London: Methuen, 1960); Cecil Roth, *A History of the Jews in England* (Oxford: Clarendon Press, 1964); R. B. Dobson, *The Jews of York and the Massacre of 1190* (York: York University Press, 1974); Robert C. Stacey, *Politics, Policy and Finance under Henry III: 1216–1245* (Oxford: Oxford University Press, 1987); Zefira Entin Rokéah, "The State, the Church, and the Jews in Medieval England," in *Anti-semitism Through the Ages*, ed. Shmuel Almog and trans. Nathan H. Reisner (Oxford: Pergamon Press, 1988), pp. 99–125; Robin R. Mundill, *The King's Jews: Money, Massacre and Exodus in Medieval England* (London: Continuum, 2010).

23　Chazan, *Jews of Medieval Western Christendom*, pp. 170–198; Cohen, *Under Crescent and Cross*, pp. 45–48; *Germania Judaica*, 2 vols. (Breslau: M. and H. Marcus, 1934–1968); Jeffrey Richards, *Sex, Dissidence and Damnation: Minority Groups in the Middle Ages* (London: Routledge, 1991), p. 99; Jörg R. Müller, "*Erez gezerah*—'Land of Persecution': Pogroms against the Jews in the regnum

Teutonicum from c. 1280 to 1350," in *The Jews of Europe in the Middle Ages (Tenth to Fifteenth Centuries): Proceedings of the International Symposium held at Speyer, 20–25 October 2002*, ed. Christoph Cluse (Turnhout, Belgium: Brepols, 2004), pp. 248–258; Müller, "Judenverfolgungen," pp. 210–221; David Malkeil, *Reconstructing Ashkenaz: The Human Face of Franco-German Jewry, 1000–1250* (Stanford, CA.: Stanford University Press, 2009).

24 Chazan, *Jews of Medieval Western Christendom*, pp. 198–208; Bonfil, "Aliens Within," p. 268.
25 Cohen, *Under Crescent and Cross*, pp. 3–14, 163–169.
26 Cohen, *Under Crescent and Cross*, pp. 30–74.
27 Cohen, *Under Crescent and Cross*, pp. 77–136.
28 Cohen, *Under Crescent and Cross*, pp. 139–194. 然而，我认为科恩对穆尔和兰米尔的论点是不加批判地全盘接受了。
29 Moore, *Formation of a Persecuting Society*, 1st edn., pp. 29–45; Chazan, *Jews of Medieval Western Christendom*, pp. 210–211, 240–241; Robert Chazan, *Medieval Stereotypes and Modern Antisemitism* (Berkeley, CA.: University of California Press, 1997), pp. 78–85; Richards, *Sex, Dissidence, and Damnation*, pp. 94–95.
30 Chazan, *Jews of Medieval Western Christendom*, pp. 239–240.
31 Chazan, *Jews of Medieval Western Christendom*, p. 216.
32 Chazan, *Jews of Medieval Western Christendom*, p. 214; Bonfil, "Aliens Within," pp. 272–273.
33 Hannah R. Johnson, *Blood Libel: The Ritual Murder Accusation at the Limit of Jewish History* (Ann Arbor, MI.: University of Michigan Press, 2012), pp. 59–90.
34 Chazan, *Jews of Medieval Western Christendom*, p. 240. 也可参见 Shmuel Ettinger, "Jew-Hatred in its Historical Context," in *Antisemitism Through the Ages*, pp. 1–12。
35 Chazan, *Jews of Medieval Western Christendom*, pp. 211–215; Chazan, *Medieval Stereotypes*, pp. 95–109; Kenneth R. Stow, *Alienated Minority: The Jews of Medieval Latin Europe* (Cambridge, MA.: Harvard University Press, 1992), pp. 247–259; Bonfil, "Aliens Within," pp. 270–271; Richards, *Sex, Dissidence, and Damnation*, pp. 106–111; Jeremy Cohen, *The Friars and the Jews: The Evolution of Medieval Anti-Judaism* (Ithaca, NY.: Cornell University Press, 1982); Cohen, *Under Crescent and Cross*, pp. 40–42; Joseph Shatzmiller, *Shylock Reconsidered: Jews, Moneylending, and Medieval Society* (Berkeley, CA.: University of California Press, 1990), pp. 43–55; Lester K. Little, *Religious Poverty and the Profit Economy in the Middle Ages* (Ithaca, N.Y.: Cornell University Press, 1978), pp. 54–56; Berger, *From Crusades to Blood*

Libels to Expulsions, pp. 9–13.
36　Chazan, Medieval Stereotypes, pp. 85–88; Chazan, Jews of Medieval Western Christendom, p. 240; Anna Sapir Abulafia, "Twelfth-Century Renaissance Theology and the Jews," in From Witness to Witchcraft: Jews and Judaism in Medieval Christian Thought, ed. Jeremy Cohen (Wolfenbütteler Mittelalter-Studien, 11, 1996), pp. 128–132.
37　Chazan, Medieval Stereotypes, pp. 88–94; Chazan, Jews of Medieval Western Christendom, p. 240.
38　Cohen, Under Crescent and Cross, pp. 42–49; Shatzmiller, Shylock Reconsidered, pp. 62–67; Kenneth R. Stow, "Hatred of the Jews or Love of the Church: Papal Policy Toward the Jews in the Middle Ages," in Antisemitism Through the Ages, pp. 71–89.
39　Robert Chazan, Reassessing Jewish Life in Medieval Europe (Cambridge: Cambridge University Press, 2010), pp. 165–166, 177.
40　Cohen, Under Crescent and Cross, pp. 50–51.
41　Chazan, Jews of Medieval Western Christendom, pp. 210–231, 239–242; Chazan, Medieval Stereotypes, pp. 95–124; Richards, Sex, Dissidence, and Damnation, p. 100.
42　Gavin I. Langmuir, History, Religion, and Antisemitism (Los Angeles, CA.: University of California Press, 1990), pp. 21–23; Chazan, Medieval Stereotypes, pp. 126–127.
43　Langmuir, History, Religion, and Antisemitism, pp. 23–24, 275–276; Gavin I. Langmuir, Toward a Definition of Antisemitism (Berkeley, CA.: University of California Press, 1990), pp. 57–62; Chazan, Medieval Stereotypes, p. 128; Guido Kisch, The Jews in Medieval Germany: A Study of their Legal and Social Status (Chicago, IL.: University of Chicago Press, 1949), pp. 305–316, 323–341.
44　Johnson, Blood Libel, p. 81.
45　Chazan, Medieval Stereotypes, p. 126.
46　Langmuir, History, Religion, and Antisemitism, pp. 245, 297, 304; Langmuir, Toward a Definition of Antisemitism, pp. 301–302, 351–352. 这种研究方法的先驱是约夏·特拉亨伯格（Joshua Trachtenberg），他认为中世纪的反犹主义是有着非理性基础的，那就是人们潜意识里将犹太人与魔鬼、黑魔法和异端邪说联系在了一起。参见 Joshua Trachtenberg, The Devil and the Jews: The Medieval Conception of the Jew and its Relation to Modern Antisemitism (New Haven, CT.: Yale University Press, 1943)。
47　Langmuir, History, Religion, and Antisemitism, pp. 271, 304; Langmuir, Toward a Definition of Antisemitism, pp. 102–103, 308–309.

48 Langmuir, *History, Religion, and Antisemitism*, p. 259; Langmuir, *Toward a Definition of Antisemitism*, p. 306.
49 Langmuir, *History, Religion, and Antisemitism*, pp. 298–301; Langmuir, *Toward a Definition of Antisemitism*, pp. 61–62, 263–298, 302–306.
50 Langmuir, *Toward a Definition of Antisemitism*, pp. 62, 306.
51 Langmuir, *Toward a Definition of Antisemitism*, pp. 197–236; Chazan, *Medieval Stereotypes*, pp. 47–52; Johnson, *Blood Libel*, pp. 30–58.
52 在《关于反犹主义的定义》(*Toward a Definition of Antisemitism*, p. 308) 中，兰米尔承认，对犹太人"荒诞不经的想象"仅仅局限在欧洲北部，即英格兰、法兰西北部和德意志"少数忧心忡忡的基督徒"中。然而，在《历史、信仰和反犹主义》(*History, Religion, and Antisemitism*, p. 263) 中，兰米尔却声称，中世纪基督徒通过对犹太人充满敌意的态度，公开表达了如何"与他们想要压制的怀疑斗争"，这方面为数不多的例子"只是冰山一角"。然而，对犹太人的这种想象，例如血祭诽谤，为何在北欧而非南欧展开，兰米尔并没有解释。
53 Robert C. Stacey, "History, Religion, and Medieval Antisemitism: A Response to Gavin Langmuir," *Religious Studies Review* 20 (1994): 99; Robert C. Stacey, "1240–60: A Watershed in Anglo-Jewish Relations?" *Historical Research* 61 (1988): 147–150. 对兰米尔命题的其他探讨和批评，参见 Marc Saperstein, "Medieval Christians and Jews: A Review Essay," *Shofar* 8 (1990): 1–10; Berger, *From Crusades to Blood Libels to Expulsions*, pp. 14–16。尽管斯泰西提出了批评，但有一点他是同意兰米尔的，那就是反犹主义在中世纪确实存在，还为其在20世纪的现代版本奠定了基础。然而，我们需要为反犹主义下一个行之有效的定义，它要能够证明这种看法是有道理的，可这个新的基础应该是什么，我们尚且不知。兰米尔对林肯的休一案的论述，参见 Langmuir, *Towards a Definition of Antisemitism*, pp. 237–262。
54 Ariel Toaff, *Pasque di Sangue: Ebrei d'Europa e omicidi rituali* (Milan: Il Mulino, 2007). 托夫的论证基于1475年对犹太人的仪式谋杀审判，此案与小男孩特伦托的西蒙（Simon of Trent）之死有关，而犹太人的"招供"也属于屈打成招。Johnson, *Blood Libel*, pp. 129–164 中详细讨论了整个"托夫事件"（Toaff affair）以及相关的争议。
55 Johnson, *Blood Libel*, p. 77.
56 本人的论证在即将出版的两本书中表达得更为充分：John Aberth, *Doctoring the Black Death: Europe's Late Medieval Medical Response to Epidemic Disease*, 即将由罗曼和利特菲尔德出版社（Rowman and Littlefield）出版；和 John Aberth, *The Black Death: A New History of the Great Mortality*，即将由哈佛大学出版社出版。另见 John Aberth, *From the Brink of the Apocalypse: Confronting Famine, War,*

Plague, and Death in the Later Middle Ages, 2nd edn. (London: Routledge, 2010), pp. 156–191。

57 尽管在黑死病之前就发生过与井中投毒有关的、针对犹太人的孤立事件——1163年在特罗保（Troppau）、1226年在弗罗茨瓦夫（Wrocław）、1267年在维也纳，以及1321年在法兰西南部——但黑死病时期的集体迫害的独特之处在于，犹太人被指控参与一场大范围的国际性阴谋，而这也反映出瘟疫本身传播得很广泛。参见 Richards, *Sex, Dissidence, and Damnation*, p. 103。

58 Christian Guilleré, "La Peste Noire a Gérone (1348)", *Annals Institut d'Estudis Gironins* 27 (1984): 141; *The Black Death*, trans. and ed. Rosemary Horrox (Manchester, UK: Manchester University Press, 1994), p. 223.

59 Jordan, "Home Again," pp. 38–39.

60 Langmuir, *History, Religion, and Antisemitism*, p. 305.

61 例如，1349年2月14日，犹太人在斯特拉斯堡被屠杀，但鞭挞派直到同年的6月中旬或7月初才到达；4月20—21日，犹太人在维尔茨堡被烧死，但鞭挞派直到5月2日才到达；3月3日，犹太人在康斯坦茨被烧死，但鞭挞派直到同年的5月9日才到达。参见本人即将由哈佛大学出版社出版的 *The Black Death: A New History of the Great Mortality* 一书的第五章。另见 Aberth, *From the Brink of the Apocalypse*, 2nd edn., pp. 133–156; Christoph Cluse, "Zur Chronologie der Verfolgungen zur Zeit des 'Schwarzen Todes'," in *Geschichte der Juden im Mittelalter*, pp. 240–241; František Graus, *Pest-Geissler-Judenmorde: das 14. Jahrhundert als Krisenzeit* (Göttingen: Vandenhoeck and Ruprecht, 1994), pp. 220–222; Alfred Haverkamp, "Die Judenverfolgungen zur Zeit des Schwarzen Todes im Gesellschaftsgefüge deutscher Städte," in *Zur Geschichte der Juden im Deutschland des Späten Mittelalters und der Frühen Neuzeit*, ed. Alfred Haverkamp (Stuttgart: Anton Hiersemann, 1981), pp. 43–46。

62 Steven T. Katz, *The Holocaust in Historical Context. Volume I: The Holocaust and Mass Death before the Modern Age* (New York: Oxford University Press, 1994), pp. 227, 235, 250, 260–262, 315–317, 322–324, 330–333, 338–340, 346–362.

63 Katz, *Holocaust in Historical Context*, pp. 263–264, 269–298, 309–314. 另见 Trachtenberg, *Devil and the Jews*; Robert Bonfil, "The Devil and the Jews in the Christian Consciousness of the Middle Ages," in *Antisemitism Through the Ages*, pp. 91–98。

64 Katz, *Holocaust in Historical Context*, pp. 227, 264, 268–269.

65 David Nirenberg, *Anti-Judaism: The Western Tradition* (New York: W. W. Norton and Company, 2013), p. 3.

66 Nirenberg, *Anti-Judaism*, pp. 183–216.
67 Chazan, *Medieval Stereotypes*, pp. 128–129.
68 Chazan, *Medieval Stereotypes*, pp. 129–140; Chazan, *Jews of Medieval Western Christendom*, pp. 158, 184, 191, 214.
69 这个"催泪学派"的史学史要追溯到16世纪。参见 David Nirenberg, "The Rhineland Massacres of Jews in the First Crusade: Memories Medieval and Modern," in *Medieval Concepts of the Past: Ritual, Memory, Historiography*, eds. Gerd Althoff, Johannes Fried, and Patrick J. Geary (Cambridge: Cambridge University Press, 2002), p. 297。
70 Chazan, *Reassessing Jewish Life*, pp. ix–xx. 查赞在他的序言中声称，自己只是在追随老师萨洛·巴伦的脚步，后者在1928年率先对"催泪"的犹太人历史叙事提出了挑战，但是在大众和学术文化中，他的"创新性"研究方法在很大程度上被忽视了。参见 Salo W. Baron, "Emphases in Jewish History," *Jewish Social Studies* 1 (1939): 37; David Engel, "Salo Baron's View of the Middle Ages in Jewish History: Early Sources," in *Medieval Jewish Intellectual and Social History: Festschrift in Honor of Robert Chazan*, eds. David Engel, Lawrence H. Schiffman, and Elliot R. Wolfson (Leiden, Netherlands: Brill, 2012), p. 299。
71 Chazan, *Reassessing Jewish Life*, pp. 85–106.
72 Anna Foa, *The Jews of Europe after the Black Death*, trans. Andrea Grover (Berkeley, CA.: University of California Press, 2000), p. 8; Bonfil, "Aliens Within," pp. 266–267.
73 Bonfil, "Aliens Within," pp. 268–269.
74 Bonfil, "Aliens Within," pp. 264, 268.
75 Chazan, *Reassessing Jewish Life*, pp. 85–106.
76 Chazan, *Reassessing Jewish Life*, pp. 225–227.
77 Chazan, *Reassessing Jewish Life*, p. 159.
78 Chazan, *Reassessing Jewish Life*, pp. 19–51.
79 这一形象在以下书中得到了重新评价，Shatzmiller, *Shylock Reconsidered*。
80 Chazan, *Reassessing Jewish Life*, pp. 107–132.
81 Chazan, *Jews of Medieval Western Christendom*, pp. 257–283.
82 例如，有人认为，基督教的传教努力和在犹太会堂的强行布道，为犹太辩论家的反基督教作品提供了弹药，因为这是他们为数不多的关于基督教的信息来源之一。参见 Daniel J. Lasker, "Jewish Knowledge of Christianity in the Twelfth and Thirteenth Centuries," in *Studies in Medieval Jewish Intellectual and Social History*, pp. 103–109; Bonfil, "Aliens Within," p. 276。
83 Chazan, *Medieval Stereotypes*, pp. 76–77; Chazan, *Reassessing Jewish Life*,

pp. 168–171, 199; Stow, *Alienated Minority*, p. 117.
84 Chazan, *Jews of Medieval Western Christendom*, pp. 247–257; Chazan, *Reassessing Jewish Life*, pp. 193–221.
85 Mark D. Meyerson, *A Jewish Renaissance in Fifteenth-Century Spain* (Princeton, NJ.: Princeton University Press, 2004).
86 Jonathan Ray, "Beyond Tolerance and Persecution: Reassessing Our Approach to Medieval *Convivencia*," *Jewish Social Studies*, 11 (2005): 5–12.
87 肯尼斯·斯托（Kenneth Stow）非常简略地提及了13世纪80年代英格兰基督徒参加"犹太人宴会和婚礼庆典"的情况，但并没有提到这特指1286年发生在赫里福德的事件。参见 Stow, *Alienated Minority*, p. 232。
88 James Parkes, *The Conflict of the Church and the Synagogue: A Study in the Origins of Antisemitism* (New York: Jewish Publication Society, 1934) p. 381.
89 *Registrum Ricardi de Swinfield, Episcopi Herefordensis, A. D. 1283–1317*, ed. William W. Capes (Hereford: Wilson and Phillips, 1909), pp. 120–121.
90 Chazan, *Jews of Medieval Western Christendom*, pp. 55–56, 163; Rokéah, "The State, the Church, and the Jews," pp. 112–113.
91 *Registrum Ricardi de Swinfield*, pp. 120–121.
92 *Registrum Ricardi de Swinfield*, p. 121.
93 *Registrum Ricardi de Swinfield*, p. 122.
94 *Registrum Ricardi de Swinfield*, p. 122.
95 *Registrum Ricardi de Swinfield*, p. 121.
96 Shatzmiller, *Shylock Reconsidered*, pp. 107–118; Chazan, *Reassessing Jewish Life*, pp. 131–132, 186–187. 尽管如此，戴维·伯格（David Berger）还是语带挖苦地评论说，犹太人的放债职业"对和睦亲善的感情无益"。参见 Berger, *From Crusades to Blood Libels to Expulsions*, pp. 12–13。
97 Chazan, *Reassessing Jewish Life*, pp. 187–188.
98 Lasker, "Jewish Knowledge of Christianity," pp. 101–103. 来自佩皮尼昂（Perpignan）的拉比学者梅纳赫姆·梅里（Menachem Meiri）甚至提出，犹太人和基督徒在宗教信仰方面"本是同根生"，这种观点在当时是很罕见的。参见 Bonfil, "Aliens Within," pp. 274–275。
99 Chazan, *Reassessing Jewish Life*, pp. 198–200, 221; Bonfil, "Aliens Within," pp. 275–276. 犹太人皈依基督教的情况在1391年的西班牙最为普遍，但因为此前全国大部分地区都发生了非常暴力的集体迫害，所以这种说法是成问题的。
100 Israel Abrahams and Frederic Maitland, "The Deacon and the Jewess," *Transactions of the Jewish Historical Society* 16 (1908–1910): 254–276; Roth, *History of the Jews*

in England, pp. 76, 83; Stow, *Alienated Minority*, p. 289; Rokéah, "The State, the Church, and the Jews," p. 114.
101 Chazan, *Reassessing Jewish Life*, pp. 191–192, 220–221.
102 *Heresy and Authority in Medieval Europe: Documents in Translation*, ed. Edward Peters (Philadelphia, PA.: University of Pennsylvania Press, 1980), p. 1; Moore, *Formation of a Persecuting Society*, 1st edn., p. 68; Jennifer Kolpacoff Deane, *A History of Medieval Heresy and Inquisition* (Lanham, MD.: Rowman and Littlefield, 2011), pp. 2–4; Walter L. Wakefield, *Heresy, Crusade and Inquisition in Southern France, 1100–1250* (Berkeley, CA.: University of California Press, 1974), p. 16.
103 Moore, *Formation of a Persecuting Society*, 1st edn., pp. 62–64, 67, 97–98; Robert I. Moore, "Heresy as Disease," in *The Concept of Heresy in the Middle Ages (11th–13th C.): Proceedings of the International Conference of Louvain, May 13–16, 1973*, eds. W. Lourdaux and D. Verhelst (Louvain, Belgium: Leuven University Press, 1976), pp. 1–11; Gordon Leff, *Heresy in the Later Middle Ages: The Relation of Heterodoxy to Dissent, c. 1250–c. 1450*, 2 vols. (Manchester, UK: Manchester University Press, 1967), 1: 1–2; Wakefield, *Heresy, Crusade and Inquisition*, p. 16.
104 *Heresy and Authority*, pp. 29–41.
105 *Heresy and Authority*, pp. 41–47; Moore, *Formation of a Persecuting Society*, 1st edn., p. 12.
106 关于摩尼教影响了后来的卡特里派的理论，参见 Heinrich Fichtenau, *Heretics and Scholars in the High Middle Ages, 1000–1200*, trans. Denise A. Kaiser (University Park, PA.: Pennsylvania State University Press, 2000), pp. 105–110。
107 Moore, *Formation of a Persecuting Society*, 1st edn., pp. 13–14; *Heresy and Authority*, p. 3; Wakefield, *Heresy, Crusade and Inquisition*, pp. 17–18.
108 R. I. Moore, *The Origins of European Dissent* (New York: St. Martin's Press, 1977), pp. 46–136; Moore, *Formation of a Persecuting Society*, 1st edn., pp. 19–22; Wakefield, *Heresy, Crusade and Inquisition*, pp. 18–25; Malcolm Lambert, *Medieval Heresy: Popular Movements from the Gregorian Reform to the Reformation*, 3rd edn. (Oxford: Blackwell, 2002), pp. 43–62.
109 Deane, *History of Medieval Heresy*, p. 28.
110 Malcolm Barber, *The Cathars: Dualist Heretics in Languedoc in the High Middle Ages* (Harlow, UK: Pearson, 2000), pp. 6–33; Malcolm Lambert, *The Cathars* (Oxford: Blackwell, 1998), pp. 19–44; Lambert, *Medieval Heresy*, 3rd edn., pp. 52–69, 133–137; Fichtenau, *Heretics and Scholars*, pp. 70–104, 111–114, 155–171; R. I. Moore, *The Birth of Popular Heresy* (London: Edward Arnold, 1975), pp. 132–138;

Moore, *Origins of European Dissent*, pp. 139–196; Deane, *History of Medieval Heresy*, pp. 30–36; Leff, *Heresy in the Later Middle Ages*, 2: 445–448; Wakefield, *Heresy, Crusade and Inquisition*, pp. 27–43. 有关卡特里派的东方起源论，参见 Steven Runciman, *The Medieval Manichee: A Study of the Christian Dualist Heresy* (Cambridge: Cambridge University Press, 1969), pp. 63–93; Bernard Hamilton, "Wisdom from the East: The Reception by the Cathars of Eastern Dualist Texts," in *Heresy and Literacy, 1000–1500*, eds. Peter Biller and Anne Hudson (Cambridge: Cambridge University Press, 1994), pp. 38–60; Bernard Hamilton, "Cathar Links with the Balkans and Byzantium," in *Cathars in Question*, ed. Antonio Sennis (Woodbridge, UK and York, UK: Boydell Press and York Medieval Press, 2016), pp. 131–150; Daniel F. Callahan, "Adhemar of Chabannes and the Bogomils," and Bernard Hamilton, "Bogomil Influences on Western Heresy," in *Heresy and the Persecuting Society*, pp. 31–41, 93–114。

111 想要了解这场争论，可以从以下文献入手：*Cathars in Question; L'Histoire du Catharisme en Discussion: Le "Concile" de Saint-Félix (1167)*, ed. Monique Zerner (Collection du Centre d'Études Médiévales de Nice, 3, 2001); *Inventer l'Hérésie? Discours Polémiques et Pouvoirs avant l'Inquisition*, ed. Monique Zerner (Collection du Centre d'Études Médiévales de Nice, 2, 1998)。

112 罗伯特·穆尔（Robert Moore）将2013年在伦敦大学学院举行的卡特里派研讨会总结为："事实证明，仅凭历史研究法的常规步骤，很难解决争议观点之间的分歧。"然而，约翰·阿诺德（John Arnold）乐观地表示："这场争论的讽刺之处部分在于，双方的共同立场竟然有那么多。"参见 John H. Arnold, "The Cathar Middle Ages as a Methodological and Historiographical Problem" 和 R. I. Moore, "Principles at Stake: The Debate of April 2013 in Retrospect," in *Cathars in Question*, pp. 77, 273。

113 Mark Gregory Pegg, "The Paradigm of Catharism; or, the Historians' Illusion," Julien Théry-Astruc, "The Heretical Dissidence of the 'Good Men' in the Albigeois (1276–1329): Localism and Resistance to Roman Clericalism," and Moore, "Principles at Stake," in *Cathars in Question*, pp. 21–52, 79–111, 257–273; R. I. Moore, *The War on Heresy* (Cambridge, MA.: Harvard University Press, 2012), pp. 332–336; *Inventer l'Hérésie*, ed. Zerner.

114 Arnold, "Cathar Middle Ages," Jörg Feuchter, "The *Heretici* of Languedoc: Local Holy Men and Women or Organized Religious Group? New Evidence from Inquisitorial, Notarial and Historiographical Sources," 和 Peter Biller, "Goodbye to Catharism?" in *Cathars in Question*, pp. 53–79, 112–130, 274–304。

115 Deane, *History of Medieval Heresy*, pp. 7–8; Arnold, "Cathar Middle Ages," pp. 77–78.

116 Claire Taylor, "Looking for the 'Good Men' in the Languedoc: An Alternative to 'Cathars'?" in *Cathars in Question*, pp. 242–256; Pilar Jiménez-Sanchez, *Les catharismes: Modèles dissidents du christianisme médiéval (xiie-xiiie siècles)* (Rennes: Presses Universitaires de Rennes, 2014); Jean-Louis Biget, *Hérésie et inquisition dans le Midi de la France* (Paris: Picard, 2007).

117 James B. Given, *Inquisition and Medieval Society: Power, Discipline, and Resistance in Languedoc* (Ithaca, NY.: Cornell University Press, 1997), pp. 25–51; Peter Biller, "Heresy and Literacy: Earlier History of the Theme," and R. I. Moore, "Literacy and the Making of Heresy, c. 1000–c. 1150," in *Heresy and Literacy, 1000–1530*, eds. Peter Biller and Anne Hudson (Cambridge: Cambridge University Press, 1994), pp. 3–10, 19–37.

118 Deane, *History of Medieval Heresy*, pp. 5–6; Claire Taylor, "Authority and the Cathar Heresy in the Northern Languedoc," in *Heresy and the Persecuting Society*, pp. 141–146.

119 Pegg, "Paradigm of Catharism," pp. 46–47; Moore, *Birth of Popular Heresy*, pp. 99–101; *L'Histoire du Catharisme en Discussion*, pp. 57–102; Bernard Hamilton, "The Cathar Council of S. Félix Reconsidered," *Archivum Fratrum Praedicatorum* 48 (1978): 23–53.

120 Peter Biller, "The Cathars of Languedoc and Written Materials," in *Heresy and Literacy*, pp. 63–70; Wakefield, *Heresy, Crusade and Inquisition*, pp. 34–36.

121 R. I. Moore, "The Cathar Middle Ages as an Historiographical Problem," in *Christianity and Culture in the Middle Ages: Essays to Honor John van Engen*, eds. David C. Mengel and Lisa Wolverton (Notre Dame, IN.: Notre Dame University Press, 2015), p. 59.

122 Moore, *Origins of European Dissent*, pp. 176–182; Mark Pegg, "Heresy, Good Men, and Nomenclature," in *Heresy and the Persecuting Society*, p. 229; Uwe Brunn, *Des contestaires aux 'Cathares' : Discours de réforme et propagande antihérétique dans le pays du Rhin et de la Meuse avant l'inquisition* (Paris: Institut d'Études Augustiniennes, 2006); Taylor, "Looking for the 'Good Men'," p. 243.

123 Pegg, "Paradigm of Catharism," pp. 31–32; Moore, "Cathar Middle Ages," p. 59; Wakefield, *Heresy, Crusade and Inquisition*, p. 30.

124 Pegg, "Paradigm of Catharism," p. 42; Pegg, "Heresy, Good Men, and Nomenclature," p. 233; Feuchter, "*Heretici* of Languedoc," pp. 118–125; Moore, "Cathar Middle Ages," p. 59; Wakefield, *Heresy, Crusade and Inquisition*, p. 31. 即使被告自称"好男人"或"好女人",宗教裁判所的抄写员也会将这些用语"重新定性"或者改写为

"异端",这显然不得不让人怀疑他们的偏见。

125 Deane, *History of Medieval Heresy*, pp. 28–30; Pegg, "Paradigm of Catharism," p. 39; Pegg, "Heresy, Good Men, and Nomenclature," pp. 229–231; Moore, "Cathar Middle Ages," p. 59; Wakefield, *Heresy, Crusade and Inquisition*, p. 31.

126 Pegg, "Paradigm of Catharism," pp. 39–41; Pegg, "Heresy, Good Men, and Nomenclature," pp. 230–231.

127 Pegg, "Paradigm of Catharism," pp. 40–42; Pegg, "Heresy, Good Men, and Nomenclature," pp. 233–234.

128 Pegg, "Paradigm of Catharism," pp. 42–45; Pegg, "Heresy, Good Men, and Nomenclature," pp. 238–239.

129 Pegg, "Paradigm of Catharism," pp. 45–46; Mark Gregory Pegg, *The Corruption of Angels: The Great Inquisition of 1245–1246* (Princeton, NJ.: Princeton University Press, 2001); Wakefield, *Heresy, Crusade and Inquisition*, pp. 82–94.

130 Deane, *History of Medieval Heresy*, pp. 34–36; Lambert, *Medieval Heresy*, 3rd edn., 116–121; Wakefield, *Heresy, Crusade and Inquisition*, pp. 31–39. 对13世纪上半叶一个卡特里派社区,即法兰西阿日奈(Agenais)卡特里派"教区"的详细描述,参见 Claire Taylor, *Heresy in Medieval France: Dualism in Aquitaine and the Agenais, 1000–1249* (Woodbridge, UK: Boydell Press, 2005), pp. 225–260。

131 Caterina Bruschi, "Converted-Turned-Inquisitors and the Image ofthe Adversary: Ranier Sacconi Explains Cathars," and Lucy J. Sackville, "The Textbook Heretic: Moneta of Cremona's Cathars," in *Cathars in Question*, pp. 185–228; Deane, *History of Medieval Heresy*, pp. 26–28.

132 Feuchter, "*Heretici* of Languedoc," pp. 112–130. 此外,菲彻斯特(Feuchter)还举出了1189年巴济耶日(Bazière)一份经过了公证的特许状,其中提到一名妇女"将自己献给了他们称之为异端的男人",以及叙利亚牧首"伟大的"米海尔(Michael the Great)在约1179年的编年史记载,其中提到了卡特里派的"主教"。这些史料无一能够确定卡特里派作为异端的实际存在。

133 Biller, "Goodbye to Catharism," pp. 278–282.

134 Brunn, *Contestaires aux "Cathares"*; Moore, "Principles at Stake," pp. 262–267; Moore, "Cathar Middle Ages," p. 74.

135 Moore, "Principles at Stake," p. 267. 关于要将证实异端的同时代文本"解构"到何等程度的争论,参见 L. J. Sackville, *Heresy and Heretics in the Thirteenth Century: The Textual Representations* (Woodbridge, UK and York, UK: Boydell Press and York Medieval Press, 2011), pp. 1–11; *Texts and the Repression of Medieval Heresy*, eds. Caterina Bruschi and Peter Biller (Woodbridge, UK and York, UK: Boydell Press and

York Medieval Press, 2003)。对于如何在宗教裁判所弄权的情况下重新审视卡特里派嫌疑者口供的案例研究，参见 John H. Arnold, *Inquisition and Power: Catharism and the Confessing Subject in Medieval Languedoc* (Philadelphia, PA.: University of Pennsylvania Press, 2001)。

136 Robert E. Lerner, *The Heresy of the Free Spirit in the Later Middle Ages* (Berkeley, CA.: University of California Press, 1972).

137 见本人即将由哈佛大学出版社出版的 *The Black Death: A New History of the Great Mortality* 一书的第五章。巧合的是，意大利的许多卡特里派也加入了鞭挞派团体，尽管他们的关注点是将身体作为救赎的手段（通过修行），因为他们在这些团体中看到了心向宗教的虔诚和完美的同类精神。对他们来说，"异端和正统之间的界限并非基于神学理论或教义，而是基于实践和看问题的角度"。参见 Susan Taylor Snyder, "Cathars, Confraternities, and Civic Religion: The Blurry Border between Heresy and Orthodoxy," in *Heresy and the Persecuting Society*, pp. 241–251。

138 Ria Jansen-Sieben and Hans van Dijk, "Un slaet u zeere doer Cristus eere! Het flagellantenritueel op een Middelnederlandse tekstrol," *Ons Geestelijk Erf* 77 (2003): 139–213.

139 Timothy S. Miller and John W. Nesbitt, *Walking Corpses: Leprosy in Byzantium and the Medieval West* (Ithaca, NY.: Cornell University Press, 2014), pp. 38–47, 65–71, 100–106, 110–117; Ephraim Shoham-Steiner, *On the Margins of a Minority: Leprosy, Madness, and Disability among the Jews of Medieval Europe*, trans. Haim Watzman (Detroit, MI.: Wayne State University Press, 2014), pp. 21–71; Luke Demaitre, *Leprosy in Premodern Medicine: A Malady of the Whole Body* (Baltimore, MD.: Johns Hopkins University Press, 2007), pp. 34–74, 103–123; Christine M. Boeckl, *Images of Leprosy: Disease, Religion, and Politics in European Art* (Kirksville, MO.: Truman State University Press, 2011), pp. 8–66; Carol Rawcliffe, *Leprosy in Medieval England* (Woodbridge, UK: Boydell Press, 2006), pp. 44–204; Moore, *Formation of a Persecuting Society*, 1st edn., pp. 45–65; Saul Nathaniel Brody, *The Disease of the Soul: Leprosy in Medieval Literature* (Ithaca, NY.: Cornell University Press, 1974), pp. 21–106. 麻风病的道德因素包括指责麻风病人特别淫荡，这将他们置于与妓女相差无几的境地。参见 Moore, *Formation of a Persecuting Society*, 1st edn., pp. 97–98。

140 Rawcliffe, *Leprosy in Medieval England*, pp. 106–107.

141 Rawcliffe, *Leprosy in Medieval England*, pp. 19–23; Moore, *Formation of a Persecuting Society*, 1st edn., pp. 58–60.

142 Miller and Nesbitt, *Walking Corpses*, pp. 72–95, 118–138; Rawcliffe, *Leprosy in*

Medieval England, pp. 104–154. 因此，拉瓦克利夫（Rawcliffe）强调，麻风病人进入麻风病院是要申请的，如果不遵守规则还会被赶出去，竟然还有人试图伪装麻风病的症状以便入院，而不是试图隐藏自己的症状以避免监禁。

143 布洛迪（Brody）将中世纪的麻风病简单解释为一种"灵魂疾病"，此处对这种过分简单化的解释进行了比较大的修正。参见 Miller and Nesbitt, *Walking Corpses*, pp. 38–43, 100–106; Rawcliffe, *Leprosy in Medieval England*, pp. 48–64, 104–154; Demaitre, *Leprosy in Premodern Medicine*, pp. 34–74; Brody, *Disease of the Soul*, pp. 60–106。

144 Malcolm Barber, "Lepers, Jews, and Moslems: The Plot to Overthrow Christendom in 1321," *History* 66 (1981): 1–17; Nirenberg, *Communities of Violence*, pp. 43–68, 93–124.

145 Karl Sudhoff, "Pestschriften aus der ersten 150 Jahren nach der Epidemie des 'schwarzen Todes' von 1348," *Archiv für Geschichte der Medizin* 17 (1925): 54–55.

146 *The Black Death*, trans. and ed. Rosemary Horrox (Manchester, UK: Manchester University Press, 1994), pp. 27, 194–203; Neil Murphy, "Plague Ordinances and the Management of Infectious Diseases in Northern French Towns, c. 1450–c. 1560," in *The Fifteenth Century XII: Society in an Age of Plague*, eds. Linda Clark and Carole Rawcliffe (Woodbridge, UK: Boydell Press, 2013), pp. 139–159; Carole Rawcliffe, *Urban Bodies: Communal Health in Late Medieval English Towns and Cities* (Woodbridge, UK: Boydell Press, 2013); Kristy Wilson Bowers, *Plague and Public Health in Early Modern Seville* (Rochester, NY.: University of Rochester Press, 2013), pp. 30–88; C. de Backer, "Maatregelen Tegen de Pest te Diest in de Vijftiende en Zestiende Eeuw," *Koninklijke Academie voor Geneeskunde van Belgie* 61 (1999): 273–299; Ann G. Carmichael, *Plague and the Poor in Renaissance Florence* (Cambridge: Cambridge University Press, 1986), pp. 98–126; Carlo M. Cipolla, *Public Health and the Medical Profession in the Renaissance* (Cambridge: Cambridge University Press, 1976), pp. 11–66; Carlo M. Cipolla, *Faith, Reason, and the Plague in Seventeenth-Century Tuscany*, trans. M. Kittel (Ithaca, NY.: Cornell University Press, 1979), pp. 1–14.

147 De Backer, "Maatregelen Tegen de Pest," pp. 275–276; William G. Naphy, *Plagues, Poisons, and Potions: Spreading Conspiracies in the Western Alps, c. 1530–1640* (Manchester, UK: Manchester University Press, 2002).

148 Miller and Nesbitt, *Walking Corpses*, p. 111; Rawcliffe, *Leprosy in Medieval England*, pp. 93–95.

149 Miller and Nesbitt, *Walking Corpses*, pp. 40–43, 103–106; Rawcliffe, *Leprosy in*

Medieval England, pp. 55–64, 135–147.
150 Miller and Nesbitt, *Walking Corpses*, pp. 72–95.
151 Shoham-Steiner, *On the Margins of a Minority*, pp. 21–43; Elinor Lieber, "Old Testament 'Leprosy,' Contagion and Sin," in *Contagion: Perspectives from Pre-Modern Societies*, eds. Lawrence I. Conrad and Dominik Wujastyk (Aldershot, UK: Ashgate, 2000), pp. 99–136; Michael W. Dols, "The Leper in Medieval Islamic Society," *Speculum* 58 (1983): 891–917; Russell Hopley, "Contagion in Islamic Lands: Responses from Medieval Andulasia and North Africa," *Journal for Early Modern Cultural Studies* 10 (2010): 46–50; Justin K. Stearns, *Infectious Ideas: Contagion in Premodern Islamic and Christian Thought in the Western Mediterranean* (Baltimore, MD.: Johns Hopkins University Press, 2011), pp. 112–113.
152 Dols, "Leper in Medieval Islamic Society," pp. 895–897.
153 Michael W. Dols, *The Black Death in the Middle East* (Princeton, NJ.: Princeton University Press, 1977), pp. 109, 112–114; Miller and Nesbitt, *Walking Corpses*, pp. 40–43; Rawcliffe, *Leprosy in Medieval England*, pp. 55–64.
154 Shoham-Steiner, *On the Margins of a Minority*, pp. 25–42; Lieber, "Old Testament 'Leprosy,' " pp. 107–131; Dols, "Leper in Medieval Islamic Society," pp. 897–912.
155 Shoham-Steiner, *On the Margins of a Minority*, pp. 69–70.
156 Shoham-Steiner, *On the Margins of a Minority*, pp. 43, 70–71; Dols, "Leper in Medieval Islamic Society," pp. 912–916.
157 Boeckl, *Images of Leprosy*, pp. 92–106; Marcia Kupfer, *The Art of Healing: Painting for the Sick and the Sinner in a Medieval Town* (University Park, PA.: Pennsylvania State University Press, 2003), pp. 104, 107; Rawcliffe, *Leprosy in Medieval England*, pp. 60–63.

第五章
请不要有性生活，我们这是中世纪：中世纪的性

No sex please, we're medieval: Sexuality in the Middle Ages

很久以前，我给一些小学生做了一场特邀讲座，他们问我："中世纪的人恋爱吗？"我回答说，是的，中世纪的人确实会恋爱，和现在的人一样，但他们恋爱的背景截然不同。具有讽刺意味的是，贵族女性尽管地位很高，但由于家族义务和门当户对的压力，她们恋爱和选择伴侣的余地可能更小。反观农民女性，由于相对贫穷，在某种意义上倒是可以与自己喜欢的人自由婚配。[1]

我们还可以问出一个类似的问题（提问对象严格限定为成年读者）：中世纪的人有性生活吗？我们知道，他们当然有，因为他们就是以此繁衍后代的。然而，想象如此久远的人们如何做爱，他们又是否乐在其中，可能会让一些人产生一种茫然又别扭的感觉，就如同想象自己父母做爱时一样。我们知道他们做了，但他们是如何做的，似乎就需要费很大力气去幻想那些色情的东西，而毫无激情可言了。

性可能很普遍，但中世纪实际上并不以性爱前戏而闻名。在大众

意识里，这是一个由教会控制的时代，而教会严禁性快感，或者叫"私通"（fornication）。性行为只能发生在婚内，而且完全是为了生育。这可能是大众的刻板印象。实际情况当然大不相同。不仅中世纪的男女在婚内和婚外都会做爱，并且乐在其中，那些被认为处于社会"边缘"的人，例如同性恋者和妓女，也完全是中世纪性情景的一部分。本章将探讨中世纪性行为的所有这些内容。

中世纪的性理论

中世纪人对性行为的态度可以从一些史料中获知，这些史料包括：医学论文和自然哲学著作；"通俗"文学作品，例如故事诗（*fabliaux*）；以及法律和宗教文本。[2] 大体上，我们的中世纪祖先似乎将性视为"一个人对另一个人所做的某种事情"；换句话说，性就是谁插入谁的问题，或者说谁是"主动"的一方，谁是"被动"的一方，前者被归为"男性"，后者被归为"女性"（即使是在同性恋关系中）。[3] 这意味着男人与女人的性体验截然不同，与当今社会的理想相去甚远，至少在当今的西方社会，性应该是一种互相取悦、互相满足的行为。[4] 然而，研究医学文本的学者认为，"中世纪人对性别差异的看法，比有时硬扣在他们头上的主动／被动、灵魂／肉体、上位／下位这些老套的二元对立要丰富和复杂得多"，尤其是到了中世纪晚期。[5] 这种复杂性表明，我们现代人和中世纪人对性的看法有很多共通之处，尽管乍看之下未必很明显。

有观点认为，医学和科学文本尽管属于"理论"性质，却真实地反映了同时代人对性的态度，因为中世纪的作者没有什么权威的评论可以依靠，只能被迫投身于"关于性别的更宽泛的文化假定"。[6] 从11

世纪生活在卡西诺山（Monte Cassino）的本笃会医生非洲人康斯坦丁（Constantine the African）开始，出现了这样一种假定，认为女人尽管在性交中是被动的一方，体验到的性快感却更强烈，因为她们的快感是"双重快感"：既能接纳男人的精液，又能射出自己的精液。[7]（这是假定了"双份精液"生理理论，即男女双方都射出了精液，从而形成胎儿。）到了中世纪晚期，讨论性交的科学/医学文本对女性的快感投入了前所未有的关注，但结果并不总是让女性得到解放。一些作者宣称，女人是性欲最旺盛的造物，超过了男人和动物，这反映了厌女的主旋律，当时正值大学和医学院将女性拒之门外。甚至在怀孕后，即性行为失去了功能后，女人对性的欲望也会继续存在，而一些女人被强奸后怀孕的事实表明，她们终究还是在这样的遭遇中获得了快感，因为如果没有快感，女人就无法射出自己的精液 [这种观点可以追溯到2世纪的医生索兰纳斯（Soranus）]。想要反驳这个可恶的结论，唯一的办法就是回归亚里士多德的观点，即女性射精并非生殖的必要条件（也就是"单份精液"理论），可这又消除了女性在性交中获得快感的必要性和男性给予她们性满足的义务。[8]因此，对中世纪的女性来说，性安全和性满足似乎无法兼得。

中世纪晚期的作者继续争论着哪种性别在性爱中获得的快感更多。他们声称，女人对性欲的控制力更弱，她们较差的智力和道德品质就是证据，但男人的性冲动更强。有一种勉强算得上折衷的说法，认为女人的快感总量更大，持续时间更长，但男人的快感质量更好，或者是更加强烈。非要说的话，就是女人体验到的性快感与男人的"程度不同"。当然，男人射精比女人"更快""更突然"的观点，当今的大多数人都会不由分说地同意！[9]阿拉伯权威人士普遍赞同并认可性快感对人类整体健康的重要性,在此基础上,一些西方作者,例如萨利切托的威廉(William of Saliceto)、阿巴诺的彼得罗(Pietro d'Abano)、安东尼奥·瓜伊内罗(Antonio Guainerius)和米凯莱·萨沃纳罗拉(Michael Savonarola),对女性快感的成因有了更深入的理解。他们描述了备受推荐的前戏,例如亲吻和爱抚乳房,以及刺激阴蒂的技巧,即阴茎的运动和摩擦如何刺激"子宫口"的"神经和血管",这在此时代表了女性在性交中除释放和接受精液之外的第三种"欢愉"。威廉甚至建议男性推迟射精,直到他的女性伴侣体验到高潮,这意味着她射了精。[10]

这些观察的基础也可能是直接经验,我们不能排除这种可能性。13世纪的哲学家和神学家大阿尔伯特(Albertus Magnus)说,"有些女人把容器的颈部放进阴道"寻求刺激,又说黑人女性"干起来最带劲,诚如皮条客所言"。他这样说,至少肯定是与对这些事情有直接了解的人交谈过,即使我们会怀疑他们告诉他的这些内容严重夸大,充斥着错误信息。[11] 总的来说,对女性性快感的医学论述,虽然承袭了性快感应当严格服务于生殖目的的神学观点,却并没有那么重的道德说教和评头论足口吻,而是从自然主义的角度来探讨这一主题的。甚至有人认为,这一时期发展出了一种"爱的艺术",或者叫"情色科学",其中"有一种与生殖完全无关的思路,主题就是快感本身"。在这种观点中,性作为一种自然行为并不可耻,因为"自然的一切都不可耻",而且性具有释放郁积的精液,从而恢复体液平衡的必要功能,对身心健康是必不可少的。[12]

与这一切形成鲜明对比的,是基督教道德家和神学家的"悲观"看法。他们从中世纪早期起,就将性激情视为"对个人和社会福祉的威胁",尤其是如果放任不管的话,会发展成"非理性的、疯狂的交合,扰乱按部就班的家庭建立和家庭资源管理"，到头来就会成为一股"破坏力"。[13] 这样看来，性交唯一的目的就是生育。[14] 然而，如果做得太绝，"严格"断绝性行为，又与生殖目的相抵触，还会向把肉身的一切都视为邪恶的二元论异端靠拢，这是很危险的。尤其是中世纪早期的教会当局，甚至对婚内性行为——理想情况是已婚夫妇和未婚少女都要保持童贞——的看法都是不以为然的，而这种观点很可能与性放纵一样，对社会来说都是一股破坏力，因为这会造成生育不足，使家族姓氏难以延续。[15]

关于中世纪的性，更清晰的观点——或许也更有可能是"真正的"人民和普通民众所持有的观点——要从产生于学院或修道院之外的其他史料中获取，比如记录"婚姻债务"诉讼的法律文本（这里的"婚姻债务"指的是与婚姻伴侣性交的义务），以及故事诗等通俗文学作品。举例来说，故事诗是以韵文写成的短篇故事，通常围绕着一个与性有关的主题展开，特点是角色"刻画得惟妙惟肖，说着贴近生活的对话，做着'天性使然'的行为，以优雅、淫荡和享受的姿态毫无保留地展示着自己的需求和欲望"。[16] 支持这种文本的人，会认为中世纪的性就像上文中提到的那样，完全是主动／被动的二元对立——谁对谁做了什么。[17] 然而，尽管这类史料往往远不如医学著作那般文雅、讲究——甚至有人称其过于"淫猥"下流，是中世纪的"粗俗喜剧"[18]——解读起来却一点儿也不简单。

《塞纳河桥的渔夫》（"Fisherman of Pont-sur-Seine"）、《圣马丁的四个愿望》（"Four Wishes of Saint Martin"）、《坚持喂鳟鱼的妻子》（"Wife Who Insisted on Feeding Brownie"）和《在丈夫坟头被干的女人》（"Woman Who Got Herself Fucked on her Husband's Grave"）等故事，

显然对露骨的性描写毫不避讳。[19] 但它们到底要告诉同时代的中世纪听众什么呢？这些故事本质上描绘的是女人对男性阴茎的痴迷，以及贪得无厌的被插入欲；然而，即使作为性交中被插入的一方，这些女人也绝不是被动的，而是能够操纵，并且在一定程度上控制她们的丈夫的。这样的行为实际上会被视为危险和威胁，1486 年的《女巫之锤》(*Malleus Maleficarum*) 便是明证，这本书沉溺在近乎色情的幻想中，幻想着女巫如何偷走男人的阴茎，"把它们放在鸟巢里，或者封在盒子里，它们在里面像活人一样活动，以燕麦和小麦为食，很多人都看到过，也经常有人议论这类事情"。[20] 另一方面，这种行为是否只与某一个阶级的女性有关，即无法控制自身色欲的农民阶级，而不是宫廷传奇中那些矜持的贵妇呢？这些故事是否只是为了娱乐，所以里面的人物是高度夸张的，与现实没什么关系呢？既然这些故事几乎可以肯定是由男性（吟游诗人）创作的，那么它们所讲述的是否更偏向于男性对女性的幻想，而非女性本身呢？相比于避孕药具和节育措施被广泛使用的当今时代，彼时的性与生殖的关系要密切得多，鉴于此，这些故事中的女性有没有可能怀着一个隐秘的意图，即为了生育而获取丈夫的精液呢？只要不是纯粹出于欢愉或色欲，这甚至可以被认为是好事一件吧？尤其是在中世纪晚期，社会正试图从黑死病带来的过度死亡中恢复过来。一些问题使中世纪的性这一话题变得格外具有挑战性，虽然史料看上去明明白白，或者说是一目了然。而上述这些问题也只是其中的一部分。[21]

婚姻内外的性

我们对中世纪已婚夫妇性行为最清晰的看法来自教会法证据，其中主要规定了男女在卧室中不能做什么。例如，根据法律，配偶不能拒绝婚姻伴侣的性要求，这是在偿还所谓的"婚姻债务"（这种观念归根结底是源自圣保罗）；教会认为，为了生育和防止"纵欲"，也就是对性冲动失去控制，这是必要的正当途径。[22] 任何不履行该义务的情况都是离婚的理由，由教会法庭审理。很明显，这在大部分情况下是对男人有利的，但有时这种债务也会起反作用，因为妻子可以提出控诉，说自己没有从丈夫那里得到必需的"报酬"，所以才失去了生儿育女的能力。[23] [在犹太律法中，婚姻债务（onah）只适用于丈夫，不适用于妻子。[24]] 1433 年，约克教区的教会法庭审理了这样一个案子：据称有一个叫约翰的男人，似乎是上了年纪，无法向年轻的妻子偿还婚姻债务。作为诉讼程序的一部分，约翰接受了至少 7 名女子的测验，看他是否真的性无能。即使经过了拥抱、亲吻、摩擦阴茎和睾丸之后，约翰的阴茎据说仍是"堪堪 3 英寸长……完全没有变大或变小"。[25] 这样看来，教会法似乎认为"性交是婚姻中一种固有的、不可或缺的要素"，换句话说，如果连性生活的可能性都没有（即如果任何一方性无能的话），那么婚姻就不存在，除非双方都同意无性婚姻。[26] 从这个案子中同样可以看出，性满足的衡量标准只有丈夫插入妻子身体的能力，仅此而已。

另一方面，性交也不能"过度"，无论这里的"过度"要如何定义。如果丈夫或妻子对自己的配偶爱得太过热烈，从早到晚一直提出性要求，就会被判定为逾越了"适度且端庄的婚姻行为"的界限。[27] 如果我们从字面上来理解教会的规定，即禁止在所有的宗教节日、星期日，以及妻子被视为"不洁"的任何时候（即经期和孕期）发生性行为，那么一年平均下来，已婚夫妇每周只有不到一天的时间可以发生性行为。[28] 教会也只规定了一种真正可以接受的性交体位，即男人在上的"传教士"体位；其他行为，如"背"位（女上位）、后入、口交和肛交等，都出于各种理由而受到谴责，比如违背人类，或者说是男人（而不是女人）的天性，抑或是违背性行为的生育目的。[29] 这些行为与性快感的关系则是只字未提。

如果已婚夫妇采取节育措施，人们就会认为他们的性行为是为了欢愉。尽管受到教会的谴责，但有关避孕药具和堕胎药具的知识还是在医学文本中保存了下来。这里面主要是植物知识，但也包括了技巧方法，比如监测月经周期和性交中断（*coitus interruptus*）。[30] 选择其他的性交体位（即女上位），以及口交和肛交，也可以被理解成试图防止受孕。[31] 这些知识大多继承自古代的拉丁语和阿拉伯语作者，但也可能包括地方传统，圣徒修女宾根的希尔德加德（Hildegard of Bingen）就利用德语的植物名称指导"月经调节"。[32] 但这些知识又有多少为普通人所了解呢？可能大部分是通过口耳相传，甚至有人假设是堂区神父将这些知识传给了前来问询的堂区居民，尽管这似乎颇为牵强。[33] 没有任何因使用避孕法或堕胎药而被起诉的法律记录。然而，基于传道者和悔罪规则书中对这种做法的谴责，一些学者认为，黑死病导致人口减少之后，避孕已经普及开来，也让神职当局更加担忧。[34] 但我们并没有任何确凿的证据证明基督教平信徒使用过这类方法，以至于这个问题迄今仍然没有定论，无论是哪一种定论。[35]

还有爱情魔法或性魔法，用来修复或维持爱情，以及增加已婚伴侣之间的性快感。与避孕不同的是，我们知道这并不仅仅局限于自然哲学家的理论沉思，而是确确实实有人在用，因为所谓的女巫就有因为向客户提供这种"婚姻咨询"而被告发的。虽然有些春药需要男人采取主动，例如在阴茎上涂抹魔法药膏，但女人也可以主动施法，例如把捣碎的蚯蚓、装有自己阴毛的鸡心或精液放入丈夫的食物中。[36]

在中世纪，与配偶以外的伴侣发生性关系——无论此人是单身还是已婚——都是一种社会禁忌。然而，"私通"的后果却男女有别。在婚外性行为方面，男人的行动自由要大得多，只要不做伤害其他男人名誉的事情，比如与他的妻子或女儿性交（女人的名誉没人在乎）。性放纵是男人的特权，代价却是针对女性（尤其是社会地位较低的女性）的"常态化"暴力。尽管女性被认为是更淫荡的性别，但据称男性的性欲来势汹汹、"势不可当"。这是公娼馆中的卖淫活动得到官方支持的原因之一，也是强奸很少受到谴责或起诉的原因之一。[37]

对女人来说，通奸要严重得多，因为这给当前和未来继承人的父亲的身份带来了不确定性，并且被视为违反了神圣的婚姻誓言。[38]对上流社会的女性来说尤其如此，因为这可能关系到对大地产的控制权，而即使是单身女性，性活动也是家族要关心的事情，因为它可能会影响某家女儿在婚姻市场上的价值，进而影响到家族的荣誉。事实上，似乎中世纪的女性地位越高，其性行为"受到的监视就越严密"。[39]内勒塔事件（Tour de Nesle Affair）就可以证明这种事情的严重程度：勃艮第的玛格丽特（Margaret of Burgundy）和勃艮第的布朗什（Blanche of Burgundy）分别嫁给了未来的路易十世（Louis X，1314—1316年在位）和查理四世（Charles Ⅳ，1322—1328年在位），1314年，这两位法兰西王妃被审判并被判犯有通奸罪，因此被判处终身监禁，而她们的情人则被阉割后处决。这桩丑闻给法兰西的王位继承蒙上了阴影，最终卡佩王朝因缺少男性继承人而灭亡，使腓力四世（Philip Ⅳ）唯一活下来的孩子伊莎贝拉（Isabella）之子，也就是英格兰国王爱德华三世（Edward Ⅲ，1327—1377年在位）有机会提出引发争议的王位继承权主张，促成了 1337 年英法百年战争的爆发。

与此同时，上流社会的通奸行为似乎得到了骑士和宫廷传奇的默许，这些作品赞颂已婚女子与通常社会地位较低的情人之间的关系。事实上，人们认为真爱和性满足只可能发生在婚外，这对许多中世纪听众来说可能颇为真实，因为包办婚姻盛行，尤其是在贵族中。[40] 有人认为，中世纪的贵族男性之所以容许妻子与人通奸，是因为相比于继承人有没有可能是私生子，他们更关心自己的采邑，也就是封建地产的安全，对此，他们需要妻子以继承人而不是母亲的身份提供支持。[41]

埃洛伊兹（Heloise）与彼得·阿伯拉尔（Peter Abelard）的关系是中世纪最著名的恋情，她在一封信中写道，她非常不愿意嫁给她的爱人，正是因为她爱他。她担心婚姻的负担会妨碍他作为哲学家的使命（或许也会影响她自己的使命）。但在中世纪，婚姻似乎就等于与浪漫激情绝缘。正如埃洛伊兹所言，虽然"妻子之名似乎更神圣、更坚固，但对我来说，还是情妇之名更悦耳，更有甚者，姘妇或妓女也未尝不可"。她甚至表示，宁愿做阿伯拉尔的姘妇，也不愿做奥古斯都的皇后，尽管由于她对他"无限的爱"，她也确实认为阿伯拉尔欠她的情债比婚姻债务更重。[42] 在传奇故事中，"爱情法庭"总是支持其中的女士，她会委身于证明了自身价值的追求者，即使这意味着对配偶不忠。对于如何解释传奇故事中的通奸主旨，学者们也有争论：这仅仅是一种"文学策略"，还是说在一些中世纪文化中，尤其是在法兰西南部那种乐享人生（joie de vivre）的氛围中，通奸是为人所接受的，甚至还很普遍？骑士文学是尊重女士，还是将其捧上神坛，加以物化呢？[43] 基于内勒塔事件，我们不禁怀疑，涉及现实生活中的麻烦事儿时，通奸就不是什么策略了，也绝不会被容许，尤其是关系到一个富裕的王国或贵族领地时。甚至有人就提出过这样的假设，认为内勒塔事件大大抑制了人们对宫廷传奇的热情，致使其一蹶不振。[44]

在下层社会，通奸可能有比较大的商量余地，但通俗文学，例如故事诗，在这方面提供的证据是矛盾的。许多这样的故事，例如《奥尔良的女市民》("Bourgeoise of Orléans")或薄伽丘的《十日谈》(*Decameron*)中第七天的第八个故事，都清楚地表明，通奸不仅涉及夫妻自身，还涉及双方的亲属，因为女方通奸会牵涉到他们的名誉（男方则不然）。夫妻之间的性生活并不像当今我们认为的那样是私事，而是大家的事。学者们会问自己一个基本问题：在这些故事中，听众更同情谁，是女人还是男人？丈夫往往是一个善妒的角色，当他得到应有的报应时，几乎不会引起同情。但欺骗丈夫的妻子也未必就是中世纪版本的"贤妻"典范。如果说这些故事中有哪个女性角色得到了中世纪听众的声援，那么很可能是嫁给了老男人的年轻妻子，他无法满足她的性欲。这似乎反映了一种态度，即女性"有爱的资格"，并且会想方设法得到爱。在宫廷传奇中，例如《尤尼克》①的故事，以及更为通俗的文学作品中，例如乔叟的《坎特伯雷故事集》(*Canterbury Tales*)中关于春月和冬月②的《商人的故事》("Merchant's Tale")，我们都能看到这种态度。[45]这也与上文提到的妻子因婚姻债务控告丈夫的实际诉讼案件相吻合。

未婚女性，尤其是农民阶级的女性，可能拥有比已婚女性更多的

---

① 《尤尼克》(*Yonec*)是中世纪诗人玛丽·德·法兰西(Marie de France)创作的叙事诗，讲述了一位年轻的妻子被其年老的丈夫囚禁起来，而后与一个名为"尤尼克"的骑士相爱的故事。
② 二者是这个故事中的角色。"冬月"(January)是一名老爵士，娶了年轻的"春月"(May)并遭到了妻子的背叛。

婚外性行为自由，这种情况下的婚外性行为被称为"私通"，而非通奸，而且从庄园法庭征收"私通税"（leyrwite，几乎总是针对女性征收）的频率来看，这种情况似乎"相当普遍"。[46] 然而，一件事情经常发生，是一定意味着人们认为这件事情可以接受，还是值得商榷呢。[47] 可以说，领主们更多地将私通税视为一种"财政机制"，或者说是可以利用的收入来源，而不是"对罪恶的惩罚"，甚至连教会当局似乎都很难让信众相信"单纯的私通"是一种罪，因为"未婚男女之间的性关系在大多数人看来是天性使然，无法避免"。[48] 但中世纪对私通的谴责也存在着相当程度的双重标准，社会对女性违法的宽容程度要远远低于对男性的。[49] 除了罚款，通奸的女人还可能受到鞭笞，或者遭到放逐和排挤，而一些女孩显然因婚外生子而羞愧难当，以致杀死她们的婴儿。[50] 即使只是被叫作性放荡的女人（即"妓女"或"娼妓"），也是有后果的，诉至教会法庭的诽谤诉讼就说明了这一点。[51] 也可以举出 15 世纪的叙事歌谣《女仆的假日》（"A Servant-Girl's Holiday"）和《快活的詹金》（"Jolly Jankin"），来说明私通会给年轻女孩带来怎样的社会污名。在这两首叙事歌谣中，与杰克或欢歌的神父詹金在地上纵情欢爱的代价，就是把肚子搞大的羞耻。[52] 事实上，怀孕的迹象就是对单身女性课以私通税或私生子罚金（childwite）的主要手段，即使这也会揭露秘密婚姻和通奸行为。[53]

进城找工作的女人一般是去做家庭仆人，或者靠工资维持生活。因为远离了父母的监管 [却没有摆脱雇主的监管，他们充当着代位父母（loco parentis）]，她们在婚前性生活方面可能享有更多的自由。这些女人可能认为，私通"仅仅是婚姻的序幕"，将来她们的经济状况达到结得起婚的程度时，就可以缔结婚约了。[54] 但在这种情况下，她们也更容易被强奸和诱奸，尤其是被雇主。[55] 成为某人的"姘妇"，在中世纪构成一种"准婚姻"状态，类似于现代的"情妇"或"女朋友"——即可能与之结婚，同样也可能不与之结婚的这样一个人——这或许为女性提供了第三条出路，可以保持性活跃，又不必面对合法配偶或女修道院施加的种种限制。[56] 埃洛伊兹原本更愿意与阿伯拉尔保持的似乎就是这种关系，尽管她戏剧性地使用了"姘妇"一词，与"皇后"形成了鲜明对比。但进入中世纪盛期和晚期，"姘妇"这个词本身也背负了更多的骂名，因为它与神父的伴侣联系在了一起；随着教会改革方案的推行，这种做法越来越为人所不齿，以至于"神父的姘妇"与"神父的妓女"画上了等号。[57] 当然，也有中世纪女性过上了既没有与凡人结婚，也没有侍奉基督的单身生活，正如14世纪上半叶布里格斯托克的塞西莉亚·佩尼法德（Cecilia Penifader of Brigstock）的一生那样。但在中世纪背景下，这种类型的生活对于一个女人来说是很罕见的——在法律上既没有父亲，也没有丈夫的"保护"——因此，即使塞西莉亚真的有性生活，我们对此也几乎一无所知。[58]

中世纪蛾摩拉的鸡奸者

中世纪的同性恋者给我们出了一个难题："同性恋者"（homosexual）一词，或许还有其性别认同问题，本身就是现代的发明，是19世纪的产物，像"gay"["同性恋者（尤指男性）"]和"queer"（"同性恋者"，又可音译为"酷儿"）这样的词语出现得更晚，却都在对该主题的历史研究中被普遍使用，那么我们要如何称呼他们呢？[59] 这并不仅仅是一个语义学问题。它触及了我们应该如何研究少数群体史的核心问题：是应该严格限定在他们当地的社会环境中，根据他们自身的情况来研究他们，还是说可以将中世纪"同性恋者"的经历与现代同性恋者的经历关联起来？更重要的是，在中世纪背景下，我们是否真的可以谈及同性恋者？这个问题历来被框定在"本质主义"和"社会建构主义"这两种历史研究方法之间更广义的争论中，一方更愿意建立跨越时空的关联，而另一则是将自身限定在任何特定社会都会有的那些独特环境之中。[60] 如今，研究中世纪同性恋的历史学家已经超越了这种在他们看来"生硬""无益"的二元分类法，而是倾向于采用更加柔和、灵活、包容的定义。[61]

在中世纪，"homosexual""gay""queer"这些词从未被用来指代具有同性倾向的独特文化，或者是由这类个人组成的群体，这一点的真实性是无可否认的。而现在我们所指的同性恋者，属于"鸡奸者"（sodomites）这个更宽泛的大类，他们的性行为被归类为"鸡奸"（sodomy），这个词可以涵盖各种各样的性活动，包括手淫、口交、兽交、股交，当然还有肛交（男男和男女都包括）。[62] 这些行为被统称为"违背天性的罪"，之所以这样称呼，是因为它们被视为非生殖行为，据称违反了上帝对人类"生养众多"（《创世记》1：28）的命令。[63] "鸡奸者"会让人立刻联想到《创世记》中的另外一节，那就是上帝用"硫磺与火"毁灭了所多玛（Sodom）和蛾摩拉（Gomorrah）的居民（《创世记》19：24）。这一事实有助于解释整个中世纪对鸡奸的惩罚为何异常急迫和猛烈，尤其是相对于其他性犯罪来说。[64] 查士丁尼皇帝于538年颁布的新律（*Novella*）第77条明确提及了《旧约》中的例子，由此开始，鸡奸被宣告为非法，理由是这一罪行可能导致影响整个社会的灾难——例如瘟疫、饥荒和地震——而不是那种损害个人身体或精神健康的罪。[65] 现实生活中的大灾难很快就来了，似乎恰好印证了这个预言：

542 年，第一次鼠疫大流行始于帝都君士坦丁堡。[66] 中世纪末期，这套论证兜兜转转又回到了原点，因为黑死病，或者叫第二次鼠疫大流行于 1348 年暴发，并且每 10 年都会定期卷土重来，这为欧洲各地的世俗政府制定并常常野蛮执行的反鸡奸法注入了新的动力。[67] 这些世俗法律取代了先前教会对鸡奸的审判权，而后者通常采取一种较为宽厚的方式，通过忏悔来完成。[68]

显然，仅从他们对鸡奸等不同词语的用法来看，中世纪人对同性恋的看法与我们不同。大多数情况下，对于鸡奸的含义和定义，中世纪作家刻意保持模糊，这种"难以启齿"的恶行甚至连提都不该提。中世纪与现代同性恋者最接近的类似说法——从事肛交的"鸡奸者"——必须通过上下文来明确识别。只有做到这一点，才能试着去比较。本章重点讨论的是男同性恋，因为可以用来研究中世纪女同性恋的史料相当有限。对于男性居多的中世纪的作者来说，女性之间的同性性交是"双倍的边缘"，因此也是"双倍的隐形"：首先，因为她们的性行为对生育没有贡献（男同性恋的性交也是如此）；其次，因为没有插入，或者至少是认识不到插入的可能性，而对中世纪人来说，插入是性活动的必要条件（*sine qua non*）。[69]

博斯韦尔命题

耶鲁大学历史学家约翰·博斯韦尔（John Boswell）于 1980 年出版的《基督教、社会宽容与同性恋》(*Christianity, Social Tolerance, and Homosexuality*) 是一部开创性著作，任何有关中世纪同性恋的讨论都相形见绌。乍看之下，博斯韦尔的论点简直惊世骇俗：整个中世纪早期和中世纪盛期的大部分时间里，中世纪社会对同性恋者（gays，此为博斯韦尔的首选词）都相对比较宽容，一直到 13 世纪中期前后；到了那时，以及随后的中世纪晚期，同性恋者才真正受到了迫害。在博斯韦尔看来，中世纪欧洲对同性恋人士的宽容，与城市环境的兴起是同一个意思，两者都在大约 1050 年至 1150 年达到巅峰。博斯韦尔称，彼时，同性恋亚文化进入全盛期，包括"自罗马帝国衰落以来首次"出现了自成体系的同性恋文学典籍。[70] 按照罗伯特·穆尔的说法，这恰恰与中世纪欧洲"迫害社会"的出现处于同一时期，因此博斯韦尔的论点对穆尔的论点提出了不小的挑战。[71] 按照博斯韦尔的说法，到了 14 世纪，对同性恋者的迫害进行得如火如荼，不过在他看来，关键的转折点是将鸡奸与"违背天性"的罪行画上等号，博斯韦尔认为这主要是 13 世纪经院哲学家造成的，例如大阿尔伯特（约 1200—1280）和圣托马斯·阿奎那（1225—1274），尤其是后者。[72]

任何熟读博斯韦尔这本书的人都会立刻注意到，作为历史学家，他很容易暴露出方法论上的两大缺陷。其一，他倾向于诉诸沉默（ex silentio），也就是基于历史记录的沉默进行推论，而不是基于确凿的证据来提出主张。这一点在关于"中世纪早期"的那一章中尤其明显，博斯韦尔试图证明基督教降临欧洲并没有破坏盛行于罗马时代的、对同性恋者基本的宽容。例如，博斯韦尔认为，同性恋被视为等同于手淫和通奸，因此人们对它的看法也相当宽厚，而这一观点仅仅是因为这些行为都被归入鸡奸范畴。用他的话说，"几位有影响力的早期教父将同性恋行为渲染成绝无仅有的滔天大罪，但实际上它已经降等了，成了几乎所有人都能感同身受的通病"。[73] 这种假定实际上相当跳脱。按照同样的逻辑，教会最早的悔罪规则书和教会法汇编，例如 11 世纪初沃尔姆斯的布尔夏德（Burchard of Worms）的《教令集》(*Decretum*)，也都表明了对同性恋的宽容态度，理由是对同性恋行为的忏悔相当于对无论以哪种标准来衡量都相当轻微的罪过的忏悔。因此，博斯韦尔认为，在布尔夏德看来，某些形式的同性性交，"其严重程度相当于朋友之间劝酒，或者在领受圣体之后的两个星期内与自己的配偶性交"，因为对所有这些行为的忏悔的严厉程度大抵相当。[74] 然而，布尔夏德所说的"同性性交"形式并不包括肛门插入——在中世纪对性的定义中，必要条件就是插入，可以是任何形式——而是指互相手淫和股交，这些外部刺激被视为不算太严重，也许只用"性冲动的未婚男青年莽撞的性发泄"就将其合理化了。[75] 此外，按照博斯韦尔的说法，布尔夏德"认为单身人士之间的同性恋行为根本就没有罪"，因为他所指出的对同性恋行为的所有忏悔"似乎只适用于已婚男人"。[76] 这也是诉诸沉默，因为这是基于一位作者没有说过的话而不是说过的话，就去认定其持有某些看法（换句话说，布尔夏德没有在任何地方说过"与单身男子的同性恋行为有罪"，与布尔夏德说"与单身男子的同性恋行为没有罪"，并不是一回事儿）。[77]

另一种观点则认为，基督教会从一开始就对同性恋持有与生俱来的敌视和排斥态度，它的"恐同"继承自《旧约》中的犹太教传统，甚至继承自希腊罗马对"被动"或"与性别不符"行为的态度。从圣保罗（约 5—67）开始的早期教父们宣告同性恋有罪，而从 4 世纪中叶开始，这种定罪得到了法律的全力支持，皇帝们颁布了对鸡奸处以死刑的法令。随着罗马帝国的衰落和中世纪早期的到来，教会的悔罪规则书接管了对鸡奸的审判权，判决对肛交处以 3—15 年的忏悔，这是对鸡奸类罪行最严厉的处罚之一。[78]（相比之下，日耳曼法律对这一问题通常不置可否。）从 11 世纪中叶开始，与格列高利改革运动同一时间，教会对同性恋的迫害,作为其针对一般意义上的性行为的"道德纯洁十字军运动"的一部分,也进入了一个更加协调一致的新阶段。从 13 世纪开始,随着宗教裁判所的出现,同性恋被等同于异端,"鸡奸妄想"达到高潮,它将同性恋视为魔鬼对基督教社会无孔不入的威胁,也预示着即将到来的对女巫的迫害。[79] 直到这时,就教会对待同性恋的历史而言,这种比较不讲情面(有人可能会说是"洞若观火")的看法才开始与博斯韦尔命题相吻合。[80]

甚至有人指责博斯韦尔为教会迫害和排斥同性恋的漫长历史"洗白"。实际上,就此而言,对博斯韦尔最严厉的批评者中,就有一些是同性恋群体的成员,他们认为中世纪教会漫长的迫害史就是恐同的根源。[81] 作为一名同性恋天主教徒,博斯韦尔显然是想要找到教会内部宽容同性恋者的先例。但对他的许多批评者来说,这种做法纯属自相矛盾。

博斯韦尔命题另外还有一大弱点,就是强烈的脱离时代倾向,或者说是从现代的角度解释中世纪的证据。这一点在博斯韦尔试图论证中世纪盛期的一些杰出人物——均为教会人士——是同性恋时尤为明显,这也是他关于中世纪社会,尤其是教会对同性恋普遍宽容的全面论证的一部分。这些所谓的同性恋教会人士包括坎特伯雷的圣安瑟伦(St. Anselm of Canterbury,1033—1109)、里沃的圣埃尔雷德(St. Aelred of Rievaulx,1110—1167)、多勒的巴尔德里克(Baldric of Dol,约 1050—1130)和雷恩的马尔博德(Marbod of Rennes,1035—1123)。诚然,安瑟伦和埃尔雷德在书信和其他著述中使用了 *"dilectio"*("爱")和 *"amor"*("爱、爱情")等拉丁语单词,这些单词可以指肉体意义上的"爱情",但这必须通过上下文来确定,并排除一切怀疑。相反,有大量证据表明,这里指的是精神上的,或者说是柏拉图式的爱情和友情。尽管如此,中世纪的这种同性友爱(homosocial)羁绊还是会让人激情澎湃,甚至"春心荡漾",但显然绝对不允许越界,发展为肉体上的亲密。的确,中世纪男人柏拉图式的友情与肉体上的爱情之间的分界线可能很细微。例如,埃尔雷德在他自己的时代,就曾因为对朋友西蒙(Simon)表达了"太过肉欲"的爱而遭到批评,证据就是他在西蒙去世时流下的"眼泪"。埃尔雷德觉得必须在这件事情上为自己辩护,坚持认为"主"会看到他的眼泪并做出相应的判断。这一事实足以证明,他已经处在很危险的境地了,再往前一步就是不妥,尽管在中世纪背景下,两个男人之间带有情色意味的友情表达看似是稀松平常的。即使埃尔雷德确实对他的修道士同伴们有肉欲——这是有可能的,甚至是很有可能——他显然也能够控制住这种欲望,从未放任欲望行事。[82]

多勒的巴尔德里克和雷恩的马尔博德也是教会高层,博斯韦尔同样将他们写的情诗解读为公开的同性恋生活方式的证据。但是,与任何文学作品一样,我们很难知道其中有多少是自传性质的,又有多少只不过是文学杜撰。一般而言,当时的习惯还是会认为,同性之间需要赞美的是柏拉图式,或者说精神上的友情,而肉欲则是需要抑制的。说到马尔博德,他竟然写了一部名为《反对同性交媾论》(*Dissuasio concubitus in uno tantum sexu*)的著作,明确指责同性性交,谴责这类"卑鄙之徒"是要被打入地狱之火的鸡奸者,那里"有罪的屁股和阴茎永世不得清凉"。[83]这在相当程度上代表了12世纪由拉瓦尔丹的伊尔德贝(Hildebert of Lavardin)、克吕尼的伯纳德(Bernard of Cluny)和里尔的阿兰(Alain of Lille)等作家创作的大量文学作品,这些作品控诉鸡奸是最为盛行的恶习,以至于"伽倪墨得斯"(Ganymedes)取代了女人在炉边和卧室的位置,异装癖也在各处涌现(*ille fit illa*,意即"他变成了她")。[84] 如果诚如这些作者所言，鸡奸实际上是公开进行的，参与者并没有试图去隐瞒或表达对这种"罪"的懊悔，那么我们当然可以将其解释为一种广为传播、得到社会普遍宽容的同性恋文化的证据。但也可以将其解释为一个文学夸张的例子，主要是表达中世纪教会对同性恋者的极端敌视。或许马尔博德是迫于同侪压力才写下了这些难听的话，以顺应这种反同性恋的态度，但倘若果真如此，这也足以说明一个事实，即中世纪同性恋者与现代同性恋者的处境截然不同——遇到的挑战不同，生活经历也不同。

对于中世纪作家所表达的这种情色语言，近来的历史学家已经超越了博斯韦尔简单的假定，这就使解释陷入了某种"两难处境"。正如埃尔雷德等同时代作家所做的那样，研究同性恋的现代学者也需要把握好分寸：一方面要将中世纪男性之爱的表达方式解释为是在表现一种"普遍的人性"，在这种情况下，这样的爱总是包含性的因素（弗洛伊德式的）；另一方面又要将这类表达方式解释为中世纪所特有的，是现代研究同性恋的学者永远无法完全了解或领会的一种文化。当然，这两种研究方法都容易犯错误：一方面是忽略过去的社会行为的差异，另一方面则是忽略跨越时空的、本质且永恒的真理。[85] 例如，仅仅因为中世纪的压抑程度和社会对表达这种偏好的反对程度比现代高得多，我们就应该用比现代更低的标准来判定某人是否为同性恋吗？还是说，因为同性之间表达与情欲有关，但本质上仍是柏拉图式的爱，似乎是可以接受的做法，所以我们就应该用更高的标准来衡量他们呢？人们似乎达成了这样的共识，即中世纪一个男人对另一个男人以任何方式表达情欲之爱，都可以算作同性恋欲望的证据，"即使当事人不承认"；但同样，"这也并不意味着所有这些情色欲望都付诸了行动，无论是异性恋的，还是同性恋的",而如今我们通常认为,付诸行动是公开承认一个人性取向的重要组成部分。[86] 有一点我们可以确定,那就是现代的同性恋与博斯韦尔所设想的中世纪情况并不相同。

就博斯韦尔命题而言,有一个方面,我觉得很有说服力,我个人也非常佩服,那就是他对于中世纪将鸡奸作为"违背天性的罪"的哲学论述的分析,尤其是对于圣托马斯·阿奎那的《神学大全》(*Summa Theologiae*)中的论述。[87] 博斯韦尔颇为老练地指出,像阿奎那这样的 13 世纪学者,为了使异教的逻辑符合盛行的基督教伦理,不得不制造一些逻辑矛盾——甚至是哲学上的曲解——这可以被视为中世纪哲学中唯名论与实在论之争的一部分(第七章)。虽然鸡奸从中世纪早期就被归为"违背天性的罪",但 13 世纪的经院哲学家们却试图基于哲学理由证明这一立场的正当性。博斯韦尔向我们展示了,无论阿奎那如何定义"在同性恋问题上"对人类来说何为"天性",都无法自圆其说。如果人类所谓的"天性"是从人类能够运用理性的角度来定义的,那么同性恋并不违反"天性",因为它超越了大多数动物所共有的"肉体上强烈的繁殖欲"。另一方面,如果"天性"的定义是人类与其他动物的共同点,即作为一种保护自身物种手段的繁殖冲动,那么相比于基督教背景下受到赞颂的童贞或贞操,同性恋并没有更多地"削弱"个人或干扰人类种族总体的繁衍。最后,如果"天性"的定义仅仅适用于某些因为同性恋而使天性中有了"缺陷"的人,那么这也并不比身为女性更坏,因为当时的大多数男性思想家认为,相比于身为男性固有的"完美",女性的状态是一种"缺陷"。[88] 结果,阿奎那不得不诉诸流行的同性恋观念,仅仅因为"雌雄结合"是"所有动物的天性",便将同性恋视为"违背天性的罪",这是从哲学上将人类降格为野兽之流了。此处,博斯韦尔的伟大成就在于揭示了基督教偏见曾经的本来面目（在许多教派中至今亦然）：对不同性取向者赤裸裸的非理性和毫无道理的不宽容态度。

佛罗伦萨、威尼斯和科隆的同性恋亚文化

博斯韦尔对中世纪同性恋的研究止于 14 世纪初期，因此错过了可以利用的最丰富、最具吸引力，大概也是最重要的证据，实乃一大憾事。这些证据是一些城市的档案馆中留存下来的法律记录，大多是 15 世纪的，但也有一些可以追溯到 14 世纪。这些记录来自专门的治安法庭或法院，它们的任务是管制鸡奸，更确切地说，就是同性恋。在佛罗伦萨，同性恋似乎格外猖獗，鸡奸法庭被称为"夜间办公厅"（*Ufficiali di Notte*），从 1432 年运作到 1502 年；威尼斯的对应机构被称为"夜间领主"（*Signori di Notte*），留存下来的记录从 1348 年一直到约 1418 年其职能被"十人议会"（Council of Ten）接管为止；在科隆，一个由 13 名"绅士"组成的秘密委员会在 1484 年 6 月和 7 月负责调查这一"沉默"或"无言"（即难以启齿）之罪。[89] 这些记录合在一起，就是我们了解中世纪社会实际上是如何看待同性恋的，又是如何采取行动的，以及中世纪晚期对鸡奸有了审判权的国家政府对同性恋者的迫害程度最好的窗口。这些记录显示，对同性恋采取的行动和迫害绝非一成不变，而是会随着时间变化；然而，有一个不变的主题贯穿始终，那就是中世纪的同性恋经历与现代有着根本性的不同。

细读这些记录，尤其是佛罗伦萨和威尼斯的记录，会发现最明显的一点就是中世纪的同性恋符合"少年爱"（pederasty）模式，相比之下，现代的同性恋则是"男性恋"（androphile）。换句话说，中世纪男性的

同性之爱在年龄上是极不般配的，通常发生在成年人（18 岁以上）和年轻的"少年"（12 岁至 18—20 岁）之间，前者几乎总是扮演主动，也就是"插入者"的角色，后者则是被动，也就是"被插入者"的角色。[90] 这种等级制模式甚至适用于两个青少年之间的性关系，也就是说，总是年龄较大的男孩采取主动。它似乎也与同时代对男子气概的理解和成人仪式密切相关：即使之前是被动方的男孩在成年后继续同性恋活动，他们也始终会转变为对更年轻的男孩采取主动的角色。这与现代的同性恋截然不同，在现代，男性恋才是常态，也就是年龄或地位大体相当的成年人之间的同性之爱。[91]

这显然把一个巨大的障碍摆在了博斯韦尔等人面前，因为他们论战的一个动机就是在过去的中世纪验证现代的同性恋模式。在佛罗伦萨"夜间办公厅"的记录中，有少数案例（准确地说是 22 例）记录了年龄在 6—12 岁的被动方。[92] 在现代西方文化中，这会被视为恋童癖，是一种自 19 世纪末才被认定的精神疾患（恋童癖患者也被归类为猥亵儿童者或儿童性犯罪者）。现如今，这类行为会让人产生深深的恐惧和厌恶，但包括少年爱在内的这些术语，对中世纪人来说是没有意义的，他们对年龄不般配的关系持有正面看法，这一点继承自古希腊罗马的文化规范。[93] 但鉴于记录中这一年龄段的案例相对罕见（仅占样本的 5%），似乎恋童癖在中世纪也是为人所不齿的，而且极有可能是强奸或"少年时代的性游戏和性实验"的产物。[94] 当然，即使是与已满 12 岁但不满 16 岁（许多西方国家的法定同意年龄）的青少年发生同性恋关系，在当今时代至少也是不受待见的。（在中世纪的佛罗伦萨，约有 40% 的被动方年龄在 15 岁或以下。[95]）

我们先不要急着对中世纪的同性恋做出判断，至少不要基于那些几乎完全来自佛罗伦萨习俗的印象。在此之前,还有另外一些注意事项需要牢记。例如,有人指出,佛罗伦萨同性恋之猖獗是绝无仅有的,这座城市甚至在同时代人之中已然声名远扬。在德意志,"佛罗伦萨人"(florentzen)成了指代同性恋性交的俚语,便足以证明这一点。[96] 佛罗伦萨乃至整个意大利的婚姻模式,明显是不般配的——女性一般在"十三四岁到十六七岁"结婚,而男性则在"二十七八岁到 30 出头"结婚——通常有十几岁的年龄差。[97] 在这一年龄模式方面,异性恋和同性恋模式之间不仅存在巧合关系,还可能存在因果关系。[98] 男女之间的年龄差,意味着男性人格形成期的大部分时间是没有固定伴侣的,无论是在作坊工作,还是在酒馆游玩,都可能是与其他男性为伴。年龄上的差距和包办婚姻的风俗,也可能意味着男性与妻子没有什么共同之处,然而他们至少可以选择给自己当伴侣的少年。但在欧洲的其他地区,尤其是北欧和英格兰,这种经历可能并不典型。有人认为,那些地方的女性结婚较晚——通常要到"20 出头"——而男性结婚则比意大利稍早,通常在"25 岁左右",所以男女的年龄更接近,因此也更像是"友伴"(companionate)。此外,北欧的夫妇在伴侣的选择上可能拥有更大的自由,至少在下层阶级是这样,而且由于结婚年龄较晚,女性更有可能在就业市场上活跃,从而使工作场所成为"一个同性友爱氛围没那么浓厚的环境"。[99]

博斯韦尔的批评者、古典学者戴维·霍尔珀林(David Halperin)认为,少年爱是前现代社会中"男性生理性别与社会性别偏差"的四个分类之一,另外三类是:"女气"(effeminancy),指的是"花太多时间与女性而非男性为伴"的人;带有色情意味的男性友谊和爱情;以及"性倒错"(gender inversion),即在性行为中扮演"被动角色"的男性往往使人联想到女性。[100] 正如我们所看到的,带有色情意味的男性友谊和女气,可能并不总是意味着同性恋身份。少年爱,即"主动的鸡奸"——年长男性扮演主动角色,鸡奸年轻的少年——也并不一定意味着一个人"只喜欢男人",因为就中世纪性关系的情况而言,这仍然被视为"阳刚"行为的表现。霍尔珀林认为,只有在同性恋关系中扮演"被动角色"的男性,表现出了性别认同的"性倒错","完全舍弃了男子气概,用女性气质取而代之"。可即使是这一类男性,也不能被归类为现代意义上的同性恋者。[101] 因为根据佛罗伦萨的证据,这种被动方一般是青少年的男性,所以这可能只是他们性行为的一个临时"阶段",而不是长期的"生活方式选择"。[102] 同样,对于男扮女装者,现如今我们将其归类为"异装癖"或"跨性别者",而不是同性恋者,他们也未必扮演被动角色。[103] 我们也不能确定同性恋关系的主动/被动模式是否在整个欧洲都适用,因为年龄不般配的模式并不普遍,不过主动/被动模式确实是中世纪欧洲人对一般意义上的性行为的看法,即"某人对某人所做的事情"。[104] 尽管如此,鉴于现代人对这种行为的看法,也难怪博斯韦尔在他的书中只提到过一次少年爱,还是在试图否认它对中世纪同性恋的重要性时提到的。[105]

要说同性恋是中世纪时期处罚最残酷的"罪行"之一,倒是千真万确的。各国规定的民事刑罚包括火刑、斩首、活埋、阉割和其他肉刑,以及流放。[106] 因此,从理论上讲,同性恋者在中世纪后期受到了相当严重的迫害,这也是博斯韦尔所主张的。但实际上,从佛罗伦萨和威尼斯的记录来看,这种迫害会出于种种因素而呈现出巨大的差异。威尼斯对鸡奸者的惩罚是出了名的严厉,尤其是从 1418 年开始受理鸡奸案件的"十人议会"时期。但即使在这里,对于被动方,尤其是年轻人;对于互相手淫或进行外部刺激而非肛交的人；以及对于似乎是用来避孕的异性之间的鸡奸，惩罚也会大幅减轻，或者完全免除。[107]

15世纪，佛罗伦萨起诉的鸡奸者数量远远超出了其他任何城市：据估计，1432—1502年运作的"夜间办公厅"，在这70年里起诉了15 000—16 000人，相比之下，威尼斯在差不多同一时期只起诉了411人。[108]然而，佛罗伦萨对鸡奸的刑罚似乎也宽松得多。从1459年起，政府规定了也许是全欧洲最低的鸡奸罚金，将初犯的罚金定为10弗罗林①。这在一定程度上是为了鼓励告发和征收罚金，因为如果罚金太高，尤其是对在被告中占了相当一部分的贫穷工匠和劳工来说太高的话，"夜间办公厅"的官员显然会很讨厌这项征收工作。这确实取得了预期效果，起诉的数量飙升，从而大大增加了"夜间办公厅"的收入。[109]但是，用迈克尔·罗克（Michael Rocke）的话说，这可能也反映了"佛罗伦萨民间和官方对鸡奸即便不是完全包容，也是相当通融的"。[110]如果被告是有钱、有权、有影响力的人，包括一些曾经的"夜间办公厅"官员，就更有可能是这种情况了。[111]但这似乎也反映了佛罗伦萨政府的政治风向和人员构成。在洛伦佐·德·美第奇（Lorenzo di Medici，1469—1492年在位）的实际（de facto）统治下，15世纪70年代的政权初期，对鸡奸的起诉很是积极，但在15世纪80年代和90年代初，政策突变，这段时期的起诉是"夜间办公厅"的整个历史上最宽松的，平均每年只有6—7人被定罪。[112]这种对鸡奸相对的宽容，似乎是因为洛伦佐最终得以巩固对佛罗伦萨政府的控制。有些和直觉不同的是，洛伦佐在加强权力掌控的同时，相应地放松了对大量处于道德夹缝中的活

---

① 弗罗林（florin），中世纪的一种金币，1弗罗林相当于2先令。

动的限制,如果不这样的话,这些活动会招致对政权的批评。¹¹³ 这显然与穆尔的论点相悖,后者认为中央集权之后必然是对少数群体的迫害。直到1494年美第奇政权垮台,按理说应该是更民主的共和国崛起,可这时,佛罗伦萨才步入对鸡奸的迫害最为严重的阶段,尤其是在很有煽动力的宣教士吉罗拉莫·萨伏那洛拉(Girolamo Savonarola,1452—1498)的影响下。¹¹⁴

佛罗伦萨、威尼斯和科隆的鸡奸者群体是否构建起了中世纪的同性恋"亚文化"或地下社会呢?在这一点上,证据又是形形色色的。有迹象表明,鸡奸有其独特的人口和地志分布,也就是说,主要限定在某些群体,以及城市的某些区域。¹¹⁵ 我们已经注意到,中世纪鸡奸的特点是年龄不般配,至少在佛罗伦萨是这样。被动方一般是年轻男孩,主动方则是18—40岁的成年人。¹¹⁶ 在这3座城市,鸡奸的实施者往往是技工,这实际上也反映出了人口的主要构成。¹¹⁷ 在佛罗伦萨,某些公共街道,例如"皮货商街"(Street of the Furriers),和某些酒馆,例如"布乔"(Buco)①和"圣安德烈亚"(Sant'Andrea),都是众所周知的鸡奸者"经常出没的地方",但其他受欢迎的聚集地还包括作坊、教堂、舞蹈和击剑学校,以及私人住宅,其中一些还有了"实际上的妓院"这样的风评。¹¹⁸ 在威尼斯,鸡奸与学校,尤其是那些教授音乐和唱歌、体操、击剑和珠算的学校;药店;糕点店;阴暗、隐蔽的公共空间;以及私人住宅,尤其是那些举办大型晚宴或赌博聚会的私人住宅联系在一起。¹¹⁹ 关于鸡奸者所组成的地下社会,最有说服力的证据或许来自科隆,据说在那里,被"沉默之罪"所"玷污"的人们组成了一个"损友集团",大

---

① "buco"在意大利语中的意思为"洞",此处采用音译。

约有 200 人；他们经常出没于城市的某些区域，例如干草、亚麻布和黄油市场；他们甚至发展出了自己"具有性别特异性的语言和交流方式"。甚至有人说，鸡奸者把约会安排在公共厕所，这也预示了现代同性恋的"浴室"文化。[120]

另一方面，还有一种令人信服的主张需要提出来，尤其是根据佛罗伦萨和威尼斯的证据，那就是相比于当今的同性恋，中世纪的同性恋模式更加广泛，因此也不那么局限于自我认同的少数群体或者亚文化。罗克认为，在佛罗伦萨，同性恋与男性文化和男子汉身份有着千丝万缕的联系，因此，"鸡奸亚文化"这种说法毫无意义。相反，用他的话说，"只存在一种单一的男性性文化，具有突出的同性恋特征"。[121] 罗克还发现：

> 在佛罗伦萨，鸡奸并不局限于任何特定的社会群体，或者是一个独特且固定的"同性恋"少数群体。毋宁说，它是佛罗伦萨整个社会结构的一部分，吸引着所有年龄段、各种婚姻状况和社会地位的男性。实际上，在 15 世纪后期，鸡奸非常普遍，而揭发它的治安机构也非常高效，以至于这一时期的大多数当地男性可能都曾被正式定罪。[122]

因此，对中世纪的佛罗伦萨男性来说，鸡奸似乎只是他们人生中的一个临时阶段，而不是终生的"嗜好"。我们已经提到过，这是因为他们婚前要经历一段漫长的单身时期，男性一般要到 30 多岁才结婚，结婚也可能主要是出于经济原因。于是，同性恋关系就成了"获得性满足、消遣和陪伴的临时出路"。[123] 在欧洲其他地区，例如科隆，不般配的婚姻模式并非常态,鸡奸或许更多是一种有意识的性取向和长期的生活方式选择,更加类似于现代的同性恋文化。在威尼斯,有迹象表明,同性恋从 14 世纪局部或边缘的"地下亚文化"转变成了 15 世纪更加普遍、更具"社会多样化"的现象。所以,对当局来说,它变得"更加明显,更具威胁性"了,对他们的起诉也因此变得更加积极了。[124]

最重要的是,我们不得不佩服中世纪同性恋者的勇气和坚韧。尽管时常受到恶毒的迫害,但他们仍然愿意追求自己的喜好。在威尼斯,尽管"十人议会"使出了全力,"同性恋亚文化还是成了威尼斯各个社会阶层的生活中根深蒂固的一部分",而在佛罗伦萨,鸡奸者甚至反抗他们的迫害者,在萨伏那洛拉极为虔敬拘谨的统治时期公开表示抵抗。[125]这也许是现代观察者从中世纪同性恋经验中学到的最振奋人心的一课。

中世纪的卖淫

妓女历来被视为中世纪社会中受人唾弃的形象,站在贞洁理想的对立面——是色欲之罪和放纵性欲的化身。因此,妓女是边缘人物,而非主流人物。但我们也可以说,中世纪人对妓女的许多看法,与他们对女性性行为和一般意义上的女性的看法没什么两样。[126] 解释起来的话,可以说这表示中世纪人对卖淫的看法比我们之前以为的要复杂得多,或者也可以说这只是证实了中世纪父权制对女性及其性行为的态度是何等的厌女。

"妓女"原本的拉丁语词是"*meretrix*"——意为"赚钱的女人"——这当然表达了妓女以性换钱的意思,但对中世纪评论者来说,这并非该词唯一的含义,甚至都不是首要含义。[127] 他们的主要评判标准似乎是这样的：娼妓是指性行为超出公认的行为准则的人（几乎总是女性）。[128]因此，中世纪语境中的妓女可以包括：犯有通奸罪或私通罪的女人；有许多性伴侣，或者人尽可夫的"共有女人"；众所周知的为了钱而与人发生性关系的女人；以避免生育的方式享受性交的女人；抑或仅仅是"品行不端"的女人。[129]这样看来，"*meretrix*"一词说明，在中世纪，就任何纵情享受性活动，即婚外性行为的单身女性而言，其社会地位有多么不稳定、多么脆弱。任何未婚的性活跃女性都可以被贴上妓女的标签。[130]

中世纪教会法对妓女的定义，并不仅仅是出卖肉体以获取金钱的人（源自罗马法），还有公然滥交、像狗一样"满不在乎、来者不拒"地交配的人，用圣哲罗姆（St. Jerome）的话说，这种人"可以用来满足众多男人的肉欲"。[131]使用"prostitute"（"卖淫者、娼妓"）这个现代词，就和使用"homosexual"一样，是有问题的，因为它无法传达这个概念对中世纪人而言灵活多变的含义。出于这些原因，一些学者更愿意仅使用中世纪记录中出现过的词语，例如"whore"（"娼妓、妓女"）或"bawd"（意为"老鸨"），尽管这些词对现代读者而言可能有着别样的含义。[132]

关于中世纪的卖淫，历史学家争论的一个主要问题是，要不要把妓女归类为中世纪的"边缘"或"离经叛道"之人（换句话说，这个主题是应该放在这里，还是放在上一章）？在某种程度上，要说妓女生活在中世纪社会的边缘，似乎是理所当然的。[133]在英格兰和欧洲大陆的许多城市，妓女完全是在字面意义上被边缘化了，法律法规对她们进行了人身限制和隔离。在一些城市，她们只能在公娼馆活动，或者被限制在某些"红灯"区或街道，甚至完全被限制在城墙之外。她们还经常被要求像犹太人一样，穿戴具有辨识度的服饰，例如条纹兜帽，或者在左肩上打一个红色的结。妓女几乎没有受认可的法律地位：例如，她们不能提出强奸指控，因为她们已被视为公共财产，侵犯她们不会损害任何男人的名誉，而且由于她们的"恶名"，法庭也很少采纳她们的证词。虽然允许她们保留交易的利润，但她们不能继承任何财产。有人可能会说，妓女可以挣得比男人多，并表现出一种企业家精神，但她们普遍都是最贫穷的社会成员。一些同时代人禁止妓女向教会施舍或缴纳什一税，理由是她们的捐献"来路不正"，不能接受。当局将她们与犯罪"亚文化"，尤其是偷窃，以及社会失序联系在一起。他们担心，如果允许她们随意与良民混居，她们可能会败坏风气，使人堕落。正因如此，阿维尼翁禁止妓女（连同犹太人）触碰市场摊位上摆放的面包和水果，还颁布了禁奢令，禁止她们穿戴珠宝、皮草和丝绸等锦衣华服，以免其他女性受此诱惑，也走上卖淫的道路。[134]

但也有一些学者提出了反驳，认为妓女实际上是中世纪社会的核心成员，并且很好地融入了当地社区。[135] 从现实角度来看，中世纪的卖淫经验是各式各样的，可以说是反映了生活本身的多样性。例如，露丝·卡拉斯（Ruth Karras）指出，"中世纪人对卖淫的态度并不是单一的，无论是作为一种文化现象的卖淫，还是作为一种商业现象的卖淫"。[136] 城镇对卖淫采取的处理方法也各不相同，有的完全将其宣布为非法；有的在实际上容许，将罚款作为一种授权费，允许妓女继续从事这一行，这同时给城镇带来了宝贵的收入；还有的通过官方许可和监管的公娼馆，将卖淫"制度化"。[137] 针对妓女的执法也可以大放水，或者睁一只眼闭一只眼，尽管有人会说，这些法规从一开始就没人放在眼里。[138]

此外，中世纪记录中出现的妓女种类也有很大差异。有的在官方或非官方的妓院工作；有的在家里工作；有的站街；有的有皮条客或其他中间人；有的自己拉客；有的把卖淫做成了终身职业；有的则是比较短期的，只是经济条件所迫才从事这一行。就一些现实生活中的妓女而言，例如分别于 1403—1431 年和 1449—1466 年在约克做妓女的伊莎贝拉·韦克菲尔德（Isabella Wakefield）和玛格丽特·克莱（Margaret Clay），其职业生涯表明，她们也可以成为体面的社区成员，因为两人都得以洗脱私通的罪名，而这只有在一些"宣誓助讼人"（compurgators），也就是愿意为被告良好的名声和信誉做证的市民自愿站出来的情况下，才有可能实现。[139] 妓女还可以通过其他方式与社会互动，例如向适婚女性提供"关于潜在结婚对象性能力的情报"，或者像前文中提到的那样，在教会法庭上为有关所谓阳痿的案件做证。[140] 她们甚至会被邀请参加家庭聚会、节庆、婚礼等，这或许表明她们在同等地位的人那里具有一定程度上的社会接受度。[141] 特别是"独立营业或者比较随意"的妓女，卡拉斯认为，她们可以很容易地融入社区，因为她们的性行为不像在妓院里营业的妓女那样惹人不快或者碍眼。[142] 妓女如果是兼职做的话，也可以很容易地回归更加"体面"的职业。同样，也有人指出，整个中世纪，人们一直在努力尝试对妓女进行"改造"或"矫正"，比如资助为妓女提供庇护的抹大拉之家（Magdalene houses），或者提供嫁妆基金，使从良的妓女能够结婚。这些努力表明，在中世纪人的心目中，卖淫从来都不意味着女性要一直"堕落"下去，妓女也不应该被社会完全孤立。[143]

卖淫融入中世纪社会的另一个论据是，在同时代人看来，为了维护良好的道德风气和公共秩序，卖淫是在履行必要的职责。虽然这看似自相矛盾，因为卖淫行为本身被认为是不道德的，但从圣奥古斯丁

(354—430)开始,许多中世纪的评论者都将卖淫视为一种"必要之恶",要想维持社会秩序和性秩序,使妻子和少女不受"男性性欲的液压模型"的威胁,就必须容许卖淫。所谓"男性性欲的液压模型",是说除非男人有某种方式释放他们积压的性需求,否则就会天下大乱。[144] 一位13世纪的匿名作者以一种大多数人都很容易理解的、非常直观的方式提出了这个问题:妓院就好比宫殿里的下水道;如果把下水道挪走,整个宫殿就会堆满大粪。[145] 卖淫的正当性还有以下理由:不想让出生率太低,就必须吸引年轻男性远离鸡奸,这一点在黑死病之后尤为重要。[146] 然而,要说吸引"男人远离婚姻和家庭",卖淫的诱惑力没道理比不上鸡奸。[147] 此外,这种人口学角度的论据——卖淫得到认可,是出于扭转人口下降的考虑——无法解释以下事实:尽管人口水平有时会突然波动,对待卖淫的政策却具有连续性。但瘟疫过后,女性结婚倒是更容易了,这可能导致了妓女的短缺,使她们提供的服务更值钱了,前提是此时的需求还保持着稳定。[148]

  莉娅·奥蒂斯(Leah Otis)记录了在法兰西南部的朗格多克,卖淫是如何从13世纪晚期和14世纪开始变得"制度化"的——指的是城镇设立了红灯区和公娼馆,妓女可以在那里合法营业,但要受到严格的监督和控制。[149] 她认为,先前的政策试图将妓女驱逐出"名声扫地"的街区,而此时的做法意味着对先前政策的创新和颠覆。此外,将卖淫制度化绝不仅限于朗格多克,而是"这一时期欧洲大部分地区的惯例"。[150] 虽然这在某种程度上似乎暗示了卖淫的常态化,以至于成了中世纪社会的一个常规特征,但这显然也反映了市政当局对卖淫的矛盾态度,妓女必须被"阻隔"在主流社会之外,人们要"努力避免性和社会的混乱,而妓女只是不被信任的工具",即使人们认为,由于天然的性欲冲动,卖淫是"无法避免的"。奥蒂斯将这种理论根据比作医学上用来对抗疾病传染的隔离疗法。[151] 所以,在 14 世纪晚期,这个所谓的"瘟疫、战争和社会混乱的多事之秋",卖淫的制度化也取得了突飞猛进的发展,这绝非偶然。[152]

因此,基于对批准开设公娼馆或红灯区的特许状文件的解读,奥蒂斯认为,卖淫制度化背后主要的理论根据,是奥古斯丁的主张——需要这些场所来规避"更严重的恶"——的一种变体。[153] 在一个极度不安和焦虑的时代,得到官方许可的妓女和妓院有助于满足对"公共秩序、公共事业、公共利益"不断增长的需求。制度化的卖淫非但不是道德堕落和败坏的征兆,反而是对"性道德问题",尤其是女性性行为问题"越发关切的标志",也是在这些问题上的道德要求越发严格的标志。起初,制度化的卖淫是一种妥协:一方面,教会想要施加更严格的性道德——离婚、通奸和姘居被视为对"神圣"婚姻制度的威胁——而另一方面则是平信徒的反抗,他们希望维持一种"性道德的双重标准,对女性严格,对男性宽松"。卖淫允许已婚和未婚男子持续进行近似于得到许可的私通和通奸——也就是不必担心法律或社会影响——同时将这些大罪限制在严格界定的空间范围内。最终,到了 15 世纪,平信徒的看法追上了教会更为严格的性道德标准,证据就是对姘妇和包养她们的男人施加了更为严厉的惩罚,红灯区内的男人不再享受免于通奸罪起诉的特殊保护,人们对男人"经常出入妓院"等过分的私通行为越发嗤之以鼻。这也为 16 世纪中期妓院的全面关闭奠定了基础。[154]

到了早期现代,制度化卖淫的解体意味着社会对卖淫的态度发生了巨大转变,卖淫从被容许、被合理化的主流,变成了"早期现代犯罪和边缘性史的一部分"。[155] 这自然会让人怀疑卖淫最初是如何被容许和接受的,甚至连奥蒂斯也承认,在 14 世纪和 15 世纪卖淫制度化的鼎盛时期,市政当局对利用妓女作为维护社会秩序的工具持矛盾态度,并逐渐对性道德和妓女施加了更为严格的约束和控制,这也预示着彻底的压制。[156] 然而,对卖淫的看法,从无法避免的必要之恶,变成了某种无法容忍、并非必需的存在,这种转变是需要解释的。奥蒂斯认为,这种转变背后的主要推动力是 16 世纪初的新教改革。在这一时期,路德和加尔文等宗教人士坚持更高的道德行为标准,尤其是性道德的标准,单纯的私通和通奸不再被视为天性使然、无法避免。这不过是将"中世纪末期就已存在的观念和情感"系统化了,得出了合乎逻辑的结论。[157] 但鉴于天主教和新教在神学和得救的方法上存在根本性差异,人们可能会怀疑情况是否真的如此。再者,虽然加尔文主义可能已经渗透到了朗格多克,但在宗教改革期间关闭妓院的许多法兰西城镇和意大利城镇,都还是坚定信仰天主教的。奥蒂斯试图掩盖这个矛盾,她指出,天主教反宗教改革也存在类似的"反对性淫乱的斗争",其"根基在中世纪晚期就已存在",这样一来,"对教会和社会改革的愿望"就不只是"在宗教改革中显现",而是更加宽泛和深切了。[158]

但也有另一种解释,不去纠结宗教改革变幻莫测的地理位置,而是认为"关闭妓院是对性病传播的一种反应"。性病或许是在 15 世纪 90 年代从美洲传入欧洲后,开始在整个欧洲无差别出现的。[159] 奥蒂斯反驳了这一理论,理由是它无法"解释妓院关闭的年代顺序",因为这些妓院大多是几十年后才关闭的,而且这也不符合中世纪人对疾病传染尚不充分的理解,他们认为疾病"既可以通过性交传染,也可以通过目光传染"。[160] 但这种说法轻视了"疾病的累积效应",这种效应逐渐加强了"妓院所承受的道德压力"。[161] 正如奥蒂斯自己所指出的那样,15 世纪瘟疫流行时，妓院就已经暂时关闭了。[162] 总的来说，关于中世纪晚期卖淫制度化，进而被接受和容许的论证，可以说是一点儿也不明晰，因为它很难解释卖淫为何在早期现代转向解体。

雅克·罗西奥（Jacques Rossiaud）研究了卖淫在法兰西中东部勃艮第城镇第戎（Dijon）的作用，对于"卖淫是不太严重的恶"这一论点，他提出了一种更为传统的变体。正如奥蒂斯对朗格多克的主张一样，罗西奥认为第戎的公娼馆（Grande Maison）扮演了"集体秩序"保障者的角色，妓女们也是在履行对城镇的道德和社会责任。但是就第戎而言，这个得到捍卫的秩序更加具体，那就是"城里贞洁淑女的荣誉"，或者说是"有地产的"女性的荣誉。必须保护她们的荣誉不被无法无天的年轻人组成的"侵犯团伙"所玷污，这帮人到处流窜，闯入民宅，强奸妇女。[163] 这种性暴力似乎是第戎所特有的，1436年至1486年，这里发生了125起强奸案，平均每年两起以上。[164] 但与人们口口声声说不允许卖淫就会成为强奸受害者的那类人相反，实际受害者几乎全都来自下层阶级——也就是仆人，以及日工或"受薪纺织工人"的妻女——年龄从十几岁到30出头不等。半数以上的受害者未婚，约有1/4嫁给了时常连着好几天或者好几个星期都不在家的丈夫。[165] 犯罪者的社会阶层与受害者大致相同——大多是年轻、未婚的熟练工、工匠、日工或身无分文的市民之子。据罗西奥估计，这座城市有一半的年轻人参与过此类袭击，这或许是"一种长大成人的仪式，以及加入地区帮派的入会仪式"。[166]

罗西奥认为，这种强奸团伙的行为是一种年龄和性的战争，他们以此发泄对更年长的竞争对手（即30岁以上者）的不满，因为后者在婚姻市场上更有优势，从而"抽走"了适婚女孩。这是有数据支撑的，男性的平均结婚年龄相对成熟（即二十好几、将近 30 岁），绝大多数夫妻的平均年龄差很大（8 岁左右）。30 岁以上的已婚男性中，有很大一部分比妻子大 8—16 岁，在他们选择伴侣的"年龄组中，他们要与更年轻的男性竞争"。[167] 虽然强奸犯们可能对社会秩序嗤之以鼻，但他们也在扮演自封的道德警察角色，以一种粗野的方式表达他们对"违反道德准则"的婚恋的反对，比如女仆与主人、姘妇与神父、年轻女孩与二婚老鳏夫。[168] 或许是出于这个原因，再加上大多数袭击针对的是下层阶级的女性，当局［即市议会的市政官（échevins）］对这些"骚乱"或者说犯罪视而不见，但这些事情被地方行政长官（procureurs-syndics）记录下来并流传后世。[169] 据此，罗西奥认为，卖淫在第戎起到了一种安全阀，或者说是"维稳工具"的作用，"市政当局所允许的私通"作为一种发泄性欲的途径，通过缓和"青少年的攻击性"，捍卫了淑女们的荣誉（至少是在上层阶级），而更重要的是，它充当了"年龄组和社会群体之间和谐的创造者"和催化剂。[170]

但这真的有效吗？同时代人真的这样看吗？事实上，有迹象表明，卖淫可能适得其反。它鼓励年轻男子将所有女性都视为妓女，反而使女性的生活变得更加充满暴力和危险。罗西奥声称，这些团伙制造的"危险氛围"，"只对女性人口中的某些群体"生效，大多数"正经"的妇女和女孩并没有受到影响，"没有理由害怕被强奸"。但与此同时，罗西奥也承认，"性暴力是城市生活的日常"，以至于他估计，"城市里的所有男青年，从市民之子到厨房伙计"，年轻时都曾光顾过妓女，"强奸过穷人家的女孩，至少一次，却没有遭到全体市民的排斥"。[171] 强奸毁掉了女孩的婚姻前景，破坏了妻子与丈夫的关系，或许也迫使她们走上了卖淫的道路，因为在街坊邻里，甚至受害者自己眼中，"一个被强奸过的女人，地位与公共妓女也差不了多少"。这可能正合那些自诩为道德执法者的犯罪者的意。[172] 此外，根据罗西奥的说法，即使是年长的已婚男人，与妻子发生性行为的方式也与对待妓女无异，都是出于"天性"的驱使。[173] 如果说妓女在第戎"完全没有被边缘化"，那么这或许并不是因为她们在该市维持秩序的努力中"发挥了真正的作用"，而是因为她们与其他女性之间的界限太模糊了，造成的结果也着实令人毛骨悚然。[174]

事实上，在中世纪妓女的边缘性问题上，卖淫与女性性行为，乃至普遍意义上的人类性行为的关系，已经被证明是成果最为丰硕的研究途径了。从严格的字面意义上讲，可以说卖淫是一种异常的，或者"离经叛道"的性行为，因为妓女有更多的性伴侣，抑或是因为她们进行性行为的方式（即不以生殖为目的）无法代表中世纪社会的大多数成员。但露丝·卡拉斯认为，妓女"作为完全由其性行为所定义的女性，提供了一个极端案例，有助于定义人们对普遍意义上的女性性行为的看法"。[175] 在卡拉斯看来，妓女象征着中世纪（男性占主导地位的）社会控制女性性行为的努力和对这方面的担忧，因为妓女作为独立经营且性活跃的女性，可能会威胁到这种控制——因此有必要将妓女定义为全体男性的"公共"财产。[176] 还有人指出，中世纪的卖淫观念暴露了中世纪对女性性行为的矛盾态度——可以说是虚伪的——因为人们认为女性的性冲动比男性更强烈，可同时要求她们达到更高的贞洁行为标准。因此，一个女人即使已经结了婚，并且忠于自己的丈夫，但只要她拥有健全的性欲，就会被视为妓女，至少在非官方的层面上，可同样的姿态放在男人身上，就会被认为再自然不过了。[177] 与此同时，教会容许卖淫作为一种必要之恶存在，这方面的"道德矛盾"则"象征着中世纪社会面对人类性行为的现实时所面对的困难"。[178]

最后，卡拉斯认为，卖淫是女性性行为的核心，因此一点儿也不"边缘"，因为它说明了中世纪将性视为商品的观点有多么普遍，即使是对已婚女性而言。这与现代人对性和婚姻的观点几乎完全相反。因为在现代的观点中，我们将妓女定义为以性换钱的人，但中世纪人并不这样定义，至少并不局限于这样一种定义，因为这样定义的话，他们就更难将妓女与其他所有女性区分开了。在婚姻法和故事诗等通俗文学中，我们都可以看到"女性性行为与财务交换"之间的这种联系。正如法院在登记关于婚约的财务协商，或者毋宁说是纠纷时所记录的那样，人们希望通过某种形式的嫁妆来换取婚姻（第六章）。在卡拉斯看来，中世纪社会并不反对妓女以性换钱，因为他们对合法婚约的概念就是这样的，不过这也意味着"正经女人和妓女之间的界限是模糊的"。[179] 故事诗和其他文学作品中，对于社会各阶层以性换钱的情况也表达得毫不含糊。在这些故事中出现的妓女不过是妻子的夸张版本，其贪婪和色欲都达到了极点。其中有一点，婚姻等较为"体面"的制度只是在暗示，而卖淫却把它摆上了台面：在中世纪，全体女性都是可以买卖的，所有的女性性行为都是有价格的，无论是对女性还是男性而言。[180]

注释

1 这个问题在下一章的"未婚女性、妻子和寡妇"一节中会有更详细的探讨。
2 Ruth Mazo Karras, *Sexuality in Medieval Europe: Doing unto Others*, 2nd edn. (London: Routledge, 2012), pp. 10–14; Jeffrey Richards, *Sex, Dissidence and Damnation: Minority Groups in the Middle Ages* (London: Routledge, 1991), p. 22.
3 Karras, *Sexuality in Medieval Europe*, 2nd edn., pp. 4, 27.
4 Karras, *Sexuality in Medieval Europe*, 2nd edn., pp. 4, 27; Anna Clark, *A History of European Sexuality* (New York and London: Routledge, 2008), p. 64. 有那么一个领

域，现代人的态度可能非常接近中世纪人的态度，那就是强奸。甚至到了今天，人们也通常会认为受害者是被插入者，即女性，而不是插入者，即男性，即使是未成年的男性。当然，根据不同情况，被判犯有强奸罪的人受到的刑罚的差别很大。

5   Joan Cadden, *Meanings of Sex Difference in the Middle Ages: Medicine, Science, and Culture* (Cambridge: Cambridge University Press, 1993), p. 165.
6   Cadden, *Meanings of Sex Difference*, pp. 2, 134–135, 162.
7   Cadden, *Meanings of Sex Difference*, p. 65; Helen Rodnite Lemay, "Sexuality in Twelfth-through Fifteenth-Century Scientific Writings," in *Sexual Practices and the Medieval Church*, eds. Vern L. Bullough and James Brundage (Buffalo, NY.: Prometheus Books, 1982), p. 204.
8   Cadden, *Meanings of Sex Difference*, pp. 95–99, 142–143; Katherine Park, "Medicine and Natural Philosophy: Naturalistic Traditions," in *The Oxford Handbook of Women and Gender in Medieval Europe*, eds. Judith M. Bennett and Ruth Mazo Karras (Oxford: Oxford University Press, 2013), p. 95.
9   Cadden, *Meanings of Sex Difference*, pp. 155–163.
10 Danielle Jacquart and Claude Thomasset, *Sexuality and Medicine in the Middle Ages*, trans. Matthew Adamson (Princeton, NJ.: Princeton University Press, 1988), pp. 130–133; Cadden, *Meanings of Sex Difference*, pp. 152, 160; Lemay, "Sexuality," pp. 202–204; Park, "Medicine and Natural Philosophy," pp. 89, 96.
11 Cadden, *Meanings of Sex Difference*, pp. 150, 163–164.
12 Jacquart and Thomasset, *Sexuality and Medicine*, pp. 94, 138; Cadden, *Meanings of Sex Difference*, pp. 98–99, 137–138; Lemay, "Sexuality," pp. 188–189; Park, "Medicine and Natural Philosophy," p. 96; Monica Green, "Bodies, Gender, Health, Disease: Recent Work on Medieval Women's Medicine," *Studies in Medieval and Renaissance History*, 3rd ser., 2 (2005): 11–12.
13 James A. Brundage, *Law, Sex, and Christian Society in Medieval Europe* (Chicago, IL.: University of Chicago Press, 1990), pp. 152, 154.
14 Richards, *Sex, Dissidence, and Damnation*, p. 23; Clark, *History of European Sexuality*, p. 51.
15 Brundange , *Law, Sex, and Christian Society*, pp. 173–175; Karras, *Sexuality in Medieval Europe*, 2nd edn., pp. 37–44; Richards, *Sex, Dissidence and Damnation*, p. 27; Conor McCarthy, *Marriage in Medieval England: Law, Literature and Practice* (Woodbridge, UK: Boydell Press, 2004), pp. 107–112.
16 Sidney E. Berger, "Sex in the Literature of the Middle Ages: The Fabliaux," in *Sexual Practices and the Medieval Church*, p. 162.

17 Karras, *Sexuality in Medieval Europe*, 2nd edn., p. 12.
18 安娜·克拉克（Anna Clark）认为，故事诗表现的是"堪称滑稽的性欲过度"。参见 Clark, *History of European Sexuality*, p. 63。
19 这些故事的法语原版参见 *Nouveau Recueil Complet des Fabliaux*, ed. W. Noomen, 10 vols. (Assen, Netherlands: Van Gorcum, 1983–2001)。英译本参见 John DuVal, *Fabliaux Fair and Foul* (Binghamton, NY.: Medieval and Renaissance Texts and Studies, 1992)。评注参见 Karras, *Sexuality in Medieval Europe*, 2nd edn., pp. 14–16, 102–103; Berger, "Sex in the Literature of the Middle Ages," pp. 162–175; Mary Jane Stearns Schenck, *The Fabliaux: Tales of Wit and Deception* (Purdue University Monographs in Romance Languages, 24, 1987)。
20 Karras, *Sexuality in Medieval Europe*, 2nd edn., pp. 152–153.
21 Karras, *Sexuality in Medieval Europe*, 2nd edn., pp. 15–16. 另见 Clark, *History of European Sexuality*, pp. 62–64，其中对这些问题持另一种看法。
22 McCarthy, *Marriage in Medieval England*, p. 113; James A. Brundage, "Sex and Canon Law," in *Handbook of Medieval Sexuality*, eds. Vern L. Bullough and James A. Brundage (New York: Garland, 1996), p. 40; Richards, *Sex, Dissidence and Damnation*, p. 27.
23 James A. Brundage, "The Problem of Impotence," in *Sexual Practices and the Medieval Church*, pp. 135–136. 在乔叟的《坎特伯雷故事集》中，巴斯妇（the Wife of Bath）宣称："不然书里为何写着 / '男人须向妻子还债？'"不过这并不是想要让人去夸她，而是举例说明这位妇人欲望过剩的本性。参见 Clark, *History of European Sexuality*, p. 62。
24 Karras, *Sexuality in Medieval Europe*, 2nd edn., p. 100.
25 R.H. Helmholz, *Marriage Litigation in Medieval England* (Cambridge: Cambridge University Press, 1974), p. 89 and n. 54.
26 Brundage, "Problem of Impotence," p. 140.
27 Richards, *Sex, Dissidence and Damnation*, p. 35; McCarthy, *Marriage in Medieval England*, pp. 107–108; Jo Ann McNamara, "Chaste Marriage and Clerical Celibacy," in *Sexual Practices and the Medieval Church*, p. 24; Marty Newman Williams and Anne Echols, *Between Pit and Pedestal: Women in the Middle Ages* (New York: Markus Wiener, 1994), p. 85; Clark, *History of European Sexuality*, pp. 51–52. 圣哲罗姆甚至将对妻子爱得太过热烈的丈夫判定为通奸者！
28 Richards, *Sex, Dissidence and Damnation*, p. 29; Williams and Echols, *Between Pit and Pedestal*, pp. 85–86; Brundage, *Law, Sex, and Christian Society*, pp. 155–156.
29 Richards, *Sex, Dissidence and Damnation*, p. 29; Williams and Echols, *Between Pit*

and Pedestal, p. 85.
30   John M. Riddle, "Contraception and Early Abortion in the Middle Ages," in *Handbook of Medieval Sexuality*, pp. 261–273; Jacquart and Thomasset, *Sexuality and Medicine*, p. 96.
31   Karras, *Sexuality in Medieval Europe*, 2nd edn., p. 106.
32   Riddle, "Contraception," pp. 264–269.
33   P.P.A. Biller, "Birth-Control in the West in the Thirteenth and Early Fourteenth Centuries," *Past and Present* 94 (1982): 19–20.
34   Richards, *Sex, Dissidence and Damnation*, pp. 32–33, 37–38.
35   里德尔（Riddle）自信地宣称，"中世纪的人们了解并使用避孕药具和节育措施，他们使用的这些方法足以限制生育"。然而，除存在解释各种节育方法的医学文本这一点外，他没有提供任何确凿的证据来支持这样的观点。比莱（Biller）则更为谨慎，只是提出了中世纪节育存在"正面案例"的"可能性"。他在文章的结尾处承认，这类案例的"证据主体"是"薄弱的、东拼西凑的"，如果发现新的证据，将来可能会对其进行修正。参见 Riddle, "Contraception," p. 261; Biller, "Birth-Control," pp. 3, 26。
36   这些案例包括 1375 年雷焦（Reggio）对阿尔贝蒂的加布里娜（Gabrina degli Albeti）的审判和 1428 年托迪（Todi）对马蒂西娅·弗朗西斯科（Matteuccia Francisci）的审判，都发生在意大利。参见 Richard Kieckhefer, "Erotic Magic in Medieval Europe," in *Sex in the Middle Ages: A Book of Essays*, ed. Joyce E. Salisbury (New York: Garland Publishing, 1991), pp. 30–37, 43–45。
37   Karras, *Sexuality in Medieval Europe*, 2nd edn., pp. 157–166.
38   Karras, *Sexuality in Medieval Europe*, 2nd edn., p. 114; Brundage, "Sex and Canon Law," p. 42; Ruth Mazo Karras, "Sex and the Singlewoman," in *Medieval Single Women: The Politics of Social Classification in Late Medieval England*, ed. Cordelia Beattie (Oxford: Oxford University Press, 2007), pp. 136–137; Tim North, "Legerwite in the Thirteenth and Fourteenth Centuries," *Past and Present* 111 (1986): 11.
39   Karras, "Sex and the Singlewoman," pp. 135–136; Williams and Echols, *Between Pit and Pedestal*, pp. 92–93.
40   Georges Duby, *Love and Marriage in the Middle Ages*, trans. Jane Dunnett (Chicago, IL.: University of Chicago Press, 1994), p. 60; Clark, *History of European Sexuality*, pp. 54–56; Joan Kelly-Gadol, "Did Women Have a Renaissance?" in *Becoming Visible: Women in European History*, eds. Renate Bridenthal and Claudia Koonz (Boston, MA.: Houghton Mifflin, 1977), pp. 178–184.
41   Kelly-Gadol, "Did Women Have a Renaissance," p. 182. 凯利（Kelly）的论证基于宫廷爱情文学的证据，她称其"明显不怎么关注私生问题"。文艺复兴时期的人文主义将古典时代更加父权制的价值观强加给女性，届时，女性大概就失去了这种性自由。对凯利论文的重新评估，参见 Theresa Coletti, "'Did Women Have a Renaissance?' A Medievalist Reads Joan Kelly and Aemilia Lanyer," *Early Modern Women* 8 (2013): 249–259。

42 Christopher N.L. Brooke, *The Medieval Idea of Marriage* (Oxford: Oxford University Press, 1989), pp. 111–112; M.T. Clanchy, *Abelard: A Medieval Life* (Oxford: Blackwell, 1999), pp. 164–168; Ruth Mazo Karras, "The Christianization of Medieval Marriage," in *Christianity and Culture in the Middle Ages: Essays to Honor John van Engen*, eds. David C. Mengel and Lisa Wolverton (Notre Dame, IN.: Notre Dame Univeristy Press, 2015), pp. 14–15.

43 Karras, *Sexuality in Medieval Europe*, 2nd edn., pp. 116–120; Karras, "Sex and the Singlewoman," p. 136; C.N.L. Brooke, "Marriage and Society in the Central Middle Ages," in *Marriage and Society: Studies in the Social History of Marriage*, ed. R.B. Outhwaite (New York: St. Martin's Press, 1982), pp. 30–31; Duby, *Love and Marriage*, pp. 62–63. 杜比提出了第三种可能，认为宫廷传奇故事本来是关于两个男人之间的爱情，也就是年轻的追求者与他的君主之间的爱情，前者（表面上）追求后者的妻子。这样一来，就成了男人写给男人的文学作品，没女人什么事儿了。

44 Peggy McCracken, *The Romance of Adultery: Queenship and Sexual Transgression in Old French Literature* (Philadelphia, PA.: University of Pennsylvania Press, 1998), pp. 171–172.

45 Karras, *Sexuality in Medieval Europe*, 2nd edn., pp. 116, 120–122.

46 Karras, *Sexuality in Medieval Europe*, 2nd edn., p. 123; North, "Legerwite," pp. 10, 12; E.D. Jones, "The Medieval Leyrwite: A Historical Note on Female Fornication," *English Historical Review* 107 (1992): 945–947; Judith Bennett, "Writing Fornication: Medieval Leyrwite and its Historians," *Transactions of the Royal Historical Society*, 6th ser., 13 (2003): 136–227. 斯波尔丁隐修院（Spalding Priory）的迈特林登记簿（the Myntling Register）在 225 年里（即 1253 年至 1478 年）仅记录了 98 次私通税罚款，但琼斯（Jones）认为这大大低估了斯波尔丁的庄园中"实际发生的非法性活动"的程度。朱迪斯·本内特（Judith Bennett）评论说，尽管"私通税裁判权惩治的犯罪者寥寥无几，获利甚微"，但我们必须得出结论，"农民要么没有私通，要么没有被抓"。

47 Karras, "Sex and the Singlewoman," p. 129; H.E. Hallam, *Rural England, 1066—1348* (Brighton, Sussex and Atlantic Highlands, N.J.: Harvester Press and Humanities Press, 1981), pp. 262–263. 征收私通税的另一个可能原因是出于人口学目的，为的是在黑死病之前控制人口增长，尤其是在"社会中比较穷的那些人"中。参

见 Bennett, "Writing Fornication," pp. 142–143, 152; Mark Bailey, *The Decline of Serfdom in Late Medieval England: From Bondage to Freedom* (Woodbridge, UK: Boydell Press, 2014), p. 41。

48　Bennett, "Writing Fornication," pp. 135–136, and n. 17; Karras, *Sexuality in Medieval Europe*, 2nd edn., p. 123; Karras, "Sex and the Singlewoman," p. 129; Ruth Mazo Karras, "Two Models, Two Standards: Moral Teaching and Sexual Mores," in *Bodies and Disciplines: Intersections of Literature and History in Fifteenth-Century England*, eds. Barbara Hanawalt and David Wallace (Minneapolis, MN.: University of Minnesota Press, 1996), p. 127; Brundage, "Sex and Canon Law," p. 41. E.D. 然而，琼斯断定，斯波尔丁隐修院从私通税中获利甚微，所以说它"征收罚款并非主要出于财政动机"。参见 Jones, "Medieval Leyrwite," p. 947。

49　Karras, "Sex and the Singlewoman," p. 130; Karras, "Two Models, Two Standards," pp. 128–133; Bennett, "Writing Fornication," pp. 153–154. 本内特还提到，在私通问题上存在着与社会地位相关的双重标准，贫困女性比家境富裕的女性更有可能被指控并被处以私通税罚款，这或许是因为前者被视为社区中需要施舍的额外负担。参见 Bennett, "Writing Fornication," pp. 142–144, 151–155。

50　Williams and Echols, *Between Pit and Pedestal*, pp. 91–92; Ann Julia Kettle, "Ruined Maids: Prostitutes and Servant Girls in Later Mediaeval England," in *Matrons and Marginal Women in Medieval Society*, eds. Robert R. Edwards and Vickie Ziegler (Woodbridge, UK: Boydell Press, 1995), pp. 25–27; Bennett, "Writing Fornication," p. 136; Paul B. Newman, *Growing Up in the Middle Ages* (Jefferson, NC.: McFarland and Co., 2007), p. 41. 男人也可能因私通而被起诉并被判以笞刑，但只有在他们经常"像丈夫对妻子一样"做这种事的情况下。

51　L.R. Poos, "Sex, Lies, and the Church Courts of Pre-Reformation England," *Journal of Interdisciplinary History* 25 (1995): 593–600; Karras, "Two Models, Two Standards," pp. 131–132; Ruth Mazo Karras, "The Regulation of Sexuality in the Late Middle Ages: England and France," *Speculum* 86 (2011): 1017–1020. 诽谤的受害者大多是女性，但有意思的是，诽谤女性的人中，女同胞与男性的比例大致相等。卡拉斯发现，15世纪晚期，诉至伦敦教会法庭的私通指控比巴黎多，这或许反映了当地的流言蜚语网络，不过，许多案件都因无凭无据而被拒绝受理。

52　Karras, *Sexuality in Medieval Europe*, 2nd edn., pp. 125–126.

53　Karras, *Sexuality in Medieval Europe*, 2nd edn., p. 123; Karras, "Sex and the Singlewoman," p. 130; North, "Legerwite," p. 9; Jones, "Medieval Leyrwite," pp. 945–953.

54　Karras, *Sexuality in Medieval Europe*, 2nd edn., pp. 123–125; Karras, "Regulation of Sexuality," pp. 1032–1036; P.J.P. Goldberg, *Women, Work, and Life Cycle in a Medieval Economy: Women in York and Yorkshire, c. 1300–1520* (Oxford: Clarendon Press, 1992), pp. 210, 232, 258–259, 263, 271–274, 327, 345, 352, 358, 361; Maryanne Kowaleski, "Singlewomen in Medieval and Early Modern Europe: the Demographic Perspective," in *Singlewomen in the European Past, 1250—1800*, eds. Judith M. Bennett and Amy M. Froide (Philadelphia, PA: University of Pennsylvania Press, 1999), pp. 40, 48; Bennett, "Writing Fornication," pp. 145–146; Mavis E. Mate, *Daughters, Wives and Widows after the Black Death: Women in Sussex, 1350–1535* (Woodbridge, UK: Boydell Press, 1998), pp. 31–37. 如果以将来时（in futuro）交换了誓言，那么在教会看来，这对夫妇发生性关系后就会立即被视为已婚；当然，这种"秘密"婚姻也是诉至教会法庭的婚姻纠纷的主要原因之一。

55　Karras, *Sexuality in Medieval Europe*, 2nd edn., p. 146; Ruth Mazo Karras, "'Because the Other is a Poor Woman She Shall be Called his Wench': Gender, Sexuality, and Social Status in Late Medieval England," in *Gender and Difference in the Middle Ages*, eds. Sharon Farmer and Carol Braun Pasternack (Minneapolis, MN.: University of Minnesota Press, 2003), p. 216; Kettle, "Ruined Maids," pp. 21, 28, 30.

56　Karras, *Sexuality in Medieval Europe*, 2nd edn., p. 127; Karras, "Regulation of Sexuality," pp. 1023–1026. 然而，"姘居"在中世纪的欧洲各地可能并没有得到普遍承认。卡拉斯发现，在巴黎的教会法庭上，这是一种相当常见的"违法行为"（占案件中的20%），这或许意味着"这种类型的结合得到了某种程度的认可"，即使会受到惩罚。相比之下，姘居在伦敦的法庭未被提及，因为英格兰的普通法不承认"姘妇"的地位，而是用贬损意味浓厚的"公共妓女"来指代处于长期婚外性关系中的女性。

57　Karras, *Sexuality in Medieval Europe*, 2nd edn., pp. 128–132; Ruth Mazo Karras, *Common Women: Prostitution and Sexuality in Medieval England* (New York: Oxford University Press, 1996), p. 86; Leah Lydia Otis, *Prostitution in Medieval Society: The History of an Urban Institution in Languedoc* (Chicago, IL.: University of Chicago Press, 1985), p. 107.

58　Judith M. Bennett, *A Medieval Life: Cecilia Penifader of Brigstock, c. 1295—1344* (New York: Mcgraw-Hill, 1976), esp. pp. 114–127. 塞西莉亚曾一度与她单身的兄弟罗伯特共同组建家庭，或许是为了法律上的便利。

59　Michel Foucault, *The History of Sexuality*, 3 vols., trans. Robert Hurley (New York: Pantheon Books, 1978–1988), 1: 43; David Halperin, *How to Do the History of Homosexuality* (Chicago, IL.: University of Chicago Press, 2002), pp. 24–47; Warren Johansson and William A. Percy, "Homosexuality," in *Handbook of Medieval*

Sexuality, p. 155. John Boswell, *Christianity, Social Tolerance, and Homosexuality: Gay People in Western Europe from the Beginning of the Christian Era to the Fourteenth Century* (Chicago, IL.: University of Chicago Press, 1980) 这本开创性著作更喜欢使用"gay"一词。近来,"queer"一词也开始在想要挑战"异性恋本位"话语的中世纪学者中流行起来。参见 Karma Lochrie, "Mystical Acts, Queer Tendencies," in *Constructing Medieval Sexuality*, eds. Karma Lochrie, Peggy McCracken, and James A. Schultz (Minneapolis, MN.: University of Minnesota Press, 1997), pp. 180–200; Karma Lochrie, "Response: Presidential Improprieties and Medieval Categories. The Absurdity of Homosexuality," in *Queering the Middle Ages*, eds. Glenn Burger and Steven F. Kruger (Minneapolis, MN.: University of Minnesota Press, 2001), pp. 87–96; Judith M. Bennett, "'Lesbian-Like' and the Social History of Lesbianisms," *Journal of the History of Sexuality* 9 (2000): 4–5; Bill Burgwinkle, "*État Présent*: Queer Theory and the Middle Ages," *French Studies* 60 (2006): 79–88; Tison Pugh, *Sexuality and its Queer Discontents in Middle English Literature* (New York: Palgrave Macmillan, 2008), pp. 1–19, 145–150。

60　参见 John Boswell, "Revolutions, Universals, and Sexual Categories," in *Hidden from History: Reclaiming the Gay and Lesbian Past*, eds. Martin Duberman, Martha Vicinus, and George Chauncey, Jr. (New York: Meridian, 1989), pp. 17–37,其中有些颇有助益的讨论。实在论和唯名论的对立由来已久,博斯韦尔就是在这种背景下展开这场争论的。在中世纪同性恋研究领域,博斯韦尔被归入本质主义阵营,而批评他的戴维·霍尔珀林则提出了社会建构主义的观点。博斯韦尔本人否认自己是"本质主义者"(也拒绝将其他任何历史学家归为此类),并声称就这场争论而言,自己是"不可知论者"。不过,他确实认为,如果将其定义为"性趣主要针对自身性别的人",那么同性恋者在历史上始终存在。与此同时,霍尔珀林为一种对同性恋史"经过了修正的建构主义研究方法"辩护,这种方法被他称为"历史主义",他承认其中"存在着超越历史的连续性",并将其重新纳入他的分析中。参见 Boswell, "Revolutions," p. 35; Boswell, *Christianity, Social Tolerance, and Homosexuality*, pp. 41–59; Halperin, *How to Do History of Homosexuality*, pp. 1–23, 104–137; David Halperin, *One Hundred Years of Homosexuality and Other Essays on Greek Love* (New York: Routledge, 1990), p. 46; Mathew Kuefler, "The Boswell Thesis," in *The Boswell Thesis: Essays on Christianity, Social Tolerance, and Homosexuality*, ed. Mathew Kuefler (Chicago, IL.: University of Chicago Press, 2006), pp. 8–12。

61　David Clark, *Between Medieval Men: Male Friendship and Desire in Early Medieval English Literature* (Oxford: Oxford University Press, 2009), pp. 9–13; C. Stephen Jaeger, *Ennobling Love: In Search of a Lost Sensibility* (Philadelphia, PA.: University

of Pennsylvania Press, 1999), p. 17.
62 Michael Goodich, *The Unmentionable Vice* (Santa Barbara, CA.: ABC-Clio, 1979), p. 28; Brundage, *Law, Sex, and Christian Society*, p. 213; Mark D. Jordan, *The Invention of Sodomy in Christian Theology* (Chicago, IL.: University of Chicago Press, 1997), pp. 29–44; Bernd-Ulrich Hergemöller, *Sodom and Gomorrah: On the Everyday Reality and Persecution of Homosexuals in the Middle Ages*, trans. John Phillips (London and New York: Free Association Books, 2001), pp. 6–25; Richards, *Sex, Dissidence, and Damnation*, p. 135; Karras, *Sexuality in Medieval Europe*, 2nd edn., p. 173; Harry J. Kuster and Raymond J. Cormier, "Old Views and New Trends: Observations on the Problem of Homosexuality in the Middle Ages," *Studi Medievali*, 3rd ser., 25 (1984): 590. 博斯韦尔有意避免使用"鸡奸"一词，因为它太过"含糊不清"了。参见 Boswell, *Christianity, Social Tolerance, and Homosexuality*, p. 93, n. 2。
63 Vern L. Bullough, "The Sin against Nature and Homosexuality," in *Sexual Practices and the Medieval Church*, pp. 55–71; Brundage, *Law, Sex and Christian Society*, pp. 212–214; Kuster and Cormier, "Old Views and New Trends," pp. 590–591.
64 Goodich, *Unmentionable Vice*, pp. 35–36; Boswell, *Christianity, Social Tolerance, and Homosexuality*, pp. 92–98; Johansson and Percy, "Homosexuality," pp. 156–157; Guido Ruggiero, *The Boundaries of Eros: Sex Crime and Sexuality in Renaissance Venice* (New York: Oxford University Press, 1985), pp. 111–112, 135; Helmut Puff, *Sodomy in Reformation Germany and Switzerland, 1400–1600* (Chicago, IL.: University of Chicago Press, 2003), p. 26.
65 Derrick Sherwin Bailey, *Homosexuality and the Western Christian Tradition* (London: Longmans, Green, 1955), pp. 73–74; Goodich, *Unmentionable Vice*, pp. 75–76.
66 仅仅两年后的544年，查士丁尼颁布了新律第141条，重申了对鸡奸进行民事处罚的威胁。在这条新律中，查士丁尼明确提到了上帝"对生活在所多玛之人的公正判决"，并为自己的行为辩护称，"我们可以通过立法避免这种不幸的命运"。参见 Bailey, *Homosexuality*, pp. 74–75。
67 整个15世纪，在佛罗伦萨、威尼斯和锡耶纳，瘟疫都是反对鸡奸的布道的一个主题。参见 Ruggiero, *Boundaries of Eros*, pp. 112–113, 135; Michael Rocke, *Forbidden Friendships: Homosexuality and Male Culture in Renaissance Florence* (Oxford: Oxford University Press, 1996), pp. 28, 36–37。
68 Goodich, *Unmentionable Vice*, pp. 25–28; Brundage, *Law, Sex, and Christian Society*, pp. 166–169.
69 Jacqueline Murray, "Twice Marginal and Twice Invisible: Lesbians in the Middle Ages," in *Handbook of Medieval Sexuality*, pp. 191–222; Helmut Puff, "Same-Sex

Possibilities," in *Oxford Handbook of Women and Gender*, pp. 379–395; Kim M. Phillips, *Medieval Maidens: Young Women and Gender in England, 1270–1540* (Manchester, UK: Manchester University Press, 2003), p. 145; Bennett, 'Lesbian-Like'," pp. 5–6; Kuster and Cormier, "Old Views and New Trends," pp. 598–599. 关于如何从各种史料中解读出女同性恋含义的例子，读者可参见论文集 *Same Sex Love and Desire among Women in the Middle Ages*, eds. Francesca Canadé Sautman and Pamela Sheingorn (Basingstoke, UK: Palgrave, 2001)。

70　Boswell, *Christianity, Social Tolerance, and Homosexuality*, p. 243.

71　穆尔的回应是，他吸纳了博斯韦尔的同性恋历史叙事的大部分内容，但也提醒人们，博斯韦尔的论点是特例，证明了被压迫的少数群体互相依赖的惯例。参见 R. I. Moore, *The Formation of a Persecuting Society: Power and Deviance in Western Europe, 950–1250* (Oxford: Basil Blackwell, 1987), pp. 91–94。

72　Boswell, *Christianity, Social Tolerance, and Homosexuality*, pp. 303–332.

73　Boswell, *Christianity, Social Tolerance, and Homosexuality*, p. 204.

74　Boswell, *Christianity, Social Tolerance, and Homosexuality*, pp. 205–206.

75　Richards, *Sex, Dissidence, and Damnation*, p. 137; Brundage, *Law, Sex, and Christian Society*, p. 167; Puff, *Sodomy in Reformation Germany*, pp. 28–29.

76　Boswell, *Christianity, Social Tolerance, and Homosexuality*, p. 205.

77　博斯韦尔至少意识到了在此处诉诸沉默的危险，因为他承认，"仅凭沉默并不能证明布尔夏德认为单身人士之间的同性恋行为根本没有罪"。但在下一句中，他认为"至少可以合理推断，他对此并不是十分关心，所以也没有为此类活动指出具体的忏悔方式"。赫尔穆特·普夫（Helmut Puff）在最近对博斯韦尔论证的重新评估中欣然承认，悔罪规则手册表明"相对而言，教会对同性恋行为缺乏兴趣"。然而，与此同时，普夫提醒我们，不要产生"缺乏兴趣意味着宽容"这样的误解，博斯韦尔似乎就陷入了这一误区。除对同性恋的默许之外，像这样缺乏兴趣可能有很多原因，比如布尔夏德认为同性恋活动还不够普遍，不足为虑。参见 Boswell, *Christianity, Social Tolerance, and Homosexuality*, p. 206; Puff, *Sodomy in Reformation Germany*, p. 21。

78　参见 Brundage, *Law, Sex, and Christian Society*, p. 174 中的表 4.2，其中包含了悔罪规则书中为鸡奸指定的忏悔清单。正如布伦戴奇（Brundage）所指出的，此表并不能证实博斯韦尔的结论，即"悔罪规则书将同性恋视为寻常之事，而不是非常严重的事情"。

79　Vern L. Bullough, "Heresy, Witchcraft, and Sexuality," *Journal of Homosexuality* 1 (1976): 183–199; Vern L. Bullough, "Postscript: Heresy, Witchcraft, and Sexuality," in *Sexual Practices and the Medieval Church*, pp. 206–217; Brundage, *Law, Sex, and Christian Society*, p. 399, 473. 从 14 世纪后期开始，将鸡奸等同于异端的情况在民事审判和记录中也变得普遍了。参见 Puff, *Sodomy in Reformation Germany*, pp. 23–25; Marc Boone, "State Power and Illicit Sexuality: The Persecution of Sodomy in Late Medieval Bruges," *Journal of Medieval History* 22 (1996): 139。

80　Johansson and Percy, "Homosexuality," pp. 159–176.

81　Johannson and Percy, "Homosexuality," pp. 159–161.

82　Karras, *Sexuality in Medieval Europe*, 2nd edn., pp. 184–185; Bernd-Ulrich Hergemöller, "The Middle Ages," in *Gay Life and Culture: A World History*, ed. Robert Aldrich (London: Thomas and Hudson, 2006), pp. 60–62; Brian Patrick McGuire, *Brother and Lover: Aelred of Rievaulx* (New York: Crossroad, 1994), pp. 89, 142; Jaeger, *Ennobling Love*, pp. 110–114. 麦克奎尔（McGuire）断定，埃尔雷德是一名同性恋者，年轻时有过性经验，但过上修道院生活后，他完成了从肉体到精神的升华，并将群体的福祉置于个人的欲望之上。然而，一些学者坚决主张，生殖器接触或插入并不是一段关系被认为是同性恋的必要条件，他们将其描述为"同性友爱"或"同性情欲"（homoerotic），不过，中世纪人本身似乎认为插入是任何性关系的必要条件。参见 Clark, *Between Medieval Men*, pp. 15–18; Jaeger, *Ennobling Love*, pp. 14–17; Halperin, *How to Do History of Homosexuality*, pp. 117–121; Karras, *Sexuality in Medieval Europe*, 2nd edn., pp. 4, 27。

83　Gregory Woods, *A History of Gay Literature: The Male Tradition* (New Haven, CT.: Yale University Press, 1998), p. 46. 值得注意的是，博斯韦尔甚至没有提及这部著作。

84　Woods, *History of Gay Literature*, p. 46.

85　Karras, *Sexuality in Medieval Europe*, 2nd edn., p. 192.

86　Karras, *Sexuality in Medieval Europe*, 2nd edn., p. 192.

87　Boswell, *Christianity, Social Tolerance, and Homosexuality*, pp. 318–330. 关于阿奎那对这一主题的论述，其他的讨论参见 Goodich, *Unmentionable Vice*, pp. 62–63; Mark D. Jordan, "Homosexuality, *Luxuria*, and Textual Abuse," in *Constructing Medieval Sexuality*, eds. Karma Lochrie, Peggy McCracken, and James A. Schultz (Minneapolis, MN.: University of Minnesota Press, 1997), pp. 24–39; Jordan, *Invention of Sodomy*, pp. 136–158。

88　中世纪晚期，自然哲学家们发展出了一种"鸡奸学"，将同性偏好解释为先天和后天因素兼而有之："一些人天生就有解剖学上的缺陷，导致精液偏离正轨，而"另外一些人显现出来的性欲，则是在早年的人生经历中养成的习惯"。参见 Joan Cadden, *Nothing Natural is Shameful: Sodomy and Science in Late Medieval Europe* (Philadelphia, PA.: University of Pennsylvania Press, 2013), p. 3。

89　Rocke, *Forbidden Friendships*; Ruggiero, *Boundaries of Eros*; Hergemöller, *Sodom and Gomorrah* 对这些记录进行了分析和呈现。总的来说，有证据表明，佛罗伦萨和威尼斯对鸡奸的迫害，在一贯性和积极性方面，要远胜阿尔卑斯山以北的德意志、瑞士和低地国家。参见 Puff, *Sodomy in Reformation Germany*, p. 25; Boone, "State Power and Illicit Sexuality," pp. 135–153。

90 根据罗克（Rocke）汇集的统计数据，84% 的被动方年龄在 13—18 岁之间，92% 年龄在 13—20 岁之间。参见 Rocke, *Forbidden Friendships*, pp. 89–90。

91 Rocke, *Forbidden Friendships*, pp. 87–111; Johansson and Percy, "Homosexuality," pp. 158–159; Ruggiero, *Boundaries of Eros*, p. 124.

92 Rocke, *Forbidden Friendships*, p. 243. 这是基于对 1478 年至 1502 年的记录所做的一项调研。

93 Johansson and Percy, "Homosexuality," p. 158.

94 Rocke, *Forbidden Friendships*, pp. 116, 162–163.

95 Rocke, *Forbidden Friendships*, p. 243.

96 Karras, *Sexuality in Medieval Europe*, 2nd edn., p. 178.

97 David Herlihy and Christiane Klapisch-Zuber, *Tuscans and their Families: A Study of the Florentine Catasto of 1427* (New Haven, CT.: Yale University Press, 1985), pp. 203–211; Karras, *Sexuality in Medieval Europe*, 2nd edn., p. 182.

98 Herlihy and Klapisch-Zuber, *Tuscans and their Families*, pp. 222–223.

99 Karras, *Sexuality in Medieval Europe*, 2nd edn., pp. 182.

100 Halperin, *How to do the History of Homosexuality*, pp. 109–130; Karras, *Sexuality in Medieval Europe*, 2nd edn., p. 167.

101 Halperin, *How to do the History of Homosexuality*, pp. 121–130.

102 Rocke, *Forbidden Friendships*, p. 146.

103 已知有两个中世纪的例子：一个是 1354 年在威尼斯被捕的罗兰迪诺/罗兰迪娅（Rolandino/Rolandia），据他自己说，他长着女人的乳房和面容，却长着男人的阴茎和睾丸，他结了婚，但从未与妻子发生过肉体关系，他还卖淫；另一个是 1394 年在伦敦被捕的约翰·埃莉诺·雷克纳（John/Eleanor Rykener），他也曾在伦敦、牛津和班佛德（Burford）卖淫。罗兰迪诺/罗兰迪娅似乎一直扮演被动角色，从未勃起过，但约翰/埃莉诺"像男人一样与许多女人发生过性关系"，似乎也不是为了报酬。参见 Karras, *Common Women*, pp. 70–71; Karras, *Sexuality in Medieval Europe*, 2nd edn., pp. 183–184。

104 Karras, *Sexuality in Medieval Europe*, 2nd edn., pp. 4, 27.

105 博斯韦尔试图证明，对中世纪的同性恋者来说，"年龄并不是考虑因素"，因为"男孩"这样的词既可用于年轻男性，也可用于年长一些的男性，因此，少年爱"与欲望对象年龄的关系，就像'追女孩'这种表述一样，并没有那么密切"。参见 Boswell, *Christianity, Social Tolerance, and Homosexuality*, p. 30; Boswell, "Revolutions," p. 30。

106 Hergemöller, "Middle Ages," pp. 70–71, 74–75; Brundage, *Law, Sex, and Christian Society*, p. 473, 534; Puff, *Sodomy in Reformation Germany*, pp. 23–27; Boone, "State Power and Illicit Sexuality," pp. 138–141. Rocke, *Forbidden Friendships*, pp. 237–241 中的一些表格，显示了"夜间办公厅"和"八人监视会"（Eight of Watch）所施加的各种刑罚的频率。

107 Ruggiero, *Boundaries of Eros*, pp. 114–127. 阿尔卑斯山以北的城市，例如布鲁日，似乎对鸡奸采取了更加严厉、死板的态度，这种行为被视为对社会秩序的威胁。1385年至1515年，布鲁日至少有90人因鸡奸被处决，马克·波恩（Marc Boone）指出，法官"很少因情有可原而轻判"。参见 Boone, "State Power and Illicit Sexuality," pp. 145, 151。

108 Rocke, *Forbidden Friendships*, p. 47.

109 Rocke, *Forbidden Friendships*, pp. 63–64.

110 Rocke, *Forbidden Friendships*, p. 73.

111 Rocke, *Forbidden Friendships*, p. 74.

112 Rocke, *Forbidden Friendships*, pp. 198–201.

113 Rocke, *Forbidden Friendships*, p. 200.

114 Rocke, *Forbidden Friendships*, pp. 201–221.

115 Hergemöller, "Middle Ages," 71–73; Boone, "State Power and Illicit Sexuality," p. 149.

116 Rocke, *Forbidden Friendships*, p. 245.

117 在佛罗伦萨，鸡奸者主要从事纺织和服装行业，都是这座城市的招牌行业。参见 Rocke, *Forbidden Friendships*, p. 249。

118 Rocke, *Forbidden Friendships*, pp. 153–161.

119 Ruggiero, *Boundaries of Eros*, pp. 138–140.

120 Hergemöller, *Sodom and Gomorrah*, pp. 104–105. 马克·波恩对布鲁日同性恋亚文化的存在提出了类似的证据，只是说服力可能略逊一筹。参见 Boone, "State Power and Illicit Sexuality," pp. 148–149。

121 Rocke, *Forbidden Friendships*, p. 191.

122 Rocke, *Forbidden Friendships*, p. 146.

123 Rocke, *Forbidden Friendships*, p. 146.

124 Ruggiero, *Boundaries of Eros*, pp. 135–138.

125 Ruggiero, *Boundaries of Eros*, p. 145; Rocke, *Forbidden Friendships*, pp. 221–223.

126 这种情况尤其出现在贫困女性和从事某些行业的城市女性身上，比如洗衣妇、人们认为她们有充足的机会和动机从事性工作。参见 Karras, "Gender, Sexuality, and Social Status," pp. 215-216, 223。

127 Karras, *Common Women*, pp. 10-11; Bullough, "The Prostitute in the Early Middle Ages," in *Sexual Practices and the Medieval Church*, p. 35.

128 中世纪记录中已知的男妓，只有威尼斯的罗兰迪诺／罗兰迪娅·罗沙亚和伦敦的约翰／埃莉诺·雷克诺，他们是为了从事这份工作而扮成女人的男人（即异装癖），分别于 1354 年和 1394 年被捕。参见 Karras, *Common Women*, pp. 70-71; Karras, *Sexuality in Medieval Europe*, 2nd edn., pp. 183-184。

129 Karras, *Common Women*, pp. 3, 11-12; Karras, "Sex and the Singlewoman," pp. 130-131.

130 Karras, "Sex and the Singlewoman," pp. 128, 130-132.

131 James A. Brundage, "Prostitution in the Medieval Canon Law," in *Sexual Practices and the Medieval Church*, p. 150; Richards, *Sex, Dissidence and Damnation*, p. 118.

132 Karras, *Common Women*, pp. 10-12; Bullough, "Prostitute in the Early Middle Ages," p. 35. 同时代人也知道 "*prostituo*" 这个拉丁语动词——意为 "公开暴露" ——这当然符合现代对妓女的定义，但 "prostitute" 这个词本身似乎并没有人使用。

133 Ruth Mazo Karras, "Prostitution in Medieval Europe," in *Handbook of Medieval Sexuality*, pp. 249-251; Kettle, "Ruined Maids," pp. 22, 26-27; Bronislaw Geremek, *The Margins of Society in Late Medieval Paris*, trans. Jean Birrell (Cambridge: Cambridge University Press, 1987), pp. 239-241.

134 Brundage, "Prostitution in the Medieval Canon Law," pp. 154-156; Brundage, "Sex and Canon Law," p. 44; Vern L. Bullough, "Prostitution in the Later Middle Ages," in *Sexual Practices and the Medieval Church*, pp. 178-182; Richards, *Sex, Dissidence and Damnation*, pp. 119-129; Williams and Echols, *Between Pit and Pedestal*, pp. 95-96; Karras, *Common Women*, pp. 14-22, 95-100; Karras, "Prostitution in Medieval Europe," pp. 245-247; Kettle, "Ruined Maids," p. 22.

135 这些论证主要由以下著作提出：Karras, *Common Women*, pp. 84-101; Leah Lydia Otis, *Prostitution in Medieval Society: The History of an Urban Institution in Languedoc* (Chicago, IL.: University of Chicago Press, 1985), pp. 15-39; Jacques Rossiaud, *Medieval Prostitution*, trans. Lydia G. Cochrane (Oxford: Basil Blackwell, 1988), pp. 55-71。

136 Karras, "Prostitution in Medieval Europe," p. 244.

137 Karras, "Prostitution in Medieval Europe," p. 244; Karras, *Common Women*, pp. 32-43; Otis, *Prostitution in Medieval Society*, pp. 25-39; Rossiaud, *Medieval Prostitution*, pp. 59-61; Richard C. Trexler, "La Prostitution Florentine au XVe Siècle:

Patronages et Clientèles," *Annales. Histoire, Sciences Sociales* 36 (1981): 983–1015; Kettle, "Ruined Maids," p. 21.

138 Rossiaud, *Medieval Prostitution*, pp. 62–66; Jacques Rossiaud, "Prostitution, Sex and Society in French Towns in the Fifteenth Century," in *Western Sexuality: Practice and Precept in Past and Present Times*, eds. Philippe Ariès and André Bèjin (Oxford: Basil Blackwell, 1985), p. 78; Richards, *Sex, Dissidence and Damnation*, p. 130. 伦敦是个例外，那里的教会法庭定期起诉妓女，相比之下，约克和巴黎就很少起诉。参见 Karras, "Regulation of Sexuality," pp. 1027–1028; Karras, *Common Women*, pp. 66–68, 138–139。

139 Karras, *Common Women*, pp. 65–76; Karras, "Gender, Sexuality, and Social Status," p. 221.

140 Karras, *Commen Women*, pp. 96–98; Karras, "Gender, Sexuality, and Social Status," p. 221.

141 Rossiaud, *Medieval Prostitution*, p. 69.

142 Karras, *Common Women*, p. 96. 不过，在其关于这一问题的最新出版物中，卡拉斯的这种观点略有缓和，她表示，"即使妓女没有被社区排斥，她们的人格也必定受到了贬损，所以卖淫指控才会成为一件有效的武器，用来对付出于其他原因而招人恨的女人"。参见 Karras, "Gender, Sexuality, and Social Status," pp. 221–222。

143 Bullough, "Prostitution in the Later Middle Ages," pp. 183–186; Brundage, "Sex and Canon Law," pp. 44–45; Karras, *Common Women*, pp. 34, 81–83; Karras, "Prostitution in Medieval Europe," p. 254; Leah Lydia Otis, "Prostitution and Repentence in Late Medieval Perpignan," in *Women of the Medieval World: Essays in Honor of John H. Mundy*, eds. Julius Kirshner and Suzannne F. Wemple (Oxford: Basil Blackwell, 1985), pp. 149–156.

144 在佛罗伦萨等一些城市，社会期望对男性的要求是等到快 30 或者 30 多岁才能结婚，从而剥夺了他们"青春期后长达 20 年的时间里合法发泄性欲的途径"，并将"性紧张"提升至高水平。一些学者抓住了这一点，认为这种液压模型是合理的。参见 Herlihy and Klapisch-Zuber, *Tuscans and their Families*, pp. 222–223。

145 这句评论经常被认为出自托马斯·阿奎那，他复述过这一类比，但这似乎并不是他的原创。参见 Richards, *Sex, Dissidence and Damnation*, pp. 118–119; Bullough, "Prostitute in the Early Middle Ages," p. 36; Brundage, "Sex and Canon Law," p. 43; Karras, *Common Women*, pp. 6, 133–134; Karras, "Prostitution in Medieval Europe," p. 245。

146 例如，佛罗伦萨于 1403 年 4 月组织了"正直办公厅"（Office of Honesty），负责监督公共道德，更确切地说，就是通过设立该市第一家公娼馆来消除"鸡奸恶习",在那里工作的都是非佛罗伦萨的移民。佛罗伦萨希望通过卖淫这种较轻的恶习,让男人远离鸡奸,投入婚育。同年,也就是1403年,"正直办公厅"建立,负责监督公共道德并促进婚育。1415年,又有两家公娼馆获批,对外宣称的目标是"通过较轻的恶行来消除较重的恶行",由此暗示鸡奸是"较重的恶行"。参见Trexler, "Prostitution Florentine," pp. 983–984; Bullough, "Prostitution in the Later Middle Ages," p. 180; Karras, *Sexuality in Medieval Europe*, 2nd edn., pp. 87, 179; Karras, *Common Women*, pp. 32, 136; Karras, "Prostitution in Medieval Europe," p. 245; Richards, *Sex, Dissidence and Damnation*, pp. 126–127; Williams and Echols, *Between Pit and Pedestal*, p. 94。

147 Otis, *Prostitution in Medieval Society*, p. 101.
148 Otis, *Prostitution in Medieval Society*, pp. 101–103.
149 Otis, *Prostitution in Medieval Society*, pp. 25–39.
150 Otis, *Prostitution in Medieval Society*, pp. 38–39.
151 Otis, *Prostitution in Medieval Society*, p. 104.
152 Otis, *Prostitution in Medieval Society*, p. 31.
153 如前文所述,佛罗伦萨当局在1415年试图再设立两家公娼馆时,也采用了类似的说法。然而,特雷克斯勒(Trexler)将"更严重的恶"解释为鸡奸,罗西艾德(Rossiaud)将其解释为强奸他人妻女,奥蒂斯却认为它指的是"性和社会的混乱"。这种解释即使不那么精确,却更广义、更有深度。参见 Otis, *Prostitution in Medieval Society*, pp. 103–104; Richards, *Sex, Dissidence and Damnation*, pp. 127–128。
154 Otis, *Prostitution in Medieval Society*, pp. 104–108.
155 Otis, *Prostitution in Medieval Society*, p. 45.
156 Otis, *Prostitution in Medieval Society*, pp. 104–110.
157 Otis, *Prostitution in Medieval Society*, pp. 43–45; Rossiaud, "Prostitution, Sex and Society," p. 94; Kettle, "Ruined Maids," p. 30.
158 Otis, *Prostitution in Medieval Society*, p. 44.
159 Otis, *Prostitution in Medieval Society*, p. 41; Rossiaud, *Medieval Prostitution*, p. 50; Ann G. Carmichael, *Plague and the Poor in Renaissance Florence* (Cambridge: Cambridge University Press, 1986), pp. 123–124.
160 Otis, *Prostitution in Medieval Society*, p. 41.
161 Richards, *Sex, Dissidence and Damnation*, pp. 130–131.
162 Otis, *Prostitution in Medieval Society*, p. 41; Rossiaud, "Prostitution, Sex and Society," p. 77.
163 Rossiaud, *Medieval Prostitution*, p. 43; Rossiaud, "Prostitution, Sex and Society,"

p. 87.
164 Rossiaud, *Medieval Prostitution*, pp. 11–12.
165 Rossiaud, *Medieval Prostitution*, pp. 27–28.
166 Rossiaud, *Medieval Prostitution*, pp. 13, 21.
167 Rossiaud, *Medieval Prostitution*, pp. 15–18; Rossiaud, "Prostitution, Sex and Society," p. 82.
168 Rossiaud, *Medieval Prostitution*, pp. 20–26.
169 Rossiaud, *Medieval Prostitution*, pp. 13–14; Rossiaud, "Prostitution, Sex and Society," p. 85.
170 Rossiaud, *Medieval Prostitution*, p. 48; Rossiaud, "Prostitution, Sex and Society," pp. 86–87.
171 Rossiaud, *Medieval Prostitution*, pp. 13–14, 48; Rossiaud, "Prostitution, Sex and Society," p. 85.
172 Rossiaud, *Medieval Prostitution*, pp. 29–30.
173 Rossiaud, *Medieval Prostitution*, p. 49; Rossiaud, "Prostitution, Sex and Society," p. 81.
174 Rossiaud, *Medieval Prostitution*, p. 37.
175 Karras, *Common Women*, p. 3.
176 Karras, *Common Women*, p. 3.
177 Brundage, "Prostitution in Medieval Canon Law," pp. 152–153, 159. 在单身女性中，卖淫与女性异性性行为之间的关联还要更加密切。参见 Karras, "Sex and the Singlewoman," pp. 127–140。
178 Brundage, "Sex and Canon Law," p. 45.
179 Karras, *Common Women*, pp. 87–88; Karras, "Sex and the Singlewoman," p. 135.
180 Karras, *Common Women*, pp. 88–95.

第六章

马利亚和夏娃万岁：中世纪社会的女性

Hail May and Eve: Women in medieval society

1999年一个宜人的冬日，我参加了太平洋西北地区（Pacific Northwest）一所州立大学教职的最终轮面试。我面试的是历史系初级助理教授一职，负责教授学生（尚未指定）的专业课历史。这可能是我这辈子经历过的最惨不忍睹的面试。

我面对着十几位同事，他们全都在（同时）对我的职位进行面试，有一位面试官让我格外难忘。她是一位研究现代美国女性史，或者叫性别史的教授，得知我的专业是中世纪，她对我说："我一直讨厌中世纪。对女性来说，那是一个多么糟糕、多么压抑的时代。"当时，我不知该如何回应这种一棒子打死的说法。不用说，接下来的面试并不顺利。

现在回想起来，我应该这样回答："中世纪对女性来说并不是一个糟糕的时代。糟糕的是你的老师！"说得再具体点儿的话，我本可以举出许多中世纪女性获得颇为可观的权力和声望，甚至可能与男性平起平坐的例子。12世纪，本笃会修女宾根的希尔德加德（1098—1179）创建了至少两所女修道院，她所经历的神秘异象得到了当时最伟大的圣职者克莱尔沃的伯纳德（1090—1153）和教皇尤金尼斯三世（1145—1153 年在位）的认可。同一个世纪里，历史上最有权势的女贵族阿基坦的埃莉诺（Eleanor of Aquitaine，1122—1204）先后嫁给了欧洲最有权势的两位统治者——法兰西的路易七世（1137—1180 年在位）和英格兰的亨利二世（Henry II，1154—1189 年在位），她凭自身权利终生拥有阿基坦公国，通过这份嫁妆，她以一己之力改变了法兰西和英格兰之间的权力平衡。中世纪尾声的 15 世纪，令人瞩目的农家女贞德（Joan of Arc，1412—1431）领兵打仗，取得了法国男人无法企及的成就，扭转了百年战争的局势，使法兰西战胜了英格兰。与此同时，寡妇克里斯蒂娜·德·皮桑（Christine de Pisan，1364—1430）能够以写作谋生，这对任何时代的任何人来说，都是一项很了不起的成就。皮桑在 30 年间创作了 41 部作品，旨在反击文学作品中女性的负面形象，并且在最后一部作品《圣女贞德的故事》(Song of Joan of Arc)中颂扬了女性在当代的成就，而不仅仅是历史上的成就。仅仅因为一个时代被认为是厌女的，就否定整个时代，这是对中世纪女性极大的不公，在我看来，这也并非多么女性主义的治史之道。[1]

关于中世纪女性史的争论

不用说，上述所有论据都是我事后的脑内小剧场。但我之所以讲这个故事，是因为它集中体现了过去几十年来围绕中世纪女性史的争论。这场争论最核心的本质可以归结为：中世纪的历史中，有没有哪个时期是女性的"黄金时代"，是随着我们步入现代社会而不复存在的"文艺复兴"或"天堂"呢？² 中世纪女性是否像中世纪女性研究泰斗艾琳·鲍尔（Eileen Power）在3/4个世纪前所写的那样，保持了她们自己的地位，甚至改善了她们的处境，实现了与男性"大差不差的平等"呢？³ 还是说，中世纪女性仍然受制于古老的父权制，继续作为男性之下的二等公民，在制度性固化的不利条件下劳作呢？⁴

这场争论可以以许多不同的形式重新表述，也已经被人这样表述过了。有人认为这是乐观主义与悲观主义之间的冲突，是以积极的态度看待到中世纪末期为止的女性地位，还是以消极的态度看待。⁵ 前一种观点认为，在这一时期发生在中世纪社会的变革中，女性发挥了宝贵且重要的作用，她们利用的主要是出现在经济领域的机会，她们凭借自身的积极主动和取得的成功做到了这一点。⁶ 后一种观点则认为，女性无法摆脱压迫她们的父权制，父权制一贯轻视和贬低她们对家庭和社会的贡献，并在她们的道路上"处处"设卡，剥夺她们的权利。由于社会要确保男性获得更丰富、更优质的回报，从而维持女性的从属地位，所以女性取得的任何成就都被强力抹杀了。⁷ 岂止如此，对中世纪女性史的悲观解释的支持者甚至声称，在中世纪的世界观中，"男人是人，女人则不然"。⁸ 在我看来，这种说法着实令人触目惊心——实际上是在控诉中世纪欧洲社会将女性视为没有做人的资格——也揭示了女性主义学者隐藏在学术话语的斯文外表下的愤怒。

这场争论也可以被视为公元1300—1700年这段时期的变革（或者说过渡）与连续之争，这个时间段包含了中世纪晚期和早期现代的大部分。⁹ 从史学史的角度看，这个切入角度相当奇特，因为向文艺复兴和宗教改革时代过渡，通常意味着人的境况取得了一定程度的进步，但在这里却被解释成对女性造成了相当负面的影响。同样，连续性意味着人类文化的精华具有令人心安的持久性，但在这里却以压迫性的父权制形式出现，令人倍感痛惜。

这在很大程度上也是关于家庭的争论：按照"黄金时代"观点，女性的处境在中世纪晚期得到了改善，因为在黑死病之后，经济环境变得更加有利，大多数农民家庭的处境都得到了改善。[10] 由于女性在家庭单位中与男性是"合作"关系，她们势必要分享这些馈赠，即使是单身女性，也能够利用瘟疫带来的新的经济机会。[11] 15 世纪中叶后向早期现代过渡时期，这个黄金时代走到了尽头，因为长期的人口减少和/或停滞导致了整个北欧的经济萧条。[12] 但按照连续性/父权制观点，家庭只不过是又一种压榨女性的手段，尽管她们的劳动具有多面性（即养育子女、烹饪、打扫、缝纫等），价值却被定得很低。女性很难分到后瘟疫时代的经济利益，因为除特殊情况外，所有土地和货物都归男性所有。此外，按照这种观点，家庭甚至不是人类事务的一种自然状态，而是彻头彻尾的社会文化"现象"，反映了"中世纪社会中男性的父权权威"。[13]

多年以前，艾琳·鲍尔在其对中世纪女性的开创性研究中，将中世纪对女性的态度概括为游移在圣母马利亚和夏娃之间。这是对立的两个极端，分别象征着宗教纯洁和骑士精神可望而不可即的完美典范，以及"终极妖妇"和魔鬼的傀儡这种带有警示意味的形象。[14] 如今，大多数学者拒绝接受这种马利亚/夏娃的二元对立，认为这样过于简单粗暴，无法包含中世纪女性经验的复杂性。[15] 但现在，围绕着对中世纪女性史的"黄金时代"/父权制——或者可以称之为乐观/悲观或变革/延续——的解释，似乎又出现了一种类似的二元对立。尽管这场争论大多集中在黑死病之后的中世纪晚期女性，但围绕公元 1000 年的重要性，也出现了类似的分歧，因为对女性来说，这个年份可能是一个转折点。[16] 然而，更加微妙的替代选择在这两极之间开辟出了一条中间道路：既不将中世纪女性工作的历史视为不折不扣的黄金时代，也不将其视为一成不变地受制于父权制的时代。黄金时代论被诟病为将黑死病后女性的就业机会和工资率描绘得过于乐观，而父权制论又被抨击为过于悲观，因为它不承认中世纪女性"在她们获得的工作数量和〔相对于男性的〕酬劳方面"所取得的实际成果。[17] 而这种解释既强调女性经济角色的连续性，又强调变化。它承认女性确实面临着一些根本性的不利因素和障碍，例如获得信贷的能力，这些因素并没有随着时间而改变；但它也承认，某些女性有机会摆脱一般情况下会将她们限制在其中的"低技能、低地位、低收入"经济领域，尤其是酿酒和纺织行业。[18] 另外一些人则提醒我们，不能只讲述中世纪女性"利益得失的故事"，因为"对整个社会变化的反应是复杂的"，而这样的讲述并没有将她们纳入其中。[19] 有人认为，中世纪女性的经验差异太大，尤其是不同阶级的女性之间，而我们的所知又太过欠缺，即使地方研究如雨后春笋般涌现，我们也完全无法对中世纪女性一概而论。[20]

无可否认的是，自20世纪70年代作为一个独立领域出现以来，性别史，抑或是女性史，就一直有一种政治/论战的意味，有人坚持要在当前的学术研究中维护女性主义议题。[21] 例如，将职业生涯的大部分时间用来研究14世纪上半叶英格兰布里格斯托克女性的历史学家朱迪斯·本内特认为，古往今来，一直有一种"父权制平衡"在操纵着女性的经验，因此，无论我们谈论的是1315年的女性薪资，还是2015年的，其相对于男性薪资的价值都明显保持不变，比值约为3:4（即女性的薪资是男性的3/4）。在本内特看来，这强调了在根深蒂固的父权制社会秩序中，从古至今，女性的地位都具有显著的连续性。在这种社会秩序中，女性在几乎每一个可以想到的方面都曾处于非常不利的地位（现在也一样）：法律、经济、政治、社会和文化。于是，对这些女性主义历史学家来说，最需要考虑的问题就变成了：在反抗占据优势地位的父权制方面，女性是否在任何特定的时间地点取得了任何的进展，从而在实现与男性性别平等的最终目标方面取得了进步。[22] 我们可以说，即使不是整个中世纪史，至少在中世纪女性史领域，现在的确是一种母权制主导的局面，参与其中的学者绝大多数是女性，不知以上事实对这些历史学家来说算不算某种安慰。[23] 或许颇为讽刺的一点是，对中世纪女性史较为悲观的评价往往来自该领域卓越的女性学者，而最乐观的观点则来自男性评论者。[24]

我认为，现代历史学家回顾西方社会数百年来如何对待女性的时候，提出性别平等的问题，无疑是合理的。但是，当我们试图从她们自身的情况出发，在她们独特的同时代视角背景下理解中世纪女性时，这样做是否合适呢？事实上，我们可以说，将现代女性主义的期望投射到中世纪女性身上——也就是说，总是基于相对于男性的标准来评判她们——那么她们几乎是必输的，而这或许也是在以一种几乎与父权制本身一样贬低人的方式来对待她们。中世纪的女性很可能并没有性别平等的概念，因此也不会以这种方式来衡量自身的地位和幸福。诚然，中世纪女性受困于她们那个时代有性别偏见的环境，但当今很少有历史学家在撰写中世纪女性史时，会说整个中世纪对女性而言是一个受到的苦难和压抑一直没有缓和的时代。如果我们能回到过去直接询问她们，中世纪女性——尽管她们生活在以男性为主导的环境中——可能会认为我们的问题毫无意义。女性永远不可能与男性平等，因为两性差异太大（不论哪一方更优秀），而每一种性别都是在自己的领域内活动的。[25] 或许对她们来说，最理想的情况是达到一种构成"第三性别"，或者是性别无关紧要的状态——比如神秘的与神合一状态。[26] 女性主义历史学家也许不喜欢这个答案，但可能我们对中世纪女性提出的问题本就是错的。

试图捕捉中世纪女性的观点是很困难的，因为我们所掌握的大部分史料都是由男性撰写的。中世纪欧洲的三大宗教——基督教、犹太教和伊斯兰教——都认可男性特权观点，甚至是不折不扣的厌女观点，而这种观点也充斥在文学作品中，无论是那些学术性的、哲学层面上的作品，还是较为通俗的民间故事和故事诗。[27] 尽管如此，人们还是会怀疑，关于女性的"知识和文学论述"在多大程度上反映了她们在中世纪社会的实际状况。[28] 即使中世纪的艺术和文学作品把女性描绘成上位者，表面情况也是会骗人的。在英格兰的卡莱尔座堂（Carlisle Cathedral），有一幅 15 世纪的椅背突板雕刻品（即唱诗班座椅区座位下面的雕刻品），上面是妻子在殴打丈夫。妻子确凿的优势地位一目了然：她左手抓着丈夫的胡须，右手举起一根方头棍棒。这幅雕刻品所传达的意思几乎肯定不是什么好事儿。这是一个"颠倒的世界"，是对所谓事物的自然秩序的颠覆。实际情况是，中世纪的法律普遍准许丈夫殴打妻子，而不是反过来。更有甚者，14 世纪佛兰德斯的阿尔登堡（Aardenburg）的法典不但允许丈夫殴打妻子，还允许他从头到脚砍伤她的身体，"用她的血暖自己的脚"，前提是他要把她照顾到康复。[29]

"泼妇"也是许多中世纪民间故事的主题。中世纪晚期的故事《3 个狡猾的女人》（"Three Wily Women"），讲的是 3 个德意志家庭主妇比赛，看谁最能捉弄丈夫，奖品是在市场上卖鸡蛋赚得的赫勒①的零头。

---

① 赫勒（haller），一种 16 世纪时在奥地利和德国通行的旧硬币。

在这个故事中，胜利者梅希蒂尔德太太（Mistress Mechtild）成功地在字面意义上阉割了她的丈夫，即农夫西格弗里德（Farmer Siegfried），趁他赤身裸体站在教堂里时，用刀割下了他的睾丸。[30] 乔瓦尼·薄伽丘被认为是一位共情女性的作家——因为他在 1374 年写下了第一部专门描写女性的传记作品《名女》(De Mulieribus Claris)——却在著名的《十日谈》中用整个第七章（或者说是讲故事的第七"日"）来讲述十个"妻子捉弄丈夫"的故事，通常是给丈夫戴绿帽子。在杰弗里·乔叟的《坎特伯雷故事集》中，巴斯妇被描绘成一个性欲旺盛、嚣张跋扈的妻子，克死了至少五任丈夫，在这个故事中，她才是婚姻关系的主宰者和掌"鞭"者。这些故事并不是要为女性"赋权"，实际上是在警告男性必须管好妻子。

不过，也有一些中世纪作品似乎真的很欣赏女性。15 世纪的英格兰诗歌残篇《女人是可敬的人》(A Woman is a Worthy Wight) 提醒听者，家庭主妇"日日夜夜侍奉男人"，得到的回报却只有"烦恼和忧愁"。[31] 同样只剩残篇的《暴虐丈夫之歌》(Ballad of a Tyrannical Husband) 也可以追溯到 15 世纪，讲述了一个骂骂咧咧的男人白天与妻子互换角色，试图完成她在屋子里和院子里要做的所有工作，之后就成了一个"好丈夫"；作者希望通过这种方式向女性赔罪，因为"她们受到了太多责备，有时还被冤枉"。[32] 然而，正如我们可能已经注意到的那样，即使是这些作品，也并没有完全摆脱那个时代的父权制假设。也许中世纪唯一真正的"原始女性主义者"是 15 世纪的作家克里斯蒂娜·德·皮桑，她表明了对厌女传统的清晰认识，并试图通过《妇女城》(City of Ladies) 中为女性的有力辩护来与之抗争。[33] 皮桑也愿意支持那些挑战传统性别角色的女性，她的《圣女贞德的故事》就是证明。这部作品写于 1429 年

7月底,查理七世(Charles Ⅶ)加冕后不久。可就连皮桑也明确赞成中世纪社会要求女性扮演的传统角色,并在《妇女城的宝藏》(Treasure of the City of Ladies)中对此加以阐述。[34]

中世纪女性研究必须把握好边缘与主流之间的平衡。虽然中世纪女性确实苦于"制度中固有的"偏见,但不能真的把她们描绘成中世纪的少数群体,认为她们要面对少数群体的障碍。[35]就人数和存在而言,女性在中世纪日常社会中发挥的作用太大了,无法被视为边缘人。与所有时期一样,她们在中世纪的历史也很难被定型或归类。

然而,在中世纪女性史的史学史中,我们可以确认3个主要的争论点。其一与女性的工作有关,尤其是在中世纪晚期,黑死病之后,对各种劳动力的大量需求可以说是有益于女性的。单身和已婚女性在多大程度上利用了就业机会,这些机会持续了多久,它们如何影响女性的生活,尤其是相比于类似机会对男性的影响?第二个讨论主题围绕中世纪女性的婚姻模式展开,人们已经对欧洲不同地区的婚姻模式进行了研究和比较。历史学家在评价中世纪女性的婚姻生活时,当地的习俗、法律、教会的定义,以及民众对婚姻的认知,都起到了一定的作用。这场讨论还包括单身女性婚前的决断和准备,以及婚后作为寡妇的地位和未来。第三个讨论主题就是中世纪女性的性行为,我们已经在上一章探究过了。

我承认,这些讨论的措辞在不断变化:例如,据说现在的女性主义历史学家更关注女性的"财富"而不是工作,因为就女性对家庭和社会的贡献而言,前者的覆盖面更广。[36]我也承认,我省略了中世纪女性史中许多引人入胜又很重要的方面。例如,对于中世纪后期的女巫、女王和王后的权力和权威,以及包括修女、女隐修者和神秘主义者在内的女性的宗教生活，我就没有评论。但是，我所选择的这些主题，在有关中世纪女性的史学史中占了大部分，从衍生出来的文献数量来看，也是这一领域辩论和讨论最为激烈的。这些主题也完美契合了第八章和第九章所讨论的主题，即黑死病和向早期现代的过渡。此外，它们也提醒着我们，尽管女性无论如何都应该拥有自己独立的研究领域，但她们也是社会和整个人类境况史的组成部分。

女性的工作

对于何为"女性的工作"，我们现在的看法显然与中世纪人的看法大相径庭。当今时代，女性几乎都要走出家门，找到一份工作或职业，在大多数西方国家，政府都提供带薪产假，因此女性无须在家庭和事业之间做出选择。这一政策隐含的意思是，"全职"妈妈并不是一份严格意义上的职业，也不是一个行业类别，尽管这种观点可能也在发生变化。但即使配偶中的一方真的留在家里照顾孩子，我们也不能再想当然地以为这件事是由妻子来做的；我们不难想象，承担这项任务的是"家庭主夫"或"全职爸爸"，而妻子则是那个"养家糊口的人"，继续在外面工作。

然而，我们当前对女性工作的态度，可能在中世纪晚期就已经开始萌芽了。有观点认为，正是在这个时期，经济从独立的小型手工艺生产，转向有组织的商品生产和资本主义那些更加"正式化、不掺杂个人因素的制度"，例如发包制，而随着工作变得更加职业化和专门化，就业的定义也开始发生变化。[37] 在此之前，市场生产集中在家庭内部，有观点认为，这种情况下，女性可以在家庭经济中扮演平等的"工作伙伴"角色,因为市场生产和自给生产之间的界限很模糊。[38] 当市场生产从家庭单位转向个人时,女性却被排除在地位高的工作之外了,因为她们落入了好似"第22条军规"①的困境:要么放弃之前在家族生意中的地位,却要在一个"新组建的父权制家庭"中提供生活必需品以支持伴侣;要么放弃家庭管理者的角色,去承担"市场生产中新组织起来的地位高的工作"。事实上,后一种选择并不现实,因为这必然要彻底颠覆"父权制的社会秩序",女性要作为行会会长和领袖,"承担起积极的政治职责",以便与她们新的经济地位相辅相成,而没有了管理者的家庭经济将被狠狠摧毁,当然了,除非男性承担起这些职责。[39] 可男性反而"垄断了家庭生产单位之外的地位高的工作",因为只有他们有政治影响力(即在行会中任职)和适应性,可以在新的市场中竞争。[40] 由于这种地位高的新工作转移到了家庭之外,就业的新定义,以及男性是养家糊口者这一身份的新定义,也随之转移了。

这套论证思路至少有两个可能的突破口。其一是女性在中世纪经济中的工作身份一直很脆弱,原因在于以下几个长期因素:她们缺乏正规训练(即在行会中没有足够的代表);她们被赶到了地位低、收入也低的工作中,这既是指她们所从事的行业(即家政服务、叫卖、卖淫等),也指她们在其他体面行业中所做的工作(例如纺织业中的纺纱、洗涤、梳棉等);她们的工作具有间歇性;以及与此相关的,她们往往从事不止一个行业,而在所有这些行业中必然只能做兼职(也就是当成"副业"来做),所以就很难专攻任何一项。即使女性对家庭经济做出了同

---

① "第22条军规"(Catch-22)指的是一个问题的唯一解决方案被该问题固有的规则所否定,也可以更广泛地用来指棘手的问题或荒谬的情况。

等贡献,她们的贡献"在中世纪文书中也往往无迹可寻",因为在所有的法律记录中,她们的丈夫都是家庭代表,而她们的工作又往往都是"兼职的、低投入的、与家庭相关的类型,尤其适合同时还需要花时间料理家务、照顾家庭的女性"。事实上,往往只有在丈夫去世后,当他的遗孀能够接替他继续从事他的职业时,女性作为丈夫生意搭档的贡献才会清楚地显现出来。[41] 其二是只有在传统家庭结构脆弱的情况下,女性才能在经济中发挥独立、强大的作用这一说法。例如,在法兰西的蒙彼利埃(Montpellier),由于移民、过度拥挤、疾病等种种因素,这种情况甚至早在黑死病之前就已经存在了,而所有这些因素都很容易破坏或瓦解家庭关系。由于蒙彼利埃的女性无法依靠家族企业,她们只能想办法依靠自己,这意味着她们要以自己的名义做生意。因此,女性的经济参与与对家庭的参与成反比。[42]

不过,确实有一些行业在中世纪晚期经历了发展的阵痛,这使得女性像以前那样继续参与这些行业变得难上加难。最重要的例子就是麦酒酿造。这种酒通常由英格兰家庭主妇(即"女酿酒师")酿造,这是她们常规家务的一部分,因为水本身并不能安全饮用。麦酒是小批量酿造的,之后要快点喝完,或者将剩余的卖给邻居,因为它很容易变质,也不方便运送。酿造麦酒似乎是中世纪女性可以偶尔抓住机会补贴家用的诸多方式之一。然而,到了 14 世纪晚期和 15 世纪,啤酒开始取代麦酒,成为英格兰各地的首选酒类。从德意志和低地国家传入了一种新的生产工艺,就是在发酵过程中加入啤酒花,这赋予了啤酒独特的口感,也延长了这种产品的寿命。[43] 因此,啤酒可以以大很多的批量生产,装在木桶中整批运输,于是,专业的"啤酒厂"取代了家庭,成为生产中心。这种情况出现时,女性开始迅速脱离这一行业,从麦酒的酿造者转变为销售者,而生产则集中在了更少的人手中,即使啤酒和麦酒的消费量还有所增加。这主要是因为女性很难获得信贷,而想要投资酿造啤酒所需的新设备和原料,信贷是不可或缺的。[44]

类似的情况似乎也发生在其他行业的女性身上,例如织布或编织,在这个行业中,新的、更大的织布机成了女性难以企及的开销。[45] 此外,无论在乡村还是城市,女性都处在不利地位。地方上的政治治理,例如村庄和行会中的官职,以及抵押制度,都将女性排除在外,而男性却在这些职位上广结人脉,这对他们生意的成功至关重要。[46] 女性确实也能加入行会,在某些行业,例如金纺业,以及丝绸和纱线制造业,会员几乎是清一色的女性。然而,在行会会员有男有女的情况下,我们不得不怀疑男女是否处于平等地位,尤其是考虑到担任公职仅限男性这一点。此外,在许多情况下,女性是在丈夫去世后继承其行会会员资格的,这意味着她们自己身为女性,并没有真正受到欢迎。有观点认为,即便是全女性的行会,也还是由男性管理的,而到了中世纪末期,男性已经把女性会员全都赶走了。[47]

对于女性工作的式微,有多种合理的解释。一种流行的说法是,15世纪中叶以后的经济萧条导致各行各业的就业竞争更加激烈,为了保住男人的工作,女性就被排除在外了。不可否认的是,大约在这一时期,英格兰、德意志、法兰西、意大利和低地国家的城市都有限制工匠的女儿、妻子和遗孀从事这一行业的记录。[48](至于这些法律上的限制在实践中是否得到了充分的执行,就是另一回事了。[49])但在其他时期也可以找到类似限制的例子,尽管最近的人口统计学证据表明,人口的恢复,以及由此产生的将女性排除在劳动力之外的人口压力,是在大约1450年才开始生效的(见第八章)。[50]

人们也可以将其归咎于中世纪晚期"对待女性更加严厉的父权制态度出现了",它反对任何可能促进"女性独立"的就业机会(尤其是对单身女性而言,她们对"所属社区的道德秩序"构成了威胁)。[51] 然而,关于父权制对中世纪女性经验的压倒性影响,最有说服力的观点认为,这在历史上是一种持续不断、绵延不绝的力量。这种观点认为,即使在黑死病之后,女性也从未摆脱"技术含量低、地位低、收入低"的工作的禁锢,而且女性无论处于哪个社会阶层,都在不断为根深蒂固的政治和法律方面的不利因素所累,这一切让男性找不出什么理由来让他们的父权制态度变本加厉。[52] 不过,也完全有可能是这样一种情况:女性被排斥在劳动力队伍之外,根本就不是因为什么排斥女性的明确欲望,而仅仅是市场的口味变化所导致的,因为黑死病之后,消费者可以要求更优质的产品,并以劳动人民所享有的更高的生活水平来为之支付了。[53] 由于这些产品需要更高的资金投入,以及更多的技术含量和训练,而这些都是中世纪女性无法企及的,因此女性必然会被排除在这些行业之外。

尽管如此,女性的工作在鼎盛时期却几乎涵盖了所有可以想到的行业,当然,女性主要还是从事传统上与她们的性别相关的职业,例如家政服务、食品饮料销售和纺织品制造。[54] 女性参与中世纪经济的程度,当然也是因地区而异的:一般来说,相比于南部,欧洲北部的女性似乎拥有更多的自由、独立和机会,佛罗伦萨和根特这两个例子就形成了鲜明对比。这种差异主要是由于北方女性的结婚年龄较晚,这是"西北婚姻模式"[Northwest marriage pattern,由统计学家约翰·豪伊瑙尔(John Hajnal)创造的术语]的一部分,使女孩有更长的间隔期来作为单身女性培养其职业技能(第八章)。[55] 但南方和北方的法律也存在差异,日耳曼法在北方形成发展，罗马法在南方有很大影响力，而英格兰则以普通法走出了自己的路。在文化上，南方似乎更重视带嫁妆的早婚，以及女性的贞操和"服从性"；因此，年轻的单身女性结婚之前通常都要留在父母家中，接受父母的管教。在南方，跑到城市找一份女佣的工作，是穷人被逼无奈的最后手段，并不受人待见，因为这样做会将女孩的性荣誉和家族荣誉置于潜在的危险中。[56]

在农村环境中，女性的工作与城市截然不同，这反映了性别分工的不同，尽管可以说某种程度的分工并不受个人情况影响。[57] 同时，农妇的工作具有很大的灵活性和多样性，她们经常被叫到田间与男人一起劳作，尤其是农忙时节，比如收获季，她们要完成收割、除草、脱粒、扬谷、捆禾稼并搬运谷物、拾穗、驱赶耕畜等工作。[58] 传统上，女性还从事畜牧业，尤其是牛奶场的工作，这在黑死病之后雇佣帮工短缺的情况下可能对她们很有利。[59]

女性的工作也因在生命周期中所处的阶段而异。在未婚时期，女性一般只能从事地位低、收入低的行业，例如家政服务、食品饮料零售、纺织、酿酒（通常是受雇于他人）和卖淫。[60] 只有通过婚姻，女性才能偶尔获得投资一项事业的资金，或者是与男性配偶一起经商的机会。[61] 在伦敦等一些城市，妻子们甚至可以选择成为"独立女性"（femme soles），也就是像单身女性一样独自经营一份生意。不过，相对于与丈夫合伙经营，女性利用这种机会的情况有多频繁，这有没有给她们带来任何实质性的好处，都还没有弄清楚。[62] 在一些城市，女性有机会以遗孀的身份接手丈夫的生意，并代表丈夫加入行会，不过她们永远无法成为和男人完全平等的会员。[63] 最后，女性的工作可能因城市而异，不同的城市有不同的规矩和工艺传统，也可能因特定时期而异，机会不是一成不变的，而是取决于当时的经济状况。⁶⁴ 关于中世纪女性的工作，争论最多的可能就是这最后一个因素。

人们一般认为，14世纪中叶的黑死病开启了"劳动者的黄金时代"，瘟疫造成的大规模死亡导致劳动力短缺，大部分类别的劳动者的工资和就业机会都有所增加（第八章）。但这是否也造就了女性劳动者的"黄金时代"呢？欧洲劳动阶级这份在经济上的意外收获，女性分到了多少呢？它是否从根本上改变了中世纪晚期女性的工作呢？从根本上说，这些问题的答案要归结为女性能否在家庭领域之外找到工作，从事男性在公共领域通常拥有的那种技术含量高、地位高、收入高的工作。即便女性从事了与男性相同的工作，她们是否拿到了相同的工资呢？这场辩论有一个很烦人的前提，那就是女性所取得的任何进步，都要以她们的工作有多么接近男性的工作来衡量。⁶⁵ 但这样判断女性的工作是对的吗？虽然女性在家中的工作被描述为一种"权宜"经济，家庭主妇要从事各种各样的工作（烹饪、打扫、育儿、缝纫、酿酒等），同时代人并不将其视为一种职业工作身份，但一些学者认为，这并不意味着女性工作在中世纪社会中的重要性或核心地位打了折扣，因此也是很值得研究的。⁶⁶ 确实，以技术含量高、地位高、收入也高的标准来要求女性的工作，这难道不是套用了原本就是在贬低女性工作的父权制价值观吗？

在评价女性的工作时，我们可以完全不考虑男性的工作，但这在当前的女性主义学术研究中似乎是不可能的。一些学者试图将关于女性对中世纪经济贡献的讨论扩大化，他们研究了妻子可以为婚姻，进而为家族生意带来的物质财富，并从扩大化和非常规的角度来看待"财富"，比如身体就可以是一种商品，能够诞下继承人就是它的价值。⁶⁷ 到目前为止，争论的点主要在于女性能否踏入中世纪城市经济中的传统手工业和商业，以及她们从事农业劳动是否获得了与男性相同的工资，这在庄园中是有记录的。但这些关于女性经济状况"改善"的定义，在未来的学术研究中也可能会发生变化。

"黄金时代"论的一个方面是，瘟疫造成了工人和制造商的短缺，女性在黑死病之后拥有了更多的就业和创业机会，而这些机会此前都是只对男性开放的。[68] 如果能够证明瘟疫中男性的死亡率高于女性，那么这一论点可能更有说服力，但瘟疫流行期间的性别差异证据并不确凿。[69] 在后瘟疫时代的英格兰，最终结果是男性人数平均比女性多出约10%—15%，不过城镇中的女性人数多于男性，这可能是因为人口迁移，也可能是因为瘟疫造成的死亡。[70] 主要的问题在于，女性工作得到改善的证据非常粗浅。[71] 无可否认的是，一些女性能够自己经商或从事某一行业，但这似乎是沿袭了黑死病之前早已存在的惯例，即遗孀继承丈夫的事业，或从事丝绸制造等一直由女性主导的手工业。换句话说，技术含量高、地位高的工作仍然是已婚女性的专属，她们大多是通过丈夫获得这些工作的。[72] 这也是一个观念问题：例如，朱迪斯·本内特认为，即使在行业的鼎盛时期，酿酒师"也还是只能从事地位低、技术含量低、酬劳低的工作"，相比之下，啤酒花和啤酒酿造方法传入后，"中世纪晚期酿酒业的扩张"为男性酿酒师提供了机会。[73] 但玛乔丽·麦金托什（Marjorie McIntosh）认为，对中世纪女性来说，酿酒业被认为是一个体面的行业，这是她将担任市镇长的丈夫与登记在册的酿酒师妻子进行匹配后得出的结论。此外，酿酒师为家庭带来的额外收入，或许也是丈夫喜闻乐见的。到了16世纪，女性真的从这一行业消失时，似乎并不仅仅是由于经济上不可行，也是由于"人们越发认为与酒有关的工作不适合体面的女性"。[74]

单身女性的机会也主要局限于技术含量低、地位低、收入低的职业，例如家政服务。做仆人通常是年轻单身女性的专属，因为服务业的一项要求就是未婚，不过也有年龄较大的未婚女人和寡妇受雇于这一行业的情况存在。[75] 家政服务虽然收入不是特别高，却可能很有吸引力，因为它不需要专门的技能，还提供了住家环境带来的安全感，至少对那些"住在"主人家中的仆人来说是这样的。[76] 杰里米·戈德伯格（Jeremy Goldberg）认为，14世纪晚期至15世纪中期，有许多年轻的单身女性移居城市，为的是利用更多的就业机会，甚至不惜为此推迟婚姻大事。这些单身女性主要的就业机会最初是在"传统的"女性行业，例如家政服务，但随着"人口凋敝"叠加经济的持续扩张，女性可能被吸引到了其他"曾经是男性的经济生态位"的行业。此后，随着15世纪末和16世纪初的经济收缩，这些机会也变少了，此时的女性被蓄意"排除在她们之前从事的所有职业之外，以保护男性就业"。[77] 然而，戈德伯格的论证是基于约克诉讼文件证据中30多名单身女性宣誓证人的极小样本，这似乎并不足以代表居民整体。[78] 戈德伯格也没有提供黑死病之前的任何类似证据，好让我们能够正确看待瘟疫后女性的就业机会。由于其地位低、收入低的工作性质，也有人质疑家政服务对年轻单身女性的吸引力。[79] 此外，家政服务用固定的一年期合同限制了劳动者，与之相对的则是农业劳动力市场上更加灵活的计件工作，此时可能还有更多的结婚机会在等着她们，女性可以立刻组建自己的家庭，如果她们愿意的话，还可以继续在家政领域之外从事临时工作（或许是为了补贴家用）。中世纪的女性结了婚，并不意味着她不能利用黑死病所创造的、新的劳动力市场。[80]

关于中世纪晚期女性的工作，我们所掌握的最明确的证据，或许就是黑死病之后英格兰庄园和建筑工地支付给劳动者的工资标准。现在，我们已经确定了一套可靠的关于整个中世纪晚期及以后英格兰女性劳动者的工资数据序列——堪比男性劳动者的工资数据序列。[81] 这套工资数据序列以海量史料为基础，解决了之前提出的那些需要注意的问题：女性的工资被归入因违反英格兰劳动法而被记录在案的男女协作；女性的工资因按日（即"计时工资"）或按工作量（即"计件工资"）支付的不同而呈现出不同的比较标准；工资标准不仅要考虑现金酬劳，还要考虑实物支付（即食物、衣物、住宿等），这在一年期合同中是很有代表性的。[82] 这套新的数据序列也"粉碎了女性工作完全是家务或轻体力工作的刻板印象"，显示出中世纪女性从事的职业范围很广（甚至包括建筑工作），因此，即便是按件计酬，她们的工资标准也完全与男性有得一拼。[83] 这些数据只涉及女性非熟练工，既有临时工（通常按日计酬），也有一年期合同工，而且数据来自全国各地，但不包括伦敦（伦敦的工资标准可以说是被人为拉高了），也不包括采收和制备干草赚得的工资（与一年中的其他时间相比，劳动者在这段时间的工资标准异常高）。[84]

这一套女性工资数据序列告诉我们，在整个中世纪晚期，女性的工资标准确实比男性低得多，甚至在黑死病带来了"供给侧冲击"之后，各类劳动者的工资都实现了指数级增长时也是如此。从 1260 年到 1400 年，女性的工资一直比男性低 30% 左右，即使是在 14 世纪下半叶，男女的平均临时工资标准都翻了一番时也如此。当时，英格兰人口锐减，不只是因为 1348—1350 年瘟疫造成的"大死难"（Great Mortality），还因为至少 4 次全国性的暴发，尽管毒力较弱（第八章）。此外，随着中世纪走向终结，女性和男性工资标准之间的差异在 15 世纪进一步拉大。1400 年至 1450 年，女性临时工的工资平均比男性低 42%，而在 1450

年至 1500 年，这一差距拉大到 53%，此时男性的工资比女性高了足足一半。1450 年前后的几十年里，工资的性别差异达到最大，男性的临时工资和年工资几乎是女性的 5 倍。换句话说，15 世纪上半叶，男性的临时工资提高了约 18%，15 世纪下半叶，他们的收入也保持着稳定；与此同时，女性的临时工资在 1400—1450 年只提高了 10%，而在 1450—1500 年，她们的收入竟然还缩减了 3%——也就是说，几乎回到了一个世纪前的水平。[85]

这一切都在支撑着父权制论，也就是说，即使女性从黑死病中获得了经济利益，她们仍然无法克服相对于男性的结构性劣势，事实上似乎已经败下阵来。[86] 换句话说，在支付女性工资这件事情上，雇主的厌女"习惯和偏见"盖过了不论性别的"供求"定律。有观点认为，由于瘟疫的死亡率及其供给侧冲击在社会贫困阶层中更高，经济效益也就更多地产生在地位低、技术含量低、收入低的就业部门，但这样看来，以上观点并不适用于女性。[87] 另一方面，女性劳动力一直比较便宜（这一点似乎在农耕手册中得到了承认），这也让她们的工作对雇主更有吸引力，因为黑死病之后，劳动力成本的总体上升挤压了雇主的收入。这与将女性作为一种"预备劳动力"使用，而且用得"很勉强，能不用就不用"的主张不符。[88]

这份数据也对关于欧洲婚姻模式的讨论产生了"强大的影响"。[89] 这种婚姻模式大体上是刺激结婚的，与西北婚姻模式完全相反（在后一种婚姻模式下，大量女性推迟结婚，或者干脆终身不婚）。这是因为临时工——中世纪晚期女性劳动者的收入几乎全都来自这种类型的工作——特别适合已婚女性，她们想要补贴家用，可以利用丈夫的关系找到工作，也可以在计时工作难找时转而依靠其他生活来源。[90] 相比之下，年薪制工作——通常是从事家政服务或担任庄仆（*famuli*）的单身女性在寻找这类工作——在黑死病之后的一个半世纪里的收入几乎没有增加。例如，与瘟疫之前的半个世纪相比，14世纪下半叶的年工资只是略微增长了约9%。但到了15世纪上半叶，年工资竟然不升反降，减少了27%，到头来比瘟疫前的水平还低了20%。15世纪下半叶，工资水平略有起色，增长了20%，但仍低于瘟疫前半个世纪的水平。总的来说，15世纪最后几十年的年工资水平回到了一个世纪前黑死病出现后那几十年的水平。[91]

这很难吸引乡下的单身女性移居城市，去寻找女佣的工作。当然，单身女性和已婚女性都可以做临时工，在1350年至1500年的绝大部分时间里，临时工只需要工作不到200天，就能赚到与一年期合同工不相上下的收入，而在1400年至1450年的鼎盛时期，临时工竟然只需要100天或更短的时间，就能赚到别人一年的收入。[92] 问题在于，无依无靠的单身女性四处漂泊，寻找工作，又没有受到父权的直接控制，这在中世纪社会绝对是为人所不齿的，甚至可能会被依照劳工法逮捕。法律的严厉执行（尤其针对女性）和寻找临时工的不确定性相叠加，可能促使大多数单身女性签订一年期合同。因此，单身女性利用临时工作的机会到底有几分可行性，还有待商榷。[93] 直到1550年左右，年工资才开始超过临时工的工资，因此显得更有吸引力了，此时也是欧洲开始明确呈现出西北婚姻模式的时候，这绝非巧合。[94] 与此同时，单身女性好像被近乎完全排除在雇佣劳动者的"黄金时代"之外。[95] 赚取更高工资（尽管仍然远远低于男性）的"女孩力量"（girl power），只能留给已婚女性来感受了。在一个乐观的世界里，这种较高的收入将使女性能够创造出"更多的社会资本给自己"，并获得"更大的独立性和对生活的控制权",进而从根本上改变"男女之间的权力平衡",创造出一种相辅相成的婚姻新模式。[96]

未婚女性、妻子和寡妇

中世纪女性通常被归为以下三种身份中的一种：未婚女性、妻子或寡妇。[97] 然而，人们对第一种分类知之甚少，因为在中世纪社会中，从未结过婚的成年女性相对来说还是异类。[98]（在西北欧"低压力"的婚姻制度下，据说也只有10%的女性从未结过婚。）在英格兰普通法中，单身女性被归类为独立女性（意为"单独的女性"），不受父亲、丈夫或其他男性监护人的"庇护"，而是以自己的名义行事，在法庭上代表自己，凭自己的权利拥有土地和财物。（在伦敦，已婚女性也可以出于法律目的被归类为独立女性，通常是在她们独立于丈夫经营生意的情况下。）在西班牙，单身女性也可以被称为"*muger soltera*"，翻译过来就是"老处女"或"未婚老女人"，但并没有中世纪和现代文化中通常都会有的那些"负面含义"。[99]

在大多数中世纪女性心目中，保持单身不见得是一个理想的选择：例如，独立女性的身份经常被用在法律辩护中，被告被描绘成缺少人身或经济支持，以便"唤起同情"。[100] 因此，对女性来说，单身一辈子的预期一定是很可怕的——会引起她们对危险、贫穷和脆弱的恐惧——除非她是某种社群的一部分，譬如宗教修女院。贵族女性或许最有可能过上安乐的单身生活；不然的话，未婚女子就只能依靠亲戚的施舍，这种生活显然是靠不住的。[101] 此外，单身女性如果不想引起同龄人的怀疑，就必须严格守贞，因为贞洁被奉为这类女性的理想状态，而性乱交的情况即使比我们所知道的还要普遍,可一旦出现在她身上,就会让她在别人眼中与妓女无异。事实上,这可能会成为一个自我应验的预言,因为一个不指望结婚的女人很容易变得穷困潦倒,沦落风尘(第五章)。[102] 尽管如此,中世纪还是有一辈子单身的女性,就比如生活在 14 世纪上半叶的布里格斯托克的塞西莉亚·佩尼法德。朱迪斯·本内特根据从档案中搜集到的资料,记录了她的一生。[103] 本内特认为,年轻的单身女性享有公共权力和一定程度的经济独立,比如可以在法庭上代表自己,凭自己的权利拥有财产,而这一切都会在她们结婚时失去,因为要由丈夫来代表她们行使这些权利和特权。[104]

有人提出,在黑死病之后的 14 世纪末和 15 世纪初,女性可能为了移居城镇、利用瘟疫死亡带来的就业机会而选择保持单身。基于 1377 年英格兰人头税报告书的统计数据确实显示出,城镇中单身人士的比例要高于乡村——40% 对 30%。[105] 有学者认为,这些单身人士要么是从未结过婚,要么是推迟了结婚,以便享有"更大程度的经济独立"或人身自由,从而可以自由选择结婚的对象和时间,甚至可以缴纳自己的婚姻捐(*merchet*)。在这种情况下,女性要等到 25 岁左右才会结婚,结成的也是更加"友伴式"的,甚至是感情深厚的婚姻,在这种婚姻中,她们与配偶的年龄也更接近。[106] 但也有人认为,女性单身与其说是主动选择,更多的是迫不得已,要么是因为性别比失衡,女多男少,没有合适的结婚对象(这种情况在中世纪的许多城镇似乎很常见),要么是因为她们的家庭负担不起嫁妆(尽管许多团体都设有嫁妆基金,就是为了帮忙解决这种困难的)。[107] 认为工作是"一种解放"的职业导向心态,放在中世纪无疑是脱离了时代的,因为在这一时期,婚姻还被视为女性的自然状态(这可能也是女性工作的初衷,为了挣到足够的钱来负担嫁妆）。[108] 此外，许多中世纪单身女性在城镇所从事的"职业"，也是"地位低、技术含量低、收入低"的类型，例如家政服务。用这些来代替婚姻，很难说有什么吸引力。[109]

中世纪女性的下一个人生阶段是结婚，对它的描述更像是一份商业提案，而不是如今我们所认为的恋爱过程的一部分。[110] 不可否认，中世纪许多文学作品对结婚的态度相当悲观。例如，故事诗传统中有一句很流行的话，"男人结婚必后悔"，而在许多宫廷传奇故事中，只有在婚姻之外才能得到真爱。[111] 当然，中世纪包办婚姻比现在普遍得多，这对婚姻中人们的相处模式肯定是有影响的。但情况也可能因不同的社会地位而异：具有讽刺意味的是，一个人的地位越高，在婚姻中的选择可能就越少，因为需要考虑的事情太多了（即地产和钱财）。因此，那些地位较低的人，比如农民，可能有更多的自由来选择一位友伴式婚姻对象，不过即使是在这种情况下，经济期望也可能起到一定的作用。[112] 然而，一项关于中世纪晚期威尼斯贵族联姻的研究发现，妻子以嫁妆形式享有的财富越多，夫妻之间的感情就越深厚、越恩爱，遗嘱中使用的爱称就证明了这一点，而随着 15 世纪的逝去，这种感情也变得更加强烈了。[113] 在这种情况下，金钱确实买到了婚姻的幸福，因为"已婚女性的财富增加，使男人更加重视他们的配偶，并且更加殷勤地寻求她们的青睐"。[114]

但是，对决定结婚对象起到作用的，除阶级之外，还有其他因素。其中一个限制因素就是两人之间血缘关系的远近程度：在 1215 年的第四次拉特兰公会议（the Fourth Lateran Council）上，教会成功执行了四级以内亲缘关系者不得结婚的规定，禁止与拥有同一个高祖父母或更近关系者结婚。[115] 在一个鲜有外来者的小村庄，这很快便会成为一大障碍。这肯定会促使一些人背井离乡，去更远的地方寻找结婚对象，不过，不自由的农奴必须为嫁到庄园以外的特权缴纳一笔罚款。[116] 与留在家里受父母监管的女孩相比，离开家去城市工作（一般是做佣人）的乡村女孩，在选择结婚对象时无疑是更自由的。[117] 在促进婚姻伴侣之间的爱情公平方面，最重要的改进或许是教会要求将同意作为婚姻的一项必要条件，这似乎在15世纪中期就已经普及开来了。[118] 丈夫会委托妻子作为遗嘱执行人和孩子的监护人，从这一事实中，我们也可以一窥和谐的婚姻关系。[119] 夫妻可能在结婚之后产生爱情，这种事情屡见不鲜，因为一旦过了作为包办婚姻的一部分而第一次被介绍给对方的尴尬阶段，他们就会互相了解。[120] 15世纪作家克里斯蒂娜·德·皮桑的丈夫艾蒂安·德·卡斯特尔（Etienne de Castel）是她父亲精挑细选出来的法兰西公证人，她说他在新婚之夜非常体贴，给了她时间去了解他，并用自己的脉脉深情赢得了她的芳心。[121] 中世纪的求爱过程，在15世纪斯托纳（Stonor）家族的书信中也可见一斑，这些书信证实了"爱情与柔情"是可以在夫妻之间形成和发展的。[122]

不过，在这里，我们要重点讨论的是缔结婚姻所涉及的法律和经济因素，因为这方面的研究和讨论最多，而且这些因素也在很大程度上决定了之后结成的婚姻会是什么类型的。婚姻法和婚约协商围绕着两个概念展开：遗孀产和嫁妆。前者产生于罗马法（*donatio propter nuptias*，意为"婚后赠予"）和日耳曼人的习俗，丈夫要将一部分财产（一般是1/3到一半）赠予妻子，以确保她在成为寡妇之后能够得到赡养。这似乎有别于日耳曼人的婚晨赠予（*morgengabe*）和聘礼习俗，这些也都是由丈夫向妻子或其家人支付的。如果她被杀，还要赔付巨额的偿命金（*wergilds*），这同样证明了女性在日耳曼社会中的价值，尤其是她们的生儿育女和传宗接代的能力。[123] 作为回报，新娘的家人要出嫁妆，这是罗马法的残余（在罗马法中叫"*dos*"或"*maritagium*"），是家族遗产中新娘的份额，按理说是要帮助夫妻建立新的家庭或家族生意，但也要帮助新娘在守寡期间维持生计。[124] 大多数欧洲国家的习俗是，妻子活着的时候，丈夫有权控制或"管理"遗孀产和嫁妆，尽管这些财产在法律上属于共同所有，未经妻子同意，丈夫不得转让或出售。[125] 不同地区的嫁妆和遗孀产数额相差很大。13 世纪西班牙马德里的"天价嫁妆"远近闻名，市政当局开始对嫁妆的上限做出硬性规定，而佛罗伦萨和威尼斯等意大利城市也在 15 世纪有样学样，同时设立了由国家资助的储蓄账户，帮助父母在女儿出生时就为这样一笔支出做好规划。[126]

与此同时，教会开始维护对婚姻仪式本身的控制权。[127] 通过将婚礼升级为圣事，教会开始坚决主张婚姻的永续性，并将双方的自由同意作为婚姻的决定性条件。这两点都被视为对女性有利的改进，因为妻子再也不能因为没有诞下子嗣而被丈夫休掉，而女性此时也可以对婚姻采取更加"个人主义"的态度，为了选择自己喜欢的伴侣，必要时可以违背父母或领主的意愿。[128] 与此同时，教会在考虑用一种公开、正式、由神父"当着会众的面"主持的仪式，来取代"秘密"婚姻——在这种婚姻中，夫妻双方只是私下交换了誓言，要么是以现在时发表，要么是作为未来的承诺，随后便发生了性关系，可即便如此，他们也会被认为是结了婚的合法夫妻；这样做的主要目的是避免教会法庭上泛滥成灾的法律纠纷和麻烦事。[129]

教会在这方面的努力究竟有多成功，还有待商榷。[130] 虽然教会能够对欧洲各地的教会法实践进行某种形式的统一，但婚姻规则的执行可能因当地习俗而异，一些法庭继续充斥着大量的诉讼，基于来自英格兰和西班牙的证据显示女性更常通过起诉来使婚姻生效。[131] 通常情况下，男性的证词比女性更有分量,但教会法庭也倾向于做出有利于婚姻成立的判决,而不是反过来。[132] 另一个考虑因素是,婚姻是经过自由同意的,还是当事方出于"暴力和威吓"而结成的(包括男女都声称是受到了新娘家的压力才结婚的情况);在秘密婚姻的情况下,声称已交换誓言的一方负有举证责任,举证通常是以证人证词的形式进行。[133]

尽管教会法通常被认为对女性不利,但也可以说它促进了男女平等。虽然教会普遍支持女性应屈从于丈夫的父权制原则,但它也提倡这样一种观点,即婚姻是上帝眼中平等的两个人之间的伙伴关系。每个人都要将对自己身体的权利交给对方,这在法律中通常表现为男女双方都必须偿还"婚姻债务"(也就是应另一方的要求与之发生性关系)。但这些义务也有修改的余地,例如寻求婚内独身誓言(在配偶同意的前提下),以及基于阳痿和通奸等正当理由,寻求合法分居或婚姻无效。许多学者会认为,在实践中,这些规则并不完全平等,尤其是在婚姻债务和通奸方面,男性的性行为比女性享有更多的免责特权(也就是说,总是男人要求妻子与之发生性关系,而不是反过来,而且男性被定通奸罪的标准比女性高得多)。但随着时间的推移,情况也会发生变化:到了15世纪和16世纪,教会和世俗社会对通奸的容忍度似乎都大大降低了,无论通奸者是男是女。[134]

综合来看,这些发展对女性产生了怎样的影响呢?答案实际上取决于观察的时间和地点。一些历史学家认为,在英格兰,普通法"对女性的打压超过了西方的其他任何法律"。它是在1066年诺曼征服之后逐渐引入的,赋予了男性对女性婚后财产和权利的完全控制权。[135] 不过,最近的研究提出了一种更加微妙的观点,认为"诺曼征服并没有给女性的权利或地位带来任何直接的改变"。[136]

在意大利和地中海地区，从 11 世纪起主导婚姻市场的嫁妆制度，往往被描绘成对女性产生了负面影响。在这种制度下，她们不被允许凭自己的权利继承，为实现财富的代际转移而沦为"镀金牢笼"中的棋子。[137] 不过，并非所有学者都是从这个角度看待中世纪晚期的嫁妆的。一项关于 15 世纪威尼斯贵族婚姻的研究认为，尽管嫁妆主要用于增进家族联盟，但也给女性带来了影响力，可以将一种感情含量更高、更加个人主义的生活方式强加给她们的丈夫，因为在婚姻结束时，终究还是她们控制着嫁妆。[138] 通过不断上涨的嫁妆，女儿继承了比兄弟更多的家产，女性在这个按理说应该是父权制的社会中获得了更大的影响力和更重要的地位。[139] 道理很简单，妻子的财富意味着她们的丈夫会努力让她们幸福。不过，这种说法仅限于贵族阶级，而且推测的成分居多，因为它是基于对配偶和父母在遗嘱中所用措辞的主观解释。[140]

另一种解释认为，早先继承自日耳曼法律的婚晨赠予传统，给了女性对其财富更大的控制权。例如，在热那亚，婚晨赠予一直持续到 12 世纪，甚至当时的其他城市都转而采用嫁妆了，而女性也在热那亚崛起为海上强国的过程中扮演了重要角色，她们将自己或丈夫的钱投资到城市迅速扩张的贸易经济中。[141] 在法兰西南部和西班牙，从 9 世纪到 12 世纪，女性作为财产所有者出现在特许状中的比例相对较高，这似乎是西哥特和勃艮第法律的残余，这些法律对女性"管理自己财产的自由"不做任何的"司法限制"。这些地区恰恰也是使用母姓（matronymic）最普遍的地区，表明女性的声望和威信更高，因为在这些地区，子女会继承母亲的遗产。[142]

然而，意大利的经济影响力，以及远近闻名的天价嫁妆所带来的"社会声望"，似乎导致了嫁妆制度在整个欧洲被广泛采用，而涓滴效应也使对嫁妆的期望蔓延到了下层社会,这样一来,负担不起嫁妆的女人就只能不结婚,或者被迫工作数年以积攒嫁妆。[143] 一些北方城镇,例如杜埃(Douai),制定了旨在保护新娘嫁妆权益的保障条款,主要就是不对嫁妆的所有权和管理权做出分割。守寡的女人可以要求清点亡夫的财产,以确保她的嫁妆得到偿还,同时她可以免于因丈夫欠债而被起诉,因此,对于通常要归儿子或丈夫的兄弟所有的财富,她就成了很受欢迎的保管人选。[144]

教会对婚姻的干预,尤其是教皇亚历山大三世(1159—1181 年在位)时期只需夫妻双方同意便可成婚的裁定,可能为一些女性提供了讨价还价的手段,使她们能够在父母和领主的压力下维护自身的独立。[145] 事实上,有人认为,同意原则"确保了中世纪家庭永远不会发展成真正的父权制"。[146] 然而,地方习俗可能取代教会的裁定,而大多数适婚年龄的女孩在很大程度上仍然要依靠父母来出嫁妆,因此会征求父母同意。[147] 女性想要不受外界影响、行使自由选择权,还有另一种选择,就是秘密婚姻,因为教会认为自己有义务承认这种婚姻,只要是按照适当的形式操作的。[148]

14 世纪中叶黑死病的暴发,可能也对女性享有更大的婚姻自由起到了推动作用,因为黑死病最终废除了诸如婚姻捐等非自由农民承担的赋税(领主可以通过它来影响可能结成的婚姻),并创造了就业机会,使单身女性得以摆脱父母的影响,移居城市,她们在那里可以赚到足够多的钱来负担自己的嫁妆和婚姻捐,如果这些制度仍然适用的话。女性的继承权似乎也有了很大的改善,女儿可以和儿子一样继承财产,抑或是财产可以在他们之间平分;不过,这在一定程度上仍然取决于继承的是哪种土地,以及当地在这方面的法律或习俗。女性似乎最有可能继承根据租地保有权（burgage tenure）条款持有的城镇财产，以及可以分割继承的土地。根据长子继承权，永久产权的土地（包括大多数贵族地产）自动归属最年长的男性继承人，但如果没有儿子，则由女儿按同等比例继承。根据兵役土地保有权（military tenure）持有土地，需要服骑士役，如果由女性继承，则必须要有男性来服役。更有可能的情况是，这类土地由监护人持有，直到女性成年（14 岁），然后她就会面临巨大的结婚压力。[149]

瘟疫所造成的死亡，在遗产方面无疑给女性带来了意外收获。对死后（*post mortem*）调查报告书（国王直属封臣的死亡、财产和继承人的记录，用于评估封建赋税）的分析表明，在英格兰的土地贵族中，与 1348 年黑死病之前的十年相比，14 世纪 70 年代女性在继承中的作用提高了不止一倍；她们的作用要么是作为直系继承人（即女儿），要么是作为旁系继承人，或者是唯一存活下来的一脉，去生育男性继承人（即"出自母系的男性旁系亲属"）。尽管有绕过女继承人的继承策略，比如采用限定继承（即仅由男性继承），但家族不愿剥夺女儿的继承权，如果缺乏直系或旁系的男性继承人，也就只能把财产留给女性这一脉，这使得"中世纪晚期成为女继承人最后的伟大时代"。[150] 同样，在意大利的博洛尼亚，在 1348 年瘟疫期间立下遗嘱的家庭都非常愿意将女儿立为唯一或共同继承人，甚至无视嫁出去的女儿因为已经拥有了嫁妆所以不得继承的传统（*exclusio propter dotem*）。[151] 然而，有证据表明，这些趋势并没有影响到女性农民：黑死病之后，她们拥有土地的机会可能还减少了。尽管此时土地变得更加便宜，可能提升了单身女性对中世纪晚期土地市场的参与程度，不过这方面的证据仍然很稀少。[152] 事实似乎是，当父亲既有男性继承人，又有女性继承人，而且在法律上拥有完全的自由，可以决定立遗嘱将土地赠予谁时，他们大多更愿意留给女儿现金或物品，而不是土地，因为现金或物品会成为她们的嫁妆。有些人可能会认为这是女性继承权的损失，但也有证据表明，女儿得到的这类物品份额比儿子更多，这是为了补偿她们缺少的土地。[153] 但无论她们继承了多少，人们都可以提出这样的主张：女性的境况到头来还是没有好转，因为一旦结了婚，她们就再也无法控制自己所拥有的财产，从法律上讲，结了婚，她们就不再作为一个独立个体存在了［也就是说，她们成了受保护的女人（femme couvert），被她们的丈夫"保护"了起来］。[154] 从这层意义上说，女性只不过是财富代际传承的渠道。[155] 不过，如果西北婚姻制度在中世纪晚期和早期现代的欧洲大部分地区都成立，那么这就表示，中世纪晚期的女性由于等待结婚的时间更长，在选择结婚对象方面有了更大的自由，并结成了更多的友伴式婚姻，在这种婚姻中，她们与伴侣的年龄更接近。[156] 仅此一点，就代表女性婚姻幸福的前景有了实实在在的改善。

人们似乎普遍认为，"中世纪晚期女性一生中最美好的时光就是寡居期"。[157] 寡妇终于从丈夫无所不能的控制和影响中"解放"或"脱身"了，此时可以"在新得到的自由中"扬眉吐气了。从婚姻的法律和文化束缚，以及"怀孕的拖累"中解脱出来的寡妇，此时可以完全掌控家庭的资金和地产，并在关于自身和子女福祉的事情上做出一切决定。[158] 如果她住在乡下，可以接手丈夫的地产或农庄运营；如果她住在城里，可以继承丈夫的行当或生意，甚至代表他成为行会的会员。此时的她，是一个羽翼丰满、独立自主的人，不用对任何男人负责，这或许是中世纪女性一生中唯一的一次。

对于许多研究女性史的历史学家来说，这无疑是一个很令人心动的情景。但并不是每个人都买账。例如,朱迪斯·本内特否认寡妇获得了真正的"解放",并强调了寡妇首次作为一家之主所面临的沉重责任。例如,在英格兰的布里格斯托克,大约一半的寡妇参与村庄的公共生活,以至于她们的"社会视野更接近男性户主,而不是女儿或妻子的经历";而另一半寡妇,就能够通过庄园法庭记录查到的情况而言,本质上已经退出了社会,尽管很少有寡妇完全逃避家庭责任。总之,本内特强调的是寡妇经历的多样性和独特性。[159] 寡居期是女人一生中唯一自由独立、不受男人控制的时光,对同时代的卫道士来说,这一事实让他们担忧,而不是称赞,而他们最担心的就是寡妇可能的"淫乱"行为。[160] 还是那句话,如果我们能够以某种方式直接问一位中世纪女性对自身处境(这里说的是守寡)感受如何,我们得到的答案可能与大多数现代评论者所期望的并不相同。说到底,我们永远都无法了解或预测个人的眷恋之情和丧亲之痛都有哪些特质。[161] 克里斯蒂娜·德·皮桑在1389年的一场瘟疫中失去了丈夫,25岁的她,年纪轻轻就成了寡妇,还有3个孩子要养。她描述了命运女神的善变,命运女神赐予她一个爱到"胜过人世间任何其他事物"的伴侣,然后又把他从她身边夺走,把她变成了一个伤心的寡妇,为"深深的悲伤"所苦,以至于深居简出,似乎还考虑过自杀。[162]

与现代西方社会的女性不同,中世纪欧洲的女性寿命似乎不及男性——这是由于生理、环境和文化因素的共同作用。[163] 尽管如此,在中世纪的婚姻中,女性还是更有可能比丈夫活得长,而不是反过来,这主要是因为男性的年龄比妻子大得多,这被认为是中世纪大部分时间里欧洲大部分地区的典型模式。[164] 据估计,在15世纪英格兰的贵族中,三个男人中有两个会死在妻子前面,只有一个会死在妻子后面。[165] 因此,守寡被认为是大多数中世纪已婚女性"共同的经历"。[166]

但这种守寡经历可能大不相同,取决于女性的地位和婚姻期间的情况。如果她算得上贵族,就可以通过嫁妆和遗孀产成为富有的女继承人,因此"守寡是贵族女性生命周期中最有权力的阶段"。[167] 不仅如此,如果她多次再婚,又没有诞下继承人,那么她就可以把继承的多份遗产集合成一份巨额财产。[168] 一些历史学家从寡妇继承人的角度出发,对这些女性进行了苛刻的评判,认为她们"败光了祖产",抑或是"损害"了她们儿子的财富。[169] 但即便是贵族寡妇,她们可以得到什么也都是有限制的。例如,根据英格兰的普通法,所有寡妇必须在 40 天内搬离原先的住所(归还给丈夫的家人),并找到一个"遗孀产住所",通常"比较小,陈设也比较差"。同样,在西班牙,寡妇可以确保拥有婚床,但不一定拥有婚床所在的房子。如果涉及大量土地,寡妇还可能受到继子,甚至是亲生儿子和男性亲属的骚扰——有合法的,也有法律范围之外的。他们一般会强迫寡妇接受一笔终身养老金,但即使是这样的约定也并不一定会被遵守。[170] 尽管《大宪章》保障了英格兰寡妇对遗孀产土地的继承权,但她仍然可能不得不在法庭上为这一权利辩护,这件事本身可以被视为"激起了女性积极有力的回应"。[171] 在西班牙,许多城镇都有将未成年人的监护权交付"拍卖"的习俗,谁能保证最高的资产回报,谁就能控制继承的遗产,因此这就有可能剥夺寡妇对自己子女的抚养权。[172] 一般情况下,寡妇的遗孀产权利受到挑战,是因为她的丈夫不曾合法拥有分配到遗孀产中的财产。[173] 寡妇似乎有一半的概率打赢官司,可即便打赢了,由于冗长的法律程序,她可能也要等上好几年,才能完全拥有自己的财产。[174]

在低一些的社会阶层中,城市和乡绅阶级的寡妇如果继承了丈夫的庄园或生意以及动产，还可以过上富足的生活，但如果她们依靠的是丈夫做官的收入，或者是拒绝女性进入的行业，那么生活水平就会直线下降。对于继承的地产为租用而非直接拥有的女性来说，这种情况尤为严峻。即使女性能够继续经营丈夫的店铺，在中世纪末期，也只允许她们在丈夫去世后经营一两年，大概是为了防止她们与男性竞争。即使被行会接纳，女性也仍然不被允许投票和担任官职，这意味着她们接触不到对她们的生意有很大助力的政治人脉。即使允许女性培训学徒，她们在吸引得力助手和维持纪律方面仍然有很大的劣势。[175] 同样，掌管庄园或地产的女性可能会出现经营困难的情况，尤其是在黑死病之后，劳动力稀缺且昂贵，租金收入也低。[176] 同时，城市和乡绅阶级的寡妇也和贵族寡妇一样，都面临着法庭上对其遗孀产土地的挑战。最后是社会底层，农夫、手工业者和劳工的遗孀可能会因为失去丈夫的薪水而遭受家庭经济的致命打击。就算她们没有陷入赤贫或负债的境地，也可能要依靠亲友的施舍，被迫寄居在另一户人家的单间里，或者寻找任何可以找到的工作，通常都是些技术含量低、收入也低的工作。[177]

　　寡妇的地位还取决于应用在欧洲不同地区的继承法，以及这一时期出现的法律上的新情况。有些地方允许寡妇完全拥有她的遗孀产和嫁妆土地，她可以把这些财产带到后续的婚姻中（从而极大地提升了她在婚姻市场上的吸引力）；另外一些地方则规定寡妇只能在她的有生之年使用这些财产，或者直到她再婚为止，之后这些财产就归继承人或原让与人的家族所有。[后一种情况在英格兰被称为"寡妇公簿地产"（free bench）。] 丈夫同样可以在遗嘱中立下这样的条件，迫使寡妇在富足的单身生活和与新丈夫不确定的未来之间做出选择。[178] 不过，寡妇在处理继承的土地时，也可以表现出相当的聪明才智，即便受到"保管限制"的妨碍。例如，她们可以出租土地；秘密出售土地；从土地的最终继承人（即寡妇的儿子）那里获得不受约束的控制权；以及通过"两步转让"来处置土地（即把土地转让给儿子，再由儿子转让给原定的第三方）。[179]

中世纪寡妇的法律地位的复杂性在很大程度上源于财产转让的新情况，这些新情况补充甚至取代了传统的嫁妆和遗孀产等方式。例如，从13世纪起，出现了共有财产（jointure）的习俗，即已婚男女可以共同拥有财产。甚至连下层社会都在使用这种方式，新婚夫妇可以根据新的共有条款重新被领主授予租借权。这对寡妇非常有利，因为她无须打官司来主张对已有财产的继承权。她也可以把共有土地带到新的婚姻中，而这些土地并不会像遗孀产可能出现的情况那样，被家族中的人争来争去。因此，作为丈夫对妻子的赡养，共有财产似乎取代了遗孀产，而嫁妆则变成了金钱或物品，而不是土地，因为后者现在是由新郎一方的家族提供的。共有财产的赠予没有限制，但通常不超过总资产的1/3。到了15世纪，黑死病之后，"用益让与"（enfeoffment to use）开始发挥作用，即丈夫会指定一个被称为"不动产承受人"（feoffee）的受托人，丈夫死后会将土地授予他来托管。这通常会绕开寡妇对遗孀产的权利，取而代之的是指示受托人给予她一定份额土地的用益，通常是有一定条件的，比如用益土地会在继承人成年（之后寡妇将获得一笔养老金）或寡妇再婚时传给继承人。因此，这种用益一般被认为有损寡妇的利益。最后还有生前（inter vivos）和临终转让，通常出现在庄园法庭而非普通法法庭。土地可以在承租人活着的时候转让（生前转让），或者丈夫也可以在临终前召唤第三方和见证人，以便对遗嘱进行最后关头的口头修改,然后由第三方在庄园法庭的下一次会议上正式宣布。[180]因此,到了中世纪晚期,丈夫在如何处置财产和财富方面有了更多选择,但并非所有这些选择都对寡妇有好处。

当然,寡妇是否再婚取决于很多情况。不过,一般来说,在中世纪晚期,如果女人还年轻,即40岁或以下,寡妇再婚似乎"稀松平常"。[181]一旦年龄超过40岁,女性再婚的机会,或者说选择,似乎就少得多了。有一些强有力的诱因或情况支持再婚:对伴侣关系有期待(夫妻更有可能年龄相仿);新丈夫的收入能够带来更高的生活水平;在管理庄园或生意以及抚养子女方面得到男人的支持;在法庭上能获得更好的维护,尤其是要确保继承遗孀产;得到更多的保护,更有安全感,避免性骚扰或其他性质的骚扰,等等。总的来说,中世纪文化是支持婚姻的,认为这是"女性的自然状态",再婚可以使寡妇"重新融入"社会。[182]同时,寡妇往往在同一地位群体之内再婚,却是在丈夫的家系之外,从而使财富和人脉"横向"而非"纵向"散播,可以说这一事实或许有助于削弱中世纪社会的父权制。[183]

当然,寡妇再婚的情况会因地区文化、经济、个人喜好等而大不相同。在中世纪晚期的伦敦,寡妇再婚要面临来自亡夫行会的"巨大压力","为的是将行业工具和店铺保留在行会内部"。[184]但在英格兰农村,寡妇的再婚率差别很大。在北安普敦郡的布里格斯托克,14世纪初的再婚率只有8%左右,但在伍斯特郡(Worcestershire)的黑尔斯欧文(Halesowen),再婚率高达60%。[185]在法兰西南部的蒙彼利埃,再婚率也很低(只有5%左右),因为那里的寡妇如果想要继续享受丈夫财产的收益,就有了不结婚的动机。[186]收复失地运动时期的西班牙,许多城镇通过税收刺激来鼓励寡妇再婚,条件是她们必须按照习俗,为亡夫服丧一年。[187] 在意大利，似乎有"巨大的家庭和宗教压力"在妨碍寡妇再婚，尤其是在有孩子的情况下，而且无论如何，符合条件的单身汉和鳏夫似乎有大把十几岁的未婚新娘可选择。[188] 就算像一些学者声称的那样，寡妇发现寡居生活更大的独立性和自由度很有吸引力，但寡妇在独自经营生意或农庄，或者维护其"正经女人"的名声时所面临的困难也可能抵消这种吸引力。[189] 黑死病之后，就业和整体经济的"繁荣"曾鼓励寡妇保持单身，但这种繁荣在15世纪中叶之后基本消失了。[190] 还有一些更加非自愿的因素，因为它们大多不受寡妇控制。例如，性别比例可能不利于寡妇再婚，特别是如果死于黑死病的男性多于女性的话；与此同时，年轻女性为获得工作机会而移居城镇，也可能逆转农村地区的性别比例。此外，在黑死病之前，寡妇作为结婚对象似乎更有吸引力，因为那时存在着一种"土地占有热"，得到土地所有权的机会短缺，而且由于人口过剩，入行的竞争更加激烈。但在黑死病之后，可以租用或购买的土地要多得多，继承或入行的机会也大大增加，这使得寡妇的财力几乎成了多余的。[191]

说到底，寡妇是否再婚肯定是一个非常私人的决定。克里斯蒂娜·德·皮桑讲述了她守寡时所面对的"来自四面八方"、无穷无尽的"麻烦"和"障碍"，她不得不就关于债务和土地所有权的诸多"诉讼和法律纠纷"进行抗辩，甚至面临破产，财产也被没收。尽管如此，克里斯蒂娜从未再婚。相反，她说她把自己"转变"成了一个男人，这是比喻，这样她就有了力量，可以成为家庭这艘船的"船长"。这样，她就能够以著名作家的身份生活和谋生，用她的诗才来怀念她深爱的丈夫。[192]

注释

1 关于女性主义对中世纪研究影响巨大的论点，参见 Judith M. Bennett, "Medievalism and Feminism," *Speculum* 68 (1993): 309–331。

2 Caroline Barron, "The 'Golden Age' of Women in Medieval London," in *Medieval Women in Southern England* (Reading Medieval Studies, 15, 1989), pp. 35–58; P.J.P. Goldberg, *Women, Work, and Life Cycle in a Medieval Economy: Women in York and Yorkshire, c. 1300–1520* (Oxford: Clarendon Press, 1992). 有人认为，除了黑死病之后的中世纪晚期，中世纪早期是女性的另一个"黄金时代"，尤其体现在女王被授予的权力和权威上，但在公元 1000 年之后，作为教会改革运动的一部分，独身男性这一"第三性别"被授予了崇高的地位，取代了前者。这一"黄金时代"理论同样也受到了质疑，这一次的理由是，即使在公元 1000 年之后，贵族女性仍然可以通过使用书面文件和支持城镇的工商业，施展不容小觑的权力和权威。另一种解释认为，千年之交，女性的流动性更大了，从而有了"更加多样化的选择"和更加强大的"对自身处境的掌控力"。参见 Jo Ann McNamara and Suzanne Wemple, "The Power of Women through the Family in Medieval Europe: 500–1100," in *Women and Power in the Middle Ages*, eds. Mary Erler and Maryanne Kowaleski (Athens, GA.: University of Georgia Press, 1988), pp. 83–101; Jo Ann McNamara, "Women and Power Through the Family Revisited," in *Gendering the Master Narrative: Women and Power in the Middle Ages*, eds. Mary C. Erler and Maryanne Kowaleski (Ithaca, NY.: Cornell University Press, 2003), pp. 17–30; Constance H. Berman, "Gender at the Medieval Millennium," in *The Oxford Handbook of Women and Gender in Medieval Europe*, eds. Judith M. Bennett and Ruth Mazo Karras (Oxford: Oxford University Press, 2013), pp. 546–549; Lisa M. Bitel, *Women in Early Medieval Europe, 400–1100* (Cambridge: Cambridge University Press, 2002), p. 264。

3 Eileen Power, *Medieval Women*, ed. Michael Moissey Postan (Cambridge: Cambridge University Press, 1975), p. 34. 这些文章是 1940 年鲍尔去世后由其夫迈克尔·波斯坦（Michael Postan）收集并编辑的。前工业时代是劳动男女大致平等的黄金时代这一主题，可能最初是由爱丽丝·克拉克（Alice Clark）在首次出版于 1919 年的《17 世纪女性的工作生涯》(*Working Life of Women in the Seventeenth Century*）中提出的。多莉丝·斯腾顿（Doris Stenton）等历史学家也用它来描述盎格鲁-撒克逊时代英格兰社会的特征，并将其与 1066 年诺曼征服之后的情况进行对比。有关中世纪英格兰女性史的史学史概述，参见 Barbara A. Hanawalt, "Golden Ages for the History of Medieval English Women," in *Women in Medieval History and Historiography*, ed. Susan Mosher Stuard (Philadelphia, PA.: University of Pennsylvania Press, 1987), pp. 1–24; Mavis E. Mate, *Women in Medieval English*

Society (Cambridge: Cambridge University Press, 1999), p. 5。

4   Judith M. Bennett, "Medieval Women, Modern Women: Across the Great Divide," in *Culture and History, 1350–1600: Essays on English Communities, Identities and Writing*, ed. David Aers (Detroit, MI.: Wayne State University Press, 1992), pp. 147–175; Judith M. Bennett, *History Matters: Patriarchy and the Challenge of Feminism* (Philadelphia, PA.: University of Pennsylvania Press, 2006); Mavis E. Mate, *Daughters, Wives and Widows after the Black Death: Women in Sussex, 1350–1535* (Woodbridge, UK: Boydell Press, 1998), pp. 3–8; Barbara A. Hanawalt, *The Wealth of Wives: Women, Law, and Economy in Late Medieval London* (Oxford: Oxford University Press, 2007), pp. 161–162, 183–184; Diane Hutton, "Women in Fourteenth Century Shrewsbury," in *Women and Work in Pre-Industrial England*, eds. Lindsey Charles and Lorna Duffin (London: Croom Helm, 1985), p. 96.

5   Bennett, "Medieval Women, Modern Women," p. 163; S.H. Rigby, "Gendering the Black Death: Women in Later Medieval England," *Gender and History* 12 (2000): 748–749; Mate, *Women in Medieval English Society*, p. 3.

6   Rigby, "Gendering the Black Death," pp. 746–748.

7   Bennett, "Medieval Women, Modern Women," pp. 160–162; Judith M. Bennett, *Ale, Beer, and Brewsters in England: Women's Work in a Changing World, 130–1600* (New York: Oxford University Press, 1996), pp. 152–157; Sandy Bardsley, "Women's Work Reconsidered: Gender and Wage Differentiation in Late Medieval England," *Past and Present* 165 (1999): 4–5, 28–29; Maryanne Kowalski and Judith M. Bennett, "Crafts, Guilds, and Women in the Middle Ages: Fifty Years after Marian K. Dale," in *Sisters and Workers in the Middle Ages*, ed. Judith M. Bennett (Chicago, IL.: University of Chicago Press, 1989), pp. 11–38.

8   Judith M. Bennett and Ruth Mazo Karras, "Women, Gender, and Medieval Historians," in *Oxford Handbook of Women and Gender*, p. 14.

9   Bennett, "Medieval Women, Modern Women," pp. 149–151, 164–165; Rigby, "Gendering the Black Death," pp. 748–749; Edith Ennen, *The Medieval Woman*, trans. Edmund Jephcott (Oxford: Basil Blackwell, 1989), 267–282.

10 然而，人们认为，从政治角度讲，由于政治权力和权威与家庭分离，女性，尤其是贵族和城市女性的命运，在中世纪晚期遭受了打击。参见 Martha C. Howell, "Citizenship and Gender: Women's Political Status in Northern Medieval Cities" 和 McNamara and Wemple, "Power of Women Through the Family," in *Women and Power in the Middle Ages*, pp. 53–53, 96–97。

11 Barbara A. Hanawalt, "Peasant Women's Contribution to the Home Economy in

Late Medieval England," in *Women and Work in Preindustrial Europe*, ed. Barbara A. Hanawalt (Bloomington, IN.: University of Indiana Press, 1986), pp. 16–17; Barbara A. Hanawalt, *The Ties that Bound: Peasant Families in Medieval England* (Oxford: Oxford University Press, 1986), pp. 107–123; Martha C. Howell, *Women, Production, and Patriarchy in Late Medieval Cities* (Chicago, IL.: University of Chicago Press, 1990), pp. 9–10, 27–29, 43–46; Goldberg, *Women, Work, and Life Cycle*, pp. 336–337.

12 Goldberg, *Women, Work, and Life Cycle*, p. 337. 戈德伯格提出了中世纪晚期女性就业机会的三阶段模型，前两个阶段从 14 世纪晚期延续到 15 世纪中期，标志着中世纪经济中女性就业机会的"稳定增长"和随后的"高点"，其后是第三阶段，城市经济萧条开始后，女性被限制在"边缘和低薪职业"中。

13 Bennett, "Medieval Women, Modern Women," p. 152; Judith M. Bennett, "Medieval Peasant Marriage: An Examination of Marriage License Fines in *Liber Gersumarum*," in *Pathways to Medieval Peasants*, ed. J.A. Raftis (*Papers in Mediaeval Studies*, 2, 1981), pp. 212–213. 戈德伯格从另一个角度探讨了这一问题，他还主张，"认为妇女的'天'职永远是在家庭、婚姻和家族中，已经不再合适了"，但他之所以有这种想法，是因为他认为瘟疫之后女性得到了更多的经济机会，可以推迟结婚成家，但本内特并不同意这一假设。参见 Goldberg, *Women, Work, and Life Cycle*, p. 360。

14 Power, *Medieval Women*, pp. 1–26. 然而，鲍尔认为，同时将马利亚和夏娃树立为中世纪女性的榜样，这里面"并没有明显的矛盾意味"。

15 Bennett and Karras, "Women, Gender, and Medieval Historians," p. 1; Marty Newman Williams and Anne Echols, *Between Pit and Pedestal: Women in the Middle Ages* (Princeton, NJ.: Markus Wiener Publishers, 1994), p. 3; Joan Cadden, *Meanings of Sex Difference in the Middle Ages: Medicine, Science, and Culture* (Cambridge: Cambridge University Press, 1993), p. 3.

16 Berman, "Gender at the Medieval Millennium," pp. 545–560.

17 Tine de Moor and Jan Luiten van Zanden, "Girl Power: The European Marriage Pattern and Labour Markets in the North Sea Region in the Late Medieval and Early Modern Period," *Economic History Review* 63 (2010): 14; Marjorie Keniston McIntosh, *Working Women in English Society, 1300–1620* (Cambridge: Cambridge University Press, 2005), pp. 28–37; Hanawalt, "Golden Ages," pp. 17–18; Kathryn Reyerson, "Urban Economies," in *Oxford Handbook of Women and Gender*, p. 298.

18 McIntosh, *Working Women*, pp. 28–42; Bennett, "Medieval Women, Modern Women," p. 159.

19 Mate, *Daughters, Wives and Widows*, p. 9.

20 Rigby, "Gendering the Black Death," pp. 750–751.
21 Bennett, "Medievalism and Feminism," pp. 321–323. 本内特声称，女性主义"并没有推动教条主义或带有偏见的学术研究"，也没有"破坏中世纪研究基本的公正性"，尽管她承认自己对历史的解释"必然反映了我的女性主义政见"。不过，在本内特看来，历史并不存在所谓的"真相"，"所有历史学家的解释都反映了他们的政治观点"。这似乎也是所有女性主义历史学家的观点。就我个人而言，我并不认同这种相对主义的研究方法（尽管本内特拒绝以此称呼它），但就这个话题来讨论的话，怕是要另写一本书了。
22 特别可参见 Bennett, *History Matters*。一个与之相关的问题是，在对流行文化过于简单的理解之外，我们要如何定义父权制？参见 Bennett, *Ale, Beer, and Brewsters in England*, pp. 152–157。
23 在 *Oxford Handbook of Women and Gender* 一书的 39 位撰稿人中，只有 4 位男性，而在论文集 *Women in Medieval Western European Culture* 的 25 位撰稿人中，有 5 位男性。
24 例如，悲观的观点在朱迪斯·本内特、玛维斯·马特（Mavis Mate）和玛丽安娜·科瓦尔斯基（Maryanne Kowaleski）的作品中得到了充分的呈现，而乐观的观点则得到了杰里米·戈德伯格、约翰·哈彻（John Hatcher）和罗德尼·希尔顿（Rodney Hilton）的拥护。当然也有例外，特别是支持乐观派的卡罗琳·巴伦（Caroline Barron）和支持悲观派的戴维·赫利希（David Herlihy）。
25 在中世纪医生和自然哲学家的理解中，两性的差异主要在于体质（即男性通常干热，女性则是湿冷），但也在于体型（即解剖结构），以及性情，或者说是气质。男性和女性的身体本质上相似的观点，可以在中世纪早期塞维利亚的依西多禄（Isidore of Seville）的著作中找到，而他的观点则是基于 2 世纪的医生索兰纳斯。盖伦的"单性身体"理论被一些希腊和阿拉伯作家所接受，但对欧洲的医学传统并没有太大影响。事实上，中世纪的医学作家显然对性别模糊的个体感到别扭，比如雌雄同体，并且倾向于对违背性别"二元结构"的同性行为不闻不问。参见 Katherine Park, "Medicine and Natural Philosophy: Naturalistic Traditions," in *Oxford Handbook of Women and Gender*, pp. 84–98; Cadden, *Meanings of Sex Difference*, pp. 170–218。
26 Jo Ann McNamara, "The Herrenfrage: The Restructuring of the Gender System, 1050–1150," in *Medieval Masculinities: Regarding Men in the Middle Ages*, ed. Clare A. Lees (Minneapolis, MN.: University of Minnesota Press, 1994), pp. 3–29; Berman, "Gender at the Medieval Millennium," pp. 546–548.
27 Bennett and Karras, "Women, Gender, and Medieval Historians," pp. 5–7.
28 Rigby, "Gendering the Black Death," p. 746.
29 Shulamith Shahar, *The Fourth Estate: A History of Women in the Middle Ages*, trans.

Chaya Galai (London: Routledge, 1983), p. 90; Judith M. Bennett, *Women in the Medieval English Countryside: Gender and Household in Brigstock Before the Plague* (Oxford: Oxford University Press, 1987), p. 103.

30 *Medieval Comic Tales*, ed. Peter Rickard (Totowa, NJ.: Rowman and Littlefield, 1974), pp. 89–94.

31 Edward Bliss Reed, *English Lyrical Poetry from its Origins to the Present Time* (New Haven, CT.: Yale University Press, 1914), p. 90.

32 *Reliquae Antiquae: Scraps from Ancient Manuscripts, Illustrating Chiefly Early English Literature and the English Language*, eds. Thomas Wright and James Orchard Haliwell, 2 vols (London, 1841–1842), 2: 196–199.

33 Roberta L. Krueger, "Towards Feminism: Christine de Pizan, Female Advocacy, and Women's Textual Communities in the Late Middle Ages and Beyond," in *Oxford Handbook of Women and Gender*, pp. 593–596. 克里斯蒂娜的《〈玫瑰传奇〉之辩》(*Debate on the Romance of the Rose*) 也很有名,她在其中回应了默恩的让(Jean de Meun)这部诗歌中的厌女元素。

34 一些学术著作批评克里斯蒂娜是含糊或矛盾的女性主义者,对此可参见 Krueger, "Towards Feminism," p. 596, n. 23。

35 芭芭拉·哈纳瓦尔特(Barbara Hanawalt)认为,中世纪的女性在物理空间上被边缘化了,也就是被限制在家中,或者只有在特定条件下才被允许外出到公共场合。她对此给出的证据是,验尸结果显示,与男性相比,女性在房屋等私人空间中身亡的比例更高。但这份证据遭到了质疑,理由是这类死亡只能反映某些工作固有的危险性,不论这些工作是在公共场所还是私人场所进行,却并不能反映男性或女性在这类场所中度过的时间长短。女性在空间上被边缘化的程度,也可能因社会地位和地方习俗的不同而千差万别。参见 Barbara A. Hanawalt, "At the Margin of Women's Space in Medieval Europe," in *Matrons and Marginal Women in Medieval Society*, eds. Robert R. Edwards and Vickie Ziegler (Woodbridge, UK: Boydell and Brewer, 1995), pp. 8–9; Barbara A. Hanawalt, "Peasant Women's Contribution to the Home Economy in Late Medieval England," in *Women and Work in Preindustrial Europe*, pp. 7–10; P.J.P. Goldberg, "The Public and the Private: Women in the Pre-Plague Economy," in *Thirteenth Century England, III*, eds. P.R. Coss and S.D. Lloyd (Woodbridge, UK: Boydell Press, 1991), pp. 75–89; Mate, *Women in Medieval English Society*, pp. 31–32; Sarah Rees Jones, "Public and Private Space and Gender in Medieval Europe," in *Oxford Handbook of Women and Gender*, pp. 250–252。

36 Bennett and Karras, "Women, Gender, and Medieval Historians," p. 10. 被本内特和卡拉斯纳入女性财富中的大部分内容,例如女性带到婚姻中的嫁妆和卖身的皮肉生意，在本章和第五章都有所涉及。
37 Howell, *Women, Production, and Patriarchy*, pp. 24, 180; Martha C. Howell, "Women, the Family Economy, and the Structures of Market Production in Cities of Northern Europe during the Late Middle Ages," in *Women and Work in Preindustrial Europe*, pp. 209–210; David Herlihy, *Opera Muliebria: Women and Work in Medieval Europe* (Philadelphia, PA.: Temple University Press, 1990), pp. 186–191.
38 Howell, *Women, Production, and Patriarchy*, pp. 9–10; Howell, "Women, Family Economy, and Structures of Market Production," pp. 198–216; Barron, "Golden Age of Women," p. 40; Maryanne Kowaleski, "Women's Work in a Market Town: Exeter in the Late Fourteenth Century," in *Women and Work in Preindustrial Europe*, p. 152; Kay E. Lacey, "Women and Work in Fourteenth and Fifteenth Century London," in *Women and Work in Preindustrial England*, p. 24. 豪威尔（Howell）认为，随着中世纪晚期的经济变得更加专门化和职业化，女性的工作减少了。尽管戴维·赫利希同意豪威尔这一论点的基本框架，但他认为打理家务和家庭生产是促进了女性工作的减少，而不是反过来，因为所有家庭成员"都是在通常为男性的户主的监督下为其利益工作的"。参见 Herlihy, *Opera Muliebria*, pp. 186–188。
39 Howell, *Women, Production, and Patriarchy*, p. 161; Howell, "Women, Family Economy, and Structures of Market Production," pp. 213, 215. 到头来，女性在这个问题上别无选择，因为她们要么在形式上被拒绝加入行会（或担任行会内部拥有政治权力的职位），要么被强加了形式上的、"与女性对家庭的义务相冲突"的工作规则。
40 Howell, *Women, Production, and Patriarchy*, pp. 178–179; Howell, "Women, Family Economy, and Structures of Market Production," pp. 209–210, 213, 215; Herlihy, *Opera Muliebria*, pp. 187, 190–191; Kowaleski, "Women's Work," pp. 145–146.
41 Kowaleski, "Women's Work," pp. 155–158; Goldberg, *Women, Work, and Life Cycle*, p. 336; Diane Hutton, "Women in Fourteenth Century Shrewsbury," in *Women and Work in Pre-Industrial England*, pp. 84–97.
42 Kathryn L. Reyerson, "Women in Business in Medieval Montpellier," in *Women and Work in Preindustrial Europe*, pp. 137–138.
43 R.W. Unger, "Technical Change in the Brewing Industry in Germany, the Low Countries and England in the Late Middle Ages," *Journal of European Economic History* 21 (1992): 281–313.
44 Bennett, *Ale, Beer, and Brewsters in England*, pp. 37–59, 150; Judith M. Bennett, "The Village Ale-Wife: Women and Brewing in Fourteenth-Century England," in *Women and Work in Preindustrial Europe*, pp. 20–36; McIntosh, *Working Women*, pp. 145–

156; Hanawalt, *Wealth of Wives*, pp. 181–182; Mate, *Women in Medieval English Society*, pp. 38–43; Howell, "Women, Family Economy, and Market Production," pp. 215–216.

45 Howell, *Women, Production, and Patriarchy*, pp. 70–94; Howell, "Women, Family Economy, and Market Production," pp. 215–216; McIntosh, *Working Women in English Society*, pp. 210–238; P.J.P. Goldberg, "Female Labour, Service and Marriage in the Late Medieval Urban North," *Northern History* 22 (1986): 32–33; Herlihy, *Opera Muliebria*, p. 190; Benjamin R. McRee and Trisha K. Dent, "Working Women in the Medieval City," in *Women in Medieval Western European Culture*, pp. 252–254; Kowaleski, "Women's Work," pp. 149–150.

46 Judith M. Bennett, "Public Power and Authority in the Medieval English Countryside," and Howell, "Citizenship and Gender," in *Women and Power in the Middle Ages*, pp. 18–29, 37–54; Howell, *Women, Production, and Patriarchy*, pp. 178–179; Howell, "Women, Family Economy, and Structures of Market Production," pp. 210, 213, 215; Kowaleski, "Women's Work," pp. 150, 153–154; Ennen, *Medieval Woman*, p. 268; Goldberg, "Female Labour, Service and Marriage," p. 32. 豪威尔认为，女性被排除在城市政府和公共机关的职位之外，是中世纪晚期才出现的新情况，原因在于一种"体制创新"："为了市民的安宁、团结和独立"，政治权力从家庭单位中分离了出来，成了男性专属。

47 Gervase Rosser, *The Art of Solidarity in the Middle Ages: Guilds in England, 1250–1550* (Oxford: Oxford University Press, 2015), pp. 110–111; Howell, *Women, Production, and Patriarchy*, pp. 124–158; Howell, "Women, Family Economy, and Structures of Market Production," pp. 210–214; Hanawalt, *Wealth of Wives*, pp. 177–180; Mate, *Women in Medieval English Society*, pp. 52–53. 起初，女性并没有被排除在这些行会之外，而是被排除在控制这些行会的政治职位之外。这是因为她们的许多技能仍然是生产这些产品所必需的，而这些产品的生产"长期以来一直是'良'家妇女专属"。

48 McRee and Dent, "Working Women in the Medieval City," p. 252; Goldberg, *Women, Work, and Life Cycle*, pp. 337, 347, 354; Goldberg, "Female Labour, Service and Marriage," pp. 34–36; Howell, "Women, Family Economy, and Structures of Market Production," p. 213; Herlihy, *Opera Muliebria*, pp. 177–180; Lacey, "Women and Work," p. 25. 引用的典型例子是 1461 年布里斯托尔织工行会的条例，该条例禁止妻子、女儿和女仆从事此行业，理由是不该让"国王的手下"，即为国王打过仗的老兵"失业"。但更早的例子也有，比如 14 世纪 20 年代的佛罗伦萨、1330 年的斯特拉斯堡、1374 年的根特、1378 年和 1397 年的科隆，以及

1397 年和 1428 年的巴黎。到了 1450 年，甚至连巴黎的 5 个全女性行会也"被男性占多数的法人团体所并吞"。

49　Hutton, "Women in Fourteenth Century Shrewsbury," pp. 83–84. 赫顿（Hutton）的结论是，"关于这些规定，充其量只能说它们代表了一种市民和行业精英希望出现的局面"。

50　McRee and Dent, "Working Women in the Medieval City," pp. 254–255; Bennett, "Medieval Women, Modern Women," p. 159; Herlihy, *Opera Muliebria*, p. 180. 例如，赫利希指出，甚至早在黑死病之前，行会就开始对女性的会员资格加以限制了。

51　McRee and Dent, "Working Women in the Medieval City," pp. 253–254.

52　Bennett, "Medieval Women, Modern Women," pp. 163–165; Bennett, *Women in the Medieval English Countryside*, pp. 185–186, 197–198; Kowaleski, "Women's Work," pp. 150, 153–158; Howell, "Women, Family Economy, and Structures of Market Production," p. 212. 这也许就是 1396 年市民联盟（*Gaffeln*）接管科隆政府时，女性没有被排除在行会之外的原因，因为女性只是被排除在拥有政治权力的职位之外，而不是被排除在整个经济活动之外。

53　Christopher Dyer, *Standards of Living in the Later Middle Ages: Social Change in England, c. 1200–1520* (Cambridge: Cambridge University Press, 1989), pp. 151–187; Christopher Dyer, *An Age of Transition? Economy and Society in England in the Later Middle Ages* (Oxford: Clarendon Press, 2005), pp. 128–132.

54　McRee and Dent, "Working Women in the Medieval City," pp. 241–247; Reyerson, "Women in Business," pp. 119–137; McIntosh, *Working Women*, pp. 45–238; Herlihy, *Opera Muliebria*, pp. 142–177; Kowaleski, "Women's Work," pp. 147–154; Lacey, "Women and Work," pp. 49–57; Hutton, "Women in Fourteenth Century Shrewsbury," pp. 89–96; Williams and Echols, *Between Pit and Pedestal*, pp. 51–63. 在银行借贷、商业贸易、皮革、金属和木材加工、屠宰、烘焙，以及不动产领域，女性的参与似乎非常有限，尽管她们有时确实身在其中。

55　然而，对于这样的概括性结论，我们有几点需要注意。其一是意大利女性结婚的年龄可能比我们之前以为的更晚，因为税收调查报告［例如佛罗伦萨的地籍册（*Catasto*）］所记录的，只是父亲所申报的女儿的情况，也就是女性应该结婚的年龄（即十几岁），而不是她们实际结婚的年龄。其次，中世纪快要结束时的 15 世纪，出于"为人父者对女儿职业偏好前所未有的关心"，意大利的父母可能倾向于让女儿晚点结婚（基于威尼斯的遗嘱证据）。参见 Anthony Molho, "Deception and Marriage Strategy in Renaissance Florence: The Case of Women's Ages," *Renaissance Quarterly* 41 (1988): 204; Stanley Chojnacki, "The Power of Love: Wives and Husbands in Late Medieval Venice," in *Women and Power in the Middle Ages*, p. 133。

56　McRee and Dent, "Working Women in the Medieval City," pp. 250–251; Reyerson, "Urban Economies," pp. 299–301; De Moor and Van Zanden, "Girl Power," pp. 12–14; Christiane Klapisch-Zuber, "Women Servants in Florence during the Fourteenth and Fifteenth Centuries," in *Women and Work in Preindustrial Europe*, pp. 70–75; Goldberg, *Women, Work, and Life Cycle*, pp. 330, 333–345, 360–361; Maryanne Kowaleski, "Singlewomen in Medieval and Early Modern Europe: The Demographic Perspective," in *Singlewomen in the European Past*, eds. Judith M. Bennett and Amy M. Froide (Philadelphia, PA: University of Pennsylvania Press, 1999), pp. 41–45, 50–51, 63; R.M. Smith, "Geographical Diversity in the Resort to Marriage in Late Medieval Europe: Work, Reputation and Unmarried Females in the Household Formation Systems of Northern and Southern Europe," in *Woman is a Worthy Wight: Women in English Society, c. 1200–1500*, ed. P.J.P. Goldberg (Wolfeboro Falls, N.H.: Alan Sutton, 1992), pp. 16–59.

57　Hanawalt, "Peasant Women's Contribution," pp. 1–17; H. Graham, "A Woman's Work: Labour and Gender in the Late Medieval Countryside," in *Woman is a Worthy Wight*, pp. 126–148. 豪威尔认为，在一个较为城市化的、拥有强大市场经济的环境中，"如此严格的劳动分工从经济角度讲是没有必要的"，因为"家庭可以购买自己不生产的东西"，但赫顿发现，在什鲁斯伯里（Shrewsbury），大部分劳动分工仍然适用。另一方面，米拉姆·穆勒（Miriam Müller）认为，中世纪农民社会"并不存在性别分工"，其基础是庄园惯例，其中详细规定了佃农要服的劳役。参见 Howell, *Women, Production, and Patriarchy*, p. 28; Hutton, "Women in Fourteenth Century Shrewsbury," pp. 84–97; Miriam Müller, "Peasant Women, Agency and Status in Mid-Thirteenth- to Late Fourteenth-Century England: Some Reconsiderations," in *Married Women and the Law in Premodern Northwest Europe*, eds. Cordelia Beattie and Matthew Frank Stevens (Woodbridge, UK: Boydell Press, 2013), p. 99。总而言之，可以说除了哈纳瓦尔特和本内特的著作，大多数关于中世纪女性工作的学术研究都自然而然地聚焦于城镇，因为那里有市政档案留存，而这并不利于我们了解乡村地区女性工作的情况。

58　R.H. Hilton, *The English Peasantry in the Later Middle Ages* (Oxford: Clarendon Press, 1975), pp. 101–102; Hanawalt, *Ties that Bound*, pp. 147–148; Mate, *Women in Medieval English Society*, pp. 16, 28; Bennett, *Women in the Medieval English Countryside*, pp. 115–119, 186; Jane Whittle, "Rural Economies," in *Oxford Handbook of Women and Gender*, pp. 316–320; Simon A.C. Penn, "Female Wage-Earners in Late Fourteenth-Century England," *Agricultural History Review* 35 (1987): 2, 7, 13.

59 Hanawalt, "Peasant Women's Contribution," p. 10; McIntosh, *Working Women*, pp. 196–198; Reyerson, "Women in Business," p. 137.
60 McIntosh, *Working Women*, pp. 36–61, 130–132; Kowaleski, "Women's Work," pp. 153–154; Kim M. Phillips, *Medieval Maidens: Young Women and Gender in England, 1270–1540* (Manchester, UK: Manchester University Press, 2003), pp. 131–134. 年轻的单身女性可以在一些行业里做学徒，比如伦敦的丝绸业，或者蒙彼利埃的食品、纺织品和贵金属加工行业，但她们的人数似乎很少，而且通常在正式的行会体系之外。在 14 世纪晚期的埃克塞特，任何行业的女性都难得接受正式培训，因为她们不能进入控制着城里所有收学徒行业的"自由人"组织，不过她们可以接受非正式培训，就像妻子可能从商人丈夫那里接受的那样。参见 Reyerson, "Women in Business," pp. 120–121; Kowaleski, "Women's Work," p. 155。
61 需要大量资金投入的奢侈品贸易尤其如此。参见 Reyerson, "Women in Business," p. 122; Howell, "Women, Family Economy, and Structures of Market Production," pp. 210–212; Goldberg, "Female Labour, Service and Marriage," pp. 33–34。
62 "独立女性"身份的好处，似乎在于使女性能够获得信贷，还可以雇用自己的学徒，不过这也可能使她们背上债务责任。也有迹象表明，女性采用"独立女性"身份，可能仅仅是为了避免背上丈夫的债务，或者是丈夫为了避免背上妻子的债务。参见 Hanawalt, *Wealth of Wives*, pp. 169–173; Kowaleski, "Women's Work," p. 146; Lacey, "Women and Work," pp. 46–48; Marjorie K. McIntosh, "The Benefits and Drawbacks of *Femme Sole* Status in England, 1300–1630," *Journal of British Studies* 44 (2005): 410–439。
63 Bennett, "Medieval Women, Modern Women," p. 160; Kowaleski, "Women's Work," p. 156; Lacey, "Women and Work," pp. 45–46, 57; Ennen, *Medieval Woman*, pp. 150–151; Barbara A. Hanawalt, "Remarriage as an Option for Urban and Rural Widows in Late Medieval England," in *Wife and Widow in Late Medieval England*, ed. Sue Sheridan Walker (Ann Arbor, MI.: Univeristy of Michigan Press, 1993), pp. 158–159. 然而，到了 15 世纪，遗孀继续经营丈夫生意的权利在许多城市都被剥夺了。参见 Howell, "Women, Family Economy, and Structures of Market Production," p. 213。
64 Ennen, *Medieval Woman*, p. 159; Goldberg, *Women, Work, and Life Cycle*, p. 355. 对一座城市（伦敦）女性工作相关法律的详细考察，参见 Lacey, "Women and Work," pp. 36–40, 42–45。
65 Hutton, "Women in Fourteenth Century Shrewsbury," p. 97.
66 Hanawalt, "Peasant Women's Contribution," pp. 3–17; Hanawalt, *Ties that Bound*, pp. 141–155; Hutton, "Women in Fourteenth Century Shrewsbury," p. 97; Müller, "Peasant Women, Agency and Status," pp. 98–99.

67 Bennett and Karras, "Women, Gender, and Medieval Historians," p. 10; Hanawalt, *Wealth of Wives*, pp. 70–82.

68 Goldberg, *Women, Work, and Life Cycle*, pp. 336–337, 345, 352, 361; Goldberg, "Female Labour, Service and Marriage," pp. 18–38; Barron, "Golden Age," pp. 35–58; Lacey, "Women and Work," p. 25; Müller, "Peasant Women, Agency and Status," p. 102; Jim Bolton, "'World Upside Down': Plague as an Agent of Economic and Social Change," in *The Black Death in England*, eds. W.M. Ormrod and P.G. Lindley (Donnington, UK: Shaun Tyas, 2003), pp. 70–77. 莱西（Lacey）对1350年后女性更多地参与经济给出了另一种可能的解释，认为这单纯是因为记录她们工作的"法律文件总体上增加了"。

69 人们常常认为，鼠疫对女性有"性别选择性"，因为她们更多地暴露在老鼠和跳蚤横行的家庭环境中，身体也更虚弱，但关于性别差异的档案和考古学证据都是形形色色的：说鼠疫偏爱女性、偏爱男性或者一视同仁的证据，都是可以找到的。不过，有一些确凿的证据表明，孕妇对这种疾病特别易感。参见Sandy Bardsley, "Missing Women: Sex Ratios in England, 1000–1500," *Journal of British Studies* 53 (2014): 288–289; John Mullan, "Mortality, Gender, and the Plague of 1361–2 on the Estate of the Bishop of Winchester," *Cardiff Historical Papers* (Cardiff, 2007–2008), pp. 22–33; Sharon N. DeWitte, "Sex Differentials in Frailty in Medieval England," *American Journal of Physical Anthropology* 143 (2010): 285–297; Sharon N. DeWitte, "The Effect of Sex on Risk of Mortality During the Black Death in London, A.D. 1349–1350," *American Journal of Physical Anthropology* 139 (2009): 222–232; Michel Signoli, Isabelle Séguy, Jean-Noël Biraben, and Olivier Dutour, "Paleodemography and Historical Demography in the Context of an Epidemic: Plague in Provence in the Eighteenth Century," *Population* 57 (2002): 838–839; Stephen R. Ell, "Three Days in October of 1630: Detailed Examination of Mortality during an Early Modern Plague Epidemic in Venice," *Reviews of Infectious Diseases* 11 (1989): 132–133, 135–137; Mary F. Hollingsworth and T.H. Hollingsworth, "Plague Mortality Rates by Age and Sex in the Parish of St. Botolph's without Bishopsgate, London, 1603," *Population Studies* 25 (1971): 144–145; Ole J. Benedictow, *The Black Death, 1346–1353: The Complete History* (Woodbridge, UK: Boydell Press, 2004), pp. 266–267.

70 Maryanne Kowaleski, "Medieval People in Town and Country: New Perspectives from Demography and Bioarchaeology," *Speculum* 89 (2014): 573–600; Bardsley, "Missing Women," pp. 278–282, 286–294; Mate, *Daughters, Wives, and Widows*, pp. 38–39; Goldberg, *Women, Work and Life Cycle*, p. 224; Goldberg, "Female Labour, Service and Marriage," pp. 19–20; Ruth Mazo Karras, "The Regulation of

Sexuality in the Late Middle Ages: England and France," *Speculum* 86 (2011): 1029. 巴兹利（Bardsley）根据 1377 年的人头税报告书，计算出男女比例为 1.13：1，男多于女，而根据来自墓地的考古学资料，计算出的男女比例为 1.17—1.19：1，其中有一些是黑死病之前的数据。

71　Hanawalt, *Wealth of Wives*, p. 162.

72　Howell, *Women, Production, and Patriarchy*, pp. 85–86; Howell, "Women, Family Economy, and Structures of Market Production," pp. 210–212.

73　Bennett, *Ale, Beer, and Brewsters*, pp. 147–148. 另一个因素可能是女性被信贷市场拒之门外，而要更新换代到啤酒酿造，信贷是必不可少的。参见 Chris Briggs, "Empowered or Marginalized? Rural Women and Credit in Later Thirteenth- and Fourteenth-Century England," *Continuity and Change* 19 (2004): 13–43。

74　McIntosh, *Working Women in English Society*, pp. 155–156.

75　在南欧，年长女性做女佣的比例要高得多，这可能是由于禁止年轻女孩离开家的文化禁忌。例如，在 15 世纪到 16 世纪早期的佛罗伦萨，所有女性仆人中，已婚和丧偶女性占到大约一半以上。参见 Klapisch-Zuber, "Women Servants in Florence," p. 63; Christiane Klapisch-Zuber, *Women, Family, and Ritual in Renaissance Italy*, trans. Lydia G. Cochrane (Chicago, IL.: University of Chicago Press, 1985), pp. 172–173。

76　McIntosh, *Working Women in English Society*, pp. 46–47. 根据人头税报告书，英格兰的成年男女中有 20%—30% 是佣人，不过这一比例在城镇要高一些，在农村则要低一些。在约克市，1/3 的家庭雇佣仆人，而在伍斯特郡的黑尔欧文庄园，多达 40% 的佃户有仆人。参见 Goldberg, "Female Labour, Service and Marriage," p. 21; Zvi Razi, "Family, Land and Village Community in Later Medieval England," *Past and Present* 93 (1981): 31。

77　Goldberg, *Women, Work, and Life Cycle*, pp. 336–337; Goldberg, "Female Labour, Service and Marriage," pp. 21–36.

78　Goldberg, *Women, Work, and Life Cycle*, pp. 223, 230, 337–338, 355, 358; Goldberg, "Female Labour, Service and Marriage," pp. 22–23. 戈德伯格在他的文章（先于他的书发表）中提到了"与近 400 名证人有关的誓词证据"，但尚不清楚这些证人是否均为单身女性。戈德伯格自己也承认，他的证据本质上"并不充分"，而且很"牵强"，也就是说，考虑到样本容量和地区差异，真实情况只会更加复杂，因此他认为自己的分析是"试探性的""基于印象的"，本质是"假设"。另一位研究约克诉讼文件证据的历史学家查尔斯·多纳休（Charles Donahue）断定，这些文件偏向"诉讼当事人中的富人、权贵和死缠烂打的人"。还有人评论过中世纪晚期"女性从事家政服务的证据不足"的情况。金姆·菲利普斯（Kim Phillips）的观点是，乡村女孩在农庄周围就有很多工作可做，包括雇佣劳动，如果她们愿意的话，可以在家里工作，而不是移居到城市去找工作。参见 Charles Donahue, Jr., "Female Plaintiffs in Marriage Cases in the Court of York in the Later Middle Ages: What Can We Learn from the Numbers?" in *Wife and Widow in Medieval England*, ed. Sue Sheridan Walker (Ann Arbor, MI.: Univeristy of Michigan Press, 1993), p. 185; Ann Julia Kettle, "Ruined Maids: Prostitutes and Servant Girls in Later Mediaeval England," in *Matrons and Marginal Women in Medieval Society*, eds. Robert R. Edwards and Vickie Ziegler (Woodbridge, UK: Boydell Press, 1995), p. 30; Phillips, *Medieval Maidens*, pp. 128–129; Mark Bailey, "Demographic Decline in Late Medieval England: Some Thoughts on Recent Research," *Economic History Review*, n.s., 49 (1996): 7。

79 Phillips, *Medieval Maidens*, pp. 130–131; Mate, *Women in Medieval English Society*, pp. 57–59.

80 Bailey, "Demographic Decline," pp. 11–14; Simon A.C. Penn and Christopher Dyer, "Wages and Earnings in Late Medieval England; Evidence from the Enforcement of the Labour Laws," *Economic History Review*, 2nd ser., 43 (1990): 366–369, 375; Christopher Dyer, *Making a Living in the Middle Ages: The People of Britain, 850–1520* (New Haven: Yale University Press, 2002), p. 277.

81 Jane Humphries and Jacob Weisdorf, "The Wages of Women in England, 1260–1850," *Journal of Economic History* 75 (2015): 405–447.

82 Humphries and Weisdorf, "Wages of Women in England," pp. 407–419; Sandy Bardsley, "Women's Work Reconsidered: Gender and Wage Differentiation in Late Medieval England," *Past and Present* 165 (1999): 11–22; John Hatcher, "Debate: Women's Work Reconsidered: Gender and Wage Differentiation in Late Medieval England," *Past and* Present 173 (2001): 191–198; Sandy Bardsley, "Reply," *Past and Present* 173 (2001): 199–202; Penn, "Female Wage-Earners," pp. 2–14; Mate, *Women in Medieval English Society*, pp. 28–31; Mavis E. Mate, "Work and Leisure," in *A Social History of England, 1200–1500*, eds. Rosemary Horrox and W. Mark Ormrod (Cambridge: Cambridge University Press, 2006), p. 282; Goldberg, *Women, Work and Life Cycle*, p. 337; Richard Britnell, *Britain and Ireland, 1050–1530: Economy and Society* (Oxford: Oxford University Press, 2004), p. 378; Hilton, *English Peasantry*, pp. 102–103.

83 Humphries and Weisdorf, "Wages of Women in England," p. 409; John Langdon, "Minimum Wages and Unemployment Rates in Medieval England: The Case of Old Woodstock, Oxfordshire, 1256–1357," in *Commercial Activity, Markets and Entrepreneurs in the Middle Ages: Essays in Honour of Richard Britnell*, eds. Ben Dodds and Christian D. Liddy (Woodbridge, UK: Boydell Press, 2011), pp. 35–40.

84　Humphries and Weisdorf, "Wages of Women in England," pp. 409–410.
85　Humphries and Weisdorf, "Wages of Women in England," pp. 424, 428, 431.
86　Humphries and Weisdorf, "Wages of Women in England," p. 419; Bennett, "Medieval Women, Modern Women," pp. 162–163; Bolton, " 'World Upside Down'," pp. 76–77.
87　Hilton, *English Peasantry*, pp. 102–103; Benedictow, *Black Death*, pp. 382, 389–390; Klapisch-Zuber, "Women Servants in Florence," pp. 65–66; De Moor and Van Zanden, "Girl Power," p. 13; Penn, "Female Wage-Earners," p. 8. 也有一些例外，比如佛罗伦萨女仆的工资在1348年至1470年翻了一番还多，甚至超过了男仆的工资，而在英格兰，女性茅草屋顶工人助手的工资在1348年至1400年增至三倍（从1便士涨到了3便士），而男性茅草屋顶工人的工资只增长了1/3（从3便士涨到了4便士）。
88　Hatcher, "Debate: Women's Work Reconsidered," pp. 191–198; Bardsley, "Reply," pp. 199–202; Mate, *Medieval Women in English Society*, pp. 28–31; Mate, "Work and Leisure," p. 282; Goldberg, *Women, Work and Life Cycle*, p. 337; Britnell, *Britain and Ireland,* p. 378. 在城市的各行各业，女性廉价劳动力似乎都对雇主很有吸引力，至少在15世纪中叶以前是这样的。
89　Humphries and Weisdorf, "Wages of Women in England," pp. 424–426, 430.
90　Humphries and Weisdorf, "Wages of Women in England," pp. 425–426.
91　Humphries and Weisdorf, "Wages of Women in England," pp. 425, 431.
92　Humphries and Weisdorf, "Wages of Women in England," pp. 418, 420.
93　Humphries and Weisdorf, "Wages of Women in England," pp. 420–423.
94　Humphries and Weisdorf, "Wages of Women in England," pp. 418, 431.
95　Humphries and Weisdorf, "Wages of Women in England," p. 430.
96　De Moor and Van Zanden, "Girl Power," pp. 14–15; Humphries and Weisdorf, "Wages of Women in England," pp. 425–426; Bolton, " 'World Upside Down'," pp. 76–77. 与德·穆尔（De Moor）、范·赞登（Van Zanden）和博尔顿（Bolton）相比，汉弗莱斯（Humphries）和维兹多夫（Weisdorf）显然对黑死病之后女性" '凭借女孩力量'实现经济突围"更加悲观。
97　Cordelia Beattie, *Medieval Single Women: The Politics of Social Classification in Late Medieval England* (Oxford: Oxford University Press, 2007), p. 15.
98　重点讨论中世纪单身女性的学术著作包括：Beattie, *Medieval Single Women*; Phillips, *Medieval Maidens*; *Singlewomen in the European Past*。另见 Mate, *Daughters, Wives and Widows*, p. 45 的评论。
99　Heath Dillard, *Daughters of the Reconquest: Women in Castilian Town Society, 1100–1300* (Cambridge: Cambridge University Press, 1984), p. 19.

100 Beattie, *Medieval Single Women*, pp. 24–31.
101 Mate, *Daughters, Wives and Widows*, pp. 37–38; Klapisch-Zuber, *Women, Family, and Ritual*, pp. 170–172. 佛罗伦萨地籍册中的数据证实了这一点，根据这些数据，统治阶级的女性有10%终身未婚，而下层阶级的女性只有3%。
102 Beattie, *Medieval Single Women*, p. 23; Ruth Mazo Karras, "Sex and the Singlewoman," in *Medieval Single Women: The Politics of Social Classification in Late Medieval England*, ed. Cordelia Beattie (Oxford: Oxford University Press, 2007), p. 127; Phillips, *Medieval Maidens*, pp. 146–162.
103 Judith M. Bennett, *A Medieval Life: Cecilia Penifader of Brigstock, c. 1295–1344* (Boston, MA.: McGraw Hill College, 1999).
104 Bennett, "Public Power and Authority," pp. 21–23.
105 Kowaleski, "Medieval People in Town and Country," pp. 579–581. 这些数字包括了从未结婚的女性和寡妇。
106 Goldberg, *Women, Work, and Life Cycle*, pp. 259, 262–263, 271, 273, 325–329, 339, 345, 352; Goldberg, "Female Labour, Service and Marriage," pp. 23–27; Bennett, "Medieval Peasant Marriage," pp. 197–208, 213–224; Kettle, "Ruined Maids," pp. 20–21. 这里的假设是，城市环境中的女性，尤其是那些为其他家庭提供家政服务的女性，受父母影响较少，因此在婚姻方面可能比生活在家中的农村女性更加独立、自由。然而，本内特发现，1398年至1458年，拉姆齐修道院（Ramsey Abbey）的庄园里的农妇以与父亲同等的比例缴纳自己的婚姻捐，而且她们很可能是凭自己的财力缴纳的，或许是通过雇佣劳动。不过，有证据表明，甚至早在黑死病之前，女性通常都会自己缴纳婚姻捐。另外，有关女性家政服务的证据可能还是太少了，无法确定单身女性寻找此类工作是否真的是为了"给自己攒嫁妆、追求自己心仪的人、安排自己的婚事而不受来自家庭的压力"。参见 E.D. Jones, "The Medieval Leyrwite: A Historical Note on Female Fornication," *English Historical Review* 107 (1992): 949; Kettle, "Ruined Maids," p. 30。
107 Mate, *Daughters, Wives and Widows*, pp. 39–40; Mate, *Women in Medieval English Society*, pp. 57–59; Reyerson, "Women in Business," p. 137; Kowaleski, "Singlewomen in Medieval and Early Modern Europe," pp. 45–51; Bolton, "'World Upside Down,'" pp. 37–38. 相比于农村，婚姻对城市里的男青年来说可能没有那么重要，因为家庭对于经营贸易并不像对经营农庄那样不可或缺。与之相反，研究了为执行婚约而向约克教会法庭提起的诉讼之后，人们发现，在14世纪，女性尤其重视婚姻，当然是相对于男性而言，因为她们占到了诉讼当事人的大多数（73%）。然而，到了15世纪，女性似乎不那么重视婚姻了，而是对保持单身更加重视，因为此时她们在诉讼当事人中所占的比例有所降低（61%）。这或许是因为经济更加富足和稳定了（也就是实际工资上涨了），这种情况在 1375 年至 1450 年尤为明显，没有丈夫的生活对女性来说更容易了。参见 Donahue, "Female Plaintiffs," pp. 195–205; Herlihy and Klapisch-Zuber, *Tuscans and their Families*, p. 221。

108 Phillips, *Medieval Maidens*, p. 122.

109 玛维斯·马特评论说："一个勉强维持生计的单身女人，面对别人的求婚，肯定是觉得求婚者毫无吸引力，才会拒绝他。"玛丽安娜·科瓦尔斯基对 14 世纪晚期埃克塞特女性劳动者的研究，也证实了家政服务的地位极低。她发现那里的仆人大多是年轻的未婚移民，提到她们时都只用她们的名字和雇主的名字，而她们最常见的"替代职业"就是卖淫。马特和科瓦尔斯基还注意到，单身女性很少进入某一行业做学徒。参见 Mate, *Daughters, Wives and Widows*, p. 39; Mate, *Women in Medieval English Society*, p. 57; Kowaleski, "Women's Work," pp. 153–155, Phillips, *Medieval Maidens*, p. 130。

110 Georges Duby, *Love and Marriage in the Middle Ages*, trans. Jane Dunnett (Chicago, IL.: University of Chicago Press, 1994), pp. 22–35; Williams and Echols, *Between Pit and Pedestal*, p. 70; H.E. Hallam, *Rural England, 1066–1348* (Brighton, Sussex, and Atlantic Highlands, NJ.: Harvester Press and Humanities Press, 1981), pp. 255–256. 杜比总结道："因此，一切都在合力阻碍夫妻之间形成一种热烈的关系，类似于我们所认为的夫妻恩爱；相反，那是一种冰冷的不平等关系，丈夫那边充其量是施恩般的爱，而妻子这边充其量是胆怯的尊重。"（第 60 页）然而，杜比的观点似乎只局限于贵族环境中的婚姻。

111 Duby, *Love and Marriage*, pp. 56–63; Bennett, *Women in the Medieval English Countryside*, p. 140; Williams and Echols, *Between Pit and Pedestal*, p. 85.

112 Hilton, *English Peasantry*, p. 105; Bennett, "Medieval Peasant Marriage," pp. 212–214; Goldberg, *Women, Work, and Life Cycle*, pp. 248–250; Williams and Echols, *Between Pit and Pedestal*, pp. 71–72. 雅克·富尼耶（Jacques Fournier）调查了蒙塔尤（Montaillou）的村民，从他的审讯记录簿中，我们得知了农民社会的情况，这里面既有包办婚姻，也有为爱成婚。参见 Emmanuel Le Roy Ladurie, *Montaillou: The Promised Land of Error*, trans. Barbara Bray (New York: Vintage Books, 1979), pp. 179–191。

113 Chojnacki, "Power of Love," pp. 134–138.

114 Chojnacki, "Power of Love," p. 132. 另见 Martha Howell, "The Properties of Marriage in Late Medieval Europe: Commercial Wealth and the Creation of Modern Marriage," in *Love, Marriage and Family Ties in the Later Middle Ages*, eds. Isabel Davis, Miriam Müller, and Sarah Rees Jones (Turnhout, Belgium: Brepols, 2003), pp. 17–61。豪威尔认为，现代友伴式婚姻的产生与中世纪晚期"商业财富的激增"

密切相关，在这种情况下，财富变得更加"易于移动"，或者说是灵活，可以在夫妻之间分享和传承。

115 Ruth Mazo Karras, *Sexuality in Medieval Europe: Doing unto Others*, 2nd edn. (London and New York: Routledge, 2012) p. 78; Christopher N.L. Brooke, *The Medieval Idea of Marriage* (Oxford: Oxford University Press, 1989), p. 161.

116 1398 年至 1458 年，在拉姆齐修道院庄园缴纳的所有婚姻捐中，嫁给村外丈夫的许可占到 26%。参见 Bennett, "Medieval Peasant Marriage," pp. 197, 200。

117 Mate, *Women in Medieval English Society*, p. 60; Goldberg, *Women, Work, and Life Cycle*, pp. 243–251; Goldberg, "Female Labour, Service and Marriage," pp. 23–27; Karras, "Regulation of Sexuality," pp. 1029–1039.

118 De Moor and Van Zanden, "Girl Power," pp. 5–6; Ruth Mazo Karras, "The Christianization of Medieval Marriage," in *Christianity and Culture in the Middle Ages: Essays to Honor John van Engen*, eds. David C. Mengel and Lisa Wolverton (Notre Dame, IN.: Notre Dame University Press, 2015), p. 12; J. Murray, "Individualism and Consensual Marriage: Some Evidence from Medieval England," in *Women, Marriage, and Family in Medieval Christendom: Essays in Memory of Michael M. Sheehan*, eds. C.M. Rousseau and J.T. Rosenthal (Kalamzaoo, MI.: Medieval Institute Publications, Western Michigan University, 1998), pp. 140–144; Dillard, *Daughters of the Reconquest*, pp. 37–41.

119 Bennett, *Women in the Medieval English Countryside*, p. 102; Hanawalt, "Peasant Women's Contribution," pp. 14–15; Barbara A. Hanawalt, "The Widow's Mite: Provisions for Medieval London Widows," in *Upon My Husband's Death: Widows in the Literature and Histories of Medieval Europe*, ed. Louise Mirrer (Ann Arbor, MI.: University of Michigan Press, 1992), p. 26; Chojnacki, "Power of Love," pp. 132–133. 哈纳瓦尔特发现，14 世纪和 15 世纪期间，在伦敦的审议法院（Husting Court）办理遗嘱认证的丈夫中，有 86% 指定妻子为遗嘱执行人。

120 Chojnacki, "Power of Love," pp. 127–128.

121 出自 Ballad 26，可见于 *Oevres Poétiques de Christine de Pisan* (Paris: Firmin Didot, 1891), p. 237。

122 Hanawalt, *Wealth of Wives*, p. 82.

123 Ennen, *Medieval Woman*, pp. 27–28, 32; Helen M. Jewell, *Women in Dark Age and Early Medieval Europe, c. 500–1200* (New York: Palgrave Macmillan, 2007), pp. 37–39; Helen M. Jewell, *Women in Late Medieval and Reformation Europe, 1200–1550* (New York: Palgrave Macmillan, 2007), pp. 31–32; McNamara and Wemple, "Power of Women Through the Family," pp. 86–87, 96.

124 Ennen, *Medieval Woman*, pp. 25–26; Jewell, *Women in Dark Age and Early Medieval Europe*, p. 38; Jewell, *Women in Late Medieval and Reformation Europe*, pp. 33–34; Kathryn Reyerson and Thomas Kuehn, "Women and Law in France and Italy," in *Women in Medieval Western European Culture*, ed. Linda E. Mitchell (New York: Garland Publishing, 1999), pp. 132, 138.

125 Bennett, *Women in Medieval English Countryside*, pp. 110–114; Lacey, "Women and Work," p. 26; Julius Kirshner, "Materials for a Gilded Cage: Non-Dotal Assets in Florence, 1300–1500," in *The Family in Italy from Antiquity to the Present*, eds. David I. Kertzer and Richard P. Saller (New Haven, CT.: Yale University Press, 1991), pp. 184–185; Dillard, *Daughters of the Reconquest*, p. 77. 在一些地方，例如葡萄牙西北部，妻子即使在婚后也可以保留对自己私人财产的控制权，而在法兰西南部，由于共同所有权法律，妻子"有权动用婚后获得的动产和不动产"。参见 Reyerson and Kuehn, "Women and Law in France and Italy," p. 133; Kirshner, "Materials for a Gilded Cage," p. 206。

126 Jewell, *Women in Late Medieval and Reformation Europe*, p. 33; Susan Mosher Stuard, "Brideprice, Dowry, and Other Marital Assigns," in *Oxford Handbook of Women and Gender*, pp. 151–156; Herlihy and Klapisch-Zuber, *Tuscans and their Families*, pp. 223–226; Donald E. Queller and Thomas F. Madden, "Father of the Bride: Fathers, Daughters, and Dowries in Late Medieval and Early Renaissance Venice," *Renaissance Quarterly* 46 (1993): 688–699, 706–707; Dillard, *Daughters of the Reconquest*, p. 53. 天价嫁妆的主要原因是适合结婚的新郎不足，以及父亲以外的人给新娘的遗赠，这些遗赠主要是由女性亲属出于"感情而非算计"的动机所为，这在很大程度上使法律对嫁妆的限制成了一纸空文。

127 这表示人们的态度背离了早期教父的立场，后者往往将婚姻视为无法忍受童贞的人唯一的依靠。用圣保罗的话说："与其欲火攻心，倒不如嫁娶为妙。"参见 Brooke, *Medieval Idea of Marriage*, p. 49; Conor McCarthy, *Marriage in Medieval England: Law, Literature and Practice* (Woodbridge, UK: Boydell Press, 2004), pp. 107–108; Jo Ann McNamara, "Chaste Marriage and Clerical Celibacy," in *Sexual Practices and the Medieval Church*, eds. Vern L. Bullough and James Brundage (Buffalo, NY.: Prometheus Books, 1982), pp. 23–24; Karras, "Christianization of Medieval Marriage," pp. 8–9。

128 Karras, "Christianization of Medieval Marriage," pp. 7, 11–13; Ennen, *Medieval Woman*, pp. 37–43, 105; Jewell, *Women in Dark Age and Early Medieval Europe*, pp. 34–36; Jewell, *Women in Late Medieval and Reformation Europe*, p. 29; Michael M. Sheehan, "The Formation and Stability of Marriage in Fourteenth-Century

England: Evidence of an Ely Register," *Mediaeval Studies* 33 (1971): 229–230; Christopher N.L. Brooke, "Marriage and Society in the Central Middle Ages," and Martin Ingram, "Spousals Litigation in the English Ecclesiastical Courts, c. 1350–c. 1640," in *Marriage and Society: Studies in the Social History of Marriage*, ed. R.B. Outhwaite (New York: St. Martin's Press, 1981), pp. 23–34, 37–39; Jack Goody, *The Development of the Family and Marriage in Europe* (Cambridge: Cambridge University Press, 1983), pp. 146–153; Linda E. Mitchell, "Women and Medieval Canon Law," in *Women in Medieval Western European Culture*, pp. 146–147; Sara McDougall, "Women and Gender in Canon Law," in *Oxford Handbook of Women and Gender*, p. 167; De Moor and Van Zanden, "Girl Power," p. 6. 杰里米·戈德伯格持反对意见，他认为，女性"在婚姻中更加个人主义"，原因与其说是教会对同意原则的裁定，更多是由于从事家政服务的惯例，这使她们"小小年纪就在情感甚至经济上高度独立于父母和家庭"。参见 Goldberg, *Women, Work, and Life Cycle*, pp. 327, 344。

129 R.H. Helmholz, *Marriage Litigation in Medieval England* (Cambridge: Cambridge University Press, 1974), p. 25; Sheehan, "Formation and Stability of Marriage," pp. 230, 234–256; McCarthy, *Marriage in Medieval England*, pp. 28–29; Goldberg, *Women, Work, and Life Cycle*, p. 235; P.J.P. Goldberg, "Women," in *Fifteenth-Century Attitudes: Perceptions of Society in Late Medieval England*, ed. Rosemary Horrox (Cambridge: Cambridge University Press, 1994), p. 126; Ingram, "Spousals Litigation," pp. 36, 39–42; L.R. Poos, *A Rural Society after the Black Death: Essex, 1350–1525* (Cambridge: Cambridge University Press, 1991), pp. 133–134; McDougall, "Women and Gender in Canon Law," p. 167; Donahue, "Female Plaintiffs," pp. 190, 199. 例如，多纳休发现，14世纪的约克教会法庭的婚姻案件中，有95%都是关于企图使"当前的（*de presenti*）非正式婚姻"生效的，15世纪这类案件的比例略微降低。

130 Karras, "Christianization of Medieval Marriage," p. 14; Goldberg, *Women, Work, and Life Cycle*, pp. 235–236, 253–254, 260–262, 339–340; Ingram, "Spousals Litigation," pp. 42–44; Richard M. Smith, "Marriage Processes in the English Past: Some Continuities," in *The World We Have Gained: Histories of Population and Social Structure*, eds. L. Bonfield, K. Wrightson, and R.M. Smith (Oxford: Blackwell, 1986), pp. 47–52, 69–78; Richard M. Smith, "Some Reflections on the Evidence for the Origins of the 'European Marriage Pattern' in England," in *The Sociology of the Family: New Directions for Britain*, ed. C. Harris (Keele, Staffordshire: University of Keele Press, 1979), pp. 88–90. 戈德伯格认为，15世纪后半叶约克的婚约纠纷数量

有所下降，并将其归因于单身女性丧失了"经济独立"，从而失去了"对有争议的婚约提出疑问"的能力，尽管女性对出于"经济需要"而订立婚约表现得更加急迫了。但英格拉姆（Ingram）发现，在 14 世纪和 15 世纪，伊利（Ely）和坎特伯雷审理的婚约纠纷案件仍然"多如牛毛"，到 17 世纪才减少到"零零星星"。英格拉姆认为，这反映出婚姻诉讼真正减少了，也反映了其背后的因果动机。

131 Charles Donahue, Jr., *Law, Marriage, and Society in the Later Middle Ages: Arguments about Marriage in Five Courts* (Cambridge: Cambridge University Press, 2007); Donahue, "Female Plaintiffs," p. 195; Ingram, "Spousals Litigation," pp. 42–44; McDougall, "Women and Gender in Canon Law," p. 168; Karras, "Regulation of Sexuality," pp. 1010–1039; Dillard, *Daughters of the Reconquest*, p. 41. 例如，多纳休发现，14 世纪在约克教会法庭审理的婚姻案件中，73% 的原告是女性。多纳休和卡拉斯还发现，在教会法庭如何使婚姻生效和惩罚导致婚姻的私通这些事情上，英格兰和欧洲大陆（即法国和比利时）存在着地区差异。英格兰采取的是一种"解决纠纷"的方式，对婚姻持一种更加严格的"过程"导向观点，基于以现在时发的誓言；而法国和比利时采取的是一种"执法"模式，但承认单纯的私通和正式的婚姻之间存在着一个中间阶段，即长期性关系，或者叫"姘居"，基于以将来结婚为目的的订婚。前者可能显示出一种更加"个人主义"的婚姻态度，而后者则更加"社群主义"，婚姻通常是代表年轻夫妇包办的。

132 例如，在约克教会法庭，试图执行婚约的原告在 14 世纪有 80% 的胜诉率，在 15 世纪也有 78% 的胜诉率。多纳休据此宣称，约克法庭一贯"纵容有利于婚姻的广义推定"。尽管原告的性别比例在 14 世纪和 15 世纪期间发生了变化，14 世纪女性原告的比例（73%）高于 15 世纪（61%），但这一点依旧成立。因此，尽管可以说在 14 世纪，法庭"倾向原告的判决模式"可能有助于"纠正两性权利的不平衡"，有利于女性，但总的来说，就法庭对原则的应用而言，这种模式似乎并没有性别之分。还有一些证据表明，在早期现代时期，教会法庭更不愿意承认有争议的婚约。例如，在伊利的教会法庭，婚约执行的成功率从 14 世纪晚期的 50% 以上，下降到了 16 世纪 80 年代的 20%。然而，英格拉姆认为，这证明了"教会要确保它在婚姻问题上的权威得到承认，以及鼓励人们接受在教堂举行教会仪式，以此作为进入婚姻状态的常规方式，在这两方面，教会都取得了长期的成功"。参见 Donahue, "Female Plaintiffs," pp. 190–206; Ingram, "Spousals Litigation," pp. 52–53。

133 McDougall, "Women and Gender in Canon Law," p. 167; Sheehan, "Formation and Stability of Marriage," pp. 257–258. 15 世纪，在约克教会法庭起诉要求使婚姻生效的女性人数较少，这或许有助于解释为何此时女性原告的胜诉率与男性基本持平，而相比之下，14 世纪女性原告的胜诉率更低。参见 Donahue, "Female Plaintiffs," pp. 201–203。

134 McDougall, "Women and Gender in Canon Law," pp. 164–165, 170–175; Karras, "Christianization of Medieval Marriage," pp. 10–11.
135 Jouon des Longrais, "Statut de la femme en Angleterre," *La Femme, vol. 2* (Recueils de la société Jean Bodin, 1962), p. 140; Margaret Wade Labarge, *A Small Sound of the Trumpet: Women in Medieval Life* (Boston, MA.: Beacon Press, 1986), p. 34; Lacey, "Women and Work," p. 26.
136 Mate, *Women in Medieval English Society*, p. 20.
137 Kirshner, "Materials for a Gilded Cage," pp. 206–207; Stuard, "Brideprice, Dowry, and Other Marital Assigns," p. 155; Reyerson and Kuehn, "Women and Law in France and Italy," p. 137; McNamara and Wemple, "Power of Women Through the Family," p. 96; Dillard, *Daughters of the Reconquest*, pp. 70–73. 西班牙的卡斯蒂利亚可能是例外，那里的夫妻在结婚时会"合并财产"，这被描述为夫妻之间一种平等的伙伴关系。然而，科什那（Kirshner）认为，至少在意大利，即使是新娘婚后继承的、不属于嫁妆的财产，也是由丈夫控制的，因此这代表着"父权制的胜利"。
138 霍伊纳茨基（Chojnacki）认为，通过这种方式，女性唤起了男性更具关怀、更加敏感的性别认同，并使他们更加积极地回应个人和配偶关系，而不是基于家族血统的亲子关系。参见 Chojnacki, "Power of Love," pp. 130, 139–140。
139 女性要展示这种新获得的社会地位和影响力，其中一个途径是时尚，也就是穿着"锦衣华服"。参见 Chojnacki, "Power of Love," pp. 130–132。
140 例如，霍伊纳茨基承认，他是在尝试"踏入史料和文献中鲜有涉及的心理学领域"，而他所提出的也只是一个"假设"，还需"进一步研究"。参见 Chojnacki, "Power of Love," pp. 132, 140。
141 Stuard, "Brideprice, Dowry, and Other Marital Assigns," pp. 154–155; Mark Angelos, "Urban Women, Investment, and the Commercial Revolution of the Middle Ages," in *Women in Medieval Western European Culture*, pp. 263–266. 但热那亚并不是唯一的女性投资贸易的城市。在蒙彼利埃，少数来自各行各业的女性（共18人）以合伙承包的形式投资，这是贸易商行的一种投资信贷形式，主要投资陆上而不是海上贸易。在科隆，女性也参与商业和进出口贸易，只不过是以商人丈夫所领导的家族企业成员身份参与。参见 Reyerson, "Women in Business," pp. 129–132; Howell, "Women, Family Economy, and Structures of Market Production," p. 214。
142 David Herlihy, "Land, Family, and Women in Continental Europe, 701–1200," in *Women in Medieval Society*, ed. Susan Mosher Stuard (Philadelphia, PA.: University of Pennsylvania Press, 1976), pp. 16–32.
143 Stuard, "Brideprice, Dowry, and Other Marital Assigns," pp. 156–158.
144 Stuard, "Brideprice, Dowry, and other Marital Assigns," pp. 149–150, 155–158;

Martha C. Howell, *The Marriage Exchange: Property, Social Place, and Gender in Cities of the Low Countries, 1300–1550* (Chicago, IL.: University of Chicago Press, 1998), pp. 212–217. 不过，到了公元 1500 年，罗马法开始渗透到佛兰德斯的婚姻财产法中，结果就是女性对嫁妆的控制权可能受到了损害。

145 不过，直到 15 世纪，我们才有了来自教会法庭的证据，证明基督教世界普遍接受了亚历山大关于同意原则的裁定。参见 Goldberg, *Women, Work, and Life Cycle*, p. 237; De Moor and Van Zanden, "Girl Power," pp. 5–6。

146 David Herlihy, *Medieval Households* (Cambridge, MA.: Harvard University Press, 1985), p. 81; De Moor and Van Zanden, "Girl Power," p. 6. 英格拉姆的结论要严谨得多：他认为，如果婚姻是父母包办的，那么他们就有义务尊重子女的意愿，而如果是年轻人自己主动寻找潜在配偶并发起追求的，"这在婚约诉讼通常反映出来的社会阶层中似乎并不罕见"，那么父母实际上对婚姻拥有否决权。参见 Ingram, "Spousals Litigation," p. 49。

147 Ingram, "Spousals Litigation," p. 51; Dillard, *Daughters of the Reconquest*, p. 41. 例如，即使在 1215 年的第四次拉特兰公会议做出裁定之后，莱昂和卡斯蒂利亚的法典仍要求女儿在结婚前征得父母的同意。

148 Mate, *Women in Medieval English Society*, pp. 87–88, 94–95; Sheehan, "Formation and Stability of Marriage," p. 230; Ingram, "Spousals Litigation," p. 40; De Moor and Van Zanden, "Girl Power," p. 6; Donahue, "Female Plaintiffs," p. 191.

149 Mate, *Daughters, Wives and Widows*, pp. 80–81; Mate, *Women in Medieval English Society*, p. 91; Janet S. Loengard, "Common Law for Margery: Separate But Not Equal," and Reyerson and Kuehn, "Women and Law in France and Italy," in *Women in Medieval Western European Culture*, pp. 119–121, 132.

150 Simon J. Payling, "Social Mobility, Demographic Change, and Landed Society in Late Medieval England," *Economic History Review*, 45 (1992): 54–62.

151 Shona Kelly Wray, "Women, Testaments, and Notarial Culture in Bologna's Contado (1348)," in *Across the Religious Divide: Women, Property, and Law in the Wider Mediterranean (ca. 1300–1800)*, eds. Jutta Gisela Sperling and Shona Kelly Wray (New York: Routledge, 2010), pp. 90–91.

152 Phillips, *Medieval Maidens*, pp. 125–128; Mate, *Women in Medieval English Society*, p. 90; Müller, "Peasant Women, Agency and Status," pp. 108–112. 穆勒认为，女性农民对土地市场的参与在很大程度上因庄园而异，取决于领主的性质及其对此类活动的态度。

153 Mate, *Daughters, Wives and Widows*, p. 81; Mate, *Women in Medieval English Society*, p. 91; Amy Louise Erickson, *Women and Property in Early Modern England*

(London: Routledge, 1993), p. 224. 中世纪农业社会中的农民可能是例外，土地在那里是很正常的嫁妆，可以让新婚夫妇建立起自己的家庭。参见 Bennett, "Medieval Peasant Marriage," pp. 209–211。

154 Bennett, *Women in the Medieval English Countryside*, pp. 104–114. 对有夫之妇身份之法律含义的讨论，参见 Müller, "Peasant Women, Agency and Status," and Matthew Frank Stevens, "London's Married Women, Debt Litigation and Coverture in the Court of Common Pleas," in *Married Women and the Law*, pp. 92–94, 120–121。

155 Mate, *Daughters, Wives and Widows*, pp. 81–82。

156 通常认为意大利的托斯卡纳（就在"豪伊瑙尔线"的边沿）是西北婚姻模式的例外，这是基于佛罗伦萨的1427—1430年地籍册，其中指出，女性结婚年龄较早（十几岁），新娘与配偶之间的年龄差距很大（平均8岁），她既受制于公婆的父权，又受制于丈夫的父权，因为小夫妻往往要搬进丈夫的原生家庭，而不是组建自己的家庭。不过，地籍册中报告的女性结婚年龄可能并不完全可靠，而到了15世纪后半叶，女性的初婚年龄可能已经提高到了20出头，尽管配偶之间的年龄差距可能也拉大了。参见 Klapisch-Zuber, *Women, Family, and Ritual*, pp. 18–20, 29, 170; Molho, "Deception and Marriage Strategy ," p. 204; Chojnacki, "The Power of Love," p. 133。

157 Rowene Archer, "Rich Old Ladies: The Problem of Late Medieval Dowagers," in *Property and Politics: Essays in Later Medieval English History*, ed. A.J. Pollard (Gloucester, UK: Stroud, 1984), p. 19.

158 Hanawalt, *Ties that Bound*, pp. 220, 223; Hanawalt, *Wealth of Wives*, p. 174; Hanawalt, "Widow's Mite," p. 35; Bennett, "Public Power and Authority," p. 23; Peter Franklin, "Peasant Widows' 'Liberation' and Remarriage before the Black Death," *Economic History Review* 39 (1986): 196.

159 Judith M. Bennett, "Widows in the Medieval English Countryside," in *Upon My Husband's Death*, pp. 69–89, 96–103.

160 Barbara A. Hanawalt, "Remarriage as an Option for Urban and Rural Widows in Late Medieval England," in *Wife and Widow in Medieval England*, pp. 142–143. 应该指出的是，斯波尔丁隐修院的庄园等地的私通税证据表明，寡妇很少有婚外性行为。参见 Jones, "Medieval Leyrwite," p. 949。

161 Joel T. Rosenthal, "Fifteenth Century Widows and Widowhood: Bereavement, Reintegration, and Life Choices," in *Wife and Widow in Medieval England*, p. 36; Bennett, "Widows in the Medieval English Countryside," p. 103.

162 出自 Christine de Pizan, *The Book of the Path of Long Study*, in *The Selected Writings of Christine de Pizan: New Translations, Criticism*, trans. and ed. Renate Blumenfeld-Kosinski and Kevin Brownlee (New York: W.W. Norton and Co., 1997), p. 62。

163 Bardsley, "Missing Women," pp. 274–275, 294–305.
164 Hanawalt, "Widow's Mite," pp. 22–23; Hanawalt, "Remarriage as an Option," pp. 146–147. 关于中世纪晚期欧洲西北婚姻模式的讨论，见第八章。
165 Joel T. Rosenthal, *Patriarchy and Families of Privilege in Fifteenth Century England* (Philadelphia, PA.: University of Pennsylvania Press, 1991), pp. 182–183; Mate, *Daughters, Wives and Widows*, p. 94.
166 Mate, *Daughters, Wives and Widows*, p. 94.
167 Mate, *Women in Medieval English Society*, p. 81.
168 这里引用的典型案例是托玛西·伯纳文图尔（Thomasine Bonaventure），她在1450年出生于康沃尔的一个贫困家庭，结过三次婚，1507年时已是富甲一方的寡妇，以至于国王亨利七世以莫须有的罪名罚了她1 000英镑。参见 Hanawalt, "Remarriage as an Option," p. 157。
169 Eric Acheson, *A Gentry Community: Leicestershire in the Fifteenth Century, c. 1422–c. 1485* (Cambridge: Cambridge University Press, 1992), p. 153; Archer, "Rich Old Ladies," p. 26; Hanawalt, "Widow's Mite," p. 25.
170 Mate, *Daughters, Wives and Widows*, pp. 94–96, 99–100; Mate, *Women in Medieval English Society*, pp. 81–82; Lacey, "Women and Work," p. 37; Dillard, *Daughters of the Reconquest*, pp. 103–114.
171 Sue Sheridan Walker, "Litigation as Personal Quest: Suing for Dower in the Royal Courts, circa 1272–1350," in *Wife and Widow in Medieval England*, p. 81. 关于《大宪章》对女性遗孀产权利的影响，参见 Janet Senderowitz Loengard, "*Rationabilis Dos*: Magna Carta and the Widow's 'Fair Share' in the Earlier Thirteenth Century," in *Wife and Widow in Medieval England*, pp. 59–80。
172 Dillard, *Daughters of the Reconquest*, pp. 110–111.
173 Walker, "Litigation as Personal Quest," pp. 86–98; Hanawalt, "Widow's Mite," pp. 26–35. 拒绝给予寡妇遗孀产的其他理由包括：丈夫并没有真正死亡（即在战争中失踪）；寡妇与丈夫没有合法的婚姻关系；丈夫是重罪犯；寡妇曾与人通奸。对寡妇的遗孀产提出疑问的一方，往往是她自己的成年子女或亡夫的亲属，这一切必然会增加诉讼的"情感强度"。
174 Hanawalt, "Widow's Mite," pp. 26–35; Walker, "Litigation as Personal Quest," p. 86; Mate, *Daughters, Wives and Widows*, pp. 94–95. 哈纳尔瓦特发现，1301年至1433年，伦敦地方法院审理遗孀产纠纷案件的平均时长约为一年，耗时最长的案件花了五年多才得到解决，但到了15世纪初，纠纷案件的审理时间就没有那么长了。同一时期，在某种程度上得到解决的186起官司中，伦敦的寡妇打赢了其中的53%，通常是被告自愿交还或缺席，完全打赢的官司只有10%。同样的道理，寡妇败诉的原因通常是缺席,也就是没有出庭,以及撤回诉状,完全打输的官司只有 13%。
175 Lacey, "Women and Work," pp. 45–48, 57; Goldberg, "Female Labour, Service and Marriage," pp 32–33.
176 Müller, "Peasant Women, Agency and Status," pp. 110–111. 另一方面,黑死病之前的几十年则被视为"寡妇获得'解放'的大好时机",当时的寡妇,尤其是拥有砾石土地的寡妇,更有可能选择保持单身和独立,而不是再婚,因为劳动力既便宜又容易获取。参见 Franklin, "Peasant Widows' 'Liberation' and Remarriage," pp. 193, 202。
177 Mate, *Daughters, Wives and Widows*, pp. 118–121; Mate, *Women in Medieval English Society*, pp. 85–86; McRee and Dent, "Working Women in the Medieval City," p. 252; Hanawalt, *Wealth of Wives*, pp. 141–142; Goldberg, "Female Labour, Service and Marriage," p. 34.
178 Mate, *Daughters, Wives and Widows*, pp. 97–98; Mate, *Women in Medieval English Society*, p. 80; Chojnacki, "Power of Love," pp. 136–137; Bennett, "Widows in the Medieval English Countryside," pp. 100–102; Lacey, "Women and Work," pp. 30–34. 正如本内特所展示的,即使在同一个国家的不同城镇之间 [这里指的是北安普敦郡的布里格斯托克和白金汉郡的艾弗(Iver)之间],寡妇的继承和保有权习俗也会有所不同,不过她认为所有寡妇"最主要的责任和机会"是相同的。
179 Bennett, "Widows in the Medieval English Countryside," pp. 92–94.
180 Mate, *Women in Medieval English Society*, pp. 79–85; Hanawalt, "Widow's Mite," pp. 25–26; Hanawalt, "Remarriage as an Option," p. 145; Dillard, *Daughters of the Reconquest*, pp. 101–102. 哈纳尔瓦特基于伦敦地方法院认证过的 1 743 份遗嘱证据断定,"总的来说,丈夫为妻子的寡居生活提供赡养时都很大方",会把财产留给她们,不带任何附加条件,有些男人甚至试图超出法律,把"真正的"财产(即寡妇可以完全拥有的财产,而不仅仅是终身享有其利益)留给妻子,但法院总是反对这样的条款。
181 据马特估计,15 世纪的苏塞克斯,有 2/3 的"年轻或中年寡妇"再婚,这与欧洲其他地方(即早期现代的法国)得到的数据相符。参见 Mate, *Daughters, Wives and Widows*, pp. 126–127。
182 Mate, *Daughters, Wives and Widows*, pp. 130–131; Rosenthal, "Fifteenth Century Widows and Widowhood," pp. 36–41; Hanawalt, "Widow's Mite," p. 37; Hanawalt, "Remarriage as an Option," pp. 152–154.
183 Hanawalt, "Remarriage as an Option," pp. 141, 160.
184 Hanawalt, "Widow's Mite," pp. 37, 39.
185 Bennett, "Widows in the Medieval English Countryside," p. 74. 按照本内特的说法,

这些比率在很大程度上取决于自由市场上的土地是不是现成的，而不是依靠寡妇继承得来的，而穆勒也指出，一些领主，例如格拉斯顿伯里修道院院长，会对寡妇施压，催她们再婚，以确保有人服劳役。从16世纪堂区记事簿中得到的数字表明，大体上有25%—30%的乡村寡妇再婚。参见 Müller, "Peasant Women, Agency and Status," p. 110; Hanawalt, "Remarriage as an Option," pp. 147–148。

186 Reyerson, "Women in Business," p. 137.
187 Dillard, *Daughters of the Reconquest*, p. 98.
188 Reyerson and Kuehn, "Women and Law in France and Italy," pp. 138–139; Herlihy and Klapisch-Zuber, *Tuscans and their Families*, p. 217.1427年的佛罗伦萨地籍册显示，独身寡妇的比例很高，占女性人口的1/4。但在佛罗伦萨的农村地区，这一比例要低得多，只有1/10。
189 Hanawalt, "Widow's Mite," p. 38; Hanawalt, *Ties that Bound*, p. 220; Hanawalt, "Remarriage as an Option," p. 159; Mate, *Daughters, Wives and Widows*, p. 129; Rosenthal, "Fifteenth Century Widows and Widowhood," p. 42; Müller, "Peasant Women, Agency and Status," pp. 110–111.
190 Goldberg, *Women, Work, and Life Cycle*, pp. 271–272. 斯波尔丁隐修院的庄园的婚姻捐证据确实表明，寡妇再婚在黑死病之前的几十年里似乎很普遍（即在1300—1349年的所有婚姻中占了将近19%），之后却急剧下降（即在1400—1449年的所有婚姻中只占1.2%），这或许表明，即使有得选，寡妇也宁愿不再婚。参见 Jones, "Medieval Leyrwite," pp. 949–950。
191 Mate, *Daughters, Wives and Widows*, pp. 129, 131–133; Hanawalt, "Remarriage as an Option," pp. 148–149; Jack Ravensdale, "Population Change and the Transfer of Customary Land on a Cambridgeshire Manor in the Fourteenth Century," in *Land, Kinship and Life-Cycle*, ed. Richard M. Smith (Cambridge: Cambridge University Press, 1984), pp. 209, 218–219. 然而，这并不是说资金充足的寡妇就不再是有吸引力的婚姻伴侣了。例如，在黑死病之后的一个半世纪里，伦敦有50%—65%的富裕寡妇再婚，而在达勒姆，有土地的寡妇再婚变得非常普遍，以至于主教向这些"主教的寡妇"发放了专门的结婚许可。参见 Hanawalt, "Remarriage as an Option," pp. 150–151; Hanwalt, "Widow's Mite," pp. 36–37; P.L. Larson, *Conflict and Compromise in the Late Medieval Countryside: Lords and Peasants in Durham, 1349–1400* (New York: Routledge, 2006), pp. 94–97。
192 克里斯蒂娜的 *Book of Fortune's Transformation* 和 *Vision* 道出了这一切，翻译见于 *The Selected Writings of Christine de Pizan*, pp. 106–107, 188–189。

第七章
为形式的单一性而自剜双目的人：知识与环境史
The man who tore his eyes out over unity of form:
Intellectual and environmental history

> 然后，他去了博洛尼亚，在那里，他回归了从前的异端邪说；但他陷入了极度的疯狂和痛苦，以至于自剜双目，在绝望中结束了自己的生命。[1]

理查德·纳普韦尔（Richard Knapwell）就这样死去了，他是一位多明我会修道士和神学家，曾在牛津大学任教，1288年成为哲学的殉道者。为纳普韦尔撰写上述讣告的邓斯特布尔（Dunstaple）编年史作者显然不怎么赞成他的事业，可就连这位编年史作者也承认，纳普韦尔为他的信仰受了不少苦。编年史作者在这里使用的拉丁语单词"*angustia*"是"痛苦"（anguish）的词根，在现代存在主义哲学中，它表达的是在一个没有绝对真理的世界中对未知的恐惧。就纳普韦尔而言，他的痛苦源于他对实体形式单一性学说的辩护，这种思想是说，在每一个生物身上,只有一个"形式"——也可以说是灵魂——给身体以生命和存在。[2]这种看法最终要归结到古代哲学家亚里士多德(前384—前322),却在13世纪为伟大的神学家圣托马斯·阿奎那(1225—1274)所倡导,并被其赋予了新的表述,而同为多明我会修道士的纳普韦尔非常仰慕他,并维护他。[3] 阿奎那并没有将这种形式的单一性与柏拉图的普遍的"世界灵魂"(anima mundi)联系起来;而是说,每个人、动物或植物个体都有自己的实体形式,即使是单个的。任何其他形式都只不过是"偶性的"(accidental),对应着个体的某一种属性,但并不是其本质或存在所必要的。与此相反的观点则认为,每一个个体都有多个实体形式,或者说是灵魂,例如人类身上就有知性的、动物的和植物的灵魂,分别对应着人的理性、感觉,以及成长与营养。这种观点被中世纪的新柏拉图主义者所倡导,其中包括13世纪一些杰出的方济各会修道士。从托马斯主义的观点来看,这是无稽之谈,因为照这样看,如果一个人失去了五感中的任何一种,比如失了明,那么他就失去了他的一个实体形式,不再是同一个人了。在阿奎那看来,每个人的单一实体形式对应着他的理性灵魂,而理性灵魂也控制着他所有的动物和植物功能。[4]

阿奎那和纳普韦尔之所以惹上麻烦,是因为他们试图论证人的实体形式即使在身体死亡后也继续存在,这就意味着人死后的身体不再是生前的同一个身体,因为一个人的存在本就在于实体形式,而实体形式现已与身体分离。[5] "多形式论者"完全否定这种观点,不仅是基于哲学上的理由,还基于神学上的理由。因为如果基督只有一个实体形式,那就意味着他在坟墓中躺了三天的尸体与他活着时的身体是不一样的,所以不应该受到基督徒的敬奉。[6] 同样,这也使圣餐礼或者说是神父对面包的祝圣受到了质疑,因为经过祝圣的面包被认为是变成了基督真正的身体；如果身体是基督死后的，那么圣餐面包就没有意义了，因为它没有基督的实体形式，所以根本就不是基督。正因如此，1286年坎特伯雷大主教约翰·佩查姆（John Pecham，先前是方济各会修道士）将纳普韦尔逐出教会，并将他的观点宣布为异端邪说。[7]纳普韦尔上诉至罗马教廷，无人过问，直到1288年，教皇尼古拉四世（Nicholas IV, 1288—1292年在位）对他处以"永久缄默"（perpetual silence）。纳普韦尔的不幸在很大程度上并不仅仅是由于哲学上的分歧，也与托钵修会之间的政治斗争有关，因为他是多明我会修道士，审判他的佩查姆和尼古拉是方济各会修道士。[8]

显然，这不仅仅是哲学理念那么简单。中世纪思想家们争论的那些神秘问题让人何其激情澎湃，现代评论者是很难理解的；但很明显，即便是邓斯特布尔编年史作者那样的同时代人，也很难理解纳普韦尔为何要为这样一个"专业问题"自剜双目，只将其归咎于他的"疯狂和痛苦"。[9]然而，人们怀疑纳普韦尔抗议的并不仅仅是对形式单一性的论战攻击。也许他是为自己被放逐出牛津浓厚、活跃的知识环境而烦恼。抑或是他从自己的困境中感觉到，经院哲学即将在方济各会怀疑论者手中走向衰落。

当然，托马斯·阿奎那因用理性解释信仰问题、用逻辑论证证明极其晦涩难懂的基督教教义的才能而享有盛誉。在一些哲学史家看来，"托马斯主义综合体系"（Thomistic synthesis）代表着中世纪思想成就的巅峰。[10]但在阿奎那于1274年去世后的几年内，他的观点就因为过度依赖亚里士多德而遭到了攻击。亚里士多德假定宇宙是永恒的（即并非被创造的），人的灵魂与肉体是不可分离的（即个体的灵魂并非永生不灭）。这两种观点自然都被认为与天主教信仰的基本教义相矛盾。[11]这些问题绝不是什么新鲜东西,早在一两百年前,伊斯兰哲学的各个流派就曾争论过,尤其是加扎利(al-Ghazali,1058—1111)和阿威罗伊(Averroes),也就是伊本·鲁世德(Ibn Rushd,1126—1198)。然而,13世纪末对托马斯主义的攻击,却为14世纪之初牛津大学的新一代哲学家,即约翰·邓斯·司各脱(John Duns Scotus,约1266—1308)和奥卡姆的威廉(William of Ockham,1285—1347)打开了大门。这些思想家开始强调理性与信仰的分离,以及上帝的不可知性,因为上帝不受人类智慧或意志的约束(这种学说被称为"唯意志论")。尤其是对奥卡姆来说,上帝的存在和基督教教义中其他"更高的真理",只能通过信仰来了解,因为人的理性难免犯错,无法胜任这一任务;相反,理性应该指向它能够实际证明的东西,即自然世界中的各种现象。[12] 与阿奎那的崇拜者们截然不同的是,现代的"奥卡姆主义"学者们认为,这个批评或怀疑的阶段开启了"中世纪哲学最活跃的时期之一",在这一时期,大学里新的科学经验主义精神取代了经院哲学学派过度流于理论的思辨。[13] 阿奎那的另外一些批评者从奥卡姆的怀疑论中得到了启示,以一种全新的方式审视托马斯主义哲学,声称阿奎那试图将某些形而上学的问题合理化,比如他试图解释实体形式与物质之间的关系,或者试图证明上帝的存在,这就陷入了"混乱与晦涩",或者是"诡辩与错觉",注定要失败。[14]

奥卡姆对托马斯主义的挑战,也可以被视为关于共相的争论,也就是由来已久的"实在论"(realism)与"唯名论"(nominalism)之争。[15] 用最简单的话说,实在论者相信普遍真理,或者叫"共相"(universals)——包含所有个体例子的大类或"群组"——不仅可以被心智所了解,而且在我们的思考过程之外还具有一种"心智以外"的实在性。唯名论者否认共相存在于任何物质实在中，不过他们仍然认为共相是有用的心智范畴，可以用来对感官直接观察和体验到的个别实在进行归纳。哲学中的这种二元论可以一路追溯到柏拉图（约前428—约前348）和亚里士多德，尽管其形式更加难以捉摸，并不能简单地说柏拉图是最初的实在论者，而亚里士多德是最初的唯名论者。例如，亚里士多德确实相信共相的实在性，他称之为"本质"（essences），但他认为共相的存在只能在物质世界中个别的、具体的实例中表现出来（也就是说，某一事物的"本质"是该类别中所有的真实样本都具有的）。他否认超验的、非物质的观念具有任何实在性，相比之下，世间万物都只是模糊的映像，柏拉图称之为"形式"（forms）。在这层意义上，亚里士多德被称为"温和的实在论者"，而不是唯名论者，因为他确实承认共相是真实的，只是与柏拉图用的不是同一种方式，或者是没到同样的程度。[16]

当我们谈到司各脱和奥卡姆所阐述的共相"问题"时，争论可能变得非常复杂：确实，共相问题被描述为"困扰着几乎所有中世纪哲学家和神学家的问题"，也是"中世纪哲学的关键性争论之一"。[17] 即使是现代哲学学者对这一问题发表意见时，争论也会变得非常技术流，以至于出现"含糊和混淆"的情况，尤其是涉及这两种立场的标签或定义时，以及涉及要把司各脱和奥卡姆置于何处时。[18] 实在论者和唯名论者本身又都分为不同的次级阵营。例如，实在论者要么是"极端实在论者"，又称"柏拉图实在论者"——认为共相是"抽象的实体"，存在于心智或个体例子之外；要么是"温和实在论者"，有时也被称为"内在实在论者"——认为共相只存在于个体之中，"作为个体的一个成分或部分"（即亚里士多德的立场）。同样，唯名论者要么是"温和唯名论者"，认为共相只是作为心智范畴存在，人类需要它们，这样才能"给心智以外的世界带来秩序"；要么是"极端唯名论者"，完全不支持共相，无论是想象的还是真实的。然后还有"殊相论"①，它被认为是唯名论的一种形式，其中每个"殊相"都是单一特性的独特变种（比如"森林绿"就是绿的一个殊相）。[19]

在实在论与唯名论的光谱上，司各脱和奥卡姆位居何处？争论大多围绕这一问题展开。有人说司各脱是温和实在论者，有人说奥卡姆是温和唯名论者，还有人说司各脱和奥卡姆都是殊相论者。[20] 但也可以提出这样一种观点：从司各脱和奥卡姆的著作中不可能确定他们究竟是什么人，至少是很难确定。例如，司各脱称，每个个体都有两个形而上学的组成部分：他与同类所有成员所共有的"共性"（common nature）；以及其他个体所不具备的独特性质，司各脱称之为"haecceity"[源自拉丁语，意为"此性"（thisness）]。关于"共性"，司各脱指的是某种"普遍"的东西，在这里被定义为一种抽象的精神概念，然后被应用于个体"实例"（即"内在实在论"）？还是指一个种类的每个成员所"独有"的某种东西，就比如殊相（即殊相论）？抑或两者都不是？关于"此性"，似乎唯一可以明确的是，司各脱认为它是一种独特的、不可重复的、"每一个有形个体的必要组成部分"，但他从未给"此性"下过一个确切的定义，这里的定义指的是它要如何使个体"成为个体"。我们也并不清楚"共性"和"此性"是如何结合成个体的。[21]

比起司各脱，把奥卡姆归入唯名论阵营倒是比较稳妥，因为他批评

---

① "殊相论"（trope theory），也有"特质论""喻示论"等译法，强调个体或事物的独特性质或特征，而非具有普遍性的概念。

了他所理解的司各脱的"内在实在论"。奥卡姆既反对"内在共相",即同时存在于多个个体中的事物,也反对"共性"(被认为应该是一个种类下面的每个成员所"独有"的),因为"共有"和"独有"是相互矛盾的概念。但我们并不清楚奥卡姆对司各脱的解读是否正确,所以也不清楚他的批评是否有理有据。[22] 此外,说到奥卡姆自己的共相理论,我们也不清楚他到底是什么意思。奥卡姆说,每个现存的实体都是"个别"或"独特"的,因此,在我们心智之外的物质世界中,没有什么可以说是"普遍的"。但他这是什么意思呢?他的意思是说,每个现存的实体都像是一个殊相,一个"非普遍的殊相",却可以一直重复,成为彼此之间几乎一模一样的副本(即殊相论)?还是说他的意思是每个实体都是独一无二、不可重复的(即类似于司各脱的"此性"),这就意味着共相只是语言学或概念上的"符号",在物质世界中完全不具备实在性,只存在于我们的心智中 [即"述词唯名论"(predicate nominalism)或"概念唯名论"(conceptual nominalism)]?[23] 可以看出,司各脱和奥卡姆的观点可能有很大程度的重叠,或者也可能存在真正的差异。即使司各脱是实在论者,奥卡姆是唯名论者,我们也还是不清楚他们分别属于哪种实在论者或唯名论者。对于适用于现代哲学思考的共相之争,司各脱或奥卡姆是否做出了任何有意义的或者容易理解的贡献,我们也并不清楚。[24] 只有对他们的著作进行更多的研究和有条理的阐释,才能回答这些问题。[25]

关于环境史的争论

在知识分子中,实在论/唯名论的分歧甚至一直延续到了现代,对此还有另一个例子，来自相对较新的环境史领域。环境史被认为诞生于 20 世纪 70 年代的某个时候，是一个发展迅速的领域，有人会说，它已臻于成熟。[26] 显然，环境史领域这头"成长迅速的猛兽"正在经历成长的阵痛，它不再欢迎所有来者进入曾经的"大帐篷"，而是开始讨论什么人应该从事环境史研究，以及什么构成了"真正的"环境史。实在论/唯名论的分歧就在于此。

美国环境史学家约翰·麦克尼尔（John McNeill）提出了环境史的 3 个主要"变种"，其中只有两个真正适用于该领域的前现代方面。一个是"物质上的"环境史研究方法，试图记录"生物和物理环境的变化，以及这些变化如何影响人类社会"；另一个是文化/思想上的研究方法，"强调文学艺术中自然的表现和形象，它们是如何变化的，又揭示了产生它们的人与社会的哪些方面"。[27]（第三个是政治环境史的研究方法，主要涉及只与现代历史相关的公共政策讨论。[28]）我们可以将物质的研究方法视为环境史的"唯名论"一派，因为它主要关心的是积累起来的有关古代动植物群的科学数据，希望通过这些数据去描绘过去的环境。（一些人称之为"生态史"或"历史生态学"，以表示其与科学"更紧密的结合"，这些叫法更合适。[29]）文化/思想上的研究方法则是"实在论"一派，因为它在同时代人对自然和环境的普遍看法中寻求一种广泛的共识或概观。[30]

最近，环境史学家，包括研究前现代环境史的，似乎在试图证明物质上的（即唯名论的）研究方法是唯一能够产生真正的，或者说是"严肃"的环境史著作的方法。[31] 由于这需要生物学或化学等科学领域的专门知识，而许多历史学家缺乏这方面的训练，事实上也根本无法做到驾轻就熟，这就意味着先前的看法发生了戏剧性的转变。先前的看法是：

该领域对于想要进入的人"几乎没有设置任何形式上的障碍"或"限制",其边界"漏洞百出"、"毫无防备",向"被邀请参加"的不同背景的历史学家"敞开大门"。[32] 现在,环境史中的"旅居者"会被排除在外,他们从其他专业的视角理解这一领域,但这可能有助于以一种跨学科的研究方法振兴环境史,这种研究方法往往被认为是这一领域决定性(且有益)的标志之一。[33] 思想/文化上的研究方法也受到了怀疑,因为有太多的声音称犹太教—基督教传统对西方的环境产生了绝无仅有的破坏性影响。这类说法受到了广泛的批评,理由有二:一是其他宗教—文化传统也可以显露出对环境同样的"掠夺"或榨取;二是从一个"抽象概念"(即上帝在《创世记》1:28中对人类发出的"生养众多"和"管理"地上的命令)推测出明显的行动和对环境造成的后果,终究是无法证实的。[34]

前现代环境史中的实在论/唯名论分歧似乎还有另一种表达方式,在于叙述这段历史的方法。一种方法是追溯环境作为"历史演员"或"主角"对历史舞台的影响,我们可以称之为实在论的方法,而在大多数关于中世纪的历史叙述中,环境的作用向来是被忽视的。这种方法基本上就是试图用环境主题来统一整个中世纪历史。[35] 然而,这种方法也是极难实施的,因为环境必须与一系列其他因素互相作用才能产生历史,仅仅这一个原因就足够了。[36] 这就意味着,我们要么必须讲述一部中世纪通史,而环境只是故事中的众多角色之一,要么就必须试图将环境作为历史变革的一个原动力加以孤立和分离,但这又可能把历史给简化了。[37] 事实上,历史学家但凡试图完全从一个角度书写历史,例如经济史、政治史等,都会面临同样的挑战。然而,历史学家也确实一向忽视环境在历史中的重要作用,反而更愿将其降格为主要情节的"背景板",这或许是因为历史学家天然怀疑任何"外源性"因素,例如气候、地震、疾病的兽类或昆虫病媒等,这些因素似乎会削弱人类在故事中的作用,把我们变成无情的自然力量的单纯"受害者"。[38]

传统上,环境影响分为"外源性"(即人类经验或影响之外的)因素和"内源性"(即人类社会所固有的)因素两种。但如今,历史学家们认为,任何偏向其中一种的尝试,都是在这两种力量之间建立一种"假两难"(false dichotomy),因为它们相互关联的程度是如此之深。[39]事实上,人类已经证明,即使在前现代,他们也有能力改变环境和其他情况,进而影响疾病等外源性因素的历史,而不仅仅是任由微生物病原体摆布的"玩物"。[40]但是,将环境提升到中世纪历史的重要位置,在这一领域仍然是一个相对"新颖的观点"。[41]

用实在论的研究方法去讲述中世纪环境史,会遇到各种困难,以1315年的法兰西—佛兰德斯战争为例,当时正值欧洲北部因无情的暴雨而出现了大饥荒。由于这一年的"恶劣天气",法兰西国王路易十世(1314—1316年在位)的军队在与佛兰德斯人作战途中陷入了道路泥潭,运送补给的拉车马不得不在"齐膝深的泥泞"中跋涉,战役的军事后勤工作难以完成。这似乎是个一目了然的环境决定历史进程的故事,但事实果真如此吗?多雨的天气确实让路易通过交战迅速解决冲突的愿望落了空,但这似乎并没有改变法兰西君主最终控制佛兰德斯的决心(最终在1320年通过外交手段实现)。在这种情况下,法兰西人对环境的看法肯定是负面的,而佛兰德斯人则完全不同,他们将雨水视为上帝对他们的解救。那一年,佛兰德斯的饥荒不仅受天气影响,也受到了路易对该地区实施贸易禁运政策的影响。[42]

对历史采取单一归因为环境的解释,是有危险的,这方面的另一个例子是这样一种理论，认为大气事件，比如流星撞击（导致释放气体的地震）或海洋释气，可能引发了 14 世纪中叶的黑死病。这是一个引人入胜的理论，哪怕只是因为它能为那个时代关于地平线上出现微红和黄色的"蒸汽"、"毒风"、天降火雨、树木被灰尘覆盖、大量死鱼被冲上岸等看似荒诞的传言提供科学依据。事实上，中世纪大气层中升高的二氧化碳水平可以通过"代理"数据来测量，例如对树木年轮的分析（树轮年代学）、对泥炭沼泽样本的放射性碳测试，以及对冰芯中气泡气体含量的测量。[43] 但即使可以精准确定这些数据的年代，也只能解释黑死病期间的局部事件，而不是所有历史记录告诉我们的普遍现象。[44] 此外，释气理论现已被另一个科学研究领域古微生物学证明是过时的。古微生物学已经能够从乱葬岗的受害者遗骸中分离出鼠疫病原体鼠疫耶尔森菌的 DNA 片段，甚至重建完整的基因组（第八章）。与释气相比，鼠疫无疑为人类在黑死病的历史中发挥作用提供了更多机会，例如通过谷物（老鼠及其身上跳蚤最喜欢的食物）贸易网络，通过城镇的卫生和隔离检疫措施，以及通过针对疾病的医疗预防措施。[45]

　　叙述中世纪环境史的"唯名论"方式，就是仅仅去研究中世纪环境的方方面面——例如土壤、水、树木、动物等——并逐一解释人类与其中每一个方面的互动，以及对它们的态度。这种研究方法或许不尽如人意，因为它没有强调环境对于整个历史的重要性。这种方法还可能忽略不同的气候或地理区域之间的地域差异，将欧洲中世纪的生态环境描述得过于同质化，一眼望到头。[46] 但即使在叙事上是实在论者，也必然要在一定程度上依赖这种方法。[47]

　　然后是理论。一些环境史学家似乎坚持认为，要做好环境史，就必须精通现代的环境理论，并且完全投入进去。正如约翰·麦克尼尔所指出的，历史学家通常"理论薄弱"。[48] 就环境史而言，一大难点在于任何理论都要面对自然力量绝对的混乱和复杂性质。[49] 尽管如此，还是有一些将某种理论应用于前现代环境史的有趣尝试。[50]

有一个关于现代环境的假设也适用于过去，那就是人类始终在自然界发挥着作用，曾经亦如此。事实上，对于大多数环境史学家来说，环境史的定义就是"人类与自然界其余部分之间的相互关系"。[51] 威廉·克罗农（William Cronon）在这一主题上的一个变体很有名，他认为我们对"荒野"（wilderness）的概念——一个没有被人类干预所触及的原生态之地——是错误的，是一个从来都不符合事实的虚构概念，是一种"心境，[而]不是自然的事实"。[52] 虽然克罗农主要思考的是美国那些被称为"荒野"的地区，但我们会想到，他的论点对欧洲的前现代环境来说更加确切，因为数个世纪以来，那里的人类有大把的机会与大自然互动。[53] 人类与自然的羁绊是每一位现代环境史学家都必须承认的历史事实，这一点我当然同意，但这样的研究方法也许并不总能帮助我们理解中世纪人自己如何看待他们与自然的关系。这种关系具有一种道德说教/宗教因素，它在现代世俗观念中往往是缺失的。

诚然，中世纪盛期标志着中世纪对待自然的态度进入了一个"合作"阶段。此时，人与自然环境的关系更多的是协调，而非对抗，这或许是欧洲人在这一时期成功扩充了人口和农业生产的结果。[54] 但这一切都随着14世纪中叶黑死病的到来而改变了，黑死病被认为是人类历史上最大的自然灾害。[55] 于是，加布里埃莱·德·穆西（Gabriele de Mussis）等中世纪作者可以想象，上帝命令"人间"（Earth）通过瘟疫手段"灭绝"人类，作为对人类恶贯满盈的惩罚。"人间"的寓意是所有造物（即行星、恒星、元素等）。[56] 这并不仅仅是人类与自然之间的

"对立"或"敌对"关系,可有些人将这一套刻板印象用在了中世纪早期对环境的态度上。[57] 这是将人类从自然中彻底抹除了。事实上,黑死病的第一次暴发造成的死亡率简直令人难以置信,总体上,欧洲平均有50%—60% 的居民因此丧生(第八章),这意味着将人类从环境中抹除几乎已经达成了(至少看起来是这样!)。

将人类视为自然中必然且不变的一部分,这无疑是现代的观点,而这种观点还有另一种变体,就是努力将城市史融入环境史,实际上是将它提升到这一领域重中之重的地位。城市环境史的支持者们认为,对于那些"孤立地看待荒野"的观点,以及将人类视为"有害物理变化之成因"、最好从自然中剔除的"衰败论"(declensionist)叙事,城市环境史是一种必要且有益的纠偏。[58] 城市环境史学家还认为,相比于当今时代,前现代时期的城市居民与自然的关系事实上更为密切,自然"作为城市化的一个塑造者",也更为重要。[59]

然而,实际情况是,即使到了中世纪晚期,欧洲仍有平均约 80%的人口居住在乡村而非城市,不过这当然也因地区而异,还要看城市环境构成要素的定义。[60] 因此,在对中世纪环境史进行概述时,人们可以说,把关注点放在城市环境史上毫无意义,因为这真的只适用于人口中的一小部分。尽管如此,城市中世纪史却源远流长,可以追溯到 20 世纪初比利时中世纪史学家亨利·皮朗的著作。人们也可以说,至少到 14世纪时,城市环境已经变得广泛散布,足以与乡村腹地构成一个贸易联系网络或网络系统,以至于其影响力和冲击力远远超出了物理意义上的城墙。[61] 城市与乡村之间这些相互的联系,有许多仍然模糊不清,但 14世纪中叶的黑死病能够如此顺利地渗透到哪怕是人烟稀少的地方,这一事实本身就强烈暗示了这些联系的存在。然而,与此同时,黑死病无疑也大大减少了哪怕是欧洲最大的那些城市的"生态足迹",仅仅是通过让它们的居民锐减(通常死亡过半)。[62] 中世纪晚期城市衰落的结果似乎是,到 16 世纪初,城镇数量与公元 1300 年(即瘟疫之前)相比略有减少,而居住在城镇的人口比例(约 20%)则保持不变。[63] 此外,从中世纪晚期向早期现代过渡期间,发生在欧洲社会的"重大转型",似乎并没有城市的参与。[64]

唐纳德·沃斯特(Donald Worster)等一些环境史学家并不认为城市空间是自然,或者确切来说是环境(即"人类以外的世界")的真正组成部分,因为它们完全是人造的,还包括"社会环境",其中的人类互动"只在彼此之间,自然则是缺席的"。[65] 对此,城市环境学家给出了回应。他们指出,城市利用的自然资源远远超出其边界,从而构成了一个"城市系统","比传统观念中狭义政治边界内的城市要大得多,也复杂得多"。同时,"城市是自然环境的主要修饰者",而自然环境又远远超出了城市的物理界限。[66] 虽然中世纪城市的情况也是如此,但其规模远远小于城市环境史学家通常会举出来的现代例子。[67] 我们也必须承认,城市与乡村之间的偏见和对立由来已久,恰恰可以追溯到中世纪:例如,意大利人(他们的城市化程度远高于其他欧洲人)有一句谚语:"城市的任务是把人养好,乡村的任务是把牲畜养好。"[68]〔索尔·斯坦伯格(Saul Steinberg)创作的 1976 年 3 月 29 日《纽约客》(*New Yorker*)的封面漫画《从第九大道看到的世界》("View of the World from Ninth Avenue"),就是这一观点的绝佳例证。〕由于许多学者必然居住在大学和学院(至少是大型的大学和学院)所在的城市,这种城里人的偏见就可能渗入他们的写作之中,甚至连他们自己都没有意识到。

最后是关于如何处理中世纪环境史料的理论。理查德·霍夫曼

（Richard Hoffmann）采用的理论是"交互模型"，该模型由维也纳社会生态学研究所（Institute of Social Ecology）的两位成员玛丽娜·菲舍尔-科瓦尔斯基（Marina Fischer-Kowalski）和黑尔加·魏斯（Helga Weisz）提出。[69] 该模型假定，几乎所有的环境史料，无论是书面的还是人造的（即考古学或物质上的），都是自然（"自然的因果关系范畴"）与人类文化（"文化的因果关系的范畴"）交互的产物。[70] 相比之下，将这两个领域完全分开，则被认为是"传统"，或者说是过时的研究方法。[71] 互动模型的优势在于，它可以被无穷无尽地阐述，以描绘人类与自然之间各式各样的互动，这毕竟是环境史的一大主题，而霍夫曼为了描绘工业化前的"农业生态系统"，将其开发得格外复杂。[72] 但并非所有的中世纪环境史料都与该模型如此契合；实际上，该模型可能将历史学家引入歧途。

环境史学家对被称为黑死病的疾病事件的研究，就是一个值得警惕的例子。[73] 根据交互模型，如果黑死病确实是这样一种疾病，只有一个地方的老鼠全部死光（即动物流行病），它们身上的跳蚤留了下来，以最近的宿主为食，才会把疾病（以腺鼠疫形式）传给人类，那么中世纪作家应该提到有大量老鼠死于这场瘟疫才对。[74] 但中世纪作者通常不会提到老鼠，除非是将其作为预示瘟疫即将来临的环境"征兆"，据说这时它们为了逃离困在土里的腐败空气，会从洞里钻出来。[75] 然而，文化/人造的领域没有老鼠，并不意味着自然界没有老鼠。中世纪的评论者不太可能观察到生病或濒死的老鼠，因为这些老鼠倾向于藏匿在地下深处的地洞或现有的建筑物中，以免被同类吃掉（第八章）。[76]

同样的道理，存在于文化领域的事物也并不总是与自然现实有交集。回到黑死病，我们不能一直相信中世纪医生对瘟疫症状的"详细描述"。虽然他们发表这样的意见可能是"训练有素"，但往往只是把古代的诊断再搬出来，而不是做出自己的诊断。医生对淋巴肿块的描述就是一个很好的例子，这是腺鼠疫的典型症状。在他们的描述中，肿块所呈现出来的颜色简直堪比彩虹，包括红色、黄色或绿色。这种表述出自被认为由希波克拉底（前460—前370）所著的《预后学》(*Prognostics*)，但没有证据表明它曾通过经验观察得到证实。[77] 然而，一些现代学者却援引这份中世纪的证词，对将黑死病认定为鼠疫提出疑问，理由是两者在各自的症状学方面并不匹配（第八章）。[78] 在这种情况下，所谓的自然或经验现象（黑死病症状五颜六色的外在表现），只不过是中世纪作家的文化假设的产物，并没有显而易见的现实依据。[79] 历史学家当然会寻找理论图表中指定集合或区域重叠或交叉处的"最佳击球点"，但在许多情况下，我们必须跳出文氏图①来思考。

注释

1 *Annales Monastici*, ed. Henry Richards Luard, 5 vols. (London: Longmans et al., 1864–1869), 3: 341.
2 David A. Callus, "The Origin of the Problem of the Unity of Form," *The Thomist* 24 (1961): 257–285; Anthony Kenny, *Aquinas* (Oxford: Oxford University Press, 1980), p. 44.
3 纳普韦尔为《对腐化者之纠正》(*Correctoria Corruptorii*) 撰文，是对威廉·德·拉·梅尔（William de la Mare）起初发表《纠正》(*Correctorium*) 的回应，后者列举了托马斯·阿奎那作品中117处所谓的谬误。纳普韦尔的撰文题为 *Correctorium* "*Quare*"，可以在 *Les Premières Polémiques Thomistes* (Le Saulchoir, France: Revue des Sciences Philosophiques et Théologiques, 1927) 的第一卷中找到。
4 Kenny, *Aquinas*, pp. 44–47.
5 这似乎是1277年罗伯特·基尔沃比（Robert Kilwardby）大主教在牛津大学谴责的30个论题之一，此时恰逢艾蒂安·唐皮耶（Etienne Tempier）主教在巴黎大学发表

---

① 文氏图（Venn diagram），利用图形的交合来表示多个集合之间的关系的逻辑图解。

了那次更有名的谴责。参见 Kenny, *Aquinas*, p. 47。
6   Kenny, *Aquinas*, p. 47.
7   *Annales Monastici*, 3: 323–325.
8   参见弗朗西斯·E. 凯利（Francis E. Kelley）为其版本的 Richard Knapwell, *Quaestio Disputata de Unitate Formae* (Binghamton, NY.: State University of New York at Binghamton, 1982) 所写的导论。
9   *Annales Monastici*, 3: 323, 341.
10 C.J.F. Martin, *An Introduction to Medieval Philosophy* (Edinburgh: Edinburgh University Press, 1996), pp. 121–126; John Marenbon, *Medieval Philosophy: An Historical and Philosophical Introduction* (London: Routledge, 2007), pp. 245–246; Russell L. Friedman, "Latin Philosophy, 1200–1350," in *The Oxford Handbook of Medieval Philosophy*, ed. John Marenbon (Oxford: Oxford University Press, 2012), pp. 208–209. 关于是否应该将阿奎那归类为哲学家而不是神学家，也存在争论。参见 Brian Davies, "Thomas Aquinas," in *Routledge History of Philosophy. Volume 3: Medieval Philosophy*, ed. John Marenbon (London: Routledge, 2003), pp. 242–243, 262。
11 Wim Blockmans and Peter Hoppenbrouwers, *Introduction to Medieval Europe, 300–1550*, trans. Isola van den Hoven (London and New York: Routledge, 2007), pp. 259–260.
12 Jacques Le Goff, *Intellectuals in the Middle Ages*, trans. Teresa Lavender Fagan (Oxford: Blackwell, 1993), pp. 130–132; Blockmans and Hoppenbrouwers, *Introduction to Medieval Europe*, p. 260.
13 特别参见约翰·马伦本（John Marenbon）对 C.J.F. Martin, *Introduction to Medieval Philosophy* in *Speculum* 73 (1998): 869 的评论。
14 Kenny, *Aquinas*, pp. 32–60.
15 Claude Panaccio, "Universals," in *Oxford Handbook of Medieval Philosophy*, pp. 393–396.
16 Blockmans and Hoppenbrouwers, *Introduction to Medieval Europe*, pp. 260–261.
17 Blockmans and Hoppenbrouwers, *Introduction to Medieval Europe*, p. 260; J.T. Paasch, "Scotus and Ockham on Universals and Individuation," in *Debates in Medieval Philosophy: Essential Readings and Contemporary Responses*, ed. Jeffrey Hause (New York: Routledge, 2014), p. 371.
18 Paasch, "Scotus and Ockham," pp. 374, 392.
19 Paasch, "Scotus and Ockham," pp. 372–373; Blockmans and Hoppenbrouwers, *Introduction to Medieval Europe*, p. 261.

20 Paasch, "Scotus and Ockham," p. 374; Panaccio, "Universals," pp. 393, 395, 397; Blockmans and Hoppenbrouwers, *Introduction to Medieval Europe*, p. 261.
21 Paasch, "Scotus and Ockham," pp. 374–383; Marenbon, *Medieval Philosophy*, p. 284; Anthony Kenny, *Medieval Philosophy* (Oxford and New York: Clarendon Press and Oxford University Press, 2005), p. 87.
22 Paasch, "Scotus and Ockham," pp. 383–390; Panaccio, "Universals," pp. 396–397.
23 Paasch, "Scotus and Ockham," pp. 390–392; Marenbon, *Medieval Philosophy*, pp. 297–300; Kenny, *Medieval Philosophy*, pp. 90–91; Panaccio, "Universals," pp. 397–399.
24 一些中世纪哲学史学者认为，中世纪的共相之争有其深刻的时代背景，只不过是"与当前的哲学趣味没有直接关系"的古董。然而，克劳德·帕纳乔（Claude Panaccio）持一种"适度延续"的观点，他认为至少有一些中世纪的争论"与当今的讨论直接相关"，为此他特别提到了奥卡姆对唯名论的陈述。参见 Panaccio, "Universals," pp. 385–386, 396–399。
25 Paasch, "Scotus and Ockham," p. 392.
26 J. Donald Hughes, *What is Environmental History?* (Cambridge: Polity Press, 2006), p. 124; J.R. McNeill, "Observations on the Nature and Culture of Environmental History," *History and Theory* 42 (2003): 11, 15; Richard W. Unger, "Introduction: Hoffmann in the Historiography of Environmental History," in *Ecologies and Economies in Medieval and Early Modern Europe: Studies in Environmental History for Richard C. Hoffmann* (Leiden, Netherlands: Brill, 2010), p. 1; Donald Worster, "Appendix: Doing Environmental History," in *The Ends of the Earth: Perspectives on Modern Environmental History*, ed. Donald Worster (Cambridge: Cambridge University Press, 1998), p. 290.
27 McNeill, "Observations," p. 6. 当然，这些主题还有其他的归纳方法。例如，唐纳德·于戈斯（Donald Hughes）认为环境史的三个主题包含：（1）"环境因素对人类历史的影响"；（2）"人类行为导致的环境变化"；（3）"人类有关环境的思想史"。可以认为于戈斯的第一和第二个主题对应着麦克尼尔的第一个主题，而于戈斯的第三个主题对应着麦克尼尔的第二个主题。参见 Hughes, *Environmental History*, p. 3。
28 McNeill, "Observations," p. 8.
29 Worster, "Doing Environmental History," p. 294; Hughes, *Environmental History*, pp. 13–14.
30 Hughes, *Environmental History*, pp. 11–12. 于戈斯将文化上的环境史研究方法称为"思想史的一个子域"。
31 Unger, "Introduction," p. 14. 昂格尔（Unger）称，有些历史学家"往往因为缺乏科

学知识而对环境主题的著作迟迟不敢下笔",最终却还是下笔了,他们本应遵循自己最初的直觉,因为他们"创作出来的作品质量低于应有的水平"。在我看来,这种意见是很失礼的。

32　McNeill, "Observations," pp. 9, 11; Unger, "Introduction," pp. 13–14.

33　Hughes, *Environmental History*, pp. 124–125; McNeill, "Observations," pp. 7, 11, n. 10; Unger, "Introduction," p. 5. 一些评论家宣称,不堪卒读的作品对该领域"弊大于利"。这种排斥似乎是他们极力主张的。我认为这样的判断远远超出了合理批评的需要。

34　Richard C. Hoffmann, *An Environmental History of Medieval Europe* (Cambridge: Cambridge University Press, 2014), pp. 87–91; John Aberth, *An Environmental History of the Middle Ages: The Crucible of Nature* (London: Routledge, 2013), p. 30; McNeill, "Observations," pp. 7–8. 有关西方对环境的榨取态度背后是犹太教—基督教传统的观点,主要由以下文章提出,Lynn White, Jr., "The Historical Roots of our Ecologic Crisis," *Science* 155 (1967): 1203–1207,这也引得大量文献纷纷响应。Hoffmann, *Environmental History of Medieval Europe*, pp. 110–112 一书呼吁历史学家解释或弥合中世纪对自然的哲学思想与对环境的实际体验之间的差距。

35　Hoffmann, *Environmental History of Medieval Europe*, pp. 2–3; Bruce M.S. Campbell, "Nature as Historical Protagonist: Environment and Society in Pre-Industrial England," *Economic History Review* 63 (2010): 310. 霍夫曼在他的中世纪环境史教科书中,将自己的著作总结为"把自然看得很重要的中世纪史"。

36　对于如何做这种跨学科历史研究的绝佳例子,参见 Bruce M.S. Campbell, *The Great Transition: Climate, Disease and Society in the Late-Medieval World* (Cambridge: Cambridge University Press, 2016); Kyle Harper, *The Fate of Rome: Climate, Disease, and the End of an Empire* (Princeton, NJ.: Princeton University Press, 2017)。

37　Hans Zinsser, *Rats, Lice and History* (Boston, MA.: Little, Brown, and Co., 1935) 一书就是用后一种方法写成了一部奇异的"传记",介绍斑疹伤寒及其在人类历史上的作用。在这种叙述中,人类面对各种力量——这里指的是立克次体(*Rickettsia*)细菌及其病媒体虱——只能被动应对,而前现代社会对这些力量知之甚少,控制就更无从谈起了。对疾病——这里指的是黄热病和疟疾——在历史上的决定性作用较为严肃的论证,参见 J.R. McNeill, *Mosquito Empires: Ecology and War in the Greater Caribbean, 1620–1914* (Cambridge: Cambridge University Press, 2010)。另可参见 Andrew Cunningham, "Disease: Crisis or Transformation?" in *New Approaches to the History of Late Medieval and Early Modern Europe: Selected Proceedings of Two International Conferences at The Royal Danish Academy of Sciences and Letters in Copenhagen in 1997 and 1999*, eds. Troels Dahlerup and Per Ingesman (*Historisk-*

filosofiske Meddelelser, 104, 2009), pp. 408–409。

38　Worster, "Doing Environmental History," p. 297; McNeill, "Observations," pp. 9, 36; Hughes, *Environmental History*, pp. 5, 15; Hoffmann, *Environmental History of Medieval Europe*, p. 3.

39　Campbell, *Great Transition*, pp. 22, 396; Campbell, "Nature as Historical Protagonist," p. 309.

40　Cunningham, "Disease," pp. 409–413; John Aberth, *Plagues in World History* (Lanham, MD.: Rowman and Littlefield, 2011), pp. 13–14.

41　Hoffmann, *Environmental History of Medieval Europe*, p. 3.

42　William Chester Jordan, *The Great Famine: Northern Europe in the Early Fourteenth Century* (Princeton, NJ: Princeton University Press, 1996), p. 20.

43　M.G.L. Baillie, *New Light on the Black Death: The Cosmic Connection* (Stroud, UK: Tempus, 2006); M.G.L. Baillie, "Putting Abrupt Environmental Change Back into Human History," in *Environments and Historical Change: The Linacre Lectures, 1998*, ed. Paul Slack (Oxford: Oxford University Press, 1999), pp. 60–72; Aberth, *Environmental History of the Middle Ages*, p. 4.

44　事实上,梅根贝格的康拉德等当时的作家已经承认了这种反对意见的存在。对于地震释放的蒸汽能否解释瘟疫期间所有时间、地点及所有人死亡的"怀疑",梅根贝格在他关于以地震作为黑死病之科学解释的论述中是承认存在这种"怀疑",并且试图对其进行反驳。参见 Karl Sudhoff, "Pestschriften aus den ersten 150 Jahren nach der Epidemie des 'schwarzen Todes von 1348,'" *Archiv für Geschichte der Medizin* 11 (1919): 47–51。

45　参见即将由哈佛大学出版社出版的 John Aberth, *The Black Death: A New History of the Great Mortality*。

46　参见理查德·凯泽(Richard Keyser)对 Aberth, *Environmental History of the Middle Ages* 一书的评论,载于 2013 年的在线期刊 *The Medieval Review*。

47　Hoffmann, *Environmental History of Medieval Europe*,尤其是第五章和第六章。值得称赞的是,霍夫曼试图通过分别论述欧洲北部和地中海地区各自的"农业生态系统"来避免上述唯名论方法的一些缺陷。

48　McNeill, "Observations," p. 36.

49　McNeill, "Observations," p. 38; Marina Fischer-Kowalski and Helga Weisz, "Society as Hybrid between Material and Symbolic Realms: Toward a Theoretical Framework of Society-Nature Interaction," in *New Developments in Environmental Sociology*, eds. Michael R. Redclift and Graham Woodgate (Cheltenham, UK: Edward Elgar, 2005), pp. 20–21.

50 McNeill, "Observations," pp. 37–39 中提到，世界体系理论和性别理论这两个理论框架对环境史产生了影响，但我目前还不知道前现代环境史中有这样的例子。

51 McNeill, "Observations," p. 6. 另可参见 Worster, "Doing Environmental History," pp. 290–292, 297–298; Hughes, *Environmental History*, pp. 4–6, 10–11, 14–15。

52 William Cronon, "The Trouble with Wilderness, or, Getting Back to the Wrong Nature," in *Uncommon Ground: Rethinking the Human Place in Nature* (New York: W.W. Norton and Co., 1995), pp. 69–90.

53 在中世纪，"荒野"一词经常被修道士作家使用，指超脱尘俗、人迹罕至的地方，是远离物质纷扰的避难所，并不一定指从未有人类居住过的地方。参见 Aberth, *Environmental History of the Middle Ages*, p. 128; Hoffmann, *Environmental History of Medieval Europe*, p. 104。

54 David Herlihy, "Attitudes Toward the Environment in Medieval Society," in *Historical Ecology: Essays on Environment and Social Change*, ed. Lester J. Bilsky (Port Washington, NY.: Kennikat Press, 1980), pp. 100–116; Hoffmann, *Environmental History of Medieval Europe*, pp. 101–108.

55 Charles R. Bowlus, "Ecological Crises in Fourteenth Century Europe," in *Historical Ecology*, pp. 86–99.

56 Aberth, *Environmental History of the Middle Ages*, pp. 1–2.

57 Herlihy, "Attitudes Toward the Environment," pp. 100–116; Hoffmann, *Environmental History of Medieval Europe*, pp. 94–97. 关于中世纪早期对环境的态度，一种比较微妙的观点参见 Ellen Arnold, *Negotiating the Landscape: Environment and Monastic Identity in the Medieval Ardennes* (Philadelphia, PA: University of Pennsylvania Press, 2013)。

58 Martin V. Melosi, "Humans, Cities, and Nature: How Do Cities Fit in the Material World?" *Journal of Urban History* 36 (2010): 4, 7, 11.

59 Christine Mesiner Rosen and Joel Arthur Tarr, "The Importance of an Urban Perspective in Environmental History," *Journal of Urban History* 20 (1994): 304.

60 如果认为城市人口最少要达到 2 000 人，那么即使在英格兰、德意志和俄罗斯等以农村为主的国家，这些地方的城市化率也会上升到 27%—30%。欧洲工业化程度较高的地区，例如意大利北部和中部，以及低地国家，也达到了这样的城市化水平。公元 1300 年前后，欧洲的城市化率达到 20%，比先前估算的 10% 翻了一番，但这可能已经是农村腹地的农业生产和商品市场所能支撑的上限了。参见 Campbell, *Great Transition*, pp. 121–125; Christopher Dyer, "How Urbanised was Medieval England?" in *Peasants and Townsmen in Medival Europe: Studia in Honorem Adriaan Verhulst*, eds. J.-M. Duvosquel and E. Thoen (Ghent: Snoeck-Ducaju & Zoon, 1995),

pp. 169–183; Christopher Dyer, *An Age of Transition? Economy and Society in England in the Later Middle Ages* (Oxford: Clarendon Press, 2005), pp. 14–25; S.R. Epstein, "Introduction. Town and Country in Europe, 1300–1800," in *Town and Country in Europe, 1300–1800*, ed. S.R. Epstein (Cambridge: Cambridge University Press, 2001), pp. 2–3; Hoffmann, *Environmental History of Medieval Europe*, p. 228; Ole J. Benedictow, *The Black Death, 1346–1353: The Complete History* (Woodbridge, UK: Boydell Press, 2004), pp. 32, 57; Paul Bairoch, Jean Batou, and Pierre Chèvre, *The Population of European Cities from 800 to 1850: Data Bank and Short Summary of Results* (Geneva: Publication du Centre d'histoire économique internationale de l'Université de Géneve, 1988), pp. 255, 271。

61 例如，到14世纪初，伦敦进口了100万蒲式耳的谷物，这些谷物产自遥远的诺福克郡东部和苏塞克斯郡沿海地区，促进了当地的集约化农耕实践；而佛罗伦萨则是从西西里岛和阿普利亚进口了1万吨谷物，由此改变了当地的生态系统，可能也将其"殖民地化"了。参见 *Trade, Urban Hinterlands and Market Integration, c. 1300–1600*, ed. J. Galloway (Centre for Metropolitan History Working Papers Series, 3, 2000); Christopher Dyer, "Market Towns and the Countryside in Late Medieval England," *Canadian Journal of History* 31 (1996): 17–35; Hoffmann, *Environmental History of Medieval Europe*, pp. 227–228, 231–237; John Hatcher and Mark Bailey, *Modelling the Middle Ages: The History and Theory of England's Economic Development* (Oxford: Oxford University Press, 2001), pp. 144–145; Campbell, *Great Transition*, p. 118; Bruce M.S. Campbell, James A. Galloway, Derek J. Keene, and Margaret Murphy, *A Medieval Capital and its Grain Supply: Agrarian Production and its Distribution in the London Region, c. 1300* (Historical Geography Research Series, 30, 1993)。

62 R.H. Britnell, "The Black Death in English Towns," *Urban History* 21 (1994): 195–210; Christopher Dyer, *Making a Living in the Middle Ages: The People of Britain, 850–1520* (New Haven: Yale University Press, 2002), pp. 300–301; J.L. Bolton, *The Medieval English Economy, 1150–1500* (London and Totowa, NJ.: J.M. Dent and Sons and Rowman and Littlefield, 1980), pp. 246–286. 与直觉相反的是，城市的瘟疫比乡村要轻，因为众所周知，瘟疫死亡率与人口密度成反比，然而，我们也必须把人们为躲避瘟疫而从城市迁出或离开的因素考虑进去，薄伽丘的《十日谈》就是绝佳的证据。参见 Ole J. Benedictow, *What Disease was Plague? On the Controversy over the Microbiological Identity of Plague Epidemics of the Past* (Leiden, Netherlands: Brill, 2010), pp. 289–311; Benedictow, *Black Death*, pp. 31–34; Ole J. Benedictow, "Morbidity in Historical Plague Epidemics," *Population Studies* 41 (1987): 401–431。

63 Dyer, *Age of Transition*, p. 21; Dyer, *Making a Living*, pp. 303, 312–313. 戴尔（Dyer）估计，这一时期，不列颠的城镇数量从 800 个下降到了 750 个；这并不是要否认中世纪晚期的城市有了一定程度上的发展，但正如戴尔所强调的，这种发展"往往是局部小规模的"。

64 Christopher R. Friedrichs, "Urban Transformation? Some Constants and Continuities in the Crisis-Challenged City," in *New Approaches to the History of Late Medieval and Early Modern Europe*, pp. 253–254, 256–258, 269–270.

65 Worster, "Doing Environmental History," p. 292.

66 Melosi, "Humans, Cities, and Nature," p. 10.

67 Hoffmann, *Environmental History of Medieval Europe*, pp. 232–237.

68 Blockmans and Hoppenbrouwers, *Introduction to Medieval Europe*, p. 287.

69 Fischer-Kowalski and Weisz, "Society as Hybrid ," pp. 215–251; Hoffmann, *Environmental History of Medieval Europe*, pp. 7–15. 菲舍尔-科瓦尔斯基和魏斯解释说，她们从"现代系统理论"，尤其是从斯蒂芬·博伊登（Stephen Boyden）、莫里斯·古德利尔（Maurice Godelier）和罗尔夫·彼得·谢菲勒（Rolf Peter Sieferle）的模型中开发了交互模型，以弥合自然科学与社会科学之间，或者说是物质与象征之间的"认识论二元论"。她们声称，要通过证实"社会—自然交互的两个关键过程：社会经济新陈代谢和自然过程的殖民化"来做到这一点。

70 Fischer-Kowalski and Weisz, "Society as Hybrid ," pp. 24–25; Hoffmann, *Environmental History of Medieval Europe*, pp. 14–15. 在霍夫曼的文氏图中，唯一被排除在交集区之外的资料是"古科学数据"，例如"从树木年轮、冰芯、有机物的同位素分析、动物骨骼中得出的推论"，以及其他类似的"代理数据"。他将其完全置于图表的"自然"部分。布鲁斯·坎贝尔（Bruce Campbell）绘制了一幅更为复杂的文氏图来阐明"动态社会生态系统"，该图由至少 6 个互有交集的"核心成分"组成，包括"气候""社会""生态系统""生物""微生物"和"人类"。参见 Campbell, *Great Transition*, p. 22, figure 1.2。

71 Hoffmann, *Environmental History of Medieval Europe*, p. 7.

72 Hoffmann, *Environmental History of Medieval Europe*, pp. 9, 157–158.

73 Hoffmann, *Environmental History of Medieval Europe*, pp. 289–298. 在这一部分中，霍夫曼明显偏爱塞缪尔·科恩（Samuel Cohn）等否认鼠疫者（plague deniers）的著作，而且没有迹象表明他参考了反修正主义者的著作，例如 2010 年由布里尔（Brill）出版的 Ole Benedictow, *What Disease was Plague*。霍夫曼写道，科恩"对公认诊断意见的集中攻击……尚未被完全驳倒"，而"未经证实的诊断也没有为更深入的解释提供依据"。可是，由于偏向否定鼠疫论，霍夫曼错过了充分探讨人类、微生物、啮齿类动物宿主和昆虫病媒之间的环境互联的机会，而这正是腺鼠疫的一个定义性特征。参见 Hoffmann, *Environmental History of Medieval Europe*, p. 292; Campbell, *Great Transition*, pp. 230–240; Kenneth L. Gage and Michael Y. Kosoy, "Natural History of Plague: Perspectives from More than a Century of Research," *Annual Review of Entomology* 50 (2005): 505–528。

74 Hoffman, *Environmental History of Medieval Europe*, pp. 294–295; Anne Karin Hufthammer and Lars Walløe, "Rats Cannot Have Been Intermediate Hosts for *Yersinia pestis* during Medieval Plague Epidemics in Northern Europe," *Journal of Archaeological Science* 40 (2013): 1753–1756; G. Karlsson, "Plague Without Rats: The Case of Fifteenth-Century Iceland," *Journal of Medieval History* 22 (1996): 263–265, 276–280; David E. Davis, "The Scarcity of Rats and the Black Death: An Ecological History," *Journal of Interdisciplinary History* 16 (1986): 455–470; Samuel K. Cohn, Jr., *The Black Death Transformed: Disease and Culture in Early Renaissance Europe* (London and Oxford: Arnold and Oxford University Press, 2003), pp. 1, 21–22, 81–82, 134; Graham Twigg, *The Black Death: A Biological Reappraisal* (New York: Schocken Books, 1984), pp. 111–112; J.F.D. Shrewsbury, *A History of Bubonic Plague in the British Isles* (Cambridge: Cambridge University Press, 1970), pp. 7, 23, 53; Susan Scott and Christopher J. Duncan, *Biology of Plagues: Evidence from Historical Populations* (Cambridge: Cambridge University Press, 2001), pp. 56–57. 这种关于中世纪老鼠不存在的诉诸沉默，已经被下列文章有力地驳斥了：Michael McCormick, "Rats, Communications, and Plague: Toward an Ecological History," *Journal of Interdisciplinary History* 34 (2003): 5–6, 14–15; Benedictow, *What Disease was Plague*, pp. 85–97, 140–141; Anton Ervynck, "Sedentism or Urbanism? On the Origin of the Commensal Black Rat (*Rattus rattus*)," in *Bones and the Man: Studies in Honour of Don Brothwell*, eds. Keith Dobney and Terry O'Connor (Oxford: Oxbow Books, 2002), pp. 95–96。

75 Benedictow, *What Disease was Plague*, pp. 81–82; Cohn, *Black Death Transformed*, p. 133. 这种迹象源自阿维森纳（Avicenna）的记述，不太可能真的实地观察到。

76 Benedictow, *What Disease was Plague*, pp. 92–97; L. Fabian Hirst, *The Conquest of Plague: A Study of the Evolution of Epidemiology* (Oxford: Clarendon Press, 1953), pp. 147–148. 即使在第三次鼠疫大流行期间，现代研究人员配备了"老鼠情报人员"，并且掌握了腺鼠疫确切传播方式的流行病学知识，但在挖凿染疫的房屋时，也还是很难找到老鼠。参见 W.B. Bannerman, "The Spread of Plague in India," *Journal of Hygiene* 6 (1906): 183–184; Indian Plague Research Commission, Reports on Plague Investigations in India, XXIII: "Epidemiological Observations in the Villages of Sion, Wadhala, Parel and Worli in Bombay Villages," *Journal of Hygiene* 7 (1907):

825, 836, 839, 845–846, 854, 869; Indian Plague Research Commission, Reports on Plague Investigations in India, XXXVI: "Observations of Plague in Belgaum, 1908–1909," *Journal of Hygiene* 10 (1910): 453–454.

77　Karl Sudhoff, "Pestschriften aus den ersten 150 Jahren nach der Epidemie des 'schwarzen Todes' von 1348," *Archiv für Geschichte der Medizin* 11 (1919): 151.

78　Cohn, *Black Death Transformed*, pp. 61–62.

79　参见 Hoffmann, *Environmental History of Medieval Europe*, pp. 14–15, 291, 297。

第八章

尘归尘，土归土，大家一起死：黑死病

Ashes to ashes, we all fall down: The Black Death

自打记事起，我就对黑死病很是着迷，这场疾病大流行在14世纪中叶的短短几年里消灭了欧洲至少一半的人口，常常被描述为人类历史上最大的自然灾害。[1] 我认为这种着迷在很大程度上是因为我自己也曾与死亡擦肩而过。5岁时，我被诊断出肺部疾病，需要进行大手术——双肺叶切除术，用大白话说，就是切掉胸腔两侧一部分的肺，就我的情况而言，要切掉1/4。我还记得自己被推进手术室的情景：冷冰冰、皱巴巴的绿色床单，恶心的消毒水味，然后我的视野被一个扣在脸上的黑色面罩填满，我听到它发出嘶嘶的喷气声，很快便呼吸困难，感到天旋地转。我醒来时，脑袋在一个氧帐里，向下看去，发现有管子从胸腔里伸出来，正在往外引流。后来我被告知，当天我有25%的概率死亡。虽然手术确实救了我的命，但住院的那段时间也成了我整个童年挥之不去的梦魇。

有了这段创伤性的经历，得知整个社会在黑死病期间遭受了同样甚至更多的痛苦时，我反倒感到些许安慰（这着实有些反常）。在那个时代，死亡无处不在，几乎无人能够幸免。而我与死亡的擦肩而过曾经是一种常态，因此完全不足为怪。

显然，出于各种原因，黑死病让许多人着迷。或许可以说，黑死病是争论最激烈的历史话题之一，而且已经争论了很长时间，只是近年来这种争论变得尤为白热化。事实上，从 17 世纪开始，丹麦语、冰岛语、德语和英语作品中对"黑死病"一词的使用，似乎标志着这一主题已经成为一项学术产业。[2]（中世纪当时的评论家常常将这一事件称为"瘟疫""疫病"或"大死难"。）但黑死病究竟为何让人如此着迷呢？

我认为，这不仅仅是因为死了很多人（根据最恰当的估计，欧洲死了大约 5 000 万人[3]）。也是因为其他许多人**活了下来**这一事实。黑死病是西方文明最接近（但愿如此）世界末日，也就是一切终结的时候。事实上，1348 年的人们也相信这个。亲手埋葬了自己 5 个孩子的锡耶纳编年史作者阿尼奥诺·迪图拉（Agnolo di Tura）曾有言："死了这么多人，以至于每个人都认为这就是世界末日。"[4] 人文主义作家弗朗切斯科·彼特拉克（Francesco Petrarch）曾有言："后人何时才会相信，在这个时代，几乎整个世界——不仅仅是世上某个地方——都失去了居民，而天上或地上都没有烧起大火，也没有发生战争或其他显而易见的灾难。"[5] 然而，这并不是结束。相反，它是开端，是新生之始，是向文艺复兴的过渡。尽管 14 世纪后半叶和整个 15 世纪瘟疫不断，但欧洲还是恢复了元气，并继续锻造充满活力的社会、经济和文化，准备在中世纪结束时向另一个半球扩张。在这一点上，黑死病倒是一个振奋人心的故事，充满希望，前途无量。它告诉我们，即使面对上帝和大自然所能降下的最糟糕的情况，人类也拥有令人难以置信的强大适应力。这也是历史学家一直在努力解释的故事。

本章只能对围绕着黑死病的史学史进行肤浅的研究。在此，我关注的是3个争论激烈的话题：对此病为鼠疫的认定；死亡人口的规模；对社会经济的影响。我知道自己忽略了关于黑死病的其他许多话题，它们对包括我本人在内的学者来说也很重要。[6] 但我相信，这几个话题不仅是黑死病研究的核心，也阐明了与所有历史上发生的疾病研究相关的一些重大问题。

声势浩大的否定鼠疫论

过去的近半个世纪里，关于黑死病是否应被认定为鼠疫这种疾病的争论一直在激烈进行着。鼠疫是由一种名为鼠疫耶尔森菌的细菌所引起的，按照细菌入侵人体的方式，分为3种类型。迄今为止，历史上最常见的类型是腺鼠疫（bubonic plague），之所以叫这个名字，是因为它的特征性症状是"淋巴肿块"（bubo），即在最靠近受害者感染部位的结节处出现淋巴肿胀，这种情况下的感染是由于跳蚤的皮下咬伤。跳蚤则是在老鼠身上生活而感染的，老鼠的血液中充斥着鼠疫耶尔森菌，每毫升血液中多达1亿至2亿个。

如果没有抗生素，平均80%的人类受害者会在感染后3—5天内死于腺鼠疫。[7] 第二种类型被称为肺鼠疫，受害者将含有鼠疫耶尔森菌的飞沫吸入肺部，从而直接被另一名患者传染此病。如果没有及时使用抗生素，肺鼠疫的致死率是100%，受害者一般会在两天之内咳血而亡（但不会出现淋巴肿块）。然而，由于肺鼠疫比流感等病毒感染更不容易患上（细菌的大小约为病毒的1 000倍，因此没么容易通过空气传播或进入肺部），而且患者感染的时间一般都很短（平均19小时，在此期间会出现咳嗽症状），因此人们认为，肺鼠疫在历史上的大多数疫情暴发中并没有发挥重要作用。[8] 最后是败血性鼠疫，在这种类型中，细菌以某种方式直接侵入受害者的血流，绕开了人体抵御感染的第一道防线——淋巴系统，并迅速繁殖，侵入几乎所有的人体器官，很快便致人死亡，同样也不会出现具有预警作用的淋巴肿块。败血性鼠疫虽然罕见，却也是 100% 的致死率，平均 15 小时便会致死，有些受害者感染后仅 1 小时就会死亡，还有些受害者最多能坚持 24 小时。[9]

首先要说明的是，关于黑死病是否应被认定为鼠疫的争论，现在实际上已经结束了——黑死病为鼠疫已是定论。这一争论最终得以解决，靠的是古微生物学，这是一门通过提取人类遗骸中病原体的古 DNA（aDNA）来研究昔日疾病流行情况的科学。[10] 20 年前，一个法国团队开创了从鼠疫受害者牙齿中提取牙髓的技术，先是纵向劈开牙齿，然后刮出棕色或白色粉末状的牙髓。[11] 假设鼠疫受害者患上了细菌性败血症（即菌血症），鼠疫耶尔森菌通过血液循环系统进入牙齿的血管（即牙髓）后，会在患者死亡后被牙釉质"封存"，将样本保存几个世纪。[12] 然而，法国团队的初步发现受到了质疑，主要是由于他们的古老样本可能在实验室中受到了现代鼠疫耶尔森菌 DNA 的污染，不过，从来没有人举出这种污染的证据。[13] 一个英国团队试图复现这一结果，却失败了，不过这并不意外，因为他们没有使用同样的牙髓提取技术，也几乎没有从已经得到证实的鼠疫坑中提取到任何样本。[14]

2010—2011 这几年是对鼠疫的古微生物学研究的转折点。两个大型国际科学家团队发表的 3 项研究证实，14 世纪中叶英格兰伦敦的赫里福德和东史密斯菲尔德（East Smithfield）、荷兰的贝亨奥普佐姆（Bergen-op-Zoom）和法国的圣洛朗—德拉卡布勒里斯（Saint-Laurentde-la-Cabrerisse）的鼠疫坑中，都有鼠疫耶尔森菌的 aDNA 存在。[15] 因为从这些鼠疫坑中提取的 aDNA 显示出的损伤模式与其他古代样本的老化情况相符，所以我们知道它们是中世纪的，并没有受到现代鼠疫耶尔森菌 DNA 的污染。[16] 在东史密斯菲尔德遗址工作的研究团队，甚至从 1349 年黑死病首次暴发时埋葬的不少于 100 名鼠疫受害者身上提取的古代样本中，重建出一套完整的基因组（也就是 DNA 序列）和一个完整的质粒（也就是 DNA 分子）。[17] 同时，在 1998—2000 年法国两项开创性研究的基础上（2002—2010 年又发表了至少 13 项研究），证实了从第一次和第二次大流行期间英格兰、法兰西、德意志和意大利遗址中提取到的鼠疫耶尔森菌 aDNA。[18]

根据 2010—2011 年报告的 aDNA，以及现代全球样本的基因图谱，现在学者们认为，黑死病是由新的（尽管毒力未必更强）鼠疫耶尔森菌菌株所引起的——与引起第一次大流行、现已灭绝的那些菌株截然不同——它们是在 13 世纪晚期或 14 世纪早期的某个时候（也许是 1268 年？）亚洲的一次基因"大爆炸"中出现的。[19] 此外，鼠疫耶尔森菌的 aDNA 似乎在黑死病第一次暴发期间发生了突变，产生了不同的菌株，分别在荷兰以及法兰西和英格兰肆虐，而荷兰的菌株现已灭绝。[20] 自 2010—2011 年的关键性研究以来，至少又发表或进行了 6 项研究，证实在第一次和第二次大流行期间英格兰、意大利、法兰西和德意志的遗址中提取到了鼠疫耶尔森菌的 aDNA。[21] 总的来说，我已经统计出至少有 24 项独立的研究——代表着 5 个欧洲国家的 32 座墓地——通过古微生物学独立证实了黑死病确实是鼠疫。[22]

因此，黑死病正是如今为世人所知的鼠疫。真正令人惊讶的是，自黑死病以来，鼠疫耶尔森菌 DNA 的基因变化极少，而对决定毒力的质粒进行比较后发现，黑死病和现代鼠疫对人类的致病作用几乎完全一致。[23] 这就意味着，作为一种毒性生物，鼠疫耶尔森菌在过去的 670 多年里几乎没有变化，现如今仍与中世纪时一样致命。这其实也没什么好惊讶的，因为鼠疫耶尔森菌并不像大多数微生物通常的情况那样，会随着时间的推移而选择更低的毒力，而是会选择**更高的**毒力，因此也就是选择了进化的稳定性，因为它主要的动物载体是老鼠，而不是人类，它必须让老鼠染上恶性败血症，以便充斥在其血流中，感染更多的鼠蚤。[24] 这种基因研究的下一阶段，或许是利用重建的基因组复活黑死病的鼠疫耶尔森菌，并在实验室中检验其毒力，就像人们对造成 1918—1919 年流感大流行的臭名昭著的 H1N1 流感病毒毒株所做的那样；然而，自不必说，围绕这种实验的伦理问题争议极大。[25]

总而言之，古微生物学的证据现在已是压倒性的确证，也真的应该结束对这一问题的争论了，因为它构成了科学证据，无法反驳，也无法蒙混过去。[26] 但对于一群死硬派"否认鼠疫者"或怀疑者来说，争论完全没有就此结束。[27] 事实摆在眼前时，这些学者的反应多种多样，包括断然否认，甚至是歪曲证据。[28] 有时，否认鼠疫者会先发制人地对古微生物学证据提出疑问，甚至在证据端上来之前就提出。在他们看来，这种立场是合理的，因为他们将对中世纪和现代发生的鼠疫之间史实矛盾的解释凌驾于古微生物学的科学发现之上。[29] 一些历史学家还曾坚持认为，"鼠疫的实验室解释"与前现代的疫情毫不相干，他们所基于的假设是，实验室技术绝对无法适用于过去的疾病，直到古微生物学证明他们是错误的，这个假设也就不攻自破了。[30]

显然，一个自认为正确到连科学都无法反驳的立场，几乎没有讨论的空间，也没有按照科学方法对其假设进行检验的空间。[31] 此外，声称否定鼠疫论是不容置疑的正统，也给人一种相当虚伪的感觉，因为兜了一大圈又回到了大多数否认鼠疫者最初所反对的立场，即认为黑死病就是鼠疫的武断假设！这一诊断最初是由20世纪初的一群研究人员做出的，他们的优势（从严格的学术角度来看）是在第三次大流行期间对鼠疫这种人类疾病有着真正的亲身经历。[32] 在大约半个世纪的中断过后，学者们是时候该重新审视这些证据，重新研究黑死病是鼠疫这一说法了，这样做才是合情合理的。但自从否认鼠疫者首次提出他们的主张，已经过去了几乎同样长的时间，轮到否认鼠疫者接受从前针对鼠疫的仔细审查了，这样做也是合情合理的。[33]

按照古微生物学的判断，这种审查似乎是多余的，但实际上，现在比以往任何时候都更迫切需要听取否认鼠疫者自己的说法。这是因为否认鼠疫者的异议还在继续被人引用，甚至是被那些认可古微生物学证据的人作为注意事项加以引用，抛开这些的话，这场辩论就会有一个明确的结局了。[34] 否定鼠疫论还被用来复兴一些确立已久的、有别于"老鼠传播的腺鼠疫"的替代理论，比如说黑死病的大多数患者死于肺鼠疫，或者说这种疾病是通过人蚤（Pulex irritans），也许还有体虱（Pediculus humanus humanus）在人与人之间传播的（见下文）。[35] 古微生物学这门科学与历史证据之间，真的存在"无法解决的难题"吗？还是说两者都证实了黑死病实际上就是鼠疫呢？[36]

在一些观察者看来，反方立场已被科学证据证明，这一事实就表明否定鼠疫论出了大问题。反怀疑论者确实认为，否定鼠疫论存在许多逻辑谬误，像鼠疫本身一样恼人（请原谅我的双关语①），以至于完全站不

---

① 原文"恼人"一词用的是"plagued"，而"鼠疫"一词是"plague"，所以此处作者才这么说。

住脚。³⁷ 更有甚者，有时一些否认鼠疫者以强硬的、对抗性的口吻为自己辩护，现在回过头来看，倒像是在对先天不足的论点进行过度补偿。³⁸ 或许是受到了古微生物学判断的鼓舞，反怀疑论者直到最近才开始挑战否定鼠疫论，回击后者的某些主张。³⁹

否定鼠疫论有三大"支柱"。否认鼠疫者的"王牌"——因为这似乎是他们最受欢迎也最常被引用的主张之一——或许是从历史来看，黑死病在欧洲大陆传播得太快，与第三次大流行期间逐渐在印度大陆（以及美国等其他大陆）缓慢传播开来的鼠疫可能不是同一种疾病。⁴⁰ 人们特别喜欢这样一种说法：黑死病传播一天的速度与鼠疫传播一年的速度"几乎一样"，"且不说后者还有铁路和机动化交通助阵"。⁴¹ 如果属实的话，这种情况确实很值得注意，将黑死病与鼠疫画等号几乎是不可能的了。但反怀疑论者会认为，这实际上只不过是逻辑谬误的一个绝佳例证，对在完全不同的背景下出现的两种现象进行了错误类比，或者是错误对等。

所谓的鼠疫传播缓慢，每年传播4—20英里不等，只适用于动物共患病（*panzootics*），也就是疾病在老鼠和野生啮齿类动物中的跨大区传播。⁴² 在这种情况下，鼠疫的进展确实是缓慢的、渐进式的，因为一个受感染的鼠群必须通过接触传播才能传染相邻的鼠群。⁴³ 但这并不适用于人畜共患病（*zoonotics*），也就是从老鼠传到人类的疾病的暴发。⁴⁴ 在这种情况下，鼠疫是通过"转移"（metastatic）跃进传播的，也就是远距离传播。老鼠宿主和跳蚤病媒通常是在谷类货物中，通过以人类为媒介的方式被运送的，在中世纪是通过船只（每天约25英里），或者挽马或驮马（每天12—30英里）运送的。⁴⁵ 这完全落在中世纪黑死病"惊人"、飞快的传播速度（每天1—3.7英里）区间内。⁴⁶ 一旦到达新的地

第八章　尘归尘，土归土，大家一起死：黑死病

点，受感染的老鼠和跳蚤就会建立新的感染"中心"（epicenters），新的兽类和昆虫带菌者又会从这些"中心"被运送转移，如此这般，将鼠疫以倍数或指数的方式传播开来。[47]

显然，否认鼠疫者在这里混淆了两种截然不同的疾病暴发，换句话说，一种是仅在老鼠和野生啮齿类动物中暴发的（动物共患病），另一种则是在老鼠和人类中暴发的（人畜共患病和大流行），各自的传播机制截然不同。鉴于鼠疫除在黑海和里海之间的高加索地区之外，未能在欧洲确立一个长久的地方性流行中心，因此鼠疫有可能从未通过接触的方式在欧洲大陆传播开来，而是一直通过以人类为媒介运送老鼠和跳蚤来传播的。[48] 这就意味着，为了与中世纪黑死病的合理传播速度进行比较，或者建立其模型，我们只应使用与人类大流行病有关的现代数据，具体来说，就是鼠疫通过转移跃进传播的数据。

第三次鼠疫大流行期间，转移跃进作为鼠疫传播方式的机制，是有大量证据支持的，这些证据由印度鼠疫研究委员会搜集，归在该现象的拉丁语名称 *"per saltum"*（"跃过"）的标题之下。在1906年的报告中，委员会主要依靠轶事证据，证明鼠疫通过以人类为媒介来运输受感染者衣物或寝具的方式传播到了遥远的村庄。[49] 但是在次年，也就是1907年，委员会以科学手段证明，鼠疫通过隐藏在旅行者衣物或寝具中的受感染跳蚤进行中短距离传播，并通过谷物及其他商品中被运送的受感染老鼠和受感染跳蚤进行更长距离的传播。委员会追踪了在孟买和几个与世隔绝的偏远村庄之间来来往往的患者或携带者；有时，研究人员甚至将可疑衣物和寝具带回实验室，在实验室里，在衣物中自由活动的豚鼠感染了鼠疫，而那些用网眼或纱布隔离保护起来的豚鼠则没有被感染。[50] 在埃及、中国、印度尼西亚和南美洲，对这种疾病进行了另外的研究和

观察,也都独立证实了鼠疫的转移跃进传播方式。[51] L. 法比安·赫斯特(L. Fabian Hirst)回顾 40 年来第三次大流行期间的证据,得出结论:鼠疫是通过转移跃进来被动传播的,更重要的因素是商品,尤其是谷物的运输,而不是人的运输,而作为商品中的传染媒介,单独远行的跳蚤的重要性与老鼠相当,甚至更大。[52] 无论确切的机制是什么,鼠疫通过转移跃进——被感染的老鼠和跳蚤通过汽船远行——传播到世界各地的能力,已经被以下事实所证明:1894 年到 1901 年的这几年里,鼠疫从香港和孟买港传播到了马达加斯加、南非、东南亚、南美洲、俄罗斯、澳大利亚和美国西部的其他停靠港。[53]

并非只有现代研究人员注意到了鼠疫是通过转移跃进随机传播的。完整经历了 1348—1349 年黑死病第一次暴发的中世纪作者也观察到了这一点。[54] 据观察,鼠疫会突然改变方向,有时还会折返,"在已经到过的地方"再走一遭,或者"在两个相距甚远的城镇"肆虐,却不到"两者之间的地方"去,而是晚些时候再去袭击中间的地方。[55] 一些观察者将其比作"通风区域被风推着走的身形",或者"一阵雹暴,一个地区毫发无伤,另一个地区却被摧毁"。[56] 还有人说,它就像西洋棋里的越子。[57] 这种反复无常或无法预测的移动,无疑促成了时人对鼠疫的担心和恐惧,因为鼠疫似乎有自己的想法,"仿佛是在[随意]选择[下一个]可能肆虐的地方"。[58] 这似乎是一种普遍现象,因为无论是在德意志、意大利还是法兰西的作者,都有类似的看法。[59]

转移跃进完全符合对于鼠疫何时何地在欧洲各地登陆的编年史和档案记录。[60] 它们也得到了古微生物学的支持,一项研究发现了两种不同的鼠疫耶尔森菌菌株(可能都发源于中亚):一种出现在法兰西东南部(圣洛朗—德拉卡布勒里斯)和英格兰西南部(赫里福德);另一种出现在荷兰南部（贝亨奥普佐姆）。这表明此病有不同的传播路线，一条从法兰西北上至英格兰，另一条从挪威（最后还是到了英格兰）和弗里斯兰（Friesland）南下至荷兰南部。[61]

然而，转移跃进是无法反映在地图上的。就其本质而言，地图传达的是疾病的线性进展，而这也掩盖了历史记录中模糊不清、扑朔迷离的情况。[62] 即使有地图使用了"最先进的"随机建模来揭示黑死病独特的"时空特征"，可如果它假定疾病的线性传播必然伴随"感染者与易感人群之间的直接接触"，那也是失之偏颇的，并且它只能取决于填入的历史数据，鉴于中世纪的记录总有些异想天开的成分，这就意味着任何特定"传播链"的起点和终点都无法确知。[63] 因为鼠疫通过转移跃进传播，可以从不同方向同时侵入两个地方，所以就会给人一种从 A 点到 B 点直线传播非常迅速的错觉。举一个很有代表性的例子，传统观点认为，黑死病于 1347 年 12 月底到达马赛后，直接经陆路奔向正北方的巴黎，于 1348 年 6 月底到达，在 182 天里走了约 482 英里的路程，也就是每天 2.5 英里。[64] 但根据更全面的记录，现在看来黑死病似乎是从**北方**来到巴黎的，可能是在 1348 年 4 月底乘船抵达诺曼底海岸内陆的鲁昂，再从鲁昂到巴黎。这意味着黑死病用 62 天走完了从鲁昂到巴黎的 75 英里路程，即每天 1.2 英里，是假设的从马赛到巴黎走陆路速度的一半。[65]

有这样一个默认假设：黑死病在人与人之间传播——无论是肺鼠疫、病毒性疾病，还是由人蚤或体虱传播的腺鼠疫——可以解决这个所谓的传播速度过快的问题。[66] 但实际上，如果黑死病是一种完全以人类为媒介的疾病，那么它在中世纪欧洲向远方迅速蔓延的可能性反而会减少，而不是增加。实际情况是，传染鼠疫的人类旅行者需要以与老鼠和跳蚤完全相同的方式旅行，即通过船只或马匹运输。据推测，人类接触传染之所以节省时间，是由于在鼠疫传染给人类之前，并不需要这种疾病先在老鼠之间流行起来，也不需要老鼠相继死亡。[67]

然而，最近人们发现，"早期阶段传播"可能发生在鼠蚤病媒上，包括被认为是黑死病主要跳蚤病媒的印度鼠蚤（*Xenopsylla cheopis*）。在这种情况下，跳蚤可以在不到 4 天的时间内有效传播鼠疫，相比之下，"梗阻型"传播需要 10—14 天。这就意味着引起一场从老鼠传到人类的人畜共患病所需的时间减少了一半，从平均约 3—4 周减少到 1.5—2 周。[68] 如果老鼠之间通过肺传播的方式传播鼠疫，那么可能还要砍去几天时间，因为这种的潜伏期和死亡进展期比腺鼠疫短得多。[69] 相比之下，大多数致命的人传人疾病，即使是像天花或出血热这样的病毒性疾病，仍然需要长时间的密切接触才能感染，而且在人类宿主体内的潜伏期也很长，比如天花的潜伏期为 9—12 天，出血热的潜伏期也差不多。[70] 患者在疾病的潜伏期内或许还能旅行，但长途旅行的机会很少——最多一周——然后就会病得无法出行。[71] 此外，虽然早期阶段传播确实使很少出现梗阻的人蚤更有可能成为鼠疫的强力病媒，但仍有一个难以逾越的障碍，那就是人类受害者很少出现高水平菌血症，而新的跳蚤病媒需要先感染上这个，然后才能在人与人之间传播鼠疫。[72]

黑死病人传人假设的最大障碍或许在于，如果真的是这种传播方式盛行，那么中世纪人应该具备预防如此惨痛的生命损失的知识和能力，但他们显然是不具备的。黑死病期间，一位又一位医生撰文告诫读者，鼠疫是会传染的，虽然他们对传染的理解与如今的我们并不相同——是从"瘴气"的角度理解的，并不认为是通过病菌传染的——但这并不会妨碍到他们预防这种传染的能力。[73] 中世纪的医生，例如在鼠疫登陆意大利本土之前的 1347 年撰文的金泰尔·德·福利尼奥（Gentile da

Foligno），告诫人们，鼠疫是通过"有毒的空气"在"人与人之间、家庭与家庭之间、邻里与邻里之间、城市与城市之间"以及"地区与地区之间"传播的。[74] 据说人们是通过"与其他感染者交流"的方式被感染的，因此福利尼奥建议"不要允许来自疫区的病人入城"。[75] 瘟疫医生还告诫他们的读者，谨记不要靠近鼠疫病人，或者干脆躲着他们，即使是家庭成员，而且还要采取其他预防措施，比如给房间通风，以及在病人面前转过脸去，以免"被他恶臭的气息感染"。[76] 此外，不仅要避开那些明显感染了这种疾病的人，比如"满身是疮"或散发恶臭气味的人，甚至还要避开那些"看上去非常健康"但来自疫区的人。[77]

我们知道，这些建议至少有一些被采纳了：1348 年的皮斯托亚市法令留存了下来，它下令不允许来自周边城镇的人入城（也不允许任何市民出城前往这些城镇），这种隔离措施甚至扩大到了外地人的衣物和寝具上。[78] 到了 15 世纪以及再往后的早期现代，城镇卫生管理委员会制定了雷厉风行的鼠疫控制措施，一旦有了疫情的苗头就会实施。[79] 可尽管这些努力也许产生了一定的作用，但肯定没有阻止后来鼠疫暴发所造成的持续的，有时还很严重的大量死亡。[80] 如果黑死病真的是一种人传人的空气传播疾病，那么这些措施应该会产生肉眼可见的效果才对。第三次鼠疫大流行期间，伍连德博士领导的中国东北三省防疫处（North Manchurian Plague Prevention Service）证明了简单的鼠疫控制措施是多么的有效——甚至是在抗生素时代到来之前——它能够将 1910—1911 年肺鼠疫第一次暴发造成的数万人死亡减少到 1920—1921 年第二次暴发时的 9 300 人，减少了 78% 到 85% 不等。[81] 实现这一切所采取的基本预防措施，对中世纪的先人们来说是很容易的（他们确实也采取了），比如将鼠疫患者及其接触者隔离（在火车车厢内），以及避开患者的呼吸（戴棉纱口罩捂住嘴）。[82] 相比之下，在黑死病期间，老鼠及其身上的跳蚤并没有被大多数观察者注意到，这一点有利于它们成为病媒和宿主，因为这使它们能够相对轻松地潜入人类聚居的中心。

这就引出了否定鼠疫论的第二个支柱，即中世纪的欧洲没有足够的老鼠来传播腺鼠疫，理由是缺乏它们存在的证据。[83] 这依靠的是"诉诸沉默"，换句话说，如果历史记录中没有提到某一事物，那么它就不存在。[84] 在这件事情上，这种论证尤其薄弱，因为寻找中世纪老鼠存在证据的方法直到最近都还存在很大缺陷。这里需要考虑两类证据：考古学资料和书面资料。考古学方面，鼠骨的证据需要专门的技术，而只有手铲和肉眼的挖掘者通常不具备这样的技术：这些技术包括过筛（用1—2毫米或更小孔径的网眼）和在显微镜下检查筛渣。他们还需要更有想象力地搜寻线索，例如其他动物骨骼被啃咬的证据，以及猫头鹰食茧中存在的鼠骨，等等。[85] 尽管如此，地下鼠骨的存在也只能反映出原本存在的实际老鼠数量的一小部分，因为黑鼠不仅喜欢钻入土层，还擅长攀爬，喜欢在茅草或瓦片屋顶上筑窝，一旦屋顶被更换，或者建筑物倒塌，它们的骨头就会散落开来。[86] 即便如此，最新的中世纪老鼠考古发现调查报告还是指出，新数据"对中世纪晚期欧洲老鼠太少，不足以支持黑死病期间的腺鼠疫的观点提出了挑战"。事实上，在13世纪或更晚的遗址中发现的老鼠数量最多，这暗示黑死病前夕"老鼠的数量在急剧增加"。[87]

另一个难点在于从中世纪的书面资料识别出老鼠。这可不像看上去那样简单，因为从语言学的角度讲，古典时代和中世纪的拉丁语并不区分大鼠（rat）和小鼠（mouse），两者都叫"*mus*"。（事实上，在1910年以前，大鼠的学名一直都是"*mus*"，比如"*Mus rattus*"，而不是"Rattus rattus"。)直到中世纪晚期,专门指代"大鼠"的方言俗语才开始为人们所使用。[88] 更重要的是,指望中世纪的编年史作者和其他观察者在提到老鼠或老鼠流行病时把它们与黑死病关联起来,是不切实际的,也脱离了时代。[89] 老鼠及其身上的跳蚤在鼠疫向人类传播过程中所起到的作用,直到 1898 年才由第三次鼠疫大流行期间在印度工作的法国研究员保罗-路易·西蒙(Paul-Louis Simond)所阐明。[90] 在中世纪(甚至一直到 19 世纪末),大多数自然哲学家和医生都以为鼠疫是通过空气传播的,也就是所谓的疾病"瘴气"理论。在这种情况下,人们唯一注意到老鼠的一点是,它们是包括苍蝇、蠕虫、蛇、青蛙等在内的诸多害虫、害兽中的一种,它们在地上出现,表明通过空气传播的腐败源自土壤。[91]

城市当局也倾向于将疾病与猪联系在一起,因为他们觉得猪喜欢污秽和垃圾,而且猪在城市景观和屠宰场中无处不在。[92] 除此之外,大多数中世纪思想家的标准立场是,由于体质不同,人类和动物对疾病的易感性也不同,人们认为男性由于气质"更优秀"或者"更高贵",因此也更容易感染。[93] 此外,黑鼠生性胆小,因染上鼠疫而变得虚弱时,为了躲避其他老鼠的捕食,会躲进洞穴或墙壁里,也就更难被人注意到了。第三次鼠疫大流行期间,在野外和实验室条件下,人们都观察到了老鼠吃其他老鼠的现象,而找到染疫的死老鼠也很困难——即使是现代的研究人员,他们懂得老鼠与鼠疫的关系,还雇用了"老鼠情报人员"凿开洞穴,以及住宅的墙壁和屋顶——印度、澳大利亚、埃及、斯里兰卡和爪哇岛抗击鼠疫的经验都证明了这一点。[94]

尽管有这些注意事项,但事实上,许多编年史作者和其他作者都提到过老鼠与黑死病有关。其中一些证词是虚构的,因此也不太可能符合任何基于现实的观察结果。例如，佛罗伦萨的乔瓦尼·维拉尼（Giovanni Villani）在 1348 年写道，在安纳托利亚的锡瓦斯（Sivas），"不计其数的害虫［*vermi*］从天而降，有的有 8 只手那么大，通体黑色，长着尾巴"。[95] 希腊编年史作者尼基弗罗斯·格雷戈拉斯（Nicephorus Gregoras）可能更贴近现实，他说许多与人生活在一起的家畜也死于瘟疫，包括狗、马、各种鸟类，以及"恰好生活在房屋四壁之内的老鼠"。[96] 许多鼠疫论文的作者意译了 11 世纪波斯医生阿维森纳的《医典》（*Canon*）中的一段话，大意是说，瘟疫期间，老鼠（*mures*）和其他"居住在地下的动物"会逃到地面，从洞里出来。[97] 对于这一点，我们也不能照单全收，因为这是中世纪医生在逐字复述阿维森纳所谓瘟疫的环境"征兆"之一，并没有证据表明它在疾病的实际经验方面有任何根据。[98]

然而有这样一份证据，似乎是对与中世纪黑死病有关的老鼠真正的经验观察。15 世纪的斯特拉斯堡医生萨克森的约翰（John of Saxony）讲述了一则个人轶事，以此为例，证明了阿维森纳关于老鼠从地洞中钻出的叙述具有权威性。碰巧，他在斯特拉斯堡的"某位邻居"的 10 个孩子在 8 天之内有 8 个死于腺鼠疫，他们全都出现了"瘟疫肿胀"（*bocio pestilenciali*）。在这位良医的建议下，幸存的家人搬到了另一处住所，于是他们的感染在"15 天内"痊愈了。在此期间，一大群老鼠"迅速闯进了同一栋房子，以至于这个家庭中留在原地的其余人避无可避"，于是剩下的居住者决定撤走，只留下"一盏燃着的灯，直至今［日］［仍］在那里"。[99] 萨克森给这个饱受鼠疫摧残的家庭中可怜幸存者的建议，与第二次大流行期间印度本地人的应对措施惊人一致：撤离鼠疫疫区。鼠疫研究委员会承认，这是为数不多成功阻止了鼠疫暴发的措施之一（因为它将潜在受害者从老鼠染疫的地点迁走了）。[100] 诚然，萨克森没有目睹老鼠染疫，也就是说，他没有看到任何死于鼠疫的啮齿类动物，但以此为由否定这份重要证据，就很不合理了。[101] 萨克森清楚地描述了一个鼠疫泛滥的家庭里老鼠横行的情况，仅仅是这一点就极其重要。

否定鼠疫论的第三大支柱认为，编年史作者和医生在黑死病期间描述的肿块和此病的其他皮肤表现，其外观、数量和位置并不符合现代鼠疫的症状学。[102] 人们确实收集到了大量支持这一论点的证据。[103] 另一方面，反怀疑论者则主张，如果对证据的解释在方法论上存在缺陷，有再多的证据都没用。否认鼠疫者再次被指犯下了错误类比或错误对等的逻辑谬误：这里指的是，他们认为中世纪医生和编年史作者的证词就应该符合鼠疫在现代的临床诊断标准，例如第三次鼠疫大流行期间印度的诊断标准。[104] 经历了黑死病，直接导致瘟疫医生表现出了一种前所未有的经验主义，这或许是真的。[105] 但这并不意味着瘟疫医生放弃了权威；对许多瘟疫医生来说，将权威和经验两者相结合——并设法加以调和——来支持他们的主张，才是最理想的。[106] 即便是像勃艮第的约翰（John of Burgundy）和雷蒙·沙兰·德·维纳里奥（Raymond Chalin de Vinario）这样的医生，看似摒弃了权威，转而相信现代在鼠疫方面的经验，却还是在继续依靠并顺从古人，以此来支持他们自己的立场。[107] 因此，即使中世纪医生不再对古人的权威"言听计从"，我们也不能想当然地认为他们关于鼠疫症状的陈述全都基于个人观察。[108]

举个例子，中世纪医生对鼠疫疖颜色的描述很有名，是名副其实的彩虹色，包括红色、黄色、绿色和黑色。[109] 这样的描述显然不符合现代对鼠疫的诊断。[110] 但据我们所知，中世纪的医生也没见过这样的场面。

这是直接从被认为由希波克拉底（前460—前370）所著的《预后学》中抄来的，这是希波克拉底被引用得比较频繁的著作之一。[111] 我从未发现任何证据表明有瘟疫医生亲眼见过这样的场面。[112] 对于出现在颈部、腋窝和腹股沟排泄器官的"脓肿""淋巴肿块"或"腺肿"（*glandulae*），与出现在身体其他部位的痈、炭疽（*antraces*）和脓疱等其他皮肤表现，中世纪医生通常会做出明确区分。教皇的外科医生居伊·德·肖利亚克（Gui de Chauliac，1300—1368）感染了腺鼠疫并幸存了下来，他将炭疽描述为一种"恶性的痈"，颜色可能是"红色、黄色或黑色"，最后一种必死无疑，"谁都躲不掉"。[113] 他的描述主要是基于阿维森纳和13世纪的法兰西外科医生蒙德维尔的亨利（Henry de Mondeville），而他的分类法又被后来15世纪的医生所沿袭，例如费拉拉的巴塞洛缪（Bartholomew of Ferrara）、米夏埃尔·博埃蒂（Michael Boeti）、赫尔曼·舍德尔（Hermann Schedel）和美因茨的约翰内斯·马尔扎卡罗（Johannes Martzacaro）。[114] 另一位对淋巴肿块有亲身体验的瘟疫医生，是阿拉贡国王马丁（Martin of Aragon，1396—1410年在位）的医生巴塞罗那的布莱修斯（Blasius of Barcelona）。他同样区分了出现在排泄器官的肿胀与其他症状，例如丘疹（*papula*），也就是"小脓包"，一种"水泡状肿块"，会向着四肢"不停地延伸"，是死亡的预兆（可能是败血症鼠疫）。事实上，布莱修斯指出，丘疹的红色、蓝色或黑色"极少出现在腺肿上"。[115]

即使我们完全相信瘟疫医生或编年史作者提到的所有症状，这也并不会影响我们将黑死病认定为鼠疫，因为第三次大流行的现代观察者也描述了鼠疫患者身上除淋巴肿块以外的种种皮肤表现，通常出现在作为最初传染源的跳蚤叮咬处或者附近：其中包括"疖""痈""脓疱""溃疮""擦伤""小水泡",还有一例出现了"小水泡和脓疱疹"。[116] 败血症鼠疫的瘀点,也就是 DIC(弥散性血管内凝血),一定是经常能够观察到的,因为 35%—40% 的原发性腺鼠疫患者会出现败血症的并发症。[117] 这些"不同寻常"的鼠疫症状,出现任何一种都可能给人留下足够深刻的印象,以至于会被写入鼠疫论文或编年史作者的描述中;因此,我们并不知道这些症状在中世纪出现的频率。[118] 此外,像中世纪那样久远的证据,解释起来会很麻烦,也不够精确。鉴于此,指望中世纪和现代对鼠疫的描述在方方面面的症状上都要完全对得上(即"涅槃"谬误①),我们不得不怀疑,这现实吗?[119] 相反,如果多数证据支持腺鼠疫的定义性特征,就像长期以来人们一直认为的那样,那么有人就会说,这已然足够。[120]

抛开否认鼠疫者提出的其他论点不谈,[121] 人们不禁要问:辩论将何去何从?我认为,否定鼠疫论已然走进了知识的死胡同——既是由于自主产生的科学证据(即古微生物学)的判断,也是由于否认鼠疫者使用的方法论缺乏说服力(即诉诸沉默、错误类比等逻辑谬误)。否认鼠疫者怀着满腔的责任感,反对在历史问题上陷入自满,在这一点上他们或许仍有作用,[122] 但他们也有可能被贬为怪人或边缘理论家,类似于那些声称气候变化是骗局,或者根本不存在所谓演化的人!我认为,我们确实应该感谢否认鼠疫者,他们激励了古微生物学方面的那些令人心潮澎湃的发现,这些发现永久地改变了我们对历史流行病学的研究方法,也为跨学科研究开辟了新的展望。[123] 但我也认为,这场对话的大门现在已

---

① "涅槃"谬误(the "nirvana" fallacy),或称"完美"谬误,即宣称某个论点或某种方案不完美或无法达到理想化标准而应加以驳斥。

经关上了,继续这场辩论也没有任何有益的作用了。这样做只会分散我们的注意力,使我们迟迟无法步入黑死病历史的下一个篇章。

中世纪晚期的人口统计:死亡率与生育率

过去的几十年里,关于黑死病之后中世纪晚期人口统计的大部分争论,其概况已经发生了很大的变化。例如,上一代人不断重复着这样一种陈词滥调:1347—1353年鼠疫的第一次暴发中,只有1/3的欧洲人死亡。[124] 这几乎完全基于1948年对死后调查报告书的一项研究。死后调查报告书记录着英格兰国王直属封臣,也就是封建贵族的死亡情况,他们的人数仅为505人,相当于一个小村庄。[125] 目前正在形成一种新的共识,即这几年里至少有50%—60%,甚至更多的欧洲人死亡,这是基于铺天盖地的地方研究。这些研究来源于庄园记录、主教记事簿、税收调查报告等,这些都远比死后调查报告书更能代表居民在瘟疫期间的经历。[126]

当然,这次将黑死病最初,也是最高的死亡率上调,在很大程度上改变了人们对黑死病在历史上的重要性和作用应有的看法。[127] 近半个世纪前,有一本论文集仅仅通过书名中的问号,就对是否应该将黑死病视为"历史的转折点"提出了疑问。[128] 马尔萨斯主义和马克思主义的解释倾向于将黑死病视为历史变迁中一个长时段(*longue durée*)的一部分,在此基础上,这些历史学家想当然地认为,鼠疫只是"加剧了一种事先存在的情况",即欧洲人口在公元1300年前后达到顶峰后,在14世纪上半叶已经出现的人口减少情况。[129] 把鼠疫的影响力想得如此之小,显然是由于对鼠疫死亡率的估计较低,仅为1/3左右。[130]

然而，鼠疫之前人口就已经减少的假设，近来也受到了挑战：对黑死病之前半个世纪的人口情况进行了全方位的纵览后，有人得出的结论是，证据虽然不怎么充裕，解释起来却异常困难，也没有给出什么明确的趋势。[131] 另一种观点认为，这半个世纪陷入了人口的"僵局"或"困局"，直到黑死病的到来将其打破，也不知这算好事还是坏事（大多数情况下是好事）。[132] 于是这又使黑死病重新成为中世纪晚期历史上的一个关键转折点，或者说是"分水岭"，尤其是考虑到黑死病前所未有的高死亡率。[133] 一些历史学家还认为，黑死病只不过是中世纪晚期的诸多"危机"之一，其他危机还包括饥荒和战争的荼毒。然而，尽管在1315—1322年，一场大饥荒席卷欧洲北部，但是在黑死病时期，饥荒基本上已经消失了，可能有那么一两次例外，比如1391—1392年和15世纪30年代末记录下来的几次粮食短缺。[134] 当然，英法百年战争（1337—1453）等冲突，也会对诺曼底等受到影响的地区造成破坏性影响，但与瘟疫不同，这些影响在空间和时间上都是小范围的。[135] 就其灾难性影响的范围之广、持续时间之长而言，确实没有什么能够真正与黑死病相提并论的。岂止是中世纪，黑死病经常被描述为人类历史上最大的自然灾害之一，理由也很充分。

除了14世纪中叶的"大死难"，我们现在对整个中世纪其他时期死亡率的了解也有了很大提升，而此前历史学家对这方面的关注要少得多。[136] 这表明，整个中世纪晚期，至少在1450年以前，瘟疫使欧洲人口一直维持在较低水平，没有给任何形式的人口恢复创造机会，尽管有人声称人口恢复早在14世纪晚期就已出现。[137] 来自欧洲大陆的证据——包括遗嘱、死者名录和炉税记录——显示，14世纪下半叶出现了难以预料的死亡率高峰，峰值肯定是低于1347—1353年的水平，但确实没有形成明确的整体模式。[138] 在英格兰——那里的庄园法庭卷宗（包括十户组清单）和主教记事簿是最理想的证据——人口趋势一直比较平稳，直到14世纪末，死亡率再次急剧攀升。[139] 一些英格兰编年史也报告称，后来的疫情对年轻人或儿童尤为致命，就比如1361年、1369年和1378年的疫情。[140] 由于人们已经发现，鼠疫在死亡率方面对年龄可谓一视同仁，因此，之所以会有这种印象，可能是因为黑死病后活着的人口中儿童的比例较高。[141]

主要的争论涉及15世纪下半叶的人口情况。对于上半叶的1400年到1450年，人们似乎大体上达成了共识，认为英格兰的人口继续逐渐下降，在1450年降到最低点，不到瘟疫前的一半，据一些人估计，几乎达到了1086年《末日审判书》以来未曾有过的水平。[142] 1450年之后的人口趋势才是真正的争论点。

有一种观点认为，由于瘟疫和其他疾病在毒力和流行次数两方面的增加，1450年后英格兰的"背景"死亡率（"background" mortality）上升到了"极高的水平"。[143] 15世纪下半叶这种死亡率上升模式的证据，主要是来自英格兰的三座修道院——坎特伯雷的基督教堂隐修院（Christ Church Priory）、伦敦的威斯敏斯特修道院和达勒姆的达勒姆隐修院（Durham Priory）——的讣告名单和其他数据。[144] 尽管这三座修道院的地理位置差异很大，几乎都处在这个国家的最远端，但它们的死亡率模式惊人地相似。关于修道士的数据很详细，研究人员能够绘制出他们的预期寿命图——被称为"最纯粹的死亡率衡量标准"。预期寿命在15世纪的前二三十年里呈现出相对稳定的模式，随后却急转直下，一直到1475—1485年，之后又开始缓慢上升，直到16世纪的头十年，终于恢复到了一个世纪前或更早的水平。[145] 如果我们取修道士25岁时的预期寿命（这是关于他们死亡率的一个很合理的衡量标准，因为修道士要在 18—21 岁时宣誓进入修道院），那么这三座修道院的平均预期寿命都从 15 世纪伊始总共大约 30 岁（即从 25 岁起预期再活 5 年）的高点开始，到 1475 年减少到只有 19 岁，下降了 11 岁，也就是 36%。直到 30 年后，预期寿命才有所恢复，到 1505 年达到了 28 岁多一点。[146] 就大概的死亡率而言，整个 15 世纪，这三座修道院都遭受了严重疫情的反复冲击，其死亡率达到了"危机"水平，下半叶的年平均死亡率和移动平均死亡率要高得多。[147]

15 世纪平信徒死亡率的一些证据似乎也证实了修道士死亡率的趋势。例如，1450 年后修道士预期寿命的急剧下降，与根据死后调查报告书得出的直属封臣的情况非常吻合。[148] 东安格利亚（East Anglia）、伦敦、赫里福德和约克留存下来的遗嘱，以及伍斯特的法庭卷宗，都指向了 15 世纪下半叶许多相同的年份——1451—1452 年、1457—1459 年、1464—1465 年、1467 年、1471—1473 年、1478—1480 年和 1485 年——这些年份正好是基督教堂隐修院、威斯敏斯特修道院和达勒姆隐修院死亡率的高峰期，也与编年史上所说的疾病流行年份颇为吻合。[149] 埃塞克斯郡的黑斯特（High Easter）、大沃尔姆（Great Waltham）和玛格丽特·罗丁（Margaret Roding）庄园的十户区，或者叫十户联保组的赋税证据显示，整个 15 世纪，人口长期平稳地保持在低位，黑斯特的人口在 15 世纪最后几十年里再次减少。[150]

欧洲大陆的证据显示出了一种相反的趋势，即 1450 年后人口是增长的，死亡率可能也降低了。托斯卡纳、西西里和普罗旺斯的税收记录显示，人口确实出现了灾难性的下降，这种情况一直持续到大约 15 世纪中叶以前，但此后人口稳步恢复，到 16 世纪中叶，年增长率已从

0.6%上升到超过1%。¹⁵¹ 在法兰西东南部的里昂,经过认证的遗嘱表明,与14世纪下半叶相比,15世纪下半叶的人口替代率(即每户家庭的平均子女数)增加了2.5至5倍。¹⁵² 诺曼底东部的炉税记录显示,人口在15世纪下半叶缓慢上升,但在埃诺(Hainaut)和加泰罗尼亚是下降的。¹⁵³

英格兰步了欧洲大陆的后尘吗?有人说是的。西尔维亚·斯拉普(Sylvia Thrupp)基于认证遗嘱这一证据,率先进行了人口替代率方面的研究,也就是衡量每位男性立遗嘱人有多少还活着的儿子可以继承他的遗产,以此衡量人口出生率和可能的人口增长率。她发现赫特福德郡的人口替代率在15世纪60年代是上升的,埃塞克斯郡在15世纪70年代和80年代是上升的,在后一个10年中,人口替代率终于超过了1(即有一个以上的男性继承人接替立遗嘱人)。¹⁵⁴ 斯拉普的学生罗伯特·戈特弗里德(Robert Gottfried)对诺福克郡和萨福克郡进行了类似的研究,发现在15世纪70年代和80年代,尽管全国性和地方性的疫情在这10年里每隔一年就会袭来,但那里的人口替代率在上升,不过尚未超过1。¹⁵⁵ 杰里米·戈德伯格发现,约克教区的认证遗嘱记录显示,死亡率在1483年后骤降,而帕梅拉·奈廷格尔(Pamela Nightingale)声称,她在债务证明书中找到的债权人死亡证据,也显示出死亡率骤降,这里指的是1470年以后。¹⁵⁶ 在全国范围内,根据死后调查报告书估算,国王直属封臣的人口替代率在1450年出现转折,超过了1,并在15世纪剩余的时间里一直保持着这一势头,因此,根据这些数字可以得出,这几十年的人口年增长率平均为0.75%。¹⁵⁷

封建贵族和遗嘱制定者的人口替代率上升,封建贵族和修道士的预期寿命下降,哪一个更能代表整体人口在人口统计学意义上的经验呢？这个问题已经很棘手、很令人费解了，可似乎这还不够，人们还注意到，同样的史料——比如死后调查报告书——可以用来支持辩论的双方。修道士和封建贵族通常属于社会中条件比较优越的阶层，他们比大多数人吃得好，穿得好，住得好，医疗条件也更好，因此可以说他们应该比普通人更不容易感染疾病，但遗嘱制定者就不一定了。[158]另一方面，人们也可以说，修道士过着修道院生活，比普通人更容易感染，同时代的医生也注意到了这一事实，他们评论称，修女和被监禁的人很容易感染。[159]例如，奈廷格尔认为，基督教堂、威斯敏斯特和达勒姆这三座修道院的死亡率模式太过同质化，这表明其死亡率的"决定性因素"仅仅是"有严格规定的集体生活性质"。[160]约翰·哈彻主张将修道院证据作为总死亡率趋势的真正指标，他回应说，即使修道士的集体生活方式使他们无一例外地暴露在疾病的风险下，这也并不能解释修道士的预期寿命为何随时间波动，因此，他们的疾病易感性"可能在很大程度上是由决定整体人口健康状况的那些力量所驱动的"。[161]

两种说法完全有可能都是对的，也就是说，整个15世纪后半叶，死亡率危机定期重复出现，同时人口替代率却在上升。戈特弗里德对这一矛盾的解释是，要么是因为这一时期的鼠疫对儿童没那么致命，要么是因为结婚率和生育率能够应对并盖过阵发性出现的危机死亡率。[162]戈德伯格和奈廷格尔认为，疫情的季节性模式由夏转春，表示致命性弱于鼠疫的疾病盛行，疫情可能变得更加局部化，因此范围也就更小了。[163]城市环境，例如坎特伯雷和威斯敏斯特的修道士，以及温彻斯特和牛津新学院（New College）的学者所处的环境，可能对来自乡下的新人比较严酷，因为他们没有接触过"群聚"疾病，所以也没有自然免疫。[164]从地区来看，1377年后，英格兰人口较少的西南、西北和西米德兰兹

(West Midlands)都在人口年增长率较高的郡之列。[165] 这就是早期现代鼠疫经历的预演,彼时,流行病成了一种城市现象,而乡村"明显比城镇更健康"。[166] 如果说有什么共识的话,那就是:即使两个样本都有偏差,但作为人口统计学指标,"物质条件优越的直属封臣"的人口替代率比"本笃会修道士的修道院共同体"的预期寿命更为可靠,而且前一种证据是"一个明确的信号,表明黑死病之后盛行了一个世纪的人口负压至少正在缓解了"。[167]

就现存的庄园记录来看,1450年之后的一个世纪意味着一个"黑暗时代",而相比之下,在黑死病的早期阶段,这些记录却让我们对死亡率情况有了如此全面的了解。鉴于此,想要最终解决这一争论,最好的办法或许就是复原15世纪这条分割线两侧英格兰人口的情况。[168] 确定黑死病前夕的人口数量至关重要,这为此后发生的所有变化提供了一条基线。在这一点上,估值差异很大,从450万到高达670万不等。[169] 不过最近有一种观点认为,黑死病达到峰值的1348年,英格兰的人口不会超过480万——达到了估值的下限。[170] 这是基于对这一时期英格兰农业生产能力的详细分析,并与它能够养活的人口水平有关。[171] 按照目前的情形来看,这很可能代表着人们对该问题的一致意见。下一个衡量全国人口的可靠标准——基于1377年首次征收的人头税——得出的数字是250万,表示下降幅度约为50%,据推测,到1450年,这一数字已经进一步下降到了最低点190万,比黑死病前的水平下降了60%,接近1086年《末日审判书》记录的170万人口总数。[172]

1538年,托马斯·克伦威尔(Thomas Cromwell)最先推行堂区登记簿,在现代,剑桥大学人口与社会结构史研究小组用其来进行基于404个堂区的全国性调查。依靠这份证据,我们可以很有把握地估算出，人口在 1541 年达到了 283 万。那么问题来了：人口是如何达到这个数字的？[173] 如果我们采纳哈彻的说法，即由于极端的死亡率危机，至少在 16 世纪 20 年代以前，人口一直处于停滞状态，那么就需要每年有超过 2% 的增长率，才能在不到 20 年的时间内达到 1541 年的 280 万这个数字。[174] 这样的爆发式增长可以说并不现实，因为英格兰在 20 世纪之前的人口增长率峰值——也就是在 19 世纪的前 30 年——平均也只有 1.5%。[175] 较为现实的曲线是，英格兰人口在 1450 年出现拐点，在 1541 年以前一直以渐增但仍然相对平稳的速度增长。有一种推定认为，从 1450 年到 1475 年，这个国家的人口开始以每年仅 0.1% 的蜗牛速度增长，在此期间，人口从 190 万增长到 200 万，仅仅增加了 10 万人；然后，从 1475 年到 1522 年，年增长率翻了三倍，达到 0.34%，增加了 35 万人，人口也从 200 万增长到 235 万；最后，年增长率再次翻了三倍，达到 1%，到 1541 年，人口从 235 万增长到 280 万。[176]

即使黑死病之后世界人口下降或停滞的趋势在 1450 年就结束了，而不是像哈彻说的那样，在一个世纪后的 1550 年才结束，这也仍然意味着重大的人口变化，并强烈表明中世纪晚期有其自身的、不同于之后早期现代的人口模式。[177] 因此我们会说，中世纪晚期人口模式的特点是平均预期寿命低——只有 20 出头，甚至更低——年平均死亡率高达 4%—5%；这与早期现代的模式形成了鲜明对比，后者的预期寿命是 30 出头，年平均死亡率为 3%—3.5%。[178] 这些差异是很显著的（即预期寿命相差 10 岁），表明这是两种截然不同的人口模式，让历史学家有足够的理由在中世纪的终点和早期现代的起点之间划出一条分界线（尽管确切年代的定夺仍存在很大争议）。[179] 虽然 1348—1349 年之后的鼠疫来袭没那么声势浩大，但放到一起的话，影响力也堪比"大死难"了，因为如果没有它们，欧洲的人口就会回到鼠疫前的停滞状态，而不会迎来第一次暴增，这次暴增标志着向新世界转型。[180] 但在这次转型中起到决定性作用的因素是哪一个呢？是死亡率，还是生育率呢？

人口学家历来认为，中世纪晚期经历的是一种"高压"模式——高生育率（表现为平均结婚年龄低、结婚率高）与高死亡率相抵——而英格兰在早期现代经历的是一种"低压"模式，即生育率低（表现为结婚晚、有相当一部分人终身未婚），但死亡率也低。[181] 在这个假定的从中世纪晚期高压模式向早期现代低压模式过渡的过程中，死亡率更有可能是主要因素：它必须要造成中世纪晚期停滞或下降的人口趋势，以及早期现代上升的人口趋势，因为在这两种情况下，等式中的生育率这边都是与这一趋势相背离的。[182] 但这就出现了一个难题。人们的共识似乎断言，在16世纪中叶以前，死亡率危机一直反复出现。[183] 如果真的是这样，就说明为了克服死亡率危机，使人口不晚于1450年进入上升轨道，生育率起到了主导作用。

生育率而非死亡率在欧洲的人口趋势上起到决定性作用，唯一的方式就是低生育率模式在中世纪晚期持续存在，因为只有通过这种方式，生育率才能影响这一时期确立的、停滞或略微下降的人口曲线。[184] 事实上，整个14世纪下半叶和15世纪上半叶，英格兰的"人口替代率"似乎一直都很低，即低于1，或者说佃户与其继承人是一对一接替的。[185] 当然，这可能反映出夫妇在有意识地选择不生孩子，但另一种解释的可能性要大得多，那就是它反映出，由于瘟疫反复暴发，儿童的死亡率极高。[186]

然而，通常情况下，衡量生育率的首选标准是结婚率。相比于人口替代率，结婚率更容易从中世纪的记录中复原，也更直观，这是基于中世纪的结婚率和出生率呈正相关的假设。[187] 此处主要的论点是，根据堂区登记簿数据来看，1541年后在欧洲确立的西北欧婚姻模式——结婚晚，很大一部分人终身未婚——也应适用于中世纪晚期。[188] 尽管在黑死病之后的至少一个世纪里，早婚和高结婚率典型的经济动机——可以很容易地获得土地，提高生活水平——都依然存在，但还是出现了这种情况。[189] 虽然这种低生育率、高死亡率的高低压"混合"模式可以很好地解释欧洲在中世纪晚期"迟滞"或"滞缓"的人口趋势，但这样的话，我们就必须假设人口在1450年前后突然转换为高生育率模式（即纯粹的高压模式），然后又在1550年同样突然地转变为生育率和死亡率双低的纯粹低压模式，以便将人口增长延续到早期现代。鉴于当时的英格兰，可能还有欧洲的其他地方，都处于经济萧条，也就是"大萧条"（Great Slump）之中，生育率为何在1450年前后出现如此剧烈的变化，迄今为止尚未得到解释。[190]

然而，中世纪晚期低生育率，也就是低结婚率的证据，并不像高死亡率的证据一样无懈可击。在这方面，英格兰的人头税申报单是备受青睐的史料，其中最可靠的是1377年征收的人头税。但即便是这些资料，也被认为对女性有漏查的情况（出于逃税目的），因此，如果要反映与中世纪社会大致相等的男女比例，就必须对其进行"修正"。[191] 可是，也许人头税根本就不需要修正。来自墓地的考古学证据证实，中世纪社会中存在着男性占优的内在性别比例偏差，大约为1.13—1.19∶1。换句话说，在中世纪的欧洲，男性人数普遍多于女性，这种状况直到早期现代才发生逆转。这样的比例是支持高结婚率/高生育率模式的，因为男性倾向于争夺可以得到的配偶。由于营养不良、分娩死亡、暴露于环境风险（比如烟熏火燎、老鼠横行的家宅环境）等多重因素，中世纪女性的婴儿死亡率和成人死亡率都很高。[192]

尽管如此，英格兰的人头税申报单和整个欧洲大陆西北部地区——包括法兰西、低地国家、德意志和瑞士——的其他税收调查报告所给出的证据，都表明城市地区单身女性的比例确实很高，占成年女性人口的30%—40%，这可能是因为女佣的比例较高（占纳税人的20%—30%），她们通常在城市就职和生活。在广大农村地区，英格兰人头税得出的单身女性平均比例约为30%（其中仅有10%从事家政服务），但欧洲大陆的证据就比较杂了，一些人口统计学家偏向相对较低的比例（20%—30%），而另一些则偏向较高的比例（35%—40%）。[193] 因此，虽然城市的比例可能符合西北欧婚姻模式的定义——在特定时间点至少有45%的成年女性未婚——但农村的比例并不十分符合。与此同时，托斯卡纳和其他地中海地区（如法兰西南部和西班牙）的税收调查报告，则是显示出一种传统的、"不符合欧洲情况的"，或者说是"中世纪"的婚姻模式（即结婚率高、初婚年龄低），虽然这些地区至少在15世纪中叶以前也经历了人口的下降或停滞。[194]

如果说有什么共识的话，似乎就是死亡率和生育率以大体上旗鼓相当，并且协同作用的方式，促成了中世纪晚期和早期现代这段过渡期的欧洲人口趋势，而我们确实必须承认这一点，即两者都具有周期性或偶发性，过于复杂多变，很难做成模型，也很难预测，只能说其中包括"一系列各具特色的子时段"。[195] 哪怕是这样，我仍然认为死亡率是这场舞蹈中的领舞，因为在黑死病之后至少一个世纪的时间里，欧洲的人口都没能恢复，如果我们想要解释生育率在这一过程中是如何发挥作用的，就很难回避这样一个结论：生育率取决于死亡率，而非一个独立作用的因素。[196] 例如，某种流行病的死亡率男女有别，导致性别比失衡，或者人们为了应对疫情而进行迁移，这些都可能阻碍结婚。与此同时，一些阻碍结婚的动机因素——例如女性就业机会增加、社会混乱、失去寄托，乃至对未来充满恐惧和不确定性的风气——只有在瘟疫反复带来高死亡率的情况下才有可能出现。[197] 但死亡率影响生育率的主要原因可能在于这样一个事实：鼠疫的毒力通常是一视同仁的，会感染所有年龄段中大致相同比例的人（即"灾难型"死亡模式，而非"磨耗型"）。这就意味着社会不仅可能失去"替代"老一代所需的儿童，还可能失去许多处于育儿年龄（即 15—40 岁）的夫妇，而这些夫妇原本应该会生育更多的子女。[198] 因此，即便结婚率和生育率随着疫情飙升，也没有足够多的这类夫妇来弥补人口所遭受的损失。[199] 此外，这种灾难型死亡会长期阻碍结婚和生育。换句话说，在瘟疫造成了无差别死亡后，生育率无论高低，都断不能发挥决定性作用。

如果在 15 世纪或 16 世纪的某个时候，死亡率必然在欧洲人口转型的过程中发挥了主导作用，那么我们仍然需要解释为什么此时的死亡率模式发生了变化，对潜在人口恢复的阻力变小了。有一种解释是，腺鼠疫主要的共生啮齿类宿主黑鼠对这种疾病产生了免疫，跳蚤也就没有必要寻找人类受害者了，因为在这种情况下，鼠疫并不会在老鼠中大规模流行。[200] 第三次鼠疫大流行期间，印度鼠疫研究委员会证明了老鼠能够获得对鼠疫的免疫，更新的研究还发现，中亚的沙鼠和旱獭，以及美国西部的小鼠和田鼠，都对鼠疫有遗传抵抗力。[201] 不过，老鼠似乎会在上一次动物流行病后的短短 8 年内丧失对鼠疫的免疫力。[202] 因此，人们认为老鼠暂时的免疫只能解释每次疫情之间短暂的间歇，这才导致鼠疫在一些城镇每隔 10—20 年就会周期性出现。[203] 这是假定鼠疫通过在港口、城市和城镇的啮齿类自然宿主这一群体传播，至少是以小规模流行的形式在欧洲持续存在着,而更大规模的疫情——例如1360—1363年、1400年、1438—1439年和1478/1482年的疫情——则是因为来自欧洲大陆以外的地方性流行中心的杆菌会周期性地重新传入。[204] 虽然有人提出,欧洲的荒野或森林啮齿动物也可能是鼠疫携带者,例如原产于萨伏依(Savoy)地区的阿尔卑斯旱獭,但这不太可能,因为欧洲大陆(高加索地区除外)已经没有了类似亚洲、非洲或美洲的鼠疫地方性流行中心。[205] 同样,尽管人类终其一生都无法"获得"对鼠疫的免疫力,但一些反复暴露在这种疾病中的人群,经过一代又一代的基因进化,可能产生了细胞水平上的先天遗传免疫。不过,这仍然是一个复杂的课题,相关研究还在进行中。[206]

另一种解释是假定人类干预起了决定性作用。传统观点认为,许多港口城市采取的鼠疫管制措施——比如隔离——是1656年至1720年鼠疫从西欧消失的原因。这里的主要论据是,鼠疫管制措施和鼠疫的消失在地理和时间上相互吻合:因为就各地政府采取的"抗击鼠疫措施"而言,其执行情况和取得的成果"参差不齐""不够充分",鼠疫在17世纪末和18世纪初从欧洲消失的情况也是如此。这一论点实际上可以这样证明:将半途而废或执行不严的隔离措施与之后某地的鼠疫暴发相挂钩,要不然就是将严格有效地执行隔离措施与没有鼠疫相挂钩,即使邻近地区还在遭受鼠疫的侵袭。[207]

但这种解释是否同样适用于15世纪或16世纪向新人口模式转变的时期呢?一些人认为,直到15世纪,时人才开始将鼠疫视为"一种自然现象,可以通过人为手段加以预防、限制或阻隔",或者说,直到这时,城镇议会才开始依照疾病通过接触传染的观念,采取隔离等措施,限制与病人的接触。[208] 然而,这种说法忽略了一个事实,那就是从 1348 年黑死病刚一开始时，人们就尝试过控制鼠疫的措施，但显然没有任何效果。这些措施要么是旨在控制有毒的"臭气"，要么是限制人与人之间的接触传染，对专门通过老鼠和跳蚤传播的腺鼠疫不会产生任何影响。在这一点上，我们也必须提醒自己，在中世纪，并非所有人都认可黑死病因接触传染而起，即便有经验作为依据。虽然伊斯兰医学中不乏接触传染论的支持者，特别是摩尔人医生伊本·哈提马（Ibn Khātima，卒于 1369 年）和伊本·哈提卜（Ibn al-Khatīb，1313—1374），但 15 世纪的埃及学者伊本·哈贾尔·阿斯卡拉尼（Ibn Hajar al-'Asqalānī，1372—1449）否认接触传染论，理由是据观察，并非所有与鼠疫患者住在同一屋檐下的人都会得病。[209]

迄今为止，学者们还无法在对抗接触传染的应对措施与疫情严重程度或发生频次的实际降低之间建立起明确的关联，这确实很难证明。[210] 在这一点上，运用鼠疫的现代"实验室"定义，实际上可能有助于我们将研究和辩论集中在一个积极的、富有成效的方向上。由于鼠疫主要通过藏有受感染老鼠和跳蚤的谷物贸易，以"转移跃进"的方式传播，因此人们会期待对船运货物和其他进口货物进行隔离检疫能够有效地阻隔疫情。在黑死病的早期阶段，人们似乎并没有采取这样的策略。当时的瘟疫法令，例如皮斯托亚留存下来的 1348 年的法令，倾向于把重点放在感染者的流动及其私人财物的交易上，尤其是衣物。[211] 事实上，城市的政策在这方面适得其反，因为在疫情期间，市民关心的是确保充足的食物供应，以避免随之而来的饥荒，而时人认为饥荒是瘟疫的一个促成因素。[212]

真正意义上的贸易禁运或停船检疫，似乎是与意大利隔亚得里亚海相望的拉古萨 [Ragusa，即今杜布罗夫尼克（Dubrovnik）] 在 14 世纪末首先尝试的。隔离检疫最初是出于政治原因，作为一项针对贸易强国威尼斯的政策，但只有在可疑货物和船员真正按照要求隔离 40 天的情况下，隔离检疫才会有效，因为在这样一段时间里，任何感染都会自行消失。到了 1400 年，为了报复拉古萨的政策，威尼斯也采取了停船检疫，但似乎直到 1423 年才开始对瘟疫时期的商业活动实行更加具有卫生导向的全面隔离检疫。[213] 从 15 世纪中叶起，常设的卫生委员会开始广泛设立，先是在意大利，后来进入 16 世纪又扩展到更北边的法兰西、英格兰和低地国家；直到这些委员会拥有了真正全方位的管辖权和执行权，隔离检疫措施才能真正行之有效。[214]

但鼠疫控制方面最重要的进展，也许是"通信渠道"，或者说是信息共享网络的建立。通过这些渠道，各个城镇会得到鼠疫来袭的地点和时间方面的预警，这样它们就可以关闭边境贸易，以此阻断传播链（同时可以继续从安全地区得到供给）。[215] 事实上，这种策略至今仍然被证明是最有效的，也被 WHO（世界卫生组织）所采用，成功地将 SARS（严重急性呼吸系统综合征）、禽流感、MERS（中东呼吸综合征）、埃博拉病毒和寨卡病毒等出现苗头的潜在大流行扼杀在了萌芽状态。这肯定也大大消除了像鼠疫这样的疾病带来的恐惧，而人们之所以如此恐惧，正是因为鼠疫的下一次来袭充满不确定性。这一切必然需要一定的时间来发展和完善，因此，可能直到 17 世纪后半叶，欧洲才有了真正有效的鼠疫应对措施。此外，贸易也可能在不经意间发生了变化，有利于减少鼠疫疫情的发生和波及范围。例如，在整个中世纪晚期，对谷物的需求大幅下降，这既是因为需要养活的人大大减少，也是因为农民的饮食口味发生了变化，此时的他们吃得起更多的肉类和鱼类了。[216] 这必然减少了对远距离谷物贸易的需求，人们转而寻求更靠近当地的供应来源，自然也就降低了鼠疫从国外输入的风险。[217] 此外，早期现代的探险家们建立了新的国际贸易路线，可能使欧洲得以绕开中亚的鼠疫地方性流行中心。鼠疫要想持续不断地一再传入本地鼠群，这一点尤为重要。

总的来说，很可能是多种因素相互依存、共同作用，才导致与鼠疫和其他流行病的斗争在早期现代出现了转机。[218] 但是，究竟发生了什么，使得鼠疫在欧洲人的生活中不再那么凶险和致命，这一点仍然存在很大程度上的不确定性，在可以预见的未来也很可能一直如此。[219] 无论原因为何，鼠疫的范围、严重程度和发生频率的减少，都是早期现代欧洲死亡率降低、人口增加的主要原因，这一点毋庸置疑。[220]

瘟疫经济

在中世纪史学史中，鼠疫的命运经历了盛衰起伏，一切都取决于它在中世纪晚期的经济和社会中被赋予了何种角色。20 世纪初，研究庄园经济的历史学家被 1348—1349 年黑死病首次暴发后经济的韧性和复苏深深震撼，例如伊丽莎白·莱维特（Elizabeth Levett）和弗朗西丝·佩奇（Frances Page），前者研究了英格兰南部温彻斯特主教的地产，后者则聚焦于东米德兰兹（East Midlands）地区克罗兰修道院（Crowland Abbey）所拥有的庄园。[221] 在此基础上，她们得出结论：鼠疫并没有产生"革命性的"影响，也没有"对后来的时局产生任何深远影响"。[222] 后来对分散在全国各地的其他地产的研究，也倾向于证实这一情况，即第一次鼠疫过后，局面很快就恢复了"常态"，领主们能够以与之前差不多的条件填补租期的空缺，换句话说，对于例定的（隶农）土地保有权，租金是同样的（高）水平，赋税和劳役也和以前一样。[223] 这或许得益于劳动力和佃户储备过剩，或者说是盈余——正所谓黑死病前夕人群"熙攘"，"人潮汹涌"——据称，瘟疫将他们淘汰掉，"与其说是毒害，不如说是净化"。[224]

然而，黑死病研究似乎有一个普遍规律：对这个时代的原始史料研究得越多，就越能发现鼠疫对人口和经济产生重要影响的证据。约翰·索尔特马什（John Saltmarsh）率先提出了这一点，他在第二次世界大战期间撰文称，一直延续到 15 世纪中叶的中世纪晚期经济危机，可以用鼠疫的"长久感染"或"接连流行"造成的长期人口减少来解释。但是，由于仍缺乏经验数据，索尔特马什所阐述的，也只不过是一个"未经证实的假设"。[225] 但大量涌现的对庄园的研究，尤其是那些聚焦于特定地区黑死病的研究，很快便为其提供了佐证。这些研究表明，一旦采取更长期的视角，越过 14 世纪中叶，延伸至 15 世纪，那么鼠疫确实给中世纪社会带来了一些影响深远的变化。[226] 与之相辅相成的是，有关鼠疫对人口长期影响的证据也在不断增加，从根本上修正了约翰·比恩（John Bean）在 20 世纪 60 年代初提出的观点。他声称，"到了 14 世纪末"，人口减少已经完全得到遏止，之后还出现了回升。[227] 事实上，新的人口统计学证据表明，鼠疫"是可以被提升到产生持续性经济影响的地位上的"，且其影响贯穿整个中世纪晚期，这种观点在之前是无法想象的。[228] 到了 1994 年，约翰·哈彻宣称，"长期以来，历史学家一直试图削弱黑死病的重要性，这股热情是时候该收敛一下了"。他认为，我们在中世纪晚期经济中觉察到的那些"新方向"，"如果没有黑死病和后来历次疫情的干预，就不会有如此强劲的发展势头，也不会持续如此之久"。[229] 即便如此， 些历史学家仍然认为，中世纪晚期的经济变化在前行与发展的过程中，更多是"渐进式的"，而不是"革命性的"。[230]

此外，人们对黑死病所产生的直接影响的证据进行重新审查后发现，这种疾病的破坏性比我们之前以为的要大得多，复苏的景象在许多方面都只是浮于表面的错觉。例如，莱维特使用的温彻斯特财税卷宗（Winchester Pipe Rolls）是主教的中心管理机构制作的账目，其编辑痕迹很重。审计员经常把庄园管家在当地起草的庄园账目卷宗中的原始数字划掉，用另外的数字取而代之，财税卷宗记录下来的就只有这些数字。因此，我们在财税卷宗中看到的只是理想情况，或者说是审计员和领主在瞬息万变的世界中希望看到的情况，而非实际发生的情况，尤其是在庄园的收入方面。[231] 将资源从受打击较轻的庄园转移到更困难的庄园，也可以掩盖整片土地内部的乱象，而各式各样的会计手段则可以用来掩盖支付给劳动者的、非法的高工资。[232] 总的来说，对原始庄园账目卷宗进行更加细腻、深入的解读后，我们发现，黑死病刚刚过去后，庄园的经营确实出现了混乱——包括对例定工作的懈怠、谷物和牲畜的产量和销售量的下降，以及对农耕和畜牧业的全然疏忽，这些全都符合同时代编年史作者的证词。[233] 伯克郡（Berkshire）的英克潘（Inkpen）庄园由蒂奇菲尔德修道院（Titchfield Abbey）所有，1348—1349年，这里的佃户的死亡率还不到20%，可即便是这样一个庄园，多年以后仍有租期空置的记录。[234] 从某种意义上讲，我们的观点绕了一大圈，现在又回到了19世纪晚期的观点，也就是倾向于强调鼠疫影响的重要性和规模，而莱维特和佩奇等作者已然将其诋毁为"守旧派"。[235]

多年来的另一个争论点是，黑死病对中世纪晚期经济的总体影响是好是坏。[236] 这一次同样要追溯到19世纪晚期，英格兰经济学家索罗尔德·罗杰斯（Thorold Rogers）基于其开创性的工资和价格指数数据，率先将中世纪晚期命名为"雇佣劳动者的黄金时代"。该数据显示，伴随着物价的下降，农业工人的薪资稳步增长，实际收入和整体生活水平大幅提高。²³⁷ 对该指数的进一步完善只是更加凸显了这些收益：最新数据显示，公元1300年前后至1450年，农场工人的工资增至三倍，而与此同时，他们的实际工资（即相对于物价的工资）也翻了一番。²³⁸ 以此衡量，15世纪末英格兰农民的生活水平，直到四百年后的19世纪末，才随着工业革命的成就而被超越。²³⁹

20世纪50年代和60年代，弗里德里希·吕特格（Friedrich Lütge）和安东尼·布里德伯里（Anthony Bridbury）又对这些论证进行了扩展。吕特格强调了黑死病带来的有利的土地—劳动力比例，在此情况下，幸存者除了能够获得更高的工资，还能享用各类取之不尽的资源。²⁴⁰ 类似地，布里德伯里也描述了黑死病带来的死亡如何放任农民抢夺土地，好比"一种超大规模的马歇尔计划援助"。²⁴¹ 针对中世纪晚期经济出现"危机"的说法，布里德伯里还认为，因为随着人口的减少，人均农业和工业产量甚至还增加了，或者至少人均产量下降的幅度小于人口下降的幅度，所以14世纪晚期和15世纪是一个经济扩张的时代，惠及了所有人，包括领主和城市中产阶级，以及农民。因此，所谓的中世纪晚期危机完全说不通。²⁴²

克里斯托弗·戴尔（Christopher Dyer）和玛丽安娜·科瓦莱斯基（Maryanne Kowaleski）等学者对这种乐观派观点进行了合理引申，认为一场"消费革命"席卷了中世纪晚期所有的经济领域，直接原因是绝大多数农民的实际工资都在上涨，购买力和可支配收入实实在在地翻了一番，而由于人均产量的增加抵消了人均需求的增加，物价保持了稳定，在某些情况下还有所下降。这场消费革命涵盖了丰富多样的商品和服务，包括更加优良的食品饮料、服装、住房和住宿、宗教慈善等。这反过来又刺激了贸易和制造业（或者也可以说是工商业），以满足新的消费需求，从而进一步提高了生活水平。[243]

另一方面，从20世纪30年代开始，剑桥大学历史学家迈克尔·莫伊西·波斯坦（Michael Moissey Postan）对中世纪晚期的经济提出了较为"悲观"的看法。波斯坦认为，中世纪晚期的经济陷入了"危机"。他将其定义为"国民财富总量的相对减少"，这是由于农业生产在减少，城市贸易也在减少，说得再具体一些，就是羊毛和布料出口减少了。在波斯坦看来，14世纪和15世纪是"土地价值下降、租金减少、保有地空置和私有地耕作利润缩水的时代"。[244] 当然，从地主，也就是土地贵族和绅士阶级的角度来看，这是一场灾难，但从农民和大多数佃户的角度来看，这可以被视为一种恩惠和经济上的赐福。波斯坦的学生约翰·哈彻延续了这一悲观派路线，他认为劳动者的"黄金时代""需要被狠狠地祛魅一番"。在哈彻看来，哪怕是中世纪晚期工资水平引人注目的增长，也无法转化为生活水平的提高，因为大多数雇佣劳动都是季节性的，因此从日薪推测年收入是很不可靠的。哈彻还认为"消费革命"相当有局限性，因为它只包含了基本的商品和服务，并不包括高端奢侈品。[245] 此外，哈彻还让我们注意到了欧洲在15世纪中叶那几十年里的"大萧条"，当时几乎所有的工农业生产部门都经历了收缩。这对土地价值、消费者消费、就业、贸易等方面产生了连锁反应，影响了上至地主、下至日工的几乎所有阶层的人。[246]

然而，尽管有这样那样的批评，乐观派观点的支持者，比如戴尔，仍然认为"黄金时代"就算不像之前说得那样美好，也还是成立的，而"底层工薪阶层的生活条件得到改善，是中世纪晚期经济的一个显著特征"。[247] 黄金时代的支持者虽然承认日薪并不能反映全年收入，但他们认为，年收入 3—4 英镑——相当于以至少 4 便士的日薪工作 180—240 天，是黑死病之前普遍收入的 4 倍——对整户家庭来说，是完全可以实现的。这不仅包括养家糊口的成年男子的收入，还包括其妻子和儿女的收入。大多数情况下，他们被记录下来的工资可能低于他们得到的实际酬劳，因为没有提到食物等实物支付方式；明确提到没有以食物作为支付方式时，货币工资则大大高于平均水平。此外，甚至在之前没有土地的农民阶级中，拥有土地也变得稀松平常，因此劳动者有机会更多地依靠自种的粮食来降低支出。农民的土地占有率提高，也创造了更多的就业机会，即使在经济困难时期也是如此，因为此时每个村庄都有相当多的佃户拥有 30 英亩或更多的土地，精英阶层则拥有 50—100 英亩的土地，这就必然需要长期雇人来帮忙耕种。[248]

如果我们可以谈论黑死病之后的"瘟疫经济"，那么这可能并不是坏事，前提是我们认为瘟疫对占人口绝大多数的农民的经济影响利大于弊。黑死病夺走的不只是总人口中的很大一部分（50% 或更多），还是最适合工作的那一批人（即 15—40 岁的人），从而"给劳动力市场带来了有史以来最大的供给侧冲击"，从根本上改变了土地—劳动力比例，使其变得对佃户极为有利。[249] 据称瘟疫经济带来的主要经济变化有 3 个：一个新的、自由的劳动力和商品市场，导致劳动者的实际工资大幅提高；农奴制的消亡，导致非自由佃农的劳役和例定赋税被折算成现金；土地被重新分配，私有地的农庄普遍被出租，导致人们更容易参与到"土地市场"中。很显然，我们没有篇幅对这些话题逐一进行详细深入的探讨了。此时此刻，我能做的也只是勾勒出争论的概况，尤其是与黑死病有关的这些内容。

根据经济的供求规律，黑死病造成的需求和供给侧冲击应该意味着劳动者工资大幅提高，物价降低，至少食品等基本商品的价格会降低；这反过来也应该使大多数中世纪农民收入增加（尤其是相对于生活成本而言），生活水平提高，而领主和绅士阶级（即农业"生产者"）则恰恰相反，他们必须支付更高的劳动力成本，并接受产品利润降低。[250] 但不同国家的工资率趋势可能有很大差异。黑死病之后，英格兰和意大利建筑工人的日实际工资率几乎立即增加，但意大利在 14 世纪 70 年代达到顶峰后便回落了，而英格兰则是持续上升，到 15 世纪中叶与荷兰齐平，是黑死病之前的两倍还多。15 世纪末，英格兰的工资率回落到意大利的水平，而荷兰却几乎保持不变。与此同时，西班牙的工资率竟然缩减到比黑死病之前的水平还低，至少在公元 1400 年之前都是如此，之后工资率才缓慢上升，达到了瘟疫前的峰值，在 1450 年后却再次下降。[251]

这一切都表明，人口与经济趋势之间绝非简单的相互关系，瘟疫经济的动态变化要更加复杂。有一点是很明显的：中世纪晚期还不是一个完全的资本主义社会，充其量只是在向资本主义社会过渡。黑死病之后，各国相继推行了劳动立法——其用意是将工资和工作条件（尤其是迁徙自由）固定在瘟疫之前的水平——仅此一点，就表明这还不是一个能让供求规律自由运行的社会。[252] 有迹象表明，在英格兰，1349 年和 1351 年的工资法在 14 世纪 50 年代、60 年代和 70 年代得到了严格执行，起初是由专门指定的劳工法官（justices of laborers）执行，1359 年后则是由正式的治安法官（justices of the peace）执行。[253] 另一种解释是，这些年的"工资黏性"——工资相对于物价保持平稳——是由于货币趋势，特别是硬通货或硬币很容易获得，这往往会助长通货膨胀。低地国家虽然没有实行劳工法，但那里的实际工资有"黏性"，也就是相对平稳，维持的时间也比英格兰要长，这一事实更是强化了该

论点。²⁵⁴

但瘟疫带来的这些限制并没有持续下去。1351年首次颁布的劳工法，在英格兰的执行力度终究还是减弱了，证据就是需要定期重新颁布法律，这一政策即便表明法律对经济无能为力，却也产生了政治后果。²⁵⁵ 同样，尽管有人认为"人口力量只能通过与其他实际经济力量（即货币趋势）的相互作用来影响长期的价格变动"，但这一论点要放在黑死病早期的几十年里才最有说服力。²⁵⁶ 而在可以确定的范围内，虽然价格变动确实对应着货币供应量的变化（即货币宽松时物价高，货币紧缩时物价低），但工资则不然。至少在英格兰和荷兰，实际工资在势不可当地上升，甚至在约公元1400年之后还是这样，而此时的货币供应量宽松，物价呈现上升趋势，实际工资通常应该被压下来才对。²⁵⁷ 因此，从长远来看，当这种情况出现时，瘟疫才是实际工资通胀曲线的主要推手，因为它通过持续不断地抑制人口来维持对需求和供给侧的冲击，即使这种人口压力起初被其他因素抵消了。

也许更重要的问题是，实际工资的提高对黑死病导致的农民生活水平整体提升起到了多大作用？如果从日薪推算一年的收入，那么提升幅度确实非常大，或许大到不切实际，因为这已经超过了绅士阶层成员的收入，可他们才是支付工资的一方。²⁵⁸ 关于雇佣劳动者一年工作多少天的确凿数据很难获得，这在很大程度上取决于其所从事的劳动种类。²⁵⁹ 通常情况下，雇佣劳动者一年中只有收获季的几个星期受雇于农庄，而且雇用他们的人大多也是农民，这些人不愿支付主教辖区和修道院等机构雇主记录下来的高工资，而工资和价格数据的主体恰恰是这些记录。²⁶⁰ 据估计，雇佣劳动只占中世纪经济中劳动总量的一小部分——1/5或1/4——或许是季节性太强的缘故。²⁶¹ 另一方面，很少有农民有幸得到一份固定、全职、年薪制的工作；如果有的话，一般是被雇用为家庭佣人（famuli），合同期为一年。通常情况下，他们只能通过自给自足的耕作、季节性的雇佣劳动以及销售其他商品和服务来勉强维持生计。[262] 有人认为，实际工资并不能转化为生活水平指数，因为这是基于支付给家庭佣人的工资，而这些人在农村人口中的占比不超过5%。

不过，黑死病之后，除了赚取更高的工资，农民还有其他很多方式可以提高生活质量。例如，这一时期农奴制的衰落，显然使许多农民摆脱了按照惯例为领主服劳役［"周工"（week work）和"布恩工"（boon work）］以及缴纳赋税（包括婚姻捐、租地继承税、人头税、磨坊捐等）的负担。事实上，人们普遍认为，1380年前后至1450年前后农奴制事实上的终结，是中世纪晚期"最重要且没有之一的"经济和社会发展。[263] 劳役和其他例定赋税的折算，以及传统的土地保有权向"公簿保有"（copyhold）和"租赁保有"（leasehold）的转化，在整个14世纪和15世纪的许多英格兰庄园都有记录。[264] 对于这一过程，从人口学的角度来解释，就是黑死病"对劳动力市场造成了有史以来最大的供给侧冲击"，因为它清除了"多达一半的未来佃户和工人"，这就迫使领主为了吸引并留住工人而争相减轻农奴的负担，或者干脆一笔勾销。[265] 总的来说，人口学角度的解释极具说服力，支持者众多。[266]

还有一个论点同样很有说服力，那就是不能完全用人口学因素来解释，因为即使有诸如黑死病及其对供给和需求方面的冲击等普遍存在的力量，农奴制在不同地方的结束时间也不尽相同，一般来说，直到15世纪中叶都还存在于英格兰的某个地方。[267] 在欧洲其他地方，法兰西的情况与英格兰类似，任何的农奴制残余似乎都是在瘟疫之后经过了一段漫长的消磨过程才消失的，而在意大利和低地国家等城市化程度较高的地区，黑死病到来之时，农奴制早已名存实亡。[268] 在西班牙的加泰罗尼亚，黑死病之后，领主能够通过对农奴行使字面意义上的"虐待权"（ius maletractandi），并将农奴购买自由的赎身费定为不切实际的高价，来"加强对佃户的控制"。[269] 即使其他地方的农奴制正在日渐消亡，但是在东欧（即普鲁士、波兰、波希米亚、匈牙利、波罗的海国家和俄罗斯），这里的领主们实际上却是头一次能够实行这种制度，因为他们能够削弱君权，增加自身的政治和司法权力了，这与西方的中央集权趋势正好相反。[270] 这一切都表明，在欧洲，农奴制消亡的地方，政治、社会和法律压力，以及经济和人口压力，都可以影响农奴制的消亡轨迹。[271]

然而，农奴制衰落的其他因素，包括解放或赎身、农民反抗和移民在内，都仍然无法将死神国王推下王座，主要是因为这些因素都有着千丝万缕的联系，而瘟疫仍然是所有这些因素的主要推手。除最富裕的农民外，解放对其他所有农民来说都太过昂贵，似乎并不是特别普遍，因此"对农奴制的消亡助力甚少"。[272] 事实上，在黑死病之前，领主可能更倾向于解放农奴，或者将劳役折算成现金，因为此时这种做法可以让他们收取比惯例所允许的更高的地租，或者筹集到现金。这样一来，还是之前传统的土地保有权更有吸引力。[273]

农民的反抗活动似乎在黑死病之后达到了"最高潮"，有人认为，此时能够解释农奴制消亡的，唯有"无数个人的反抗行动"，而不是"供求力量的非人力作用"。[274] 劳工法的制定和公然反抗的发生，例如1381年的英格兰农民起义，都可以作为令人不堪忍受的领主压迫的证据。显然，当地的风俗习惯和土地保有权的条件，以及领主对农奴制的态度和评价，决定了"变化的速度和方向"，而这些也都是因庄园而异的。[275] 但也可以说，正是黑死病及其对供给侧的冲击，最先让农民意识到了他们劳动的价值——以及他们的处境是何等的不堪忍受，尤其是与没那么多桎梏的邻居相比。[276]

英格兰政府成功镇压了 1381 年的农民起义后，劳役和赋税的重新谈判和折算却还在继续快速进行，这显然是受到了新的"经济现实主义"的驱使，因为人口结构已经被黑死病永久性地改变了，而农民的小规模反抗行为则使这一变化成为定局。[277] 即使是像达勒姆主教这样强大的领主，在其主教辖区可以行使王权（palatine powers），但面对数百英亩租地荒废的前景，也不得不做出妥协，实际上在 14 世纪 80 年代前就将全部劳役折算成了租金；尽管他在 14 世纪 50 年代做出了积极的努力，也下了狠手，试图维持庄园制，采取的措施包括逮捕和监禁、要求村民发誓守规矩，以及向留下的村民收取租期空置费。[278] 但显然，由于瘟疫使人口不断减少，土地—劳动力比例持续有利于农民，这样的变化使农民更容易提出要求，也使领主更难抗拒农民的要求。[279] 此外，在黑死病暴发前夕，英格兰只有一半的农民和土地保有权仍处于非自由状态，只有 1/3 的农民还在做周工。这一事实令人不禁怀疑，农奴制在整体的农民心态中到底有多么重要——又有多么招恨。[280]

最后，无可否认，迁徙也是农奴制消亡的一个因素，因为通过这种方式，农民可以"用脚投票"，离开庄园去其他地方寻觅更好的条件，甚至在黑死病之前他们就已经在这样做了。但有证据清楚地表明，瘟疫之后，从 14 世纪 50 年代开始，迁徙的情况显著增多。[281] 毫无疑问，迁徙的动机是复杂多样的，但无法否认的是，黑死病只是把劳动力变得更加稀缺，为农民创造出了一个更加有利的市场，他们可以将劳动力卖给出价最高者。因此，从方方面面来看，瘟疫都是农奴制衰落原因背后的

主要推手。²⁸²

土地作为食物的主要来源,可能是中世纪最有价值的商品,而土地的所有权通常是衡量财富的标准。²⁸³ 黑死病使中世纪的土地市场供过于求,极大地缓解了瘟疫之前累积的人类对土地的压力。²⁸⁴ 它通过两种方式做到了这一点。最明显的方式是通过继承和其他死后转让方式腾出土地,因为大量的土地占有者或拥有者死于瘟疫,同时潜在继承人的数量也减少了。²⁸⁵ 第二种方式是生前(*inter-vivos*)转让(即所有者在世时完成的转让),因为地主们急于通过一切可能的方式避免租期空置,极大地放宽了此类交易的管制规定。²⁸⁶ 这是一个比较渐进式的过程,但它所占的分量最终超过了死后转让。地主们终于放弃了直接耕作,将他们的私有地租出去,要么是整体出租,要么是分块出租,从而在当地土地市场上一次性释放出数百英亩的土地。²⁸⁷ 这也在许多佃户和他们的领主之间创造了一个新的等级阶层,从而进一步削弱了庄园制;甚至有时承租人是整个村庄,也就是一群农民集体行动,这样一来,个人就可以增加他们所拥有的土地了。²⁸⁸ 对佃户来说,租金和土地易主费也更便宜了,在这种新的经济形势下,他们通常占据优势地位,掌握着主动权。²⁸⁹ 总的来说,中世纪晚期土地市场最重要的发展,或许就是传统的土地转让管制的消亡,取而代之的是更加自由的市场、原始资本主义的手段,以及随之而来的土地再分配与整合的过程,这标志着 1348—1349 年之前的碎片化趋势已经被完全逆转了。²⁹⁰

毫无疑问,这些变化背后的主要推手正是黑死病,因为只有"任何的人口恢复都推迟"到 15 世纪中叶以后,才可能实现"这种传统制度的衰落",而瘟疫也"维持了足够灵活的土地供应,允许人们通过逐块收购积累大量的保有地"。²⁹¹ 然而,尽管黑死病为得到土地所有权创造了前所未有的机会,但要不要利用这些机会,还是取决于个人的进取心和掌握的资源,以及每个地方的实际情况。[292] 新的土地市场也产生了相当大的社会影响,尤其是在习惯继承以及家庭与土地之间的传统纽带方面。传统的继承模式深受其害,因为儿子不再需要等待继承祖产才能获得自己的土地。[293] 一些村庄的流动率非常高,每过半个世纪左右,就会有 3/4 的家族从记录中消失,以至于古老的、根基深厚的家族"被一扫而空,取而代之的是一个更具流动性的、短暂停留的社区"。[294] 然而,另外的研究表明,土地可能仍然留在家族内部,只是被关系更远的亲戚占用了,而在一个范围扩大的亲族关系网络中,他们的亲戚关系也更加难以追溯。[295]

关于中世纪晚期土地市场的主要争论,涉及什么人从大量的土地供应中获益最多,以及他们究竟是如何获益的。这场争论主要在两拨人之间展开,一方倾向于将其解释为"经济振兴",即新的土地市场产生了相对平等的土地再分配,另一方则认为土地收购出现了"两极分化"的情况,因为土地落入了少数"农民贵族"手中,牺牲了那些无地或只剩少量保有地之人的利益。[296] 当然,在瘟疫首次暴发后一个半世纪里土地市场演变的背景下,这两种观点可能都是对的。

黑死病刚刚过去的时候,人们会认为无地农民阶层是新的土地供应最大的受益者之一,因为他们此时有机会继承土地,抑或是以低廉的土地易主费和租金获得土地。[297] 总的来说,据估计,无地者——这里的定义包括茅舍农(cottagers)、雇佣劳动者和仆人——在英国家庭中的占比从公元 1300 年的一半以上减少到了 1524 年的 1/3。[298] 这可能有助于解释许多庄园的高迁移率和佃户流动率,而且还会产生额外的经济影响,也就是减少雇佣劳动力的供应,从而使之变得更加昂贵,同时压低谷物价格,因为此时更多人有了自给自足的小块土地来养活自己。[299] 然而,我们很难了解无地者的确切情况,因为庄园和税收记录通常都会把他们略去,或许也只能说,黑死病之后的卷宗里明显是没有他们的。[300] 有人反驳说,无地者不可能有机会利用这些最近可以买到的单位土地,尤其是因为这些土地被合并成了越来越大的地块出售,需要有一定的资金储备才能购买和利用。因此,最有可能的受益者是现存的土地所有者,或者是正在寻求这类机会的移民。也可以通过农民提供的转租来获得面积更小、更容易负担得起的地块,但这些土地的条件未必比领主提供的条件更优厚。[301]

起初,瘟疫所造就的新土地市场似乎并没有给村庄的土地保有权结构带来太大的改变。以诺福克郡的科尔蒂瑟尔(Coltishall)庄园为例,从 1300 年到 1400 年,占有土地的面积分布基本保持不变,没有佃户占有超过 30 英亩的土地,绝大多数,也就是 85% 的佃户占有 5 英亩或更少的土地。直到 14 世纪 60 年代至 90 年代初,以交换总面积和交易次数计算的土地交易量才出现了激增,之后在 15 世纪的头五年里再次激增。[302] 同样,直到 14 世纪晚期,伯克郡的几个庄园才经历了交易次数的增加和土地所有者的更替。[303] 最终确实呈现出了一种新的土地市场模式,在这种模式中,更大的地块和更多的"混合持有土地"以更快的速度易手,因此,即使参与市场的人数减少了,"人均土地流转"却还是增加了。[304] 这一切在很大程度上被认为是瘟疫卷土重来及其"对土地市场的解放作用"所造成的;瘟疫之前,交易通常是更多的人出售更小的保有地,以这种方式在歉收和饥荒时期筹集所需的现金,以购买粮食。[305] 许多农民不愿参与土地收购,可能只是因为他们缺乏利用大面积保有地所需的财力。[306] 据估计,为耕种 1 威尔格,也就是 30 英亩的耕地，并为领主服例定的劳役，农民要么需要一个大家庭，要么需要雇佣劳动力，而后一种方案在黑死病过后是很费钱的。[307] 农民们也不愿持有传统的土地保有权，因为这种还保留着赋税和劳役的负担，或者是租金被人为拉升到了高于自由保有的水平，而自由保有的租金是允许随市场波动的（市场则是持续走低）。庄园法庭卷宗记录了"甩给"或"强加给"拒不服从的佃户的租期，原因正在于此。[308]

直到15世纪，土地流转和土地积累，也就是所谓的"占地"（engrossing），才在科尔蒂瑟尔这样的庄园达到了"新的高度"和"空前的规模"。[309] 这与贵族地主从直接耕作转向出租私有地的大动作同时发生。然而，在这个谷物价格低廉、劳动力成本高昂的时代，形势对农民来说十分艰难。在这种情况下，地主的农庄也经营不下去了，于是人们不禁好奇，他们的承租人是如何做到这一点的。[310] 答案似乎在于专业分工，因为农民种植是为了一个垄断市场，通常是当地的城市或城镇，这与庄园为实现自给自足而实行的混合栽培方式形成了鲜明对比。[311] 否则农民的日子也不好过，他们债务缠身，连年拖欠地租，就足以说明这一点了。[312] 尤其是当领主们将最肥沃、最有价值的土地留给自己时，情况更是如此。黑死病之后，这些土地往往是牧场，只需少量劳动力就能养许许多多的牛羊，尤其是在土地被圈起来的情况下。选择全身心投入这一策略的领主们开始了后来所谓的圈地运动，而随着佃户的死亡或搬离（通常是自愿的），圈地运动也更容易进行了。[313] 但毋庸置疑的是，中世纪晚期的土地市场使一些人得以成为瘟疫后经济中的"农业资本家"，并且大体上创造出了一种远比之前更加多样化的佃户等级制度。[314] 这个新的"农民贵族阶层"是否延续了下来，成了16世纪的自耕农家族，还有待讨论。[315]

到最后，瘟疫经济带来了什么样的结果呢？对于可能受到黑死病影响的经济增长和活动，最明显的衡量标准就是一个国家的国内生产总值（GDP）。从历史角度来看，有好几种估算 GDP 的方法。其中一种比较常见的方法是基于工人的日工资率，它常常被用来代替生活水平的各项指标，进而代替人均 GDP，而英格兰在这方面的数据是很丰富的，可以一直追溯到 13 世纪中期。[316] 这种方法的劣势在于，这些工资率必须乘以工作天数才能得出 GDP，但确定劳动者的平均工作天数极其困难，而且工资率这类数据几乎不会考虑到"技能的提升和技术的进步"、家庭总收入以及农业工作的季节性，而这些都可能使数据出现偏差。[317] 此外，这种衡量 GDP 的方法也特别狭隘，因为它完全是基于收入的。另一种估算 GDP 的方法是基于产出，即农业、工业和服务业三大部门的经济增加值总和。这种方法也有它的弊端，比如必须依靠代理数据，尤其是在估算迄今为止历史学家关注相对较少的服务业产出时。但至少这种衡量方法比基于工资率的 GDP 更加全面，在近期的历史经济研究中似乎也更受青睐。[318]

现如今，人均 GDP 是世界各国财富排名的衡量标准。在欧洲的一些地区，黑死病对人口的冲击确实有助于人均 GDP 的提升。在可用数据体量最大的英格兰，据称人均 GDP 在 1348—1349 年黑死病首次暴发后立刻增长了 30%—35%，这主要是由于异常死亡率解决了瘟疫之前就已存在的人口过剩和贫困这一"棘手的经济问题"。在接下来的半个世纪里，人均 GDP 以每年 0.76% 的速度增长（直到 17 世纪下半叶才有了起色）。之后，人均 GDP 增速明显放缓，整个 15 世纪的年增长率仅有 0.15%，或者说基本上就是在原地踏步。即便如此，人均 GDP 还是比瘟疫前的水平增长了 50%。这几乎是黑死病的直接结果，本身也是

第八章 尘归尘，土归土，大家一起死：黑死病

经济增长的一项傲人成就。[319]

我们当然可以分别从农业、工业和服务业部门的角度来探讨这种增长的各个维度。在这一时期，工业发展得最好，14世纪下半叶的人均增长率超过1%，产出激增，尤其是纺织品生产和锡矿开采业。这是中世纪晚期的工业"黄金时代"，随后便是15世纪中叶的"萎靡"，这也与整体经济的"大萧条"相吻合，而在之后的几个世纪里，工业生产又开始了更加持久的增长。[320] 服务业的产出与工业同时达到顶峰，而农业产出则在14世纪晚期和15世纪出现了收缩，这是由于需要养活的人变少了，不过相对于粮食生产，畜牧业生产倒是扩大了，这是由于人们的口味变了，并且能够吃到更昂贵的食物了。[321] 总的来说，在中世纪晚期，工业部门对经济产出的贡献份额扩大了，农业的贡献份额则是缩小了，这一趋势在整个早期现代都一直持续着。[322]

由于这些经济趋势，黑死病之后，大多数农民的生活水平和生活品质都有了改善，这一点是毫无疑问的。与黑死病之前相比，到14世纪80年代，以千卡计算的人均食物消耗增加了1/4，其中肉类和奶制品消耗增加了一半，谷物消耗增加了大约1/3，因此，"与14世纪早期相比，此时的饮食热量更高，加工程度更高、更均衡，并含有更多加工和精制食品"。[323] 就社会收入分配和贫困家庭而言，到1381年，生活在贫困线以下的家庭数量比1290年减少了一半以上，而非熟练工人和熟练工人的工资购买力分别提高了55%和47%，尽管衡量收入不平等的基尼系数（Gini coefficient）略有上升。[324] 因此，黑死病虽然没有改变收入分配的基本结构，却大大降低了中世纪社会的贫困程度。

在国际上，或者说欧洲乃至全球范围内，黑死病对现代经济发展有何意义？从根本上来说，黑死病为西北欧，尤其是英格兰和荷兰成为工

业和贸易强国创造了条件，而意大利和西班牙等地中海国家的经济则走上了下坡路（即"小分流"）；与此同时，欧洲整体在财富和技术方面相对于亚洲遥遥领先，逆转了中世纪大部分时间里的普遍情况（即"大分流"）。这段历史前前后后历时好几个世纪，超出了本书的范围。简而言之，黑死病引发的经济结构变化为这些长期趋势奠定了基础，并推动了它们的进行。[325]

黑死病本身的这段时期，大约从1348年至1500年，英格兰的人均GDP增长了43%，而荷兰增长了69%，意大利仅增长了2%，西班牙的GDP竟然还缩减了14%。因此，英格兰和荷兰已经将自己定位为欧洲新的经济强国，从意大利手中接过了这一角色，经济中心也从南欧转移到了北欧。事实证明，英格兰和荷兰从黑死病中获得的经济收益更加持久，而意大利的经济收益就比较短暂了，完全是基于人口与资源比的改善，而一旦人口在1450年前后开始重新增长，这种改善也就化为乌有了；西班牙是这四个国家中黑死病之前人口最少的，在人口大幅减少，以至于商业网络、专业分工和人均收入都蒙受损失的情况下，它的经济也难以为继。[326]西班牙的经历可能也适用于东欧的广大地区，这些地区也具有"人口稀少的边疆经济"特征，而对于英格兰、法兰西、低地国家、德意志和意大利等人口稠密、城市化程度较高的地区来说，黑死病更像是"一份经济上的恩赐，而不是灾祸"。[327]从亚洲，尤其是中国得到的数据告诉我们，到1400年，亚洲的人均GDP与12世纪相比略有下降，降幅约为10%，大致相当于西班牙的水平。到了1500年，这个数字有所回升，但从那以后就开始了漫长而缓慢的下降，与意大利和西班牙的情况十分相似。[328]

到了18世纪，荷兰的增长已经达到顶峰，而到了1800年，工业革命正在进行,在人均 GDP 上,英格兰已经超过荷兰,成为全球贸易和殖民大国。[329] 黑死病带来的经济结构变化为这一转变奠定了基础,使英格兰走上了增长之路。[330] 黑死病一举解决了人口相对于资源过多的问题,使英格兰和其他人口过多的国家摆脱了马尔萨斯陷阱,即"经济停滞",虽然采取的方式比较激烈。[331] 此外,瘟疫造成的超额死亡"减轻了社会沉重的贫困负担,使人均需求再度膨胀,并且使人均收入立刻开始增加"。[332] 英格兰的幸运之处在于,即使 1450 年后人口再次开始增长,人均 GDP 仍然能够维持住。[333] 1798 年,托马斯·马尔萨斯(Thomas Malthus)发表《人口原理》(*Essay on the Principle of Population*)时,英格兰已经证明,即使人口继续增长,英格兰也可以实现强劲的经济产出和繁荣,这被称为历史的"巨大讽刺"之一。[334] 这似乎证明了亚当·斯密的观点,即通过专业分工和劳动分工,人口和经济是可以一并增长的。[335]

此外,工资率得到提高,对土地的利用增多,垄断程度加深,对劳动力和商品自由流动的限制也被消除了。尽管颁布了劳工法,但英格兰社会让这些变化自然发展,这意味着经济可以繁荣起来,惠及所有人,反之则是如埃及等受到压制的社会,经济陷入了停滞。[336] 许多人认为,黑死病引发的社会经济变革,对中世纪末期农业"企业家"的出现以及从封建主义向某种农业资本主义的过渡至关重要。[337] 尤其是劳动力的自由流动、政府对价格和工资失去管控能力,以及古老的庄园制习俗被彻底扫除,这些都可以被认为是真正的资本主义站稳脚跟、农业和工业革命得以发生的必要先决条件。[338] 此外,随着 15 世纪中叶以后人口开始回升,似乎发生了一场"勤勉"(industrious)革命。[339] 黑死病刚刚过去后的世界,或许是历史上最适合休闲的社会:工人可以(每年)工作 150 天,或者是一周只工作 3 天,仍然能够满足所有的基本需求。[340] 1450 年后,工资随着人口的增加而降低,英格兰工人为了维持他们习惯的生活水平而增加了工作时间。这样一来,即使人口压力再次出现,黑死病带来的 GDP 和产出增加也能保住了。[341]

因此,瘟疫经济是中世纪向现代世界过渡的一个组成部分。[342] 瘟疫过后,领主们在经济上勉强做出了让步,还指望这只是暂时的让步,只等"世界恢复原状"。[343] 但他们的等待是徒劳的。

注释

1 许多历史学家都给出了这样的评价,而这种评价似乎随着时间和更多的研究而得到了巩固。例如,参见 Robert E. Lerner, "The Black Death and Western European Eschatological Mentalities," in *The Black Death: The Impact of the Fourteenth-Century Plague*, ed. D. Williman (Binghamton, NY.: Center for Medieval and Early Renaissance Studies, 1982), p. 77("有史以来最严重的灾难之一"); Paul Freedman, *The Origins of Peasant Servitude in Medieval Catalonia* (Cambridge: Cambridge University Press, 1991), p. 156("中世纪欧洲历史上最具灾难性的事件"); D. G. Watts, "The Black Death in Dorset and Hampshire," in *The Black Death in Wessex* (*The Hatcher Review*, 5, 1998), p. 28("英格兰南部有史以来最严重的人类灾难"); Ole J. Benedictow, *The Black Death, 1346–1353: The Complete History* (Woodbridge, UK: Boydell Press, 2004), p. 3("史上最严重的人口灾难"); Paula Arthur, "The Black Death and Mortality: A Reassessment," in *Fourteenth Century England, VI*, ed. Chris Given-Wilson (Woodbridge, UK: Boydell Press, 2010), p. 49("英格兰历史上最严重的自然灾害"); Mark Bailey, "Introduction: England in the Age of the Black Death," in *Town and Countryside in the Age of the Black Death: Essays in Honour of John Hatcher*, eds. Mark Bailey and Stephen Rigby (Turnhout, Belgium: Brepols, 2012), p. xx("有文献记载的人类历史上最严重的灾难"); David Stone, "The Black Death and its Immediate Aftermath: Crisis and Change in the Fenland Economy, 1346–1353," in *Town and Countryside*, p. 213("史上最具灾难性的事件之一"); Bruce M. S. Campbell, *The Great Transition: Climate, Disease and Society in the Late-Medieval World* (Cambridge: Cambridge University Press, 2016), pp. 307, 319("欧洲有史以来最大的公共卫生危机,没有之一")。

2   Stephen D'Irsay, "Notes to the Origin of the Expression, 'Atra Mors'," *Isis* 8 (1926):328–332; Francis Aidan Gasquet, *The Great Pestilence* (London: Simpkin Marshall, Hamilton, Kent & Co., 1893), p. 7.
3   Benedictow, *Black Death*, p. 382.
4   John Aberth, *The Black Death: The Great Mortality of 1348–1350. A Brief History with Documents* (Boston, MA: Bedford/St. Martin's, 2005), p. 81.
5   John Aberth, *The Black Death: The Great Mortality of 1348–1350. A Brief History with Documents*, 2nd edn. (Boston, MA.: Bedford/St. Martin's, 2017), p. 60.
6   对黑死病的全面综述，读者可参见本人即将由哈佛大学出版社出版的 *The Black Death: A New History of the Great Mortality* 一书。另见 John Aberth, *From the Brink of the Apocalypse: Confronting Famine, War, Plague, and Death in the Later Middle Ages*, 2nd edn. (London: Routledge, 2010)，尤其是 pp. 94–210。
7   Ole J. Benedictow, *Plague in the Late Medieval Nordic Countries: Epidemiological Studies* (Oslo, Norway: Middelalderforlaget, 1993), pp. 146–149; Ole J. Benedictow, *What Disease was Plague? On the Controversy over the Microbiological Identity of Plague Epidemics of the Past* (Leiden, Netherlands: Brill, 2010), pp. 6, 9; Benedictow, *Black Death*, p. 9. 不过，在特定的流行时段，病死率会在 40%—90% 之间浮动。参见 R. Pollitzer, *Plague* (Geneva: World Health Organization, 1954), p. 418; Kiersten J. Kugeler, et al., "Epidemiology of Human Plague in the United States, 1900–2012," *Emerging Infectious Diseases*, 21 (2015):18; Robert D. Perry and Jacqueline D. Fetherston, "Yersinia pestis—Etiologic Agent of Plague" *Clinical Microbiology Reviews* 10 (1997):58。
8   Wu Lien-Teh, *A Treatise on Pneumonic Plague* (Geneva: Publications of the League of Nations, 1926), pp. 247–250; Benedictow, *Plague in Late Medieval Nordic Countries*, pp. 23–32, 214–227; Benedictow, *Black Death*, pp. 27–31.
9   W. M. Philip and L.F. Hirst, "A Report on the Outbreak of the Plague in Colombo, 1914–1916," *Journal of Hygiene* 15 (1917):529–530, 534–535.
10 古微生物学可被认为是"古病理学"下的一个专业，后者被笼统定义为探究"疾病对昔日人类群体的影响"。古微生物学面临着一些特定的挑战。参见 Donald J. Ortner, "Paleopathology in the Twenty-First Century," in *Bones and the Man: Studies in Honour of Don Brothwell*, ed. Keith Dobney and Terry O'Connor (Oxford: Oxbow Books, 2002), pp. 5, 9–11。
11 Michel Drancourt, et al., "Detection of 400-Year-Old *Yersinia pestis* DNA in Human Dental Pulp: An Approach to the Diagnosis of Ancient Septicemia," *Proceedings of the National Academy of Sciences* 95 (1998):12637–12640; Didier Raoult,

et al., "Molecular Identification by 'Suicide PCR' of *Yersinia pestis* as the Agent of Medieval Black Death," *Proceedings of the National Academy of Sciences* 97 (2000):12800–12803. 1998 年的研究考察了 1590 年埋葬在法国朗贝斯克（Lambesc）和 1722 年埋葬在马赛的鼠疫受害者，而 2000 年的研究则利用了 14 世纪下半叶埋葬在蒙彼利埃的受害者。

12 根据对第三次鼠疫大流行期间印度和越南的人类鼠疫受害者的检测结果，腺鼠疫病例中大约 30%—45% 的人会出现继发性败血症，而在肺鼠疫和败血症鼠疫病例中几乎无人幸免。当然，这意味着我们不能指望鼠疫坑中每个受害者牙髓中的鼠疫耶尔森菌 aDNA 检测结果都呈阳性。参见 Ole J. Benedictow, *The Black Death and Later Plague Epidemics in the Scandinavian Countries: Perspectives and Controversies* (Warsaw, Poland: De Gruyter Open, 2016), pp. 21, 634–636, 639–649。

13 Samuel K. Cohn, Jr., *The Black Death Transformed: Disease and Culture in Early Renaissance Europe* (London and Oxford: Arnold and Oxford University Press, 2003), p. 248; Alan Cooper and Hendrik N. Poinar, "Ancient DNA: Do It Right or Not at All," *Science* 18 (2000):1139; J. W. Wood and S. N. DeWitte-Aviña, "Was the Black Death Yersinial Plague?" *The Lancet: Infectious Diseases* 3 (2003):327–328. 法国团队依靠严格的牙齿清洁、使用专用设备、用一次性的"自杀式 PCR"引物进行检测，以及与阴性对照样本进行比较，来排除可能存在的现代鼠疫耶尔森菌污染。

14 Thomas P. Gilbert, et al., "Absence of *Yersinia pestis*-Specific DNA in Human Teeth from Five European Excavations of Putative Plague Victims," *Microbiology* 150 (2004):341–354; Michel Drancourt and Didier Raoult, "Molecular Detection of *Yersinia pestis* in Dental Pulp," *Microbiology* 150 (2004):263–264; Thomas P. Gilbert, et al., "Response to Drancourt and Raoult," *Microbiology* 150 (2004):264–265. 德朗古（Drancourt）和拉乌尔（Raoult）指出，吉尔伯特（Gilbert）团队只在 108 个样本中的 7 个样本上使用了他们的牙髓提取技术，而其中有 5 个样本来自凡尔登一个"疑似"鼠疫坑，德朗古和拉乌尔在那里得到的也是阴性结果。因此，只有 2 颗牙齿得到了妥善的检测，它们来自 1711—1712 年哥本哈根一个已经得到证实的鼠疫坑。绝大多数情况下，吉尔伯特团队使用的拔牙技术都要粗糙得多，包括将整颗牙齿磨成粉末，或者削去根尖并钻出内容物，主要针对的是牙本质，即牙釉质下方的钙化牙组织，而那里是不可能含有鼠疫耶尔森菌 DNA 的，因为没有血管供给。到 2014 年，吉尔伯特已经收回了先前的怀疑态度，表示"近年来，对降解的 DNA 进行提取和分析的技术取得了巨大进步，扩大了人们原来认为可达到的范围"。参见 Thomas Gilbert, "*Yersinia pestis*: One Pandemic, Two Pandemics, Three Pandemics, More?" *The Lancet: Infectious Diseases* 14 (2014):264–265。

15 Stephanie Haensch, et al., "Distinct Clones of *Yersinia pestis* Caused the Black

Death," *PLoS Pathogens* 6 (2010):online, e1001134; Verena J. Schuenemann, et al., "Targeted Enrichment of Ancient Pathogens Yielding the pPCP1 Plasmid of *Yersinia pestis* from Victims of the Black Death," *Proceedings of the National Academy of Sciences* 108 (2011):746–752; and Kirsten I. Bos, et al., "A Draft Genome of *Yersinia pestis* from Victims of the Black Death," *Nature* 478 (2011):506–510.

16 Schuenemann, et al., "Targeted Enrichment of Ancient Pathogens," pp. 746–751; Bos, et al., "A Draft Genome of *Yersinia pestis*," p. 506. 用于检测古代 DNA 样本并确保其真实性的新规程和测定方法，相较于先前招致怀疑的方法，也已有所改进。参见 Lisa Siefert, et al., "Strategy for Sensitive and Specific Detection of *Yersinia pestis* in Skeletons of the Black Death Pandemic," *PloS One* 8 (2013): online, e75742; Alan Cooper and Hendrik N. Poinar, "Ancient DNA: Do It Right or Not at All," *Science* 18 (2000):1139。

17 Schuenemann, et al., "Targeted Enrichment of Ancient Pathogens," pp. 746–752; Bos, et al., "A Draft Genome of *Yersinia pestis*," pp. 506–510.

18 Michel Signoli, Isabelle Séguy, Jean-Noël Biraben, and Oliver Dutour, "Paleodemography and Historical Demography in the Context of an Epidemic: Plague in Provence in the Eighteenth Century," *Population* 57 (2002):829–854; A. McKeough and T. Loy, "Ring-a-Ring-a-Rosy: DNA Analysis of the Plague Bacillus from Late Medieval London," *Ancient Biomolecules* 4 (2002):145; Christina Garrelt and Ingrid Wiechmann, "Detection of *Yersinia pestis* DNA in Early and Late Medieval Bavarian Burials," in *Decyphering Ancient Bones: The Research Potential of Bioarchaeological Collections* (Documenta archaeobiologica, 1, 2003), pp. 247–254; Ingrid Wiechmann and Gisela Grupe, "Detection of *Yersinia pestis* DNA in Two Early Medieval Skeletal Finds from Aschheim (Upper Bavaria, 6th Century A. D.)," *American Journal of Physical Anthropology* 126 (2005):48–55; Michel Drancourt, et al., "Genotyping, Orientalis-like *Yersinia pestis*, and Plague Pandemics," *Emerging Infectious Diseases* 10 (2004):1585–1592; Carsten M. Pusch, Lila Rahalison, Nikolaus Blin, Graeme J. Nicholson, and Alfred Czarnetzki, "Yersinial F-1 Antigen and the Cause of Black Death," *The Lancet: Infectious Diseases* 4 (2004):484–485; Michel Drancourt, et al., "*Yersinia pestis* Orientalis in Remains of Ancient Plague Patients," *Emerging Infectious Diseases*, 13 (2007):332–333; N. Cerutti, A. Marin, and Massa E. Rabino, "Plague in Ancient Remains: An Immunological Approach," in *Plague: Epidemics and Societies*, ed. Michel Signoli (Florence: Firenze University Press, 2007), pp. 238–241; Raffaella Bianucci, et al., "Technical Note: A Rapid Diagnostic Test Detects Plague in Ancient Human Remains: An Example of the

Interaction between Archeological and Biological Approaches (Southeastern France,16th–18th Centuries)," *American Journal of Physical Anthropology* 136 (2008):361–367; R. Donat, O. Passarius, G. Aboudharam, and M. Drancourt, "Les Sépultures Simultanées et l'Impact de le Peste," in *Vilarnu: Un Village du Moyen-Âge*, eds. O. Passarius, R. Donat, and A. Catafau (Trabucaire: Canet-en-Rousillon, 2008); D. Hadjouis, et al., "Thomas Craven, Noble Anglais Mort de la Peste en 1636 à Saint-Maurice (Val-De-Marne, France)," in *Identification et Détermination de la Cause de la Mort par l'ADN* (Biométrie humaine et anthropologie, 26, 2008), pp. 69–76; Raffaella Bianucci, et al., "Plague Immunodetection in Remains of Religious Exhumed from Burial Sites in Central France," *Journal of Archaeological Science* 36 (2009):616–621; Ingrid Weichmann, Michaela Harbeck, and Gisela Grupe, "*Yersinia pestis* DNA Sequences in Late Medieval Skeletal Finds, Bavaria," *Emerging Infectious Diseases* 16 (2010):1806–1807.

19　Schuenemann, et al., "Targeted Enrichment of Ancient Pathogens," p. 751; Bos, et al., "A Draft Genome of *Yersinia pestis*," pp. 508–509; Kirsten I. Bos, et al., "*Yersinia pestis*: New Evidence for an Old Infection," *PLoS One* 7 (2012):online, e49803; Haensch, et al., "Distinct Clones," online, e1001134; David M. Wagner, et al., "*Yersinia pestis* and the Plague of Justinian," *The Lancet: Infectious Diseases* 14 (2014):323–325; Giovanna Morelli, et al., "*Yersinia pestis* Genome Sequencing Identifies Patterns of Global Phylogenetic Diversity," *Nature Genetics* 42 (2010):1140–1142; Yujun Cui, et al., "Historical Variations in Mutation Rate in an Epidemic Pathogen, *Yersinia pestis*," *Proceedings of the National Academy of Sciences* 110 (2013):578–579; Campbell, *Great Transition*, pp. 246, 293–294. 这些前黑死病时代菌株的发现，使之前的古代（*antiqua*）、中世纪（*medievalis*）和东方（*orientalis*）菌株的分类法变得过时了。这三种菌株曾经被认为分别是第一次、第二次和第三次大流行的元凶，但现在我们已经知道，它们全都是鼠疫耶尔森菌 DNA 的现代谱系。

20　Haensch, et al., "Distinct Clones of *Yersinia pestis*," online, e1001134.

21　Thi-Nguyen-Ny Tran, et al., "High Throughput, Multiplexed Pathogen Detection Authenticates Plague Waves in Medieval Venice, Italy," *PLoS One* 6 (2011):online, e16735; Michaela Harbeck, et al., "*Yersinia pestis* DNA from Skeletal Remains from the 6th Century A. D. Reveals Insights into Justinianic Plague," *PLoS Pathogens* 9 (2013): online, e1003349; Siefert, et al., "Strategy for Sensitive and Specific Detection of *Yersinia pestis*," online, e75742; Wagner, et al., "*Yersinia pestis* and the Plague of Justinian," pp. 319–326; Michal Feldman, et al., "A High-Coverage *Yersinia* pestis Genome from a Sixth-Century Justinianic Plague Victim," *Molecular Biology and Evolution* 33 (2016):2911-2923. 2014年初, 在伦敦克勒肯维尔（Clerkenwell）查特豪斯广场（Charterhouse Square）一处1349年的遗址中, 一个英国团队在里面12个人中的4个人身上发现了鼠疫耶尔森菌的aDNA。这些结果尚未在同行评审的科学期刊上发表, 但已经被多家媒体报道, 并成为2014年4月6日播出的第4频道（Channel 4）纪录片《秘史：黑死病的回归》（*Secret History: The Return of the Black Death*）的主题。

22 截至2008—2014年, 关于鼠疫耶尔森菌的其他古微生物学研究综述包括: Benedictow, *Black Death and Later Plague Epidemics*, pp. 79-92; Benedictow, *What Disease was Plague*, pp. 381-395; Lester K. Little, "Plague Historians in Lab Coats," *Past and Present* 213 (2011):267-290; J. L. Bolton, "Looking for *Yersinia Pestis*: Scientists, Historians and the Black Death," in *The Fifteenth Century, XII: Society in an Age of Plague*, eds. Linda Clark and Carole Rawcliffe (Woodbridge, UK: Boydell Press, 2013), pp. 15-38。

23 Haensch, et al., "Distinct Clones of *Yersinia pestis*," online, e1001134; Schuenemann, et al., "Targeting Enrichment of Ancient Pathogens," pp. 746, 749, 751; Bos, et al., "A Draft Genome of *Yersinia pestis*," pp. 506-507, 509. 最近的研究表明, 鼠疫的变异速度是相当多变的, 在地方性流行病和地方性动物病阶段处于休眠状态, 但在疾病暴发、成为传染病和动物流行病时又会加快。人们还认为, 鼠疫耶尔森菌DNA的这些基因变化或突变, 主要是通过中性过程发生的, 比如遗传漂变, 或者DNA片段的随机重排和插入, 导致特定基因的失活和单核苷酸多态性的快速固定, 而不是通过创造全新的遗传物质。然而, 对来自苏联的三种鼠疫耶尔森菌菌株的研究表明, 鼠疫的毒力可能会有所不同, 而人们对这种毒力的性质仍然知之甚少。参见Cui, et al., "Historical Variations," pp. 580-581; Chythanya Rajanna, et al., "Characterization of pPCP1 Plasmids in *Yersinia pestis* Strains Isolated from the Former Soviet Union," *International Journal of Microbiology* (2010):online, ID760819; Bolton, "Looking for *Yersinia Pestis*," p. 26; Campbell, *Great Transition*, pp. 246, 292。

24 Ellen A. Lorange, Brent L. Race, Florent Sebbane, and B. Joseph Hinnebusch, "Poor Vector Competence of Fleas and the Evolution of Hypervirulence in *Yersinia pestis*," *Journal of Infectious Diseases* 191 (2005): 1909-1910; Benedictow, *Black Death*, pp. 21-22; Benedictow, *What Disease was Plague*, pp. 210-211. 班尼迪克托（Benedictow）认为, 鼠疫遗传稳定性背后的驱动力是需要造成"跳蚤腹部系统的梗阻", 而罗伦吉（Lorange）和她的同事则认为, 啮齿类动物宿主的重度败血症是"强制性的", 这正是因为产生了梗阻的跳蚤, 包括印度鼠蚤在内, 传播病菌的

能力非常弱。重度败血症确保至少有一只或更多寄居在老鼠身上的跳蚤"摄取到具有传染性的血食",从而产生传染性,尽管传播时间(即受感染啮齿类动物的寿命)很短。

25　John Aberth, *Plagues in World History* (Lanham, MD.: Rowman and Littlefield, 2011), pp. 118–119.

26　Little, "Plague Historians," p. 280; Bolton, "Looking for *Yersinia Pestis*," pp. 25–26, 28, 36. 两位作者虽然承认古微生物学证据确凿无疑地证明了鼠疫耶尔森菌是黑死病的病因,却仍然承认塞缪尔·科恩等人的修正主义论点的正确性,但没有对这些论点进行任何批判性分析或考察。

27　"否认鼠疫者"是 John Kelly 在其通俗著作 *The Great Mortality: An Intimate History of the Black Death, the Most Devastating Plague of All Time* (New York: HarperCollins, 2005), pp. 295–304 的后记中创造出来的词语。否认鼠疫者并没有背负"否认大屠杀者"那样的道德或意识形态包袱,但却不禁让人联想到"否认气候变化者"和其他拒绝接受某一问题的多数派科学意见的边缘群体。

28　2013 年,塞缪尔·科恩指出,从 1998 年到 2008 年的 10 年间,古微生物学研究取得了"各式各样"的结果,对于认定人类遗骸中的鼠疫耶尔森菌 aDNA,"大多数"研究人员得出了"否定的结论"。(他在 2008 年就提出过类似的主张,称 1998 年"马赛团队的发现其实几乎没有什么佐证"。)事实根本不是这样。在我能够记录到的这一时期的 14 项独立研究中,只有吉尔伯特(之后他又改口了)领导的英国团队在 2004 年试图复现法国团队先前的肯定结果,但报告的是否定结果。科恩引用的另一个"否定"结论,是一个德国团队在调查了 17 世纪的斯图加特圣日耳曼(St. Germanus)公墓后得出的,而实际上样本中明确鉴定出了鼠疫耶尔森菌的 aDNA 及其 F1 抗原;作者在开篇声明中宣称,他们不同意"鼠疫耶尔森菌是黑死病的病因"这一观点,但这显然是编辑错误的缘故。参见 Samuel K. Cohn, Jr., "The Historian and the Laboratory: The Black Death Disease," in *The Fifteenth Century XII*, p. 196; Samuel K. Cohn, Jr., "Epidemiology of the Black Death and Successive Waves of Plague," in *Pestilential Complexities: Understanding Medieval Plague*, ed. Vivian Nutton (*Medical History Supplement*, 27, 2008), p. 100, n. 132; Gilbert, et al., "Absence of *Yersinia pestis*-Specific DNA," pp. 341–354; Pusch, Rahalison, Blin, Nicholson, and Czarnetzki, "Yersinial F-1 Antigen," pp. 484–485; Benedictow, *What Disease was Plague*, pp. 389, 392, and n. 28。

29　2004 年,苏珊·斯科特(Susan Scott)和克里斯托弗·邓肯(Christopher Duncan)团队宣称,在万人坑中搜寻鼠疫耶尔森菌的 DNA 是在"掩人耳目",并不会使他们偏离他们的替代理论,即黑死病是"出血性鼠疫",这是斯科特和邓肯自己虚构出来的一种疾病。同样,塞缪尔·科恩在其写于 2008 年的文章中宣布,"即使有朝一日，古病理学的新进展能够解决这一问题，得出鼠疫耶尔森菌是所有三次大流行的病原体的结论"，他也打算对研究结果提出疑问。这样做的理由是，只有同时在全球范围内出现"人类和细菌迅速且彻底的基因突变"，才能解释鼠疫为何不再以本应效率很高的"人传人"方式传播，以及人类为何失去了本应具有的免疫力。之后在2013年，科恩写道，"仅仅是分离出病原体，并不能解决黑死病到底是哪种疾病的问题"，这是因为他本人发现，中世纪和现代发生的鼠疫之间存在着据称很"极端"，或者是"非同寻常"的差异。尽管科恩在文章开头承认，2010—2011年的研究结果在"科学界"看来，已经"终结了黑死病病原体的问题"，但他还是要这样说。参见 Susan Scott and Christopher Duncan, *Return of the Black Death: The World's Greatest Serial Killer* (Chichester, UK: Wiley, 2004), pp. 185–190; Cohn, "Epidemiology of the Black Death," p. 100; Cohn, "Historian and the Laboratory," pp. 196–197, 212; Benedictow, *What Disease was Plague*, p. 637。

30 Andrew Cunningham, "Transforming Plague: The Laboratory and the Identity of Infectious Disease," in *The Laboratory Revolution in Medicine*, eds. Andrew Cunningham and Perry Williams (Cambridge: Cambridge University Press, 1992), pp. 216, 242.

31 尽管科恩呼吁一种新的、"科学家与历史学家之间的协作"精神，但鉴于他之前对古微生物学家及其工作的粗鲁对待，这样的呼吁听起来很是虚伪。参见 Samuel K. Cohn and L.T. Weaver, "The Black Death and AIDS: CCR5-Δ32 in Genetics and History," *Quarterly Journal of Medicine* 99 (2006):501; Cohn, "Epidemiology of the Black Death," p. 100; Samuel K. Cohn, Jr., "The Black Death: End of a Paradigm," *American Historical Review* 107 (2002):735 and nn. 132 and 133。其他看上去比较诚恳的、对科学家与历史学家协作解开鼠疫之谜的呼吁，参见 Little, "Plague Historians," p. 286; Bolton, "Looking for *Yersinia pestis*," p. 36; Fabian Crespo and Matthew B. Lawrenz, "Heterogeneous Immunological Landscapes and Medieval Plague: An Invitation to a New Dialogue between Historians and Immunologists," in *Pandemic Disease in the Medieval World: Rethinking the Black Death*, ed. Monica Green (*The Medieval Globe*, 1, 2014), pp. 240, 242, 244, 251。

32 在印度，研究是在印度鼠疫委员会（Indian Plague Commission）的支持下进行的，该委员会于1905年更名为印度鼠疫研究委员会（Indian Plague Research Commission），并且从1906年到1937年每年都在《卫生学杂志》(*Journal of Hygiene*) 上发表文章。这些文章现在可以在美国国立卫生研究院下属的美国国家医学图书馆的国家生物技术信息中心网站在线阅读：www.ncbi.nlm.nih.gov/pmc/journals/336，访问于2018年6月14日。另一份重要证据由伍连德博士领导的中国东北三省防疫处编纂，该机构发布了一系列共5卷的报告，涵盖了1911年至 1926 年的情况。伍博士还发表了署名 Wu Lien-Teh 的《肺鼠疫论述》(*A Treatise on Pneumonic Plague*)，以及在《卫生学杂志》上的两篇文章："First Report of the North Manchurian Plague Prevention Service," *Journal of Hygiene* 13 (1913):237–290；和 "Plague in Manchuria," *Journal of Hygiene* 21 (1923):307–358。读者还可参见 L. Fabian Hirst, *The Conquest of Plague: A Study of the Evolution of Epidemiology* (Oxford: Clarendon Press, 1953); Pollitzer, *Plague*; Thomas Butler, *Plague and Other Yersinia Infections* (New York: Plenum Medical Book Co., 1983)。

33 可以算作否定鼠疫论阵营的第一部作品的是 J. F. D. Shrewsbury, *A History of Bubonic Plague in the British Isles* (Cambridge: Cambridge University Press, 1970)，相比于否认腺鼠疫的历史存在，它更多的是否认其为重要的历史事件，声称其造成的死亡人数不超过不列颠人口的 5%。之后是 Graham Twigg, *The Black Death: A Biological Reappraisal* (New York: Schocken Books, 1984)；特威格（Twigg）是第一个完全否认黑死病背后的疾病为鼠疫的人，他提出了一种替代理论，即炭疽病（也是一种细菌性疾病）才是原因。否定鼠疫论的其他主要文献包括：Scott and Duncan, *Biology of Plagues*; Cohn, *Black Death Transformed*。对各位作者的替代理论的详细评论，参见 Benedictow, *What Disease was Plague*, pp. 489–672。

34 Little, "Plague Historians," p. 273; Bolton, "Looking for *Yersinia Pestis*," pp. 26–28; Richard Hoffmann, *An Environmental History of Medieval Europe* (Cambridge: Cambridge University Press, 2014), pp. 294–297; Vivian Nutton, "Introduction," in *Pestilential Complexities*, p. 12; Campbell, *Great Transition*, pp. 239–240.

35 对这些替代理论的考察，参见 Benedictow, *Black Death and Later Plague Epidemics*, pp. 355–624。最近，研究人员用数学方法做出了鼠疫通过人体外寄生虫传播（即通过人蚤或体虱传播）、通过肺传播和经老鼠及其身上跳蚤传播的模型，并将其与 1348 年至 1813 年历史上 9 次流行病的死亡率数据进行了比对。尽管研究人员得出的结论是，人体外寄生虫模型最符合历史上的疫情暴发，只有两次除外，但这项研究的致命弱点在于人体外寄生虫模型的假设，即"濒死之人向病媒传播鼠疫的比例很高"。从流行病学的角度讲，根本不是这么回事，因为人类病例中出现败血症的比例很低（30%—45%），而且即使真的出现，血液中的细菌浓度也不足以保证感染病媒。这可以被视为"具体化"的逻辑谬误，指的是在一个模型或假设真正被证明具有现实依据之前，就认其为真。参见 Katharine Dean, et al., "Human Ectoparasites and the Spread of Plague in Europe during the Second Pandemic," *Proceedings of the National Academy of Sciences* 115 (2018):1304–1309。

36 Bolton, "Looking for *Yersinia pestis*," p. 28. 当然，历史证据，甚至是古微生物学数据，都可以为了迎合某种特定的目的而做出不同的解释。但我认为，博尔顿过于不加批判地就接受了科恩和其他否认鼠疫者的论点。

37 否定鼠疫论被指出的一些最显著的逻辑谬误，包括错误类比或对等，以及诉诸沉默，这些将在下文中讨论。
38 例如，Cohn, *Black Death Transformed* 一书中包含了题为"科学家化圆为方"（Scientists square the circle，第一章）和"历史学家化圆为方"（Historians square the circle，第三章）的章节。按照奥利·班尼迪克托（Ole Benedictow）的说法，科恩在这两章中明示，主张黑死病为鼠疫的人"非蠢即坏，或者又蠢又坏"。参见 Cohn, *Black Death Transformed*, pp. 7–24, 41–54; Benedictow, *What Disease was Plague*, pp. 26–34, 54–62。
39 到目前为止，对否定鼠疫论最详细的考察（有将近 750 页！）是班尼迪克托出版于 2010 年的 *What Disease was Plague*。另见 Lars Walløe, "Medieval and Modern Bubonic Plague: Some Clinical Continuities," in *Pestilential Complexities*, pp. 59–73 (2008); John Theilmann and Frances Cate, "A Plague of Plagues: The Problem of Plague Diagnosis in Medieval England," *Journal of Interdisciplinary History* 37 (2007):371–393。不过，这两篇文章提出的批评都是有保留的：瓦尔（Walløe）认可修正主义的论点，即老鼠及其身上的跳蚤不可能是腺鼠疫的主要病媒，因为它们的存在缺乏证据支持，中世纪欧洲的气候条件也不利于它们，而泰尔曼（Theilmann）和卡特（Cate）则认为，鼠疫的任何一次暴发都不是单打独斗，而是与其他疾病一起来的。
40 Twigg, *Black Death*, pp. 131–146; Scott and Duncan, *Biology of Plagues*, p. 358; Cohn, *Black Death Transformed*, pp. 109–111; Cohn, "Epidemiology of the Black Death," pp. 78–79, 83; Bolton, "Looking for *Yersinia Pestis*," pp. 27–28; George Christakos, Ricardo A. Olea, Marc L. Serre, Hwa-Lung Yu, and Lin-Lin Wang, *Interdisciplinary Public Health Reasoning and Epidemic Modelling: The Case of the Black Death* (Berlin: Springer, 2005); G. Christakos, R. A. Olea, and H.-L. Yu, "Recent Results on the Spatiotemporal Modelling and Comparative Analysis of Black Death and Bubonic Plague Epidemics," *Public Health* 121 (2007):700–720; Campbell, *Great Transition*, pp. 240, 298–299. 斯科特、邓肯和克里斯塔科斯（Christakos）等人的团队以流行病学的里德-弗罗斯特（Reed-Frost）模型作为研究基础，该模型假定的是一种病毒性疾病，通过交叉感染传播，或者说是通过空气飞沫在人与人之间传播。这当然是一种先入为主的概念，对通过老鼠宿主和昆虫病媒传播的腺鼠疫失之偏颇。参见 Benedictow, *What Disease was Plague*, pp. 633–636; Benedictow, *Black Death and Later Plague Epidemics*, pp. 45–47。
41 Cohn, "Black Death: End of a Paradigm," p. 712; Cohn, "Epidemiology of the Black Death," p. 78; Cohn, "Historian and the Laboratory," pp. 201–202.
42 Cohn, "Black Death: End of a Paradigm," p. 712, n. 52; Cohn, "Historian and the

Laboratory," p. 201; Twigg, *Black Death*, p. 139. 最初，在 2002 年，科恩从特威格所写著作的第 139 页表 10 中得出了鼠疫的传播速度，该表列出了 1899—1924 年南非鼠科鼠疫（即仅发生在大鼠或小鼠中的鼠疫）每年 8—12 英里的传播速度，以及森林鼠疫（即发生在野生啮齿类动物中的鼠疫，可包括大鼠，也可包括草原犬鼠、旱獭、沙鼠等）每年约 20 英里的传播速度。该表还列出了 1901—1940 年印度和北美森林鼠疫每年 8 英里的传播速度，以及 1906—1910 年英格兰萨福克郡鼠科鼠疫每年 4 英里的传播速度。这些数据源自以下报告：J. Alexander Mitchell, "Plague in South Africa: Historical Summary", *Publications of the South African Institute for Medical Research*, 1927; C. R. Eskey and V. H. Hass, "Plague in the Western Part of the United States", United States Public Health Service, *Public Health Bulletin*, 1940。2013 年，科恩称新奥尔良鼠疫在陆地上的传播速度低至每年 6.5 公里，也就是 4 英里。这是基于 Hirst, *Conquest of Plague*, p. 304 一书，而他的数据则是从 1915 年 R. H. 克里尔（R. H. Creel）的一份公共卫生报告中得出的。然而，克里尔最初在新奥尔良研究的是健康褐鼠的活动。他发现，这些褐鼠被从市中心放出来后，在城市范围内的活动距离长达 4 英里，这与动物共患病类型的鼠疫无关。关于特威格如何宣传鼠疫接触传播"神话"的探讨，参见 Benedictow, *Black Death and Later Plague Epidemics*, pp. 464–468。

43 印度鼠疫研究委员会发现，鼠疫在相邻鼠群之间的传播速度为六周 300 英尺，相当于一年 2 600 英尺。吉姆·博尔顿假设，中世纪的鼠疫可能是"在乡村的各个野生动物群之间"传播的，也就是说，是以动物共患病的方式传播的，之后当鼠疫感染"家庭和仓院的动物"时，就会引起流行病。但由于老鼠通常是定栖动物，一生的活动范围不超过 200 米，也就是 656 英尺，因此人类家中的鼠群似乎不太可能与野生的、活动范围更广的动物带菌者有太多接触。参见 Indian Plague Research Commission (IPRC), Reports on Plague Investigations in India, XXIII: "Epidemiological Observations in the Villages of Sion, Wadhala, Parel and Worli in Bombay Villages," *Journal of Hygiene* 7 (1907):839; Jim Bolton, "'The World Upside Down': Plague as an Agent of Economic and Social Change," in *The Black Death in England*, eds. W. M. Ormrod and P. G. Lindley (Donington, UK: Shaun Tyas, 2003), p. 25; Michael McCormick, "Rats, Communications, and Plague: Toward an Ecological History," *Journal of Interdisciplinary History* 24 (2003):10。

44 Campbell, *Great Transition*, p. 236.

45 Benedictow, *Black Death*, pp. 229–231; Benedictow, *What Disease was Plague*, pp. 173, 187; Wendy R. Childs, "Moving Around," in *A Social History of England, 1200–1500*, eds. Rosemary Horrox and W. Mark Ormrod (Cambridge: Cambridge University Press, 2006), p. 261. 班尼迪克托估计，黑死病在主要道路上的传播速度

平均为每天 1.2 英里（2 公里），但相对于挽马和驮马的脚程，这样的估计是非常保守的。

46 Cohn, "Epidemiology of the Black Death," p. 78; Cohn, "Historian and the Laboratory," p. 202. 关于中世纪黑死病确切的传播速度，任何像这样的断言都是无稽之谈，理由如下：（1）我们永远无法知道传播的确切年代顺序，因为人类记录中认识到流行病的时间，并不等同于它以受感染的老鼠和跳蚤的形式实际到来的时间；（2）我们永远无法知道黑死病在地理上是如何传播的，这是由于其无序的转移跃进模式。班尼迪克托基于对流行病潜伏期的推测（*Black Death*, pp. 18, 57-59），经常调整他对鼠疫实际到达一个城镇的时间的假设，从人类认识到疾病的时间往前推一个半月至两个月，由于是早期阶段传播，当时的潜伏期可能还要短一些。假设人类的记录对黑死病时间的描述是准确的，并且黑死病的进展是简单的、线性的，基于这样的假设进行推算，或者绘制黑死病的传播图，就是在树立一个先验假设：黑死病不是鼠疫，而是一种以人类为媒介的疾病。

47 Benedictow, *What Disease was Plague*, p. 173.

48 1348 年"大死难"之后的鼠疫暴发，是杆菌从欧洲以外的地区再次传入的结果，还是这种疾病在城市及其腹地的野生或家栖啮齿类动物（自那以后便消失了）之间传播的结果，还存在一些争论。参见 Boris V. Schmid, et al., "Climate-Driven Introduction of the Black Death and Successive Plague Reintroductions into Europe," *Proceedings of the National Academy of Sciences* 112 (2015):3022–3023; Ann G. Carmichael, "Plague Persistence in Western Europe: A Hypothesis," in *Pandemic Disease in the Medieval World*, pp. 177–180。

49 W. B. Bannerman, "The Spread of Plague in India," *Journal of Hygiene* 6 (1906):189–195; J. Ashburton Thompson, "On the Epidemiology of Plague," *Journal of Hygiene* 6 (1906):542–543; Benedictow, *What Disease was Plague*, pp. 153–155.

50 IPRC, Reports on Plague Investigations in India, XXIV: "General Considerations Regarding the Spread of Infection, Infectivity of Houses, etc. in Bombay City and Island," *Journal of Hygiene* 7 (1907):886–891. 委员会还将豚鼠放入死于鼠疫的旅行者家中来验证这一假设。参见 IPRC, "Epidemiological Observations," pp. 869–871; Benedictow, *What Disease was Plague*, pp. 157–165。

51 Benedictow, *What Disease was Plague*, pp. 166–169.

52 Hirst, *Conquest of Plague*, pp. 303–331. 鼠疫流行随着老鼠及其身上跳蚤的迁移而迁移，且它们又是随着收获后的谷物移动的。较近的能够证实这一点的，是马达加斯加在 20 世纪 90 年代的鼠疫经历。尽管科恩承认鼠疫可以通过与谷类货物同行的"病鼠"进行远距离传播，但他否认鼠疫可以通过单独远行、以谷尘为食的染疫跳蚤进行远距离传播，理由是跳蚤离开老鼠宿主后"很少能活过 5 天"。然而，在

20世纪上半叶，人们已经证明，受感染的鼠蚤在没有血食的情况下可以存活"至少50天"，而最近的研究表明，受感染但未产生梗阻的鼠蚤可以存活一年或更长的时间，并且还会感染新的宿主。参见 Hirst, *Conquest of Plague*, pp. 324, 330; Kenneth L. Gage and Michael Y. Kosoy, "Natural History of Plague: Perspectives from More than a Century of Research," *Annual Review of Entomology* 50 (2005):517–518; Cohn, *Black Death Transformed*, pp. 28–29; Suzanne Chanteau, et al., "Current Epidemiology of Human Plague in Madagascar," *Microbes and Infection*, 2 (2000):29。

53 Myron Echenberg, *Plague Ports: The Global Urban Impact of Bubonic Plague, 1894–1901* (New York: New York University Press, 2007). 简单计算一下就会发现，如果我们用香港和旧金山之间的飞行距离11 092公里，即6 892英里，除以鼠疫从香港到达旧金山的时间，总共6年（1894—1900），也就是2 190天，那么在这种情况下，鼠疫（通过轮船）的传播速度约为每天5公里，即3英里，正好踩在科恩假设的黑死病"惊人"传播速度的上限！

54 这与修正主义者的说法相矛盾，他们称，中世纪编年史作者普遍表示，黑死病的传播速度之快简直可怕。这类评论，例如乔瓦尼·薄伽丘的名言，鼠疫的传播"速度宛如烈火，在所到之处的干燥或油腻物质间疾驰而过"，其语境通常是人们所理解的从一个人到另一个人的传染，并不是用来描述疾病从一个城市到另一个城市，或者从一个地区到另一个地区的地理传播。就后一种情况而言，对当时的人来说，鼠疫的可怕之处在于其传播的不可预测性，而非速度，以至于他们对瘟疫要袭击的下一个地方毫无头绪。参见 Cohn, *Black Death Transformed*, pp. 111–112; Aberth, *Black Death*, p. 32; Aberth, *From the Brink of the Apocalypse*, pp. 85–86。

55 Karl Sudhoff, "Pestschriften aus den ersten 150 Jahren nach der Epidemie des 'schwarzen Todes' von 1348,' " *Archiv für Geschichte der Medizin (AGM)* 11 (1919):47; *Documents Inédits sur la Grande Peste de 1348*, ed. L.-A. Joseph Michon (Paris, 1860), p. 81; Henricus de Hervordia, *Liber de Rebus Memorabilioribus sive Chronicon*, ed. Augustus Potthast (Göttingen, Germany, 1859), p. 280.

56 Sudhoff, "Pestschriften," *AGM* 11 (1919):47; Cohn, *Black Death Transformed*, pp. 137–138.

57 Hervordia, *Liber de Rebus Memorabilioribus*, p. 280; "Gesta Archiepiscoporum Magdeburgensium," in *Monumenta Germaniae Historica (MGH), Scriptores in folio (SS)*, 14:435; Konrad von Halberstadt, *Chronographia Interminata, 1277–1355/59*, ed. Rainer Leng (Wissensliteratur im Mittelalter, 23, 1996), p. 208.

58 Hervordia, *Liber de Rebus Memorabilioribus*, p. 280.

59 这些作者中，乔瓦尼·维拉尼居住在佛罗伦萨；黑尔福德的海因里希居住在德意志西北部的明登（Minden）；哈尔伯施塔特的康拉德（Konrad of Halberstadt）和

第八章 尘归尘，土归土，大家一起死：黑死病

一位佚名作者居住在德意志中北部的马格德堡；还有一位佚名行医者居住在法兰西南部的蒙彼利埃。梅根贝格的康拉德在写作时似乎居住在阿维尼翁，但他显然是从提供情报的各路商人那里"搜集"信息的。参见 Dagmar Gottschall, "Conrad of Megenberg and the Causes of the Plague: A Latin Treatise on the Black Death Composed ca. 1350 for the Papal Court in Avignon," in *La vie culturelle, intellectuelle et scientifique à la cour des papes d'Avignon*, ed. Jacqueline Hamesse (Turnhout, Belgium: Brepols, 2006), pp. 321–322。

60　Benedictow, *Black Death*, pp. 57–226.
61　Haensch, et al., "Distinct Clones of *Yersinia pestis*," online, e1001134; Benedictow, *Black Death and Later Plague Epidemics*, pp. 113–114.
62　David C. Mengel, "A Plague on Bohemia? Mapping the Black Death," *Past and Present* 211 (2011):8.; Christoph Cluse, "Zur Chronologie der Verfolgungen zur Zeit des 'Schwarzen Todes'," in *Geschichte der Juden im Mittelalter von der Nordsee bis zu den Südalpen*, ed. Alfred Haverkamp (*Forschungen zur Geschichte der Juden*, 14/1, 2002), p. 240, n. 87. 最有影响力的黑死病地图或许是伊丽莎白·卡尔庞捷（Élisabeth Carpentier）于 1962 年绘制的，尽管它现已严重过时。唯一试图展示转移跃进的地图是奥利·班尼迪克托于 2004 年绘制的。参见 Élisabeth Carpentier, "Autour de la peste noire: famines et épidémies dans l'histoire du XIVe siècle," *Annales: Economies, Sociétés, Civilisation* 17 (1962): map opposite pp. 1070–1071; Benedictow, *Black Death*, map 1, opposite p. xvi。
63　Christakos, et al., *Interdisciplinary Public Health Reasoning*, pp. 204–207, 217; Christakos, Olea, and Yu, "Recent Results on the Spatiotemporal Modelling," pp. 700–720. 克里斯塔科斯以半年为间隔绘制的黑死病传播地理图所假定的"波浪式"模型，与卡尔庞捷在 1962 年绘制的地图并无本质不同。相比之下，他在绘制第三次大流行期间腺鼠疫在印度的传播图时，采用的是一种更加类似于转移跃进的"云朵式"模型，这种情况下，疾病会在某些地点多次消失和重现。因此，克里斯塔科斯得出"这两次流行病在时空特征上显现出一些差异"的结论，也就不足为奇了。最近，塞缪尔·科恩利用克里斯塔科斯的数据，声称黑死病在欧洲的传播速度"达到了时间的四次方"，即第三次大流行期间鼠疫在印度传播速度的两倍，而克里斯塔科斯本人则声称，基于地理传播，黑死病的死亡率比腺鼠疫在印度的死亡率高出"两个数量级"。与此同时，约翰·哈彻和马克·贝利强调，把不精确的历史数字硬塞进科学精确的理论模型，是很容易犯的错误。参见 Cohn, "Epidemiology of the Black Death," p. 78; Cohn, "Historian and the Laboratory," pp. 201–202; Benedictow, *Black Death*, pp. 227–231; John Hatcher and Mark Bailey, *Modelling the Middle Ages: The History and Theory of England's Economic Development*

(Oxford: Oxford University Press, 2001), pp. 15–17。

64 Twigg, *Black Death*, p. 139.

65 这正好是班尼迪克托估计的黑死病经陆路传播的平均速度。参见 Benedictow, *Black Death*, p. 107。

66 Bolton, "Looking for *Yersinia Pestis*," pp. 29–32; Campbell, *Great Transition*, pp. 239–240, 305. 尽管科恩声称，黑死病的罪魁祸首就是鼠疫，"别无其他"，但他显然想到了一种"在人与人之间"传播的病毒性疾病，这种疾病在成年人中产生了免疫，因而成了儿童疾病。参见 Cohn, "Black Death: End of a Paradigm," pp. 712–713; Cohn, *Black Death Transformed*, p. 247; Cohn, "Epidemiology of the Black Death," pp. 78, 100; Cohn, "Historian and the Laboratory," p. 208。关于人蚤作为鼠疫流行的病媒，对当今证据的考察，参见 Rebecca J. Eisen, David T. Dennis, and Kenneth L. Gage, "The Role of Early-Phase Transmission in the Spread of *Yersinia pestis*," *Journal of Medical Entomology*, 52 (2015): 1188–1190。关于人蚤在黑死病中所起的作用，参见 G. Blanc and M. Baltazard, "Recherches sur le mode de transmission naturelle de la pest bubonique et septicémique," *Archives de l'Institut Pasteur du Maroc* 3 (1945): 173–354; G. Blanc, "Une opinion nonconformiste sur le mode de transmission de la peste," *Revue d'Hygiene et de Médicine Sociale* 4 (1956): 535–562; Walløe, "Medieval and Modern Bubonic Plague," pp. 71–72; Anne Karin Hufthammer and Lars Walløe, "Rats Cannot Have Been Intermediate Hosts for *Yersinia pestis* during Medieval Plague Epidemics in Northern Europe," *Journal of Archaeological Science* 40 (2013): 1756–1758。下列文章提出了肺鼠疫的论据：Christopher Morris, "Plague in Britain," in *The Plague Reconsidered: A New Look at Its Origins and Effects in 16th and 17th Century England* (Local Population Studies Supplement, 1977), pp. 37–47; G. Karlsson, "Plague Without Rats: The Case of Fifteenth-Century Iceland," *Journal of Medieval History* 22 (1996):263–284; Theilmann and Cate, "Plague of Plagues," pp. 383–386。一些关于虱子可能是鼠疫病媒的实验室实验和野外试验已经完成，但结果与定论还差得远。参见 Michel Drancourt, Linda Houhamdi, and Didier Raoult, "*Yersinia pestis* as a telluric, human ectoparasite-borne organism," *The Lancet: Infectious Diseases* 6 (2006):237–240; Linda Houhamdi, et al., "Experimental Model to Evaluate the Human Louse as a Vector of Plague," *Journal of Infectious Diseases* 6 (2006):1589–1596; Saravanan Ayyaduri, et al., "Body Lice, *Yersinia pestis Orientalis* and Black Death," *Emerging Infectious Diseases*, 16 (2010):892–893; Renaud Piarroux, et al., "Plague Epidemics and Lice, Democratic Republic of Congo," *Emerging Infectious Diseases* 19 (2013):505–506。对其中每一种理论更详细的批评，参见 Benedictow, *What Disease*

was Plague, pp. 9–16, 491–552, 664; Benedictow, *Black Death and Later Plague Epidemics*, 355–394, 593–624。

67　Guido Alfani and Samuel K. Cohn, Jr., "Catching the Plague: New Insights into the Transmission of Early Modern Plague," *Princeton Working Papers*, 2009，可在线访问 http://iussp2009.princeton.edu/papers/90564，访问于 2018 年 6 月 14 日。

68　Eisen, Dennis, and Gage, "Role of Early-Phase Transmission," pp. 1184–1185; Rebecca J. Eisen, A. P. Wilder, S. W. Bearden, J. A. Montenieri, and K. L. Gage, "Early-Phase Transmission of *Yersinia pestis* by Unblocked *Xenopsylla cheopis* (Siphonaptera: Pulicidae) is as Efficient as Transmission by Blocked Fleas," *Journal of Medical Entomology* 44 (2007):680–682; Rebecca J. Eisen, et al., "Early-Phase Transmission of *Yersinia pestis* by Unblocked Fleas as a Mechanism Explaining Rapidly Spreading Plague Epizootics," *Proceedings of the National Academy of Sciences* 103 (2006):15380–15381; Benedictow, *Black Death*, p. 18; Benedictow, *What Disease was Plague*, p. 6; Campbell, *Great Transition*, p. 296。"梗阻型"传播指的是鼠疫耶尔森菌繁殖并凝结成团块，在跳蚤的前胃（*proventriculus*）形成阻塞。新摄入的血液会混入一些伸入食道的细菌团块，一旦跳蚤放松咽部肌肉，便会通过膨胀食道的"回弹"，将整个团块回吐到，或者说是冲入宿主被咬的伤口中。班尼迪克托在其最新出版的作品中否定了早期阶段传播模式，理由是其确切机制尚未得到令他满意的解释。参见 Benedictow, *Black Death and Later Plague Epidemics*, pp. 443–446, 627–634。

69　1920—1921 年中国东北暴发第二次肺鼠疫期间，伍连德博士对捕获的旱獭进行了实验室实验，结果表明，将细菌以气溶胶形式直接喷洒在旱獭脸上，它们便对原发性肺鼠疫"易感"，然后它们还能互相传染肺鼠疫。2009 年对褐鼠进行的实验室实验也得出了类似的结果，它们通过"鼻内滴注"的方式受到感染，之后在 2—4 天内进展为致命的肺炎。参见 Wu Lien-Teh, Chun Wing Han, and Robert Pollitzer, "Plague in Manchuria: II. The Role of the Tarabagan in the Epidemiology of Plague," *Journal of Hygiene* 21 (1923):329–341; Deborah M. Anderson, et al., "Pneumonic Plague Pathogenesis and Immunity in Brown Norway Rats," *American Journal of Pathology* 174 (2009):910–921。

70　Aberth, *Plagues in World History*, p. 75; Benedictow, *What Disease was Plague*, p. 649. 斯科特和邓肯认为，他们提出的另一种疾病"出血性鼠疫"的潜伏期为 10—12 天，随后是 20—22 天无症状的活跃传染阶段。这种情况下，感染者肯定可以旅行，并与其他人交往，但一个月的潜伏期很难让这种疾病传播得比腺鼠疫更快。科恩批评斯科特和邓肯的理论未经证实，因为作为他们数据来源的堂区记事簿只记录了受害者的下葬日期，而且即使在有两名或两名以上家庭成员死亡的家庭中，也不能将下葬的间隔时间视为一名成员被另一名成员感染、生病和死亡的绝对时间。科恩自己对 15 世纪末至 16 世纪初米兰鼠疫病例的家庭重建表明，大多数患者在感染后 1—4 天内死亡，根本没有足够的时间去旅行和传播疾病，尤其是如果他们出现"持续发热、头痛和呕吐"等早期衰弱症状的话。参见 Scott and Duncan, *Biology of Plagues*, pp. 128–129; Samuel K. Cohn, Jr. and Guido Alfani, "Households and Plague in Early Modern Italy," *Journal of Interdisciplinary History* 38 (2007):180–186。

71 Campbell, *Great Transition*, p. 299. 对中世纪晚期人类旅行情况的最新评估认为，当时的旅行"很频繁，也不太困难"。因此，在前现代时期，人传人疾病在全世界传播并非难以想象。但是，要想实现黑死病那种规模的大量死亡，这类疾病需要大量的接触者（除此之外还有其他因素），而达到这一目标的，只有天花和麻疹（通过欧洲人前往美洲、历时数个世纪的发现之旅），以及 1918—1919 年的流感大流行（通过第一次世界大战期间史无前例的军队和其他人员的动员）。没有迹象表明黑死病期间出现过如此规模的人员流动。参见 Wendy R. Childs, "Moving Around," in *Social History of England*, p. 275; Cohn and Alfani, "Households and Plague," pp. 184–185。

72 Eisen, et al., "Early-Phase Transmission," p. 15383; Benedictow, *Black Death*, pp. 14–17; Benedictow, *What Disease was Plague*, pp. 9–16; Benedictow, *Black Death and Later Plague Epidemics*, pp. 639–649. 如前文所述，根据第三次鼠疫大流行期间在印度和越南收集到的数据，人类腺鼠疫病例发展成继发性败血症的比例为 30%—45%。发展成足以感染跳蚤的高水平菌血症的比例还要更低，为 10% 或以下。

73 John Aberth, *Doctoring the Black Death: Europe's Late Medieval Medical Response to Epidemic Disease*, Rowman and Littlefield, 即将出版; Vivian Nutton, "The Seeds of Disease: An Explanation of Contagion and Infection from the Greeks to the Renaissance," *Medical History* 27 (1983):1–34; John Henderson, "The Black Death in Florence: Medical and Communal Responses," in *Death in Towns: Urban Responses to the Dying and the Dead, 100–1600*, ed. Steven Bassett (London and New York: Leicester University Press, 1992), pp. 139–141。

74 Gentile da Foligno, *Consilium contra pestilentiam* (Colle di Valdelsa, c. 1479), pp. 3, 5.

75 Sudhoff, "Pestschriften," *AGM* 5 (1912):338，即将出版。

76 Foligno, *Consilium contra pestilentiam*, p. 38; Sudhoff, "Pestschriften," *AGM* 6 (1913): 338; *AGM* 9 (1916):130; *AGM* 14 (1922–1923):145; *AGM* 17 (1925):42. 对于这一问题的其他例子和进一步讨论，参见即将出版的 Aberth, *Doctoring the Black Death*。

77 Sudhoff, "Pestschriften," *AGM* 14 (1922–1923):93; Foligno, *Consilium contra pestilentiam*, p. 5.

78　*The Black Death*, trans. and ed. Rosemary Horrox (Manchester, UK: Manchester University Press, 1994), pp. 195–196; Ann G. Carmichael, *Plague and the Poor in Renaissance Florence* (Cambridge: Cambridge University Press, 1986), pp. 108–109; Cohn, "Epidemiology of the Black Death," p. 98.

79　Carlo M. Cipolla, *Public Health and the Medical Profession in the Renaissance* (Cambridge: Cambridge University Press, 1976), pp. 11–66; Carlo M. Cipolla, *Faith, Reason, and the Plague in Seventeenth-Century Tuscany*, trans. M. Kittel (Ithaca, NY.: Cornell University Press, 1979), pp. 1–14; Carmichael, *Plague and the Poor*, pp. 98–126; C. de Backer, "Maatregelen Tegen de Pest te Diest in de Vijftiende en Zestiende Eeuw," *Koninklijke Academie voor Geneeskunde van Belgie* 61 (1999):273–299; Neil Murphy, "Plague Ordinances and the Management of Infectious Diseases in Northern French Towns, c.1450–c.1560," in *The Fifteenth Century XII*, pp. 139–159; Carole Rawcliffe, *Urban Bodies: Communal Health in Late Medieval English Towns and Cities* (Woodbridge, UK: Boydell Press, 2013); Kristy Wilson Bowers, *Plague and Public Health in Early Modern Seville* (Rochester, NY.: University of Rochester Press, 2013), pp. 30–88.

80　毫无疑问，造成这种情况的原因在于，中世纪和早期现代的鼠疫法令把重点放在了人与人之间的接触传染上，以为这就是疾病的传播机制，而不是我们现在所知道的真正传播机制，即通过装运的谷物运送受感染的老鼠和跳蚤。恰恰相反，城市中心尤其要操心在鼠疫流行期间维持食物供应，以避免较贫穷的市民挨饿和出现饥荒的风险。他们认为饥荒可能是鼠疫的一个并发原因。参见 Murphy, "Plague Ordinances in Northern French Towns," p. 144; Aberth, *From the Brink of the Apocalypse*, pp. 37–42。

81　Mark Gamsa, "The Epidemic of Pneumonic Plague in Manchuria, 1910–1911," *Past and Present* 190 (2006): 154, 162 and nn. 13, 38. 据估计，1910—1911 年第一次暴发期间的死亡人数从 42 000 人到 60 000 人不等。伍博士显然倾向于那些显得他的中国东北三省防疫处效率高的数字，但即便按照最保守的估计，死亡人数的减少仍然相当可观。

82　John Aberth, *The First Horseman: Disease in Human History* (Upper Saddle River, NJ.: Pearson/Prentice Hall, 2007), pp. 103–105, 109.

83　这方面的主要论证如下：Hufthammer and Walløe, "Rats Cannot have been Intermediate Hosts," pp. 1753–1756; Karlsson, "Plague without Rats," pp. 263–265, 276–280; David E. Davis, "The Scarcity of Rats and the Black Death: An Ecological History," *Journal of Interdisciplinary History* 16 (1986):455–470。另见 Cohn, *Black Death Transformed*, pp. 1, 21–22, 81–82, 134; Twigg, *Black Death*, pp. 111–112;

Shrewsbury, *Bubonic Plague*, pp. 7, 23, 53; Scott and Duncan, *Biology of Plagues*, pp. 56–57。

84　Benedictow, *What Disease was Plague*, pp. 85–91; Benedictow, *Black Death and Later Plague Epidemics*, pp. 47–55, 395–443; Theilmann and Cate, "Plague of Plagues," pp. 379, 388. 班尼迪克托用一句朗朗上口的话总结了他对诉诸沉默的批评："没有证据不是没有的证据。"

85　McCormick, "Rats, Communications, and Plague," pp. 5–6; Anton Ervynk, "Sedentism or Urbanism? On the Origin of the Commensal Black Rat (*Rattus rattus*)," in *Bones and the Man*, pp. 95–96.

86　Benedictow, *What Disease was Plague*, p. 124.

87　McCormick, "Rats, Communications, and Plague," p. 14. 与黑死病有关的老鼠考古学的其他调查报告，参见 F. Audoin-Rouzeau and J.-F. Vigne, "La colonization de l'Europe par le Rat noir (*Rattus rattus*)," *Revue de Paléobiologie* 13 (1994):125–145; F. Audoin-Rouzeau, "Le rat noir (Rattus rattus) et la peste dans l'occident antique et medieval," *Bulletin de la Société de pathologie exotique* 92 (1999):422–426; F. Audoin-Rouzeau, *Les chemins de la peste: Le rat, la puce et l'homme* (Rennes: Presses Universitaires de Rennes, 2003), pp. 115–124。

88　McCormick, "Rats, Communications, and Plague," p. 4; Benedictow, *What Disease was Plague*, p. 134; Benedictow, *Black Death*, p. 24.

89　Benedictow, *What Disease was Plague*, pp. 78–84.

90　Paul-Louis Simond, "La propagation de la peste," *Annales de l'Institut Pasteur* 12 (1898):625–687.

91　参见即将出版的 Aberth, *Doctoring the Black Death*; Benedictow, *What Disease was Plague*, pp. 81–82; Cohn, *Black Death Transformed*, p. 133。

92　于是就有了薄伽丘这段著名的描述：1348 年佛罗伦萨疫情期间，他亲眼所见，两头猪在"拱"被扔到街上的鼠疫受害者的破衣烂衫，结果没过多久就死了，"四仰八叉地倒在害死了它们的破衣烂衫上"。班尼迪克托称这是"薄伽丘编造或复述的趣闻故事，以第一人称讲述，为了给小说的引子增添戏剧性"；用现代流行病学的术语说就是猪瘟是"难以治疗的"。参见 Murphy, "Plague Ordinances in Northern French Towns," p. 143; Aberth, *Black Death*, p. 32; Benedictow, *What Disease was Plague*, p. 361。

93　梅根贝格的康拉德在约 1350 年的著述和萨拉丁·费罗·德·埃斯库罗（Saladin Ferro de Esculo）在 1448 年的著述给出了对这一立场的经典解释。参见 Sudhoff, "Pestschriften," *AGM* 11 (1919):49–50; Universitätsbibliothek Leipzig, MS 1227, fol. 147v。

94　Benedictow, *What Disease was Plague*, pp. 92–97; Benedictow, *Black Death* and Later Plague Epidemics, pp. 54–55; Stefan Monecke, Hannelore Monecke, and Jochen Monecke, "Modelling the Black Death: A Historical Case Study and Implications for the Epidemiology of Bubonic Plague," International Journal of Medical Microbiology 299 (2009):590; Hirst, Conquest of Plague, pp. 147–148. 尽管 20 世纪初的加尔各答和旁遮普报告了有关在鼠疫肆虐的房屋中发现死老鼠和半死不活老鼠的传闻性证据，但印度鼠疫研究委员会后来进行了更加科学的研究，例如 1907 年在孟买附近的 4 个村庄，以及 1908—1909 年在贝尔高姆（Belgaum）。这些报告称，即使雇用了"捕鼠人员"，也很难获得老鼠尸体以用于研究。科恩声称，黑死病时期的观察者应该会看到成千上万、数百万甚至数十亿只死老鼠或半死不活的老鼠"从椽上掉下来，建筑物、街道和巷子里满地都是"。这或许是在"哈默尔恩的花衣魔笛手"的启发下异想天开的产物，而不是第三次大流行期间印度的实际经验。描述人类身上的跳蚤时，科恩也提出了同样不切实际的预想，声称人们应该会看到跳蚤"像爆米花一样从寝具和衣服里蹦出来"。参见 Bannerman, "Spread of Plague in India," pp. 183–184; IPRC, "Epidemiological Observations," pp. 825, 836, 839, 845–846, 854, 869; IPRC, Reports on Plague Investigations in India, XXXVI: "Observations of Plague in Belgaum, 1908–1909," Journal of Hygiene 10 (1910):453–454; Cohn, "Epidemiology of the Black Death," p. 76, n. 11, and p. 98; Cohn, "Historian and the Laboratory," p. 208。

95 Aberth, Black Death, 1st edn., p. 20.
96 Aberth, Black Death, 1st edn., pp. 15–16; Benedictow, What Disease was Plague, p. 82.
97 Avicenna, Liber Canonis (Hildesheim: Georg Olms, 1964), fol. 416v.
98 科恩对这一证据的反应一时有些凌乱，很不可思议。一方面，他承认这纯粹是"理论上的"，并非基于"真实的观察结果"，但另一方面，他又想把它作为证据，证明中世纪没有人观察到老鼠染疫，因为在人们看来，所有这些动物都是从洞里活着出来的，甚至就这样被活捉了。参见 Cohn, Black Death Transformed, pp. 22, 133–134; Cohn, "Epidemiology of the Black Death," p. 78。
99 Universitäts- und Forschungsbibliothek Gotha, Codex Chart. A 501, fols. 279r.-v.; Sudhoff, "Pestschriften," AGM 16 (1924–1925):25. 8 天之内有 8 个孩子死亡，这个惊人的死亡人数无疑给了萨克森灵感，使他将其列为所谓的"第 8 个征兆"。
100 Bannerman, "Spread of Plague," pp. 185–186; IPRC, "Epidemiological Observations," pp. 828–829; IPRC, "Observations on Rat and Human Plague in Belgaum," p. 452; Aberth, First Horseman, pp. 81–82. 15 世纪，布雷西亚主教多米尼科·阿曼蒂（Dominico Amanti）通过解读动物征兆，例如阿维森纳给出的那些征兆，维护住了人类逃离瘟疫的权利。许多瘟疫医生也建议逃离瘟疫肆虐的地区，认

为这是对抗疾病的"最佳"治疗方法。因此，与现代印度人相比，中世纪欧洲人在这方面并不像科恩说的那样"盲目"和"无知"。参见 Cohn, "Epidemiology of the Black Death," p. 76, n. 11; Cohn, "Historian and the Laboratory," p. 208; Aberth, *From the Brink of the Apocalypse*, p. 196。

101 尽管科恩提到，萨克森的描述可能是"大鼠与鼠疫有关"的证据，但他仍持怀疑态度，因为"没有关于啮齿类动物流行病的描述；小鼠还活着"。但这种有效性检验完全不切实际，因为如前文所述，找到死老鼠是很难的，即便是第三次大流行期间积极寻找老鼠与鼠疫关联的现代观察者。对于中世纪观察到的受害者身上的跳蚤，科恩也采取了同样的、极端到荒谬的条件反应：即使尤斯塔斯·德尚（Eustache Deschamps）等同时代观察者确实在死于鼠疫的人身上发现了各种昆虫，科恩却还是以没有人在"患病但还活着的人身上"观察到跳蚤为由，否认这些证据。虽然中世纪人确实相信瘟疫可以通过受害者的衣物传播，但他们是从瘴气的角度来理解的，认为这是"由于腐败的空气滞留在布料的褶皱中"，而不是通过跳蚤叮咬传播的。参见 Cohn, *Black Death Transformed*, p. 134; Cohn, "Epidemiology of the Black Death," pp. 98–99, n. 126; Benedictow, *What Disease was Plague*, p. 86; *Black Death*, trans. and ed. Horrox, p. 195, n. 38; Murphy, "Plague Ordinances in Northern French Towns," p. 155。

102 Cohn, *Black Death Transformed*, pp. 57–95; Cohn, "Historian and the Laboratory," pp. 206–208。

103 科恩夸口称，对于中世纪所描述的腺鼠疫症状，他的评估是基于在"英国、法国和意大利的各大图书馆"查阅的"407 部编年史、日历和'死者名册'，这些资料涵盖了 1347 年至 1450 年这些瘟疫年"。此外，他的参考书目还列出了一百多篇鼠疫论文，不过其中只有 30—55 篇涉及腺鼠疫的症状。参见 Cohn, *Black Death Transformed*, pp. 68–95, 274–279; Benedictow, *What Disease was Plague*, pp. 341, 356–358。

104 Cohn, *Black Death Transformed*, pp. 77–78; Benedictow, *What Disease was Plague*, pp. 340–380。

105 Cohn, *Black Death Transformed*, pp. 67–68; Cohn, "Black Death: End of a Paradigm," pp. 707–710. 有关这方面的批评，另见 Benedictow, *What Disease was Plague*, pp. 340–341, 346–348, 351, 358–359, 362, 365。

106 我自己查看了 1347 年至约 1450 年的 240 篇鼠疫论文，发现几乎所有论文都引用了从古代至中世纪被人提到过的 61 位著名医生或哲学家中至少一人的名字。约有 1/4 的论文提到了作者的某种目击证词或个人观察结果——比如"我所见到的"，或者"经验"证明的——与阿维森纳或盖伦等最受欢迎的权威被引用的次数相当。见本人的 *Doctoring the Black Death*, Rowman and Littlefield, 即将出版。

107 *The Black Death*, trans. and ed. Horrox, p. 192; Robert Hoeniger, *Der Schwarze Tod in Deutschland* (Berlin, 1882), pp. 160, 165. 这两位医生的立场是，瘟疫这方面的"实际"经验必须建立在对占星术完全了解的基础之上，绝非像科恩说的那样，为了关于鼠疫的"实践课程"而放弃"观星"。参见 Cohn, "Black Death: End of a Paradigm," p. 710。

108 Cohn, *Black Death Transformed*, p. 68.

109 Cohn, *Black Death Transformed*, pp. 61–62.

110 在其关于1897年春季孟买的格兰特路医院（Grant Road Hospital）收治的鼠疫患者的报告中，A. 麦凯布·达拉斯（A. McCabe Dallas）医生描述称，肿块的外表通常呈红色，但由于内出血，也可变为"紫色或青黑色的外观"，这表示预后不佳。参见 W. F. Gatacre, *Report on the Bubonic Plague in Bombay, 1896—97* (Mumbai, India: Times of India Steam Press, 1897), p. 97。

111 来自德意志吕贝克的一位佚名医生在1411年的著述中就引用了这部分。参见 Sudhoff, "Pestschriften," *AGM* 11 (1919):151。

112 在我看来，关于黑死病的症状，最有说服力的证言出自伊本·卡蒂马（Ibn Khātima），这位来自西班牙阿尔梅里亚（Almería）的摩尔人医生对1348年6月初至1349年2月的瘟疫进行了评述。据称，卡蒂马治疗过的患者"不计其数"，甚至还拿出了病人的病历。他列举了疾病的三种"类型"，读起来就像教科书中对鼠疫的典型描述。"第一种类型"的特征是"耳后、腋下和腹股沟"形成的"充血硬结"，被称为"肿块"；第二种是从肺里吐出血来，无法治疗，卡蒂马见过许多只有这一种症状的病人死亡；第三种是"黑色肿块"，看起来像"水泡"或者"身体上的烧伤"，伴有"炎症和发热"，戳破会渗出"少量水样液体"。最后一种似乎是败血症鼠疫的 DIC（弥散性血管内凝血）。科恩几乎忽略了这一重要证据，尽管他对它的存在心知肚明。参见 Aberth, *Black Death*, 2nd edn., pp. 37-39; Cohn, *Black Death Transformed*, pp. 115, 234。

113 Gui de Chauliac, *Inventarium, sive Chirurgia Magna. Volume One: Text*, ed. Michael R. McVauh (Leiden, Netherlands: Brill, 1997), pp. 71–73.

114 Vienna National Library, Codex Latin 5289, fol. 13v.; Universitätsbibliothek Leipzig, MS 1162, fols. 356v.–357v.; Sudhoff, "Pestschriften," *AGM* 14 (1922–1923):95; Berlin MS 746, fols. 1v.–2v.

115 Sudhoff, "Pestschriften," *AGM* 17 (1925):113, 116. 布莱修斯回忆起他在图卢兹大学学医时，可能是在1361—1363年的第二波瘟疫期间，他的两侧腹股沟各长了至少两个"腺肿"。

116 Gatacre, *Report on the Bubonic Plague*, pp. 36, 57–58, 67, 83, 109, 223; Llewellyn J. Legters, Andrew J. Cottingham, Jr., and Donald H. Hunter, "Clinical and

Epidemiologic Notes on a Defined Outbreak of Plague in Vietnam," *American Journal of Tropical Medicine and Hygiene*, 19 (1970):645, 647, 651–652; Benedictow, *What Disease was Plague*, pp. 373–377. 在病人身上淋巴肿块的位置或数量方面，也可以做出类似的论证。例如，中世纪的医生之所以强调颈部的疖，可能只是因为他们是十足的"盖伦信徒"，追随著名的罗马医生盖伦。盖伦声称，脑是最重要的人体器官（与认为心脏最重要的亚里士多德相反），因此，任何出现在脑的排泄器官（即颈部或耳后）的症状，同样应该更加予以重视。第三次大流行期间的观察者注意到，有一小部分病例的淋巴肿块出现在手臂、膝后、背部和乳房上，而在多达10%的病例中，患者身上出现了多个淋巴肿块。参见 Cohn, *Black Death Transformed*, pp. 64–65, 68–71, 77–81; Cohn, "Black Death: End of a Paradigm," pp. 716–717; Benedictow, *What Disease was Plague*, p. 367; Gatacre, *Report on the Bubonic Plague*, pp. 27, 36–38, 43–44, 49, 109, 123, 128, 140; William Hunter, "Buboes and their Significance in Plague," *The Lancet* 168 (1906):83。

117 Gatacre, *Report on the Bubonic Plague*, p. 223; Benedictow, *Black Death and Later Plague Epidemics*, pp. 21, 639–649; Benedictow, *What Disease was Plague*, pp. 7, 18; Benedictow, *Black Death*, p. 26. J. S. 威尔金斯（Wilkins）在关于卡奇—曼德维（Cutch-Mandvi）鼠疫疫情的报告［包含在加塔克（Gatacre）的孟买疫情总报告中］中指出，腺鼠疫患者的"瘀点（即 DIC）广泛分布于全身，经常能够观察到，这种情况通常意味着命不久矣"。班尼迪克托援引了后来第三次大流行期间的观察者提供的大量其他证词，用以说明同样的情况。他称这些证词被科恩忽略了。参见 Benedictow, *What Disease was Plague*, pp. 372–378。

118 Benedictow, *What Disease was Plague*, pp. 322–334.

119 例如，斯科特和邓肯坚决主张，要将黑死病诊断为鼠疫，就应该像现代医生对病人的疾病做出的诊断那样；然后，他们利用这一论点，拒绝将淋巴肿块作为可以鉴定历史上鼠疫病例的临床特征，理由是"没有医生会根据单一症状做出诊断：他会对病人进行仔细诊察"。与之相反，班尼迪克托和瓦尔在审查证据后得出结论，中世纪编年史对鼠疫的描述与现代症状学颇为吻合。参见 Scott and Duncan, *Return of the Black Death*, p. 167; Benedictow, *What Disease was Plague*, pp. 322–334, 359–380; Walløe, "Medieval and Modern Bubonic Plague," pp. 63–67。

120 伍连德在 1926 年提出的正是这一论点："黑死病不完全符合我们当今所知的有关其感染的形式，但这并不能抹杀它是鼠疫的充分证据。"伍博士具体指的是黑死病的症状，以及其中一些症状"在现代的鼠疫暴发中并不常见，另外一些则根本不存在"这一事实。近期，伊丽莎白·卡尔涅尔（Elisabeth Carniel）在 2008 年提出了与伍博士大致相同的论点："应该强调的是，不能仅仅因为某些症状和流行病学特征与当今所发现的不一致，就否定鼠疫是黑死病的病因。"参见 Lien-Teh,

Treatise on Pneumonic Plague, p. 3; Elisabeth Carniel, "Plague Today," in *Pestilential Complexities*, p. 122。

121 否认鼠疫者提出的其他论点包括：黑死病首次暴发后的长期死亡率模式与现代鼠疫不同，它表现出了死亡率"急剧而稳定"的下降，这表明黑死病的幸存者对这种疾病产生了免疫，而现代鼠疫是不可能出现这种情况的；与现代鼠疫相比，黑死病的死亡率要高得多，尤其是在人口稠密的城市地区；黑死病的季节性复发模式与腺鼠疫不符。参见 Scott and Duncan, *Biology of Plagues*, pp. 97–114, 356–381; Cohn, *Black Death Transformed*, pp. 140–219; Cohn, "Black Death: End of a Paradigm," pp. 718–737; Cohn, "Epidemiology of the Black Death," pp. 83–87; Cohn, "Historian and the Laboratory," pp. 200–205。反驳的论点参见 Stephen R. Ell, "Immunity as Factor in the Epidemiology of Medieval Plague," *Reviews of Infectious Diseases*, 6 (1984):871–876; Benedictow, *What Disease was Plague*, pp. 218–268, 675–679; Walløe, "Medieval and Modern Bubonic Plague," pp. 67–68; Aberth, *From the Brink of the Apocalypse*, pp. 10–12, 94–96; Crespo and Lawrenz, "Heterogeneous Immunological Landscapes and Medieval Plague," pp. 238–240; Bei Li, et al., "Humoral and Cellular Immune Responses to *Yersinia pestis* Infection in Long-Term Recovered Plague Patients," *Clinical Vaccine Immunology* 19 (2012):228–234; Schmid, et al., "Climate-Driven Introduction of the Black Death," pp. 3020–3024; Tamara Ben Ari, et al., "Plague and Climate: Scales Matter," *PLoS Pathogens* 7 (2011): online, e1002160。

122 Bolton, "Looking for *Yersinia Pestis*," pp. 26–27, 36.

123 许多对否定鼠疫论之辩发表意见的人，都曾呼吁科学家和历史学家之间要加强协作与配合。参见 Little, "Plague Historians," p. 286; Bolton, "Looking for *Yersinia Pestis*," p. 36; Crespo and Lawrenz, "Heterogeneous Immunological Landscapes and Medieval Plague," pp. 240, 242, 244, 251; Cohn and Weaver, "The Black Death and AIDS," p. 501; Cohn, "Epidemiology of the Black Death," p. 100。

124 据我所知，第一位提出黑死病死亡率1/3定律的学者是剑桥大学历史学家G. G. 库尔顿（G. G. Coulton）。他于1929年提出，但此后的教科书不断重复这一定律，其中最有影响力的可能是菲利浦·齐格勒（Philip Ziegler）的《黑死病》（*Black Death*）一书。一些中世纪的编年史作者，例如图尔奈（Tournai）的吉勒斯·李·穆伊西斯（Gilles li Muisis）和阿伯丁（Aberdeen）的福敦的约翰（John of Fordun），也估计"有1/3的人口死亡"。参见 G. G. Coulton, *The Black Death* (New York: J. Cape & H. Smith, 1930), p. 103; Philip Ziegler, *The Black Death* (New York: Harper and Row, 1969), pp. 227–231; *Black Death*, trans. and ed. Horrox, pp. 49, 84。

125 Josiah Cox Russell, *British Medieval Population* (Albuquerque, NM.: University of New Mexico Press, 1948), p. 216. 罗塞尔（Russell）基于1348—1350年的死后调查报告书，得出了27.3%的死亡率。对罗塞尔的方法论的批评，参见 Goran Ohlin, "No Safety in Numbers: Some Pitfalls of Historical Statistics," in *Industrialization in Two Systems: Essays in Honor of Alexander Gerschenkron*, ed. H. Rosovsky (New York: Wiley, 1966), pp. 77–81; J. Z. Titow, *English Rural Society, 1200–1350*(London: George Allen and Unwin, 1969), pp. 68–71; John Hatcher, *Plague, Population and the English Economy, 1348–1530* (London and Basingstoke, UK: Macmillan, 1977), pp. 23–24; Zvi Razi, *Life, Marriage and Death in a Medieval Parish: Economy, Society and Demography in Halesowen, 1270–1400* (Cambridge: Cambridge University Press, 1980), p. 100; Benedictow, *Black Death*, p. 342; Benedictow, *What Disease was Plague*, pp. 421, 424–425。

126 Benedictow, *Black Death*, pp. 245–384; Paula Arthur, "The Black Death and Mortality: A Reassessment," in *Fourteenth Century England, VI*, ed. Chris Given-Wilson (Woodbridge, UK: Boydell Press, 2010), pp. 49–72. 班尼迪克托经常"修正"或调整他的死亡率数字，比如增加2.5个百分点，以便将未被记录的穷人的"超额死亡率"计算在内。参见 Benedictow, *Black Death*, pp. 259–266。

127 Benedictow, *Black Death*, pp. 387–394.

128 *The Black Death: A Turning Point in History?* ed. William M. Bowsky (New York: Holt, Rinhart, and Winston, 1971).

129 Élisabeth Carpentier, "Orvieto: Institutional Stability and Moral Change," in *The Black Death: A Turning Point in History*, p. 118; Guy Bois, *The Crisis of Feudalism: Economy and Society in Eastern Normandy, c. 1300–1550* (Cambridge and Paris: Cambridge University Press and Editions de la Maison des Sciences de l'Homme, 1984), p. 53; Andrew Hinde, *England's Population: A History Since the Domesday Survey* (London and New York: Arnold and Oxford University Press, 2003), pp. 22–37. 对中世纪晚期历史的马尔萨斯主义解释的主要倡导者是迈克尔·穆瓦塞·波斯坦（Michael Moissey Postan），其作品集在以下书目中最容易读到：M. M. Postan, *Essays on Medieval Agriculture and General Problems of the Medieval Economy* (Cambridge: Cambridge University Press, 1973)。马克思主义研究方法的主要倡导者是罗伯特·布伦纳（Robert Brenner），关于此人，读者可参见 *The Brenner Debate: Agrarian Class Structure and Economic Development in Pre-industrial Europe*, eds. T. H. Aston and C. H. E. Philpin (Cambridge: Cambridge University Press, 1985)。

130 关于黑死病首次暴发期间的死亡人数，Pamela Nightingale, "Some New Evidence of Crises and Trends of Mortality in Late Medieval England," *Past and Present* 187

(2005):46–47, 55 一书最近又给出了非常低的估计数字。奈廷格尔的数据是基于1285年《商人法》(Statute Merchant) 所要求的记录债权人死亡情况的债务证明书。1349年，即黑死病席卷英格兰大部分地区的那一年，债权人的死亡率仅有13.7%，在1350年也只上升到了21.8%。事实上，奈廷格尔所提出的1350—1354年这5年间的峰值平均死亡率，更是低于1320—1324年的数字！奈廷格尔是将1350—1354年债权人高于2.4%的"超额死亡"回溯到了1349年——把1349年的死亡率加到了34%——方才成功地超过了罗塞尔提出的27%的直属封臣死亡率。她所基于的假设是：由于瘟疫本身造成的混乱局势，这些人的死亡直到数年之后才被记录下来。她断言，债权人死亡率与包括穷人在内的"其他人口群体"的死亡率之间"相差不大"，这主要是基于与14世纪上半叶租地继承税证据的"试验性"比较。但就像奈廷格尔自己承认的那样，租地继承税是出了名的难以正确利用的资料来源，其他人利用它们估算死亡率时，也发现了严重的缺陷。在我看来，奈廷格尔的证据和罗塞尔的证据一样，太过关注人口中的精英部分，而这并不能代表整体的人口——从1305年到1529年，她以5年为间隔估算风险债权人死亡的百分比，而这个基础群体的平均人数只有区区309人！奈廷格尔声称对自己的证据有"信心"，但这个人数可完全撑不起她的信心。参见 Nightingale, "New Evidence,", pp. 37, 41–46, 49, 53; Barbara Harvey, "Introduction: The 'Crisis' of the Early Fourteenth Century," in *Before the Black Death: Studies in the "Crisis" of the Early Fourteenth Century*, ed. Bruce M. S. Campbell (Manchester, UK: Manchester University Press, 1991), pp. 8–9; Martin Ecclestone, "Mortality of Rural Landless Men before the Black Death: The Glastonbury Head-Tax Lists," *Local Population Studies* 63 (1999):24。

131 Richard M. Smith, "Demographic Developments in Rural England, 1300–48: A Survey," in *Before the Black Death*, pp. 25–77; Richard M. Smith, "Human Resources," in *The Countryside of Medieval England*, eds. G. Astill and A. Grant (Oxford: Blackwell, 1988), pp. 192–195; Nightingale, "New Evidence," pp. 40–46, 52–56, 61–62, 67. 虽然奈廷格尔确实声称，该病在14世纪最初的25年里达到了危机的程度（即8%或更高的死亡率），这倒是呼应了她在文章开头反驳的马尔萨斯主义路线，但她又声称，相比之下，14世纪的第二个25年是"在较低的死亡率和更加繁荣的经济基础上相对复苏的时期"。这解释起来困难，不仅在于难以处理的史料，例如租地继承税或《商人法》规定的债务证明书，还在于证据在地域和时间上存在很大差异。

132 David Herlihy, *The Black Death and the Transformation of the West*, ed. Samuel K. Cohn, Jr. (Cambridge, MA.: Harvard University Press, 1997), pp. 4, 81. 这本书基于赫利希于1985年在缅因大学所做的讲座，于1991年在赫利希去世后出版。

133 David Herlihy, *Medieval and Renaissance Pistoia: The Social History of an Italian*

Town, 1200–1430 (New Haven, CT.: Yale University Press, 1967), pp. 65–66.

134 D. L. Farmer, "Prices and Wages," in *Agrarian History of England and Wales: Volume 3, 1348–1500*, ed. Edward Miller (Cambridge: Cambridge University Press, 1991), pp. 439–440, 455; Christopher Dyer, *An Age of Transition? Economy and Society in England in the Later Middle Ages* (Oxford: Clarendon Press, 2005), p. 14; Christopher Dyer, "Did the Peasants Really Starve in Medieval England?" in *Food and Eating in Medieval Europe*, eds. Martha Carlin and Joel T. Rosenthal (London: Hambledon Press, 1998), pp. 53–72. 尽管在黑死病的某些年份，例如1349—1352年，记录下来的谷物产量很低，但瘟疫导致需要养活的人大为减少，饥荒和食物短缺似乎得以避免。即使是被记录为10%—15%死亡率的1315—1322年大饥荒，也没有被判定为"分水岭"事件，因为人口得到了迅速的恢复。参见 Campbell, *Great Transition*, pp. 258, 287–288; William Chester Jordan, *The Great Famine: Northern Europe in the Early Fourteenth Century* (Princeton, NJ.: Princeton University Press, 1996), pp. 184–185。

135 居伊·布瓦（Guy Bois）根据炉税记录，叙述了诺曼底人口在1348年至1442年的骤降，而诺曼底经常是英格兰士兵的必经之地。但在这里，几乎不可能分清哪些损失是瘟疫造成的，哪些是战争和饥荒造成的。参见 Bois, *Crisis of Feudalism*, pp. 53–55, 65。

136 Hatcher, *Plague, Population and the English Economy*, pp. 11–30; Bolton, "'World Upside Down'," pp. 29–33; Hinde, *England's Population*, pp. 38–64. 例如，基于修道院讣告名单等确凿经验证据的统计估算，现已取代了基于编年史记载的轶事印象。

137 J. M. W. Bean, "Population and Economic Decline in England in the Later Middle Ages," *Economic History Review*, n.s., 15 (1963):430–432, 435. 比恩（Bean）认为，中世纪晚期的鼠疫已经完全成为一种城市现象，并没有伤及农村地区，但这一观点已得不到证据证实，也违背了已知的鼠疫流行病学（即死亡率与人口密度呈负相关）。

138 Cohn, *Black Death Transformed*, pp. 191–203; Cohn, "Black Death: End of a Paradigm," pp. 724, 728–729; Bois, *Crisis of Feudalism*, pp. 53–59. 尽管科恩想要证明"中世纪晚期的遗嘱、讣告和墓葬显示出了鼠疫死亡人数明显的渐进式下降"，但证据并不支持他的观点。例如，锡耶纳圣多明我（San Domenico）圣殿的死者名录显示，1383年的平信徒葬礼数量高于1374年，1400年高于1390年，1424年高于1411年和1390年，而佛罗伦萨多明我会修道士的死者名录显示，1400年的葬礼数量几乎与1363年齐平，远高于1374年和1383年。据布瓦估计，1348年鼠疫第一次暴发期间，诺曼底东部的人口最初下降了30%，之后在1357年至1374年间又下降了 20%，但在 1380 年至 1413 年间又恢复了约 35%。到了 15 世纪，修道院讣告等证据对科恩来说就更成问题了，因为它显示出一种更频繁、更致命的死亡率危机模式，对此将在下文进行讨论。

139 Aberth, *From the Brink of the Apocalypse*, 2nd edn., pp. 283–284; Alexander Hamilton Thompson, "The Pestilences of the Fourteenth Century in the Diocese of York," *Archaeological Journal* 71 (1914):132–134; Ransom Pickard, *The Population and Epidemics of Exeter in Pre-Census Times* (Exeter: James Townsend & Sons, 1947), pp. 24–26; Razi, *Life, Marriage and Death*, pp. 125–128; Titow, *English Rural Society*, p. 70; Richard Lomas, "The Black Death in County Durham," *Journal of Medieval History* 15 (1989):134; L. R. Poos, *A Rural Society after the Black Death: Essex, 1350–1525* (Cambridge: Cambridge University Press, 1991), pp. 96–103, 107–109; L. R. Poos, "The Rural Population of Essex in the Later Middle Ages," *Economic History Review*, n.s., 38 (1985):524–525; L. R. Poos, "Historical Demography of Northern Europe, 1400–1650," in *New Approaches to the History of Late Medieval and Early Modern Europe: Selected Proceedings of Two International Conferences at The Royal Danish Academy of Sciences and Letters in Copenhagen in 1997 and 1999*, eds. Troels Dahlerup and Per Ingesman (*Historisk-filosofiske Meddelelser*, 104, 2009), p. 373; Smith, "Human Resources," pp. 192–193; Richard M. Smith, "Measuring Adult Mortality in an Age of Plague: England, 1349–1540," in *Town and Countryside*, p. 46; Edward Miller, "Introduction: Land and People," in *Agrarian History of England and Wales: Volume 3*, pp. 5–8; Russell, *British Medieval Population*, pp. 217–218.

140 *Black Death*, trans. and ed. Horrox, pp. 85–86, 88.

141 Benedictow, *What Disease was Plague*, pp. 218–235.

142 Stephen Broadberry, Bruce M. S. Campbell, Alexander Klein, Mark Overton, and Bas Van Leeuwen, *British Economic Growth, 1270–1870* (Cambridge: Cambridge University Press, 2015), pp. 6–8, 20–22.

143 Mark Bailey, "Demographic Decline in Late Medieval England: Some Thoughts on Recent Research," *Economic History Review*, n.s., 49 (1996):15; Bolton, "'World Upside Down'," pp. 30–33; Hatcher, "Understanding the Population History of England, 1450–1750," *Past and Present* 180 (2003):95–98.

144 关于各个修道院死亡率的三部专论分别是：John Hatcher, "Mortality in the Fifteenth Century: Some New Evidence," *Economic History Review*, 2nd ser. 39 (1986):19–38; Barbara Harvey, *Living and Dying in England, 1100–1540: The Monastic Experience* (Oxford: Clarendon Press, 1993), pp. 112–145; John Hatcher, A. J. Piper, and David Stone, "Monastic Mortality: Durham Priory, 1395–1529," *Economic History Review*

59 (2006):667–687。奈廷格尔批评这一证据代表不了普通人,理由是修道士的集体生活方式使他们特别容易感染肺结核等"群聚"疾病。对于这一点,哈彻是承认的,但他同时指出,"在修道院生活中,没有任何变化足以解释他们的寿命为何大幅度缩短,又为何在16世纪早期出现部分回升"。他认为,在这三座修道院都出现了预期寿命的"波动","可能主要是由决定整体人口健康状况的那些力量所驱动的"。另一方面,如果如奈廷格尔说的那样,像债权人之类的富裕城市精英能够逃到乡村庄园去,躲避当地的疫情,那么他们的死亡率就很难代表普通人的死亡率了,尤其是她所说的"较为贫困的庄园佃户"的死亡率。参见 Nightingale, "New Evidence," pp. 49–50, 57–59; Hatcher, "Understanding the Population History," pp. 97–98。

145 Hatcher, Piper, and Stone, "Monastic Mortality," pp. 674–676; Smith, "Measuring Adult Mortality," pp. 62–63.

146 Hatcher, Piper, and Stone, "Monastic Mortality," p. 674.

147 Hatcher, "Mortality in the Fifteenth Century," pp. 25–27; Hatcher, Piper, and Stone, "Monastic Mortality," pp. 676–678; Smith, "Measuring Adult Mortality," pp. 58–62. 基督教堂修道院是一个由75—95名修道士组成的共同体,它的情况最糟糕,至少有27年的死亡率达到了"危机"水平——这里的定义是死亡率达到或超过40‰——平均每4年就会出现一次以上危机,15世纪上半叶的频率更高(有17年都出现了),但下半叶的死亡率"峰值"更为陡峭。威斯敏斯特修道院遭遇了9次危机——这里的定义是每千人中有100人死亡,而达勒姆隐修院则是有14个每千人中至少有60人死亡的危机年。参见 Harvey, *Living and Dying in England*, pp. 122–127; Hatcher, Piper, and Stone, "Monastic Mortality," pp. 676–678; Smith, "Measuring Adult Mortality," pp. 58–62。

148 Smith, "Measuring Adult Mortality," pp. 79–81.

149 Robert S. Gottfried, *Epidemic Disease in Fifteenth Century England: The Medical Response and the Demographic Consequences* (New Brunswick, N. J.: Rutgers University Press, 1978), pp. 35–52, 84–107, 204–222, 225–230; Paul D. Glennie, "A Commercializing Agrarian Region: Late Medieval and Early Modern Hertfordshire" (Ph.D. dissertation, University of Cambridge, 1983), pp. 53–59; M. A. Faraday, "Mortality in the Diocese of Hereford, 1442–1541," *Transactions of the Woolhope Naturalists' Field Club* 42 (1977):163–174; Christopher Dyer, *Lords and Peasants in a Changing Society: The Estates of the Bishopric of Worcester, 680–1540* (Cambridge: Cambridge University Press, 1980), p. 223; Paul Slack, *The Impact of Plague in Tudor and Stuart England* (Oxford, 1985); D. M. Palliser, "Epidemics in Tudor York," *Northern History* 8 (1973):45–63; P. J. P. Goldberg, "Mortality and Economic Change in the Diocese of York, 1390–1514," *Northern History* 24 (1933):38–55; Smith,

"Measuring Adult Mortality," pp. 53–55; Hatcher, "Understanding the Population History," p. 96; Hatcher, *Plague Population and the English Economy*, p. 57.

150 Poos, *A Rural Society after the Black Death*, pp. 96–98, 109; Poos, "Rural Population of Essex," p. 525; Poos, "Historical Demography of Northern Europe," p. 373; Smith, "Human Resources," pp. 192–193; Smith, "Measuring Adult Mortality," p. 46. 其他庄园的人口统计学证据，例如莱斯特郡的基布沃斯－哈考特（Kibworth Harcourt）或亨廷登郡（Huntingdonshire）的霍利韦尔（Holywell）和沃博伊斯（Warboys），也显示出15世纪上半叶人口减少了，但这些证据都止于1450年或以前。参见 David Postles, "Demographic Change in Kibworth Harcourt, Leicestershire, in the Later Middle Ages," *Local Population Studies* 48 (1992):45–46; Edwin Brezette DeWindt, *Land and People in Holywell-cum-Needingworth: Structures of Tenure and Patterns of Social Organization in an East Midlands Village, 1252–1457* (Toronto: Pontifical Institute of Mediaeval Studies, 1972), pp. 166–171; J. A. Raftis, *Warboys: Two Hundred Years in the Life of an English Mediaeval Village* (Toronto: Pontifical Institute of Mediaeval Studies, 1974), p. 68。

151 Smith, "Measuring Adult Mortality," p. 51; Stephen R. Epstein, "Cities, Regions and the Late Medieval Crisis: Sicily and Tuscany Compared," *Past and Present* 130 (1991):3–50.

152 Marie-Thérèse Lorcin, *Vivre et Mourir en Lyonnais à la Fin du Moyen Âge* (Paris, 1981), p. 529; Guy Bois, *La grande dépression médiévale: XIVe–XVe siècles* (Paris: Presses Universitaires de France, 2000), p. 68.

153 Bois, *Crisis of Feudalism*; Poos, "Historical Demography of Northern Europe," p. 373; Smith, "Measuring Adult Mortality," p. 50; Freedman, *Origins of Peasant Servitude*, p. 163.

154 Sylvia L. Thrupp, "The Problem of Replacement Rates in Late Medieval English Population," *Economic History Review* 18 (1965):114–116.

155 Gottfried, *Epidemic Disease*, pp. 204–224. 哈彻还专门批评了戈特弗里德的结论，认为戈特弗里德的认证遗嘱汇编止于1487年，这本身就表示"15世纪中叶以后，死亡率危机的频次和烈度都有显著增加"，而来自赫里福德郡、伦敦和约克郡的其他认证遗嘱汇编"显示，死亡率危机在1487年至1518年仍然司空见惯，在16世纪20年代则是异常严重"。参见 Hatcher, "Understanding the Population History," p. 96。

156 Goldberg, "Mortality and Economic Change," pp. 42, 48–49; Nightingale, "New Evidence," pp. 55, 60–61, 67.

157 T. H. Hollingsworth, *Historical Demography* (London: Hodder and Stoughton, 1969),

p. 379; Broadberry, et al., *British Economic Growth*, pp. 17–18.
158 斯拉普声称，她研究的赫特福德郡和埃塞克斯郡的立遗嘱者都是相对来说"社会地位比较低下的人"，因为有些人向当地堂区教堂捐赠的金额"只有几便士，所以说，这个群体并没有明显偏向较为富裕的人"。参见 Thrupp, "Problem of Replacement Rates," p. 114。
159 Hatcher, "Mortality in the Fifteenth Century," pp. 36–38; Harvey, *Living and Dying in England*, pp. 142–144; Hatcher, Piper, and Stone, "Monastic Mortality," pp. 682–683. 哈彻自己就在这个问题上左右摇摆。1986 年，他认为基督教堂修道院的经验低估了总死亡率，其依据是与17—18 世纪圣莫尔（Saint-Maur）的本笃会修道院数据进行的比较，后者的预期寿命高于同时代的法国人，"更是大大高于"15 世纪基督教堂修道院的本笃会修道士。然而，在 2006 年，他又改变了看法，认为基督教堂修道院的修道士由于集体生活方式而"更容易感染传染病"，而"生活在修道院外的绝大多数人所享有的条件更有利一些"。这是基于与 19 世纪和 20 世纪初对荷兰修道士的研究进行的新的比较。
160 Nightingale, "New Evidence," pp. 58–59.
161 Hatcher, "Understanding the Population History," pp. 97–98.
162 Gottfried, *Epidemic Disease*, pp. 213–222.
163 Goldberg, "Mortality and Economic Change," pp. 48–49; Nightingale, "New Evidence," p. 60; Dyer, *Lords and Peasants*, p. 225.
164 Hatcher, "Mortality in the Fifteenth Century," p. 36; Harvey, *Living and Dying in England*, pp. 73–77; Hatcher, Piper, and Stone, "Monastic Mortality," p. 682; Smith, "Measuring Adult Mortality," p. 81; Thrupp, "Problem of Replacement Rates," p. 116; Nightingale, "New Evidence," pp. 57–58.
165 Broadberry, et al., *British Economic Growth*, pp. 18–19.
166 Slack, *Impact of Plague*; Broadberry, et al., *British Economic Growth*, pp. 19–20.
167 Broadberry, et al., *British Economic Growth*, p. 17.
168 Broadberry, et al., *British Economic Growth*, pp. 16, 33. 1450 年后庄园记录不足的原因，似乎是此时的地产所有人纷纷将土地大规模出租，庄园的赋税和劳役在很大程度上被弃置一旁了。
169 Hinde, *England's Population*, pp. 23–26; Edward Miller and John Hatcher, *Medieval England: Towns, Commerce and Crafts, 1086–1348* (New York: Longman, 1995), p. 393; Miller, "Introduction: Land and People," p. 6; Hatcher and Bailey, *Modelling the Middle Ages*, pp. 31, 178; Hatcher, *Plague, Population and the English Economy*, pp. 14, 68–69; Bailey, "Demographic Decline," p. 15; Smith, "Human Resources," pp. 190–191; Smith, "Demographic Developments in Rural England," p. 49;

Smith, "Measuring Adult Mortality," pp. 49–50; Poos, "Rural Population of Essex," pp. 529–530; M. M. Postan, *Medieval Economy and Society: An Economic History of Britain in the Middle Ages* (London: Weidenfeld and Nicolson, 1972), pp. 27–31; H. E. Hallam, *Rural England, 1066–1348* (Brighton, Sussex and Atlantic Highlands, NJ.: Harvester Press and Humanities Press, 1981), p. 246; Bruce M.S. Campbell, "The Land," in *A Social History of England, 1200–1500*, ed. Rosemary Horrox (Cambridge: Cambridge University Press, 2006), pp. 184, 186, 234; Bruce M. S. Campbell, *English Seignorial Agriculture, 1250–1450* (Cambridge: Cambridge University Press, 2006), p. 403; Gregory Clark, "The Long March of History: Farm Wages, Population, and Economic Growth, England, 1209–1869," *Economic History Review* 60 (2007):98–99, 120.

170 Broadberry, et al., *British Economic Growth*, p. 20. 1325 年的数字下降了约 50 万，主要是由于大饥荒的影响，而 1348 年的数字则代表人口恢复到了 1290 年的高位——475 万。

171 Broadberry, et al., *British Economic Growth*, pp. 80–129. 假定 14 世纪初，英格兰的农作物和牲畜产量均为 100%。这一时期，英格兰平均每英亩的小麦产量将近 8 蒲式耳，每英亩的黑麦产量为 9 蒲式耳，每英亩的大麦产量为 12 蒲式耳，每英亩的燕麦产量超过 8.5 蒲式耳，耕地面积将近 1 300 万英亩。全国还饲养着 150 多万头奶牛、肉牛和小牛，近 1 600 万只绵羊和 100 万头猪。哈勒姆（Hallam）认为，英格兰在 1295 年的人口多达 720 万，大饥荒之后降至 670 万。他粗略计算了一下，英格兰和威尔士的 3 700 万英亩土地除以 720 万人，就是每户 4.75 口人的家庭有 24 英亩的土地用来养活自己。参见 Hallam, *Rural England*, pp. 247–247。

172 Broadberry, et al., *British Economic Growth*, pp. 20–22. 我不同意作者估计的 1348—1349 年黑死病期间英格兰 46% 的死亡率（p. 14），我认为更有可能是 50%。这样一来，从 1351 年到 1377 年，人口基本上是保持平稳的，而不是略微下降 4%。

173 E. A. Wrigley and R. S. Schofield, *The Population History of England, 1541–1871: A Reconstruction*, rev. edn. (Cambridge: Cambridge University Press, 1989); Broadberry, et al., *British Economic Growth*, p. 28.

174 Hatcher, "Understanding the Population History," p. 26; Broadberry, et al., *British Economic Growth*, pp. 16, 21; Bruce M. S. Campbell, "The Population of Early Tudor England: A Re-Evaluation of the 1522 Muster Returns and 1524 and 1525 Lay Subsidies," *Journal of Historical Geography* 7 (1981):145–154. 此处是基于坎贝尔估计的 1522 年 184 万人。

175 Broadberry, et al., *British Economic Growth*, pp. 16, 32.

176 Broadberry, et al., *British Economic Growth*, pp. 16, 20–21. 到 1541 年，年增长率显

著下降至 0.64%，但这个数字仍然是良好的。

177 Ole Benedictow, "New Perspectives in Medieval Demography: The Medieval Demographic System," in *Town and Countryside*, pp. 20, 28.

178 Benedictow, "New Perspectives in Medieval Demography," pp. 8, 27; Sandy Bardsley, "Missing Women: Sex Ratios in England, 1000—1500," *Journal of British Studies* 53 (2014):275–277.

179 Benedictow, "New Perspectives in Medieval Demography," pp. 32–36; Benedictow, *The Black Death*, pp. 387–394. 约翰·哈彻等一些历史学家主张将中世纪晚期人口体系的终结时间推得更远，要远远超过 16 世纪中叶。参见 Hatcher, "Understanding the Population History of England," pp. 102–104。

180 Bruce M. S. Campbell, "Population Pressure, Inheritance and the Land Market in a Fourteenth-Century Peasant Community," in *Land, Kinship and Life-Cycle*, ed. Richard M. Smith (Cambridge: Cambridge University Press, 1984), p. 126; Campbell, *Great Transition*, pp. 326–327, 351; Harvey, "Introduction: The 'Crisis' of the Early Fourteenth Century,", p. 24.

181 在高压生育模式下，男女通常在十几岁至 20 出头结婚，80% 以上的人会结婚。在低压模式下，男女在 25 岁左右或更晚结婚，10%—20% 的人（30%—45% 的女性）单身或选择终身不婚。参见 John Hajnal, "European Marriage Patterns in Perspective," in *Population in History: Essays in Historical Demography*, ed. D. V. Glass and D. E. C. Eversley (Chicago, IL.: Aldine Publishing, 1965), pp. 117–120; Benedictow, "New Perspectives in Medieval Demography," pp. 10–13, 34; Poos, "Historical Demography of Northern Europe," pp. 380, 390; R. M. Smith, "Some Reflections on the Evidence for the Origins of the 'European Marriage Pattern' in England," in *The Sociology of the Family: New Directions for Britain*, ed. Chris Harris (Sociological Review Monograph, 28, 1979), p. 74; Maryanne Kowaleski, "Singlewomen in Medieval and Early Modern Europe: The Demographic Perspective," in *Singlewomen in the European Past, 1250–1800*, eds. Judith M. Bennett and Amy M. Froide (Philadelphia, PA.: University of Pennsylvania Press, 1999), pp. 39–40, 45–46, 50–51; Bailey, "Introduction: England in the Age of the Black Death," p xxi。

182 在高压状态下开始时尤其如此，因为在这种情况下，为了提高相对于死亡率的生育率，平均结婚年龄已经低到不能再低了。如果中世纪的终点是"高压状态的下限"，早期现代的开端是"低压状态的上限"，那么过渡时期只需要将死亡率向下"小幅调整"即可。另一方面，在这种情况下，生育率要么略有下降，要么保持不变，这仍与过渡时期的趋势，即人口增长的趋势相背离。参见 Hatcher,

Plague, Population and the English Economy, pp. 55, 72; Hatcher, "Understanding the Population History," pp. 95-98; Benedictow, "New Perspectives in Medieval Demography," pp. 14, 17-18; Bailey, "Demographic Decline," pp. 3, 17; Poos, "Historical Demography," p. 375; Smith, "Some Reflections," p. 90。

183 Hollingsworth, *Historical Demography*, p. 379; Hatcher, "Understanding the Population History," pp. 99-104; Wrigley and Schofield, *Population History of England*, pp. 335, 650; Smith, "Measuring Adult Mortality," pp. 56-57; Sandy Bardsley, "Missing Women: Sex Ratios in England, 1000-1500," *Journal of British Studies* 53 (2014):275-277. 哈彻认为，16世纪中期的几十年里，生育率和死亡率仍然极不稳定，两者此时都在飙升，因此，"至少在16世纪80年代之前还没有"确立与人口增长相符的"低压"状态。甚至连瑞格利（Wrigley）和斯科菲尔德（Schofield）也断定，整个16世纪40年代和50年代的死亡率一直处于危机水平，因此，他们评论称，这"可能是中世纪晚期流行病广泛传播、造成大量死亡的情况下最后的阵痛"。根据他们的数据，直到1565年，死亡率才大幅下降。

184 这是由理查德·M.史密斯（Richard M. Smith）及其学生拉里·普斯（Larry Poos）和杰里米·戈德伯格领导的人口史学家"剑桥团队"所采取的立场。

185 Thrupp, "Problem of Replacement-Rates," pp. 109-111; Hollingsworth, *Historical Demography*, pp. 375-380; Hatcher, *Plague, Population and the English Economy*, pp. 26-30; Campbell, "Population Pressure," pp. 98-99; Campbell, *Great Transition*, pp. 352-353. 许多学者认为，斯维普根据庄园法庭卷宗和遗嘱计算出来的结果并不可靠，或者是低到不切实际，而霍林斯沃思根据死后调查报告书计算出来的结果则比较可靠，只是它所基于的抽样人口非常有限。需要注意的是，人口替代率并不等同于出生率，它只是告诉我们父亲死后留下来的孩子数量；可能有更多的孩子出生了，却死在了父母前面。似乎没有统计数据可以直接告诉我们中世纪人口的出生率；最接近的可能是留存下来的15世纪埃塞克斯郡沃尔登（Walden）教会执事记事中的安产感谢礼记录。但这些记录下来的总支付额，之后必须根据千差万别的费用表，换算出单独的安产感谢礼的场数（即分娩次数）。普斯从这份证据中得出的结论是，沃尔登的生育率在15世纪保持不变，与16世纪沃尔登的堂区记录进行比较后发现，同样的生育率也适用于中世纪晚期和早期现代之间。参见 Poos, *Rural Society after the Black Death*, pp. 121-127; Bolton, "'The World Upside Down'," pp. 35-39。

186 Campbell, *Great Transition*, p. 352。

187 但也可以说高结婚率并不能保证高生育率：许多婚姻可能涉及年长的寡妇，尤其是在疫情之后，而即使是在意大利等地中海地区，根据税收记录推断出的平均家庭户规模也只有4人或更少。参见 Benedictow, *Black Death*, pp. 288-290; Christopher

Dyer, "Changes in the Size of Peasant Holdings in Some West Midland Villages, 1400–1540," in *Land, Kinship and Life-Cycle*, p. 281。

188 Poos, *Rural Society after the Black Death*, p. 120; Poos, "Historical Demography," pp. 803–804; Smith, "Some Reflections," pp. 92, 100–101. 然而，荷兰和瑞士等其他西北欧国家可能并没有遵循西北婚姻模式，英格兰进入低生育率模式的时间也可能比 1541 年稍微晚一些：例如，基于堂区登记簿数据的大概的结婚率和出生率在 1541 年至 1565 年一直居高不下，终身未婚的成年人比例一直很低——在 4.2% 至 8.4% 之间。也有人批评堂区登记簿数据波动太大，无法下定论，尤其是在女性这方面。参见 Hatcher, "Understanding the Population History," pp. 100–101; Smith, "Some Reflections," pp. 84–85; Poos, "Historical Demography," p. 804。

189 Hatcher, "Understanding the Population History," pp. 94–95; Hatcher, *Plague, Population and the English Economy*, pp. 56–57; Bolton, "'World Upside Down'," p. 33. 正如哈彻所指出的，杰里米·戈德伯格回避了这个"动机"难题，他认为黑死病带来的经济机会实际上鼓励了单身女性**推迟**结婚，她们移居城市找工作，通常是做家庭佣人。这种有利的经济趋势最终随着 15 世纪中叶的"大萧条"而终结，戈德伯格认为，大萧条将女性逐出了就业市场，很可能迫使她们中的更多人更早结婚，从而提高了出生率，"16 世纪的人口复苏也随之而来"。然而，奈廷格尔仍然坚持瑞格利和斯科菲尔德最先提出的较为传统的模式，即结婚率和生育率随着生活水平的提高而提高。因此，她认为较高的生育率要等到公元 1500 年才出现，那时"经济足够繁荣，可以激励更多人更早结婚"。据推测，这种高生育率状态到 1541 年就已经结束了，瑞格利和斯科菲尔德从当时的堂区登记簿中找到了长期低生育率趋势的证据。参见 Goldberg, *Women, Work, and Life Cycle*, pp. 336–337, 347; Nightingale, "New Evidence," pp. 66–67; John Hatcher, "The Great Slump of the Mid-Fifteenth Century," in *Progress and Problems in Medieval England: Essays in Honour of Edward Miller*, eds. Richard Britnell and John Hatcher (Cambridge: Cambridge University Press, 2002), pp. 237–272。

190 Wrigley and Schofield, *Population History of England*, pp. 402–484; Smith, "Some Reflections,", p. 96; Poos, *Rural Society after the Black Death*, pp. 120–129, 145–158; Poos, "Historical Demography," p. 387; Bailey, "Demographic Decline," p. 3; Hatcher, "Understanding the Population History," pp. 84–92。

191 Hinde, *England's Population*, pp. 68–73; Carolyn Fenwick, "The English Poll Taxes of 1377, 1379, and 1381: A Critical Examination of the Returns (Ph.D. diss., London School of Economics and Political Science, University of London, 1983), pp. 167–196; Poos, *Rural Society after the Black Death*, pp. 152–153. 例如，普斯将埃塞克斯郡原始的人头税数据从 82.5% 的女性已婚（未婚女性仅占 17.5%）"修正"为

63.5% 的女性已婚（未婚女性占 36.5%），理由是必须增加更多的女性，才能将性别比提高到 94.3 [基于 "普林斯顿西部模型表"（Princeton Model West tables）的比率]。此外，他还假定这些增加的女性都是单身。有人可能会认为这些 "修正" 幅度过大，无法被接受，而且是基于随意假设，使原始数据沦为 "思想实验"。这种想法也是情有可原的。参见 Hatcher, "Understanding the Population History," pp. 94–95; Bailey, "Demographic Decline," p. 17; Smith, "Some Reflections," pp. 83–84。

192　Bardsley, "Missing Women," pp. 273–309.

193　Maryanne Kowalski, "Medieval People in Town and Country: New Perspectives from Demography and Bioarchaeology," *Speculum* 89 (2014):579–582; Kowaleski, "Singlewomen in Medieval and Early Modern Europe," pp. 46, 51; Tine de Moor and Jan Luiten van Zanden, "Girl Power: The European Marriage Pattern and Labour Markets in the North Sea Region in the Late Medieval and Early Modern Period," *Economic History Review* 63 (2010):16–17; Poos, *Rural Society after the Black Death*, pp. 153, 156; Smith, "Human Resources," pp. 210–211; Mavis E. Mate, *Daughters, Wives and Widows after the Black Death: Women in Sussex, 1350–1535* (Woodbridge, UK: Boydell Press, 1998), p. 49.

194　David Herlihy and Christiane Klapisch-Zuber, *Tuscans and their Families: A Study of the Florentine Catasto of 1427* (New Haven, CT.: Yale University Press, 1985), pp. 203–215; Kowaleski, "Singlewomen in Medieval and Early Modern Europe," p. 50.

195　Nightingale, "New Evidence," p. 68; Hatcher, "Understanding the Population History," pp. 88–89; Hatcher, "Great Slump," p. 239; Smith, "Measuring Adult Mortality," p. 82; Smith, "Human Resources," pp. 209–212.

196　Hatcher and Bailey, *Modelling the Middle Ages*, p. 178, n. 4.

197　Goldberg, *Women, Work and Life Cycle*, pp. 336–337; De Moor and Van Zanden, "Girl Power," pp. 14–15; Kowaleski, "Singlewomen in Medieval and Early Modern Europe," p. 58; Christopher Dyer, *Making a Living in the Middle Ages: The People of Britain, 850–1520* (New Haven: Yale University Press, 2002), p. 277.

198　如果像众多英格兰编年史作者所记述的那样，疫情——尤其是 14 世纪下半叶的疫情——针对的是年轻人，那么情况就更是如此了，因为他们本该是生育力最强的社会成员。参见 Hatcher, *Plague, Population and the English Economy*, pp. 58–61。

199　在克里斯托弗·戴尔看来，"每一个死亡率高峰之后都伴随着补偿性婴儿潮的想法，实在是过于乐观了"，因为即使生活水平总体上在提高，疫情频发的模式也 "无法塑造出鼓励早婚和普遍结婚的信心和乐观情绪"。参见 Dyer, *Making a Living*, pp. 235, 276。

200　Andrew B. Appleby, "The Disappearance of Plague: A Continuing Puzzle," *Economic History Review* 33 (1980):169–173; Massimo Livi Bacci, *The Population of Europe:*

A History, trans. Cynthia De Nardi Ipsen and Carl Ipsen (Oxford: Blackwell, 2000), p. 76; Edward A. Eckert, "The Retreat of Plague from Central Europe, 1640–1720: A Geomedical Approach," *Bulletin of the History of Medicine* 74 (2000):25; Monecke, et al., "Modelling the Black Death," p. 591.

201 IPRC, Reports on Plague Investigations in India, V: "On the Effect upon Virulence of Passage of *B. pestis* through Rats by Cutaneous Inoculation without Intermediate Culture," and VI: "A Note on the Immunity of Bombay Rats to the Subcutaneous Injection of Plague Cultures," *Journal of Hygiene* 6 (1906):505–508; IPRC "Observations on Plague in Belgaum," pp. 458–459; Appleby, "Disappearance of Plague," p. 170; Pollitzer, *Plague*, pp. 273–274; Gage and Kosoy, "Natural History of Plague," pp. 513–514. 从1907年到1937年，印度鼠疫研究委员会定期对孟买的老鼠进行鼠疫检测，发现它们的易感性从45%下降到了10%。

202 Appleby, "Disappearance of Plague," pp. 170, 172–173; Paul Slack, "The Disappearance of Plague: An Alternative View," *Economic History Review* 34 (1981):470–471. 斯莱克（Slack）还认为，17世纪和18世纪鼠疫在欧洲的消失，是"参差不齐"、渐进式的，而不是阿普尔比（Appleby）提出的大"熄火"假说，即"大部分没有抵抗力的老鼠可能都死了，留下的主要是有抵抗力的老鼠"。

203 Slack, "Disappearance of Plague," p. 471.

204 Campbell, *Great Transition*, pp. 314, 321; Schmid, et al., "Climate-Driven Introduction of the Black Death," pp. 3020–3025; Ell, "Immunity as a Factor," pp. 868–871. 不过，需要注意的是，除1346年的首次暴发外，施密德（Schmid）在其重新传入模型中使用的中世纪样本年份只有1408—1409年，而在记载中，这两年并没有很突出的鼠疫大规模流行。

205 Ann G. Carmichael, "Plague Persistence in Western Europe: A Hypothesis," in *Pandemic Disease in the Medieval World*, pp. 177–180; Schmid, et al., "Climate-Driven Introduction of the Black Death," p. 3022; Ell, "Immunity as a Factor," pp. 868–869. 鼠疫从未成为欧洲城市啮齿类种群的地方性流行病，也许是因为气候或环境不适合。如果说鼠疫的持续存在依赖于它能在干旱地区野生啮齿类洞穴的土壤中存活，那么这种可能性就特别大了。参见 Rebecca J. Eisen, et al., "Persistence of *Yersinia pestis* in Soil under Natural Conditions," *Emerging Infectious Diseases* 14 (2008):941–943。

206 Crespo and Lawrenz, "Heterogeneous Immunological Landscapes and Medieval Plague," pp. 238–245; Li, et al., "Humoral and Cellular Immune Responses to *Yersinia pestis* Infection," pp. 228–234; H. Laayouni, et al., "Convergent Evolution in European and Rroma Populations Reveals Pressure Exerted by Plague on Toll-like

Receptors," *Proceedings of the National Academy of Sciences* 111 (2014):2668–2673. 目前，人类对鼠疫的免疫只能通过对现代人群的基因取样来研究，但古微生物学可能让对中世纪人群进行基因取样也行得通了。另一方面，古微生物学排除了 aDNA 出现基因改变、使鼠疫耶尔森菌的毒力随着时间减弱的可能性，因为决定毒力的 pPCP1 质粒与现代样本中的几乎完全相同。参见 Haensch, et al., "Distinct Clones of *Yersinia pestis*," online, e1001134; Schuenemann, et al., "Targeting Enrichment of Ancient Pathogens," pp. 746, 749, 751; Bos, et al., "A Draft Genome of *Yersinia pestis*," pp. 506–507, 509。

207 Slack, "Disappearance of Plague," pp. 473–475; Livi Bacci, *Population of Europe*, pp. 77–80; Eckert, "Retreat of Plague," pp. 25–27. 阻止鼠疫在港口城市出现，也就防止了港口城市成为鼠疫中心，从而会将疾病传播到更多的农村内陆地区。如前文所述，有一种说法是，鼠疫并非欧洲的地方病，而是定期从中亚重新传入，鼠疫是中亚大沙鼠的地方性流行病。这种说法会在相当程度上强化上述论点（Schmid, et al., "Climate-Driven Introduction of the Black Death," pp. 3020–3025）。更多来自英格兰的例子，参见 Slack, *Impact of Plague in Tudor and Stuart England*。

208 Benedictow, "New Perspectives in Medieval Demography," p. 33; Murphy, "Plague Ordinances," and Jane Stevens Crawshaw, "The Renaissance Invention of Quarantine," in *The Fifteenth Century, XII*, pp. 150–151, 162. 早先控制鼠疫的方法更强调瘴气，把重点放在对城市街道、下水道，尤其是空气的清洁上，也就是任何可能产生恶臭并以此传播疾病的东西。

209 Justin K. Stearns, *Infectious Ideas: Contagion in Premodern Islamic and Christian Thought in the Western Mediterranean* (Baltimore, MD.: Johns Hopkins University Press, 2011), p. 87. 阿斯卡拉尼的论点甚至在基督徒瘟疫医生中引发了共鸣，比如金泰尔·德福利尼奥就完全支持接触传染论。参见 Foligno, *Consilium contra pestilentiam*, p. 38。

210 Murphy, "Plague Ordinances," p. 158.

211 *Black Death*, trans. and ed. Horrox, pp. 195–196.

212 Murphy, "Plague Ordinances," p. 144.

213 Zlata Tomić Blažina and Vesna Blažina, *Expelling the Plague: The Health Office and the Implementation of Quarantine in Dubrovnik, 1377–1533* (Montreal: McGill-Queen's University Press, 2015); Crawshaw, "Renaissance Invention of Quarantine," p. 164.

214 Murphy, "Plague Ordinances," pp. 150–158; Cipolla, *Public Health and the Medical Profession*, pp. 36–44; Cipolla, *Faith, Reason, and the Plague*, pp. 1–14; Carmichael, *Plague and the Poor*, pp. 110–121; De Backer, "Maatregelen Tegen de Pest,"

pp. 273–299.

215 Cipolla, *Public Health and the Medical Profession*, pp. 11–66; Carmichael, *Plague and the Poor*, pp. 98–126.

216 Christopher Dyer, *Standards of Living in the Later Middle Ages: Social Change in England, 1200–1520* (Cambridge: Cambridge University Press, 1989), pp. 151–160; Christopher Dyer, *Everyday Life in Medieval England* (London: Hambledon Press, 2000), pp. 77–100; Christopher Dyer, "English Diet in the Later Middle Ages," in *Social Relations and Ideas: Essays in Honour of R. H. Hilton*, eds. T. H. Aston, P. R. Coss, Christopher Dyer, and Joan Thirsk (Cambridge: Cambridge University Press, 1983), pp. 213–214.

217 Richard Britnell, *Britain and Ireland, 1050–1530: Economy and Society* (Oxford: Oxford University Press, 2004), p. 395.

218 Slack, "Disappearance of Plague," p. 476; Bruce M. S. Campbell, "Nature as Historical Protagonist: Environment and Society in Pre-Industrial England," *Economic History Review* 63 (2010):309.

219 Slack, "Disappearance of Plague," p. 476.

220 Poos, "Historical Demography of Northern Europe," p. 376.

221 Ada Elizabeth Levett and A. Ballard, *The Black Death on the Estates of the See of Winchester*, ed. Paul Vinogradoff (Oxford: Oxford Studies in Social and Legal History, 5, 1916), pp. 142–160; Frances M. Page, *The Estates of Crowland Abbey: A Study in Manorial Organisation* (Cambridge: Cambridge University Press, 1934), pp. 120–125.

222 Page, *Estates of Crowland Abbey*, p. 125; Levett and Ballard, *Black Death*, p. 142. 其他评论可参见 Nils Hybel, *Crisis or Change: The Concept of Crisis in the Light of Agrarian Structural Reorganization in Late Medieval England* (Aarhus: Aarhus University Press, 1989), pp. 111–114; Tom Beaumont James, *The Black Death in Hampshire* (Hampshire County Council, UK: Hampshire Papers, 18, 1999), pp. 13–14; Stone, "Black Death and its Immediate Aftermath," , p. 214。虽然莱韦特（Levett）承认，从14世纪60年代起，英格兰的庄园经济确实发生了变化，比如劳役折算的出现，但她将其归因于黑死病以外的其他因素。

223 George Holmes, *The Estates of the Higher Nobility in Fourteenth-Century England* (Cambridge: Cambridge University Press, 1957), pp. 114–115; J. A. Raftis, *The Estates of Ramsey Abbey: A Study in Economic Growth and Organization* (Toronto: Pontifical Institute of Mediaeval Studies, 1957), p. 252, n. 4; Raftis, *Warboys*, p. 173; J. A. Raftis, "Peasants and the Collapse of the Manorial Economy on Some Ramsey Abbey Estates," in *Progress and Problems in Medieval England*, p. 193; J. A. Brent, "Alicston

Manor in the Later Middle Ages," *Sussex Archaeological Collections*, 106 (1968):95; J. Z. Titow, *English Rural Society, 1200–1350* (London: Allen and Unwin, 1969), pp. 69–70; John Hatcher, *Rural Economy and Society in the Duchy of Cornwall, 1300–1500* (Cambridge: Cambridge University Press, 1970), pp. 102–121; John Hatcher, "England in the Aftermath of the Black Death," *Past and Present* 144 (1994):6; Barbara Harvey, *Westminster Abbey and its Estates in the Middle Ages* (Oxford: Clarendon Press, 1977), pp. 244–246; Dyer, *Lords and Peasants*, p. 239; Razi, *Life, Marriage and Death*, p. 110; J. L. Bolton, *The Medieval English Economy, 1150–1500* (London and Totowa, N. J.: J. M. Dent and Sons and Rowman and Littlefield, 1980), pp. 209–213; Cicely Howell, *Land, Family and Inheritance in Transition: Kibworth Harcourt, 1280–1700* (Cambridge: Cambridge University Press, 1983), p. 43; T. Lomas, "South-east Durham: Late Fourteenth and Fifteenth Centuries," in *The Peasant Land Market in Medieval England*, ed. P. D. A. Harvey (Oxford: Clarendon Press, 1984), pp. 260, 305; P. D. A. Harvey, "The Home Counties," Mavis Mate, "Kent and Sussex," and Edward Miller, "The Southern Counties," in *Agrarian History of England and Wales: Volume 3*, pp. 109, 119, 140–141; Ray Lock, "The Black Death in Walsham-le-Willows," *Proceedings of the Suffolk Institute of Archaeology and History* 37 (1992):323–324; Tom Beaumont James, "The Black Death in Berkshire and Wiltshire," in *The Black Death in Wessex*, ed. Tom Beaumont James (*The Hatcher Review*, 5, 1998), p. 19; Mark Bailey, *Decline of Serfdom: From Bondage to Freedom* (Woodbridge, UK: Boydell Press, 2014), pp. 105, 131, 199, 220; Mark Bailey, *Medieval Suffolk: An Economic and Social History, 1200–1500* (Woodbridge, UK: Boydell Press, 2007), pp. 180–182; Stone, "Black Death and its Immediate Aftermath," pp. 229–230, 239–240.

224 A. R. Bridbury, "The Black Death," *Economic History Review*, n.s., 26 (1973):588, 590–591; Lomas, "South-east Durham," p. 260.

225 John Saltmarsh, "Plague and Economic Decline in England in the Later Middle Ages," *Cambridge Historical Journal* 7 (1941):23–41; Hybel, *Crisis or Change*, pp. 154–156; Bean, "Plague, Population, and Economic Decline," p. 423; Hinde, *England's Population*, p. 56.

226 这表明，哪怕出现了复苏，也是很脆弱的，容易被后来的疫情破坏，不过正如哈彻所证明的那样，像康沃尔公爵领地这样经营有方的庄园可以大大减轻其中的一些影响。参见 Eleanor Searle, *Battle Abbey and its Banlieu, 1066–1538* (Toronto: Pontifical Institute of Mediaeval Studies, 1974), pp. 257–266; Hatcher, *Rural Economy and Society*, pp. 122–256; Harvey, *Westminster Abbey*, pp. 246–293; Dyer, *Lords and Peasants*, pp. 113–149;

Howell, *Land, Family and Inheritance*, pp. 43–44; Lomas, "South-east Durham," pp. 268–290; Harvey, "Home Counties," pp. 109–110; Mate, "Kent and Sussex," pp. 120–124; Miller, "Southern Counties," pp. 140–143; Lock, "Black Death in Walsham-le-Willows," pp. 323–326; James, "Black Death in Berkshire and Wiltshire," and D. G. Watts, "Inkpen: A Berkshire Manor and the Plague," in *Black Death in Wessex*, pp. 13–14, 29–31; James, *Black Death in Hampshire*, pp. 9–12; Bailey, *Medieval Suffolk*, pp. 183–203。

227 Bean, "Plague, Population and Economic Decline," pp. 432, 435; Hinde, *England's Population*, pp. 56–57.
228 Levett and Ballard, "Black Death," p. 143.
229 Hatcher, "England in the Aftermath of the Black Death," pp. 32–33.
230 Campbell, "The Land," p. 237; Hybel, *Crisis or Change*, pp. 109–111, 116.
231 Stone, "Black Death and its Immediate Aftermath," pp. 216–217. 也可参见 Bruce M. S. Campbell, "A Unique Estate and a Unique Source: The Winchester Pipe Rolls in Perspective," in *The Winchester Pipe Rolls and Medieval English Society* (Woodbridge, UK: Boydell Press, 2003), pp. 21–43。
232 Stone, "Black Death and its Immediate Aftermath," pp. 230–231, 237–239; Hatcher, "England in the Aftermath of the Black Death," pp. 19–25.
233 Stone, "Black Death and its Immediate Aftermath," pp. 215, 226–229, 236–237, 240–241.
234 Watts, "Inkpen," p. 30.
235 Levett and Ballard, *Black Death*, p. 143; Page, *Estates of Crowland Abbey*, p. 122. 19世纪将鼠疫视为历史舞台上一名"超强"角色的观点，在英格兰以弗雷德里克·西博姆（Frederic Seebohm）和索罗尔德·罗杰斯（Thorold Rogers）的作品为代表；在德意志以贾斯汀·赫克（Justin Hecker）的作品为代表。不过，罗杰斯比西博姆更加"矛盾"，他认为黑死病是加速了已经存在的趋势。对这些作者观点的精彩总结，参见 Hybel, *Crisis or Change*, pp. 1–19; Faye Marie Getz, "Black Death and the Silver Lining: Meaning, Continuity, and Revolutionary Change in Histories of Medieval Plague," *Journal of the History of Biology* 24 (1991): 275–281。
236 Hinde, *England's Population*, pp. 47–48.
237 James E. Thorold Rogers, *Six Centuries of Work and Wages: The History of English Labour* (London: T. F. Unwin, 1919), p. 326.
238 G. Clark, "The Long March of History: Farm Wages, Population, and Economic Growth, England, 1209–1869," *Economic History Review* 60 (2007):109; Britnell, *Britain and Ireland*, pp. 376–377; John Hatcher, "Unreal Wages: Long-Run Living

Standards and the 'Golden Age' of the Fifteenth Century," in *Commercial Activity, Markets and Entrepreneurs in the Middle Ages: Essays in Honour of Richard Britnell*, eds. Ben Dodds and Christian D. Liddy (Woodbridge, UK: Boydell Press, 2011), pp. 3–5; Simon A. C. Penn and Christopher Dyer, "Wages and Earnings in Late Medieval England: Evidence from the Enforcement of the Labour Laws," *Economic History Review*, 2nd ser., 43 (1990):356, 373; Campbell, "The Land," p. 216.

239 Hatcher, "Unreal Wages," pp. 3–5.

240 Friedrich Lütge, "Das 14/15. Jahrhundert in der Sozial-und Wirtschaftsgeschichte," *Jahrbücher für Nationalökonomie und Statistik* 162 (1950):161–213; Howard Kaminsky, "From Lateness to Waning to Crisis: The Burden of the Later Middle Ages," *Journal of Early Modern History* 4 (2000):116–117.

241 A. R. Bridbury, *Economic Growth: England in the Later Middle Ages* (London: G. Allen and Unwin, 1962), p. 91.

242 Bridbury, "Black Death," pp. 577–592, 重印于 A. R. Bridbury, *The English Economy from Bede to the Reformation* (Woodbridge, UK: Boydell Press, 1992), pp. 200–217。例如，据估计，1300年至1380年，英格兰的人口减少了44%，而与此同时，英格兰的总耕地面积减少了31%。尽管理查德·布里内尔承认中世纪晚期的人均农业产出有所增加，但他认为这完全是因为人口减少了，而非生产力提高了。布里内尔认为，生产力由于劳动力投入的减少（此时雇佣劳动力要贵得多）而迟迟上不去，哪怕在实践上有所改良，比如放弃不那么肥沃的土地，以及通过提高放牧与耕作的比例来获得更多粪肥，这些努力也都被抵消掉了，这种情况也符合商业化模式。参见 Britnell, *Britain and Ireland*, pp. 389, 395–401。

243 Dyer, *Age of Transition*, pp. 126–157; Dyer, *Making a Living*, pp. 322–337; Maryanne Kowaleski, "A Consumer Economy," in *Social History of England*, pp. 238–259. 在更偏向文化的层面上，对鼠疫影响的乐观派观点被表述为"一线希望"论。参见 Getz, "Black Death and the Silver Lining," pp. 275–281。

244 M. M. Postan, "Revisions in Economic History—The Fifteenth Century," *Economic History Review* 9 (1938–1939):160–167; Hybel, *Crisis or Change*, pp. 139–145.

245 Hatcher, "Unreal Wages," pp. 6–8, 20–22.

246 Hatcher, "Great Slump," pp. 237–272. 哈彻还倾向于将中世纪晚期的经济史解释为"一系列各具特色的子时段"，而不是一个长期的、单一的趋势，无论这趋势是增长还是衰退。

247 Christopher Dyer, "A Golden Age Rediscovered: Labourers' Wages in the Fifteenth Century," in *Money, Prices and Wages: Essays in Honour of Professor Nicholas Mayhew*, eds. Martin Allen and D'Maris Coffmann (Basingstoke, UK: Palgrave

Macmillan, 2015), p. 195.
248 Dyer, "Golden Age Rediscovered," pp. 184–190; Dyer, *Age of Transition*, pp. 128–129; P. J. P. Goldberg, *Medieval England: A Social History, 1250–1550* (London: Arnold, 2004), pp. 170–171; Robert C. Allen, *Enclosure and the Yeoman* (Oxford: Clarendon Press, 1992), pp. 62–63; Britnell, *Britain and Ireland*, pp. 375, 431–432, 496. 雇佣劳动者获得土地，并选择享受更多的闲暇时间，也会产生推高工资率的效果，因为进入雇佣劳动市场的工人变少了。戴尔认为，熟练的工匠可以赚取更高的工资，每天 6—8 便士，或者是每年 6—8 英镑，而哪怕是只拥有 15 英亩土地的农民，在 15 世纪还属于"贫穷的少数派"，也仍然需要雇佣季节性劳动力，比如在收获季节，不过，艾伦对此提出了疑问。
249 Bailey, *Decline of Serfdom*, p. 65; Bailey, "Introduction: England in the Age of the Black Death," p. xxxv.
250 Dyer, *Making a Living*, p. 268.
251 Campbell, *Great Transition*, pp. 361, 374–376; Campbell, "The Land," p. 217; Dyer, *Making a Living*, p. 293; D. L. Farmer, "Prices and Wages," in *Agrarian History of England and Wales, Volume 3*, p. 444; Clark, "Long March of History," pp. 132–134; John Munro, "The Late Medieval Decline of English Demesne Agriculture: Demographic, Monetary, and Political-Fiscal Factors," in *Town and Countryside*, pp. 310, 312, 314, 317; John H. Munro, "Wage-Stickiness, Monetary Changes, and Real Incomes in Late-Medieval England and the Low Countries, 1300–1500: Did Money Matter?" in *Research in Economic History, vol. 21*, eds. Alexander J. Field, Gregory Clark, and William A. Sundstrom (Amsterdam, Netherlands: Elsevier Science, 2003), pp. 243–244; Britnell, *Britain and Ireland*, p. 377. 欧洲大陆、意大利、西班牙和低地国家的工资和价格数据参见 C. Alvarez-Nogal and L. Prados de la Escosura, "The Rise and Fall of Spain (1270–1850)," *Economic History Review* 66 (2013):1–37; Paolo Malanima, "The Long Decline of a Leading Economy: GDP in Central and Northern Italy, 1300–1913," *European Review of Economic History* 15 (2011):173–178; Richard A. Goldthwaite, *The Economy of Renaissance Florence* (Baltimore, MD.: Johns Hopkins University Press, 2009), pp. 263–265; Munro, "Wage-Stickiness," p. 252; Earl J. Hamilton, *Money, Prices, and Wages in Valencia, Aragon, and Navarre, 1351–1500* (Cambridge, MA.: Harvard University Press, 1936), pp. 180, 186。另见 http://gpih.ucdavis.edu/Datafilelist.htm 的数据，访问于 2018 年 1 月 3 日。
252 Samuel K. Cohn, Jr., "After the Black Death: Labour Legislation and Attitudes Towards Labour in Late-Medieval Western Europe," *Economic History Review* 60 (2007):457–485. 科恩主要比较了英格兰、法兰西、西班牙和意大利的劳动立法。他的结论是，

"对于黑死病后肉眼可见的劳动力短缺和物价飞涨,法律上有多种多样的应对措施"。决定这些应对措施的,与其说是劳动力供求的人口统计学和经济学逻辑,更多的是精英阶层的恐惧和焦虑,他们担心"黑死病造成了前所未有的惨状,大量死亡、满目疮痍",会引发政治和社会动荡。至少就英格兰而言,我不同意科恩的观点,因为这样的动荡直到 1381 年的农民起义才显现出来,可以说这场农民起义是劳工法本身和农民在瘟疫之后因"期待值上升"而失望的结果,而不是原因。参见 Christopher Dyer, "The Social and Economic Background to the Rural Revolt of 1381," in *The English Rising of 1381*, eds. R. H. Hilton and T. H. Aston (Cambridge: Cambridge University Press, 1984), pp. 9–10。

253 B. H. Putnam, *The Enforcement of the Statutes of Labourers during the First Decade after the Black Death, 1349–1359* (New York: Columbia University Press, 1908); L. R. Poos, "The Social Context of Statute of Labourers Enforcement," *Law and History Review* 1 (1983):27–52; Farmer, "Prices and Wages," pp. 483–490; Penn and Dyer, "Wages and Earnings in Late Medieval England," pp. 357–359; E. B. Fryde, *Peasants and Landlords in Later Medieval England* (New York: St. Martin's Press, 1996), pp. 33–38. 佩恩(Penn)和戴尔断言,"每年都有数十万工人违反"劳工法,这确实表明人们普遍不把这部法律放在眼里,但同时表明它得到了严格的执行。

254 Munro, "Wage-Stickiness," pp. 186–188; John Munro, "Before and After the Black Death: Money, Prices, and Wages in Fourteenth-Century England," in *New Approaches to the History of Late Medieval and Early Modern Europe*, pp. 335–364; Munro, "Late Medieval Decline," pp. 300–323; John Day, *The Medieval Market Economy* (Oxford: Basil Blackwell, 1987), pp. 90–107; N. J. Mayhew, "Numismatic Evidence and Falling Prices in the Fourteenth Century," *Economic History Review*, 2nd ser., 27 (1974):1–15. 对货币论更加详细的总结和批评,参见 Hatcher and Bailey, *Modelling the Middle Ages*, pp. 186–192。

255 Chris Given-Wilson, "Service, Serfdom and English Labour Legislation, 1350–1500," in *Concepts and Patterns of Service in the Later Middle Ages*, eds. A. Curry and E. Matthew (Woodbridge, UK: Boydell Press, 2000), pp. 21–37; Chris Given-Wilson, "The Problem of Labour in the Context of English Government," in *The Problem of Labour in Fourteenth-Century England*, eds. J. Bothwell, P. J. P. Goldberg, and W. M. Ormrod (Woodbridge, UK: Boydell Press, 2000), pp. 85–100; Britnell, *Britain and Ireland*, pp. 375–376. 有观点认为,中世纪的劳动立法是都铎王朝时期英格兰通过的济贫法的前兆。

256 Munro, "Wage-Stickiness," p. 193.

257 Hatcher and Bailey, *Modelling the Middle Ages*, pp. 190–191; Campbell, "The

Land," p. 218; Campbell, *Great Transition*, pp. 361, 368, 374–376.
258 Hatcher, "Unreal Wages," pp. 11–12.
259 Munro, "Wage-Stickiness," p. 201; Penn and Dyer, "Wages and Earnings," p. 357. 芒罗（Munro）所引用的年工作天数数据，仅适用于安特卫普-利尔地区的建筑工人。
260 Hatcher, "Unreal Wages," pp. 8–10; Penn and Dyer, "Wages and Earnings," p. 362.
261 R. H. Britnell, "Commerce and Capitalism in Late Medieval England: Problems of Description and Theory," *Journal of Historical Sociology* 6 (1993):364. 关于中世纪晚期的总劳动力中，短期雇佣劳动与以年为单位的家政服务之比是否相应地提升了，还存在一些争论。一些人认为，雇主更愿意雇用仆人，因此推高了对仆人的需求，而另外一些人则指出，雇员本身更喜欢短期雇佣劳动，因为按天计算工资更高，还拥有"货比三家"的自由。参见 Smith, "Human Resources," p. 210; Penn and Dyer, "Wages and Earnings," pp. 366–370。
262 Christopher Dyer, "The Hidden Trade of the Middle Ages: Evidence from the West Midlands," in *Everyday Life in Medieval England*, p. 285; Penn and Dyer, "Wages and Earnings," p. 373.
263 Bailey, *Decline of Serfdom*, p. 5. 也可参见 Dyer, *Age of Transition*, p. 6; Britnell, *Britain and Ireland*, pp. 495–497; Given-Wilson, "Service, Serfdom and English Labour Legislation," p. 24; Robert Brenner, "Agrarian Class Structure and Economic Development in Pre-Industrial Europe," in *Brenner Debate*, pp. 35–36; Rodney H. Hilton, *The Decline of Serfdom in Medieval England* (London: Macmillan, 1986), pp. 33–44。
264 Bailey, *Decline of Serfdom*, pp. 87–282; Bailey, *Medieval Suffolk*, pp. 193–201; Mark Bailey, "The Transformation of Customary Tenures in Southern England, c.1350–c.1500," *Agricultural History Review* 62 (2014):210–230; Dyer, *Lords and Peasants*, pp. 283–297; Harvey, *Westminster Abbey*, pp. 256–261, 269–273, 276–285; Hilton, *Decline of Serfdom*, pp. 44–51. 将传统的土地保有权转变为公簿保有和租赁保有，也促进了土地的转让和集聚。
265 Bailey, *Decline of Serfdom*, p. 65; Campbell, "The Land," p. 233.
266 Bailey, *Decline of Serfdom*, pp. 65–66.
267 Brenner, "Agrarian Class Structure," pp. 21–23; Hatcher and Bailey, *Modelling the Middle Ages*, pp. 108–109; Bailey, *Decline of Serfdom*, pp. 7–8, 60–61; Dyer, *Lords and Peasants*, p. 264. 布伦纳的论点是，尽管黑死病造成的影响是普遍的，但农奴制在欧洲不同地区的命运是不同的。哈彻和贝利虽然予以承认，却认为这仍然无法减轻人口趋势在农奴制衰落中所起的主要作用，也无法将阶级冲突提升到"唯一重要的动态变量"之地位。

268 Patricia Croot and David Parker, "Agrarian Class Structure and the Development of Capitalism: France and England Compared," in *Brenner Debate*, pp. 79–90; Jerome Blum, "The Rise of Serfdom in Eastern Europe," *American Historical Review*, 62 (1957):811.

269 Paul Freedman, *The Origins of Peasant Servitude in Medieval Catalonia* (Cambridge: Cambridge University Press, 1991), pp. 154–202. 加泰罗尼亚的农民在 1462—1486 年的农奴起义结束后才取得了重大进展。

270 Blum, "Rise of Serfdom," pp. 819–835; William W. Hagen, "How Mighty the Junkers? Peasant Rents and Seigneurial Profits in Sixteenth-Century Brandenburg," *Past and Present*, 108 (1985):80–116; Heide Wunder, "Peasant Organization and Class Conflict in Eastern and Western Germany," in *Brenner Debate*, p. 100. 农奴制在东欧兴起的其他因素，包括城市和城市中产阶级的衰落，以及谷物出口收益率造成的私有地直接耕作率大幅提升，所有这些都与西方的趋势截然相反。

271 Bailey, *Decline of Serfdom*, p. 68; Hatcher and Bailey, *Modelling the Middle Ages*, p. 96.

272 Bailey, *Decline of Serfdom*, pp. 62–65.

273 John Hatcher, "English Serfdom and Villeinage: Towards a Reassessment," *Past and Present*, 90 (1981)," pp. 253–254, 258–265; Bolton, *Medieval English Economy*, pp. 185–186; Jack Ravensdale, "Population Changes and the Transfer of Customary Land on a Cambridgeshire Manor in the Fourteenth Century," in *Land, Kinship and Life-Cycle*, pp. 223–224; John Mullan and Richard Britnell, *Land and Family: Trends and Local Variations in the Peasant Land Market on the Winchester Bishopric Estates, 1263–1415* (University of Hertfordshire Press, Studies in Regional and Local History, 8, 2010), pp. 57–58.

274 Bailey, *Decline of Serfdom*, p. 69.

275 Harvey, *Westminster Abbey*, p. 257.

276 Campbell, "The Land," pp. 224–225; Dyer, "Social and Economic Background," p. 27; Hatcher, "England in the Aftermath of the Black Death," pp. 34–35; Bolton, "'World Upside Down'," pp. 45–47.

277 R. H. Britnell, "Feudal Reaction after the Black Death in the Palatinate of Durham," *Past and Present* 128 (1990):47; Mullan and Britnell, *Land and Family*, pp. 58–64; Dyer, *Lords and Peasants*, pp. 275–281.

278 Britnell, "Feudal Reaction after the Black Death," pp. 32–47; Britnell, *Britain and Ireland*, p. 432.

279 Hatcher and Bailey, *Modelling the Middle Ages*, p. 109.

280 Bailey, *Decline of Serfdom*, p. 62; Hatcher, "English Serfdom and Villeinage," pp. 254–256.
281 Bailey, *Decline of Serfdom*, pp. 75–80; J. Ambrose Raftis, *Tenure and Mobility: Studies in the Social History of the Medieval English Village* (Toronto: Pontifical Institute of Mediaeval Studies, 1964), pp. 153–166; Razi, *Life, Marriage and Death*, pp. 117–119; Hilton, *Decline of Serfdom*, pp 33–35. 不过，拉里·普斯基于他在埃塞克斯郡找到的证据提醒我们，庄园账目中记录的迁徙率比较高，可能只是反映了地主对佃户的流动性更加担忧了。普斯发现，14 世纪上半叶，瘟疫发生之前，埃塞克斯郡几个社区的人口流动率与 300 年后 17 世纪的记录相当。证据还表明，人们即使迁徙，也不会走很远，通常距离他们出生的村庄不超过 10 英里。参见 Poos, *Rural Society after the Black Death*, pp. 160–162; Dyer, "Changes in the Size of Peasant Holdings," p. 281; Penn and Dyer, "Wages and Earnings," pp. 363–364; Bolton, "'World Upside Down'," p. 51。
282 Campbell, "The Land," p. 227; Hatcher, "England in the Aftermath of the Black Death," pp. 32–33.
283 Campbell, "The Land," p. 179; Lomas, "South-east Durham," p. 317.
284 R. Faith, "Berkshire: Fourteenth and Fifteenth Centuries," in *Peasant Land Market*, pp. 116, 132.
285 Campbell, "Population Pressure," p. 121; Britnell, *Britain and Ireland*, p. 444.
286 Faith, "Berkshire," pp. 110–111; Miller, "Introduction: Land and People," p. 19. 此时，相比于保持租约原封不动，领主们更感兴趣的是允许土地转让，只要能通过收取土地易主费等费用从中获利即可。也有地主对零散分割和出售保有地的趋势"凛然漠视"，威斯敏斯特修道院的修道士们就是其中之一。参见 Harvey, *Westminster Abbey*, pp. 264–266。
287 Dyer, *Age of Transition*, p. 195; Dyer, *Making a Living*, pp. 332–333; Campbell, "The Land," pp. 201, 207; Campbell, "Population Pressure," p. 103; Lomas, "South-east Durham,", p. 302. 这一过程似乎始于 14 世纪 70 年代后半期，彼时，瘟疫首次开始真正"重创传统的庄园经济"，即物价和租金下降，而工资增加，从而挤压了庄园的收入。租赁在之后的 14 世纪 90 年代开始加速，到 1450 年已基本完成。参见 Bolton, *Medieval English Economy*, p. 214; Britnell, *Britain and Ireland*, pp. 401, 430–431。
288 Faith, "Berkshire," p. 109; Lomas, "South-east Durham," p. 303; Dyer, *Making a Living*, pp. 346–347; Dyer, *Age of Transition*, pp. 196, 208; Britnell, *Britain and Ireland*, p. 403. 然而，出租私有地的领主通常保留了向佃户收取租金和其他赋税的权利。戴尔还发现，尽管许多承租人是"农民出身"，但这些富有企业家精神的农民

与其他佃户之间很快就出现了社会和经济不平等的"鸿沟",这或许是必然的,因为他们控制的土地面积是其他村民的 10 倍之多。

289 Campbell, "The Land," pp. 207–208; Dyer, *Making a Living*, p. 336; Lomas, "Southeast Durham," pp. 307–308; Britnell, *Britain and Ireland*, pp.439–444.

290 Campbell, "The Land," pp. 206–207; Faith, "Berkshire," pp. 118, 120–121; Mavis E. Mate, "The East Sussex Land Market and Agrarian Class Structure in the Late Middle Ages," *Past and Present* 139 (1993):46–65.

291 Campbell, "Population Pressure," pp. 100–101, 126–127. 移民也可能促成了土地市场的疲软,但这是一把双刃剑,因为佃户既会从某处迁走,也会向某处迁移,而这在一定程度上取决于瘟疫带来的机会。坎贝尔发现,在诺福克郡的科尔蒂瑟尔,"直到人数下降的趋势牢固确立起来之后的某个时间",即 14 世纪晚期的某个时候,移民才促成了瘟疫后的衰落。

292 Lomas, "South-east Durham," p. 326; Bailey, *Medieval Suffolk*, p. 242.

293 Faith, "Berkshire," pp. 114, 120–121, 129, 132, 136, 139, 151, 158; Lomas, "Southeast Durham," pp. 296–299, 316, 354; Dyer, *Lords and Peasants*, pp. 302–303. 蒂姆·洛马斯(Tim Lomas)发现,黑死病之后的一个半世纪里,达勒姆座堂隐修院所拥有的 4 个庄园中,平均有 70% 的财产被所有者在生前转让给了家族以外的人,而在达勒姆主教所拥有的 4 个庄园中,这个数字平均为 53%。然而,洛马斯还发现,家族土地所有权的稳定性和连续性在 15 世纪末重新显现出来。戴尔发现,从 14 世纪晚期一直到整个 15 世纪,在伍斯特主教所拥有的 4 个庄园中,家族以外的生前转让平均占到 22%。

294 Dyer, "Changes in the Size of Peasant Holdings," pp. 281–294; Phillipp R. Schofield, "Tenurial Developments and the Availability of Customary Land in a Later Medieval Community," *Economic History Review*, n.s., 49 (1996), p. 265; Campbell, "The Land," p. 233; J. Whittle, "Individualism and the Family-Land Bond: A Reassessment of Land Transfer Patterns among the English Peasantry, c.1270–1580," *Past and Present* 160 (1998):63. 关于黑死病之后的村庄流动率,有一些引人注目的例子,包括:至 1359 年,威尔特郡的德灵顿(Durrington)已有超过 2/3 的佃户家庭离开,到 1441 年则完全流失;1352—1372 年,莱斯特郡基布沃思-哈考特的人口流动率增加了近 3 倍;至 15 世纪初,基布沃思的人口流动"如此之快,以至于根本无法追溯所有土地的继承情况,除少许例外"。当然,我们几乎不可能确定这样的流动有多少是由于瘟疫,又有多少是由于其他因素,尤其是移民。参见 J. N. Hare, "Durrington: A Chalkland Village in the Later Middle Ages," *Wiltshire Archaeological Magazine* 74/75 (1981):144; Howell, *Land, Family and Inheritance*, p. 48。

295 Zvi Razi, "The Erosion of the Family-Land Bond in the Late Fourteenth and Fifteenth

Centuries: A Methodological Note," in *Land, Kinship and Life-Cycle*, pp. 295–304; Zvi Razi, "The Myth of the Immutable English Family," *Past and Present* 140 (1993):3–44.

296 Campbell, "Population Pressure," and Christopher Dyer, "Changes in the Size of Peasant Holdings," in *Land, Kinship and Life-Cycle*, pp. 130, 277; Campbell, "The Land," pp. 207–208; Dyer, *Lords and Peasants*, p. 298; Lomas, "South-east Durham," pp. 341–343; Miller, "Introduction: Land and People," pp. 30–32; Bolton, "'World Upside Down'," pp. 53–58; Bolton, *Medieval English Economy*, pp. 238–242; Bailey, *Medieval Suffolk*, p. 246.

297 戴尔提供了一个例子，一个名叫埃德蒙（Edmund）的无地雇佣劳动者是埃塞克斯郡英盖特斯通（Ingatestone）教区长的仆人，他于1359年加入租地人行列，拿下了7英亩的保有地，租期为7年。参见 Dyer, "Social and Economic Background," p. 21。

298 Britnell, *Britain and Ireland*, pp. 374, 431–432. 再往上，据说茅舍农的保有地面积从0.5—1英亩增加到了5—6英亩；小农的土地面积从5—10英亩增加到了30英亩；富裕的农民精英或贵族的土地面积则增加到了60英亩，甚至100英亩。参见 Mavis E. Mate, "Work and Leisure," in *A Social History of England*, p. 286; Bolton, *Medieval English Economy*, p. 238; Britnell, *Britain and Ireland*, pp. 403, 445。

299 Campbell, "The Land," pp. 219–221; Britnell, *Britain and Ireland*, pp. 375, 432.

300 Faith, "Berkshire,", p. 162; Benedictow, *Black Death*, pp. 264–266. 据班尼迪克托估计，黑死病之前，税册中的穷人和赤贫者被低估了45%—55%。也有确实记录了无地者的税册，格拉斯顿伯里修道院保存的人头税清单就是其中之一，它记录了那些不拥有财产，因此不支付租金，但仍有纳税义务的人。参见 Ecclestone, "Mortality of Rural Landless Men before the Black Death," pp. 6–29。

301 Harvey, *Westminster Abbey*, p. 266; Schofield, "Tenurial Developments," p. 260; Campbell, "The Land," p. 230; Faith, "Berkshire," p. 166; Lomas, "South-east Durham," pp. 314, 339–340; Bolton, *Medieval English Economy*, pp. 238–242; Miller, "Introduction: Land and People," pp. 25–26.

302 Campbell, "Population Pressure," pp. 103–104, 108–109. 大多数租地人占有小块土地的情况一直持续到14世纪晚期，对此，萨福克郡和康沃尔郡也有文献记载。参见 Bailey, *Medieval Suffolk*, p. 245; Hatcher, *Rural Economy*, p. 139。

303 Faith, "Berkshire," pp. 128, 133, 143, 150, 153–155. 在达勒姆郡，土地转让在黑死病首次暴发刚刚过去后和15世纪初尤为活跃。参见 Lomas, "South-east Durham," pp. 304–305。

304 Campbell, "Population Pressure," p. 123; Faith, "Berkshire," pp. 119–120, 128, 139;

Lomas, "South-east Durham," pp. 309–313. 在达勒姆，快速更替似乎很大程度上是由于短期租赁的趋势，这与承租人通常的要求是反着来的。

305 Campbell, "Population Pressure," pp. 112–113, 122.
306 Lomas, "South-east Durham," p. 350.
307 Campbell, "The Land," pp. 212, 220.
308 Mullan and Britnell, *Land and Family*, p. 59; Lomas, "South-east Durham," p. 305; Britnell, "Feudal Reaction," pp. 31–33.
309 Campbell, "Population Pressure," pp. 124–125; Dyer, *Lords and Peasants*, pp. 299–303; Harvey, *Westminster Abbey*, pp. 285–290; Hatcher, *Rural Economy*, pp. 229–231.
310 参见 Dyer, *Age of Transition*, p. 200; Hatcher, "Great Slump," p. 261，其中有一些佃农不愿承租的例子。另一方面，也有一些如愿以偿的佃农的例子，参见 Bolton, *Medieval English Economy*, pp. 234–236。
311 Faith, "Berkshire," p. 165; Dyer, *Age of Transition*, pp 204–205; Britnell, *Britain and Ireland*, pp. 401–404; Bolton, "'World Upside Down'," pp. 66–70.
312 Dyer, *Making a Living*, pp. 335–337; Dyer, *Age of Transition*, p. 201. 然而，由于很难找到替代的佃户，农民即使负债累累，也很少被驱逐。
313 Campbell, "The Land," pp. 208, 224, 233; Faith, "Berkshire," pp. 167–173; Dyer, *Making a Living*, pp. 333, 350; Dyer, *Age of Transition*, pp. 196, 206–207; C. C. Dyer, "The West Midlands," and Harvey, "Home Counties," in *Agrarian History of England and Wales: Volume 3*, pp. 88–92, 113–115. 当然，新佃农也有从事畜牧业的。
314 Faith, "Berkshire," pp. 128–129; Bailey, *Medieval Suffolk*, pp. 246–249; Hatcher, *Rural Economy*, p. 231.
315 Campbell, "The Land," p. 207; Campbell, "Population Pressure," pp. 103, 127, 130; Faith, "Berkshire," pp. 145, 157–158, 166–168, 173–177; Lomas, "South-east Durham," p. 316; Britnell, *Britain and Ireland*, p. 445; Bolton, "'World Upside Down'," p. 58; Bolton, *Medieval English Economy*, pp. 238–239. 罗莎蒙德·费丝（Rosamund Faith）宣称，伯克郡的农民贵族"无影无踪"了，因为在15世纪可以被确认的家族中，几乎没有延续下来成为16世纪"富裕自耕农"的。然而，蒂姆·洛马斯断言，在达勒姆，"15世纪后期一些拥有土地的家族，在之后的几个世纪里看起来确实飞黄腾达了"。布鲁斯·坎贝尔声称，在诺福克郡的科尔蒂瑟尔，15世纪末"初具雏形的自耕农阶层已经稳固确立起来"；他甚至认为，"资本家租地农场主/无地雇佣劳动者"之间的"阶级分化过程"是"不可逆的"，并且对后来17世纪和18世纪农业革命的出现至关重要。

316 Clark, "Long March of History," pp. 97–135; Broadberry, et al., *British Economic Growth*, pp. 247–248.
317 Broadberry, et al., *British Economic Growth*, p. 249; Campbell, *Great Transition*, p. 374; Hatcher, "Unreal Wages," pp. 6–8.
318 Broadberry, et al., *British Economic Growth*, pp. xxxi–xxxix.
319 Broadberry, et al., *British Economic Growth*, pp. 206–209, 403–405. 基于收入估算的黑死病之后的人均 GDP 增长，比基于产出估算出来的结果幅度更大、时间更长（直到约 1420 年），但到了 18 世纪和 19 世纪，前者反而低于后者，这表明这种增长并没有那么持久。因此，基于收入的人均 GDP 支持的是对英国经济史的"马尔萨斯停滞"观点，而基于产出的人均 GDP 则符合将早期现代的这几个世纪视为斯密式"繁盛"时代的观点。参见 Broadberry, et al., *British Economic Growth*, pp. 250–252, 276–278。
320 Broadberry, *et al., British Economic Growth*, pp. 178–182, 208–209.
321 Broadberry, et al., *British Economic Growth*, pp. 125–127, 178–179.
322 Broadberry, et al., *British Economic Growth*, p. 194. 与此同时，各部门的劳动力份额也开始向工业转移，这在早期现代变得更加明显。参见 Broadberry, et al., *British Economic Growth*, p. 344。
323 Broadberry, et al., *British Economic Growth*, pp. 289, 416; Campbell, *Great Transition*, pp. 382–383.
324 Broadberry, et al., *British Economic Growth*, pp. 320–321, 329–330; Campbell, *Great Transition*, p. 373.
325 Broadberry, *et al., British Economic Growth*, pp. 371–401, 422–428.
326 Broadberry, et al., *British Economic Growth*, pp. 375–379, 377.
327 Broadberry, et al., *British Economic Growth*, pp. 377–379; Campbell, *Great Transition*, pp. 377–379.
328 Broadberry, et al., *British Economic Growth*, pp. 375–376, 384–387.
329 Broadberry, et al., *British Economic Growth*, pp. 381–383, 395–401, 425–427.
330 Broadberry, et al., *British Economic Growth*, pp. 387, 405.
331 Broadberry, et al., *British Economic Growth*, pp. 266–270, 273, 320, 405, 424.
332 Broadberry, et al., *British Economic Growth*, p. 273.
333 Broadberry, et al., *British Economic Growth*, pp. 377, 405.
334 Broadberry, et al., *British Economic Growth*, p. 275.
335 Broadberry, et al., *British Economic Growth*, pp. 270–276.
336 Stuart J. Borsch, *The Black Death in Egypt and England: A Comparative Study* (Austin, TX.: University of Texas Press, 2005), pp. 24–112.

337 Dyer, *Age of Transition*, pp. 40–45; Campbell, "Population Pressure," p. 130; Bailey, *Decline of Serfdom*, pp. 6–7; Ellen Meiksins Wood, *The Origin of Capitalism: A Longer View* (London: Verso, 2002), pp. 95–105; Jane Whittle, *The Development of Agrarian Capitalism: Land and Labour in Norfolk, 1440–1580* (Oxford: Oxford University Press, 2000), pp. 5–27, 173–177; R. J. Holton, *The Transition from Feudalism to Capitalism* (New York: St. Martin's Press, 1985), pp. 206–218. 但吉姆·博尔顿认为，农民中的自耕农和绅士阶层的获利，可能为早期现代"资本主义思想的出现"铺平了道路，但这些获利往往转瞬即逝，因为它们基于有利的土地—劳动力比例，一旦人口重新开始增长，这种情况就消失了。参见 Bolton, "'World Upside Down'," pp. 58–63; Bolton, *Medieval English Economy*, p. 245。

338 Campbell, "The Land," p. 237; Bailey, *Decline of Serfdom*, pp. 6–7; Christopher Dyer, "Were There Any Capitalists in Fifteenth-Century England?" in *Everyday Life*, pp. 305–328; Robert C. Allen and Jacob L. Weisdorf, "Was There an 'Industrious Revolution' Before the Industrial Revolution? An Empirical Exercise for England, c.1300–1830," *Economic History Review* 66 (2011):715–729.

339 J. de Vries, "The Industrial Revolution and the Industrious Revolution," *Journal of Economic History* 54 (1984):249–270; Broadberry, et al., *British Economic Growth*, pp. 263–265, 276, 381, 405.

340 Broadberry, et al., *British Economic Growth*, pp. 274, 320; Campbell, *Great Transition*, pp. 374, 380.

341 Broadberry, et al., *British Economic Growth*, pp. 274–278, 377, 381, 405.

342 Dyer, *Age of Transition*, pp. 1–6.

343 Dyer, *Making a Living*, p. 332. 约1400年，沃里克伯爵的属吏将一个庄园的劳役折算成货币租金时使用了这样的措辞。

第九章
总要看看死亡的光明面：中世纪的衰落？

Always look on the bright side of death:
A waning of the Middle Ages?

纽约市崔恩堡公园（Fort Tryon Park）的修道院博物馆里有一家礼品店，可以买到与馆藏的中世纪主题有关的各种小装饰品和纪念品。后墙上陈列着待售书籍，其中的一本尤其引人注目：荷兰学者约翰·赫伊津哈的《中世纪的衰落》。[1] 我必须承认，上次去修道院博物馆时，我刚一瞄到陈列的这本赫伊津哈的书，就不禁想要发出爱德华·蒙克①式的呐喊。全世界有那么多中世纪历史书，他们就非得这本向毫无疑义的游客兜售！

有一说一，我对赫伊津哈的《中世纪的衰落》[按照1996年的新英译本，现在也被称为《中世纪之秋》(*The Autumn of the Middle Ages*)]一书感情复杂。这本书常常被视为历史研究中的"经典"，但我认为，

---

① 爱德华·蒙克（Edvard Munch，1863—1944），挪威画家，其代表作《呐喊》（*The Scream*）是世界艺术的标志性代表之一。

它成为经典纯属误打误撞。² 它给中世纪晚期打上了无法磨灭的烙印，将其认定为社会和文化衰落的时期：即使是赫伊津哈最坚定的捍卫者也必须承认，他给这个时代蒙上了一层黑暗、忧郁、悲观的幕布。赫伊津哈用"收获期"来打比方，认为中世纪晚期的思想和文化是一个处于临终之苦中的文明"烂熟的果实"，任何新鲜事物都被严格僵化的形式主义扼杀了。³ 不知为何，这种悲观的描述引起了大众想象的共鸣，也让这本书继续大卖，它存在于修道院博物馆礼品店里就是证明。也许是因为人们就爱幸灾乐祸，喜欢听前人如何如何悲惨的故事，因为这让他们自己的时代显得没那么糟糕。确实是这样，赫伊津哈的"衰落"论一直主导着大众和学术界关于中世纪晚期欧洲的讨论，至今已有将近一个世纪之久。芭芭拉·塔奇曼（Barbara Tuchman）的《远方之镜》（*A Distant Mirror*，1978），可以说完全就是赫伊津哈衰落主题的变体。⁴

我个人认为，这种关于中世纪晚期社会最终衰落的描述是完全错误的。但我绝不是唯一对中世纪晚期"衰落"或"入秋"论持保留意见的人。⁵ 涉及这一问题的中世纪史教科书倾向于回避赫伊津哈的悲观模型，更喜欢用"过渡"或"转型"等价值中立的措辞，来描述在他们看来近乎飘忽不定的中世纪晚期与早期现代的分界线。⁶ 现在没人谈论"中世纪的衰落"了，除非是将其作为一种极其老套的观念，而要想认真研究并理解中世纪或早期现代的历史，就一定要避开这个观念。造成这种情况的很大一部分原因在于，赫伊津哈的衰落论并不符合我们现在所知的中世纪末欧洲社会的实际情况。例如，很难想象黑死病之后生活水平——包括饮食和其他方面的物质享受——得到大幅提高的人们会焦虑不安、郁郁寡欢。⁷ 可这又回到了赫伊津哈的《中世纪的衰落》一书几乎刚一问世就受到的批评上，就是说它非常空泛，建立在低地国家和勃民第的少数文学和艺术作品的基础上,因此几乎没有实际的档案或文献(即"实证")研究作为依据,在时间和地理范围上也颇为局限。[8] 赫伊津哈也可以被认为是精英主义者,因为他几乎只关注贵族宫廷文化(比如骑士精神),因此对当时绝大多数人的实际生活没什么了解,无论他们生活在乡村还是城市。[9] 甚至在他所擅长的文化方面,赫伊津哈也抛出了一个自相矛盾的两难问题:一个在过度符号化且形式主义的表达中理应变得沉闷的社会,同时却催生了"文艺复兴",也就是各种形式的文学艺术活动的复兴。赫伊津哈本人似乎也承认了这一矛盾,尤其是在其关于文艺复兴的其他作品中。[10] 正如他在《中世纪的衰落》一书的结尾所言:"一种高雅且强大的文化正在衰落,但与此同时,在同一领域,新的事物正在产生。潮流正在转向,生活的基调即将改变。"[11]

可尽管学者们几乎全都摒弃了赫伊津哈的"衰落"论,它却仍然束缚着大众的想象。部分原因在于赫伊津哈用以描绘其主题的"后印象派技巧"。虽然《中世纪的衰落》小说般的笔调饱受指摘,但这也是它最大的优势之所在,是它能够如此吸引大众的原因。赫伊津哈是一位登峰造极的说书人,这一点谁都无法否认。赫伊津哈就像一个魔术师,或者用他自己也许会喜欢的比喻来说,就像一个宫廷小丑,用他那"赏心悦目"、引人入胜的文风给读者下了一个难以言喻却又明确无疑的魔咒。[12] 就他的这本书而言,这确实是我个人非常欣赏,也非常愿意模仿的一个方面,不过,赫伊津哈能够确保在学术界始终拥有一席之地是因为他在大众文化中的地位,这一点一定会令很多学者抓狂。我还认为,赫伊津哈的成功在很大程度上是因为他与自身所处的时代非常契合。甚至可以说,相比起表面上的主题——中世纪晚期,《中世纪的衰落》的黑暗基调更准确地反映了战间期(interwar period)的情况,也就是第一次世界大战之后幻想破灭、在文化上陷入茫然的"迷惘的一代"(Lost Generation)。[13]

赫伊津哈的拥护者们还找到了其他许许多多的理由为他的作品辩解。他们指出，他的观念是随着时间变化的(《中世纪的衰落》的荷兰语第 4 版在 1935 年问世)，而且其复杂性在从荷兰语原文翻译过来时经常被遗漏。[14] 尽管赫伊津哈将自己塑造成"前卫局外人"的形象，但他的许多观念并没有脱离主流。[15] 即使赫伊津哈没有创立一个历史"学派"，他也确实激励了许多后来的模仿者和热衷者，比如塔奇曼。[16] 有人认为，他所讨论的地理范围至少应该扩展至英格兰东南部，从而将几乎整个西北欧囊括进来。[17] 我必须承认，我所读过的《中世纪的衰落》，只有弗里茨·霍普曼(Fritz Hopman)的 1924 年最初英文译本(咨询了赫伊津哈本人后完成)的 1954 年平装版，而该译本又是根据一份被法国历史学家雅克·勒高夫(Jacques Le Goff)称为"具有背叛性"的"未公开法语缩译版"翻译过来的。[18] 第一个英译本的标题——"衰落"——就被批评为过于阴暗，而相比之下，"秋天"和"收获期"等措辞就比较微妙了，有人认为，这至少为正面结果和复兴的可能性留出了空间。[19] 事实上，我已经转而接受这样一种观点：中世纪晚期确实标志着某种终结，主要是由于黑死病的影响。不过，我并不像赫伊津哈那样从负面的角度来看待这一问题。

鉴于此，我想在接下来的篇幅中重新考察赫伊津哈作品(诸多主题中)的两个主题，我认为这对于任何对中世纪终结的批判性评估都至关重要。一个是中世纪晚期社会的"危机"概念。另一个涉及对死亡的"痴迷"，或者叫"死亡文化"，人们认为这种文化在黑死病之后大行其道。最后，我们会讨论应该用什么来代替"衰落"，以作为中世纪晚期的历史叙事。

中世纪晚期的"危机"

赫伊津哈在《中世纪的衰落》的开篇宣称:"所有人普遍都有大难临头之感。"[20] 赫伊津哈在这里指的似乎是中世纪晚期欧洲的一种"危机"心态,即"无论高低贵贱,生活都"被一种"持续的不安全感"所笼罩的模糊意识。这在很大程度上又是一句空泛的评论,完全基于轶事证据,比如弗朗索瓦·维庸(François Villon)的《遗言集》(Testament),或者巴黎市民的日记。虽然赫伊津哈并没有开启中世纪学者之间关于"危机"的争论,因为瑞士历史学家雅各布·布克哈特(Jacob Burckhardt)等作家似乎早在19世纪就已经使用过这个概念了,但他确实普及了与公认的中世纪晚期欧洲社会和文化崩溃有关的危机概念。[21]

"危机"一词源于希腊语中的"决定",意味着长时期的发展达到了顶点。[22] 从起源来看,这一概念与病人身体在医学上的危险期概念密切相关,按照希波克拉底(前460—前370)的说法,它表示这样一个节点:病人要么战胜疾病,要么死于疾病。[23] 就历史而言,布克哈特认为,"危机"指的是历史进程以"可怕的方式"突然加速,预示着社会的结构性转变,即使基本的政治或社会制度仍保持不变。[24]

这一概念也被应用于中世纪晚期,历史学家将14世纪和/或15世纪视为"危机时代",因为这段时期的灾难性事件肯定是少不了的,它们至少预示着重大变革的可能性。[25] 这些事件包括:瘟疫的周期性暴发,始于1347—1353年的黑死病;饥荒或者叫"生存危机"的周期性暴发,始于1315—1322年的大饥荒;民族国家与其他大国之间的暴力冲突,例如1337—1453年的英法百年战争;以及农民和城市起义,例如

1358 年法兰西的扎克雷起义、1378 年佛罗伦萨的梳毛工起义、1381 年英格兰的农民起义，以及始于 1462 年的加泰罗尼亚农奴起义。[26] 此外，学者们还指出了这一时期的"宗教危机"或"教会危机"，包括 1309 年至 1378 年的"巴比伦之囚"，这段时期的教皇驻阿维尼翁，而不是通常的圣座所在地罗马；从 1378 年持续到 1417 年的阿维尼翁和罗马（从 1409 年起还加上了比萨）对立教皇之间的大分裂；新的教权与世俗权力之争，特别是正在形成"国家教会"的法兰西和英格兰等新兴民族国家；英格兰的罗拉德派和波希米亚的胡斯派等新异端的挑战；以及重新开始的对教会改革的呼吁，最极端的是要求教会与世俗事务完全分离。[27] 还可以指出周期性的"货币危机"，这是由硬通货，也就是金银锭供给的剧烈波动所引发的，流通中的货币过剩或短缺，会导致物价上涨或下跌，进而影响国际贸易，甚至小到日常的商业交易和经济活动。[28] 之后还有所谓的"城市危机"，在这场危机中，城市面临着人口和经济活力的灾难性下降，以及由于民族国家的强势崛起和不同市民群体之间的冲突而导致的政治自治权的丧失。[29]

可这一切是否共同导致了中世纪晚期盛行的"危机心态"，或者说是"焦虑时代"呢？中世纪晚期的社会正在经历"危机"，这样的描述在教科书中仍然非常普遍。[30] 在一般意义上，危机的含义似乎仍然非常接近于赫伊津哈最初所提出的，即一个充满了不安全感、恐惧、困惑、不确定性、动荡，对"正常"的行事方式普遍质疑的时代。正如捷克历史学家弗朗齐歇克·格劳斯（František Graus）所言："不安全感和恐惧成了控制人们心智的现象，也是整个时期的特征，既可以使人消极，也可以使人激进。"[31] 但格劳斯还指出，仅仅是把构成广大居民普遍危机"意识"或危机"感"的所有单个"危机"列举出来，或者仅仅将其解释为历史的"偶然",都是不够的。历史学家自然要试图找寻这场危机或者所有危机背后的某种含义、某种理由或原因。[32]

这时理论就发挥作用了。许多历史学家认为,就单个或多个危机背后的"结构性"原因而言,其根源要追溯到中世纪盛期的"美好时光"。[33] 采用危机概念的两个最具影响力的历史模型,是新马尔萨斯主义理论和新马克思主义理论。例如,新马尔萨斯主义模型利用"死亡率危机""生存危机""农业危机"和"经济危机"等概念,试图阐述人口增长与自然资源,尤其是食物之间的关系。例如,死亡率危机指的是,由于瘟疫的定期暴发,死亡率经常超过非危机年份人口的移动平均死亡人数,黑死病时期尤甚;通常,当死亡率超过平均值10%或更多时,人们就认为出现了死亡率危机。[34] 生存危机即饥荒,很少直接通过饿死人导致死亡率危机(大饥荒可能是个例外),但一些历史学家认为两者之间存在联系,因为生存危机期间的营养不良,尤其是儿童的营养不良,使他们更容易感染之后暴发的瘟疫。[35]

农业危机可以指黑死病发生前半个世纪左右的时间里,中世纪的农业无法养活和支撑欧洲不断增长的人口,也可以指瘟疫发生后耕地产量和面积的缩减。[36] 经济危机是黑死病之后贸易和制造业的全面萎缩所导致的,在15世纪中叶的"大萧条"时期达到顶峰。[37] 新马克思主义模型提出的另一种解释是,中世纪晚期的欧洲遭受了"封建制度危机"。这种观点认为,领主和农民陷入了一个恶性循环,领主试图以压迫性手段侵占农民所有的"剩余"收入和劳动力,从而阻止了这些剩余部分重新投入土地生产力,这不仅伤害了农奴,也伤害了他们自己,因为这本可以提高他们自己的收入。这反过来又迫使领主向农奴课以更加繁重的劳役和赋税,以弥补差额,如此循环下去,直至达到一个临界点,农民揭竿而起，或者以其他各种方式反抗，最终推翻农奴制。[38]

新马尔萨斯主义和新马克思主义模型都受到了广泛且有力的批评，以至于它们作为历史探究的操作范式，现在基本上已经失效了。[39] 特别是有人认为它们预测的危机事实上根本没有发生。[40] 即使是那些记录了中世纪晚期社会一个或多个危机的历史学家也必须承认，从预后来看，患者的恢复情况非常好，因为这个社会能够从"接连不断的灾难废墟中"创造出一个"新的、充满活力的文明"。[41] 因此，一些人更喜欢用比"危机"更中性的措辞来指代中世纪晚期欧洲所面临的严峻形势，这些措辞与悲观主义的关联没那么密切，或者说危机后衰落的假设意味没那么强烈。替代词包括19世纪末20世纪初英国黑死病历史学家弗朗西斯·艾丹·加斯凯（Francis Aidan Gasquet）首次使用的"灾难"（catastrophe），而现在的其他人更喜欢用"收缩"（contraction）来代替"危机"。[42]

而且我们也可以仔细思考一下，历史学家需要对一个或多个危机做出解释，这背后的强迫症又是怎么回事。一定要有一个解释吗？危机的原因可能"千变万化"，是混沌的，完全无法预测，而它们之间的相互作用又是独一无二的，永远无法复制。[43] 在这种情况下，人们可能要问，为什么还要研究历史呢？如果认为历史的主要作用是吸取过去的教训，就更要问了。奇怪的是，这会让我们回到中世纪对时局的解释，即这些事情是按照一种不可思议且无法更改的安排发生的。[44] 我在剑桥大学上过约翰·哈彻教授关于黑死病的课，用他的话说，危机只不过是上帝用他的大锤给了中世纪社会一记"重击"。

然而，哈彻本人并不满足于这个回答。他和马克·贝利写道："历史上的重大问题要求我们继续寻找答案，无论这些答案最终会误入怎样的歧途，抑或是何等的片面。"⁴⁵ 但即使有了答案，这答案也不会像过去那样简单。如今，"互动"模型认为危机是诸多因素交织在一起所产生的，而非依赖线性或单一因果关系的"超级模型"，后者只取决于一两个"主要推手"，例如人口和资源（马尔萨斯主义），或者是阶级冲突（马克思主义）。⁴⁶ 此外，人们不再认为黑死病或大饥荒等危机完全是由于"外源性"因素，也就是人类社会内部机制以外的影响；相反，现在人们认为它们与人类的影响和决定有着更直接的联系。⁴⁷ 这必然意味着人类仍然可以影响事情的结果，改变历史的进程，因此历史仍然非常值得研究。

"痴迷"于死亡的社会？

赫伊津哈的"死亡的幻象"一章的开篇很有名："没有任何一个时代能像气数将尽的中世纪那样，如此强调死亡观念。'memento mori'这句永恒的呼唤响彻一生。"⁴⁸ "memento mori"这个拉丁语警句，最贴切的翻译或许是"记住，你终有一死"。赫伊津哈认为，这种露骨且残酷的感情，是中世纪晚期痴迷（或者也可以称之为迷恋）于死亡的唯一主题，并且被无限地重复着。在赫伊津哈看来，这一主题是通过3种主要变体表现的："他们现在在哪里？"该主题通常表现为对尘世间昔日荣光的哀叹或沉思；弃绝尘世，即"死亡的胜利"，该主题通常表现为不苟言笑的提醒，人类的一切美好终将归于尘土、尽入虫腹、化为腐朽；以及文学和艺术中的死亡之舞，该主题里的死神形象引领着社会中形形色色的代表人物跳着舞步迈向冥界。⁴⁹ 赫伊津哈给人的感觉是，他并非真的欣赏中世纪晚期文化的这个方面。他似乎认为它过于老套和夸张,是一种乏味、僵化的表达方式,很难传达出感情的幽微。

他在这一章结尾处的结论是:"介乎其间的一切——怜悯、顺从、渴望、安慰——都仍然没有表达出来,可以说,狰狞恐怖的死神被描绘得过于生动鲜活,把上述这些都吞并了。生者的情感在被滥用的骷髅和蛆虫意象中僵化了。"[50]

再后来,一些研究中世纪晚期死亡文化的学者追随赫伊津哈,认为围绕着骷髅或尸体的艺术和文学主题表达了对死亡的病态痴迷或迷恋,也就是所谓的"恋尸癖"(necromania)。在这些学者看来,被统称为"死亡"(macabre)的意象表现了"对灵魂命运的强烈焦虑感",以及对肉体过度谦卑的态度。[51] 这个"焦虑时代"与其他许多悲观忧郁的感情关系密切,例如"痛苦、忧虑、内疚、恐惧和无比强烈的末日感"。[52] 这也被认为是一种自恋、一种个性化的欲望,想要通过强迫性地重复虔诚的奉献行为,将灵魂从炼狱中拯救出来,而这些行为聚焦于死尸,所采取的方式被描述为神经质、恋物癖和窥阴癖。[53] 支撑这种解释的死亡主题有几种主要的艺术表现形式,包括带有尸体雕像的墓(the *transi* tombs)、"三个活人和三个死人"(Three Living and Three Dead)的图案,以及"死亡之舞"。[54] 在这三个形式中,死亡都是一个近乎超现实的镜像,映照出个体在未来死亡后的模样——尤其是在带有尸体雕像的墓("*transi*"源自拉丁语动词"*transire*",意为"逝去")中,墓主本人被描绘成一具腐烂的尸体或完整的骷髅,常常与同一座墓上栩栩如生却理想化的形象并置。这又被视为表达了一种"焦虑心理",或者就死亡之舞而言,是一种"新的、对社会控制的焦虑",一种极端的艺术形式,或者更确切地说,是反艺术,将其中的"怪诞、奇异和病态"欢快地倾吐出来,展示给所有人看。⁵⁵ 这也与文艺复兴时期的艺术形成了鲜明对比,后者追求一种冷静、古典的平衡,描绘理想的人体之美,并传达一种"世俗荣耀取得胜利"的"新精神"。⁵⁶

研究死亡文化的法国历史学家菲利普·阿里埃斯(Philippe Ariès)对死亡给出了另一种解释。阿里埃斯也认为死亡艺术是个人主义的,但他认为它并没有显示出病态的焦虑和对灵魂的恐惧,而是表达了一种"对生活的热爱",即一种对世俗事物的依恋——但未必要囤积——以及对现世事物的极度不舍,无论是配偶或亲友,还是物质财富和财产。⁵⁷ 尽管如此,阿里埃斯却未必认为他的解释与赫伊津哈有什么不同,因为"赫伊津哈显然明白对生命的热爱与死亡形象之间的关系",而事实上,死亡的"核心问题"就是人们对无法将现世带入坟墓的深深"幻灭感和挫败感"。⁵⁸ 阿里埃斯还注意到,死亡主题的许多形式,比如带有尸体雕像的墓,风靡北欧却不存在于南欧,尤其是意大利、西班牙和法国的地中海沿岸地区。(然而,意大利确实沉迷于"死亡的胜利"和"三个活人和三个死人"这两种形式,最有名的例子就是比萨圣墓园的湿壁画。)阿里埃斯将这种差异归因于两个地区不同的文化范式,比如葬礼上的遗容是露出还是遮蔽,虽然意大利是文艺复兴时期个人主义文化的核心地区,但阿里埃斯视其为死亡主题背后的原动力。⁵⁹

其他研究死亡文化的法国历史学家,例如雅克·希福洛(Jacques Chiffoleau)、让·皮埃尔·德雷尼奥古(Jean Pierre Deregnaucourt)和米歇尔·劳沃斯(Michel Lauwers),都追随阿里埃斯的脚步,通过解读来自阿维尼翁、杜埃和列日的遗嘱和遗书,记录了一种"新的个人主义",它将关注点放在"自身的死亡"上。但在这种情况下,对死亡的个人主义表达了一种"极大的忧郁"(Great Melancholy),因为立遗嘱者沉溺于"极度自恋"的葬礼、弥撒和为自己灵魂所做的代祷,似乎表现出了与祖先和其他家庭成员的疏远和绝缘。与雅各布·布克哈特提出的文艺复兴的复生和复苏主题相比,这更接近赫伊津哈以绝望和悲观主义作为时代标志的观点。[60] 但塞缪尔·科恩对这类遗嘱提出了一种截然不同的解读。虽然他注意到,杜埃的立遗嘱者在公元 1400 年时突然不再提及祖先,而当时恰逢这座城市发生了一场大瘟疫,但他们仍然记挂着父母、配偶和其他亲友,这就反驳了将他们视为"自恋的自大狂"或"孤立的"个人主义者的观点。此外,在大约同一时期的托斯卡纳,立遗嘱者选择在地下墓穴安葬整个家族,这实际上表明意大利人对缅怀先人重新产生了兴趣。[61]

研究中世纪晚期英格兰宗教的历史学家埃蒙·达菲(Eamon Duffy)对死亡主题给出了另一种解释,也对赫伊津哈提出了挑战。达菲承认,中世纪晚期,"对死者的狂热无处不在",但他认为这并不能说明这种狂热是"病态或充满厄运气息的"。相反,达菲提出,中世纪晚期对死亡的应对"比赫伊津哈非黑即白的观点更加复杂,也更加人性化"。具体来说,教会的"死者代祷狂热"在生者与死者之间建立起了一种相互依存的关系,在这种关系中,死者确信来世会有人缅怀并为自己祈祷,由此得到了慰藉,而生者则能够为死亡做精心准备,从而大大减轻了自己大限将至时的精神痛苦,对自己也是有好处的。这种模糊生死界限的做法,更多是由于中世纪的虔诚有一种"苦修精神",可以追溯到早期基督教,并不是什么虚无主义的创新。此外,达菲认为,中世纪晚期英格兰男女的心态显示出一种更加包罗万象,而非自恋或个人主义的冲动,它囊括了整个基督教共同体,既包括生者,也包括死者。[62]

这一切都可以从临终圣礼和为死亡而做的其他准备工作中找到证

据,这些都属于中世纪晚期对教会来说仍然至关重要的圣事。其中当然包括神父在死者临终之时举行的临终圣礼,首先是神父高举十字架,暗示基督的受难,以此表示教会对临终者的痛苦感同身受,接下来是聆听忏悔,并给予最重要的赦免,保证其最终得救。在此基础上,还有作为补充的"善终术"(Ars moriendi),也就是死亡艺术指南,指导平信徒在临终之时如何行为妥当;在达菲看来,善终术绝非如赫伊津哈所言,是对"临终之苦"的恐怖描述,而是试图消除"对死亡本身不必要的恐惧,让基督徒做好与魔鬼斗争的准备,那是所有人临终之时都要经历的",包括不信上帝、绝望、急躁、骄傲和贪婪这5种诱惑。[63] 还有很多其他的方法,可以通过为死亡做好准备来抵抗对死亡的恐惧:这可能包括在遗嘱中指定葬礼的准备工作、建造纪念碑、为当地的教堂和神父留下遗赠,这一切都是为了能有人为逝者祈祷(尤其是在他们的忌日),并确保他们不会被遗忘,例如,他们会被纳入每年的周年追思礼(obit)或安魂弥撒上宣读的教区捐赠者名单上。这也是一项公共事业,需要为之祈祷的,往往还包括个人及其直系亲属以外的其他人,而作为回报的捐赠则会使整个教区受益;即使是私人捐款建造的小礼拜堂,也会雇用神父,他们不仅要为小礼拜堂服务,还要参加整个教堂的礼拜仪式。[64]

赫伊津哈认为中世纪晚期的人们痴迷或迷恋死亡,但他没有提到黑死病,这一点让人颇感意外,因为人们会认为,黑死病死了很多人,自然造就了这样一种心态。[65] 但其他研究死亡主题的学者竟然否认黑死病在中世纪对待死亡的文化态度形成过程中的重要性。菲利普·阿里埃斯和其他研究死亡文化的法国历史学家将遗嘱中体现的"新个人主义"形成阶段定位在中世纪盛期,但另外一些人认为,在18世纪的法国大革命时期,人们的态度也发生过一次重大转变。[66] 人们自然认为年鉴学派会这样解释，它更倾向于将历史变迁解释为长时段（即延续数个世纪的长期过程）的产物，而不是黑死病等突发戏剧性事件的产物。

其他一些研究中世纪死亡文化的历史学家认为，黑死病的影响是无法跨时空追溯的，因为死亡艺术的具体例子——例如比萨圣墓园的湿壁画《死亡的胜利》——无法准确地确定年代，欧洲不同地区对瘟疫的反应也不尽相同。[67]但塞缪尔·科恩等一些历史学家认为，黑死病对中世纪晚期对待死亡的态度产生了重要影响，"追思狂热"的出现就是例证，这一点可以在后瘟疫时代的遗嘱中找到蛛丝马迹。这方面的证据出现在1348年和14世纪60年代的托斯卡纳——与瘟疫第一次和第二次暴发的时间相吻合——以及1400年佛兰德斯的杜埃。立遗嘱人对指定埋葬地点并安排葬礼和周年追思活动表现出了更加强烈的愿望，这样就不至于像他们在瘟疫流行期间可能目睹过的那样，沦为乱葬岗中的无名氏。[68]这也非常符合乔瓦尼·薄伽丘等同时代人的社会评论。薄伽丘注意到，由于害怕染上疾病，即使是关系很近的家庭成员，对待鼠疫受害者也普遍采取放弃的态度。[69]这倒也不意外，由于这种疾病众所周知的传染性，瘟疫医生给出的建议几乎无一例外都是逃（尽管腺鼠疫实际上并不会在人与人之间传播）。事实上，教会的一位红衣主教多梅尼科·德·多米尼奇（Domenico de Dominicis）还写了一篇文章，通篇都在致力于捍卫个人逃离瘟疫的权利，哪怕是本应有义务为将死之人举行临终圣礼的神父也不例外。[70]

我个人认为，我们永远无法完全了解中世纪晚期对待死亡的态度。那个时代与我们这个时代在观念上的隔阂太大了，根本无法成功跨越。我之所以这么说，是因为我对中世纪晚期的死亡文化研究得越多，就越能清楚地认识到有多少东西已经一去不复返。中世纪人——特指中世纪天主教欧洲的居民——对来世的概念，或许是历史上各种文化中最清晰、最完善的。中世纪人对来世地貌的想象力，对于任何读过但丁《神曲》的人来说，都应该是不言而喻的。尤其是炼狱——罪孽较轻的灵魂的中间站，他们在最终升入天堂之前必须得到净化——的概念，可以说是中世纪后期天主教欧洲所独有的。虽然在包括犹太教、伊斯兰教和佛教在内的其他文化中，肯定也有为死者祈祷的仪式，但炼狱作为一个完全是想象出来的，同时被视为真实存在的地方，似乎只出现在 12 世纪和 13 世纪的欧洲。[71] 东正教以及从 16 世纪开始的新教改革家，比如马丁·路德，都明确拒绝这一概念。尽管如此，炼狱还是让中世纪晚期的天主教教徒能够通过追思和祈祷与逝去的至亲保持一种活跃的关系。

在如今的 21 世纪现代世界里，似乎并没有多少人相信来世，至少在西方是这样的。我问学生，有多少人相信来世，通常一个班上只有不到一半的学生会举手。大多数人不相信死后有什么（也就是说，我们只是化为乌有），或者是不确定。但虚无主义成为西方文化中的一种流行元素，却是在很晚的时候（可能要到 19 世纪？），而它也与中世纪思想格格不入。在虚无主义者看来，确实需要对死亡多加关注和重视，因为它是万物真正的终结。但对中世纪人来说，死亡仅仅是开始，是来世另一段更漫长旅程的起点。在这种情况下，死亡就变得没那么重要和可怕了。我之前曾主张，中世纪晚期死亡艺术中的骷髅形象或尸体应当被视为一种过渡形象，标志着死者的身体将复活并重新组合。中世纪人相信，在时间的尽头，死者的身体将与灵魂重新结合。这样一来，骷髅既可以被视为病态、阴郁的象征，也可以被视为充满希望、乐观的象征。[72] 但至少在中世纪背景下，绝不能认为骷髅所表达的意思是死亡即为终点。如果说有什么人痴迷或迷恋死亡，那便是我们自己。

何时结束中世纪？

有人不想让中世纪结束。我的意思并不是说他们绝不想停下对中世纪历史的研究，虽然我完全能够理解这种感情。相反，他们是字面意义上的不想让中世纪结束。有一场运动一直在进行（迄今已经有一段时间了），想要以另一种分期方式来取代中世纪和早期现代之间旧的分界，这就是所谓的"旧欧洲"，从11世纪一直不间断地延续到18世纪。这样做的理由是，中世纪与早期现代之间的连续远多于断裂，例如在政治结构、社会等级、基本宗教信仰等方面的稳定性。[73] 这似乎也符合大多数中世纪历史教科书的主流情绪，如今这些书的结尾都落在了连续性和向现代逐渐过渡或转型的调子上，而不是突然的变化。[74]

我也曾一度赞同这种观点。我甚至提出了一个新词——"超越"（transcendence），用来描述从中世纪晚期到早期现代的跨度，而不是用"过渡"或"转型"，因为我认为实际上根本就不存在过渡或转型的方向！相反，我认为欧洲都不用从根本上改变其核心文化和价值观，便"超越"了中世纪晚期的重重危机。[75]

然而，中世纪人口史学家奥利·班尼迪克托最近提出了强有力的证据，表明中世纪晚期与早期现代的划分"并不武断，也不仅仅是历史学家出于方便管理年代单位的需要而采取的权宜之计"，而是从独特的人口体系中有机地产生的，而这反过来又意味着经济、技术、政治、宗教、社会阶层等方面独特的"社会形态"。[76] 换句话说，历史学家在教科书和大学课程中将中世纪作为一个不同于现代的历史时期来书写和讲授是有原因的。将其作为本书中提到的最后一场争论也很合适，因为它完美呼应了我们在第一章中探讨过的一场类似的争论，关于从古代晚期向中世纪早期的过渡，以及罗马帝国是否真的衰亡了。与之相类似的是，学界的最新趋势似乎也倾向于认为，这次过渡更加明晰、突然，而非连续、渐进。

中世纪晚期大体上指的是 1350 年至 1450/1550 年之间这一两个世纪，它的人口体系自成一体，其理由可以追溯到我们在上一章中探讨过的死亡率证据。[77] 此外，在这个"漫长的 15 世纪"中，还发生了一系列社会转型，可以说，这些转型也促成了中世纪文化向现代文化的清晰过渡，并使这一时期成为一个独特的时代。这些转型包括：在政治上，从封建主义过渡到绝对主义（absolutism），或者说是从地方治理结构过渡到中央集权的国家体系；在宗教上，欧洲分裂为天主教和各种新教"宗派"；欧洲扩张，并与东西方的新世界或者新大陆接触；在经济上，从封建指令性经济过渡到开放的、以市场为导向的"原始资本主义"路线。[78] 就这些转型而言，至少其中的一些可以与黑死病造成的新人口模式联系起来，尤其是在经济领域。

现在我认为，我将中世纪晚期向早期现代的过渡视为"超越"是错误的。事实上，我得出了截然相反的结论，即需要一个新的术语来传达这次过渡标志性的断裂性（discontinuity），而不是连续性。借用出自《哈利·波特》（Harry Potter）系列丛书的"变形术"（transfiguration，源自拉丁语单词"transfigurare"）或许是一个不错的候选词，因为它确实传达了转型或过渡的意思，一种全新的形式在此呈现，如同变形（metamorphosis）一般。[79] 无论使用什么术语，很明显，中世纪晚期的黑死病带来的持续高死亡率模式，现在已经是板上钉钉了，这方面的证据几乎是无可否认的。同样无可否认的是，这场瘟疫的死亡率对中世纪晚期的社会和经济产生了很大影响，这也是有证据支持的。如果我们用

"封建主义"这样早已被公认的社会制度来定义中世纪，那么同样无可否认的是，中世纪实际上在公元 1500 年前后就结束了。我们面临的挑战是，如何为中世纪画上句号，而不必诉诸被赫伊津哈发扬光大的"衰落"或"衰退"等带有价值判断的措辞。我认为，摆脱这一难题的最好办法，或许就是强调黑死病对中世纪晚期社会无意间产生的积极影响——那"一线希望"（silver lining），并且承认这个社会对本应是世界末日般的灾难（一场从未到来的危机）做出的应对相当高明，至少比预期的要好。[80] 我们也许可以承认中世纪就此终结，但这并不一定是坏事，也并不意味着必须讲述一个悲惨的故事。

注释

1 Johan Huizinga, *The Waning of the Middle Ages: A Study of the Forms of Life, Thought and Art in France and the Netherlands in the XIVth and XVth Centuries*, trans. Frederik Jan Hopman (London: E. Arnold and Co., 1924). 修道院博物馆的礼品店还有另外一本显眼的书，是《中世纪的衰落》的低配版，即 Barbara Tuchman, *A Distant Mirror: The Calamitous 14th Century*, Alfred A. Knopf, 1978。
2 Edward Peters and Walter P. Simons, "The New Huizinga and the Old Middle Ages," *Speculum* 74 (1999):587. 两位作者显然认为《中世纪的衰落》是因为"正确理由"而成为经典的，虽然我认为他们对"错误理由"的定义恰恰符合赫伊津哈的作品。
3 Peters and Simons, "New Huizinga," pp. 606–607.
4 Charles Wood, *Speculum* 54 (1979):430–435 中对 *A Distant Mirror* 进行了锐评。从参考书目来看，塔奇曼使用的是霍普曼的 1924 年最初英译本的 1968 年企鹅版。
5 尤其参见 H. Kaminsky, "From Lateness to Waning to Crisis: The Burden of the Later Middle Ages," *Journal of Early Modern History* 4 (2000):85–125。
6 Wim Blockmans and Peter Hoppenbrouwers, *Introduction to Medieval Europe, 300–1550*, trans. Isola van den Hoven (London: Routledge, 2007), pp. 3–4; John M. Riddle, *A History of the Middle Ages, 300–1500* (Lanham, MD.: Rowman and Littlefield Publishers, 2008), pp. 463–464; A. Daniel Frankforter, *The Medieval Millennium: An Introduction*, 2nd edn. (Upper Saddle River, NJ.: Prentice Hall, 2003), pp. 327–328; Robin W. Winks and Teofilo F. Ruiz, *Medieval Europe and the*

World: From Late Antiquity to Modernity, 400–1500 (New York: Oxford University Press, 2005), p. 238. 弗朗齐歇克·格劳斯是个例外,他认为"过渡"一词本质上毫无意义,因为它几乎可以用来描述任何时期。参见 František Graus, Pest-Geissler-Judenmorde, 2nd edn. (Göttingen, Germany: Vandenhoeck and Ruprecht, 1988), p. 553。

7 Christopher Dyer, *Standards of Living in the Later Middle Ages: Social Change in England, c. 1200–1520* (Cambridge: Cambridge University Press, 1989), pp. 109–150; Christopher Dyer, *Everyday Life in Medieval England* (London: Hambledon Press, 1994), pp. 77–100.

8 Peters and Simons, "New Huizinga," p. 601; Wessel Krul, "In the Mirror of van Eyck: Johan Huizinga's *Autumn of the Middle Ages*," *Journal of Medieval and Early Modern Studies* 27 (1997):372. 赫伊津哈对"科学"历史的厌恶,在《中世纪的衰落》的开篇一览无余,他写道:"研究中世纪的科学历史学家,首先就是要依靠官方文件……有时就会忽视气若游丝的中世纪与我们的时代之间在生活基调上的差异。"参见 Huizinga, *Waning of the Middle Ages*, p. 15。

9 Pieter Geyl, "Huizinga as Accuser of His Age," *History and Theory* 2 (1963):235, 260.

10 Johan Huizinga, *Men and Ideas: History, the Middle Ages, the Renaissance*, trans. Verzamelde Werken (New York: Meridian Books, 1959), pp. 243–287.

11 Huizinga, *Waning of the Middle Ages*, p. 335.

12 Peters and Simons, "New Huizinga," p. 592.

13 Geyl, "Huizinga as Accuser of His Age," pp. 231–262.

14 Peters and Simons, "New Huizinga," pp. 589–596.

15 Peters and Simons, "New Huizinga," pp. 596–604.

16 R. L. Colie, "Johan Huizinga and the Task of Cultural History," *American Historical Review* 69 (1964):621–622.

17 Peters and Simons, "New Huizinga," p. 618.

18 Peters and Simons, "New Huizinga," p. 590, n. 13.

19 Peters and Simons, "New Huizinga," pp. 604–605.

20 Huizinga, *Waning of the Middle Ages*, p. 29. 这种说法或许启发了芭芭拉·塔奇曼的《远方之镜》的副标题——"动荡不安的14世纪"。

21 Graus, *Pest-Geissler-Judenmorde*, 2nd edn. p. 536.

22 Bernd Roeck, "Religious Crisis, 1400–1700: Some Considerations," in *New Approaches to the History of Late Medieval and Early Modern Europe: Selected Proceedings of Two International Conferences at The Royal Danish Academy of*

Sciences and Letters in Copenhagen in 1997 and 1999, eds. Troels Dahlerup and Per Ingesman (*Historisk-filosofiske Meddelelser*, 104, 2009), p. 446.

23 Rudolf Vierhaus, "Zum Problem historischer Krisen," in *Historische Prozesse*, eds. K. G. Faber and C. Meir (Munich: Deutscher Taschenbuch-Verlag, 1978), p. 314; Roeck, "Religious Crisis," p. 445.

24 Jacob Burckhardt, *Force and Freedom: Reflections on History*, trans. James Hastings Nichols (New York: Pantheon Books, 1943), pp. 257, 267; Roeck, "Religious Crisis," pp. 445–447.

25 对于是否将"危机"的概念应用于罗马帝国晚期,研究古罗马的历史学家之间也有类似的争论。参见 Wolf Liebescheutz, "Was There a Crisis of the Third Century?" in *Crises and the Roman Empire: Proceedings of the Seventh Workshop of the International Network, Impact of Empire, (Nijmegen, June 20–24, 2006)*, eds. Olivier Hekster, Gerda de Kleijn, and Daniëlle Slootjes (Leiden, Netherlands: Brill, 2007), pp. 11–20。

26 Blockmans and Hoppenbrouwers, *Introduction to Medieval Europe*, pp. 271–282, 287–291; Winks and Ruiz, *Medieval Europe*, pp. 241–252; Christopher Dyer, *An Age of Transition? Economy and Society in England in the Later Middle Ages* (Oxford: Clarendon Press, 2005), pp. 29–30; Christopher Dyer, *Making a Living in the Middle Ages: The People of Britain, 850–1520* (New Haven, CT.: Yale University Press, 2002), pp. 228–297; Bruce M. S. Campbell, "Physical Shocks, Biological Hazards, and Human Impacts: The Crisis of the Fourteenth Century Revisited," in *Le Interazioni fra Economia e Ambiente Biologico nell'Europa Preindustriale secc. XIII–XVIII*, ed. Simonetta Cavaciocchi (Florence: Firenze University Press, 2010), pp. 13–32; James L. Goldsmith, "The Crisis of the Late Middle Ages: The Case of France," *French History* 9 (1995):417, 446; J. L. Bolton, *The Medieval English Economy, 1150–1500* (London and Totowa, N. J.: J. M. Dent and Sons and Rowman and Littlefield, 1980), pp. 180–245.

27 Blockmans and Hoppenbrouwers, *Introduction to Medieval Europe*, pp. 328–343; Roeck, "Religious Crisis," pp. 447–451.

28 由于国际货币和商业体系的整体性质,这场危机有时也被叫作"整体性危机"。人们认为,英格兰避开了这场危机的大部分影响,因为他们对铸币的使用很有限,更依赖信贷和账面记录。参见 Ian Blanchard, "The Late Medieval European 'Integration Crisis,' 1340–1540," in *New Approaches to the History of Late Medieval and Early Modern Europe*, pp. 316–328; S. R. Epstein, "The Late Medieval Crisis as an 'Integration Crisis'" (London School of Economics and Political Science: Working

Papers in Economic History, No. 46/98, December 1998); Jim Bolton, "Was There a 'Crisis of Credit' in Fifteenth-Century England?" *British Numismatic Journal* 81 (2011):144–164; Jim Bolton, "'The World Upside Down': Plague as an Agent of Economic and Social Change," in *The Black Death in England*, eds. W. M. Ormrod and P. G. Lindley (Donington, UK: Shaun Tyas, 2003), pp. 40–43; Pamela Nightingale, "Money Contraction and Credit in Later Medieval England," *Economic History Review* 43 (1990):560–575; John Day, *The Medieval Market Economy* (Oxford: Basil Blackwell, 1987), pp. 1–54.

29   David M. Palliser, *Towns and Local Communities in Medieval and Early Modern England* (Aldershot, UK: Ashgate, 2006); David M. Palliser, "Urban Decay Revisited," in *Towns and Townspeople in the Fifteenth Century*, ed. J. A. F. Thompson (Gloucester, UK: Alan Sutton, 1988), pp. 1–21; Christopher R. Friedrichs, "Urban Transformation? Some Constants and Continuities in the Crisis-Challenged City," in *New Approaches to the History of Late Medieval and Early Modern Europe*, pp. 258–264; Richard Britnell, *Britain and Ireland, 1050–1530: Economy and Society* (Oxford: Oxford University Press, 2004), pp. 347–361; John Hatcher, "The Great Slump of the Mid-Fifteenth Century," in *Progress and Problems in Medieval England: Essays in Honour of Edward Miller*, eds. Richard Britnell and John Hatcher (Cambridge: Cambridge University Press, 1996), pp. 266–270; Dyer, *Age of Transition*, pp. 190–194; Dyer, *Making a Living*, pp. 298–313; Bolton, "'World Upside Down'," pp. 64–66; Bolton, *Medieval English Economy*, pp. 246–286; R. H. Britnell, "The Black Death in English Towns," *Urban History* 21 (1994): 195–210; Alan Dyer, *Decline and Growth in English Towns, 1400–1640* (Cambridge: Cambridge University Press, 1991); Stephen R. Epstein, "Cities, Regions and the Late Medieval Crisis: Sicily and Tuscany Compared," *Past and Present* 130 (1991):3–50; Charles Phythian-Adams, "Urban Decay in Late Medieval England," in *Towns and Societies*, eds. P. Adams and E. A. Wrigley (Cambridge: Cambridge University Press, 1978), pp. 159–185; R. B. Dobson, "Urban Decline in Late Medieval England," *Transactions of the Royal Historical Society* 27 (1977): 1–22. 对城市危机与衰落背景下个别城市的研究，参见 David M. Palliser, "A Crisis in English Towns? The Case of York, 1460–1640," *Northern History* 14 (1978):108–125; Charles Phythian-Adams, *Desolation of a City: Coventry and the Urban Crisis in the Late Middle Ages* (Cambridge: Cambridge University Press, 1979); Robert S. Gottfried, *Bury St. Edmunds and the Urban Crisis: 1290–1539* (Princeton, NJ.: Princeton University Press, 1982); R. H. Britnell, *Growth and Decline in Colchester, 1300–1525* (Cambridge: Cambridge University Press, 1986); S. H. Rigby,

Medieval Grimsby: Growth and Decline (Hull, UK: University of Hull Press, 1993), pp. 113–135.

30 Blockmans and Hoppenbrouwers, *Introduction to Medieval Europe*, p. 282; Winks and Ruiz, *Medieval Europe*, pp. 238–239; Frankforter, *Medieval Millennium*, pp. 300–303.

31 Graus, *Pest-Geissler-Judenmorde*, 2nd edn., p. 529.

32 Graus, *Pest-Geissler-Judenmorde*, 2nd edn., pp. 536–538; Winks and Ruiz, *Medieval Europe*, p. 239.

33 Winks and Ruiz, *Medieval Europe*, p. 239.

34 E. A. Wrigley and R. S. Schofield, *The Population History of England, 1541–1871: A Reconstruction*, 2nd edn. (Cambridge: Cambridge University Press, 1989), p. 332; R. S. Schofield, "Crisis Mortality," in *Population Studies from Parish Registers: A Selection of Readings from "Local Population Studies,"* ed. Michael Drake (Matlock, UK: Local Population Studies, 1982), pp. 97–110. 其他人口史学家基于他们的资料来源，对危机死亡率采取了不同的定义。克里斯托弗·戴尔利用伍斯特主教辖区的庄园账目，将危机死亡率定为 6%，而帕梅拉·奈廷格尔根据清偿债务保证书的债务证明，将危机死亡率提高到了 8%。约翰·哈彻根据 15 世纪坎特伯雷基督教堂修道士的讣告名单，将危机死亡率定义为千分之四十（即 4%），而芭芭拉·哈维（Barbara Harvey）根据威斯敏斯特修道院的同类记录，将危机死亡率定为千分之一百（即 10%）。参见 Christopher Dyer, *Lords and Peasants in a Changing Society: The Estates of the Bishopric of Worcester, 680–1540* (Cambridge: Cambridge University Press, 1980), p. 223; Pamela Nightingale, "Some New Evidence of Crises and Trends of Mortality in Late Medieval England," *Past and Present* 187 (2005): 41; John Hatcher, "Mortality in the Fifteenth Century: Some New Evidence," *Economic History Review*, 2nd ser., 39 (1986):27; Barbara Harvey, *Living and Dying in England, 1100–1540: The Monastic Experience* (Oxford: Clarendon Press, 1993), p. 122。

35 Josiah C. Russell, "Effects of Pestilence and Plague, 1315–1385," *Comparative Studies in Society and History* 8 (1966):464–473; William Chester Jordan, *The Great Famine: Northern Europe in the Early Fourteenth Century* (Princeton, NJ.: Princeton University Press, 1996), pp 185–187; Daniel Antoine and Simon Hillson, "Famine, Black Death and Health in Fourteenth-Century London," *Archaeology International* 8 (2004):26–28; Sharon DeWitte and Philip Slavin, "Between Famine and Death: England on the Eve of the Black Death—Evidence from Paleoepidemiology and Manorial Accounts," *Journal of Interdisciplinary History* 44 (2013):37–60.

36 *The Agrarian History of England and Wales: Volume 3, 1348–1500*, ed. Edward Miller

(Cambridge: Cambridge University Press, 1991), pp. 34–174，按地区记录了英格兰和威尔士耕地产量的缩减情况。波斯坦认为，瘟疫后耕地的缩减阻碍了人口的恢复，而大多数学者的看法则与之相反，认为是人口减少和成本上升导致劳动力投入减少，进而导致农业产出下降。当然，许多人认为这种缩减根本构不成危机，因为人口减少的速度超过了耕地缩减的速度，从而将人均粮食供应维持在了一个绰绰有余的状态。参见 John Hatcher and Mark Bailey, *Modelling the Middle Ages: The History and Theory of England's Economic Development* (Oxford: Oxford University Press, 2001), p. 58; Britnell, *Britain and Ireland*, pp. 389–395。对中世纪晚期英格兰农业危机这一话题详尽的历史学综述，参见 Nils Hybel, *Crisis or Change: The Concept of Crisis in the Light of Agrarian Structural Reorganization in Late Medieval England* (Aarhus: Aarhus University Press, 1989)。

37　Hatcher, "Great Slump," pp. 237–272; Hatcher and Bailey, *Modelling the Middle Ages*, pp. 49–52; Blockmans and Hoppenbrouwers, *Introduction to Medieval Europe*, pp. 278–282.

38　Hatcher and Bailey, *Modelling the Middle Ages*, pp. 21–43; *The Brenner Debate: Agrarian Class Structure and Economic Development in Pre-Industrial Europe*, eds. T. H. Aston and C. H. E. Philpin (Cambridge: Cambridge University Press, 1985).

39　对相关批评的总结，参见 Barbara F. Harvey, "Introduction: The 'Crisis' of the Early Fourteenth Century," in *Before the Black Death: Studies in the "Crisis" of the Early Fourteenth Century*, ed. Bruce M. S. Campbell (Manchester, UK: Manchester University Press, 1991), pp. 4–11, 16–19; Hatcher and Bailey, *Modelling the Middle Ages*, pp. 52–65, 95–120。现在，焦点正在转移到环境背景以及导致了中世纪晚期危机的瘟疫与饥荒的相互作用上。参见 Bruce M. S. Campbell, "Nature as Historical Protagonist: Environment and Society in Pre-Industrial England," *Economic History Review* 63 (2010):310; Campbell, "Physical Shocks," pp. 30–31; Bruce M. S. Campbell, *The Great Transition: Climate, Disease and Society in the Late-Medieval World* (Cambridge: Cambridge University Press, 2016), p. 27。

40　Kaminsky, "From Lateness to Waning to Crisis," pp. 97–120; Harvey, "Introduction: The 'Crisis' of the Early Fourteenth Century," pp. 19–24.

41　Winks and Ruiz, *Medieval Europe*, p. 239.

42　Francis Aidan Gasquet, *The Great Pestilence* (London: Simpkin Marshall, Hamilton, Kent and Co., 1893); Blockmans and Hoppenbrouwers, *Introduction to Medieval Europe*, p. 282; Kaminsky, "From Lateness to Waning to Crisis," pp. 106, 116; Dyer, *Age of Transition*, p. 8; Britnell, *Britain and Ireland*, p. 368. 布洛克曼（Blockmans）和霍彭布劳沃（Hoppenbrouwers）明确解释说，他们更喜欢"收缩"而不是"危

机",因为后者掩盖了这样一个事实,那就是在人口和经济生产萎缩的情况下,许多社会群体的生活水平反倒提高了,就比如挣工资的农民。

43 Bruce M. S. Campbell, "Panzootics, Pandemics and Climatic Anomalies in the Fourteenth Century," in *Beiträge zum Göttinger Umwelthistorischen Kolloquium, 2010–2011*, ed. Bernd Herrmann (Göttingen, Germany: Universitätsverlag Göttingen, 2011), p. 205. 哈彻和贝利将这种历史研究方法称为"混沌理论"。参见 Hatcher and Bailey, *Modelling the Middle Ages*, pp. 213–215。

44 Hatcher and Bailey, *Modelling the Middle Ages*, p. 215.

45 Hatcher and Bailey, *Modelling the Middle Ages*, p. 219.

46 Hatcher and Bailey, *Modelling the Middle Ages*, p. 215; Campbell, *Great Transition*, pp. 21–22; Campbell, "Panzootics, Pandemics and Climatic Anomalies," p. 183, 204–205.

47 Campbell, "Nature as Historical Protagonist," p. 309; Campbell, "Physical Shocks," pp. 31–32; Campbell, *Great Transition*, p. 396; Campbell, "Panzootics, Pandemics and Climatic Anomalies," pp. 177, 204–205; Harvey, "Introduction: The 'Crisis' of the Early Fourteenth Century," pp. 2–3; John Hatcher, "England in the Aftermath of the Black Death," *Past and Present* 144 (1994):5–6; Hatcher and Bailey, *Modelling the Middle Ages*, p. 57. 坎贝尔会避免使用"外源性"和"内源性"这样的术语,因为在对中世纪晚期历史造成强烈冲击的、复杂且相互依存的环境变量方面,它们落入了"假两难"。不过,他断言黑死病的传播依赖于"人口密度的临界水平",这种说法是错误的,因为腺鼠疫的一个定义性特征就是死亡率与人口密度成反比。参见 Ole J. Benedictow, *What Disease was Plague? On the Controversy over the Microbiological Identity of Plague Epidemics of the Past* (Leiden, Netherlands: Brill, 2010), pp. 289–311。

48 Huizinga, *Waning of the Middle Ages*, p. 138.

49 Huizinga, *Waning of the Middle Ages*, p. 139.

50 Huizinga, *Waning of the Middle Ages*, p. 151.

51 Paul Binski, *Medieval Death* (Ithaca, NY.: Cornell University Press, 1996), p. 130; K. Cohen, *Metamorphosis of a Death Symbol: The Transi Tomb in the Later Middle Ages and the Renaissance* (Berkeley, CA.: University of California Press, 1973), p. 48.

52 Samuel K. Cohn, Jr., "The Place of the Dead in Flanders and Tuscany: Towards a Comparative History of the Black Death," in *The Place of the Dead: Death and Remembrance in Late Medieval and Early Modern Europe*, eds. Bruce Gordon and Peter Marshall (Cambridge: Cambridge University Press, 2000), p. 19; Jean Delumeau, *Sin and Fear: The Emergence of a Western Guilt Culture, 13th–18th Centuries* (New York: St. Martin's Press, 1990), pp. 35–85.

53　Binski, *Medieval Death*, pp. 125–126.
54　Binski, *Medieval Death*, pp. 134–159; Delumeau, *Sin and Fear*, pp. 66–85; Cohen, *Metamorphosis of a Death Symbol*, pp. 120–181.
55　Binski, *Medieval Death*, pp. 138,149–152, 158.
56　Binski, *Medieval Death*, p. 152; Cohen, *Metamorphosis of a Death Symbol*.
57　Philippe Ariès, *The Hour of our Death*, trans. Helen Weaver (Oxford: Oxford University Press, 1981), pp. 128–132.
58　Ariès, *Hour of our Death*, p. 137. 我个人认为这种观点很牵强，因为赫伊津哈会将这种"对生命的热爱"与雅各布·布克哈特对文艺复兴的诠释联系在一起，而赫伊津哈自己的定位是与文艺复兴对立的。
59　Ariès, *Hour of our Death*, p. 114; Binski, *Medieval Death*, pp. 130–131.
60　Jacques Chiffoleau, *La comptabilité de l'au'delà: Les hommes, la mort et la religion dans la région d'Avignon à la fin du Moyen Âge, vers 1320–vers 1480* (Rome: École française de Rome, 1980); Jean Pierre Deregnaucourt, *Autour de la mort à Douai: Attitudes, pratiques et croyances, 1250–1500* (Ph.D. dissertation, Université Charles de Gaulle-Lille, 1993); Michel Lauwers, *La mémoire des ancêtres, le souci des morts: morts, rites et société au Moyen Âge, diocèse de Liège, XIe–XIIIe siècles* (Paris, EHESS, 1997); Cohn, "Place of the Dead in Flanders and Tuscany," pp. 19–20.
61　Cohn, "Place of the Dead in Flanders and Tuscany," pp. 34–38.
62　Eamon Duffy, *Stripping of the Altars: Traditional Religion in England, 1400–1580* (New Haven: Yale University Press, 1992), pp. 301–305.
63　Duffy, *Stripping of the Altars*, pp. 314–316; Huizinga, *Waning of the Middle Ages*, p. 147; Binski, *Medieval Death*, pp. 40–41.
64　Duffy, *Stripping of the Altars*, pp. 327–337; Clive Burgess, "'Longing to be Prayed For': Death and Commemoration in an English Parish in the Later Middle Ages," in *The Place of the Dead*, pp. 44–65; Clive Burgess, "'For the Increase of Divine Service' : Chantries in the Parish in Late Medieval Bristol," *Journal of Ecclesiastical History* 36 (1985):46–65; B. A. Hanawalt, "Keepers of the Lights: Late Medieval English Parish Guilds," *Journal of Medieval and Renaissance Studies* 14 (1984):21–37.
65　其他学者也注意到了赫伊津哈的疏忽，参见 Binski, *Medieval Death*, p. 130。
66　Ariès, *Hour of our Death*, pp. 124–126; Lauwers, *Mémoire des ancêtres*, pp. 499–500; Chiffoleau, *La comptabilité*, p. 207; Cohn, "Place of the Dead in Flanders and Tuscany," p. 20.
67　Binski, *Medieval Death*, pp. 126–129. 宾斯基（Binski）特别针对 Millard Meiss, *Painting in Florence and Siena after the Black Death* (New York: Harper and Row,

1951）一书中的论点进行了回应，后者认为黑死病对中世纪晚期意大利绘画的发展产生了影响（主要是负面的）。就比萨圣墓园的湿壁画《死亡的胜利》而言，其年代现已被确定为 14 世纪 30 年代或 40 年代，正好是在黑死病到来之前。参见 H. W. Van Os, "The Black Death and Sienese Painting: A Problem of Interpretation," *Art History* 4 (1981):237–249; J. Polzer, "Aspects of the Fourteenth-Century Iconography of Death and the Plague," in *The Black Death: The Impact of the Fourteenth-Century Plague*, ed. D. Williman (Binghamton, NY.: Center for Medieval and Early Renaissance Studies, 1982), pp. 107–130; Christine M. Boeckl, "The Pisan *Triumph of Death* and the Papal Constitution *Benedictus Deus*," *Artibus et Historiae* 18 (1997): 55–61; Phillip Lindley, "The Black Death and English Art: A Debate and Some Assumptions," in *The Black Death in England*, eds. W. M. Ormrod and Phillip Lindley (Stamford, UK: Paul Watkins, 1996), pp. 131–132。

68   Cohn, "Place of the Dead in Flanders and Tuscany," p. 29; Samuel K. Cohn, Jr., *The Cult of Remembrance and the Black Death: Six Renaissance Cities in Central Italy* (Baltimore, MD: Johns Hopkins University Press, 1992).

69   John Aberth, *The Black Death: The Great Mortality of 1348–1350. A Brief History with Documents*, 2nd edn. (Boston, MA.: Bedford/St. Martin's, 2017), p. 65.

70   John Aberth, *From the Brink of the Apocalypse: Confronting Famine, War, Plague, and Death in the Later Middle Ages*, 2nd edn. (London: Routledge, 2010), pp. 109, 195–198. 另见 John Aberth, *Doctoring the Black Death: Europe's Late Medieval Medical Response to Epidemic Disease*, Rowman and Littlefield，即将出版。

71   Jacques Le Goff, *The Birth of Purgatory* (Chicago, IL.: University of Chicago Press, 1984); Binski, *Medieval Death*, pp. 181–188; Duffy, *Stripping of the Altars*, pp. 338–376.

72   Aberth, *From the Brink of the Apocalypse*, 2nd edn., p. 269.

73   Dietrich Gerhard, *Old Europe: A Study of Continuity, 1000–1800* (New York: Academic Press, 1981); Kaminsky, "From Lateness to Waning to Crisis," pp. 123–125. Charles Homer Haskins, *The Renaissance of the Twelfth Century* (Cambridge, MA.: Harvard University Press, 1927), pp. 5–6 一书在将近一个世纪前就提出了类似的观点。

74   Frankforter, *Medieval Millennium*, pp. 327–328; Winks and Ruiz, *Medieval Europe*, p. 257.

75   Aberth, *From the Brink of the Apocalypse*, 2nd edn., pp. 274–275.

76   Ole Benedictow, "New Perspectives in Medieval Demography: The Medieval Demographic System," in *Town and Countryside in the Age of the Black Death: Essays in Honour of John Hatcher*, eds. Mark Bailey and Stephen Rigby (Turnhout,

Belgium: Brepols, 2012), pp. 3–4.
77　Benedictow, "New Perspectives," pp. 20, 28.
78　Friedrichs, "Urban Transformation," pp. 254–255; *Handbook of European History, 1400—1600: Late Middle Ages, Renaissance and Reformation*, eds. Thomas A. Brady, Jr., Heiko A. Oberman, and James D. Tracy, 2 vols. (Leiden, Netherlands: Brill 1994–1995), 1:xiii–xxiv. 这里所考虑的时期，实际上是 1400 年至 1600 年或 1660 年；我把两端各自往前推了 50 年，但我认为这对转型的正确性没有任何改变，改变的只是其进展程度。
79　对于哈利·波特来说，具有讽刺意味的是，"变形术"一词在历史上曾用于基督教背景，例如"耶稣显圣容"（transfiguration of Jesus）。
80　F. M. Getz, "Black Death and the Silver Lining: Meaning, Continuity, and Revolutionary Change in Histories of Medieval Plague," *Journal of the History of Biology* 24 (1991):265–289; David Herlihy, *The Black Death and the Transformation of the West*, ed. Samuel K. Cohn, Jr. (Cambridge, MA.: Harvard University Press, 1997); Samuel K. Cohn, Jr., "Triumph over Plague: Culture and Memory after the Black Death," in *Care for the Here and the Hereafter: Memoria, Art and Ritual in the Middle Ages*, ed. T. van Bueren (Turnhout, Belgium: Brepols, 2005); Aberth, *From the Brink of the Apocalypse*, 2nd edn., pp. 206–210.

结 论

Conclusion

写完这本书，我唯一的遗憾就是，我知道它一旦出版就会过时。但任何争论的本质都是如此——似乎一旦我们试图争出个所以然来，它就会逃离我们的掌控。而随着学术出版的不断加速，可以肯定的是，任何特定的主题都会涌现出大量著作，我们就别指望能跟上进度了。[1]更何况我的编辑也已经不耐烦了。

话虽如此，历史争论却似乎有自己的生命周期，正如一些历史学家论证过的历史时期本身（也就是说，中世纪有"诞生"，也有"衰落"）。我认为有些争论，或者至少是争论的某些方面，已经步入"耄耋之年"，或者也可以说是走到了"尽头"。因此，关于黑死病是否确定为鼠疫的争论，已经被相关的古微生物学研究拍板定案了，而基于最新的海量研究，关于黑死病对人口和社会经济的影响，人们也已经形成了共识（第八章)。虽然这肯定不会终结关于黑死病的全部争论,但我认为,它会将未来的研究工作引向更有成效的领域。同样,对 11 世纪特许状和其他文件的研究,也解决了第一次十字军东征的动机之争,判定的结果倾向于用宗教而不是较为传统的"贪财"来解释。这可能有助于将研究重点转向后期的十字军运动和欧洲内部的十字军运动,从而扩大十字军研究在地理、时间和定义上的范围(第三章)。

还有一些中世纪史学科经历了激动人心的重要发展,正在接近"成熟"。中世纪环境史似乎就是这种情况,事实上整个环境史领域都是如此。这类历史的研究者现在必须决定未来的研究方向,我认为这里面分为实在论/唯名论,或者说是物质/文化的研究方法(第七章)。同样,中世纪性史和边缘群体史也在经历各自的阵痛。例如,20 世纪 80 年代和 90 年代的早期研究大多聚焦"博斯韦尔命题",而现在的中世纪同性恋史学家则必须决定如何在关于这一命题的争议之后推进他们的研究领域。与争论前现代时期"同性恋"的定义相比,记录佛罗伦萨、威尼斯和科隆等中世纪城市的同性风俗和社区,似乎是更有前途的一个方向。通过这种方式,我们似乎可以从根本上理解作为一名中世纪的"同性恋者"究竟意味着什么,与现代的同性恋体验又有何异同(第五章)。

有些争论可能永远都不会有结果。我认为罗马帝国衰亡的问题就属于这种,它也是这本书所涉及的最古老的历史争论之一(第一章)。尽管从"古代晚期"到中世纪早期是一段漫长过渡期的观点在学术界已经根深蒂固(中世纪晚期到早期现代的连续性概念也是如此),但最近的学术研究,尤其是有关古代晚期环境的研究,也显示出这一观点并非无懈可击。因此,重新回到早先的立场,从头开始辩论,似乎也未尝不可。可话又说回来,在这个普遍混沌的早期阶段,也许并没有足够多的史料能够轻松解决这件事情。

确实，有些争论可能永远不会有真正的定论，仅仅是因为没有足够多的史料对问题进行全面、完整的描述。中世纪的犹太人可能就是这种情况。关于他们的史料，留存下来的大多是基督徒视角，犹太人视角的史料要少得多，而原因恰恰在于犹太人受到的迫害（第四章）。[2] 维京人的情况也是如此，他们那令人胆寒的抢劫者和掠夺者形象，在很大程度上是基督教修道士作家塑造出来的，而维京人许多其他较为和平的活动，例如贸易、探险、宗教崇拜等，却被淡化了（第二章）。

可以肯定的是，关于中世纪历史的争论还将继续下去，但愿这些争论会继续活跃、激烈地进行下去（最好是以一种彼此尊重、互相包容的方式）。这样便可确定我们的领域仍然充满活力、欣欣向荣。唯愿其长久。

注释

1　历史学家约翰·麦克尼尔（John McNeil）在 2003 年估计，自 1985 年以来，他所在的环境史领域出版的图书数量增加了 100 倍，全部读完需要"一个世纪"。J. R. McNeil, "Observations on the Nature and Culture of Environmental History," *History and Theory* 42 (2003):5.

2　这一规律有一个值得注意的例外，参见 Robert Chazan, *Daggers of Faith: Thirteenth-Century Missionizing and Jewish Response* (Berkeley, CA.: University of California Press, 1989)。

图书在版编目(CIP)数据

激辩中世纪 : 改变中世纪史叙述的九大问题 / (美)约翰·艾伯斯著 ; 杨楠译. -- 上海 : 上海社会科学院出版社, 2025. -- ISBN 978-7-5520-4721-9

Ⅰ. K503

中国国家版本馆 CIP 数据核字第 2025X9K467 号

Contesting the Middle Ages: Debates that are Changing our Narrative of Medieval History, 1st edition
By John Aberth / 9780415729307
Copyright © 2019 by John Aberth
Authorised translation from the English language edition published by Routledge, a member of the Taylor & Francis Group.
All Rights Reserved.
本书原版由 Taylor & Francis 出版集团旗下 Routledge 出版公司出版,并经其授权翻译出版。版权所有,侵权必究。
Shanghai Academy of Social Sciences Press is authorized to publish and distribute exclusively the Chinese (Simplified Characters) language edition. This edition is authorized for sale throughout Mainland of China. No part of the publication may be reproduced or distributed by any means, or stored in a database or retrieval system, without the prior written permission of the publisher.
本书中文简体翻译版授权由上海社会科学院出版社独家出版并只限在中国大陆地区销售。未经出版者书面许可,不得以任何方式复制或发行本书的任何部分。
Copies of this book sold without a Taylor & Francis sticker on the cover are unauthorized and illegal.
本书封面贴有 Taylor & Francis 公司防伪标签,无标签者不得销售。
上海市版权局著作合同登记号:09-2023-0597

激辩中世纪:改变中世纪史叙述的九大问题

著　　者:[美]约翰·艾伯斯
译　　者:杨　楠
责任编辑:张　晶
封面设计:杨晨安
出版发行:上海社会科学院出版社
　　　　　上海顺昌路 622 号　邮编 200025
　　　　　电话总机 021-63315947　销售热线 021-53063735
　　　　　https://cbs.sass.org.cn　E-mail:sassp@sassp.cn
照　　排:南京理工出版信息技术有限公司
印　　刷:上海万卷印刷股份有限公司
开　　本:890 毫米×1240 毫米　1/32
印　　张:16
字　　数:432 千
版　　次:2025 年 8 月第 1 版　2025 年 8 月第 1 次印刷

ISBN 978-7-5520-4721-9/K·494　　　　　　　　　　　　定价:78.00 元
审图号:GS(2025)0642 号

版权所有　翻印必究